박정희
이데올로기

박정희 이데올로기

— 박정희와 그 시대를 다시 읽다

황병주 지음

2026년 2월 27일 초판 1쇄 발행

펴낸이 한철희 | 펴낸곳 돌베개 | 등록 1979년 8월 25일 제406-2003-000018호
주소 (10881) 경기도 파주시 회동길 77-20 (문발동)
전화 (031) 955-5020 | 팩스 (031) 955-5050
홈페이지 www.dolbegae.co.kr | 전자우편 book@dolbegae.co.kr
블로그 blog.naver.com/imdol79 | 트위터 @Dolbegae79 | 페이스북 /dolbegae

편집 김진구·오효순
표지디자인 [★]규 | 본문디자인 이은정·이연경
마케팅 고운성·김영수·정지연 | 제작·관리 윤국중·이수민·한누리
인쇄·제본 한영문화사

ISBN 979-11-94442-86-8 (93910)

박정희와 그 시대를 다시 읽다

황병주 지음

돌베개

차 례

박정희와 한국의 20세기

역사에 비약은 없기에 21세기 한국 사회는 20세기의 산물이다. 특히 해방과 전쟁을 거쳐 자본주의적 산업화로 이어지는 20세기 중반 이후의 역사는 오늘날 한국 사회의 원형이 형성되는 결정적 국면이었다. 이 시기를 거치며 한국의 국가형성nation-building이 본격화된다. 행정망 등 국가 통치구조 확충, 교육과 징병제를 통한 국민 형성, 민족주의 기획에 따른 통합력 제고 등과 같은 국가 통치성의 확대도 중요했지만 무엇보다 결정적인 것은 자본주의적 산업화를 통한 국민경제 구축이었다. 국민경제는 국가의 물적 토대로서 모든 구성원을 단일한 국민시장으로 통합해 주민집단의 실질적 포섭을 가능케 한다.

이 과정은 유례를 찾기 힘들 정도로 빠르고 격렬하게 진행되어 격변이라는 말도 부족할 지경이었다. 수천 년 내려온 농업사회가 불과 이삼십년 만에 근대적 산업국가로 전변되었기에 구성원들이 체감한 변화의 강도를 적절하게 표현하기 힘들 정도였다. 이 과정을 주도한 군사정권은 유신체제로 귀결되어 거센 저항운동을 불러왔다. 저항의 중심 언어는 민주주의였고 결국 현재의 헌정을 만들어냈다. 요컨대 20세기 후반 한국은 근대 국민국가의 내치 문법을 거의 완성태로 만들어냈다.

그 결과 한국은 이른바 산업화와 민주화의 이중 혁명에 성공한 보기 드문 탈식민 국가로 평가되기도 한다. 식민지로 시작해 선진국 문턱을 넘나드는 주권 독립국으로 마감했다는 점에서 한국의 20세기는 분명 놀라운 국가적 성공 신화로 손색이 없어 보인다. 그 연장선상에서 21세기 한국은 아카데미 작품상과 노벨 문학상 작가를 배출했는가 하면, 반도체와 자동차, 선박 등 세계 최고 수준의 제조업을 보유한 손꼽히는 산업국가이기도 하다.

한편 오늘의 한국 사회는 세계 최고 수준의 자살률과 저출생률로 국가소멸 위기론까지 운위되고 있다. 양극화와 비정규직 문제 등으로 청년 세대 사이에 '헬조선'이란 말이 회자된 지가 벌써 까마득할 정도이다. 국가와 사회의 지속 가능성에 심각한 의문을 제기하는 이러한 양상 역시 20세기의 성취와 무관할 수 없다. 기성세대에게 희망을 가르쳐준 20세기가 21세기 청년들의 절망으로 이어졌다면, 우리에게 20세기란 대체 무엇인가.

한국의 20세기를 돌아보자면 박정희는 피할 수 없는 화두이다. 1917년에서 1979년까지 62년의 기간은 개인 박정희의 인생이자 20세기 한국사의 중요한 장면들을 포괄한다. 특히 그가 권력을 장악한 20세기 중후반 산업화는 물론이고 민주화와 관련해서도 박정희의 역할은 결정적이었다. 파시즘을 방불한 유신체제 성립은 반유신 민주화운동의 기본 조건이었고, 모든 지배와 저항이 그렇듯이 반유신운동 역시 유신체제와 밀접하게 맞물릴 수밖에 없었다. 괴물과 싸우다 괴물을 닮아가듯이, 체제는 반체제조차 자신을 닮도록 강제한다는 딜레마를 통해 박정희를 독해할 필요도 있을 것이다.

이 책에서 다루고자 하는 것은 '박정희'가 맞지만, 개인 박정희로 국한되지 않는다. 박정희 세 글자는 쿠데타를 주도하고 유신체제를 선포한 행위자로서 구체적 인물을 호명하는 이름이기도 하지만, 여기서는 그것을 텅 빈 기표記標(signifiant)로 이해하고자 한다. 기표 박정희는 어느 하나로 고정되지 않고 무수히 많은 기의記意(signifié)로 산포되면서 끊임없이 새로운 기의를 산출한다는 점에서 텅 빈 기표이지 않을 수 없다. 기표 박정희는 5천 년 가난을 해결한 '위대한 지도자'로 호출되는가 하면, 쿠데타로 집권해 민주주의와 인권을 억압한 '잔인한 독재자'라는 기의도 만들어낸다.

요컨대 박정희는 일종의 이데올로기다. 그의 육신은 이미 죽어 자연으로 돌아간 지 오래지만, 이데올로기 박정희는 맹렬하게 여전히 살아 있다. 어쩌면 한국 사회는 박정희 없는 박정희 체제를 살고 있는지도 모른다. 따라서 이 책에서 관심을 기울이고자 하는 것은 박정희의 삶을 복원하는 것도 아니고 그의 행위를 평가하는 것도 아니다. 이 책의 관심은 기표 박정희를 통해 그와 밀접히 관련된 이데올로기와 통치성의 작동 양상을 들여다보고자 하는 것이다.

기표 박정희는 무수히 많은 이데올로기와 담론들이 들고 나는 일종의 플랫폼이다. 민족주의와 국가주의, 발전주의와 근대화 담론, 군사주의와 파시즘, 정신주의와 주의주의主意主義, 공산주의와 반공주의 그리고 민주주의와 자유주의 등 한국 근현대사를 수놓았던 숱한 이데올로기들이 기표 박정희를 통해 모였다 흩어지면서 '박정희 이데올로기'를 해체-재구성했다. 물론 여기서 이 이데올로기들은 박정희의 소유물이 아니다. 오히려 '기표 박정희'는 이러한 이데올로기들에 의해 해체-재구성이 반복된 피조물에 가깝다.

따라서 기표 박정희는 다양한 이데올로기를 통해 동시대 여타 주체들과 단락短絡된다. 박정희 이데올로기는 기표 박정희를 통해 유통되었지만 박정희의 창작물은 아닌 것이다. 박정희 이데올로기는 여러 요인들이 복잡하게 뒤얽혀 만들어진 어떤 역사적 상황의 산물이다. 그것은 국내외 다양한 요소들이 중층적으로 결착된 정세 속에서 이데올로기 전문가라 할 엘리트 지식인들을 매개로 만들어진 집단 창작물에 가깝다. 즉 박정희 이데올로기는 기표 박정희를 플랫폼으로 삼은 지식 네트워크의 산물이다. 실제 박정희는 권력 장악 이후 지식인들을 대거 조직적으로 동원해 지식-권력 복합체를 만들고자 했다. 이러한 맥락에서 기표 박정희는 하나의 체제regime를 형성했다.

이 체제의 이데올로기적 응집력과 전파력을 단적으로 보여준 것은 '발전주의'다. 개항 이래 엘리트 지식인들의 일관된 화두였던 문명개화, 부국강병, 실력양성, 선진화 등을 씨줄 삼고 제2차 세계대전 이후 미국 지식-권력 복합체의 산물인 근대화론을 날줄 삼아 재구성된 한국형 개발담론은 정치의 좌우, 이념의 보수·진보를 막론하고 가장 강력한 영향력을 행사하는 지배담론으로 기능해왔다. 발전주의는 박정희 이데올로기 기저에 깔려 플랫폼의 응집력을 유지시키는 핵심 요소다.

발전주의가 기저에 깔린 박정희 체제의 통치성은 두 차원으로 구분된다. 하나가 군사적-파시즘적 통치성이라면, 다른 하나는 자유주의적 통치성이다. 20세기는 세계전쟁의 시대라 불릴 정도로 군사적 힘이 결정적 역할을 했다. 일제 식민지배는 중일전쟁과 아시아태평양전쟁을 거치며 전시 총동원 체제를 구축했고 한국전쟁으로 이어져 군사적 통치성의 기틀이 잡히게 된다. 이 과정이 파시즘적 경향을 띤 것 역시 분명했다. 일제의 총동원 체제는 쇼와 유신과 결합되었고, 이승만 정권이 일민주의를 내걸었음은 주지의 사실이다. 박정희 체제는 그 연장선상에서 이해되어야 할 것이다.

박정희 개인의 삶은 이 과정을 압축적으로 보여준다. 그는 일제 식민 지배질서의 학력 사다리를 성실하게 타고 올라가 만주군관학교와 일본 육사를 거쳐 만주군 육군 중위로 해방을 맞이했다. 그는 군사적 파시즘이라 할 일제의 군국주의와 함께 당대 동아시아 최고 수준의 군사적 근대성을 습득했고 이것이 이후 그의 삶을 결정했다. 어쩌면 박정희는 일제 식민지배가 남긴 최고의 유산이다.

해방 이후 박정희의 남로당 가입과 전향은 좌우 대립과 냉전으로 점철된 한국 현대사의 상징적 장면이었다. 이후 그가 보여준 극단적 반공주의를 보건대, 아이러니하게도 남로당은 박정희라는 최악의 반공주의를 만들어낸 셈이었다. 5·16쿠데타는 근 30여 년간 지속된 군사정권의 기원이다. 20세기 후반의 절반이 넘는 장기간의 군사 통치가 우리 사회에 무엇을 남겼는지는 '12·3 계엄'만 보더라도 충분할 것이다. 이른바 민주화 이후에도 정치를 군사적 폭력으로 대체하고자 하는 충동이 여전하다는 사실은 커다란 충격이다.

계엄이 불과 몇 시간도 버티지 못하고 실패했다는 점에서 '87년 체제'의 민주주의가 그리 허술하지 않다는 것은 분명해 보인다. 그러나 최근 한국 사회는 다양한 측면에서 극우 정치의 활성화를 목도하고 있다. 이주 노동자, 성소수자, 여성, 장애인 등 사회적 약자에 대한 혐오의 일상화는 이미 오래된 일이다. 최근 파시즘을 방불하는 극우 정치의 활성화가 한국만의 문제는 아니다. 일본, 유럽은 물론이고 자유주의가 강력했던 미국마저 배타적 극우 이데올로기가 큰 세력을 형성하고 있다. 복잡한 분석과 이해가 필요한 현상이겠지만, 그 기저에 신자유주의와 자본주의 시장이 초래한 삶의 파탄이 드리워져 있음은 분명하다.

특히 제2차 세계대전 이후 세계 자유주의 질서를 선도했던 미국의 현실은 여러모로 의미심장하다. 미국과 최고 수준으로 동기화된 국가라 할 한국의 현실은 미국과 많은 면에서 겹쳐 보인다. 선거 불복과 군대 동원 같은 내치의 문제와 더불어 관세 문제로 불거진 국제 자유무역 질서의 해체까지, 과거 같으면 상상하기 힘든 일들이 일상적으로 펼쳐지는 근래 모습을 보면, 전후 세계질서 전체가 거대한 혼란의 소용돌이에 빠지고 있다는 인상을 지우기 힘들다.

미국의 쇠락은 멀리 닉슨 독트린까지 올라가는 문제이지만, 최근의 상황은 MAGA(Make America Great Again)로 상징되는 극우 세력의 성장을 기반으로 한다는 점에서 더욱 문제적이다. 주지하듯이 MAGA는 소외된 미국 백인 블루칼라의 불안과 불만을 자양분 삼아 성장했다. 세계화를 내건 미국 자유주의 엘리트 집단의 정치가 전통 제조업의 몰락을 불러왔고 결과적으로 양극화를 심화시키면서 거대한 불안이 조성된 것이다. 토마 피케티Thomas Piketty에 따르면 1970년대까지 지속적으로 하락해 최소 수준이었던 미국의 소득 격차는 레이건 정권의 신자유주의 등장 이후 가파르게 상승해 세계 최대 수준으로 치솟았다. 중산층의 삶이 제공해준 안온한 일상이 무너진 사람들에게 자유주의 엘리트의 세련되고 올바른 정치란 위선으로 보일 뿐이다.

역사는 종종 자유주의의 파탄이 파시즘으로 귀결되는 장면들을 보여주곤 했다. 독일 바이마르의 실패가 나치즘을 낳았다면, 일본에서는 다이쇼 데모크라시에 대한 반동으로 쇼와 유신의 군국주의가 만개했다. 바이마르 체제는 당대 가장 선진적이고 진보적인 헌법을 보유한 것은 물론이고, 유럽 최대의 노동운동과 사회주의 정치세력을 가지고 있었다. 그럼에도 야만적이고 비합리적 인종주의를 내건 나치즘에 의해 무력하게 붕괴된 것은 대공황에 따른 생활의 몰락을 빼놓고 설명하기 어렵다. 자기의 삶을 파괴한 자들을 찾아 나선 대중의 핏발 선 눈앞에 유대인, 외국인 노동자, 이민자, 공산주의자, 성소수자들이 그 원흉이라고 선동한 나치 이데올로기가 먹혀들어간 것이다. 1930년대 일본 극우 파시즘 운동이 쇼와 유신을 내걸고 특권층과 재벌 타도를 외친 것은 농민의 처참한 빈곤과 대중의 생활 붕괴를 배경으로 한다. 오늘날 미국 자유주의의 위기 또는 파탄이 초래할 미래는 어떠한 모습일까.

이러한 맥락에서 박정희 체제의 파시즘적 통치성을 살펴보는 것의 의미가 현재에도 남다르다고 생각된다. 유신체제는 한국 현대사에서 파시즘에 가장 가까운 지배질서였다. 파시즘은 군사주의와 밀접하다. 박정희 체제는 자신들의 의지대로 현실을 변화시키는 데 있어 가장 효율적인 가치로 군사주의를 전면에 내세웠다. 박정희는 전쟁과 혁명으로 점철된 20세기 군사주의가 만들어낸 결과물이자 이를 증폭시킨 주체이기도 했다.

한국의 파시즘은 식민지 시기까지 거슬러 올라가는 나름의 역사적 연원이 있다. 대공황의 여파로 1930년대 유럽과 일본에서 파시즘이 크게 발흥했고 식민지 조선 역시 그 영향을 강하게 받았다. 전향 좌파들조차 파시즘을 자본주의 폐해를 극복할 대안으로 여길 정도였다. 특히 박정희는 이 시기 사범학교와 사관학교 교육을 통해 일본의 극우 파시즘 세례를 받아 평생을 갈 정치성향을 형성한다. 더 나아가 당대 동아시아 전체에 걸쳐 파시즘은 매우 큰 영향력을 행사했다.

파시즘이 민족주의와 근친관계에 있음은 세계적으로 확인된 바이다. 박정희 체제 역시 전면에 내세운 것은 파시즘이 아니라 민족주의였다. 민족적 민주주의, 주체적 민족사관, 민족중흥 등이 고창된 것은 물론이고 소아小我를 버리고 대아大我에 헌신할 것을 주문하면서 박정희는 틈만 나면 자기 목숨을 '조국과 민족의 제단'에 바칠 것을 맹세했다. 자신의 생명을 담보로 모든 이의 헌신을 요구하는 이 죽음의 정치necropolitics는 파시즘의 명백한 징후였다. 파시즘적 경향은 일부 군부 세력이나 극우 엘리트에 국한되지 않는다. 1960~1970년대 한국의 까까머리 중고생이 히틀러의『나의 투쟁』을 옆구리에 끼고 다니는 모습은 그리 드문 일이 아니었다. 그만큼 1960~1970년대 한국의 역사적 국면은 집단주의적 정동의 그림자가 짙었으며 박정희 체제의 통치성은 만만치 않은 효과를 산출했다.

그러나 박정희 체제기를 통틀어 가장 중요한 변화는 단연 자본주의적 산업화다. 산업화가 초래한 깊은 넓은 변화는 오늘의 한국 사회를 이해하는 관건이다. 박정희 체제를 둘러싼 우리 사회의 화두는 흔히 민주화와 산업화로 요약되며, 둘 중 어느 것에 가치를 부여하는가에 따라 치열한 논쟁이 벌어지곤 한다. 그러나 이러한 논쟁 구도는 박정희 체제를 거치면서 우리 사회가 겪은 변화의 양상을 설명하는 데 한계가 많다. 특히 오늘날 한국 사회의 주류 가치가 된 자유주의에 대한 역사적 설명에 취약하다. 자유주의는 국가정책은 물론 정치, 경제, 문화 등 거의 모든 영역에 걸쳐 헤게모니적 가치이며 나아가 사회적 관습, 가치, 윤리와 도덕 관념에까지 지배적 영향력을 행사하고 있다.

흔히 외환위기 이후 김대중 정권의 개혁과 함께 신자유주의가 대세가 된 것처럼 운위되지만, 자유주의로의 길은 더 길고 복잡한 역사적 과정을 거쳐야만 했다. 신자유주의로 이어진 길의 태반은 자유주의가 개척해 놓은 것이다. 이 책은 한국의 자유주의가 헤게모니를 획득하게 된 결정적 국면을 박정희 체제기로 보고자 한다. 즉 박정희 체제의 자유주의적 통치성을 설명해보고자 하는 것이다.

여기서 자유주의는 두 측면으로 구분된다. 하나는 정치적 자유주의로 주로 보수 야당과 그 주변의 엘리트 지식인들을 중심으로 확산되었다. 이 흐름은 자유주의를 저항 이데올로기로 활용해 민주화운동을 전유하고자 한 대표적 힘이었다. 또 다른 하나는 사회경제적 측면에서 주목할 수 있는 시장의 자유주의다. 이 두 가지 흐름이 사회적 삶의 기본 문법으로 관철되기 시작했음을 설명하는 것이 이 책의 주요한 목표 중 하나다. 요컨대 자유주의적 통치성이 지배적 패러다임이 되는 역사적 상황을 설명하고자 한다.

차별과 불평등이 만연한 세계를 설명하는 논리로 자유주의만한 것을 찾기 힘들다. 전근대 시기에 그 역할을 담당한 것은 신분제였다. 근대 자유주의는 인간 중심주의로 차별의 논리 역시 인간으로부터 구해진다. 서구의 경우 자본주의적 이해관계interest가 중세의 기독교적 열정passion을 대체해 사회를 규율하는 핵심이 되었고 이익의 불평등한 분배는 생득적 신분이 아니라 개인의 능력의 차이로부터 구해진다고 설명되었다. 이러한 자유주의 논리가 해방의 근대를 가능케 한 역사적 의미가 있음은 분명했고 이러한 맥락에서 자유주의는 비로소 인간의 사회를 가능케 한 셈이다. 이로부터 근대 이후 이데올로기 지형을 거칠게 도식화하자면 자유주의 대 반자유주의로 볼 수 있게 된다.

한국의 자유주의는 그 역사적 뿌리가 간단치 않다. 개항 이후 문명개화, 근대화, 선진화, 서구화 등으로 표출된 지향은 자유주의와 밀접하다. 개항기 당시 계몽 담론의 태반이 자유주의였으며 식민지 시기를 거치면서 소수의 엘리트 지식인 중심으로 자유주의가 명맥을 잇기도 했다. 그러나 식민지 시기 주류 이데올로기는 사회주의와 민족주의 등 반자유주의 계열이었다. 해방 이후 미국의 등장은 자유주의 확산에 중요한 계기가 되었고 1960~1970년대 산업화를 거치며 전 사회적으로 대중적 토대를 획득하게 된다. 요컨대 자유주의는 자본주의와 결합함으로써 최대치의 헤게모니 이데올로기로 거듭난다고 할 수 있다.

박정희 체제기 자유주의 팽창은 두 차원으로 구분된다. 먼저 정치적 자유주의의 경우 민주화운동의 확산과 긴밀하게 연동된다. 유신체제 성립 이후 흔히 민주-반민주 구도가 성립되었다고 평가되지만, 사실상 자유-반자유 구도가 더 정확한 명칭이라 할 수 있다. 이는 1970~1980년대 군사주의에 맞선 민주화운동이 사실상 자유주의에 깊이 침윤된 것이라는 사정과 관련된다. 사상·양심, 집회·결사, 언론·출판 등의 자유와 함께 인권이 저항의 중요 근거로 활용되었다. 경제 분야에 있어 중앙은행 독립, 민간자율, 정부통제 축소 등도 역시 자유주의적 가치에 기반했다. 자유화로 쓰고 민주화로 읽는 독특한 독법이 한국에서는 익숙하다.

사실 '박정희 이데올로기'란 이데올로기의 잡거 상태를 면치 못하는 것이었다. 여러 이데올로기들은 정교하게 접합되지 못하고 무질서하게 플랫폼을 드나들거나 뒤엉켜 있는 경우가 많았다. 체제를 구성하고 있던 이데올로그들 사이의 편차도 상당했다. 다만 하나의 일관된 흐름이 있었다. 반자유주의였다. 그런데 역설적으로 박정희 체제의 반자유주의는 자유주의를 번성시키는 비옥한 토양이 되었다. 자유주의를 금단의 열매로 만듦으로써 저항적 가치를 높이게 된 셈이다. 게다가 자유주의적 권리들은 이미 헌법에 명기된 것들이기에 합법적이고 안전한 가치이기도 했다. 무엇보다 자유주의는 미국을 위시해 근대 서양이 만들어낸 보편적 권위로 뒷받침되고 있었다. 식민지 시기 이래 저항 이데올로기의 주축을 이루었던 좌익 이념이 금기시되면서 자유주의가 그 자리를 대신한 셈이었다. 요컨대 이 시기 자유주의는 과잉대표된 저항담론이자 과소대표된 지배담론이었다.

박정희 체제는 민족주의, 파시즘, 군사주의 심지어 민주주의조차 반자유주의 연합 전선의 일익을 담당하도록 동원했다. 즉 자유민주주의를 분해하여 민주주의를 전유하고 자유주의를 집중 타격하는 전략을 채택했다. 이것이 이 시기 자유주의가 과잉대표된 저항담론의 위치를 감당해야 했던 역사적 맥락을 설명해준다. 따라서 박정희 체제기 자유주의가 정치적 측면에서 해방의 근대를 열어젖힌 효과를 무시할 수 없다.

그러나 그 한계 역시 분명했다. 한국의 공식 통치 이데올로기라 할 수 있는 자유민주주의는 자유주의와 민주주의의 결합을 기본으로 한다. 결합이라고 하지만 사실상 민주주의는 주권의 소재와 구성방식에만 관여할 뿐이고 실질적 내용은 자유주의로 채워진다. 이를 극명하게 보여주는 것이 1인 1표의 정치적 민주주의와 1주 1표의 경제적 자유주의 간의 모순적 결합이다. '경제 민주화'라는 기묘한 조합어가 통용되지만, 사실상 자본주의 시장경제의 주권은 '민'民이 아니라 '돈'에 속한다. 민주주의가 출입금지당한 경제 영역은 자유주의의 핵심 영토다.

시장 앞에서 멈춘 민주주의는 대신 '공정'으로 집중된다. 형식적 평등에 입각한 1인 1표가 공정하게 반영되어야 한다는 '신념'이 한국 사회의 공준처럼 여겨진다. 형식적 평등과 절차적 공정으로 환원된 근대 민주주의는 사실상 자유주의에 포획된 민주주의다. 이는 아테네 민주정이 선거가 아니라 제비뽑기로 대표자를 결정했다는 점과 비교하면 그 의미가 분명해진다. 즉 근대 민주주의가 채택한 선거는 자유주의에 입각한 능력주의가 지배하는 과정과 절차를 의미한다. 다시 말해 민주주의에 도입된 경쟁이야말로 자유주의와 신자유주의의 금과옥조이다.

박정희가 반자유주의적이었다는 점은 분명하다. 그러나 그것은 주로 정치와 사회적 영역으로 집중되며 경제적 측면에서는 사정이 다르다. 경제개발계획을 위시해 강력한 국가 통제에 입각한 경제개발 정책이 추진되었지만, 시장의 확대는 곧 자유주의가 번성할 물적 토대가 팽창한다는 것을 의미했다. 산업화가 불러온 거대한 이촌향도의 물결은 자본의 본원적 축적을 상징했다. 수천 년 내려온 토지긴박과 전통적 속박으로부터 해방된 농민은 '굶어 죽을 시장의 자유'를 맛보게 된다.

박정희 체제는 이들에 대해 거의 완전한 자유방임으로 일관했다. 서울의 철거민을 집단 수용하기 위해 만들어진 광주 대단지는 생활은커녕 생존조차 힘들 정도로 아무런 대책없이 추진되었다. 유일한 대책은 '10만 명만 모아 놓으면 어떻게든 자기들끼리 뜯어먹고 산다'는 말이었다. 국가 차원의 사회적 안전망은 사실상 없는 것과 마찬가지였고 전통적 연결망으로부터도 이탈된 이들이 경험한 시장의 자유를 빼놓고 한국의 자유주의를 말하는 것은 어불성설이다.

　박정희 체제는 급속한 인구 이동이 초래할 각종 문제를 충분히 알고 있었다. 그러나 더 중요한 것은 기업에 충분한 노동력을 최대한 저렴하게 공급하기 위해 노동시장을 최대한 확대하는 일이었다. 포화 상태의 노동시장은 생존을 위한 경쟁의 강도를 극한으로 밀어올렸고 노동자들은 그만큼 저렴한 노동력으로 소진되어갈 수밖에 없었다. 요컨대 체제는 최대의 힘과 속도로 '악마의 맷돌'을 돌리고자 했다.

　맷돌에 갈려나가는 고통 속에 이들이 배운 것은 무엇이었을까. 여기서 이 문제를 전면적으로 다룰 수는 없지만, 자유주의의 팽창이라는 점에서 경쟁 문제가 중요했다. '눈 감으면 코 베어가는' 세상에 내던져진 이들에게 들려온 말은 '공부해서 남 주냐' 또는 '억울하면 출세하라'는 말이었다. 박정희가 가장 자주 인용한 서양 속담은 '하늘은 스스로 돕는 자를 돕는다'였다. 새마을운동의 핵심 슬로건은 자조自助였다. 자유롭고 평등하게 시장에 던져놓고 서로 뜯어먹고 살 기술과 능력을 연마하라는 주문이었다. 이것이 자유주의가 시장을 통해 가르치고자 한 개인주의였을 것이다.

　물론 개발연대는 놀라운 성공시대이기도 했다. 화폐 취득에 성공한 숱한 '개룡남'과 벼락부자들이 탄생했고 자수성가라는 말이 최대의 명예가 되는 시대였다. 박정희 스스로가 빈농의 아들로 대통령이 된 놀라운 출세의 아이콘이기도 했다. 높아진 사회 유동성은 수직 승강운동을 촉진했고 개인의 실력과 노력으로 신분상승이 이루어진다는 능력주의가 팽만했다. 개인들이 공정한 자유경쟁을 거쳐 수직적 사회질서로 편제되어야 한다는 것은 자유주의가 제시하는 일반적 모델이다. 시쳇말로 흙수저에서 금수저가 되고 마는 것은 오직 고독한 주체의 몫이었다.

보통 사람들은 밀이나 로크, 스미스나 하이에크 같은 사상가들의 고담준론을 통해 자유주의를 배운 것이 아니었다. 학교와 군대를 거쳐 노동시장에 나온 그들이 경험하고 배운 자유주의는 서로가 서로에게 늑대가 되도록 가르치는 자연상태의 그것에 가까웠다. 주택, 의료, 고등교육 등 필수 생활 영역이 자유시장에 맡겨졌기에 생존의 유일한 버팀목은 충분한 화폐량의 확보일 수밖에 없었다. 황금만능주의, 배금주의, 이기주의, 개인주의 비판이 대통령부터 엘리트 지식인들까지 당시의 단골 메뉴였지만, 돈이면 다 되는 세상이 된 마당에 다른 것에 신경 쓴다는 것은 경쟁 우위를 위한 합리적 선택이 아니었다. 일본의 마르크스주의자 도사카 준戶坂潤의 말을 빌리자면, 이것이 '사회 상식으로서의 자유주의'일 터이다.

대체로 박정희 체제기를 거쳐 나타난 시장은 대단히 전투적이며 치열한 경쟁을 초래했다. 사실 한국의 산업화가 성공한 이유의 상당 부분은 이 놀랍도록 치열하고 경쟁적인 시장의 동학에 있다. 주지하듯이 하이에크 등 신자유주의자들은 완전 경쟁이 가능한 시장은 오직 국가의 개입으로만 존립할 수 있음을 강조했다. 전장을 방불하는 전투적 성격을 기본으로 한 한국의 시장 역시 유신체제를 포함해 강력한 국가에 의해 성립되어 지속된 것이었다. 삶이 전쟁터가 되면서 사상자가 속출했고 체제의 위기 또한 항상화된다. 주지하듯이 위기관리 역시 군사적이었다. 위수령과 계엄이 수시로 선포되었고 정치는 치안으로 대체되었다.

이로부터 박정희 체제 통치성의 대강을 그려볼 수 있다. 그 주축은 위로부터의 군사적 통치성과 아래로부터의 자유주의적 통치성이다. 이데올로기적 측면에서 보자면, 위로부터는 민족주의와 군사주의를 버무려 파시즘을 방불하는 반자유주의적 이데올로기를 구축하고자 했다면, 아래로는 시장경제의 자유경쟁을 토대로 하는 자유주의를 번성시키게 된다. 양자의 기묘한 조합은 체제 안정의 기반이자 불안의 원천이기도 했다. 파시즘적 억압과 시장의 경쟁이 초래하는 극심한 불평등 사이의 균형은 늘 위태로운 상태였다. 박정희 체제는 이 균형을 유지하기 위해 나름 필사적이었지만, 역사는 그것이 허망한 것이었음을 보여주었다.

이러한 맥락에서 박정희 이데올로기를 '군사적 자유주의' miliberalism로 부를 수도 있을 것이다. 그것은 시장경제와 권위주의 체제의 조합과 조응하면서 자유주의를 전투적으로 만들고 군사주의를 자유시장으로 길들이는 과정을 의미한다. 달리 말하자면 시장과 전장이 상호 습합되어 시장에 전쟁 문법이 적용되고 전쟁에 시장논리가 차용되는 과정이기도 하다. 이것이 양극화를 포함해 무엇이든 극단화하는 세계를 설명하는 단초가 될 수도 있을 것이라 생각한다. 이것이 20세기 박정희를 통해 21세기 박정희 이데올로기를 살펴보고자 한 이유이다.

이 책은 모두 3부로 구성되어 있다. 1부는 쿠데타로 집권하기 전 1960년까지 박정희의 행적을 주로 이데올로기 및 통치성과 관련하여 살펴보고자 한다. 이 책의 기본 목적은 박정희 체제의 통치성과 이데올로기를 조명하는 것이지만, 그 중심에 위치한 개인 박정희의 삶을 이해하는 것이 중요하다고 판단했다. 박정희의 삶은 당대의 반영이자 또한 동시대를 산 많은 이들과 접속된다는 점에서 단지 개인에 대한 설명으로 국한되지 않는다고 생각된다.

2부는 박정희 체제의 통치성의 일단을 분석해보고자 한다. 통치성의 중요한 조건이었던 미국의 영향을 살펴보고, 국가와 사회 영역의 군사적 통치성과 자유주의적 통치성을 조명할 것이다. 통치성은 국가와 시장, 사회가 상호 관련되어 구성되는 과정이라 할 수 있기에 정권의 정책에 국한될 수 없을 것이다. 그러므로 국가 정책과 함께 특히 시장과 사회 속에서 자유주의 통치성이 어떻게 구성되어 작동하고 있는가를 살피고자 했다.

3부는 박정희 체제의 이데올로기와 담론을 민족주의, 민주주의, 발전주의, 군사적 자유주의로 나누어 살피고자 한다. 이데올로기와 담론이 중요한 것은 그것이 단지 주어진 현실의 반영에 그치는 것이 아니라 새로운 현실을 구성하는 강력한 힘을 가지고 있기 때문이다. 따라서 모든 체제는 자신을 정당화할 필요성으로 이데올로기를 구성하지만, 또한 동시에 그것은 체제를 포함해 현실을 새롭게 재구성해낸다. 쿠데타로 집권한 군부세력이었기에 박정희 체제는 이데올로기와 담론에 있어 광범위한 지식인을 동원할 필요성이 컸다. 박정희 이름으로 공간된 총 4종의 책이 모두 지식인의 대필이었다는 사실에서 보이듯이 박정희 체제는 지식과 권력이 융합된 체제를 형성했다. 그렇기에 가급적 폭넓게 관련 지식인들의 글을 참고하려고 했다. 아울러 이데올로기는 특정의 역사적 국면 속에서 구성되고 작동하는 것이기에, 특정 정세 속 지식인 사회의 동향을 살펴보는 것이 중요하기 때문이기도 하다.

이 책을 쓰기로 마음먹은 지는 제법 오래되었으나 이제서야 출간하게 되었으니 민망하기 그지없게 되었다. 이런저런 일로 나름 바쁘게 살았다는 말은 핑계에 불과하고 게으름과 천학의 소치일 따름이다. 필자가 박정희를 주제로 처음 글을 발표한 게 2000년이었으니 25년 이상 이 주제와 씨름한 셈이다. 그럼에도 여전히 부족하고 빈틈이 많이 보여 스스로도 불만일 따름이다.

이 책은 완전히 새로 쓴 글과 기존에 발표된 글들로 이루어져 있다. 그 비율을 정확하게 계산하기는 어렵지만, 대략 반반이지 않나 싶다. 그렇지만 이미 발표된 글들도 그대로 실은 것은 없고 새로 고쳐 썼으며 또 책 편제에 맞추어 이리저리 재구성하다 보니 구구절절 그 내용을 설명하기도 힘들게 되었다. 이 책과 관련된 기존 발표 글들은 참고문헌에 소개하였으니 관심 있는 독자들은 살펴보기 바란다.

이 책을 쓰기까지 돌아가신 부친과 지도교수님을 비롯해 감사를 드려야 할 분들이 너무 많기에 10여 쪽을 할애한다 해도 부족할 지경이다. 감사의 말씀을 올리는 게 맞겠지만, 이미 너무 많은 지면을 써서 더 이상 분량을 늘리는 게 힘든 상황이다. 한편으로는 독자들과의 소통을 위한 지면에 필자의 개인적 이야기를 길게 쓰는 게 맞는 일인가에 대한 확신이 없기도 하다. 이러저러한 경로로 학은을 입은 모든 분들께 감사의 말씀을 드린다는 말로 갈음하고자 한다. 아울러 편집자를 비롯해 책을 만들기 위해 고생하신 분들께도 감사드린다. 책을 쓰면서 얻은 가장 큰 소득은 '독자들의 질정을 바란다'는 말이 무엇인지를 깊이 깨달았다는 점이다. 부디 많은 질정이 있기를 바랄 뿐이다.

1부

박정희,
그를 만든 시대와 역사

이 책에서 주로 다루고자 하는 것은 박정희 체제의 통치성과 이데올로기이지만, 그것이 개인의 삶과 무관할 수는 없다. 개인적 삶과 통치성, 이데올로기 간의 관계는 매우 미묘한 문제이며 섣부른 일반론으로 규정하기 힘들다. 인간의 삶과 경험은 그의 사상과 이데올로기 또는 행위양식과 단속적이다. 자신의 체험과 연속되는 이데올로기를 보여주는 경우도 있지만, 무관한 듯 보이는 경우도 다반사다. 요컨대 환경의 구조적 결정과 개체의 특이성 사이의 복잡계는 단선적 인과율을 허용하지 않는다. 그럼에도 복잡계를 건너뛰는 것은 대상에 대한 핍진한 이해를 곤란케 할 것이기에 최대한 육박해볼 필요가 있다.

아랍 속담에 '사람은 아버지보다 시대를 닮는다'는 말이 있다. 시대를 이해하지 않고 한 인간을 이해하는 것은 불가능하다는 뜻이다. 또한 인간은 시대의 어떤 위치값을 갖는다. 동일한 시대를 살았다 하더라도 모든 사람이 동일한 경험치를 갖는 것은 아니다. 각자의 위치에서 보고 경험한 시대는 만인만색이다. 그 위치가 곧 주체의 자리가 될 것이다. 이 자리는 다른 자리와의 연속과 단절을 포함한 관계성에 대한 복잡한 사유를 통해 확인 가능하다. 요컨대 해당 시대의 주체 위치에 대한 위상학적 사유를 통해 한 인간이 어떻게 시대를 닮아가는가를 파악할 필요가 있다.

박정희의 시대적 주체 위치들은 어떠했을까? 그는 일제시기에 태어나 초중등교육과 사관학교 교육을 이수했다. 만주군과 한국군 복무 그리고 쿠데타 이후 대통령 취임이 그의 간단한 이력이다. 학생과 사관생도, 교사와 군인 그리고 대통령이 그의 주체 위치들이었다. 물론 남로당원이라는 위치 역시 빼놓을 수 없다. 각각의 위치들은 만만치 않은 분석과 이해가 필요할 것이다. 근대 교육의 효과, 1930~1940년대 이른바 '쇼와 유신'으로 불리는 강력한 군사주의의 대두, 해방과 전쟁으로 이어지는 국가 형성 과정, 근대화 물결 등 그의 삶을 이해하기 위한 시대 분석은 실로 한국 근현대사 전체를 관류한다고 하겠다.

쿠데타 이후 권력자 박정희의 삶이 중요한 것은 분명하다. 그러나 성장 과정과 청년기의 경험은 평생을 가는 개체의 특이성을 구성하는 과정이기에 더욱 중요하다. 사람이 쉽게 바뀌지 않는 것은 타고난 천성도 있겠지만, 이 시기에 형성된 경험치의 결정성 때문일 것이다.

게다가 박정희 개인의 역사적 경험과 그 영향은 오로지 개인의 특수한 것으로 국한될 수 없다. 박정희 체제의 주요한 이데올로그들이나 핵심 권력 담당자들 중에는 박정희와 유사한 경험을 한 경우도 많았고, 동일한 시대적 역사적 맥락 속에서 세계관부터 습성에 이르기까지 많은 점들을 공유했다. 즉 박정희의 경험은 체제 핵심 인물들의 그것과 직간접적으로 연결되는 것이었기에 개인 분석을 통해 집단 경험을 유추하는 것도 가능할 것이다.

박정희는 1917년생인데 1920년대 전후 출생자들은 한국 근현

     1부   박정희, 그를 만든 시대와 역사

대사에서 '국민 1세대'로 불릴 만한 세대다. 집단적으로 근대 공교육 세례를 받았고 '학병세대'라는 말로 드러나듯이 제2차 세계대전과 한국전쟁을 통해 국민병 경험을 했으며 근대화와 산업화를 주도한 세대이기도 하다. 요컨대 1910년대 후반에서 1930년대 초반 사이에 태어난 세대는 식민 치하에서 태어나 잔뼈가 굵은 사람들로 '식민지 근대'를 몸과 마음에 아로새기게 된다. 이들의 집단 체험과 주체화 과정이야말로 근현대사의 인격화된 양상일 것이다.

1. 가족과 가난 — '빈농의 아들' 신화

출생 후 최초의 일차적 관계를 형성하는 가족은 사람의 삶에 지대한 영향을 미친다. 유전자를 주고받은 혈연관계는 천륜과 인륜이라는 윤리적 코드와 결합되어 가장 자연스러운 인간 삶의 모체처럼 여겨진다. 가족은 가장 내밀한 사적 영역이자 국가의 공적 지배 질서의 기초 단위이기도 하다. 사적 영역을 보장하되 제도와 이데올로기를 통해 그것을 장악하는 것은 지배 질서의 안정적 재생산을 위해 긴요하다. 요컨대 가족은 국가조차 어찌할 수 없는 사적 자유의 영역이라는 측면과 지배 질서가 재생산되는 공간이라는 층위가 뫼비우스의 띠처럼 이어진 곳이다.

물론 자식 세대는 부모 세대의 질서를 단순 반복하지 않으며 순응과 함께 반항을 통해 또 다른 세계를 만들어간다. 자식 세대는 가족을 떠나 공적 영역으로 진입하면서 비로소 사회적 주체로 구성된다. 근대 이후 이 과정은 보통 학교를 통해 이루어졌다. 학교는 국가와 사회의 공적 재생산기관으로 사회적 상징계의 일차 관문이다. 자크 라캉Jacques Lacan에 따르면 언어로 구조화된 상징계에 진입함으로써 인간은 비로소 현실의 주체로 정립된다. 학교는 특히 기존 질서를 집약한 문자언어의 지식권력으로 주체를 호명한다. 박정희의 사회적 주체화는 정확히 이 과정을 밟는다.

박정희는 1917년 11월 14일 경상북도 선산군 구미면 상모리에서 부친 박성빈朴成彬과 모친 백남의白南義 사이에서 5남 2녀 중 막내로 태어났다. 박성빈은 동학운동에 가담했다가 죽을 고비를 넘겼다는 얘기도 있고, 무과에 급제해 선달로 불렸다는 얘기도 있는데, 자세한 내용은 알 수 없다. 어쨌든 두주불사의 한량으로 집안일에는 별 신경을 안 썼다고 한다. 모친은 비교적 유복한 집안에서 태어나 한글 소설을 즐겨 읽을 정도의 교양을 갖춘 사람이었다. 모친은 늦은 나이인 45세에 임신하자 낙태하고자 갖은 노력을 다했다고 하지만, 결국 막내로 박정희가 태어난다.

박정희의 유년 시절은 그리 특별하지도 않았고 별다른 충격적인 요소도 없었다. 그런데 5·16 이후 박정희의 평범하지 않은 삶으로 인해 많은 사람이 그의 특이성과 비범성을 유년기, 심지어 태아기로까지 거슬러 올라가 찾고자 했다. 발생론적으로 남다른 가치와 자질을 보여주어야 한다는 어떤 강박의 소산일 수도 있는 이러한 시도는 역사적 분석 대신 개체의 특이성만을 주목하는 것이다. 이러한 시각은 문제를 근원적으로 추적하는 것처럼 보일 수도 있지만, 실제로는 원초적 결정론에 빠질 가능성이 높으며 역사적 변화에 열려 있는 사회적 총관계로서의 인간 이해를 도외시하기 십상이다.

박정희의 생애를 집요하게 추적해왔던 조갑제는 박정희가 "부모와 형제들로부터 사랑과 귀여움을 듬뿍 받고" 자라 "건전한 인

     1부 박정희, 그를 만든 시대와 역사

격"을 형성했으며, 특히 어머니의 사랑은 난관을 돌파하는 "용기와 의지의 원천"이었다고 평했다.[1] 이는 흔히 위인전기류에 나타나는 상투어처럼 보이는데, 박정희를 난세의 영웅으로 만들 만한 비범함을 드러내기에는 부족한 듯하다. 이는 그의 평범한 유년 시절에서 특이한 측면이 드러나지 않은 결과라고 보인다.

이와 달리 정신분석학을 원용해 박정희의 성장 과정을 분석한 한 연구에서는 박정희의 "성격, 정치적 사상, 리더십 행동 등은 그의 개인사적 생애 속에서 형성된 것"이라는 전제 아래 어린 시절의 심각한 '유기불안 경험'이 대구사범학교 시절 "심리적 고아"psychic orphan로 연결되어 "훗날 5·16쿠데타와 유신 추진 등과 같은 결정의 원형이 되었으며, 국가주의적 정치사상 및 행동과 밀접한 관계"에 있다고 결론지었다.[2] 즉 성장 과정의 특수한 경험을 성인기의 정치적 신념과 연결시키고 있는데, 원초적 결정론의 위험이 커 보인다.[3]

아버지 박성빈이 동학에 가담해 죽을 뻔했다는 이야기나 어머니가 낙태시키기 위해 애를 썼다는 등의 이야기를 성장 과정에서 들었다고 해서 그것이 유기불안으로까지 연결된다는 것은 과도한 해석이다. '다리 밑에서 주워왔다'는 식의 존재-유기불안은 한국인이라면 어린 시절 누구나 겪을 수 있는 경험이며, 심리적 고아의식 또한 많은 사람이 흔하게 경험한다. 박정희의 경험은 독특한 개인의 경험이라고 보기 힘들다.

오히려 박정희가 예외적 존재가 아니라 일반적 환경의 산물이라는 점이 훨씬 더 중요하다. 그는 당시 누구라도 경험했음직한 체험과 일반적이고 흔한 생활환경에서 형성된 존재이기에 시대에 반하는 인물이 아니라 그 시대를 거의 평균적으로 반영한다고 할 수 있기 때문이다. 이는 곧 그의 체험이 개인의 체험이자 동시대 동년배 대다수의 집단적 체험의 일부를 이루는 것임을 의미한다. 즉 그는 '아버지보다 시대를 닮았다.'

박정희의 가족에 대한 회고를 보더라도 별다른 특이성이 보이지 않는다. 모친은 막내아들에 대한 정성이 지극했다. 박정희는 모친의 29기 제삿날에 "이 세상에서 어머니처럼 나를 사랑해주신 분은 없으리라"고 회고하면서 그 애정을 '하늘과 바다'에 비유했다.[4] 이에 반해 부친에 대한 기억은 "쾌활하고 두주불사"였던 것으로 회고하고 있는데, 특별한 애정이 드러나지는 않는다.

프랑스의 마르크스주의 철학자 루이 알튀세르Louis Althusser는 지배 체제 분석을 위해 군대와 경찰 같은 폭력적 국가장치와 함께 이데올로기적 국가장치라는 개념을 사용했다. 그가 이데올로기적 국가장치로 든 것은 가족, 학교 그리고 교회다. 공교롭게도 근대 이후 한국에서는 이 세 요소가 프랑스만큼이나 중요했다. 박정희의 경우 유년 시절 최고의 변수는 가족보다 학교였다. 가족, 특히 모친의 역할은 이 점에서 중요했다.

넉넉하지 않은 살림에도 모친은 셋째 아들 박상희는 물론 막내 박정희까지 보통학교에 보냈다. 박상희는 상모리에서 유일한 보통학교 학생이었고 박정희는 3명 중 하나였지만 유일한 졸업생이었다. 박정희의 모친은 새로운 변화에 민감했고 개방적이었던 것으로 보인다. 동네 사람 아무도 보내지 않는 보통학교에 두 아들을 보냈는가 하면 박정희가 교회를 다니는 것도 막지 않았다. 모친의 희망이 무엇인지는 분명치 않지만, 어쨌든 자식들이 시대를 닮아가는 데 결정적 역할을 한 셈이다. 박정희의 회고를 보면 곤궁한 삶 속에서도 월사금을 한 번도 밀리지 않고 마련해준 모친에 대한 절절한 마음이 묻어난다.

당시는 학교가 무엇인지, 졸업장이 어떤 효과를 낼 것인지 아직 분명하지 않은 시대였다. 그러나 과거 제도가 폐지되고 왕조도 사라졌으며 양반도 예전만 못한 시대의 변화 속에 새로운 지배자로 등장한 일본 역시 못 미덥긴 했지만, 어쨌든 그들이 주도하는 변화가 과거와는 분명히 다른 무언가를 만들어내고 있었던 것도 사실이다. 3·1운동 이후 곳곳에 보통학교가 들어서기 시작했고 머뭇거리던 조선인들이 어느 순간부터 경쟁적으로 아이들을 학교에 보내기 시작했다. 역사상 최초의 보통학교 입시 과열이 나타나고 있었고, 박정희의 모친 역시 이 흐름을 타고 있었다.

구미보통학교는 1919년 6월 11일 설립 인가를 받아 1920년 2월에 개교했고, 1925년에 6년제로 확대 개편된다. 좀 과장을 보태 단언하자면, 구미보통학교가 없었다면 우리가 아는 박정희도 없다. 보통학교부터 차곡차곡 학력자본을 축적하지 못했다면 사범학교나 사관학교는 언감생심이다. 총독부가 초등교육 수준의 공교육 체계를 대폭 확대한 데는 여러 목적이 있었지만, 무엇보다 이데올로기적 국가장치를 가동시킨 것이 분명했다. 이광수의 표현대로 3·1운동의 '무지몽매한 군중'을 길들이는 데 교육만 한 것이 없다고 판단했을 것이다.

결과적으로 박정희의 부모는 자식들이 시대를 닮도록 적극 후원했다. 그 시대는 바야흐로 총독부가 주도하는 근대적 변화가 조선인의 삶 속으로 점차 육박해 들어오던 시절이었다. 공적 영역의 주역은 일본 식민자였고 싫건 좋건 그들과 교섭하지 않고서 공적 영역의 의미 있는 주체가 되는 것은 매우 곤란했다. 식민자들과 관계 맺는 방식을 단순화하자면 전면적 저항이라는 형극의 길과 함게 식민 질서 속으로 스며드는 두 가지 길이 있었다. 물론 두 갈래 길은 때론 겹쳐졌다 다시 갈라지기도 하는 등 그리 간단치 않았다.

식민 지배자들에게 학교는 충량한 황국신민을 만들기 위한 것이겠지만, 식민지 조선인들에게는 입신출세를 위한 장치이기도 했다. 출세(주의)와 욕망의 정치는 근대 자본주의-자유주의 사회의 대표적 동력이다. 전근대사회가 신분제적 격벽과 토지긴박을 통해 '안정'에 치중했다면, 그래서 '안분지족'과 '금욕'을 강조했다면, 원리적 수준에서 근대사회는 만인평등의 자연 상태를 가정하고 능력별 위계서열화를 내세웠기에 경쟁을 통한 사회적 유동성을 강조했다. 따라서 욕망은 무한 증식해야만 되는 자본운동을 닮아갔다. 욕망은 오직 그 능력에 따라서 충족도가 결정될 것이기에, 사회적 지위의 결정 요인이 신분에서 능력으로 대체된 것처럼 보인다.

박정희는 주로 '국가적 출세'와 관련되어 이해되지만 그는 또한 놀라운 '개인적 출세'의 상징이다. '빈농의 아들' 박정희는 대통령이 되었다. 왕족 이승만, 귀족 윤보선과 달리 박정희는 '빈농의 아들'이었고 빈농에서 대통령이라는 인생역전의 근대 신화를 탄생시켰다. 놀라운 성공으로 '하면 된다'는 정신을 스스로 입증한 박정희는 대중의 욕망을 한껏 자극하며 근대화의 꿈을 선동했다. '빈농의 아들'과 대통령 사이의 천로역정은 국가적 출세 이야기만큼이나 흥미롭고 감동적인 것으로 여겨진다.

더군다나 그의 출세가 오직 개인적 재능과 노력의 산물처럼 여겨지기에 극적 효과는 배가된다. 두 성공담 모두 최대의 낙차를 보여주기에 감동의 효과는 배가되고, 절묘하게 중첩됨으로써 국가와 개인을 아우르는 설득력 높은 서사구조를 이룬다. 국가적 출세와 개인적 출세, 이 두 가지 층위를 갖는 개발연대의 추억은 "나라의 융성이 나의 발전의 근본임을 깨달아"야만 했던 국민의 교육용으로 제격이었다.

이러한 맥락에서 박정희의 성장 과정에 나타난 '가난'을 다시 살펴볼 필요가 있다. 부친 박성빈이 처가 집안의 위답位畓 여덟 마지기를 경작하며 살았다는 사실로 보아 경제적 형편이 그리 넉넉하지는 않았던 것으로 보인다. 학교에 도시락을 싸가기 힘든 형편이었다고도 한다.[5] 무엇보다 박정희 스스로 가난 체험을 매우 강조했다. 박정희는 가난을 자신의 스승으로까지 표현하면서 특권층에 대한 분노를 표출하기도 했다.[6]

박정희에 대한 전기적 연구를 시도한 전인권도 유년 시절의 가난 체험이 성인기의 정치적 사고와 밀접하게 관련된다고 보았다. 즉 유년 시절 박정희의 가난은 두 가지 정신적 외상을 남겼다고 보는데, 가난 자체와 함께 수치심에 대한 외상이 그것이다. 이 트라우마는 훗날 자주·자립에 대한 강조, 그리고 안보에 대한 지나친 반응과 관련된다는 것이다.[7]

빈곤이 한 인간에게 어떤 영향을 미치는가도 매우 논쟁적인 문제다. 빈곤은 한 인간을 철두철미한 출세 지향적 인간으로 만들 수도 있고 사회 변혁을 위한 투사로 만들 수도 있다. 지독한 가난은 사람을 파멸 또는 자살로 내몰 수도 있으며 역으로 강인한 생존력을 키워줄 수도 있다.

그런데 여기서 먼저 확인해야 할 것은 박정희 집안의 가난이 그렇게 심각한 것으로 보이지 않는다는 점이다. 1970년 박정희 본인이 작성한 유년 시절에 대한 회고를 보면, 행복하고 정겨웠던 농촌생활에 대한 정감 어린 서술이 대부분이고, 가난에 대한 묘사는 "한없이 평화스럽지만 가난한 나의 고향"이라는 서술 정도에 그치고 있다. 그것도 어머니의 지극한 사랑을 강조하기 위해 동원된 것이다.[8] 다른 곳에서 가난의 체험에 대한 언급이 나타나지만 그렇게 심각한 가난은 아닌 것으로 보인다.[9]

이와 관련해 조갑제는 당시 박정희 집안의 경제 상태를 처가 문중(수원 백씨)의 위답 여덟 마지기와 차남 박무희가 칠곡 대지주 장승원의 소유지 다섯 마지기를 소작하는 것을 합쳐 열세 마지기였고, 소작료와 위답의 시제 비용을 제하고 1년 순수입이 대략 스무 가마 정도 되었을 것으로 추정했다. 당시 구미의 호당 평균 경작 면적이 열 마지기 정도였기에 박정희 집안은 평균 이상이었다.[10] 이 정도면 소농일지언정 빈농으로 보기는 힘들다. 심지어 아이스크림을 사먹고 집안에서 '밀주를 자주 담가 먹었다'는 회고도 있다.[11]

박정희 집안의 경제 형편과 관련해서는 상충되는 증언과 회고들이 교차한다. 빈곤했다고 해도 그것은 길게 보아야 1930년대 초반까지였다. 박정희는 1937년 봄부터 보통학교 훈도訓導(초등학교 교사) 생활을 시작했고, 이 무렵 박상희의 사업도 상당히 번창해 집을 세 채나 살 정도였다.[12] 여러 정황상 가난이 박정희의 유년 시절에 어떤 결정적 역할을 했다고 보기는 힘들다.

이상을 통해 보건대 '빈농의 아들'은 대중정치적 수사에 가깝다. 박정희는 압도적 다수의 농민 및 농촌을 배경으로 가진 대중과 자신을 동일시함으로써 인민주의적 대중정치를 시도한 것이다. 또 한편으로는 빈농에서 대통령이 된 입지전을 통해 자신의 놀라운 능력을 과시한 것이기도 했다. 다시 말해 박정희는 대중과 자신을 동일시하면서 차별화하는 복화술적 효과를 위해 빈곤을 유효적절하게 활용했다. 요컨대 유년 시절 박정희의 빈곤은 사후적으로 재발견된 것이다.

2. 학교와 교회 또는 성속과 '힘의 논리'

박정희는 1926년 구미보통학교에 입학해 1932년 3월에 졸업했다. 구미보통학교 시절은 박정희가 난생 처음으로 근대적 지식-권력의 의미를 체험하면서 권력관계망 속에서의 기술과 처세술을 익혀나가게 된 시기였다. 박정희는 유학儒學·한학과의 관련이 매우 약했다. 학적부에는 입학 전 한문을 수학했다고 적혀 있고 보통학교 시절 일요일마다 서당에 다녔다고 하는 게 전부다.[13] 즉 초보적 한학 교육을 벗어나지 못했으며, 보통학교 수업이 박정희에게는 본격적인 학문체계와의 첫 접촉이었다고 해도 무방하다.

학교는 근대사회의 새로운 승강기다. 전근대사회는 대부분 신분제를 가장 중요한 사회적 위계질서로 채택했다. 신분제는 약간의 상하 유동성이 있기는 하지만 기본적으로 생득적 신분지위가 거의 고정적으로 유지된다. 반면에 근대사회는 형식논리적으로 평등을 전제하지만, 실제 현실은 불평등의 만연이었다. 이 모순을 정당화하는 유력한 장치가 능력주의다. 근대사회는 능력에 의해 사회적 지위가 결정된다는 신화를 만들어낸다.

근대의 능력 담론은 인간 능력의 핵심을 정신으로 집약했다. 이성적이고 합리적인 사유 능력을 갖춘 인간은 자아와 자연을 투명하게 인식할 수 있고, 그 인식에 따른 합목적적 실천이 자아실현과 능력 발휘의 원천이 된다는 논리다. 따라서 능력은 개체의 고유한 내적 본질로 추상화되며, 자신의 자유의지에 의해 그 증감이 가능한 것으로 상정된다. 능력주의에서는 지능과 노력, 이 두 가지 속성이 인간을 규정하는 핵심 가치라고 주장한다. 그것은 자연적 소여이기에 어떠한 반박도 있을 수 없으며 불평등한 사회질서의 자연화를 궁극적으로 보장하는 것으로 간주된다.[14]

지능과 의지, 곧 (무)능력에 의한 사회적 승강을 결정짓는 핵심 장치는 학교였고, 능력별 위계서열화의 자연화된 모델이었다. 동일한 연령의 학생들이 동일한 공간에서 동일한 시간에 동일한 내용을 동일한 교사로부터 배우는 과정을 거쳐 나타난 차이를 인간의 자연적 능력 차이로 전화해 움직일 수 없는 위계서열화의 원칙으로 만드는 것이 학교였다.

교육은 박정희에게 근대적 의미의 능력을 제공했을 뿐만 아니라 사회 활동을 위한 다양한 자원을 제공했다. 그 첫 출발은 보통학교에서 받은 탁월한 성적이었다. 거의 전 과목에서 10점 만점에 9점 이상을 받았고 8점을 받은 것은 3학년 때 수신, 도화, 체조뿐이다. 1학년과 2학년 때는 우등상, 5학년과 6학년 때는 우등상과 정근상을 받았다. 조행(품행)도 전 학년 갑甲(최우수)을 받았고 영양 상태도 대체로 양호했다.[15] 이 탁월한 성적을 발판으로 보통학교 권력관계의 핵심인 급장(반장)이 될 수 있었다. 박정희는 1학년 2학기 때부터 급장을 했고, 3학년부터는 최우등생이 자동적으로 급장을 맡는 규칙에 따라 내리 급장을 했다.[16]

사후에 각색된 것일 수도 있겠지만, 대부분 급우들은 급장 박정희가 대단히 총명했고 통솔력이 있었으며, 무엇보다 어린이로 보기 힘든 승부 근성과 권력의지를 가졌다고 회고했다. 한 친구는 박정희의 별명이 '대추방망이'라고 했고, 또 다른 친구는 '악바리'라고도 했다.[17] 실제 박정희는 급우들에게 대단히 폭력적인 태도를 보였으며, 어린아이가 했을 것이라 보기 힘든 전략적이고 교활한 술책도 마다하지 않았다. 같은 반 동기생이었던 박승룡朴升龍은 급장 박정희의 모습을 이렇게 떠올렸다.

> 돌이켜보면 박정희는 귀엽고 예쁘게 생긴 친구였지요. 그런데도 학교 다닐 때는 그런 생각을 못했습니다. 성품이 몹시 독한 데가 있었기 때문이지요. 별명이 '악바리', '대추방망이'였지만 함부로 그렇게 부르지도 못했어요. 공부도 잘했고 해서 아이들이 그를 두려워했던 겁니다. 일본인 교사들도 그를 귀여워했던 것이 사실입니다. 박정희가 급장을 지냈던 3학년 때부터 6학년 때까지 급우들 가운데 그로부터 맞아보지 않은 아이들이 드물 정도였습니다. 동급생들보다 키가 작았던 박정희는 겁도 없이 말 안 듣는 아이들이 있으면 체구나 나이가 위인데도 뺨을 후려갈겼어요. (…) 늘 냉엄한 표정인 정희에 대해서 아이들은 가까이하기를 어려워했어요.[18]

이 구술은 보통학교 급장 박정희의 모습을 압축적으로 보여준다. 독한 성격과 우수한 성적, 교사들의 신임을 배경으로 박정희는 거의 전횡에 가까운 권력을 행사했으며, 그 중요한 수단이 폭력이었음이 드러난다. 박정희의 타고난 성격과 관련해 승부 근성이 강했고 남에게 지기 싫어했다는 증언이 많은데, 중요한 것은 그 성격이 어떠한 사회적 관계 속에 구체화되는가이다. 박정희는 성적을 바탕으로 교사의 신임을 얻고 급장이라는 권력관계의 중요한 위치를 선점했다.[19] 그 과정에서 행사되는 폭력은 개인적이라기보다 구조적인 것이다. 그런데 박정희는 지식-권력의 힘을 또 다른 방식으로 체험-실천하기도 했다.

힘이 세고 말을 잘 들어먹지 않는 급우 한 놈 있었음. 그러나 이 자가 수학은 전연 못하고 늘 선생님에게 꾸지람 듣는 것을 그 자를 내 말을 잘 듣도록 하는 방법을 생각하다가 휴식시간에 산술 문제를 가르쳐주고 숙제 못해온 것을 휴식시간에 몇 번 가르쳐주었더니 그다음부터는 내 말이라면 무조건 굴복하던 생각이 난다.[20]

박정희의 회고를 통해 보건대, 어린 나이임에도 불구하고 일종의 전략적 사고를 하고 있음이 확인된다. 완력 또는 폭력과는 다른 방식으로 대상에 작용하는 '힘'이 있음을 간취하고, 그 효과를 나름의 전략 속에서 확인하고 있다. 무엇보다 급장 박정희는 급우를 수평적 관계인 벗이 아니라 수직적 통제 대상으로 사유하고 있음이 드러난다. 폭력을 주요 수단으로 삼아 통제하되, 여의치 않을 경우 지식-권력을 교묘하게 배합해 지배를 관철시키고자 했다. 이는 생득적 자질일 수도 있겠지만, 능력별 수직의 질서를 관철시키는 근대적 교육기관, 식민지 교육 질서의 구조적 권력 효과이기도 하다. 박정희의 주체성은 그 권력 효과의 말단에서 발휘되었을 뿐이다. 동급생을 굴복시켜야 할 대상으로 바라보는 박정희의 시각은 대상과 분야를 확장해가며 평생을 일관한다.

특히 박정희의 급장 생활에서 눈에 띄는 것은 교실이 더 이상 전통적 질서에 속박되어 있지 않다는 점이다. 박정희가 살고 있던 상모리는 머리를 짧게 깎은 비교적 개화된 사람들과 양반들이 일정한 거리를 두고 모여 살았다고 한다.[21] 1920년대면 갑오개혁으로 노비제가 혁파된 지 30년 남짓 지난 시점이었다. 아직까지 신분제의 유제와 관습이 강하게 남아 있었을 것이다. 그러나 박정희는 상대를 가리지 않고 급장의 권력을 행사했다. 심지어 나이가 자

신보다 훨씬 많고 결혼까지 했으며 반에서 키가 제일 컸던 동급생의 따귀를 올려붙이기도 했다고 한다.[22]

이상에서 보이듯이 소년 박정희는 보통학교 때부터 이미 주어진 조건 속에서 자신의 의지-지배를 관철시키는 기술을 배우고 권력에 대한 초보적 인식을 획득한 것으로 보인다. 박정희 전기를 쓴 정재경은 이를 승부 근성, 즉 싸움의 승리를 위한 '힘의 논리'를 일찍부터 터득한 것이라고 주장했다.[23] 여기서 힘의 논리가 관철되는 인격적 조건으로서 교사가 있다. 박정희는 교사들의 귀여움을 독차지함으로써 그 권력을 위임받은 셈이다. 이러한 모습은 사범학교와 사관학교에서도 반복되는데, 교사와 교관들에게 박정희는 전형적인 '모범생'이었다. 식민국가의 이데올로기적 호명이 교사를 통해 인격화된 형태로 학생 박정희에게 관철된 결과가 곧 '모범생'이었다. 역으로 박정희는 권력의 욕망을 파악하는 데 탁월했고 그 욕망을 충족시켜줌으로써 자신의 권력을 확장시키는 기술에 능했다.

힘의 논리에 기반한 박정희의 인식은 영웅에 대한 열정과 연결된다. 박정희의 회고에 따르면 보통학교 시절에 "일본 역사에 나오는 위인들을 좋아하다가 5학년 때 춘원이 쓴 『이순신』을 읽고 이순신 장군을 숭배하게 되었고 6학년 때 『나폴레옹 전기』를 읽고 나폴레옹을 숭배하였다"라고 했다.[24] 당시 교과서에 나오던 일본의 위인들이란 전국시대 오다 노부나가, 도요토미 히데요시, 도쿠가와 이에야스 등의 사무라이였는데, 한마디로 일본 '무사도'에 심취한 셈이다. 일제 교과서는 철저한 식민주의 사관으로 일관했다. 예컨대 조선 왕조는 당파싸움, 사대주의 등으로 임진왜란을 자초했고 자립할 수 없는 왕조였다는 주장이 대표적이다.[25] 이광수가 소설에서 묘사한 이순신 또한 '조선민족의 고질적 병폐라고 누누이 강조하던 당파싸움에 희생된 비운의 군인으로서의 이순신'이었다.[26]

이광수는 특히 조선 왕조에 대한 반감이 매우 극렬했다. 이는 서북과 기호 간 지역구도를 통해 더욱 강화된다. 이광수가 거의 유일하게 존경하고 따른 사람은 안창호였다. 기호파의 '영원한 황태자' 이승만에 맞서 안창호는 '서북의 영원한 스승'이었다. 서북파 이광수의 시각으로 보건대 이순신은 조선 왕조 양반들에게 희생된 영웅이며, 그를 파멸시킨 양반이란 당쟁으로 날을 샌 노론-기호파 기득권층에 불과했다.

이광수의 인식은 일본 식민주의자들의 논리와 연결되는데, 조선 왕조에 대한 극단적 부정은 곧 정체성, 파당성, 타율성 논리와 연결된다. 내부의 적을 넘어서기 위해 외부의 적과 연대하는 기묘한 모습이 연출된 셈이었다. 훗날 박정희는 조선 왕조에 대한 극단적 부정과 반감을 노골화하는데, 보통학교 시절의 교육 및 이순신을 통한 학습효과와 무관하지 않아 보인다. 특히 이순신에 대한 박정희의 관심은 집착에 가까웠다.[27]

박정희는 이순신에 이어 나폴레옹을 읽었다. 조갑제에 따르면 나폴레옹은 이순신을 능가할 정도로 그에게 큰 영향을 끼친다. "나폴레옹은 그를 흥분시키고 그를 군인과 권력의 길로 내몰았다. 이순신은 그의 뇌리에 남았고 나폴레옹은 그의 심장에 들어갔다. 이순신은 비장함으로, 나폴레옹은 야망으로 박정희 소년을 사로잡았다"라고 했다.[28]

이러한 영웅에 대한 숭배와 동일시는 곧 군인에 대한 동경으로 이어졌다. 박정희는 "소년 시절에는 군인을 무척 동경했다"고 했고 만주군관학교에 진학한 이유를 묻는 비서관에게 "긴 칼 차고 싶어서 갔지"라는 압축적이고 비유적인 답변을 했는데, 이는 곧 군인이 권력과 직결된다는 인식을 드러낸다. 박정희가 군인을 동경하게 된 계기 중의 하나는 대구에 주둔하고 있던 일본의 조선군 제20사단 제80연대의 야외 기동훈련을 구경한 것이었다.[29] 어린 시절에 군인, 경찰 등 '제복'에 대한 동경은 흔한 일이다. 제복이 상징하는 집단적 힘에 대한 무의식적 열망이 박정희를 비롯해 수많은 소년들을 휘감게 된 것이다.

근대 교육은 동일성의 주입이자 위계서열화 장치였다. 집단적 동일성을 추구하되, 수직적 위계서열화를 관철시킴으로써 무질서 속의 질서를 심고자 한다. 그 질서의 원리는 능력, 곧 힘의 논리였다. 박정희는 이 질서화의 사다리를 매우 성공적으로 올라가기 시작했으며, 그의 시선은 급한 경사의 상향각에 고정되어 있었다. 이 상향의 시선은 박정희 개인의 생래적 특이성일 수도 있겠지만, 무엇보다 그것을 현실화해주었던 학교가 중요하다. 보통학교에서의 초보적 '출세'가 그를 근대적 지식-권력, 힘의 논리에 눈뜨게 해준 셈이었다.

그런데 보통학교 시절 박정희의 또 다른 행적이 흥미롭다. 성인 박정희는 평생 종교를 갖지 않았지만, 구미보통학교 6년 동안에는 교회를 비교적 열심히 다녔다. 그의 생가 200미터 떨어진 곳에 1901년에 설립된 장로회 계통의 상모교회가 그곳이다. 상모교회는 1903~1904년에 걸쳐 비록 초가이긴 하지만 교회 건물을 건축하고 부설 측량학교도 설립하는 등 제법 교회 모습을 갖추게 된다.

그가 어떠한 계기로 교회를 다니게 되었는지는 자세하지 않으며 교회를 어떻게 생각하고 있었는지도 분명치 않다. 6년간의 신앙생활이 어땠는지 말해주는 자료는 거의 없다. 다만 대구사범학교에 진학하면서 더 이상 교회에 나가지 않았다. 대구사범학교에 다니다 방학을 맞아 집에 와 있던 박정희에게 친구가 왜 교회에 안 나오느냐고 물으면 말없이 싱긋 웃기만 했다고 한다. 국가재건최고회의 의장 시절에 박정희는 "나도 주일학교에 다녔는데 요사이는 다니지 않고 있다. 여러분들이 교육을 잘해주어서 나 같은 사람이 생기지 않도록 해달라"고 했다. 1976년 국방부 연두순시 자리에서는 '적을 사랑하라고 가르치지만 선량한 양떼를 잡아 먹으러 들어가는 이리 떼는 뚜드려 잡아 죽이는 것이 기독교 정신'이라고 강조하기도 했다.[30]

교회에서 박정희가 무엇을 보았는지는 자세하지 않다. 그러나 6년은 짧지 않은 세월이다. 군사 영웅에 빠져 있던 박정희가 예수를 위인으로 보았을까? 박정희는 집안에서 유일하게 교회를 다녔다고 하는데, 이승만이 잘 보여주듯이 개항 이후 한국의 수많은 엘리트 지식인들은 서양이 강성해진 근원을 기독교에서 구했다. 이승만은 특히 미국의 본질을 기독교에서 구하고 미국처럼 부국강병을 이룩하기 위해서는 한국의 기독교화가 급선무라고 생각했다.

과거시험에 실패하면서 조정의 타락과 부정을 목격하고 급진적 반체제 인물이 된 이승만, 독립협회의 열혈 회원으로 투쟁의 선봉에 섰던 이승만이 본 교회는 조정을 능가하는 위력으로 집약된다. 황제조차 함부로 할 수 없는 교회의 권능은 젊은 이승만을 매료시켰다. 물론 교회의 위력은 미국 선교사의 힘이었고 결국 미국의 권능이었다.

반면 박정희가 본 교회는 별 볼일 없는 곳이었다. 교인 수십 명에 불과한 시골 교회가 그에게 어떤 강력한 힘으로 다가왔을 가능성은 거의 없다. 반면 그가 새로 다니게 된 대구사범학교의 위력은 어린 박정희가 감당하기엔 버거울 정도였다. 학생 대부분이 기숙사 생활을 하고 교장 이하 교사들의 진용도 보통학교와는 비교할 수 없을 정도였다. 게다가 졸업하면 즉시 보통학교 훈도가 되는 학교였다. 불과 얼마 전까지 박정희를 가르쳤던 선생들과 동급의 인물이 되는 것이다. 학교의 위력, 일본인의 위력, 일본군의 위력, 요컨대 '대일본제국'의 현실적 위력을 온몸으로 체감할 수 있는 곳이 대구사범학교였다.

박정희는 구미보통학교 개교 이래 첫 대구사범 합격자였다. 이미 보통학교에서도 급장을 맡는 등 나름 특출함을 보이기는 했지만, 대구사범학교 진학은 차원을 달리하는 두각이었다. 박정희는 상승의 기운을 느꼈고 주변의 시샘과 부러움이 뒤섞인 시선을 만끽했을 것이다. 1970년 무렵 "박상희 씨가 대단한 수재였다던데요"라는 주변의 물음에 박정희는 "형은 대구사범 1회에 입학시험을 쳤다가 떨어졌는데 뭘"이라 했다.[31] 박정희는 집안의 기둥이자 그의 뒤를 돌봐주었던 형조차 간단하게 낙방자로 취급했다.

요컨대 박정희는 대구사범학교 입학을 통해 식민 지배질서에 한 걸음 더 다가간다. 이것이 식민지 조선인으로 태어나 제국 일본의 국민으로 재구성되기 시작한 소년의 성장기다. 이 길에 들어선 이상 교회는 점점 멀어질 수밖에 없었을 것이다. 하나님 나라의 복음을 듣기에 대구사범학교는 썩 좋은 장소는 아니었다. 그곳은 천황 또는 그 반대편에서 마르크스의 목소리가 울려 퍼지는 곳이었고, 박정희는 하나님의 왕국 대신 세속 제국의 권능에 이끌리게 된다. 게다가 미국과 달리 일본의 기독교는 무력하기 그지없었다. 이것이 하나님의 군대 대신 천황의 군대를 택한 결정적인 이유였을 것이다.

3. 훈도의 길과 군인의 길

1932년 4월 1일 박정희는 대구사범학교에 제4기로 입학했다. 입학 과정은 나름 우여곡절이 있었다. 가정 형편상 모친은 박정희의 진학을 원하지 않았다고 한다. 그러나 교사와 교장 등이 적극 나서서 진학을 주선했고 결국 모친도 이에 동의했다. 개교 이래 10년이 넘는 동안 단 한 명도 대구사범학교에 진학시키지 못했기에, 교사들과 교장은 모처럼 찾아온 기회를 놓치기 싫었을 것이다. 그만큼 박정희의 학업 성적은 우수했고 조행 평가도 훌륭해 모범생으로 손색이 없었다.

구미보통학교에서는 총 7명이 응시를 했는데 방과 후에도 남아 입시 준비를 하는 등 상당히 애를 썼다. 박정희는 885명의 응시자 중 100명을 선발하는 시험에서 51등으로 합격했다. 100명 중 10명은 일본인이었다. 일본인을 제외하면 대략 10 대 1의 경쟁률이었다. 이 시험은 박정희가 경험한 최초의 본격 입시였다. 그는 난생 처음 시험을 통해 경쟁자를 물리치고 특정한 자격을 획득하는 방법을 경험하고 배운 것이다.

사범학교는 보통학교와는 차원이 다른 학교였다. 보통학교를 졸업해봤자 상급학교 진학 자격이 주어지는 것 외에 특별히 보장되는 것은 없었다. 사범학교는 전액 무료에다 성적 우수자에게는 관비라는 이름의 생활비도 지급되었다. 게다가 보통학교 훈도라는 지위가 자동으로 주어졌기에 조선인 사이에서 선망의 대상이었다.

집안의 반대를 넘어 다른 경쟁자들을 제치고 이루어진 이 입시야 말로 박정희가 능력주의 사회로 나아가는 첫 관문이었던 셈이다. 경북의 가난한 수재들이 다 모인다는 대구사범학교에, 그것도 구미보통학교 개교 이래 첫 번째 합격생이었던 만큼 그의 출세가도는 더욱 탄력을 받은 것처럼 보였다.

사범학교는 일제가 '충량한 황국신민'을 양성할 일차적 책임이 있는 보통학교 훈도들을 양성하기 위해 세운 관립학교로 '교사 사관학교'라고 할 만큼 학칙과 규율이 엄했다.[32] 대구 인근의 학생을 제외한 전교생이 기숙사 생활을 했으며 24시간 교육과 훈련 감시로 일관했다. 독서 검열, 연애 금지, 술·담배 금지에다 무단결석을 하거나 조행이 나쁜 학생은 가차 없이 퇴학처분을 내리는 학교였다.[33] 그렇기에 학생들은 대구의 제80연대와 형무소에 빗대어 81연대라거나 제2의 형무소 등으로 불렀다고 한다. 또한 일본어 발음이 사범학교와 동일한 것에 착안해 '시한갓코우'半死學校로 불렀다고도 한다.[34]

이러한 분위기는 모든 사범학교가 유사했다. 경성사범학교는 사범학교 중의 사범학교라고 불리며 최고의 권위를 자랑했지만 엄격한 기숙사 생활과 천황주의, 전체주의적 교육은 동일했다. 다만 교장의 개인적 특성에 따라 온정주의적 분위기가 가미되는 정도였다.[35] 사범학교 생활을 통해 박정희가 일차적으로 배운 것은 군사적 규율과 일사불란한 명령체계, 즉 '군사적 근대성'이었으며 그 영향은 이후 사관학교와 군대 경험을 통해 평생을 갔다.[36] 대구사범학교 동기 조증출은 "박정희의 인품은 이 사생활舍生活을 통해서 배양되었다고 해도 과언이 아니다. 단체 생활을 5년간 해왔기 때문에 공덕심과 희생적 봉사정신을 도야하게 되었고 소아를 대의

적 입장에서 버릴 수 있는 정신적 소지를 함양하였다"고 했다.[37]

그런데 대구사범학교 시절의 박정희는 '우울'이라는 단어로 집약된다. 3학년부터 학과 성적은 최하위로 떨어져 4학년 때는 73명 중 꼴찌였고, 5학년 때는 70명 중 69등이었다.[38] 친한 친구가 거의 없는 외톨이 생활에다 조행 평가도 4년간 '양'이었고 4학년 때는 '가'였다. 2학년 담임은 '음울하고 빈곤한 듯함', 3학년 담임은 '빈곤, 활발하지 않음, 다소 불성실'이라 평했다. 4학년 때는 '불활발, 불평·불성실'이었다. 더욱이 장기결석이 많았다. 3학년 때 41일, 4학년 때 48일, 5학년 때 41일이나 되었다.[39] 낙제를 겨우 면할 정도의 저조한 성적이었지만 교련, 체조와 같은 일부 과목에서는 단연 두각을 나타냈다. 특히 교련 교관 아리카와 게이이치有川圭一의 총애를 받으며 시범조교 역할을 자주 하는 등 군사계통에 대해서는 많은 관심을 보였다. 아리카와는 일본 육사와 육군대학을 나온 정통 엘리트 장교로 자부심이 매우 강한 인물이었고, 만주사변을 일으켜 만주국을 세우는 데 결정적 역할을 한 이시와라 간지石原莞爾의 절친이었다. 그는 유독 박정희를 아꼈다.

다른 교육기관에서는 박정희가 탁월한 성적을 보인 것에 비하면, 대구사범학교의 성적은 예외적이다. 물론 학력 사다리를 타고 올라갈수록 경쟁이 격화되기는 하지만, 입학 성적이 중위권이었다는 점에서 충분한 설명이 될 수 없다. 박정희의 우울은 좌절된 욕망과 상당한 관련이 있다.

대구사범학교 시절 박정희가 주로 읽었던 책은 『나폴레옹 전기』와 히틀러의 『나의 투쟁』, 『플루타르크 영웅전』 등과 역사 관련 서적이 대부분이었다고 하는데, 특히 『나폴레옹 전기』를 집요하리만치 탐독했다. 당시 역사 교사는 황도주의자로 이름 높은 사쿠마佐久間였는데, 그 영향도 무시할 수 없었을 것이다.[40] 독서 경향을 보건대 박정희는 영웅, 특히 군사 영웅에 강하게 이끌렸다. 당시 속류화된 영웅론은 이광수, 주운성朱雲成 등에 의해 상당한 대중적 인기를 끌었는데, 박정희 또한 이러한 분위기에 영향을 받았다.[41]

당대 많은 사람이 그랬던 것처럼 박정희는 근대적 교육기관을 통해 계층 상승과 권력 욕망을 형성하게 되었고, 또 상당히 성공적이었다. 그런데 박정희의 욕망이 놓여 있는 현실은 식민지였다. 이시기 박정희의 생각에 '민족적인 것'이 희미하게나마 나타난다. 위계화된 식민 질서의 사다리를 타고 올라갈수록 식민-피식민의 차별 구조는 점점 더 뚜렷하게 다가오기 마련이었다. 보통학교 시절과는 달리 일본인 학생도 있었고 이들과의 차별 대우는 식민지의 현실을 실감하게 했다. 대구사범학교 12기 이장환은 "대구사범학교로 말미암아 거기서 우리는 이민족을 만났고, 그것도 정복자 일본인으로 만났기에 서로의 갈등과 충돌은 극심했었다"라고 회고했는데, 박정희도 이러한 분위기를 비켜갈 수 없었다.[42]

대구사범학교는 1기부터 사회주의 관련 활동이 활발했고 그 중심에 현준혁이 있다. 그는 경성제대를 졸업하고 1929년 대구사범학교 교사로 부임해 1930년 10월 '사회과학연구그룹'이라는 독서모임을 만들어 『자본론』, 『마르크스주의 강좌』 등의 사회과학 서적을 탐독하다 1931년 11월 일제 경찰에 발각되었다. 이 사건으로 학생 37명이 체포되어 10명이 기소되었고 전원 퇴학당했다.[43] 이 사건을 수습하기 위해 우가키 가즈시게宇垣一成 총독이 학교를 방문할 정도로 파장이 컸다. 그럼에도 독서모임은 지속적으로 활동했고 1934년에 다시 경찰에 발각되었다.[44]

1차 사건은 박정희가 입학하기 전에 발생했지만, 2차 검거는 박정희가 3학년이던 해였다. 이 사건으로 6명이 퇴학을 당했는데, 사건이 발생한 1934년 10월에는 금강산으로 수학여행을 떠나게 된다. 수학여행에서도 또 사건이 불거졌는데, 일본인이 운영하던 여관의 식사와 잠자리가 전날 묵었던 조선인 운영 숙소에 비해 형편없었던 데다가 값도 두 배나 비싼 것이 발단이었다. 학생들은 다음 날 점심 도시락을 거부하고 길을 떠났고 학교 당국에서 조사에 들어가 결국 2명이 퇴학당하고 1명은 정학, 7명은 일주일 근신 처분을 받았다. 일명 '금강산 비로봉' 사건이다.[45]

박정희가 졸업한 이후에도 대구사범학교의 학생운동은 지속적으로 이루어져 일본인 교사 구타 사건, 백의단·다혁당 등의 비밀결사가 만들어지는 등 활발한 활동을 전개했다. 특히 1939년의 왜관 사건 이후 1941년에 발각된 비밀결사 사건은 교사, 학생, 학부모 등 300여 명이 연행되고 1년 이상 예심을 거쳐 34명이 기소되는 큰 피해를 냈다. 이 과정에서 5명이나 옥사할 정도로 일제의 탄압은 가혹했다.[46] 요컨대 개교 이래 대구사범학교의 분위기는 마르크스주의를 비롯해 항일의 분위기가 팽배했다. 그럼에도 박정희가 관련된 흔적은 전혀 없다.

박정희의 1기 선배인 진두현의 회고에 따르면 현준혁은 "상급생이라고 하급생을 일본 학교서처럼 기합 줘서도 못쓰고 하급생이라고 굴종해서도 못쓴다. 우리는 다 같이 압박받고 있는 조선 사람들이야. 서로 아끼고 사랑해야 한다"라고 강조했다.[47] 조갑제는 박정희가 쓴 두 편의 시를 보고 그가 보통학교 시절에는 몰라도 사범학교에서는 자신의 한을 민족의 한과 일치시켜 공동체의 정의를 고민했다고 강변했지만, 30퍼센트 가까이 퇴학당하는 분위기에서

박정희는 저조한 성적으로도 무사히 졸업했다.[48] 그가 식민 질서
에 대해 느꼈던 것은 분노가 아니었다.

> 금강산 일만이천봉, 너는 세계에 명산!
> 아! 네 몸은 아름답고 삼엄함으로 천하에 일흠을 떨치는데
> 다 같은 삼천리강산에 사는 우리들은
> 이같이 헐벗었으니 과연 너에 대하여 머리를 들 수가 없다.
> 금강산아, 우리도 분투하야 너와 함께 천하에 찬란하게-[49]

1934년 금강산 수학여행에서 쓴 이 시에서 박정희는 '헐벗은
우리'라는 집단적 주체성을 은유적 형태로나마 드러내고 있다. 그
러나 그 인식은 식민 지배자에 대한 저항의 소리라기보다는 피식
민자의 '분투'라는 자기반성으로 귀결되는 것이었고, 그 현실적 표
현은 '찬란하게' 빛날 집단적 또는 개인적 성취였다.

이는 일본의 우월한 힘과 풍요로움, 선진성에 대한 콤플렉스
와 연루된다. 대구사범학교 동기 이정찬은 1936년 5월 일본 수학
여행 중에 쓴 일기에서 "히로시마에서 오사카로. 수목이 울창하여
한층 원만한 빛이 보인다. 이러하기 때문에 사람들의 마음도 너그
러운 것이다. (…) 감격할 따름이다. 거칠어진 고향과 비교하여 이
얼마나 여유가 있는가"라고 감탄했다.[50] 이 여행에 참가한 박정희
의 감상이 무엇이었는지 궁금해진다.

일본의 선진성과 풍요로움에 대한 콤플렉스는 그 반대 방향에
서 강렬한 민족의식을 소환하는 것으로 연결될 수 있다. 문둥병에
걸린 어머니라고 해도 클레오파트라와 바꾸지 않겠다는 김소운의
말처럼 박정희 역시 금강산을 통해 자신의 숙명적 정체성을 느꼈

을지도 모른다. 이를 짐작케 하는 일화가 있다. 1975년에 박정희
는 대구사범학교 5학년 담임이었던 기시 요네사쿠岸米作를 청와대
로 초청해 대화를 나누었다. 이 자리에서 박정희는 대구사범학교
시절에 배운 이야기 하나를 꺼냈다. 에도 시대 학숙에서 가르치던
야마자키가 제자들에게 공자와 맹자가 일본을 침략한다면 어찌하
겠는가라고 물었고 제자들이 머뭇거리자 "우리는 공맹에 맞서 싸
워야 된다. 그것이 공맹의 가르침이다"라고 했다는 것이다.[51] 박정
희는 이 이야기에 큰 감흥을 느꼈던 것으로 보인다.

물론 1975년의 박정희는 1930년대의 박정희가 아니다. 한국적
민주주의를 내걸고 유신체제를 진두지휘하던 1975년의 박정희는
서구적인 것에 대해 강렬한 반감을 노골적으로 드러냈다. 사범학
교 시절의 박정희가 야마자키의 이야기를 따라 조선을 침략한 일
본에 맞서 싸워야 한다고 생각했는지는 알 수 없다. 그러나 친구들
이 퇴학당하고 일본인 학생과 교사들을 접하면서 일본인과 자신이
분명 다른 존재라는 자의식은 보통학교 때와 비교할 수 없을 정도
로 강화되었을 것이다.

학업 성적으로 거의 모든 것이 결정되었던 보통학교와 달리 사
범학교에서 박정희는 식민지적 차별 속에서 성적으로 환원되지 않
는 또 다른 힘의 논리가 있음을 체험하게 된 셈이다. 이는 한편으
로 민족적인 것에 대한 감수성을 예민하게 하면서 다른 한편으로
는 이 새로운 힘의 논리를 어떻게 이해할 것인가 하는 문제를 제기
했다.

이러한 맥락에서 박정희의 우울은 '식민지적 우울'일 수 있다.
사범학교 졸업생이면 보통학교 훈도로서의 안정적인 삶이 확보되
어 있었음에도 그에게는 그것이 오히려 우울의 근원이었다. 보통

     1부   박정희, 그를 만든 시대와 역사

학교 훈도를 뛰어넘는 더 큰 힘에 대한 욕망이 식민지적 차별 속에서 더욱 강화되고 있었기 때문이다. 제국 일본은 그에게 더 큰 출세와 그 출세가 보장할 힘을 보여주었다. 그의 욕망은 생래적이라기보다 바로 이 '큰 칼 찬' 제국의 위력을 통해 구성된 것이었고, 그 욕망의 좌절은 그에게 커다란 우울일 수밖에 없다.

이 우울의 끝에 박정희는 또 다른 시 하나를 남겼다. 대구사범학교를 졸업하던 마지막 해에 남긴 「대자연」라는 제목의 이 시는 좌절된 내면이 어느 정도 정리된 것처럼 보인다. '아름다운 장미보다 들꽃이, 귀부인과 영웅보다 농부가 더 고귀하고 아름답다'고 한 이 시는 평범한 삶의 미덕을 칭송한 것처럼 보인다.[52] 사범학교 졸업 무렵 박정희는 현실적으로 군인의 길이 불가능하다는 것을 알고 마음을 다잡은 것일 수 있다. 훈도 의무복무 3년을 마치면 이미 사관학교 입학을 훌쩍 넘길 나이가 되므로 반도 출신 조선인이 일본 육사에 들어간다는 것은 상상하기 힘들다. 당시는 아직 만주군관학교가 개교하기 전이고 또 별다른 정보도 없었을 것이다.

그러나 장미와 들꽃, 영웅과 농부의 대비는 박정희가 세계를 수직적 계열로 파악하고 있음을 역으로 보여준다. 그가 농부 대신 군인과 영웅의 길을 흠모했음은 분명했다. 다만 그가 처한 현실에서 그것이 쉽지 않음을 파악하고 일단 내면 정리를 한 것처럼 보이지만, 그 욕망의 불꽃이 완전히 꺼졌다고 보기는 힘들다.

1937년 졸업과 함께 문경보통학교에 부임한 훈도 박정희는 착실한 교사였다. 교실에서는 조선어를 쓰지 않았고 교육방침에도 충실했으며 일본인 교사들하고도 잘 지낸 편이었다. 일제 통치에 도전하지도 않았다.[53] 한편 훈도생활 3년 동안 박정희는 아쉬운 군인의 길을 대리보충하며 지낸다. 아이들을 모아 산에 올라가 전쟁놀

이를 시키거나 검도를 가르쳤는가 하면 운동회에서 일본군과 중국 군으로 나누어 고지전을 연출하기도 했다. 학생들에게 목총을 만들 게 하고 화약이 터져 폭음이 나는 장치까지 준비했다. 담임을 맡은 반은 학예회에서 '지원병 출정'이라는 제목의 연극을 공연했다.[54]

보통학교 이래 군인을 향한 그의 꿈은 한번 멈춘 적이 없었다. 대구사범학교 시절에도 동급생들에게 육군대장이 되겠다고 밝혔 고, 교사 시절에는 제자들에게 전장에 나가 싸워 이기는 대장이 되 겠다고 말했다. 교사로서 박정희는 틈만 나면 군인과 전쟁으로 일 관한 삶을 추구했다.

사범학교와 사관학교 사이에 긴 박정희의 훈도 3년은 사범학 교 5년 동안 겪었던 우울의 연장이었다. 훈도 생활 1년 만에 박정 희는 만주군관학교행을 꿈꾸기 시작한다. 그가 훈도가 된 1937년 은 중일전쟁 발발로 일본이 군국화하며 전시 총동원 체제가 본격 성립하던 무렵이었다. 중일전쟁 초반 일본군의 전승 소식이 연일 신문지상을 장식하고 있는 상황에서 박정희는 초조했다. 그는 장 교를 고집했다. 장교 중에서도 정규 사관학교를 나온 엘리트가 되 고자 했다.

결국 박정희의 선택은 만주군관학교였다. 제국의 위력과 힘을 실감하면서 그 힘 속으로의 전면적 기투를 결정한 셈이다. 박정희 는 무엇보다 그 힘의 실체를 군대로 보았기에 군인의 길을 선택함 과 동시에 당시 많은 식민지 조선의 엘리트들과 마찬가지로 식민 지적 차별을 뛰어넘는 길을 제국 일본과의 동일화로 판단했다. 계 층 상승에 대한 욕망과 식민지적 우울의 간극을 돌파하는 것은 '목 숨을 건 도약', 곧 군인이 되는 것이었다. '모든 권력은 총구로부터 나온다'는 경구가 횡행하던 '세계전쟁의 시대'에, 폭력의 감수성을

갈고닦았던 소년의 길이 군인으로 연결되는 것은 그리 드문 일이
아니었다.

2장

**사관학교
군사주의와 능력주의**

1. 만주군관학교와 계층 상승 욕망

박정희를 이해하는 관건은 사관학교다. 박정희는 총 세 곳의 사관학교 교육을 이수했다. 만주군관학교와 일본 육군사관학교 그리고 미군정의 조선경비사관학교가 그것이다. 경비사관학교는 해방 이후 단기 3개월 교육을 이수한 것에 불과했으니 만주와 일본의 사관학교가 핵심이다. 박정희는 만주군관학교 만계 수석을 차지해 일본 육사 유학생대로 선발된다. 만주군관학교 2년, 일본 육사 2년, 도합 4년에 걸친 사관학교 교육이 박정희의 개인적 특성과 통치성을 구성하는 데 결정적인 역할을 했다. 김정렴이나 오원철 등 최측근에게 박정희의 통치에 가장 큰 영향을 미친 것이 무엇이냐고 물었을 때, 그들은 한 치의 주저도 없이 '일본식 사관 교육'이라고 단언했다.[1]

만주군관학교는 만주국의 육군사관학교로 그 출발은 2년제 봉천군관학교다. 2년제의 한계가 뚜렷했기에 1939년 4년제로 확대 개편되어 개교한 것이 만주군관학교다. 만주국처럼 이 학교 역시 일본의 작품이다. 교육과정은 일본 육사를 그대로 따랐고, 교장 이하 교관들 역시 일본인이었다. 생도들은 각각 절반씩 일본인으로 구성된 일계와 만주족·한족·조선인 등 여타 민족으로 이루어진 만계로 구분되었다. 조선인은 애초 만계로 분류되었지만 차후 일계로 편입된다. 일계 생도들은 일본 육사에 지원했다가 낙방한 응시자들로 채워졌다.

일계 생도들은 2년간의 예과를 마치면 전원 일본 육사로 편입되었다. 만계 학생 중에서는 성적 우수자를 중심으로 일부가 유학생대로 선발되어 일본 육사에서 교육을 받았다. 요컨대 만주군관학교는 일본 육사의 만주 분교처럼 운영된 셈이다. 이는 일본제국의 판도를 그대로 반영한 것이다. 고등교육 제도가 일본과 식민지의 제국대학 그리고 만주의 건국대학으로 구성된 것처럼 사관학교 역시 일본 육사를 정점으로 그 하위에 만주군관학교가 배치되었다.

그러나 중요한 차이가 있는데, 식민지 조선과 대만에는 별도의 사관학교가 없었다는 점이다. 일제는 경성제대와 대북제대 등 식민지에도 하나씩 제국대학을 설립했지만 사관학교만큼은 일본 육사 하나로 통일했다. 만주는 형식적으로 독립 주권국가였기에 모든 국가 형식도 이에 맞추어야 했다. 이를 '형식의 압력'으로 설명하기도 한다.[2] 이에 군대를 비롯한 각종 국가기구가 일본과 별도로 구성되어 운영되었고, 사관학교도 역시 독립된 형식으로 만들어졌다.

만주군관학교를 품은 만주국은 일본의 괴뢰국가였다. 형식의 압력에도 불구하고 내용의 규정력이 훨씬 더 중요했다. 일본을 기점으로 식민지 조선을 거쳐 대륙으로 이어지는 제국 질서의 최전선이 만주였다. 만주국을 세우는 데 결정적 역할을 한 이시와라 간지는 독특한 '세계최종전쟁론'을 주장했다. 당시 소련과의 전쟁을 염두에 둔 군부와 달리 그는 오가와 슈메이大川周明 등의 영향을 받아 동서 양 문명의 최후 대표인 일본과 미국의 쟁패전이 세계 역사의 최종 전쟁이라 주장했다. 그렇기에 미·일 간의 지구전을 위한 병참기지로 만몽이 중요하게 부각되었으며 만주국 산업개발 5개년 계획이 수립되었다.[3]

만주는 제국 일본의 시좌에서 보자면 최전선의 긴장과 변경의 허술함이 교차하는 시공간이다. 일본의 침략성이 첨예하게 나타나는 곳이자 통치성의 강도가 무뎌지는 곳이다. 도쿄와 경성보다 빠른 기차가 달리고 각종 중공업 공장들이 근육질의 근대성을 자랑하는 한편, 비적과 마적이 출몰하고 항일 게릴라 투쟁이 치열했다. 그러나 박정희가 본 것은 일본제국의 위력이었다.

박정희가 처음 만주에 간 것은 1935년 대구사범학교 수학여행 때였다. 대구사범학교 동기생은 그 소감을 다음과 같이 술회한다. "가도 가도 끝이 없는 대평원, 그것은 황량한 신천지였다. 만주국 신경(현재 창춘)의 관동군 사령부도 견학할 수 있었다. 대포, 탱크 같은 신예 무기도 보여주었는데 '까마득한 절망감'을 느꼈다. 일본 세력이 이 광활한 대지 곳곳에 미치고 있음을 실감했다."[4] 박정희 역시 신예 무기의 관동군을 보고 아무 감흥이 없었을 리 만무했을 것이다.

박정희의 만주행은 단지 사관학교를 통해 군인의 길로 들어서는 것을 넘는 의미가 있다. 그가 동경해 마지않던 군인의 길은 개인적 선택이자 시대의 조류였다. 세계전쟁의 시대였던 20세기 세계를 결정짓는 최종심급은 군사력이었다. 만주를 통해 박정희는 식민지 조선을 벗어나 동아시아 차원의 제국주의 질서와 그것을 떠받치고 있는 군사주의와 직접 접속된 것이다. 제국의 중심을 지향하던 욕망이 변경의 허술함 속에서 새로운 가능성을 찾은 셈이었다. 바야흐로 1930년대는 만주몽滿洲夢의 시대였다.

박정희의 만주 경험이 훗날 그의 통치성에 상당한 영향을 미쳤다는 분석이 많다. 대표적으로 강상중과 현무암은 기시 노부스케岸信介와 박정희를 비교 검토해 만주국이 박정희의 경제개발과 밀접히 관련된다고 주장했다. 한석정 역시 만주국이 1960년대 한국 개발체제의 기원이라고 본다.[5] 일본이 만주 개발에 박차를 가할 무렵 박정희뿐만 아니라 만주몽을 품었던 수많은 사람이 있었기에 그 영향을 가볍게 볼 수는 없을 것이다.

박정희 역시 군관학교, 만주군 복무, 광복군 평진대대 등 3년 8개월가량의 만주 생활을 통해 이런저런 경험과 견문이 적지 않았을 것이다. 그러나 강도 높은 군관학교 생활과 군 복무 그리고 해방 후 격동의 만주를 통해 박정희가 만주 개발 양상을 깊이 새기기는 힘들었다. 오히려 박정희에게 더 큰 의미로 다가온 것은 2년간의 일본 육사 생활이었을 가능성이 높다. 만주 경험은 일본 경험을 통해 반추되는 것이었다. 만주와 만주군관학교 그리고 일본과 일본 육사 사이의 현격한 낙차를 생각할 수밖에 없었을 것이다. 요컨대 제국의 본진과 변경 사이에서 선진과 후진의 격차를 상상했음직하다. 그리고 어쨌든 이 무렵 박정희를 사로잡은 것은 군사주의였다.

당시 최고의 엘리트 사관학교는 일본 육사와 해군의 해군병 학교였다. 박정희는 애초 일본 육사를 지원할 생각이었으나 여러 제한 때문에 불가능했다. 대신 그는 일본 육사보다 입학 조건이 덜 까다로운 만주군관학교를 노렸다. 물론 만주군관학교도 그리 쉽지만은 않았다. 박정희는 나이도 많았고 결혼까지 한 처지라 원칙적으로 입교가 불가능했다. 그러나 그는 포기하지 않았고 널리 알려져 있듯이 몇몇의 도움과 본인의 강력한 의지에 따라 결국 입교하게 된다.[6]

박정희의 군관학교행에 대해서는 여러 증언들이 엇갈린다. 문경보통학교 동료 교사였던 유증선은 1938년 5월 무렵 박정희가 나이 제한 때문에 일본 육사는 어렵고 만주군관학교도 쉽지 않아 보인다고 토로하자 혈서를 제안했다고 한다. 이에 박정희는 즉석에서 동의하고 바로 작성하여 만주로 보냈다고 한다. 얼마 후 그의 혈서가 『만주신문』에 보도되었고 아리카와 중좌로부터 편지를 받자 박정희는 그를 만나러 만주에 다녀왔다는 것이다.

1962년 당시 박정희의 비서였던 이낙선 중령이 정리한 비망록에 따르면 연령 초과로 고민하던 박정희가 군관학교에 편지를 보냈고 그게 『만주신문』에 보도되자 강재호 대위가 적극 후원자로 나서게 되었다고 한다. 같이 시험을 치른 이재기의 증언에 따르면 시험장에 국민복 차림의 박정희를 데리고 들어온 사람이 강재호 대위였다.[7]

일계日系 군관 모집요강을 받들어 읽은 소생은 모든 조건에 부적합한 것 같습니다. 심히 분수에 넘치고 송구스러운 줄 아오나 무리가 있더라도 반드시 국군(만주국군-인용자)에 채용해주실 수 없겠습니까. (…) 일본인으로서 수치스럽지 않을 만큼의 정신과 기백으로 일사봉공一死奉公할 굳건한 결심입니다. 확실히 하겠습니다. 목숨이 다하도록 충성을 다 바칠 각오입니다. (…) 한 사람의 만주국 군인으로서 만주국을 위해, 나아가 조국(일본-인용자)을 위해 어떠한 일신의 영달도 바라지 않고, 멸사봉공滅私奉公, 견마犬馬의 충성을

　　　　1부　박정희, 그를 만든 시대와 역사

박정희가 혈서로 만주군관학교를 지원했다는 사실을 보도한 『만주신문』 1939년 3월 31일자 기사.

다할 결심입니다.[8]

1939년 3월 31일자 『만주신문』은 「혈서 군관지원, 반도의 젊은 훈도로부터」라는 제목의 기사로 '한목숨 다 바쳐 충성함 박정희'一死以テ御奉公 朴正熙라는 제목의 서한을 소개했다. 서한은 두 번째로 보낸 것이었는데, 그만큼 박정희는 집요하게 군관학교를 열망했다. 박정희의 혈서는 그 형식과 내용 모두 한 가지, '죽음'으로 압축된다. 박정희가 파악한 세계는 수직의 질서였다. 그는 평생 수평적 관계에 대단히 취약했는데, 보통학교 급장 이래 상하관계가 분명한 세계에 익숙했다. 식민 질서는 수평적 연대와 민주주의 대신 식민지적 차별에 입각해 수직적 위계와 일사불란한 계통적 질서를 구축하고자 했다. 이러한 세계에서 살아남기 위해 박정희는 목숨을 걸어야 한다고 믿었다.

군관학교 입학은 박정희의 '주체적 결단'이었다. 이 단계에서 박정희는 가족과 고향을 떠나 수직 세계의 주체로 진입했다. 그러나 그 자리가 그리 손쉬운 것은 아니다. 혈서가 보여주듯 박정희는 식민자의 초청을 얻기 위해 필사적인 노력을 기울였다. 식민 지배자들은 능력과 함께 무엇보다 순종적 주체를 필요로 했고, 그것이 내선일체가 요구한 일본인이 되기 위한 조선인의 자격이었다. 조선인의 신체에 갇힌 박정희는 그 감옥을 돌파해 '일본인의 기백과 정신'을 목숨을 걸고 혈서로 증명하고자 했다.

극단적인 내선일체론자였던 현영섭은 "완전히 일본인화한 조선 사람 속에서 재상이 나오는 그 빛나는 날을" 몽상했고,[9] 이광수는 천황의 동일한 적자이기에 조선인과 일본인의 차별은 있을 수 없다고 강변했지만, 그것은 오히려 식민자들을 불편하게 만드는 피식민자의 주관적 바람일 뿐이다. 상호 제약적인 식민-피식민 관계를 보건대 식민자는 불가피하게 피식민자를 필요로 한다. 완전한 동질화는 식민-피식민 관계의 부정이기에 비슷하지만 똑같지는 않은 차이의 모방만이 가능했다.

차별을 넘어서고자 한 전략 중의 하나가 능력 경쟁이다. 소년 시절에 비행병을 지원했던 한 재일조선인은 "차별과 멸시의 말할 수 없는 부당성이 절실하면 할수록 거기로부터 탈출하려는 집념을 불태운다. (⋯) 우리들 조선 사람도, 일본 사람보다 능력이 떨어지지 않는다는 것을 보여야 한다는 기분이 되기 쉬웠다"라고 회고했다.[10] 일본 육사를 나온 김석원 역시 "이왕 군인이 된 바에야 일본인보다 잘한다는 소리를 들어야 한다는 것이 일종의 생활목표"였다.[11] 한국군 군번 1번 이형근은 일본 육사 56기 출신인데, '일본인을 누르자'는 생각에 육사를 지원했다고 한다.[12] 박정희와 동기

     1부 박정희, 그를 만든 시대와 역사

만주군관학교의 아침 점호. 일장기 아래 만주
국기가 게양되어 있다.

로 군관학교와 일본 육사를 함께 다닌 이한림은 "일본인과 경쟁하
여 이겨 내 실력을 다지는 길이 내 장래를 보장하리라는 생각"에
입교를 결심했다.[13]

　동일한 능력을 보여준다고 해도 차별이 사라지지는 않는다. 완
벽한 일본인이 될 수 없다는 것, 조선인과 일본인 사이에 건널 수
없는 강이 있다는 것은 박정희에게도 분명했다. 그렇다고 식민자
보다 더 뛰어난 능력을 증명하는 것은 식민자에게 공포를 유발할
수 있다. 혈서는 능력 대신 진정성을 증거한다. 내용을 떠나 혈서
는 그 자체로 목숨을 건 충성을 상징한다. 민족적 차별을 넘어 상
승 욕망을 실현하기 위해 박정희는 먼저 피식민자로서 식민자의
욕망을 충족시켜주어야 했다. 군대는 곧 식민자를 위해 죽을 수 있
는 피식민자, 식민자의 욕망을 대리 실천하는, 목숨을 건 도약을

증명하는 표지다.

식민지 출신들로 구성된 제국의 군대가 드문 일은 아니다. 영국은 인도인과 구르카인을, 프랑스는 베트남인과 알제리인을, 네덜란드는 인도네시아인을 동원해 군대를 꾸렸다. 때로는 독립을 약속하기도 했지만 병사들에게 더 중요한 것은 현실적 이득이었다. 경제적 보상과 계층 상승의 기대감으로 목숨을 건 군인의 길을 선택한 경우가 적지 않았다. 게다가 전 세계적인 군사주의의 범람은 식민지 하층 남성의 욕망을 한껏 자극했다.

신상초의 회고에 따르면 학병으로 징집되어 중국 전선으로 이동하는 열차에서 탈출에 대한 밀담이 오가기도 했다. 그러나 탈출에 동의하는 사람은 얼마 안 되었고, 대부분 "일본에 충성을 다하여 하루빨리 장교가 되어 으스대면서 고향에 돌아가기를 원하고 있었다." 그들은 일본의 승리를 믿었으며 독립은 불가능하다고 생각했기에 군인으로 출세하는 것이 부모형제를 기쁘게 하는 일이자 '한또오징'半島人의 영예라고 생각했다.[14]

식민지 조선에서도 상당수의 청년들이 식민 모국의 군인으로 나섰다. 1938년 육군특별지원병제가 실시되기 이전에 조선인이 군인이 되는 주된 길은 장교였다. 식민화 이후 일본 육사에 들어간 조선인은 111명가량으로 추정된다. 1930년대 이후로만 한정하면 45명이다.[15] 이 중 만주군관학교를 거쳐 일본 육사에 편입한 사람은 28명 정도다. 만주군관학교 출신은 총 91명 정도이며 이 중 봉천군관학교 출신이 43명, 신경군관학교 출신은 48명가량이다.[16] 해방 후 만주군의 사병과 장교를 합쳐 귀국한 사람은 대략 120명 정도 된다.[17] 두 사관학교를 합쳐 202명이지만 만주군관학교와 일본 육사가 겹치는 사람 27명을 제외하면 175명이다. 35년간 매년

5명 내외가 입학한 셈이니 상당히 좁은 문이다. 신경군관학교로 좁혀보면 매년 많으면 13명, 적을 때는 2명에 불과했다. 일본 육사의 경우 조선인 입학생은 1942년 58기는 2천 명 정원에 6명, 1943년 59기는 정원 2800명 중 3명에 불과했다.[18] 제2차 세계대전이 발발하면서 정원이 대폭 증원되었음에도 조선인에게는 여전히 바늘구멍이었다.

카터 에커트Carter Eckert는 박정희의 군관학교행 배경으로 대략 다섯 가지를 거론했다. 교사와 관리들의 격려, 조선인 남성으로서의 권력 욕망, 무상교육, 이순신과 나폴레옹 같은 롤모델, 군을 동경하는 개성 등이 그것이다.[19] 그러나 가장 중요한 것은 군을 지향하는 의지의 형성과 그것을 가능케 할 현실적 조건이다. 박정희의 경우 의지 형성에 아리카와 같은 교관의 격려, 경찰을 압도하는 군의 위력, 롤모델 등이 작용했지만, 무엇보다 수직 질서로 편제된 세계 자체가 상승 욕망을 구조적으로 배태시킨다는 점이 중요했다.

일본인과 조선인, 남성과 여성, 부자와 빈자, 우등생과 열등생 등 박정희가 성장하면서 체험한 1920~1930년대 식민지 조선은 구래의 신분질서가 해체되면서 새로운 위계서열이 형성되던 국면이었다. 박정희 집안은 교육 등을 통해 이러한 상황에 적극적으로 대응하고자 했고 훈도가 됨으로써 박정희는 계층 상승의 강렬한 경험을 했다. 한번 상승운동에 몸을 실은 이상 그 법칙에 긴박되는 것은 당연했다. 올라갈수록 더 높은 곳이 보였고 그곳으로부터 불어오는 바람이 그를 달뜨게 했다.

김정렬은 사관학교 입학 배경을 일본의 서열화된 사회 상황으로 설명했다. 그는 일본 육사를 54기로 졸업하고 전투기 조종사로 제2차 세계대전에 참전했으며 해방 이후 공군참모총장, 국방장관

만주군관학교 졸업식을 보도한 『만주신문』 1942년 3월 24일자 기사. 거수 경례를 하는 사람이 수석 졸업자 박정희이다.

을 거쳐 국무총리에 오를 정도로 승승장구했다. 그는 일본 사회가 메이지 유신 이후 근대화를 추구하기는 했지만 전통사회를 완전히 대체한 것은 아니라고 했다. 즉 막부시대 신분제는 메이지 이후 황족, 화족, 사족, 평민 등으로 이어졌으며 그 사회문화적 위계가 매우 엄격했다. 평민이 이를 넘어서는 것은 오직 고등관 또는 장교가 되는 길밖에 없었다. 고등문관 시험에 합격하거나 일본 육사를 나와 장교가 되면 바로 그 순간부터 사회적·경제적 지위가 보장되었기에 매년 육사 경쟁률이 수십 대 1을 넘어섰다는 것이다.[20]

보통학교 훈도 박정희는 군대로 치면 하사관에 해당하는 판임관이었다. 사관학교 졸업과 동시에 고등관이 되어 부인의 호칭마저 달라지는 것은 대단히 매력적인 계층 상승 통로였다. 군관학교행을 말리는 학생들에게 박정희는 "너희들은 모른다. 내가 갔다가 긴 칼 차고 대장이 되어 돌아오면 군수보다도 더 높다"라고 했다.[21] 박정희가 축적한 학력자본은 훌륭한 밑천이었다. 이쿠라飯倉는 개인의 동기도 중요하지만 그것이 가능한 시스템과 구조를 살펴야 함을 강조했다.[22] 군관학교 응시자격에는 중등학교나 그에 상응하는 학력이 필요했다. 식민 질서는 상승의 길을 좁고 가늘게 유지했는데, 특히 교육 분야가 그러했다. 초등교육은 대폭 확대되었지만 중등교육의 길은 매우 좁았고 고등교육은 더욱더 협소했다. 대표적인 중등 교육기관인 고등보통학교의 경우 1935년 남녀 재학생은 2만여 명에 불과했다. 대학은 경성제국대학 하나밖에 없었다.

이 좁은 길에 들어서기 위해서는 경제력을 비롯해 여러 조건이 필요했고, 그것이 가능한 사람은 소수에 불과했다. 박정희는 그 좁은 바늘구멍을 통과했던 것이다. 그것도 규정상 불가능한 조건을 돌파한 나름의 성취였다. 여러 악조건을 돌파해 오로지 자신의 능력과 노력으로 성취한 것이라는 자의식이 고양되었을 가능성이 높다.

그러나 이 성취는 박정희 개인의 단독 성취가 아니다. 무엇보다 그것은 일본 식민주의의 성취였다. 목숨을 건 무장투쟁에서부터 소소한 일상의 반발까지 식민지인들의 저항운동은 식민 지배자들의 최대 고민이었다. 그 와중에 목숨을 건 자발적 충성을 바치겠다는 식민지 주체가 등장한 것은 식민 지배자들에게 커다란 위안이 아닐 수 없다. 윤건차는 피식민지인은 보편적으로 '자기혐오'와 '식민자에게의 동화'라는 콤플렉스를 가진다고 갈파한 알베르 멤

1958년 만주군관학교 동문들과 우이동 화계사 야유회에서의 박정희. 맨 아랫줄 선글라스를 끼고 박근혜를 안고 있는 모습이다. 방원철, 박임항, 윤태일, 이주일 등이 함께했다.

미Albert Memmi의 말을 인용하면서 '내면적 천황제' 개념을 제기했다.

그 내용은 천황을 정점으로 한 권위적 질서의 내면화를 의미한다. 즉 조선인임을 부정하기 위해 천황을 위해서라면 죽음도 두려워하지 않는 정신 구조를 갖기에 이른다는 것이다. 재일 소설가 김석범의 『1945년 여름』에는 "학생복을 집어던지고 군복을 입던 순간 비로소 자신이 일본인이라는 실감이 밀려와 눈물을 흘렸다"라는 구절이 나온다.[23]

결국 규정을 위반하면서까지 박정희를 받아들인 주체가 누구인가. 박정희의 집요한 의지를 평가하고 인정한 주체, 그를 위해 규정을 위반한 주체 모두 식민 지배자들이다. 생아자生我者는 부모였지만 지아자知我者는 일본이었고 인정투쟁의 승리는 박정희와 일본 모두에게 돌아갔다. 군관학교를 매개로 박정희와 일본의 군사주의가 견고한 동맹을 맺은 것이다.

2. 사관학교 I ― 군사적 근대성

박정희가 군관학교와 사관학교에서 배우고 경험한 것은 무엇일까. 초대 교장 나구모 신이치로南雲親一郎는 만주군관학교가 일본 육사와 모든 면에서 동일하게 운영된다고 했다. 심지어 교과서도 동일했다. 유일한 차이는 일계와 만계로 구분된 인종 구성이었다.[24] 당시 동아시아에서 일본 육사를 능가하는 장교 양성 기관은 없었다. 그들이 동아시아에서 선도적으로 구축한 군사적 근대성을 집약한 곳이 바로 육사였고, 박정희는 그 세례를 받음으로써 일급의 군사 전문가로 거듭나게 된다. 요컨대 박정희는 만주군관학교와 일본 육사를 통해 당대 동아시아 최고의 군사적 근대성을 섭렵했다.

일본 육사 예과 교과목은 수신修身, 국어國語(일본어)와 한문漢文, 외국어(영어·불어, 독어, 러시아어, 중국어 중 택일), 역사(일본사·서양사), 수학, 물리, 화학, 지리 및 지질, 심리 및 논리, 법제·경제, 도화 등이었다. 교육시간을 보면 외국어가 402교시로 제일 많았고 다음은 수학 318교시, 국어·한문 269교시, 물리 167교시, 화학 100교시 등이었다. 여기에 교련, 진중근무, 사격, 검술·체조·유도·마술馬術, 견학과 야영 연습, 수영 연습이 추가된다.

외국어와 수학이 강조된 것이 눈에 띄는데, 전체적으로 문과보

다 이과 과목이 중시되었으며 여기에 군사적 전문성을 결합한 교
과 편제였다. 역사는 일본사와 서양사만 가르쳤는데, 일본 대 서양
이라는 구도의 반영일 것이다. 방원철의 회고에 따르면 이데올로
기를 담당하는 과목은 윤리(수신)였는데, 그 핵심은 일본 건국신
화였다. '유신지도'唯神之道로 지칭된 그 내용은 아마테라스 오오
카미天照大神 중심의 일본 신화였으며 매우 중시되었다. 그다음에
는 나치즘과 전체주의를 강조했으며 공산주의에 대해서도 가르쳤
으나 민주주의는 없었다.[25]

본과 교과목은 전술학, 전사, 군제학, 병기학, 사격학, 항공학,
축성학, 교통학, 측도학, 마학馬學, 위생학, 교육학(군대교육·일반
교육), 외국어, 교내 교련, 교외 교련, 진중근무, 사격, 검술·체조·
마술, 전령범典令範·복무제요 등이다. 본과에서도 외국어가 특히
강조되었다. 이외에 현지전술, 측도 연습, 야영 연습, 견학 등이
실시되었다. 예과에 비해 군사학을 집중적으로 가르쳤음을 알 수
있다.

전사 과목에서는 일본의 근대 전쟁사, 그중에서도 러일전쟁을
집중적으로 교육했다. 러일전쟁은 일본이 제국주의 국가로 발돋움
한 결정적 계기였다. 일본은 신경 근처의 러일전쟁 유적지를 활용
해 전쟁영웅 기념비나 전사자 추념탑 등 총 9개의 시설을 곳곳에
세우고 사관생도들을 견학시켰다.[26] 서구에 대한 콤플렉스가 격심
했던 상황에서 러일전쟁 승리는 훌륭한 선전 사례였다.

사관학교의 특성이기도 했지만 교과체제는 기술의 근대에 집
중했다. 개인주의, 민주주의, 자유주의 등 해방의 근대를 구성하
는 영역은 거의 배제되었으며 근대적 지식 및 이데올로기 그리고
군사교육에 방점을 찍었다. 나름 화혼양재和魂洋才에 충실한 교육

체제였다. 어쨌든 박정희가 집중적으로 교육받은 근대성의 특성을
확인하는 것은 그의 사유체계를 이해하는 중요한 단서가 된다.

먼저 엘리트주의를 보자. 개인주의를 극력 비판했으면서도 일
본 사관학교 교육은 매우 강한 엘리트 의식을 주입시키고자 했다.
일본군 장교는 손 하나 까딱하지 않고 당번병이 승마 장화를 벗겨
주는 게 관행이었고, 심지어 바지 앞단추를 잠그게 하는 경우도 있
었다. 일본군 장교들은 흡사 영주를 방불케 하는 엘리트 대우를 제
도화·관습화했다.[27] 학병으로 출발해 간부 후보생 교육을 거쳐 장
교가 된 장도영은 사병과 장교의 차이를 몸으로 체험한다. 사병 시
절에는 갖은 구타와 내무생활에 질려버린 그였지만 장교가 되자
당번병이 배치되어 자기 주변의 모든 것을 관리해주었다고 한다.[28]

생도들의 엘리트 의식을 고양하는 데는 천황의 역할이 중요했
다. 황족은 사관학교에 입교하기도 했고 일본 천황과 만주국 황제
그리고 그 가족들이 졸업식이나 기타 행사 등으로 사관학교를 종
종 방문했다. 상징과 실제에 있어 천황가는 사관학교와 특수한 관
계를 맺었고 이것은 생도들, 특히 일계 생도들에게 큰 감동을 주었
다. 이러한 과정을 통해 생도들은 천황가와 특수관계에 있다는 인
식 속에 자신들 역시 특별한 대우를 받는 엘리트라는 인식을 강화
하게 된다.[29]

일본군의 엘리트주의는 천황이라는 절대권력과 공모관계에 있
다. 이것을 잘 보여주는 것이 이른바 '통수권 독립'이다. 일본군은
군령계통에 있어 육해군을 막론하고 내각이 일절 관여할 수 없다.
천황에 직속되어 있는 대본영은 수상조차 무시하고 군령을 행사한
다. 통수권 독립은 일본 육군의 아버지로 불리는 야마가타 아리토
모山縣有朋가 세이난 전쟁西南戰爭을 겪고 군이 정치상황에 휘둘

리는 것을 우려해 명문화한 이래의 전통이었다.

통수권 독립이란 천황에 직속된 군대라는 논리를 기반으로 했지만, 사실상 군 자체의 독립기구화에 다름 아니었다. 메이지 헌법상 천황은 유일한 주권의 원천이었기에 군은 주권에 직속된 독립기구로서 그 누구의 간섭으로부터도 자유롭게 되었다. 육군대신, 해군대신 현역무관제(현역 대장과 중장으로만 군부대신을 임명하는 제도)와 함께 통수권 독립은 일본 군부가 내각과 정부를 넘어 국가 최고 권력으로 질주하게 만든 핵심 장치였다. 군사적 견지에서 사실상 천황은 상징에 불과했기에 실질적으로 군의 독단과 전횡이 가능했다.

천황을 빙자했지만 군 자체의 엘리트주의가 시스템을 움직이는 핵심 동력이었다. 그렇기에 일본 육군이 점령하고자 했던 것은 일본국 자체라는 주장이 가능해진다. 이른바 통수권 독립이란 정부의 군대가 아니라 '천황의 군대'를 의미하며 일본은 황군의 점령 대상에 불과했다는 주장이다.[30] 박정희 측근 중 한 명이었던 유양수는 '천황이 곧 국가'라고 단언했다. 일본제국 만세는 없다. 다만 천황 폐하 만세가 있다. 일본군에게는 헌법보다 군인칙유(메이지 천황이 육해군 군인에게 내린 칙유)가 더 중요했다.[31]

일본의 군사주의는 독일과 밀접하다. 일본 육사의 기원은 1868년 교토에 설립된 병학교다. 처음에는 프랑스식이었으나 보불전쟁 이후 프로이센을 따르게 된다. 19세기 후반 독일은 전쟁 찬미 등 모든 영역에 걸친 군사화가 현저했다.[32] 프로이센 군부는 19세기 초부터 참모본부 설치를 추진하기 시작했고 전쟁성으로부터 독립해 독자적인 작전지휘권을 행사하기 시작했다.[33] 나아가 1883년부터 전시체제에서는 참모총장이 국왕에게 직접 상주하

     1부 박정희, 그를 만든 시대와 역사

는 유악상주권帷幄上奏權까지 부여되어 군사 우위가 강화되었다.[34] 유악상주권은 일본군 통수권 독립의 직접적 모델이다.

일본 육군 엘리트주의의 본산은 육군대학이다. 일본 육군은 참모본부 작전부를 가장 중요한 부서로 여겼는데 오로지 육군대학의 '군토구미'軍刀組 출신만이 들어갈 수 있었다. 육군대학 졸업생 중 성적 상위 10퍼센트에 해당하는 6명은 천황이 하사하는 군도를 받았는데, 이들을 군토구미라 불렀다.[35] 대본영은 육군대학 출신이 완전히 장악했고 총 3016명의 육군대학 졸업생 중 단 2명만 제외하고 전원 육사 출신일 정도로 두 교육기관은 밀접했다.[36] 박정희는 만주군 소속이었기에 육군대학 진학은 곤란했으며 대신 육군대학에 해당하는 만주군 고등군사학교에 들어갈 수는 있었겠지만, 일제 패망으로 기회가 없었다. 한국인으로는 정일권이 고등군사학교 출신이다.

군사주의와 엘리트주의가 결합된 사관학교에서 관철된 군사적 근대성은 능력주의를 기반으로 한다. 군대를 비롯한 공무행정 분야에서 '재능 있는 사람에게 열린 출세의 길'을 만드는 것은 근대 이후 주요한 개혁 과제였다.[37] 해방 후 군사독재 시기에 국가를 지배한 엘리트들이 채택한 근대성 개념은 강력한 군사력과 첨단 기술에 기초한 높은 생산성과 연결된다는 주장은 경청할 필요가 있다.[38]

지능검사는 그 일례가 된다. 19세기 프랑스의 심리학자 비네Alfred Binet가 개발한 지능검사는 20세기 초 1차 세계대전 때 미군에 의해 도입되어 대대적으로 실시되었다. 애초 목적은 군대에 정신적으로 부적합한 사람을 가려내기 위한 것이었으나 군인의 배치와 인사 등에 광범위하게 활용되었다.[39] 일본 역시 1920년대 도쿄제대 심리학연구실 등을 동원해 군인을 대상으로 성능검사를 실

시하고 이를 토대로 표준안을 만들어 확대해나갔다.[40]

그러나 곧이어 '쇼와 유신'의 시대인 1930년대가 되면서 분위기는 급반전한다. 객관적 수치화를 목표로 한 지능검사보다는 주관적 요소에 극단적으로 집착하는 정신주의가 압도하게 된다. 정신주의는 객관적 조건의 유·불리를 따지지 않고 주어진 임무를 완수해야 한다는 극단적인 돌격정신에서 정점을 이룬다. 일본군은 한편으로 동아시아 첨단의 군사지식과 과학기술을 구축했으면서도 다른 한편으로는 '반자이 돌격'으로 상징되는 무모한 공격정신을 최고의 군인정신으로 내세웠다.

사관학교에서 박정희의 성적은 대구사범학교 때와 달리 최상이었다. 그는 사관학교에서 물 만난 고기였고 모든 분야에서 탁월한 성취를 거두었다. 만주군관학교 만계 수석을 차지했고 일본 육사 유학생대에서는 3등이었다. 그의 탁월함은 교장의 총애를 통해서도 확인된다. 나구모 신이치로 교장은 수시로 박정희를 자신의 집으로 초대했다. 다른 생도들은 재학 중 한두 번 볼까 말까 했다. 심지어 일본 육사를 졸업한 그의 아들이 군관학교를 방문하자 박정희 옆자리에 앉혀 친분을 만들어주고자 했다. 나구모의 아들은 박정희에게 강렬한 에너지를 느꼈다고 했다.[41]

교장의 눈에 띌 정도였다는 것은 그가 매우 우수한 생도였음을 말해준다. 모범 생도는 단지 꾸며내거나 벼락치기 공부로 가능하지 않다. 특히 사관학교는 일반 학교와 달리 학업은 물론 생활 전체가 교육 훈련의 연장이었기에 더더욱 곤란하다. 박정희는 진심을 다해 '마지메'眞面目를 보여주었고, 그것이 교관과 교장의 눈에 띄는 것은 당연했다. 박정희는 군국 일본이 구축한 군사적 근대성에 능력주의와 돌격정신으로 화답했다.

    1부 박정희, 그를 만든 시대와 역사

3. 사관학교 II ─ 파시즘과 능력주의 그리고 민족

오족협화를 내세운 만주국답게 만주군관학교는 동아시아 인종 전
시장을 방불했다. 공식적으로는 일계와 만계로 구분되었는데 만계
의 구성이 복잡했다. 만주족과 한족漢族, 그리고 대만 출신도 포함
되었다. 조선인은 애초 만계였지만 나중에 일계로 편제되는 등 두
계열 사이에 어정쩡한 위치였다. 만주군관학교에서 조선인은 극소
수였다. 매 기수가 일계와 만계 각각 240여 명 내외였는데, 조선
인은 제일 많은 기수가 13명이었고 적을 때는 2명이었다. 조선인
은 편제상은 물론이고 물리적으로 하나의 집단으로 존속하기 곤란
했다. 중국 생도로부터는 일계의 '꼬붕'으로 취급되었고, 일본 생
도에게는 단지 반도인 또는 조센진이었다. 박정희와 동기생이었던
일계의 가네코 도미오는 조선인 생도들이 어려운 시기를 보냈으며
마음이 매우 복잡했을 것이라고 말했다.[42] 박정희는 영락없는 마
이너리티였다.

　차별은 일상적이고 미세한 영역에까지 미쳤다. 예컨대 일계와
만계는 식사부터 달랐다. 일본인은 만주의 수수밥을 소화할 수 없
다는 이유로 쌀밥을 주었고, 만계 생도들에게는 수수밥을 배식해
생도들의 큰 불만을 샀다.[43] 언어는 일본어를 사용했기에 만계 생
도에 비해 조선인이 유리했다. 일계 생도는 예과만 마치고 전원 일
본 육사로 편입되었고, 만계는 성적 우수자 일부만 유학생대로 선
발되었다. 차별 대우에다 처지와 입장이 달랐기에 충돌은 당연했
다. 중국인들은 일본인을 토귀즈頭鬼子, 조선인을 얼귀즈二鬼子로
부르며 경멸했다. 만주에서 적지 않은 조선인이 일본의 밀정, 통
역, 헌병 보조원으로 일했고, 이 때문에 해방 후 보복 대상이 된 것

은 사실이었다.[44]

학병으로 끌려갔다 탈출해 임시정부에 합류한 장준하 역시 군대에서 비슷한 민족 감정을 경험한다. 그는 고참 일본 병사의 잔반을 먹기 위해 혈안이 된 조선인 병사들을 보고 크게 실망해 '잔반 불식동맹'까지 만들었으나 같은 내무반 소속이었던 장도영은 멈추지 않았다. 장준하는 "그에게서 받은 한국인의 모욕감을 지금도 참을 수 없다"고 회고했다. 장도영 역시 신병 시절에 늘 배가 고파 먹을 것을 찾기 위해 노력했음을 인정했다. 그는 장준하의 탈출이 장한 일이라 했다.[45]

갈등은 경쟁으로 이어졌다. 박정희의 1년 선배인 방원철은 "우리는 지금 일계와 만계와 눈에 보이지 않는 민족 투쟁을 전개하고 있다. 학교생활에 있어서 어떤 경우라도 그들에게 지면 안 된다"고 강조하며 박정희를 포함한 후배 기수를 가혹하게 구타했다. 물론 일본과 중국 생도와의 경쟁은 "체제 내의 민족 경쟁에서 나타나는 민족정서"에 불과했다.[46] 또는 일제에 대한 '협력적 민족주의'라고 볼 수도 있다.[47] 어쨌든 이들은 저항 대신 체제 내 경쟁을 선택했고, 민족주의는 외부 대신 내부를 향하게 된다. 장준하와 김준엽이 탈출을 결단했다면, 박정희와 장도영은 체제 속의 능력주의를 선택했다.

체제를 선택한 또 다른 경우를 보자. 박정희보다 두 기수 위인 55기로 일본 육사를 졸업한 유재흥은 부친 유승렬과 함께 부자가 일본 육사를 나온 드문 경우였다. 유재흥은 사관학교 예과를 졸업할 무렵 "내가 누구냐"라는 질문을 수없이 스스로에게 되풀이할 정도로 "민족적 콤플렉스"에 시달렸다. 그의 고민은 육사 구대장도 알 정도였다.[48] 그의 결론은 이광수, 최남선이 참여한 학병 권유

　　1부　박정희, 그를 만든 시대와 역사

연설회장에서 확인된다. 그는 소속 부연대장과 상담을 마치고 연설회에 참석해 다음과 같이 발언했다.

> 지금 우리 조선인은 우리의 가치를 일본인에게 충분히 인식시킬 기회라고 생각한다. 그래서 일본인이 조선인의 가치를 알게 되면 이에 따른 대책이 나올 것이며 태도도 달라질 것이 아닌가. 때문에 우리는 이 시국에 있어서 여러분은 일본 군대 장교로서의 능력을 가진 분들이기에 군에 들어가 밑에 거느린 일본 병정들을 당신들이 가르쳐주면서 임무를 완수해보라. 그러면 그 성과는 반드시 우리 조선인을 위한 일이 될 것이다.[49]

민족 간 실력 경쟁에서 조선인이 두각을 나타낸 건 사실이었다. 조선인 생도들은 극소수였음에도 한 번을 제외하고 신경군관학교 만계 수석 자리를 놓치지 않았다. 박정희 외에도 박임항, 장은산, 강문봉 등이 그 자리를 차지했다. 언어를 비롯해 사관학교의 모든 것이 일본풍이었기에 조선인이 유리한 것은 분명했고, 지원자도 박정희처럼 확고한 열의를 가진 경우가 많았기에 성적이 우수한 것은 당연했다. '제국의 능력주의'라 할 만한 이러한 태도가 박정희를 비롯한 조선인 생도들의 일반적 태도였다. 중국 공산당과 연계된 지하활동을 포함해 저항적이었던 만계 생도들과 달리 거의 모든 조선인 생도들은 모범생의 길을 걸었고, 박정희는 특히 더 열심이었다.

만주군관학교 동료들은 박정희가 늘 혼자였고 남들에 대해 우월하게 행동했다고 기억했다. 그는 심지어 조선인 동료 생도들에게도 우월한 모습을 보여주고자 했으며, 휴일에는 동료와 어울리는 대신 정일권, 원용덕 등의 선배들을 찾았다.[50] 박정희는 일계와 만계의 구분, 일본인과 조선인의 구별을 무화하고 오직 '고독한 개인'의 주체 위치를 추구한 셈이다. 박정희도 민족 간 갈등과 경쟁을 도외시하기는 힘들었겠지만 더 중요한 것은 자기 자신이었다. 그는 자기계발과 자신에 대한 투자를 우선시했고 스스로를 경쟁력 있는 주체로 정립하는 데 몰두했다.

강한 상승 욕망에 사로잡혀 엘리트주의와 능력주의로 무장한 고독한 생도 박정희가 영웅에 심취한 것은 당연했다. 비범한 능력을 갖춘 영웅과의 동일시가 그의 능력주의의 배경이다. 박정희의 우상은 전국시대 일본 영웅으로부터 시작해 이순신과 나폴레옹을 거쳐 결국 히틀러와 무솔리니로 귀착된다. 대구사범학교 동기인 서병국에 따르면 박정희는 사범학교 시절 히틀러의 『나의 투쟁』 일어판을 구입해 읽고 공부했다고 하며 그의 방에는 무솔리니와 히틀러의 사진이 걸려 있었다.[51] 바야흐로 파시즘이 전 세계를 휩쓸던 시대였다. 1931년 만주사변, 1932년 5·15사건, 1934년 육사 반란 모의 사건, 1936년 2·26사건, 1939년 다이토주쿠大東塾 결성 등 1930년대 일본의 우익활동은 극성기를 이루며 이른바 '쇼와 유신'이 본격화된다.

박정희가 좋아했던 만주군관학교의 중대장 간노 히로시管野弘는 1936년 2·26사건으로 파면된 이후 만주군으로 옮겨온 인물이었다.[52] 니시가키 마코토, 다하라 고조田原耕三 등 박정희의 일본 육사 구대장들 역시 1934년 육사 반란 모의 사건 및 2·26사건과 밀접한 관련이 있다. 박정희가 재학 중이던 1943년에는 7명의 육사 생도가 다이토주쿠 관련 활동을 한 것으로 밝혀져 파문이 일었다. 이는 단지 관련된 생도들만의 문제가 아니었고 1300여 모든 생도들에게 큰 영향을 미쳤다. 7명의 활동은 중대장, 구대장 등 사관학교 중간 지휘부의 묵인과 방조 없이는 불가능했다.[53]

일본 육사를 차석으로 졸업하고 대본영 작전과에서 대미작전을 담당했던 세지마 류조瀬島龍三는 군 생활을 통해 사회적 모순에 눈뜬다. 세지마는 이른바 지한파로 쿠데타 세력과도 밀접했다. 그는 징집된 병사 대부분이 가난한 농민과 어민의 자식이며 그들의 가족 대부분이 빚에 쪼들리고 딸들은 매춘으로 내몰리는 현실을 보고 큰 충격을 받았다. 반면 재벌들은 각종 사기와 부패로 막대한 부를 축적하고 있는 것에 격분했다. 그는 마르크스나 기타 잇키北一輝의 책을 읽거나 공부한 것은 아니지만 점차 빈부격차에 대해 그리고 정치적 타락에 대해 깊은 문제의식을 가지게 된다. 그는 2·26사건에 왜 그렇게 많은 사관학교 동료들이 참가했는지를 이해하게 되었다고 했다. 그럼에도 세지마를 포함해 생도들의 다수는 좌익보다는 우익으로 경도되었다.[54]

쇼와 유신은 일본형 파시즘이다. 국가사회주의와 순정사회주의는 모두 반자유주의와 반공주의를 공유하고 자유방임의 자본주의를 혐오했으며, 일본의 경우 반서구 및 반근대적 지향이 포함된다는 특징이 있다. 이른바 '근대초극론'은 전시체제기 일본 극우사상을 잘 보여준다.[55] 당시 일본 육사에 재학 중이던 박정희가 이러한 분위기와 무관할 수는 없었다. 집권 이후 박정희가 보여준 이데올로기적 지향은 상당 부분 쇼와 유신의 유령이었다. 유재흥 역시 학생 시절 5·15사건 소식을 듣고 "나라가 흔들리면 생명을 걸어서라도 바로잡아보려는 의지를 가진 젊은 장교들이 있음을 알게 되었다"라고 했다.[56]

사관학교는 군사주의와 파시즘의 삶을 집중적으로 실천했다.

생도들의 삶은 거의 모든 측면에서 구대區隊를 중심으로 이루어진다. 몇몇 예외를 제외하고 식사, 취침, 학업 등 일상생활 전부가 구대 단위로 움직이기에 개인은 거의 존재하기 힘들다. 특히 구대는 생활단위로 그치는 것이 아니라 생각과 사고의 중심체였다. 구대와 구대, 중대와 중대 간의 경쟁은 가능하지만 개인 간 경쟁은 엄격하게 제한된다. 학업 성취를 위한 개인의 노력은 오직 구대의 명예를 위한 것으로 이어져야 한다.[57]

그러나 아무리 집단을 강조한다 해도 구대가 인격이 될 수는 없다. 예컨대 성적 우수자를 선발해 일본 육사로 편입시키는 제도만 보더라도 개인별 관리가 전제되어야 한다. 구대 단위로 움직이되 그 안에서 개체로서 자기관리가 중요하다. 졸업 시 몇몇 성적 우수자를 제외하고 생도들의 석차는 공개되지 않는데, 이는 누구나 자신이 성적 우수자 바로 다음 순번이라고 생각할 수 있게 하기 위함이었다. 즉 개인적 성취가 매우 중요하게 작용하고 있는 현실을 반영한 셈이다.

따라서 사관학교와 군대는 개인주의와 자유주의가 부재한 시공간이 아니다. 생도들이 경험한 극단적인 집단생활이야말로 개인이 어떻게 극한의 조건 속에서 생존하고 경쟁에서 살아남을 수 있는가를 배우는 과정이기 때문이다. 집단에 대한 헌신조차 개인적 탁월함에 기반한다. 반공주의를 통해 공산주의를 배운 것과 유사하게 이들은 반자유주의를 통해 자유주의를 배운 셈이다. 여기에 엘리트주의가 결합됨으로써 이들은 자유주의를 부정하고 비판하지만 실상 개체 단위의 삶과 주체성에 대해 매우 민감했다.

박정희의 육성이 가장 많이 들어가 있다고 하는 책『국가와 혁명과 나』, 백선엽의 회고록『군과 나』, 이한림의 회고록『세기의

　　　　1부　박정희, 그를 만든 시대와 역사

격랑』제5장 '정치와 군 그리고 나', 만군 계열은 아니지만 최홍희의 자서전 『태권도와 나』 등에서 공통적으로 등장하는 것이 '나'다. 만군 출신의 '나'는 무엇보다 국가와 군에 대당하는 주체로 설정된 것이 눈에 띈다. 즉 국가와 군과 나는 동격이다. 이는 앞서 보았듯이 천황(또는 황제)과 직결되어 있다는 인식, 통수권 독립이라는 사고방식과 밀접히 관련된다. 다시 말해 군을 국가의 근간으로 생각하고 그 통수권을 장악하고 있다는 인식에서 형성된 주체성이다.

이러한 인식을 잘 보여주는 개념이 '특별한 대우'를 의미하는 슈구殊遇다. 사관생도들은 슈구의 대상으로 우월의식을 강하게 포지했다. 슈구의 기본 문법은 후원patron-피후원client 관계다. 특별한 대우를 제공하는 주체는 천황으로 상징되는 국가이며 그것을 제공받는 주체는 생도다. 반대급부로 생도들이 제공하는 것은 매우 간단하다. 생명이다. 국가는 생도의 생명을 담보로 각종 특혜를 제공함으로써 국가의 역능을 증진하는 셈이다. 즉 생도들의 사유는 천황의 명령으로 대체되며 그들의 신체는 국가의 도구이자 연장이 되고 그들의 행위는 곧 국가의 조직적 실천이다. 요컨대 그들은 천황의 이름으로 처분 가능한 사물이다.

국가는 천황을 상징으로 하되 생도들의 목숨으로 운영되는 전쟁기계가 된 것이고, 생도들은 그 일부가 됨으로써 개체가 도달할 수 없는 수준의 폭력과 일체화된다. 제복으로 감싼 신체에 덧붙여진 각종 전투장비는 생도들의 몸으로 실현되는 국가의 위력을 보여준다. 국가의 물리력을 구성하는 실체이자 그것을 등에 업은 생도들의 권능 역시 미증유의 수준으로 확장된다. 생도는 천황의 전략적 동반자가 되어 확장된 신체로, 확대된 역능으로 권력의 일부가 되는 것이다.

박정희는 생도-교관-교장-교육총감-육군대신-천황으로 이어
지는 국가권력의 사다리를 오르고 있었고 이후 그 회로도를 벗어
나지 않았다. 이들의 주체성은 군대와 국가로 환원되는 주체성이
다. 즉 모든 개인을 소실시켜 집단으로 재생하는 전략인 셈인데,
만주군관학교의 슬로건은 다름 아닌 '한 사람은 모두를 위해, 모두
는 한 사람을 위해'였다. 불교적인 용어이기도 하지만, 이 말은 파
시즘의 전체주의를 집약한 것이기도 했다.

집단 신체화한 파시즘이 노리는 핵심은 죽음이었다. 일본 육사
56기인 이형근은 교장으로부터 "육군사관학교는 대일본제국 남아
에게 천황을 위해 죽는 방법을 가르치는 곳"이라는 훈시를 들었고,
58기 정래혁은 "무사도란 즉 죽는 것이다"라고 배웠다.[58] 대구사범
학교의 교관 아리카와는 오키나와에서 폭탄을 두르고 자결했고,
박정희 재학 당시 일본 육사 교장이던 우시지마 미쓰루牛島滿 역
시 오키나와 사령관으로 할복자살했다. 만주군관학교에서 사무라
이 구대장으로 불렸으며 박정희와 관계가 긴밀했던 다하라 고조는
지옥을 방불했던 필리핀 전투에 자원해 끝까지 항복하지 않고 싸
우다 전사했다. 1963년에 박정희는 전역사를 통해 자신의 생명을
조국과 민족의 제단에 바친 지 이미 오래라고 선언했다. 오래되었
다는 그 시점은 생도 시절 언저리였을 가능성이 매우 높다.

일계가 쇼와 유신의 이데올로기 세례를 받았다면 만계의 절대
다수인 중국 생도들은 민족주의와 마르크스주의로 이끌렸다. 일본
군이 장사長沙 전투에서 패배했다는 소식이 들리자 만계 생도들은
강당에 모여 강렬한 반일 언동을 감행하기도 했다.[59] 나아가 위험
을 무릅쓰고 공산주의 운동과 연계해 활동했다. 중국 생도들의 좌

파 활동은 조선인에게도 강한 영향을 미쳤다. 박정희의 동기로 일본 육사까지 함께 간 김재풍金在豊은 김일성이 한국을 구할 것이라고 공공연히 말하고 다녔다. 그는 해방 후 남로당에서 활동하다 북으로 향했다.

정일권과 친분이 두터웠던 인구학자 조이제에 따르면 정일권은 박정희가 생도 시절부터 "사회주의에 대해 얘기하는 것을 좋아했고" 심지어 "비밀회합"에 참석하기까지 했다고 말했다.[60] 박정희의 절친이었던 이병주李丙胄는 종종 이한림과 논쟁을 했다. 가톨릭 신자였던 이한림에 맞서 이병주는 불가지론을 역설했고, 심지어 공산주의를 예찬하기까지 했다. 이한림은 이병주가 속속들이 공산주의에 물든 사람이라고 했지만, 박정희는 명백하게 이병주의 입장을 지지했다.[61]

박정희가 언제 어떻게 좌파적 이념에 경도되었는지 그 기원은 분명하지 않다. 그러나 최소한 만주군관학교 분위기는 좌파 활동에 열려 있었다. 더 멀리 대구사범학교 시절부터 사회주의는 박정희 주변을 어슬렁거리는 유령이었다. 박정희가 그러한 분위기를 몰랐을 리 없고, 적어도 좌파 이념이 그에게 낯설거나 전혀 생뚱맞은 것은 아니었다. 더욱이 쇼와 유신과 마르크스주의는 서로 적대적 입장이었음에도 반자본주의, 반자유주의라는 점에서 기묘한 일치를 이룬다. 둘 다 기득권 질서를 무너뜨리고 새로운 질서를 꿈꾼다는 점도 비슷했다.

일계와 만계의 이데올로기적 지향은 적대적이면서도 서로 닮기도 한 기묘한 동거 상태를 이룬다. 요컨대 박정희는 양자의 이데올로기적 지향과 모두 친숙했다. 이와 관련해 에커트는 만주군관학교 생도들이 반역적 진면목(마지메) 또는 심지어 마르크스주의적 진면목을 보일 수는 있었지만 자본주의적 진면목을 가질 수는 없었다고 분석했다.[62] 중요한 지적이지만 생도들이나 박정희의 성향은 반자본주의보다 반자유주의가 더 적절하다.

어쨌든 박정희는 두 흐름 모두에서 어떤 주체의 자리를 찾을 수 없었다. 그는 스스로를 군국 일본과 최대한 동질화해 그 질서의 사다리를 올라탔지만 쇼와 유신의 주체는 곤란했다. 만주국 역시 혈서로 충성을 맹세하기도 했지만 충성의 자리는 물론 반역의 위치도 애매했다. 일계와 만계 어디에서도 그가 원했던 강력한 집단신체로의 일체화는 곤란했다. 식민지 출신이고 괴뢰국의 사관생도라는 주체의 자리는 제국 일본의 변경에서 한없이 흔들리는 자리였다. 박정희는 동아시아 식민 질서의 민족적 분할선이 만든 틈새에 갇혀버렸다. 이 자리는 윤해동이 말한 것과는 다른 의미에서 또 다른 회색지대이기도 하다.[63] 박정희는 지배와 저항, 민족적 분할의 회색 틈바구니에서 살아남는 길은 오직 개인의 능력뿐이라고 믿었던 듯하다.

4. 사관학교 III — 규율 권력과 폭력

두말할 나위 없이 박정희를 사회적 존재로 구성하는 데 결정적인 역할을 한 것은 사관학교를 포함한 식민 지배 질서다. 군국 일본은 박정희의 삶을 거의 완벽하게 포섭했다. 물론 이 과정은 박정희의 치열한 노력으로 이루어진다. 개인의 능력주의 발현은 곧 국가의 역능이 개체에 관철되는 과정이다. 요컨대 포섭이란 국가-권력과 개체의 줄탁동시를 통해 동기화되는 과정에 다름 아니다. 문제

   1부 박정희, 그를 만든 시대와 역사

는 이 과정이 논리적, 이성적으로 완결될 수 없다는 점이다. 아무리 교실과 골방에서 수많은 책을 섭렵한다고 해도 충량한 황국신민이 나오는 것은 아니다. 하물며 목숨을 내놓아야 하는 '황군'이 만들어질 수는 없다.

버튼만 누르면 자동으로 작동하는 기계처럼 군인은 명령에 목숨을 걸어야 하는 전쟁기계여야 한다. 국가와 군인은 결합된 기계장치다. 국가 전체가 전쟁기계가 되어야 하는 국면에서 군대는 가장 완벽한 기계여야 한다. 기계가 돌아가기 위해서는 몸을 통제할 수 있어야 한다. 아무리 군인칙유와 전진훈戰陣訓을 달달 외워도 몸이 말을 듣지 않으면 실패다. 직접 신체에 작용할 기술이 필요하다. 머리를 통해 몸에 전달되는 과정을 과감하게 생략하고 직접 몸에 각인해줄 기술이 필요하다. 궁극적으로 몸이 먼저 움직이고 뇌가 뒤따르는 경지가 되어야 한다.

사실 이것은 불가능한 기획이다. 그럼에도 일본군은 이를 추구했다. 막스 베버의 말처럼 군대는 최고의 규율 장치이다. 신체를 관리하는 기술에서 군대는 최고의 전문가다. 신체 규율화의 출발은 시간이다. 사관학교는 오전 6시부터 촘촘하게 짜인 일과표에 따라 움직인다. 기상나팔 소리와 함께 일어나 일조 점검을 시작으로 막사 주위 청소, 세면을 끝내고 아침 식사를 한다. 식사 후 막사 앞에 정렬해 주번 사관으로부터 복장 검사를 받는데, 두발·복장·군화를 세밀하게 검사했다. 또한 정렬 상태에서 내무반 정돈과 청소 상태를 살피기도 한다. 오전 학과 종료 후 점심 식사를 하고, 오후 학과와 운동, 저녁 식사와 자습이 이어졌다.[64]

시간 규율은 근대 규율의 기초이자 핵심이다. 시간 리듬에 따라 주어진 과제를 수행하는 것이 사관학교 규율의 기본 문법이었다. 일과표란 곧 시간 규율을 기초로 만들어진 훈육 프로그램이다. 동일한 시간에 동일한 과제를 부여하고 그 수행 정도를 측정함으로써 객관적 능력 파악이 가능하다는 사고방식이 등장한다. 시간 규율은 이미 보통학교 때부터 시작된 것이지만 사관학교에 이르러 정점을 찍는다. 동일한 조건에서 시간과의 치열한 경쟁이 벌어졌고 이로부터 자신과의 싸움이라는 생각도 생겨난다. 시간은 효율성과 함께 윤리적 특성도 측정한다. 시간 약속은 신용의 바로미터가 되고 성실성은 주어진 시간의 충실한 활용을 의미한다.

시간 규율에 이어 사관학교는 공간 규율화를 추구했다. 내무반 사열과 관물대 점검이 대표적이다. 통로를 두고 좌우 6열씩 12명이 한 내무반을 사용했는데, 수업에 들어갈 때 관물대 서랍을 15센티미터 정도 열어놓게 해 구대장이 순시하며 검열했다. 박정희는 정리벽이라 할 정도로 볼펜 하나 흐트러진 꼴을 못 봤다.[65] 에커트도 정돈을 강조했다. 책상 위 사물들의 배열 순서는 물론 심지어 잉크병 방향까지 지정되어 있는 정돈의 문법을 설명했다. 그는 정돈 체제의 일상화가 곧 복종의 강조를 의미한다고 했다. 복종의 필요성은 프로이센군의 밀집대형 보병전술로부터 기원한다고도 했다. 중국인 2기생들에게 군관학교 시절을 회상하면 떠오르는 일본어가 무엇이냐는 질문에 모두가 하나같이 절대복종이라고 답변했다.[66]

밀집대형 전술이 아니라 하더라도 복종은 군대의 기본 원리다. 정돈 또한 복종을 위한 것으로 좁게 볼 문제가 아니다. 공간 규율은 복종을 넘어 주체화의 유력한 기술이다. 관물대, 책상, 내무반의 정리정돈은 주체를 둘러싼 공간의 질서화를 의미한다. 공간과 사물의 질서정연한 배열은 주체의 질서화로 이어진다. 생도들로

하여금 주위 공간과 사물을 주재하는 주체의 자리를 요구한다. 단 사물의 질서는 이미 정해져 있고 생도들은 그것을 그대로 따라 하는 수동적인 위치다. 어지러운 사물의 위치를 잡아주는 것은 혼란에 질서를 심는 격이다. 군대는 모름지기 어지러운 사태에 개입해 질서를 확립하는 주체, 언어와 정치의 혼란을 폭력으로 정리하는 주체로 여겨진다. 사물의 질서를 통해 인간과 사회의 질서를 은유하고 재현하며 실천한다.

사물의 질서는 신체로 옮겨 붙어야 한다. 일본 육사와 만주군관학교는 모두 자세 교육을 강조했다. 아침 점호 때 무릎이 붙지 않으면 사정없는 구타가 이어졌다.[67] 체구는 작았지만 박정희의 부동자세는 정평이 났다. 신체와 공간의 결합을 규율하는 대표적인 방식은 좌석 배치다. 야외 조회는 물론이고 교실 내 배치 역시 엄격한 규칙을 따랐다. 일본 해군의 해군병학교에서는 성적 순으로 제1분대부터 제12분대로 나누고, 13번째 생도는 제1분대의 차석에 앉는 편성으로, 홀수 분대가 생도관의 서쪽을 반분, 짝수 분대가 동쪽을 반분했다. 각 분대에는 3학년생이 뒤쪽, 1학년생이 맨 앞에 책상을 나란히 놓았기 때문에 뒤에서도 감시당하고 있는 구조를 만들었다.[68]

학병으로 징집되어 중국 쉬저우徐州로 배치된 김준엽의 경험도 비슷했다. 그는 아침 7시부터 밤 9시까지 눈코 뜰 새 없이 바쁜 신병 생활을 보냈다. 각개 교련, 소대 교련에다 군인칙유를 암송하는 정신훈련까지 반복해 완전히 몸에 붙게 하는 방식이었다. 내무반 생활은 고참과 상관의 시중 들기, 잡다한 일상 관리였는데, 정신적으로 참기 어려운 훈련으로 기억했다.[69]

신체의 규율화를 위해 체력 단련은 기본이고 단정한 몸가짐과 자세, 경례를 비롯한 각종 동작 관리가 세밀하게 요구되었다. 수도사의 수행을 연상시키는 군대 규율은 실제로 유럽 중세 수도원의 생활을 대거 참조했다. 신체 규율의 목적은 당연히 적군을 죽이고 자신도 기꺼이 죽을 수 있는 병사를 길러내기 위함이다. 일본군의 신병 훈련은 "사람을 새로 만들어내서 기쁨으로 황국을 위해 목숨을 바칠 수 있게 한다"라는 목표 아래 진행되었다. 이를 위해 "엄격한 규율하에 맹렬한 훈련으로 순국정신에 철저한 군인을 길러낸다. 신병으로 군에 들어가면 마치 동물같이 취급당해 사람으로선 일단 죽었다가 다시 살아난다"는 말이 이미 학교 교련 시간부터 널리 회자되었다.[70] 사관학교는 더했다. 일본 육사의 교육은 "맹훈련 중 죽든지 아니면 살아남든지 양자택일하라는 식"이었으며 독일의 육사 교장이 "지나치게 스파르타식"이라 혹평했을 정도다.[71]

동물같이 취급당한다거나 죽었다가 다시 살아난다는 표현에서 드러나듯이 군인이 되는 과정은 기존 사회의 흔적을 최대한 지우는 것으로 시작했다. 랄라툰lalatun의 만주군관학교나 가나가와현 자마시에 있는 일본 육사는 모두 시내에서 멀리 떨어진 외곽에 높은 담으로 둘러쳐져 외부 사회와 격리된 공간이었다. 언어 역시 사회와 구별되는 독특한 용어를 사용했다. 정식 군사용어와 함께 수많은 은어가 있어 사회와 구별되는 소통 규율을 부과했다. 외부의 노래와 영화는 일절 금지되었으며 한 달에 10엔 이상을 소지할 수 없었고 식사와 매점 이용 역시 세세하게 통제되었다. 개인 물품은 일절 소지할 수 없었다. 생도는 민간 세계를 사바세계처럼 여기며 그와 단절된 채 일종의 고행을 하게 된 것이다.[72]

고행은 윤리적 우월의식을 조장한다. 이를 잘 보여주는 개념이 질소質素였다. 1944년에 발간된 군인칙유 설명서에 따르면, 질소는 일상생활의 모든 것을 구체적이고 직접적으로 규율하는 덕이다. 즉 돈과 여타 가치에 대한 무한한 탐욕, 이기적 욕망을 피해야 한다는 설교였다. 이는 물론 전장의 극한 상황을 견디기 위한 것이기도 하지만, 사치스러운 삶은 도덕적 타락을 불러와 인간을 약화시킨다는 윤리적 주장이었다.[73] 엘리트주의와 결합된 도덕적 정언명령 역시 생도들의 우월감을 강화하는 데 일조했다. 수도승 같은 고행에다 도덕적 우월감까지 탑재함으로써 여타 인간들을 물리적으로나 정신적으로 압도할 수 있는 주체로 정립시키고자 한 셈이다.

정신교육 중 일본군이 가장 강조한 것은 공격정신이었다. 배급 콘돔에 '돌격'이란 글자를 새길 정도로 일본군의 공격정신은 일반의 이해를 넘어선다. 일본군은 포로가 되는 대신 착검한 채 반자이 자살공격으로 마무리하는 경우가 다반사였다. 도조 히데키東條英機가 기초한 전진훈은 포로가 되는 것을 치욕으로 규정했고 군 형법상 항복 조항도 없었다. 포로가 된다는 것은 비국민의 상징이었고 본인은 물론 가족까지 사회적 배제 대상이 되었다. 일본군 입장에서는 차라리 전사가 합리적인 선택인 셈이었다.

제2차 세계대전 중 일본군의 포로 비율은 세계전쟁사에서 유례를 찾기 힘들 정도로 작다. 사이판에서는 4만 명이 넘는 병력 중 불과 2천 명가량이 포로가 되었고, 이오지마에서는 2만 병력 중 천여 명만 살아남았다. 요컨대 일본군에게 공격할 수 없는 군인은 존재의미가 없다. 일본군은 패배로 귀결된 할힌골 전투에 대해서도 "정신력이 철강을 제압했다"라든가 "육탄이 전차를 이겼다" 등으로 호도하면서 공격정신을 강조했다. 그러나 미군을 상대해본 한 참전자는 "도저히 '염력'으로 대항할 수 있는 상태가 아니었다"라는 말로 상황을 요약했다.[74]

훗날 박정희는 정신을 극력 강조했다. 그의 정신주의가 어디로 부터 온 것인지는 분명해 보인다. 일본 육사 유학 동기생 이섭준은 "일본 육사 교육은 만주군관학교보다 더 정신적으로 쥐어짜는 것"으로 회고하면서 "박정희는 여기서도 모범생이었다"고 증언했다.[75]

시간, 공간, 신체, 정신에 걸쳐 이루어지는 규율화의 결정적 요소는 폭력이다. 일본군의 폭력은 너무 유명해서 굳이 설명이 필요 없을 정도다. 적을 향해 행사될 폭력의 강도와 효율성을 제고하기 위해 내부를 향한 자기폭력의 강도를 제고했다. 폭력을 그 존재의 본질로 삼는 군대이기에 어디서나 어느 정도의 폭력화 경향은 불가피하다. 다만 일본군은 유례를 찾기 힘들 정도로 강력한 폭력이 만연했다는 특징이 있다. 일본군의 싱가포르 점령 당시 대학생이었던 리콴유李光耀는 일본군 점령에서 두 가지를 인상 깊게 느꼈다고 했다. 하나는 죽음을 두려워하지 않는 일본군의 모습이었고, 또 하나는 한 사회를 일거에 뒤바꿀 수 있는 권력과 폭력의 효능이었다.[76]

일본군 경험이 있는 사람치고 폭력 이야기가 빠지는 경우는 거의 없다. 일본군의 폭력은 거의 모든 단위에 걸쳐 자행되었고 단순히 우발적인 사건이 아니라 구조적으로 지속되었다는 특징이 있다. 일본군은 폭력을 군인을 만들기 위한 필수불가결한 훈육 요소로 생각했다. 물론 일본군 지휘부도 공식적으로는 사적 제재를 근절하라고 엄명을 내리곤 했지만 별무소용이었다. 어느 부사관은 "잘 들어라. 사적 제재를 받은 자에게 손을 들라고 했을 때 손을 들어도 상관없다. 나는 당당히 영창에 들어갈 것이다. 사적 제재가 없으면 정병을 육성할 수 없고 군기도 유지할 수 없다. 나는 조국을 위해 한 것이다"라고 강변했다.[77]

                    1부　박정희, 그를 만든 시대와 역사

일본 해군은 육군보다 더 엘리트주의가 강했고 해군병학교에는 단 한 명의 조선인도 입교할 수 없었다. 그럼에도 해군병학교 역시 "폭력제재暴力制裁에 의한 인간의 정형화"가 교육의 기본이었다. 빨랫감을 늦게 걸었다든가 심지어 '네 놈의 얼굴이 마음에 안 든다'는 이유로 사적 제재가 가해질 정도였다.[78] 만주군관학교의 사적 폭력 역시 극심했다. 신입 생도에 대한 침대 습격을 비롯해 뺨 때리기가 일상이었고 한 중국인 생도는 1년간 420번이나 구타를 당했다고 기억했다. 그럼에도 점차 훈련의 일부로 받아들이는 분위기가 강했다.

일본군의 폭력성에 대해 한 참전 경험자는 한마디로 '말을 빼앗은 것'이라고 단언했다. 인간의 질서는 말의 질서인데, 일본군은 이를 삭제함으로써 폭력의 질서를 구축했다. 예컨대 변명할수록 구타는 더 심해진다.[79] 폭력은 말이 무력해지는 순간에 등장하거나 또는 말을 무력화하기 위해 등장한다. 언어는 이성과 합리성의 세계다. 일본군 내에서도 언어는 과도할 정도로 흘러넘쳤다.

생도는 군인칙유와 전진훈을 외워야 했고 생경한 군사언어를 익혀야 했다. 게다가 군대 특유의 은어를 비롯해 고참과 상관의 특수한 언어들을 알아야 했다. 사관학교라는 특수한 공리계의 언어 문법은 폭력과 제로섬 관계가 아니다. 폭력은 저항과 반항의 언어들로부터 지배의 언어를 지키고자 배치된 물리력이다. 간단히 말해 폭력은 해야 할 말과 하지 말아야 할 말을 가르치는 교사 역할을 담당한다. 해야 할 말, 즉 지배의 언어를 배우고 익힘에 따라 폭력의 피해자는 폭력의 가해자로, 폭력의 주체로 거듭나게 된다.

군대는 집단적이고 조직적인 폭력의 세련된 기술을 연마한다. 이를 위해 이성과 합리성에 근거한 첨단의 근대 지식이 동원됨은 물론이다. 물론 이 지식체계는 죽음의 언어들이다. 군대는 살인에 대한 거부감과 심리적 충격을 상쇄하고 기계적 행위로 전환해 그 행위주체에 별다른 충격을 남기지 않을 특수한 기술을 구사할 수 있는 집단으로 길러진 존재들이다. 죄의식과 공포를 최소화하기 위해 절대복종의 규율을 만들고 끊임없는 신체적 학대와 가혹한 훈련으로 '사유하지 않는' 또는 '사유할 수 없는' 주체를 집단적으로 생산하는 조직이 곧 군대다.

일본군은 죽음을 개의치 않는 정신 상태를 만들고자 했다. 박정희의 혈서는 이것을 겨냥한 것이다. 그러나 광기의 '바카 마지메'馬鹿 眞面目가 되기 위한 몸은 따로 만들어져야 한다. 죽음을 불사하는 정신을 받아줄 몸이 만들어지지 못한다면 혈서는 종이 쪼가리에 그친다. 박정희는 사관학교의 폭력의 규율화를 통해 비로소 정신을 가두어둘 몸을 구비하게 된다. 이는 1918년 제정된 일본군의 '통수강령'에 따른 것이었다. 통수강령은 1926년 개정되었는데, 그 기조는 슐리펜Alfred von Schlieffen의 단기 결전 사상에 기반해 "필경 정신적 우세로 물질적 위력을 능가하고, 소수로 많은 사람을 제어하는 것을 하나의 특색"으로 삼는 것이었다. 이 무렵부터 일본의 군사사상은 정신주의로 크게 방향을 틀게 된다.[80]

전사자만 33만 명이 넘어 단일 전선으로는 아시아태평양전쟁 중 최악이었던 필리핀 전역을 겪은 야마모토 시치헤이山本七平는 일본군의 특징을 죽음의 특권화로 정리했다. 즉 죽은 자의 위치에 자신을 두고 있는 자는 법규를 초월해서 모든 상황을 지배할 수 있게 되며, 한마디로 "죽음의 위력을 통해서 산 자를 지배"하게 된다는 것이다. 이런 절대적인 지배권을 휘두르는 자에게 명령을 받는다면 누구라도 법규를 위반하면서까지 그 명령에 따를 것이라는

　　　　1부　박정희, 그를 만든 시대와 역사

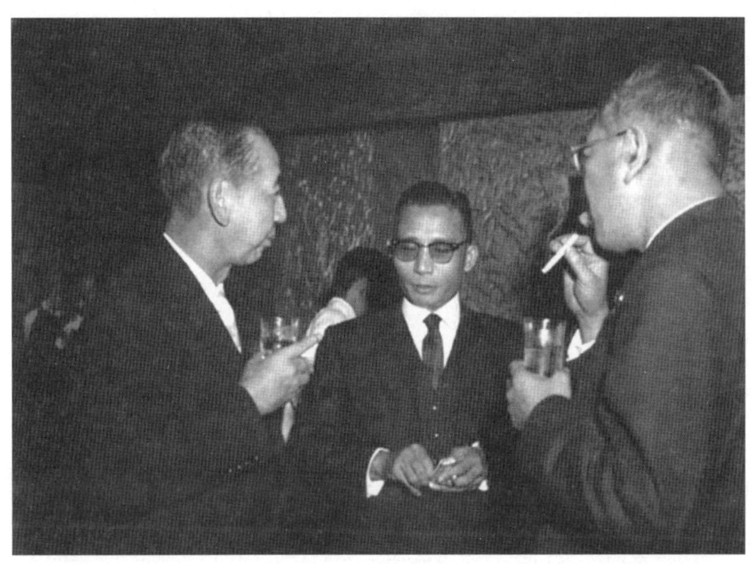

1961년 11월 미국 방문길에 들른 도쿄에서 전 일본 총리 기시 노부스케(왼쪽)를 만난 박정희. 이 만남에서 박정희는 사관학교 시절 일본 정신과 '빈타' 교육에 깊은 감명을 받았다고 말해 기시를 당황하게 한다.

게 그의 주장이다.[81]

조갑제가 파악한 박정희는 "일제의 군사교육과 한국전쟁의 체험을 통해서 전쟁과 군대의 본질을 체험한 바탕에서 600년 만에 처음으로 우리 사회에 상무정신과 자주정신과 실용정치의 불씨를 되살"린 인물이다.[82] 박정희에게 상무정신을 가르쳐주었다는 일제의 군사교육은 김준엽에게는 잊을 수 없는 악몽이다. 그가 경험한 최악은 기모다메시膽力し(膽力試驗)라는 포로 살해 훈련이다. 중국인을 붙잡아와 묶어놓고 신병들이 차례대로 총검으로 찌르는 훈련이었다.[83] 식인 행위를 비롯해 일본군의 잔혹행위는 일일이 열거하기 힘들 정도다.[84]

그러면 박정희는 일본군의 폭력과 훈육에 대해 어떻게 생각

했는가. 이와 관련해 흥미로운 발언이 있다. 박정희는 1961년 미국 방문길에 들른 도쿄에서 전 일본 총리 기시 노부스케岸信介와 비공식 오찬을 하면서 유창한 일본어로 일본 육사가 자신에게 일본 정신과 빈타びんた 교육의 효율성을 가르쳐주었다고 강조했다. 빈타 교육은 군을 강화하는 최고의 방법이라고도 했다.[85] 박정희와 기시의 만남에서 오간 대화 내용에 대해서는 약간의 부연 설명이 필요하다. 에커트는 이 만남에서 박정희가 일본 정신Japanese spirit과 빈타 교육의 효율성에 대해 언급했다고 했지만, 전거로 제시한 해당 날짜 『아사히朝日 신문』 기사는 약간 다르다. 박정희가 빈타를 언급한 것은 맞지만 일본 정신은 없다. 대신 박정희는 메이지 유신 당시 지사들의 심정으로 쿠데타와 개혁을 추진한다고 했다.[86] 훗날 회고에서도 기시는 박정희가 자신들은 군인이기에 현실 정치를 잘 모른다고 하면서 한국의 정치가와 경제계 인물들은 자신들의 이익만 추구할 뿐 국가를 생각하지 않는다고 비난했다는 말만 전하고 있다.[87] 그러나 넓게 보아 박정희가 사관학교 교육을 통해 일본 정신에 깊이 영향받은 것은 분명하다. 앞서 보았듯이 박정희의 측근들은 박정희를 만든 요체가 일본식 사관교육이라고 단언했다. 박정희는 다시 사관교육의 요체를 일본 정신과 빈타로 요약했다.

국체國體만큼이나 일본 정신은 모호한 개념이기에 논자에 따라 많은 논란이 있다. 박정희가 일본 정신을 접한 1930~1940년대는 쇼와 유신과 군국주의가 대세인 시대였다. 또한 박정희는 이 시기 가장 군사적 성격이 강했던 사범학교와 사관학교를 다녔다. 일본의 국체론을 기초한 것으로 유명한 이노우에 데쓰지로井上哲次郎는 국체의 본질을 '정신'으로 보았다. 즉 "황통일계가 국체라고 하지만 이는 혈통의 연속이자 정신의 연속"이라는 것이다.[88] 이는 일본 정신과 밀접한 신도를 다루는 데에서도 동일하다. 그는 신도를 "일본을 본위로 해서 발전해온 정신 활동"으로 규정했다. 다시 말해 "정신을 귀중히 하는 가르침이기 때문에 정신교라 불러야 할 것"이라고 했다. 정신을 강조하기에 그는 타력보다 자력을 강조한다.[89]

중일전쟁 이후 일본 좌파의 대량 전향 사태가 나타났다. 그중 이재유 사건('경성 트로이카'로 많이 알려진 조선공산당 재건운동 사건)에 연루되어 1934년에 검거된 후 전향한 미야케 시카노스케 三宅鹿之助 경성제대 교수는 전향서에서, '일본 정신'이란 '일본 역사 3천 년의 결정'이자 '일본 민족의 고유한 민족정신'으로서, '너무나 명백하여 거기에 어떠한 사려, 반성도 필요로 하지 않는 말하자면 본능적, 직감적'인 것이라고 했다. 이에 따르자면, 조선인이 일본 정신을 받아들이는 것은 논리적으로 불가능하다.[90]

후술하겠지만, 집권 후 박정희는 이노우에나 미야케 이상으로 정신을 강조했다. 더 나아가 정신의 강조는 한국 근현대 엘리트들의 일반적 특성에 가까우며 사회적으로도 널리 확산된다. 또한 박정희는 '자조'와 같은 스스로의 노력을 강조했다. 개인의 자력 구원과 주의주의主意主義적 정신력의 결합은 한국 근대화 과정의 주요한 특징이었다. 그런데 일본 정신이야 널리 알려진 바이지만 '빈타'는 무엇인가.

사관학교를 졸업하고 무려 17년이 넘은 시점에 전범 출신 기시와 나눈 대화에서 나온 빈타는 무엇인가. 이 발언에 기시는 상당히 당황했다고 하는데, 그만큼 전후 민주주의를 구가하던 일본에서는 금기시된 군국 일본의 관행일 터이다. 빈타는 '따귀'를 말한

다. 특히 두 사람이 마주 보고 서로 상대방의 따귀를 때리는 것이
다. 군관학교 동기 고경인高慶印의 회고에 따르면, 아침 조회시 시
력이 나쁜 생도 한 명이 대열 형성에 늦자 전 생도가 무려 20분간
빈타를 시행했다고 한다. 1980년대까지도 빈타는 한국의 학교와
군대에서 드문 일이 아니었고, 심지어 1990년대까지 이어졌다.
빈타의 가장 큰 특징은 폭력의 가해자와 피해자가 중첩된다는 점
이다.

빈타는 서로 대립-협력하는 두 주체 사이에 개입해 새로운 권
력/관계를 심는다. 빈타의 두 주체/대상은 서로 즉자적이며 직접
적인 관계, 다시 말해 구체적 관계를 형성하지만, 빈타의 명령은
이 관계를 소멸시키고 명령과 위계의 수직관계, 즉 추상적 관계를
기입하고자 한다. 이러한 맥락에서 빈타는 일종의 이데올로기적
호명이다. 구체적 관계rapport를 지양해 추상적 관계relation로 재
구성된 주체를 목표로 한 호명의 기술인 것이다.

다시 말해 빈타는 피해-가해의 고정된 위치를 교란해 주체의
자기분열을 유도한다. 아무런 이유 없이 오직 명령에 의해 동료에
게 폭력을 행사하고 또 자신도 폭력을 당하는 상황에 놓이게 된 생
도들은 명령에 죽고 사는 군인으로 재구성된다. 빈타는 스스로 사
유하고 판단하는 주체성을 삭제하고 외부 명령에 즉각적으로 반응
하는 전쟁기계를 만드는 과정을 상징한다.

빈타는 또한 일종의 생명정치다. 즉 그것은 폭력을 매개로 가
해와 피해라는 두 계기를 통합해 하나의 신체에 2개의 대립적 각
인을 기입하는 것이다. '가해'라는 죽일 수 있는 폭력과 '피해'라는
죽을 수 있는 폭력이 하나의 신체에 중첩됨으로써 분열증적 주체
가 구성되며 이 주체는 오로지 절대권력-천황에 직속됨으로써 온

　　　　　　　1부　박정희, 그를 만든 시대와 역사

전한 신민-주체가 된다. 전우와 동료의 구체적인 관계가 천황과의
추상적인 관계 아래 종속됨으로써 황군이라는 집단적 신체로 재구
성된다. 이렇게 만들어진 황군-전쟁기계의 부속품화가 빈타의 궁
극적인 도달점이다.

빈타의 주체는 무고한 동료에게 폭력을 행사했음에도 불구하
고 면책된다. 마루야마 마사오丸山眞男의 말을 빌리자면 이는 거
대한 무책임 체계를 상징한다. 마루야마는 일본 초국가주의 체제
를 무한히 유예되는 책임 전가로 설명했다. 어느 단위에 있건 자신
의 행위 책임을 상관에게 미루게 되고, 이 체계의 꼭짓점에는 천황
이 있다. 그렇기에 도조 히데키마저 천황의 일개 신하로 그 명령을
성실하게 수행하고자 했을 따름이라는 무책임의 언어가 나오게 만
든다.[91]

면책된 가해의 주체들은 동시에 무고한 피해자이기도 하다는
점에서 책임의 소재는 더욱 불분명해진다. 가해한 만큼 피해를 당
한다는 분열증적 상황 인식으로부터 윤리적 사유는 무의미해진다.
이는 죽이지 않으면 죽는다는 전장의 상황을 재현한다. 가해와 피
해가 무차별적으로 연쇄작용하는 전장에서 중요한 것은 오직 더
효율적이고 더 강한 폭력의 힘이다. 따라서 빈타는 먹고 먹히는 정
글과 시장의 문법으로도 손색이 없다.

빈타의 궁극적 목표는 죽음으로 모아진다. 더 정확히 말하면
죽음을 불사하는 신체의 구성이다. 고통을 주고받는 몸에 대한 자
각은 죽음을 볼모로 한 전장의 빈타로 연결될 터이다. 빈타는 죽음
에 대한 예감으로 나아가는 수행적 실천인 셈이다. 빈타를 통해 관
철되는 이데올로기적 호명과 생명정치는 군대로 국한되지 않을 것
이다.

국가 의지가 관철된 신체로서 병사들의 집합체는 마치 노동력이 추상적 노동의 담지체인 것처럼 병력이라는 추상적 전투/노동의 실체다. 빈타는 개체의 원한을 포기하고 국가 의지를 실현하기 위한 노동력/전투력으로 재구성되는 과정을 상징한다. 따귀를 교환하는 주체들이란 이미 개인적 원한의 자유로운 표출이 아니라 규율과 명령에 따른 제도적 실천의 계기적 존재일 뿐이다. 요컨대 전투는 개체의 원한이 아니라 국가 의지의 실천이다.

이것이 군대의 특수한 경험으로 국한된다면 기시와의 대화에서 소재가 될 수 없었을 것이다. 박정희는 빈타가 군대를 넘어 사회 전체의 효율적 집단신체화의 유력한 매개일 수 있다고 판단했을 가능성이 높다. 전투와 노동은 사실상 거의 동일한 신체적 움직임에 기초한다. 노동이 노동력과 생산도구의 결합이라면 전투 역시 신체와 무기의 일체화에 기반한다. 전자가 사용가치와 교환가치를 생산한다면, 후자는 그것들을 파괴함으로써 가치를 창출한다.

이것이 공장과 군대가 거의 동일한 규율화를 통해 작동하는 이유일 것이다. 즉 노동하는 신체는 도구와 기계를 통해 끊임없이 재활용되는 물리적 과정의 단순한 한 계기로 구성됨으로써만 이 기계들을 작동시킬 수 있다.[92] 마찬가지로 병사—노동/전투하는 신체—는 스스로를 무기, 전투 장구들과 일체화해 끊임없이 소모되는 전쟁기계의 일부로 부품화함으로써, 또한 제복으로 통합된 조직의 일 계기로 배치됨으로써만 전쟁을 수행할 수 있다. 노동력이 끊임없이 대체되고 교환되듯이 병력은 끊임없이 소모되고 충원되는 일련의 기계적 작동 속으로 투입된다.

이 비인간적이고 탈인격화된 과정을 통과하는 것은 결코 쉽지 않은 일이다. 박정희가 감탄한 것은 빈타가 이 과정을 무엇보다 효율적으로 달성하는 도구라는 점이었다. 빈타는 훈육 권력의 물리력이 직접 행사되지 않고 피훈육자들의 신체와 물리력을 통해 행사된다는 특징이 있다. 훈육 권력은 숨은 신처럼 은폐된 채 희미해지고 피교육자들의 행위가 전면에 등장한다. 요컨대 피교육자는 수행적 실천으로 훈육 권력을 대리보충한다.

2인자를 두지 않는 박정희의 용인술은 빈타를 닮았다. 부하들 간의 경쟁을 유발해 주군에게 충성을 다하게 만드는 전략은 빈타와 동형적이다. 영화 《남산의 부장들》에는 인상 깊은 대사가 나온다. 영화에서 박정희는 경쟁하는 측근 부하들에게 "임자 하고 싶은 대로 해. 임자 옆에는 내가 있잖아"라고 말하곤 한다. 무책임하게 폭력을 폭발시키되 그 책임을 떠안는 조건으로 충성을 이끌어내는 전략이다. 무책임을 담보로 무한의 행위를 보장해주는 것, 주체성이 소거된 자에게 무한대의 행위가 가능해지는 조건을 만들어낸 셈이다.

이 체계가 작동하기 위해서 꼭짓점의 주체는 최종심급의 해결책이어야 한다. 무한의 책임을 감당하는 권력은 곧 무한의 권력일 수밖에 없다. 따라서 일본군에게 이 전략의 궁극적 관건은 천황이다. 박정희는 무책임의 꼭짓점에 자신을 위치시킴으로써 모든 책임을 지는 절대자가 되어야 했다. 다시 말해 죽음 이외에는 그 어떠한 제한도 없는 권력을 구성해야 한다. 이로써 빈타의 주체는 무책임을 거쳐 무한 책임 주체의 종속 변수가 된다.

빈타의 경험은 생도들에게 무력감을 불러일으키지만, 다른 한편으로는 거대한 권력의 위력을 실감하는 과정이기도 하다. 자신의 신체를 조종하는 권위와 권력이 자기와 불가분리적으로 연결되어 있음을 자각하고 복종의 자세와 태도를 관철하게 된다. 자신이 아무엇도 아닌 존재가 됨으로써 비로소 거대한 국가와 군대의 일원이 되는 자아의 병리적 확대, 무책임한 주체로의 전환이 개시된다.

이 과정은 흔히 인내라는 가치와 개념으로 정당화되곤 한다. 박정희와 개인적으로나 정치적으로 매우 밀접한 관계였던 정일권은 봉천군관학교 5기로 다양한 폭력을 경험한다. 그중 하나는 다이츠키隊付라는 파견 근무 과정에서 경험한 폭력이다. 정일권은 말 관리를 제대로 하지 못했다는 이유로 일본인 하사관으로부터 "조센진노 바카야로"라는 욕설과 함께 죽도로 난타당했다. 규정상 하사관이 사관후보생을 폭행하는 것은 있을 수 없는 일이다. 정일권은 문제 삼을까 하다가 "참을 인忍을 어금니로 짓씹으면서" 넘어갔다.[93]

폭력적 경험이 인내를 통해 의지력으로 승화된다는 서사는 진부하지만 제법 설득력이 높다. 갖은 고생담으로 점철된 한국의 남성 군사주의 문화는 일종의 고난 서사를 중요 요소로 삼는다. 신체 고행은 정신의 고양을 위한 필수 요소처럼 여겨진다. 특히 남들이 경험하지 못한 더 크고 잔혹한 폭력 경험은 더 큰 자부심의 근거가 된다. 군관학교 시절 박정희의 별명은 바카 마지메였다. 어느 날 폭우로 훈련을 중단하자 모든 생도들이 막사로 들어갔지만 박정희는 홀로 완고하게 대오를 형성한 것처럼 빗속에서 행군을 계속했다. 중국인 동료 생도 슈슈동Xu Shudong은 놀라움과 경악의 시선으로 이 모습을 막사에서 지켜봤다고 한다. 박정희의 광기의 마지메crazy-majime를 보여주는 한 사례였다.[94]

사관학교에서 가장 인상적인 것이 무엇이었냐는 질문에 생도 경험이 있는 이들의 답변은 거의 비슷했는데, 상황이 어떠하든 견뎌내는 것, 어떠한 난관에도 대처하려는 확신이었다. 심지어 군관학교를 싫어했고 박정희의 의지력 훈련이 과했다고 기억하는 슈슈 동조차 해야 할 일이 무엇이든 해내는 것, 절대 포기하지 않는 것, 내 앞의 임무를 완수하는 것을 배웠다고 했다. 박정희의 군관학교 1년 선배인 방원철에게 왜 쿠데타에 동참했느냐는 질문을 던지자 그는 주저하지 않고 박정희가 그 일을 해낼 의지와 야심이 있었기 때문이라고 했다.[95]

박정희는 빈타 교육의 '효율성'을 강조했다. 왜 하필 효율성일까? 폭력의 최대 강점은 효율성에 있다. 폭력은 오랜 시간과 노력을 들여야 가능한 일을 순식간에 해결하는 능력을 보여준다. 전쟁은 외교로는 해결할 수 없는 일을 해결하는 수단으로 활용되었으며, 이는 개인의 경우에도 마찬가지다.

폭력은 사유할 수 없는 상황을 통해 사유하지 않는 주체를 만든다. 구상과 실행이 분리된 채 기계 또는 동물적 즉자성으로 남게 된 존재들에게 사유는 불필요할 뿐만 아니라 해롭기까지 하다. 기계-신체가 된 이들은 명령의 실행에서 최고의 효율성을 제공해준다. 박정희가 배운 것은 바로 이 효율성이다. 그는 주체성을 소거해 집단적 신체의 일부가 된, 즉각적 명령 집행이 가능한 주체의 탄생을 목도한 것이다.

박정희와 사관생도들은 매우 촘촘하게 짜인 규율의 삶을 경험했다. 그렇다고 해서 이들이 모두 규율에 철저했는가 하면 그렇지도 않다. 모범생으로 일관했던 박정희마저 술 먹고 귀교 시간이 늦는 것은 다반사였고, 심지어 한국전쟁 당시에는 부인 육영수를 최일선 진중으로 불러 생활한 적도 있었다. 사관학교의 엄격한 규율은 박정희로 하여금 오히려 그것의 허망함을 배우게 했는지도 모른다. 사실 박정희의 군관학교 입학 자체가 규정 위반이었다. 심지어 평양사범학교를 졸업한 백선엽은 연줄을 이용해 훈도 의무 복무를 면제받고 곧바로 봉천군관학교에 입학하는 편법을 구사했다.[96] 식민지 자체가 거대한 규정 위반의 실체였다.

규율은 위반과 처벌을 조건으로 한다. 규율 자체보다 처벌이라는 조건이 더 중요하다. 그것은 권력이 살아 있으며 언제나 기능하고 있음을 드러내준다. 따라서 규율보다는 규율 권력이 정확하다. 형식적 규율의 준수 여부가 중요한 것이 아니라 그 처벌 권력의 현존이 핵심이다. 박정희는 규율 형식이 아니라 규율 권력의 의미를 간파했고, 전자를 건너뛰어 후자를 장악하고자 했다. 쿠데타는 규율 형식을 부정하고 규율 권력을 장악하는 것에 다름 아니었다.

5. 군사적 통치성, 군인 만들기와 군인 되기

박정희에게 학교와 군대는 일맥상통했다. 사실 사관학교는 학교와 군대가 접합된 시공간이나 다름없었다. 넓게 보아 군대 역시 교육을 통한 재생산 메커니즘의 연장선상에 있다. 군인은 무엇보다 먼저 훌륭한 학생이 되어야 한다. 사관학교는 학교의 끝자락에서 군대를 전망하는 곳이다. 학교의 끝이자 군대의 시작에 해당하는 사관학교는 학생이 군인으로 재생산되는 공장인 셈이다.

따라서 사관학교는 학교의 파괴와 군대의 건설이 동시에 추구되는 기묘한 곳이다. 군대는 건설이 아니라 파괴를 기본 임무로 부여받은 특수 집단이다. 그것도 가장 효율적이고 경쟁력 있는 방법으로 파괴의 첨단을 달려야 하는 곳이다. 2등은 필요 없다는 말이 군대처럼 잘 들어맞는 곳은 없다. 전쟁에서는 삶과 죽음이라는 가장 단순한 논리가 작동한다. 승리 아니면 패배, 삶 아니면 죽음, 전진 아니면 후퇴, 적군 아니면 아군, 충성 아니면 반역 등 무수한 이진법이 반복되는 곳이다.

생도가 된다는 것은 군 또는 국가와 일종의 계약을 맺는 것이다. 국가는 교육과 훈련을 비롯해 의식주 및 일정한 현금을 지급하는 대신 의무 복무의 형태로 일정 기간 군사적 노동력을 제공받는 것이 일반적이다. 이는 임노동 계약과 노예 계약의 이중적 속성을 가진다. 생도는 노예가 아니지만 군사적 노동력을 포함해 때로는 생명까지 계약의 일부로 포함된다는 점에서 노예 계약과 다름없다.

더 넓게 보아 국가와 자유로운 개인 사이의 계약이란 주권의 양도로 설명되지만, 군인의 경우 생명의 양도를 포함한다는 점에서 특권화된 신체로 간주된다. 국가 최후의 보루/물리력이라는 군의 위상은 이렇게 도출된다. 특권화의 상징이자 계기는 죽음이다. 자신과 적군 모두에 대해 죽음을 요구해야만 하는 특수한 위상학적 배치로부터 군은 국가권력에 특별한 지분을 가진다. 이 특별한 지분을 관리하기 위해 군의 정치적 중립이 집요하게 주장되지만, 사실상 지분에 따른 결정성은 변하지 않는다.

생도들은 입학이라는 형식적 포섭을 넘어 교육과정을 통해 실질적 포섭 단계로 나아간다. 세밀한 일상적 통제와 시간 규율을 통해 주어진 교육 프로그램에 보조를 맞추어야 한다. 이 과정은 동료들 사이의 경쟁을 매개로 진행되기에 더욱 효율적으로 작동한다. 총기를 비롯한 전투장비에 대한 숙달은 군대가 요구하는 신체의 도구적 확장 과정이다. 군대가 제공하는 전투기계가 생도들의 생체 리듬을 지배하게 된다. 다시 말해 총이 병사들에 적응하는 것이

1965년 방미 도중 미 육사 웨스트포인트를 방문한 박정희. 사관학교에 대한 그의 깊은 관심을 엿볼 수 있다.

아니라 병사들이 총에 적응해야 한다. 지급된 군화와 군복에 몸을 맞추어야 한다는 군대의 우스개는 이러한 측면에서 단순한 농담이 아니다. 이러한 주객전도를 통해 군사적 통치성이 관철된 주체가 가능해진다.

이 과정이 일방적 억압과 폭력에 근거한 것처럼 보인다고 해도 생도는 무엇보다 스스로의 선택으로 입교했기에 자발적 고난 서사의 주체일 수밖에 없다. 생도는 자신의 신체를 제공하고 사관학교는 규율과 교육 프로그램을 제공함으로써 양자 간의 군사적 교환 관계가 성립한다. 요컨대 생도는 스스로를 상품-병사로 생산하는 과정에 자신을 노동력으로 투입한다. 스스로가 노동력이자 원료가 되어 병사라는 사용가치로 생산하(되)는 과정을 통과하면서 생도는 더 높은 가치재를 향한 욕망에 달뜨게 된다.

무엇보다 이 과정이 국가의 군인 양성이자 자신의 상품가치 제고로 나타나게 됨으로써 생도는 기묘한 자아성장을 경험하게 된다. 만주국과 일본제국이 멸망한다고 해도 군사적 사용가치를 축적한 신체들은 남는다. 이 신체들이 또 다른 국가를 열망하는 것은 당연하다. 이 신체들은 오직 군대라는 조직과 국가라는 권력체와 결합되었을 때에만 유용한 가치로 실현될 수 있기 때문이다. 이들은 용병이 아니다. 군사적 노동력과 화폐를 교환하는 용병과 달리 생도는 군사적 통치성의 꼭짓점을 욕망한다. 요컨대 생도에게 군과 국가의 외부는 없다.

이 과정이 잘 작동한다면, 사실상 이데올로기는 부차적일 수도 있다. 그러나 이 과정을 은폐하고 외적으로 군의 신성성을 강조해야만 하는 조건에서 이데올로기는 매우 중요한 역할을 감당한다. 동아시아 전통에서 흔히 '명분'으로 불리는 정당성의 문제가 이것이다. 생도는 군과 국가가 제공하는 이데올로기로 스스로를 세뇌시켜 자신의 사용가치와 군의 가치를 동시에 증식시켜야만 한다. 요컨대 생도는 스스로에 대한 투자를 통해 자기 자신의 자본가가 되는 동시에 국가주의적 공적 영역의 가치 체현자로 등장해야만 한다.

박정희는 조선이라는 불안한 영토성을 반영한 군사 주체로 제국 판도 내에서 자신의 주체 위치를 확보하기 위해 고군분투해야 했다. 그는 식민지의 학생이자 훈도였다. 식민지 교육을 통해 근대적 주체로 거듭났고 마침내 학생에서 교사로 발돋움했다. 이러한 전변轉變의 경험은 매우 중요하다. 자신의 능력과 노력으로 사회적 위치가 변화하는 경험치를 간직하게 됨으로써 그것을 반복할 동력을 형성한다. 그것은 자신의 심장과 제국의 심장을 직렬 연결했던 주체의 운동이 아닐 수 없다. 내부의 동력원과 외부의 대동력이 연결된 제국의 기계장치가 곧 박정희였다.

이 욕망의 기계장치는 한번 돌기 시작하면 멈추지 않는다. 제국 일본의 동력원이 마지막 순간까지 스스로 멈출 수 없었듯이 박정희 역시 이 기계장치의 동력을 자신의 욕망의 동력으로 삼았다. 제국은 인간이 아니라 기계를 지향했다. 완벽한 효율의 기계적 근대성을 구현하고자 한 질서가 군대다. 박정희는 이 기계장치의 효율성과 엄격함을 한 몸에 체현하고자 했다. 그것은 목표에 도달하지 못한다고 해도 반드시 필요한 일이었다. 이미 욕망의 기계장치에 탑재된 박정희로서는 그것을 중단시킬 버튼이 없었다.

박정희가 이 기계장치에 매료된 이유는 자신의 경험치가 있었기 때문이다. 그에게 시험과 성적으로 환원된 학창 시절의 추억은 짜릿한 성공과 승리의 추억이다. 그는 확실히 이 우승열패의 세계에 매료되었다. 이는 자유주의 경쟁논리와 유사한 길이었다. 기회의 평등과 결과의 불평등이 직결된 기계장치가 작동하기 시작했다. 그에게 유일한 문제는 기회의 평등이 보장되지 않았다는 점이다. 박정희가 식민지적 차별을 돌파하는 전략의 핵심은 능력주의와 일본식 군사주의였다.

즉 그는 자신을 일본의 군사주의에 최적화된 주체로 제시해 제국에 대한 인정투쟁을 감행했다. 여기서 식민지의 '군사적 능력주의'라 부를 수도 있는 무언가가 감지된다. 능력주의는 자유주의 경쟁논리 또는 개인주의와 이데올로기적으로 밀접하며 우승열패의 진화론적 도식에 가깝기도 하다. 자유주의와 사회진화론은 메두사의 머리들이다.

박정희와 만주군관학교, 일본 육사 동기이자 쿠데타 당시 대립각을 세우기도 했던 이한림 역시 나폴레옹과 이순신에게 심취했다. 특히 나폴레옹이 중요했다. 그는 나폴레옹으로부터 "군인의 한계를 넘어선 일종의 예술과 비유되는 어떤 경지"를 발견한다. 그것은 이한림이 "개성"을 살리기 위해 군을 선택한 배경이기도 하다. 그는 "군대란 개성의 소멸 속에서만 그 명맥을 유지하는 것으로 오해되는 수가 많다"라고 개탄하면서 오히려 "조직을 활력 있게 밀고 나가는 추진체로서의 강렬한 개성"이 중요함을 역설했다. 요컨대 "지휘관의 창조적 정신은 곧 강한 개성의 소산일 것이고 결단이나 전략전술은 독단의 여지가 많은 데서 우러나올 수 있는 것"이라는 주장이었다.[97]

이한림은 군대에 대한 통념을 강하게 부정하면서 개성과 창조 등의 개념을 강조했는데, 이는 자유주의와 개인주의의 중요한 가치들이다. 물론 창조와 개성은 주로 지휘관의 몫이다. 이는 사관학교가 강조해 마지않았던 엘리트주의와 연결된다. 복종을 배우면서 동시에 지배의 기술을 익혔던 사관학교의 이중적 주체성의 고양을 연상케 한다. 즉 이한림은 지배하는 자의 자유와 창조적 개성을 위해 지배받는 자의 복종과 규율을 동시에 내면화했던 사관생도의 기묘한 주체 위치를 보여준다.

복종을 수용함으로써 비로소 가능해지는 어떤 자유 또는 예술의 경지란 정복자 나폴레옹을 모델링하는 것으로 나아간다. 박정희와 이한림이 모두 열망한 나폴레옹은 무엇인가. 그들이 나폴레옹에게서 무엇을 발견했는지는 자세하지 않지만, 식민지와 별반 다를 바 없던 코르시카섬의 시골 소년이 프랑스의 황제가 되고 급기야 유럽 전역의 정복자가 된 화려한 서사에 이끌렸음이 분명하다.

두 사람은 또한 모두 이순신을 발견했음을 고백했다. 그러나 이순신은 체제를 바꾸지도 못했고 스스로 정복자가 되지도 않았으며 비극적 최후의 순간까지 왕조의 충신으로 일관했다. 정복자 황제와 비극의 신하, 박정희와 이한림이 어디에 방점을 찍었는지는 자명하다. 사관학교의 관심은 분명 후자에 있다. 사관학교는 군인을 만들고자 할 뿐 황제를 만들 수는 없다. 군인은 천황의 칙유를 받들어 기꺼이 옥쇄하는 존재여야 한다. 그러나 두 사람은 창조적 개성으로 군인을 넘어선 어떤 예술의 경지를 넘보았다. 그들의 '군인 되기'는 사관학교의 '군인 만들기'와 겹치면서 갈라진다. 그들은 스스로 '군인 되기'에 나선 주체이고자 했지 누군가를 위해 대신 죽어야 하는 존재를 지향했다고 보기 힘들다. 그들이 빛내고자 한 것은 천황이라기보다 자기 자신이었다.

박정희의 연설 중 가장 흔하게 인용되는 경구는 '하늘은 스스로 돕는 자를 돕는다'였다. 새마을 정신에도 들어갈 정도로 '자조'는 그의 오래된 관심이었다. 독립적이고 자립적인 주체에 대한 언설들이 단지 대중정치적 수사였다고 보기는 힘들다. 박정희는 사관학교의 '군인 만들기'를 초과해 스스로 자신을 도와 '군인 되기'에 성공했다. 독단에 가까운 고집과 다른 모든 이들을 대상화하는 자기확신의 주체성을 스스로 증명해 보였다. 심지어 사관학교조차 그의 입신과 출세를 위한 도구적 대상에 불과했을지도 모른다. 이렇게 과잉 주체화된 존재였기에 거리낌 없이 자신만만하게 쿠데타의 주인공이 될 수 있었다.

'군인 되기'에 성공한 박정희는 곧 '군인 만들기'가 가능한 주체가 된다. 흔히 혈서로 '멸사봉공', 일본을 위해 죽음을 불사하겠다고 맹세한 박정희의 반민족성이 비판의 도마에 오르지만, 사태는 훨씬 더 복잡하다. 박정희는 천황을 위해 죽기에는 자기확신이 너무 강했다. 사관학교에서 박정희는 자신의 능력을 확인했고 그 능력에 따라 고양된 주체성으로 어떤 자기확신의 지경에 도달한다. 요컨대 박정희는 '제국의 능력주의'가 만들어낸 최고의 성과였다.

이 확신은 전투와 생산의 본질적 유사성에 기반해 사회로 확장될 수 있다. 계획을 세우고 교육과 훈련으로 병력을 양성하고 병력과 물자를 동원해 파괴적 활동에 투입하는 군사적 과정은 곧 생산계획을 세우고 자본을 동원하고 자재와 원료를 조달하고 노동력을 모집해 훈련하고 생산수단과 결합해 상품을 생산하는 일과 일맥상통한다. 무엇보다 전쟁과 생산 모두 엘리트가 주도하는 대중적 프로젝트라는 점에서 그들의 주체성 역시 확대 재생산된다. 이 고양되고 확장된 주체성들이야말로 한국 근현대 엘리트들의 일반적 속성이라고 보아도 무리가 없다. 요컨대 자기 능력으로 운명을 개척하고 나아가 조국과 민족, 세계를 개조하고자 나서게 된 숱한 엘리트들 속에 박정희가 숨어 있다.

1. 해방과 남로당 또는 변신과 전향

해방은 실로 거대한 충격이었다. 함석헌은 도둑처럼 찾아왔다고 말했고, 박헌영은 아닌 밤중에 찰시루떡 받는 격이라 했다. 박정희에게 해방은 아닌 밤중의 홍두깨였다. 앞의 두 사람에게 해방의 충격은 곧 감격으로 이어졌지만, 박정희에게 해방은 낙담과 좌절이었다. 박정희는 일제 식민 질서의 안정성과 지속성을 믿었기에 사관학교를 거쳐 군인의 길을 선택했다. 이 질서가 하루아침에 붕괴되고 혼란과 격동의 시공간이 열렸다. 돌이켜보면 4년 2개월에 걸친 사관학교 교육에 1년 1개월에 걸친 만주군 장교 생활이 한순간에 물거품이 될 상황이었다. 싫건 좋건 그는 '제국의 품'을 떠나 새로운 길을 모색해야만 했다.

결과적으로 해방은 박정희에게 전화위복이었다. 박정희를 둘러싼 제국-식민 관계와 괴뢰국으로 구성된 질서가 온존했다면, 박정희는 그저 그런 만주군 장교로 끝날 가능성이 높았다. 해방과 독립은 박정희에게도 차별 철폐와 새로운 기회를 제공할 역설의 순간이었다. 물론 화가 복이 되려면 주·객관적 조건들이 맞아떨어져야 한다. 급변하는 정세에 적절히 대응하는 것은 물론이고 그것을 가능케 할 주체적 조건도 구비해야 된다.

1945년 일제 패망은 미국과 소련의 냉전으로 이어지며 세계 질서를 재편하는 결정적인 계기였다. 한국에게 일제 패망은 곧 해방이었지만 미소 분할점령을 거쳐 분단국가로 귀결되는 비극의 출발이기도 했다. 미소 냉전, 중국 내전 등의 외부 정세와 식민지 시기 이래의 좌우 대립이 중첩되면서 해방공간은 '외쟁 같은 내쟁, 내쟁 같은 외쟁'의 치열하고 복잡한 정세가 연출되었다.

해방 후 정세의 핵심은 탈식민화와 좌우 대립이었다. 전자의 경우 제국-식민 질서에 기반했던 박정희로서는 급진적 단절이 불가피했다. 간단히 말해 제국 일본 대신 새로운 충성 대상을 찾아야만 했다. 즉 새로 수립될 민족-국가에서 자신의 위치를 분명히 해야 했기에 박정희는 한국인, 한국의 군인으로 거듭나야 했다. 요컨대 박정희는 정세에 걸맞게 스스로를 탈식민화해야 했다. 또 하나, 좌우 대립 속에서 박정희는 자신의 위치를 정해야 했다. 주지하듯이 그의 선택은 남로당이었으나 완벽한 전향이 뒤따랐다.

먼저 해방 전후 박정희의 행적을 따라가 보자. 박정희는 1944년 4월 일본 육사를 졸업하고 3개월가량의 견습사관을 거친 뒤 7월 1일자로 정식 만주군 소위로 임관했다. 그가 배치된 부대는 만주군 보병 제8단이었다. '단'은 연대급 부대였고 박정희는 사령부 작전참모격인 을종 부관이자 기수였다.[1] 일본 육사 유학생대를 3등으로 졸업했으니 단 내 엘리트 자격은 충분했다. 당시 제8단에는 신현준, 방원철, 이주일, 박정희 등 조선인 장교가 4명 있었다.

제8단은 루허성熱河省 승덕承德에 본부를 두고 팔로군과 대치하고 있었다. 루허성은 1933년 열하사변을 통해 일본이 만주국에

견습사관 시절의 박정희. 일본군 조장
曹長(상사에 해당) 복장이다.

편입시킨 지역으로 베이징을 코앞에 둔 최전선이었다. 박정희는
단 사령부 부관이었기에 실제 전투에 참가한 경우는 거의 없었다.
같은 부대에 있던 방원철의 말에 따르면 박정희는 비교적 편한 위
치에 있었고 술 먹고 놀 기회가 많았다.[2]

1945년 8월 9일 소련군 참전으로 만주는 삽시간에 전쟁터가
되었다. 이미 주력 상당 부분이 남방전선으로 차출된 관동군은 지
리멸렬, 일패도지로 밀렸다. 박정희는 루허성에 배치되어 있었기
에 소련군과의 직접 교전은 피할 수 있었다. 이는 큰 행운이었다.
최악의 경우 전사를 각오해야 했고, 포로가 된다면 시베리아로 끌
려가 최소 몇 년간은 갖은 고생을 각오해야 했다.

박정희는 1945년 8월 16일경 일본의 패망 소식을 들었다. 중

　　　　　　　1부　박정희, 그를 만든 시대와 역사

국인 군관학교 동기 고경인의 증언에 따르면, 1945년 8월 16일 일본의 패망 소식을 듣고 오후에 박정희를 만났는데, '이제 어떡하면 좋겠느냐'며 낙담한 모습이었다.[3] 이는 비단 박정희만의 일이 아니었다. 부자가 모두 일본 육사를 졸업한 것으로 유명한 유재흥 역시 일본 항복 후 "고도에 내던져진 사람 모양 고독감에 사로잡혔다." 패전 후 일본군의 와해를 지켜보면서 그는 "군인 사회는 체계가 서 있고 군이 유지될 때 비로소 명맥이 이어지는 것"임을 깨닫는다.[4]

일본은 패전이 임박하자 천황제와 식민지 조선만은 끝까지 유지할 수 있도록 최후의 협상을 시도했지만, 결정적 승기를 쥔 미국이 이를 들어줄 리 만무했다. 결국 일본은 말 그대로 '무조건 항복'unconditional surrender을 받아들일 수밖에 없었고, 일본의 기존 질서는 완전히 붕괴할 위기에 직면했다. 따라서 해방 직후 일본군 소속 조선인 장교들의 운명 역시 아무것도 보장될 수 없었다. 박정희와 유재흥을 비롯해 제국 일본에 인생을 건 조선인 장교들이 낙담과 절망에 빠진 것은 당연했다.

박정희는 제국을 따라 최전선 끄트머리까지 나아갔다. 이제 제국은 공중분해되었고, 그는 새로운 거처를 찾아야만 했다. 박정희가 새로 찾은 첫 번째 대안은 광복군이었다. 박정희는 제8단의 조선인 장교들과 함께 무장해제를 당하고 10월 중순경 베이징에 도착해 광복군 제3지대 제1대대 일명 평진平津대대에 참여해 7개월 남짓 생활하다 1946년 5월 초에 귀국했다. 평진대대는 임시정부와 광복군이 일본군 계열에 속해 있던 조선인들을 모아 편제한 조직에 불과했지만, 어쨌든 박정희로서는 조선인이 만든 군사조직에 최초로 참여한 셈이었다.

박정희의 평진대대 참여는 친일 경력을 희석하기 위한 기만적

술책으로 평가되거나 반대로 광복군 활동의 증거로 활용되기도 하지만, 당시 혼란한 상황 속에서 이루어진 박정희 나름의 선택이었다. 박정희에게는 몇 가지 선택지가 가능했다. 먼저 신속하게 귀국하거나 중국에 체류하는 것이었다. 귀국이나 체류 어느 쪽이든지 새로운 대립구도로 등장하던 좌우 문제에 대해 어떠한 입장을 가져야만 했다. 평진대대 참여를 통해 박정희는 우파 민족주의와 접속하는 한편 군사적 경력을 이어가게 된 셈이다.

민족주의는 약간의 부연 설명이 필요하다. 앞서 보았듯이 박정희가 민족(주의)에 민감했다고 보기는 힘들다. 그러나 해방이라는 조건은 일본 대신 조선/한국적인 것을 사유의 중심에 놓아야만 하는 상황을 의미했다. 평진대대는 간단한 훈련 말고는 특별한 활동이 없었기에, 다양한 논의와 정치활동이 많았다. 박정희는 이 시기를 통해 '한국 민족주의'에 대한 나름의 사고를 진행할 수밖에 없었을 것이다.

이 무렵 박정희는 세계질서는 물론 한반도의 새로운 헤게모니 국가로 등장한 미국과 조우한다. 믿어 의심치 않았던 제국 일본을 제압한 미국의 힘을 본 박정희는 경악했음이 틀림없다. 또한 소련과 함께 한반도를 분할 점령함으로써 한국 현대사를 근저적으로 규정하게 된다. 임시정부와 광복군을 승인하지 않고 임시정부 요인들만 개인 자격으로 귀국시킨 미국의 정책은 박정희에게도 직접 작용했다. 즉 박정희가 광복군 소속으로 귀국할 수 있었다면, 그의 인생 경로도 상당히 달라졌을지 모른다. 이후 미국은 박정희의 삶에서 직간접적으로 항존하는 힘으로 작용하게 된다.

박정희의 귀국은 다른 만주군 출신들에 비해 상당히 늦은 편이다. 정일권, 백선엽, 이한림 등은 늦어도 1945년 12월까지 귀국해 군사영어학교에 입교함으로써 이후 탄탄대로의 군 경력을 만들어 갔다. 1945년 12월 5일에 개교해 5개월 동안 110여 명의 장교를 배출한 군사영어학교는 한국군의 중추부를 형성했다. 무려 68명이 장성으로 진급했고 대장 진급자는 8명, 중장이 20명에 달했다. 참모총장을 역임한 자만 13명이나 될 정도로 군사영어학교 출신의 비중은 컸다.

북한에서도 평양 노어학교가 개설되어 그곳 출신들이 북한군 창설에 중요한 역할을 한다. 남북의 군대 창설은 남북 점령군의 언어로 시작된 셈이었다. 박정희는 일본어는 유창했지만 영어는 그렇지 못했다. 1948년 여순사건 진압작전 당시 박정희를 처음 만난 '한국군의 아버지' 제임스 하우스만James H. Hausman은 그가 느리게 말하면 웬만큼 알아듣는 것 같았지만, 영어로 말하려 하지 않았다고 했다.[5] 박정희에게는 이미 제2의 모국어가 된 일본어가 탑재되어 있었고, 영어가 비집고 들어갈 틈이 없어 보였다.

어쨌든 박정희는 군사영어학교 출신보다 1년 가까이 뒤늦게 군 경력을 시작했다. 뒤늦은 귀국은 그를 주변부로 밀려나게 했다. 수석을 놓치지 않은 모범생 박정희의 비대해진 자아가 동기와 심지어 후배들의 부하가 된 상황은 적지 않은 불만 요소였다. 귀국 후에도 그의 복잡한 심사는 좀처럼 해소되지 않았다. 1962년 최고회의 의장 공보비서 이낙선이 작성한 비망록에 해방 직후 구미에 머물던 박정희의 모습이 묘사되어 있다.

형들의 집을 전전하는 고독한 신세였다. 간혹 죽마고우를 만나면 주석酒席이 하나의 낙이었다. 친우들로부터 과거지사에 대해서 질문을 받을 때는 "그런 것은 알아서 무얼 하나. 술이나 마시게" 할 정도로 극히 말이 적었고 웃는 것을 본 사람도 없다. 청년들이 좌우로 갈려서 정쟁을 일삼아도 그는 마땅찮은 표정을 지으면서 말리지도 가담하지도 않았다. 어떤 친우가 "이제 군생활을 잊고 정당 생활을 하면 어떻겠느냐"고 물었더니 "귀찮다"고 거절하는 것이었다. 고향에서 허송세월하던 중 서울에 다녀왔는데 "세상은 썩었어, 더러워" 하면서 불평만 했다.[6]

박정희가 해방을 썩은 세상으로 본 일차적 원인은 무질서다. 대구사범학교 시절부터 질서와 규율을 몸과 마음에 아로새겨 생활한 지 14년, 세계는 무엇보다 질서정연하고 규율 잡힌 곳이어야 했다. 그에게는 식민지의 질서가 해방의 무질서보다 소중했을 것이다. 이것이 그가 아는 세계였다. 이 세계는 굳이 말이 많을 필요가 없다.

박정희의 과묵함은 유명하다. 그러나 해방공간은 말의 홍수였다. 질서와 제도가 허물어진 곳에서 새로운 질서와 문법을 만들어내기 위한 언어가 폭포처럼 쏟아졌다. 새로운 언어들의 범람은 그 자체로 해방의 고유한 증거였고 주로 왼쪽으로부터 나왔다. 이들은 기존 질서의 급진적 변혁을 주도했고, 언어 역시 가장 치열했다. 좌파의 정치적 열정은 박정희 집안까지 확산되었다. 박정희는 좌파 활동에 나선 셋째 형 박상희와 몇 달을 같이 지내면서 간혹 정치 논쟁을 벌이기도 했다.

그러나 박정희는 "해방 직후 우후죽순처럼 정당이 생겨갖고 나라 망신시킨 자들이 누군데. 독립운동 했습네 하고 나선 자들이 아닌가"라고 생각했다. "독립운동을 합네 하고 모두들 당파싸움"만 했고 그것이 결국 "해방 직후의 혼란으로 이어진" 것이라는 주장

          1부　박정희, 그를 만든 시대와 역사

은 "독립운동 때문에 우리가 독립된 거요?"라는 반문으로 귀결되었다.7 요컨대 독립운동이 최대의 정치적 자산이 된 해방공간에서 박정희는 무력할 수밖에 없었다.

해방은 거대한 정치적 열정이 분출하는 '광기의 순간'이었지만, 만주군 출신이라는 부역자로서 박정희는 오히려 불안감만 커져갔다. 그렇기에 해방의 열정은 혼란으로, 독립운동은 그 혼란을 부추긴 것일 뿐이라 생각했던 것이다. 독립운동이 독립의 원인이 아니라는 판단은 일본을 패퇴시킨 소련과 미국, 특히 후자의 힘에 대해 민감하게 만들었을 것이다. 현실주의자로서 박정희는 군정을 통해 당대를 지배하고 있던 미군의 동향에 촉각을 곤두세웠을 것이다.

'세상 돌아가는 것이 수상'하다면서 5개월여 동안 관망하던 박정희는 1946년 9월 24일 제2기로 조선경비사관학교에 입교했다. 박정희의 결심에는 이한림의 역할이 컸다. 군사영어학교를 나와 경비사관학교 교관 겸 학생대장을 맡고 있던 이한림의 강권으로 박정희는 입교 결심을 굳힌다.8 시점도 공교롭다. 박정희의 입교 불과 4일 후인 9월 28일에 9월 총파업이 시작되었다. 파업은 곧바로 대구로 번져 10월항쟁으로 이어졌고, 이 와중에 셋째 형 박상희가 피살된다.

경비사관학교는 미국식과 일본식이 뒤섞여 혼란스러웠지만 점차 미국식으로 기울어져갔다. 수준도 형편없어 주로 제식훈련 위주였고 일본식 우향우가 미국식 우향우로 바뀌는 정도였다. 군관학교 수석 출신인 박정희로서는 우스운 교육이었겠지만, 비교적 잘 적응해 3개월의 교육을 이수하고 1946년 12월 14일 3등으로 졸업했다. 여기서도 박정희는 다시 한번 '모범생'이었다.

박정희의 적응력은 만주군 특유의 속성으로 설명되기도 한다. 엘리트 의식이 남다르고 규정과 규율에 철저했던 일본 육사 출신들은 통상적인 상황에서는 뛰어나지만 혼란기에는 급속도로 무력해지는 특성이 있다. 만주군은 이에 비해 유연한 임기응변에 능했다. 방원철은 만주군의 특징을 다양한 이질성 속에서 경험한 차이를 존중하는 태도라고 설명했다.9

주어진 질서에 잘 순응하는 듯하던 박정희에게 가장 역설적인 사건은 남로당 가입이다. 대략 1946년 말 경비사관학교를 졸업할 무렵 박정희는 남로당에 가입한 것으로 보이는데, 그 배경으로 셋째 형 박상희의 죽음, 좌익의 압도적 우세 등이 거론된다. 따라서 '박정희의 좌경화는 기회주의적인 것'이라는 평가도 있다.10 이와 달리 당시 분위기에서 젊은 장교의 좌익 참여는 드문 일이 아니었기에 그 자체로 인정할 필요가 있다는 평가도 있다. 전향에 대해서도 '극단적인 상황에서 택한 삶의 길'로 이해하기도 한다.11

이한림의 주장에 따르면 1946년 10월 초에 이미 박정희는 좌익 활동에 참가하고 있었다. 이 무렵 군관학교 동창 이병주도 다시 등장해 두 사람과 자연스럽게 어울렸다. 박정희는 정치와 사상 이야기를 꺼내는가 하면 이병주를 칭찬하며 이한림을 포섭하고자 했다.12 이한림은 끝까지 거부했지만, 박정희가 이 무렵부터 남로당 활동에 투신한 것은 분명해 보인다.

박정희의 남로당 가입은 이데올로기적 측면과 상황논리의 결합으로 설명할 수 있다. 먼저 이데올로기에 대해 살펴보자. 박정희를 사상적·정치적 신념에 근거한 공산주의자로 보기는 힘들다.13 그러나 앞서 2장에서 보았지만 만주군관학교 시절부터 박정희는 좌파 이념에 적대적이지 않았다. 박정희의 전기를 쓴 정재경은 박정희가 남로당에 가입한 이유를 다음과 같이 설명했다.

그는 공산주의가 민족주의를 대표하는 것 같았던 당시 분위기에서 남로당이 진보적 성향, 독립운동의 전통을 기반으로 반외세·반봉건을 내세우면서 조선 민중의 감정을 사로잡은 현실을 주목했다. 물론 박상희의 죽음을 기회로 한 좌익의 포섭 노력도 빠뜨리지 않았다.[14] 요컨대 민중을 사로잡은 남로당의 현실적 위력에 강렬한 반외세 감정이 결합되어 당 가입이 이루어졌다는 주장이다.

박정희가 민족주의에 끌렸을 가능성은 매우 크다. 해방 직후 탈식민 사회에서 가장 강렬한 이데올로기는 민족주의일 수밖에 없다. 민족과 국가의 일치를 추구하는 민족주의가 대중운동으로 전개되던 상황에서 여기에 둔감했다면 그것이 더 비현실적이다. 물론 쇼와 유신의 세례를 받은 박정희의 민족주의는 일본의 그것과 근친관계에 있을 수밖에 없다. 즉 반자유주의에 기반한 파시즘과 집단주의가 주조를 이룬다.

한편 기타 잇키의 순정사회주의가 보여주듯이 쇼와 유신의 세례는 또한 좌파적 지향과 무관하지 않다. 공산당과 남로당의 주장은 쇼와 유신의 내용과 유사한 점이 많았다. 반자유주의, 특권층 배격, 급진적 사회개혁, 군사주의 등은 박정희가 쇼와 유신을 통해 어느 정도 친숙한 것이었고 남로당의 분위기와 크게 다르지 않았다. 하층 농민 출신의 쇼와 유신 초급 장교 집단과 박정희는 계급적 성분도 유사했다. 기성 사회의 타락을 비난하는 문법 역시 양자가 공유하는 지점이 많았다.

군관학교 시절부터 박정희가 이병주와 대화가 통했다는 사실은 공산주의와 쇼와 유신의 이데올로기적 연결이 가능했다는 반증이다. 그러나 대화가 가능했을 뿐이지 박정희가 공산주의를 전면 수용한 것은 아니었다. 광복군 평진대대 참여가 이를 반증해준다. 다시 말해 박정희는 쇼와 유신의 필터로 공산주의를 이해한 셈이다. 또한 좌파의 철의 규율, 동지애, 강렬한 집단주의적 열정 등에 매료되었을 가능성도 있다. 2장에서 보았듯이 박정희는 사관학교를 통해 규율 권력과 집단주의를 체화했다.

해방 당시 우파세력의 핵심은 대지주층이었다. 군사 엘리트를 꿈꾼 박정희였지만, 지주 중심의 기득권층에 대해 호의적이기는 힘들었다. 개인적 배경도 배경이지만, 봉건적인 세습적 토지 귀족은 근대적 신흥 엘리트의 입신에 가장 큰 장애물이 될 수밖에 없었다. 박정희의 자산은 토지자본이 아니라 군사적 근대성에 기반한 개인의 능력주의였다. 훗날 윤보선과의 대결에서 양반 귀족 대 서민 대중의 구도를 들고 나온 것은 단순한 정치공학 이상의 배경이 있다고 봐야 한다.

이러한 맥락에서 박정희가 우파를 적극 후원하고 있던 미군정과 미국을 호의적으로 볼 이유도 없었다. 평생 미국식 자유주의를 혐오에 가까운 시선으로 본 박정희의 눈에 서양인과 결혼하고 미국을 등에 업은 이승만이 곱게 보일 리도 없었다. 게다가 무려 40년 이상이나 되는 나이 차가 있었기에 세대 감각도 완전히 달랐다. 요컨대 어느 모로 보나 박정희가 우파 진영에 호의적일 수 없는 상황이었다.

미군정의 여론조사에서도 70퍼센트가 사회주의를 지지한다고 했을 정도로 해방공간에서 좌파의 위력이 컸음은 주지의 사실이다. 확실히 일본의 패망이 아니었다면 박정희가 좌파 정치활동에 참여했을 가능성은 매우 낮다. 그러나 광기의 순간과도 같았던 해방공간을 생각하면 박정희가 아니라 그 누구라도 좌파가 되는 것이 전혀 이상하지 않은 정세였다. 하우스만이 미래의 참모총장으로 지목했던 김종석이나 만주군 출신에게 신망이 높았던 최남근 등 군의 핵심 인물들이 남로당원이었다.

보수적 입장에서 창군 과정을 다룬 한 연구도 그 위력을 인정했다. 즉 광복군 출신은 독립운동 과정에서 반공이념을 확고히 했으나 만주군과 일본군 출신의 젊은 층에서는 그렇지 않았다는 것이다. 특히 만주군 중·소위 출신과 일본군 학도병 출신 가운데서 공산주의에 감염된 자들이 일부 나오게 되었다고 설명했다.[15] 만주군 중위였던 박정희에게 정확히 부합하는 설명인 셈이다.

누차 말하지만 박정희는 모범생이었다. 그러나 또한 매우 비판적이고 반항적이었다. 이한림은 박정희와 형제 같은 사이라거나 심지어 '혈우'血友로 지칭할 정도로 각별한 사이였다. 특히 그는 박정희의 의지와 집착, 누구에게도 지기 싫어하는 그 불굴의 정신이 마음에 들었고 감동까지 받았다고 한다. 해방 이후에도 이한림은 박정희와 통음하는 사이였는데, 1958년 무렵 박정희가 "세상일에 무척이나 주장이 예민했고 정치에도 주견이 뚜렷"했으며 "예나 지금이나 세상을 보는 눈이 비판적이었고 몹시 부정적"이었다고 회고했다.[16]

불만에 찬 삶은 곧 강렬한 현실 변화를 추구하는 욕망을 증폭시킨다. 이는 통상 두 가지 경로로 나타난다. 기존 질서의 가치와 문법을 충실히 체화해 계층 상승의 사다리를 오르는 것이 하나라면, 다른 하나는 주어진 현실을 변혁하고자 하는 실천이다. 전자가 출세라는 세속적 경로라면, 후자는 혁명을 위시한 사회적 실천이 된다. 박정희가 전자의 경로를 갈구한 과정은 앞에서 본 대로다. 후자의 실천 양상이 남로당 가입과 쿠데타로 나타난 셈이었다.

남로당원 박정희는 매우 무능했다. 일각에서는 남로당 군사부 책임자였던 이재복 다음 자리까지 올랐다는 주장도 있지만 분명한 증거는 없다. 박정희는 권력 장악 직후 숙군과 관련된 자신의 기록을 모두 폐기했기에 사실관계 확인은 대단히 곤란하다. 수사 기록에 따르면 이주일을 포섭해 당원으로 가입시키고 군 입대도 주선했다고 하지만 그리 대단한 활동으로 보기 힘들다.[17] 초기에는 이한림을 포섭하려 했다고 하는데, 그뿐이었다. 박정희가 숙군에서 살아남게 된 이유 중 하나도 별다른 활동이 없었다는 점이었다.

1948년 정부 수립은 해방공간의 소멸을 의미했다. 남북에 수립된 2개의 국가는 한반도 내외부에 걸친 우익과 좌익의 정치적 지향이 각각 빚어낸 결과물이었다. 국가 수립에도 불구하고 해방의 열기는 신생 '대한민국'을 요동치게 했다. 그 최초의 위기는 10월의 여순사건이다. 4·3사건의 여파에 따른 여순사건은 무엇보다 군사반란의 형태를 취했기에 위기의 강도가 심각했다. 국가 최후의 보루라는 군이 반기를 들었기에 가혹한 후속 조치가 뒤따랐다. 이른바 숙군이 단행된 것이다.

남로당원 박정희가 숙군의 칼바람을 피해 가기는 힘들었다. 당시 육군본부 정보국에 근무 중이던 박정희는 대략 1948년 11월 중순경 숙군에 걸려 체포된다. 일설에는 11월 초라고도 하지만, 기록상 11월 초까지도 박정희는 현직에 있었음이 확인된다. 여순사건 진압을 위해 설치된 호남지구 전투사령부 작전 참모에 임명된 박정희는 11월 5일 기자 간담회에 참석했다.[18] 간담회에서 박정희가 발표한 담화의 요지는 '진압작전은 국군의 독자적 작전'임을 강조하면서 항간에 떠도는 미군의 배후 지휘설을 부정하는 것이었다.

여순사건은 군 반란의 성격을 띠었기에 신생 대한민국 최대의

1948년 여순사건 토벌사령부에서 작전회의를 하고 있는 박정희. 가운데가 토벌사령관 송호성이고, 미군 고문관들이 함께하고 있다. 여순사건 당시 박정희는 남로당원으로서 당의 몰락을 가장 가까이서 지켜보고 숙군 과정에서 전면적 전향의 길을 걷는다.

위기였고 남로당으로서는 마지막 남은 군 조직마저 괴멸하게 된 최악의 계기였다.[19] 남로당원 박정희는 자신의 손으로 남로당의 반란을 진압하는 기묘한 위치에 있었던 셈이다. 이 진압의 경험이 그에게 어떠한 영향을 남겼는지는 자세하지 않지만, 어쨌든 박정희는 체포되자마자 전향했고 남로당 군 조직에 대해 자신이 알고 있는 모든 정보를 털어놨다. 이에 숙군 실무책임을 맡고 있던 김창룡과 직속상관 김안일은 구명의 필요성을 제기했고, 만주군 인맥은 물론 김정렬 등 일본 육사 출신들도 구명에 나섰다. 숙군의 최종 책임자였던 백선엽 육군본부 정보국장도 이에 동의하게 된다.

미 군사고문단의 제임스 하우스만도 구명운동에 나선다. 하우스만은 박정희의 형 집행 면제를 이승만에게 요청하며 그가 일본 육사 출신으로 모스크바 공산주의자가 아니라는 점과 함께 군내

박정희가 1969년 백선엽 교통부 장관에게 임명장을 수여하고 있다. 백선엽은 정일권과 함께 만군 인맥을 상징하는 인물이다. 대통령기록관 사진.

적색 침투 정보를 고스란히 제공한 것을 근거로 들었다. 그런데 하우스만은 박정희의 '반미'적 태도 때문에 구명에 나섰다는 묘한 이야기도 했다. 경비사관학교 졸업과 함께 춘천 주둔 제8연대에 배속된 박정희는 미군 고문관과 마찰을 일으키는가 하면 영어를 배워야 한다는 부대장 원용덕의 훈시에 "이것이 미국 군대입니까, 한국 군대입니까?"라고 치받았다는 것이다. 하우스만은 이 말을 전해 듣고 강한 인상을 받아 박정희를 도왔다고 했다.[20]

김창룡이 제안한 구명 방법은 남로당원 체포에 열 번 동행시키는 것이었다. 박정희는 그대로 따랐다. 이렇게 되면 박정희는 남로당으로부터 완전히 버림받을 수밖에 없을 것이라는 교활하고 잔혹한 계산이었다.[21] 방원철은 숙군 당시 박정희의 죄가 크다고 단언했다. 조직 정보를 백선엽한테 넘기는 바람에 동기였던 이상진,

1949년 초 숙군에 걸려 구속
되었다 풀려난 직후의 박정
희. 앞줄 맨 왼쪽 아이를 안고
있는 인물이 당시 동거 중이
던 이현란이다. 박정희(앞줄
맨 오른쪽)의 몰골은 한눈에
보기에도 초췌하다.

이병주, 안영길, 오일균, 오기범, 김종석 등이 죽었다는 것이다.[22]
미국은 박정희가 300명의 공산주의자 정보를 넘긴 덕에 사형을 면
했다고 파악했다.[23] 박정희는 선후배를 가리지 않고 뒤꿈치를 물
어대는 '스네이크 박'으로 소문나 있었고 소문대로 냉혹하게 동료
들을 물어뜯은 셈이었다.[24]

박정희는 1949년 2월 8일 고등군법회의에서 사형 구형에 무기
징역형을 선고받고 파면, 급료 몰수가 결정되었다. 이후 육군 총참
모장이었던 이응준에 의해 10년형으로 감형되었고 집행도 면제되
었다. 1948년 11월에 체포되어 이듬해 1월 말에 풀려났으니 구속
기간은 만 3개월이 채 안 되었다.[25] 사형 구형에 무기 선고인 점을
보건대 박정희의 남로당 이력이 간단치 않았다고 할 수 있다. 어쨌
든 박정희는 완벽한 전향에 치욕적인 체포 동행을 추가해 살아남

았다.

그렇다면 박정희의 전향은 어떤 맥락에서 이루어진 것인가. 사적인 맥락에서 당시 박정희는 월남한 후 이화여대에 다니던 이현란과 동거 중이었다. 이현란은 "그분은 일본 교육을 받은 탓에 독한 사람이었지만 다정다감한 사람"이었고 "여자의 기분을 맞추어주는 데 철두철미"했다고 술회했다. 체포된 뒤 이현란에게 전한 메모에서 박정희는 "내가 얼마든지 차 타고 달아날 수 있었는데 현란이를 사랑하기 때문에 안 갔다. 이것이 나에게 얼마나 불리한 것인지 아는가"라고 했다. 이현란에 대한 박정희의 집착은 대단했다. '빨갱이와 살 수는 없다'고 수차례 집을 나간 이현란을 핏발이 선 채 찾으러 다녔다. 이현란은 "그 사람이 얼마나 독한 사람인데 나를 놔줘요"라고 했다.[26] 심지어 숙군 직전인 여순사건 진압작전에도 동행시킬 정도로 박정희의 집착은 대단했다.[27]

훗날 십수 년이 지나 쿠데타로 전권을 장악한 후에도 박정희는 이현란을 잊지 못했다. 쿠데타 직후 박정희가 박임항에게 이현란을 찾아내라고 졸라대자 박임항이 "각하, 제발 좀 잊어버리십시오. 그녀는 '후랍빠'(영어 'flapper'가 어원으로 일본에서 '불량한 젊은 여성'의 의미로 사용되었다고 한다)이며 각하와 만나기 이전에도 여러 사람을 거쳐간" 사람이라고 무심결에 말했더니 박정희의 안색이 확 바뀌었다고 한다.[28] 끝내 이현란에게 서신 연락을 취한 것을 보건대 박정희로서는 도저히 포기할 수 없는 사랑이었던 모양이다. 이것이 그가 조직과 동지를 배신하게 되는 현실적 계기 중의 하나였을 가능성을 배제할 수 없다.

그러나 또한 박정희는 지극히 현실적인 판단과 행보를 보여주었다는 점을 기억해야 한다. 만주군관학교, 광복군 평진대대, 조선

경비사관학교 그리고 남로당 입당까지 박정희는 주어진 정세 속에서 군사적 능력에 기반한 권력의 길을 추구했다. 그의 말대로 '큰 칼'을 찰 수 있는 가장 현실적인 길을 모색한 셈이었다. 어쩌면 박정희는 남로당 몰락의 과정을 그 내부에서 가장 생생하게 목도했다. 특히 여순사건은 남로당의 마지막 온존 세력이었던 군사부마저 초토화한 결정적 계기였고, 진압 과정을 통해 박정희는 그 괴멸 과정을 가장 가까이에서 지켜보았다. 현실주의자의 면모가 뚜렷했던 박정희에게 남로당은 더 이상 희망이 없는 존재로 보였을 가능성이 매우 크다.

이러한 맥락에서 박정희의 전향은 '사상으로서의 전향'은 아니었다.[29] 그는 애초 지식인이 아니었고 마르크스주의를 신봉했다고 보기도 힘들다. 앞에서 본 것처럼 사범학교 이래 마르크스주의는 늘 주변을 맴돌았지만, 박정희에게 그것은 쇼와 유신의 아류처럼 보였을 가능성이 컸다.

무엇보다 박정희에게 중요한 것은 이데올로기라기보다 그것을 실천할 수 있는 현실적 힘이었다. 그는 유물론에 가까운 현실주의자였다. 박정희는 보통학교 시절을 예외로 하면 평생 종교를 갖지 않았다. 그에게 정신은 피안의 세계를 지시하는 것이 아니라 오직 현실과 관련하여 의미 있는 것이었다. 일본군을 통해 그가 배운 공격정신이나 주의주의적 태도 역시 현실적 힘을 구성하기 위한 정신력을 의미했다. 해방공간을 더럽고 썩은 것으로 바라보는 시선, 세계를 비판적이고 부정적으로 파악하는 그의 태도는 곧 현실 변화에 대한 강한 의지를 의미한다. 박정희에게 그것을 가능케 하는 것은 무엇보다 권력이었다. 이러한 맥락에서 그의 전향은 '권력으로서의 전향'에 가깝다.

박정희가 가장 신뢰한 힘의 실체는 군이었고, 군대를 가능케 하는 것은 국가다. 즉 그에게 전향의 기본 동력은 군과 국가의 위력이다. 북한이라는 큰 변수가 있기는 했지만, 숙군 무렵 박정희는 일단 남한의 군과 국가의 위력을 인정했고 다시 그 안으로 회귀하고자 했다. 현실에 대한 불만과 변화에 대한 기대는 다시 개인의 능력주의로 후퇴했다. 구명운동의 한 이유였던 재능 있는 군 장교라는 세평을 자산으로 또 다른 입신을 꿈꾼 것이다.

20대 막바지와 30대 초반에 걸쳐 근 2년에 걸친 남로당원 생활은 박정희에게 적지 않은 유산을 남겼다. 그는 전위라는 언어를 즐겨 사용했고 존재가 의식을 규정한다는 명제를 인용하는가 하면 쿠데타를 혁명으로 명명하기도 했다. 훗날 공화당을 대중정당으로 구상한 것이나 집권 초반 상당히 급진적인 대중정치를 구사했다는 점도 남로당 활동과 무관치 않아 보인다. 그러나 가장 큰 영향은 반공주의다. 전향자의 숙명처럼 박정희는 좌익 경력으로 인한 압박에서 자유로울 수 없었고, 그래서 좌익에 대한 무자비한 태도로 일관했다. 남로당이 만든 최악의 반공주의자가 박정희인 셈이었다.

전향 이후 반공주의와 함께 그가 돌아갈 이데올로기는 많지 않았다. 미국식 자유주의는 도저히 박정희가 받아들일 수 있는 것이 아니었다. 결국 그에게 남은 선택지는 기존의 일본 정신밖에 없었다. 불과 10여 년 전 1930년대 일본의 마르크스주의자들의 대량 전향 사태가 발생했다. 심지어 사노 마나부佐野學는 '천황 아래의 공산주의'를 내세우면서 파시즘 형태로 전화하기까지 했다. 마르크스주의자뿐만 아니라 자유주의자, 아나키스트에 이르는 지식인의 전면적인 전향이 이루어졌고 근대·서양·자본주의·공산주의

          1부 박정희, 그를 만든 시대와 역사

등 모든 것을 넘어선다는 이른바 '근대의 초극'으로 귀착했다.[30]

그러나 해방과 독립이라는 현실의 결정적 변화를 무시할 수는 없다. 한국인, 한국의 군인이 된 박정희가 천황 아래의 공산주의로 회귀할 수는 없다. 전향의 방향이 무엇이든, 박정희는 한국적인 것의 테두리를 벗어날 수 없었다. 그는 "매우 강한 외국인 혐오증"이 있다고 소문이 날 정도로 배외주의적 태도를 보였다.[31] 남로당의 마르크스주의가 민족해방의 이데올로기였다면, 쇼와 유신은 제국의 국가주의와 파시즘의 집단주의를 보여주었다. 박정희는 후자에 기반하되 전자를 참조한 '한국의 민족주의'로 전향할 수밖에 없었다.

해방 후 박정희의 전향은 기시 노부스케의 전후와 비교할 만하다. 전후 미군 점령 통치하 일본은 코페르니쿠스적 전환이라 부를 정도로 전전과 단절하는 것처럼 보였다. 군국 일본은 비군사화, 민주화를 기치로 내걸고 평화헌법을 만들어 이른바 전후 민주주의를 구축했다. '쇼와의 요괴'로 불리며 두 차례 수상을 역임하면서 전후 질서 형성에 큰 영향을 미친 기시 노부스케는 A급 전범으로 스가모 교도소에서 3년 3개월간 수감되었다 석방된다. 그는 메이지 유신의 한 축이었던 조슈長州번 출신으로 대학시절 천황절대주의로부터 천황기관설을 거쳐 기타 잇키를 추종하게 된다. 그는 천황제는 유지하되 사유재산제 부정 등 기타 잇키의 파시즘에 깊이 공감했는가 하면 오가와 슈메이大川周明로부터는 대아시아주의의 영향을 강하게 받기도 했다.

국수주의자로 쇼와 유신의 주역 중 하나였던 기시 노부스케는 전후에 자유주의자로 거듭난다. 스가모 수감생활을 통해 자유의 소중함을 깨달았다고 했다. 그러나 기시는 또한 자유주의와 국수주의가 양립 가능하다고 주장하면서, 미국의 전범재판을 강하게 부정했고 천황제 유지를 고수했다. 그의 정치사상에 있어 전전과 전후는 연속적이었다는 것이다.[32] 게다가 자유주의 경제는 약육강식에 기반했기에 일정한 제한이 불가피하다고 생각하며 계획적인 자주경제, 계획적 경제를 주장했다. 그의 휴대용 약통에는 자유와 국수주의, 자본주의 시장경제와 계획경제, 반미와 친미 등 다양한 대립항이 들어 있었다는 것이다.[33] 기시 노부스케와 박정희 모두 미국을 매개로 연속과 단절의 해방공간을 보내게 된 셈이다.

2. 전쟁과 쿠데타, 군과 정치

구명의 주역이었던 만주군 인맥 백선엽, 정일권을 비롯해 장도영 등의 호의로 박정희는 육군 정보국 비공식 문관으로 근무하다 전쟁을 맞이한다. 전쟁은 박정희를 부활시킨 결정적인 계기였다. 후퇴하는 국군을 따라 수원으로 간 박정희는 복직해 군 생활을 이어가게 된다. 전쟁 기간 내내 박정희는 별 탈 없이 지냈다. 승진도 비교적 순조로워 1951년 4월 대령이 되었다. 전쟁 기간 유일한 위기는 제9사단 참모장으로 강원도 인제 현리에 주둔할 때였다. 1951년 5월 중국군의 대공세로 시작된 현리 전투는 한국전쟁을 통틀어 국군의 최대 패전으로 기록된다. 운 좋게도 박정희는 전투 개시 직전에 후방으로 전근해 위기를 모면했다. 이후 박정희는 포병으로 전과해 동기 중 처음으로 1953년 11월에 장군으로 승진했다.

　좌익 경력이 꼬리표처럼 붙어 다녔기에 불이익도 있었다. 승진 때마다 좌익 혐의자 소리를 들어야 했고 실병력 지휘 보직도 별로 없었다. 1955년 제5사단장에 부임한 것이 최초로 실병력을 지휘

　　　　　　　1부　박정희, 그를 만든 시대와 역사

1955년 제5사단장 시절의 박정희 준장(앞줄 가운데). 왼쪽으로 송요찬 제3군단장, 성명 미상의 미군 고문관이 눈에 띈다.

한 자리였다. 진급이 그리 느린 편은 아니었지만, 그의 욕망을 충분히 채울 정도는 아니었다. 좌익 경력은 언제든지 그를 위협할 수 있는 가연성 소재였고 동료를 배신했다는 따가운 시선을 의식해야만 했다.

한편 전쟁이 한창이던 1951년 12월에 박정희는 육영수와 두 번째로 결혼한다. 이 결혼으로 박정희는 지주 집안과 인연을 맺게 된다. 장인 육종관은 충북 옥천의 상당한 재산가였다. 옥천의 최대 지주 또는 부자라고 알려져 있지만 기록상 그의 토지 소유 규모가 옥천 최대는 아니었다. 농지개혁 당시 그가 분배당한 농지는 논밭을 합쳐 25.1정보였다. 대략 7만 5천 평에 해당하는 규모인데, 이는 83정보를 소유해 옥천 최대 규모였던 조만하의 3분의 1도 안

되는 면적이다.[34] 육종관은 지주경영 외에 정미소 등도 운영했다고 하지만 토지 소유 규모상 중소지주 정도에 그쳤다.

그래도 지주는 지주였고 '빈농' 출신 박정희로서는 신분을 넘어선 결혼이었다. 좌익 활동을 끝장낸 빈농 출신의 박정희가 지주 집안과의 부르주아적 결혼에 성공한 셈이다. 그렇다고 그가 처가 덕을 본 것 같지는 않다. 장인은 사위를 무시했고, 사위도 장인을 별로 좋아하지 않았다. 농지개혁과 한국전쟁을 거치면서 육종관의 재산은 크게 줄어든다. 농지개혁으로 대부분의 농지를 분배당하고 720석 정도의 보상을 받기는 했지만 전시 인플레이션으로 그리 큰 돈이 되지는 못했다. 지주 시대는 끝났다.

결혼으로 박정희는 한층 더 현실에 밀착한다. 결혼 직후 대령으로 승진해 장군 자리가 지척이었다. 전쟁을 거치며 박정희는 가정, 직업 등 모든 부분에 걸쳐 한층 삶이 안정되어갔다. 무고한 생령들이 물고物故가 나는 전쟁 한복판에서 오히려 박정희는 가장 평화로운 시기를 보낸 듯하다. 1951년 2월과 3월에 걸쳐 두 차례나 주둔지에 육영수를 데려와 머물게 한 "군기 문란"을 일으킬 정도였다.[35]

그러나 전쟁 기간에 박정희의 삶을 뒤흔들 수 있었던 또 하나의 사건이 발생한다. 이승만 제거를 목표로 한 쿠데타 계획이 그것이다. 박정희는 1951년 12월 10일 육군본부 작전국 차장으로 발령받아 작전국장 이용문과 호흡을 맞추었다. 당시 최대 사건은 1952년 5~7월의 부산 정치파동이었다. 부산 정치파동이 일어나자 미국은 이승만을 강하게 압박했다. 미국 국무부와 주한 미국 대사관 중심의 압박이 효과를 내지 못하자 군사력 동원까지 염두에 두었다.

이용문과 박정희. 이용문은 박정희가 존경한 몇 안 되는 사람이다. 두 사람은 부산 정치파동시 반이승만 쿠데타를 함께 모의한다.

당시 총참모장 이종찬과 이용문 작전국장도 이승만의 독재에 상당히 불만을 품었고 쿠데타를 모의했다. 이용문이 좀 더 적극적이었다고 하는데, 장면의 비서였던 선우종원을 만나 설득하기까지 했다. 구체적인 실행 계획 논의에서 이종찬은 동원군 책임자로 박정희를 지목했다. 이에 이용문이 의사를 타진해 박 대령이 "목숨만 보장해준다면 반정부대를 지휘하겠다"라며 응낙했다고 보고했다.[36]

그러나 미국은 최종적으로 쿠데타를 포기했다. 쿠데타 모의를 주도한 것은 이종찬-이용문 라인이었는데, 모두 일본 육사 출신이었다. 일본 육사 출신들의 엘리트 의식은 유명하다. 이들의 엘리트 의식이 군 내부에 국한되지 않는다는 것은 전전戰前 일본에서 충분히 확인된 바 있다. 당시 육군본부는 일본 육사 출신들이 장악한 상태였다. 사태가 끝나고 이승만은 이종찬을 만주군 출신의 백선엽으로 교체했다.

이 무렵 박정희는 중요한 문서의 작성자로 등장한다. 그는 단지 병력 동원 책임자에 그친 것이 아니라 이데올로기적 차원에서도 중요한 역할을 했다. 육군 총참모장 이종찬의 명의로 발표된 「육군훈령 제217호」가 그것이다. 이 문서는 군의 정치적 중립을 천명한 것으로 유명한데, 기초자가 박정희로 알려져 있다.[37]

육군본부 훈령 제217호, 육군장병에 고함

군의 본연의 존재 이유와 군인의 본분은 엄연히 확립되어 있는 바이므로 지금 새삼스러이 이를 운위할 필요조차 없는 바이나 현하 미묘 복잡한 국내외 정세가 바야흐로 비상 중대화되어가고 있음에 감하여 군의 본질과 군인의 본분에 대하여 투철한 인식을 견지하고 군인으로서 그 거취에 있어 소호小毫의 유감이 없도록 육군 전 장병의 냉정한 사리판단과 신중한 주의를 환기코자 하는 바이다. 군은 국가민족의 수호를 유일한 사명으로 하고 있으므로 어느 기관이나 개인에 예속된 것이 아닐 뿐만 아니라 변천 무쌍한 정사에 좌우될 수도 없는 국가와 더불어 영구 불멸히 존재하여야 할 신성한 국가의 공기公器이므로 군인의 본분 역시 이러한 군 본연의 사명에 귀일되어야 할 것이다. 그러므로 군인 된 자, 수하誰何를 막론하고 국가방위와 민족의 수호라는 그 본분을 떠나서는 일거수일투족이라도 절대로 허용되지 아니함은 재론할 여지가 없는 것이다. 이러한 견지에서 군이 현하 혼돈한 국내 정세에 처하여 그 권외에서 초연하게 본연의 임무에 매진하고 있는 것이고, 특히 거번 발생한 일대 불상사인 서창선徐昌善 대위 피살 사건에 대하여서도 실로 통분을 금치 못하였으나 역시 법치국가의 군대로서 군의 본질과 사건의 성질에 비추어 냉정히 사태의 추이를 직시하면서 공평무사한 사직의 손으로써 법률에 의하여 그 시비곡절이 구명될 것을 소기所期하고 있는 것도 군의 존재이념에서 볼 때 당연한 처사인 것이다.

그러므로 밖으로는 호시탐탐 침공의 기회를 노리는 적을 대하고 안으로는 복잡다단한 제반 정세에 처하여 있는 군에 있어서 군인 개인으로서나 또는 부대로서나 만약 지엄한 군통사계통을 문란하게 하는 언동을 하거나 현하와 같은 정치변혁기에 수표하여 군의 본질과 군인의 본분을 망각하고 의식, 무의식을 막론하고 정사에 관여하여 경거망동하는 자가 있다면 건군 역사상 불식할 수 없는 일대 오점을 남기게 됨은 물론 누란累卵의 위기에 있는 국가의 운명을 일조에 멸망의 심연에 빠지게 되어 한을 천추에 남기게 될 것이니, 국가의 운명을 쌍견雙肩에 지고 조국수호의 성전에 멸사 헌신하는 육군 장병은 몽매간에도 군의 본연의 사명과 군인의 본분을 념념念念 명심하여 그 맡은바 임무를 완수하여주기를 바라는 바이다.

충용한 육군 장병 제군, 거듭 제군의 각성과 자중을 촉구하노니 제군의 일거일동은 국가의 운명을 직접 좌우하거늘 제군은 여하한 사태하에서라도 신성한 군통사계통을 엄수하고 종시일관 군인의 본분을 사수하여 오로지 조국과 민족의 수호에 매진함으로서만이 조국의 앞길에 영광이 있다는 것과 군은 국가의 공기公器임을 다시금 깊이 명기하고 각자의 소임에 일심불란 헌신하여주기를 간절히 바라는 바이다.

총참모장 육군중장 이종찬李鍾贊[38]

문서는 표면적으로 군의 정치적 중립의 가치를 누누이 강조하고 있다. 그러나 더 중요한 것은 군 자체의 위상과 역할이다. 군의 사명이 '국가민족의 수호'로 규정되어 있는데, 국민이나 개인이 들어설 여지가 없다. 즉 기관이나 개인에 예속될 수 없는 '신성한 국가의 공기'라는 규정이 선차적이다. 국민이나 개인 대신 국가와 민족이라는 추상적인 가치를 등장시켜 군의 기원을 신성화하고 있다. 일제의 국체 개념을 연상시키는 모호한 추상체를 통해 군을 탈속화하고 비인격화한다.

또한 훈령에는 민주주의, 자유 등의 개념은 전무하고 국가와 민족, 군과 통사계통 등이 핵심어이며 정치변혁과 정사 등으로 표현된 정치는 군을 흔드는 외적 변수로 기능한다. 밖으로 침공하는 적과 안으로 복잡다단한 정세는 모두 군을 흔드는 위협 요소로 배치되었다. 즉 군은 외부의 적만큼이나 내부의 정치로부터 위협을 받고 있기에 외적의 격퇴와 함께 정치로부터의 독립이 중요해진다.

글의 취지는 군의 정치적 중립이라지만, 더 크게 다가오는 것은 군의 신성성과 위엄, 절대성이다. 군의 정치적 중립은 민주주의나 문민통치를 위한 것이라기보다 군 자체의 본질적 속성, 영구불멸의 신성성을 지키기 위한 것이다. 군인을 대상으로 한 총참모장의 훈령이라는 글의 성격상 불가피한 측면도 있지만, 이 글은 군인과 군인 간의 명령과 다짐이다. 군은 사회와 인민으로부터 분리되어 그 자체로 국가의 본질적 속성을 담보하며 국가 물리력의 근간임이 극력 강조된다. 이 글은 주권자에 대한 맹서 대신 군 자체의 독자적 행위 가능성과 자율적 통솔력을 강조한다.

여기서 정치적 중립은 주권(자)의 명령이 아니라 군의 자율적 결단이다. 즉 준수해야만 하는 외적 강제가 아니라 군의 자기 결정에 가깝다. 주권자의 결단 대신 군의 결단, 더 나아가 군이 주권자를 대리 실천하는 형국조차 예상된다. 쇼와 유신의 유령이 어른거림을 지울 수 없다. 군의 자율성과 신성성은 타락하고 부패한 정치권력을 타도하고 일대 유신을 단행해야 한다는 사명감으로 연결될 수 있다. 타락한 정치가 지속된다면 정치판 전체를 정화할 신성한 권력이 등장할 수 있다. 군은 정치를 넘어서는 가장 확실하면서도 유일한 권력이다.

글 중간에 나오는 서창선 대위 사건도 흥미롭다. 이 사건은 1952년 4월 24일 전남 순천 시내의 한 음식점에서 서민호 의원이 서창선 대위와 시비 끝에 권총으로 사살한 사건을 말한다. 이 사건이 주목을 받은 것은 현역 국회의원이 현역 군 장교를 사살했다는 사건 자체의 특징도 있지만 작게는 군과 국회, 크게는 군과 사회 사이의 관계를 보여주는 것이었기 때문이다. 당시 서민호 의원은 거창 민간인 학살 사건의 국회 조사단장이었다. 거창 사건은 국회가 정식 조사에 나설 정도로 당시 첨예한 문제였다. 정당방위를 주장한 서민호 의원이 체포되자 국회는 즉각 석방 결의안을 채택하는 등 군과 국회 사이의 긴장이 고조되었다. 결국 서민호 의원은 8년형을 선고받고 1960년 4·19 이후에 석방된다.

훈령은 이 사건에 대해 통분을 금할 수 없으나 냉정히 사태 추이를 지켜보면서 공평무사한 사법적 처리를 기대한다고 했다. 당시 큰 이목을 끈 사건이었지만, 군이 훈령에서 언급할 필요가 있었느냐는 의문이 따른다. 훈령의 기조가 군 외부의 일에 군이 개입해서는 안 된다는 것이기에 이 사건이 그 예시로 동원된 것처럼 보이지만 이는 피상적이다. 이 사건의 근원은 거창 사건이다. 군이 공비 토벌을 명분으로 수백 명에 달하는 민간인을 무도하게 학살한

이 사건은 군이 전쟁을 통해 어떠한 존재가 되었는가를 웅변한다. 이미 군은 존재하는 모든 것의 생사여탈권을 장악한 괴물이었다. 한마디로 군은 무소불위의 국가를 대변한다. 아니, 국가 그 자체가 곧 군이다.

그런데 국회는 이 사건을 파헤쳐 군을 통제하고자 했다. 군대의 시각으로 보자면 1개 중대 병력 정도밖에 안 되는 국회의원들이 감히 국가 그 자체인 군을 흔드는 것으로 보였을 것이다. 서창선처럼 자신들이 국회에 의해 사살당한다고 느끼는 감각 속에 '통분'이 나온다. 법치국가의 군대로서 법치를 따라야 한다는 서술에서도 어쩔 수 없는 현실을 감내한다는 '통분'이 느껴진다. 이들은 거창의 민간인 수백 명의 생명 대신 서창선이라는 군인 한 명의 희생에 통분하고 있다. 서창선의 원한이 풀리지 않는다면 이들의 통분이 어디로 튈지 알 수 없다. 훈령은 군의 통분을 통해 미묘한 불안을 자아낸다.

앞서 보았듯이 군이 정치에 휘둘릴 수 없다는 생각은 쇼와 유신 이전부터 일본 군부의 오래된 전통이었다. 「훈령 제217호」에서 군을 변천무쌍한 정사에 좌우될 수 없고 국가와 영구불멸하는 존재로 규정한 것은 통수권 독립의 논리와 일맥상통한다. 문제는 통수권을 보유한 대통령으로부터의 독립이라는 기묘한 상황이다. 게다가 1950년 7월 대전 협정(주한미군의 사법관할권에 관한 외교 협정) 이래 작전지휘권을 보유한 미군의 존재는 통수권의 이원화 문제를 제기한다. 대통령과 미군이 이중으로 한국군을 규정하고 있는 상황에서 '군 통사계통'의 문란이 무엇을 지시할 것인가가 애매해진다. 훈령은 실질적으로 대통령의 통수권을 거부하면서 미국의 입장을 은연중 추종하는 모양새다.

　　　　　　　　1부　박정희, 그를 만든 시대와 역사

　현실적으로 대통령의 권위를 넘어설 유일한 존재는 미국이다. 실질적으로 전쟁 수행의 책임을 미국이 떠맡고 있는 상황에서 통수권의 근원인 주권의 분할은 불가피했다. 군부는 미군의 작전지휘권과 대통령의 통수권 사이 어딘가에서 어정쩡하게 흔들릴 수밖에 없었다. 양자의 이해가 일치할 경우에는 별문제가 없겠지만, 갈등 상황이라면 얘기가 달라진다. 군부가 그 사이에서 독자적으로 행동한다는 것은 거의 불가능했다. 그러나 이용문, 박정희 등 소수의 군인은 달랐다. 총참모장 이종찬조차 대통령과 미국 사이에서 머뭇거렸지만, 두 사람은 쿠데타 강행에 별 두려움이 없었다.

　훈령에는 단 한 글자도 안 나오지만 사실상 훈령의 핵심 주체는 미국이다. 미국은 이승만 제거를 위해 쿠데타를 준비하면서 훈령이 만들어져야 할 상황을 연출했다. 이용문과 박정희의 과감한 결단은 미국이라는 '숨은 신'의 역사役事의 도구였다. 그렇기에 훈령은 육군을 향해 선포된 것이지만, 사실상 이승만과 미국 사이에서 쓰인 육군의 정치 텍스트임이 분명하다. 이 정치의 핵심은 통수권 독립을 정치적 중립으로 번안하는 일이었다. 박정희는 미국의 작전지휘권을 일본군의 언어로 풀어낸 셈이다.

　이데올로기적 측면에서 이 순간은 매우 중요하다. 군국 일본의 군사주의 이데올로기로 출발한 박정희는 좌파의 혁명 이데올로기를 거쳐 군의 정치적 중립이라는 민주주의에 도달한 듯 보인다. 「훈령 제217호」가 군의 정치적 중립을 위한 중요한 문서라는 평가가 많다. 이러한 맥락에서 5·16은 「훈령 제217호」에 반하는, 다시 말해 자기배반적 행위가 된다. 그러나 훈령에는 중립이라는 용어가 단 한 번도 나오지 않는다. 군과 행정부의 정치적 중립이 하나의 개념으로 성립하고 민주주의의 중요한 조건으로 사회화되는 시점은 대략 1960년대 이후다.

당시 육군 수뇌부는 이승만과 반대파 사이의 정치적 중립을 지향했다기보다 이승만을 견제하는 여러 힘들의 교차점이었다. 미국의 이승만 제거 계획, 반이승만을 내세운 국회가 눈에 띄는 힘이라면, 기호파畿湖派(기호는 주로 경기·충청을 묶어 부르던 말로, 기호파는 이 지역 출신 엘리트 집단을 뜻한다)에 반감을 품은 서북파(서북은 평안도와 함경도 지역을 부르는 말로, 서북파는 이 지역 출신 엘리트 집단을 뜻한다)의 움직임도 감지된다. 이용문이 선우종원을 찾아가 장면을 내세운 쿠데타를 제안했다는 주장은 서북파와 기호파의 오래된 대결 구도를 상기시킨다. 이승만 역시 이러한 움직임을 알고 있었고, 육군본부 수뇌부가 "홍사단에 이용당하여 비협조적"이라 판단했다.[39] 한마디로 서북파가 육군본부를 장악해 반역을 꾀한다는 게 이승만의 인식이었다. 정치적 차원은 물론이고 사회경제적으로도 변방의 하층에 속했던 박정희가 기호 세력과 동질감을 느낄 계기는 거의 없었다.

해방 이후 형식적으로라도 많은 사람이 일본의 군사주의 대신 미국의 자유민주주의를 택했다. 이승만은 일민주의를 잠시 내세우기도 했지만, 1950년대 들어 자유민주주의를 기본 이데올로기로 받아들인다. 야당은 더욱 적극적이어서 1950년대 내내 민주주의를 근거로 반이승만 투쟁에 나섰고 그 연장선상에 4·19가 있다. 1950년대 이후 자유민주주의는 남한의 지배적 가치, 제도, 담론으로 관철되어갔다. 군부 역시 표면적으로 이 흐름을 거스르지 않는 모습이었다.

남한 지역의 체제와 이데올로기가 미국 중심으로 전변하고 있었지만, 그것을 거스르는 저류가 흐르고 있었음을 잊어서는 안 된

     1부 박정희, 그를 만든 시대와 역사

다. 이 저류를 예외적이거나 대세를 거스르는 시대착오적 흐름이라고 볼 수도 있다. 철 지난 군국주의와 파시즘의 잔재처럼 볼 수도 있다. 그러나 이범석과 족청(조선민족청년단) 계열은 중국 국민당의 '국가지상 민족지상'을 '민족지상 국가지상'으로 순서만 바꾸어 사용할 정도로 극우적 성향이었다. 이들은 일민주의를 만들어 냈는가 하면 군부와 정치 영역에서 적지 않은 세력을 구축했다.[40] 미국은 이러한 흐름에 민감하게 반응했고 이승만이 일민주의에서 자유민주주의로 전환하는 과정은 곧 족청계 숙청이기도 했다.

미국의 자유주의는 파시즘을 포함하는 한국의 반자유주의 흐름과 매우 복잡하게 뒤얽힌다. 박정희는 부산 정치파동 와중에 「훈령 제217호」를 기초하면서 이러한 상황을 어떻게 해석해야 할지 고민하지 않을 수 없었다. 훈령은 정치적으로 미국의 방침을 추종하면서 이데올로기적으로 거부하는 기묘한 텍스트가 된다. 정치적 중립 대신 통수권 독립을 관철시킨 셈이다.

게다가 무엇보다 미국은 결국 이승만을 제거하지 못한다. 마음만 먹으면 충분히 가능한 일이었음에도 불구하고 미국은 마음을 고쳐먹는다. 이것은 박정희에게 적지 않은 영향을 미쳤다. 미국은 거대한 힘이었지만 전지전능은 아니었고 상황에 따라 그 힘을 잘 활용하면서 자신에게 유리한 정치적 결과를 이끌어내는 것이 가능하다는 가르침이었다. 미국을 주요 변수로 고려하면서 그 근본적 이익을 거스르지 않되, 미국이 뒤집기 힘든 상황을 만들어낸다면 그들도 어쩔 수 없을 것이라는 판단이었다. 이것이 5·16을 가능케 한 하나의 조건이 된다.

통수권 독립은 민간-정치에 대한 군부의 악영향을 차단하는게 애초의 목적이지만, 반대로 군의 민간-정치 개입을 정당화하는 장치가 될 수 있다는 역설을 내포한다. 이를 위해 훈령은 군과 정치를 반복해서 성속聖俗의 대립으로 재현한다. 즉 정치의 혼돈은 타락한 속세를 상징하며, 군은 무질서한 현실 정치에 질서를 심어줄 성스러운 구세주로 등장한다. 여기서 군의 신성화와 탈속화가 중요한데, 일본군은 이를 천황을 통해 간단하게 해결할 수 있었지만, 한국은 상황이 다르다.

따라서 훈령은 그 자체로 자기완결적 텍스트가 될 수 없다. 다시 말해 훈령은 훈령 주체들의 내면화된 가치의 표출이라기보다 어떤 외적 정세의 압력에 대한 수동적 반응에 가깝다. 두말할 것 없이 정세의 힘은 미국이다. 미국은 실질적 통수권을 장악하고 있다는 점에서 천황 이상의 천황이다. 텅 빈 기표와 같은 천황과 달리 미국은 실질적 결정권자였고 육군본부와 박정희는 일본의 대본영과 도조 히데키가 아니었다.

이와 관련해 박정희가 생명 보장을 조건으로 반정부대 지휘를 맡겠다고 한 대목이 주목된다. 상식적으로 쿠데타를 모의하면서 생명을 보장받겠다는 것은 어불성설이다. 오히려 목숨을 걸고 감행하는 것이 반란의 관건일 터이다. 게다가 박정희는 늘 목숨을 바치겠다는 말을 구두선口頭禪처럼 달고 살았다. 천황에서 조국과 민족에 이르기까지 박정희는 자신의 목숨을 바쳐 충성할 대상을 갈급해왔다.

물론 1952년 중반은 박정희가 숙군에 걸려 생사를 오간 시점으로부터 불과 3년 반이 지난 시점이었다. 야수의 심정으로 냉혹한 전향을 감행해 보전한 목숨이 다시 경각에 달릴 상황이었으니 그 심사가 편치는 않았을 것이다. 게다가 이제 막 태어난 맏딸이 100일 무렵이었으니 그 어느 때보다 삶에 대한 애착이 강했을 것이다. 그러나 더욱 중요한 것은 이 쿠데타에 박정희는 확신이 없었다는 점이다.

다시 말해 박정희는 목숨을 걸어도 좋을 정도의 대의명분과 실리를 찾기 힘들었다. 쿠데타는 권력 연장을 위한 이승만의 욕망을 저지하기 위한 것이었다. 쿠데타는 미국의 노골적인 희망사항이자 기호파에 대한 서북파의 오래된 원한이기도 했지만, 박정희로서는 모두 다 미심쩍었다. 게다가 쿠데타가 성공한다 해도 권력이 자신에게 올 가능성도 희박했다. 이용문에 대한 신뢰가 깊기는 했지만, 미국식 자유민주주의는 박정희에게 너무 낯선 이데올로기였다. 이 점을 훗날 5·16과 비교해보면 그 차이가 분명하다.

1952년의 쿠데타 모의 이후 박정희의 삶은 직업과 가정 중심으로 흘러간다. 3명의 아이가 태어났고 소장으로 승진하는 등 나름 성공적인 인생이었다. 그 와중에 박정희는 1954년에 6개월 동안 미국 포병학교 고등군사반으로 유학을 떠난다. 이 유학은 그가 미국을 직접 체험하는 첫 사례다. 미국은 한국군 장교들의 교육에 매우 열심이었다. 전쟁 전부터 진행된 핵심 장교들의 도미 유학은 전쟁을 거치며 더욱 확대된다.

1950년대 장교들의 도미 유학 규모는 무려 8725명에 달해 민간 유학생 5029명을 훨씬 능가했다. 미국의 일차적 의도는 동맹국 군대의 표준화였다.[41] 즉 미국의 군사력을 정점으로 세계적 규모로 미군과 호환 가능한 군사력 배치를 도모했다. 1950~1973년 사이 미국 군사유학 인원 통계를 보면 베트남이 제일 많아 2만 3675명이었고 그다음이 한국으로 2만 2144명이었다. 박정희는 1954년 총 886명의 유학 인원 중 한 명이었고 포병학교로 좁히면 289명 중 하나였다.[42] 미국 군사교육 파견에 선발되는 것은 쉽지 않았다. 적절한 자격과 역량은 물론이고 사상검증도 거쳤다. 좌익 경력에도 불구하고 어쨌든 박정희는 도미 유학에 성공했다.

교육 내용 중에는 군사기술뿐만 아니라 군대 예절도 포함되었다. 명령과 복종, 용모와 언행, 인사와 경례, 기강, 공공시설 이용법 등이었는데, 한마디로 미군 장교단의 관례와 규범을 습득하는 시간이었다. 궁극적으로 한국군의 교리, 조직, 문화가 미군의 기준과 가치를 따르도록 유도하는 것이었다. 이외에도 주요 시설 견학, 언론 인터뷰, 교회 방문 등이 이루어졌으며 주말에는 개인적으로 인근 지역을 둘러보는 등 미국 사회와 접촉할 기회를 다방면으로 제공하거나 스스로 만들어갈 수 있었다.

교육 효과는 개인에 따라 반미와 친미가 뒤섞이는 등 편차가 있지만 대체로 미국의 교육 내용에 신뢰감을 보였으며 미군의 방식이 합리적이라고 생각했다.[43] 미국 참모학교 교육을 이수한 박경원은 99명의 장교단을 이끌고 도미했는데, 3분의 1은 "친미", 3분의 1은 "반미", 3분의 1은 "정상"을 유지했다고 회고했다.[44] 이 유학 경험을 통해 박정희가 어떠한 영향을 받았는지 명시적으로 확인할 수 있는 자료는 거의 없다.

그러나 당대 미국을 체험한 사람들의 증언은 차고 넘친다. 이들의 한결같은 느낌은 미국의 거대함이다. 국회의원 미국 시찰단의 일원으로 1955년과 1956년에 걸쳐 미국을 시찰했던 민관식은 미국의 경제적 거대함에 깊은 인상을 받았다. 포드 자동차를 방문하고 공장이 아니라 대도시에 가까운 규모라고 놀라는가 하면 자체 발전소 용량이 한국 전체 발전량의 3배에 이른다는 점에 할 말을 잃었다.[45] 영토의 크기는 더 말할 나위도 없었다. 일본과 만주를 경험한 박정희였지만 미국은 전혀 다른 규모와 생산력을 자랑했다. 군 시설만 보더라도 비교 불가였다. 한국의 조악한 군 장비와 시설에 비해 미군의 그것은 누가 보더라도 주눅이 들 수밖에 없을 정도로 거대한 격차를 보여주었다.

그럼에도 박정희는 미국에 대해 별반 언급이 없다. 훗날 대통령이 되어 미국 순방을 가서도 의례적인 인사치레 외에 미국의 거대함이나 풍요에 대해 별다른 언급을 하지 않았다. 심지어 서독 방문 당시 울창한 흑림지대를 보고 선진국의 풍요와 여유로운 삶을 예찬하기도 했지만 미국에 대한 비슷한 언급은 찾기 힘들다.

3. '삼바가라스'와 4월혁명

쿠데타 직전 박정희의 이데올로기적 상황을 잘 보여주는 사례는 황용주, 이병주李炳注와의 교유다. 1960년 초 부산 군수기지 사령관으로 부임한 박정희는『부산일보』주필로 있던 대구사범학교 동기 황용주를 만나게 되고, 그 인연으로『국제일보』주필이던 이병주와도 술친구가 된다. 세 사람은 자주 어울렸고 시국과 정치를 놓고 종종 열띤 논의를 이어갔다. 이병주가 보기에 박정희는 공기 대신 조국과 민족을 먹고사는 사람 같았다. 논쟁은 주로 황용주와 박정희 사이에 벌어졌는데, 전자가 후자를 계몽시키는 모양새였다. 박정희는 일본 메이지 유신의 지사들과 쇼와 유신의 논리를 강변했고, 황용주가 그것을 조목조목 비판하고 민주주의의 ABC를 가르치는 식이었다.

황용주가 5·15, 2·26사건 주모자들이 "천황절대주의자이고 따라서 일본중심주의자이고 케케묵은 국수주의자"이기에 일본을 망쳤다고 비판하면, 박정희는 "일본의 군인이 천황절대주의 하는 게 왜 나쁜가. 그리고 국수주의가 어째서 나쁜가"라며 반박했다. 황용주가 "국수주의자들이 망친 일본을 자유주의자들이 일으켜 세운" 것이라고 주장하면, 박정희는 "자유주의 갖고 뭐가 돼? 국수주의자들의 기백이 일본 국민의 저변"에 있어 일본을 부흥시킨 것이라는 주장으로 대응했다. 이병주는 견식의 깊이와 넓이에서 두 사람의 대화는 대학생과 국민학생의 토론을 방불했다고 기억했다.[46]

황용주에 대해서는 좀 더 부연 설명이 필요하다. 그는 경남 밀양 출신으로 대구사범학교 재학 중 마르크스주의 도서 소지 혐의로 퇴학당하자 오사카 중학교를 거쳐 와세다대학 불문과로 진학했다. 학병으로 징집되어 중국에 파견되었고 장교 임관 직전의 견습사관으로 해방을 맞이했다. 해방 후 상하이에서 광복군에 참여하고 김원봉의 비서를 지냈다. 그는 대학 시절부터 프랑스에 대한 동경이 극심해 외동딸의 이름을 불란서의 '란서'로 지을 정도였다. 그럼에도 강렬한 민족의식의 소유자였다.[47]

황용주는 서구 콤플렉스를 배경으로 근대화와 민족주의를 열망했다. 즉 아시아에서는 민주주의 이전에 기아와 빈곤에서 해방되기 위해 강력한 정부가 경제개발을 주도해야 한다고 강조했다. 이를 위해 황용주는 서구식 민주주의가 아니라 민족적 민주주의를 지향해야 한다고 박정희에게 누누이 강조했다.[48] 이는 황용주의 특이함이 아니라 그가 속한 이른바 학병세대의 많은 이들이 공유하던 내용이었다.[49] 서구 콤플렉스와 근대화는 동전의 양면이었으며, 양자를 뫼비우스의 띠처럼 연결하는 것이 민족주의였다. 황용주는 이러한 이데올로기를 박정희에게 전달해주고자 했다. 장준하가 쿠데타 초기에 상당한 기대를 걸었던 것처럼 황용주는 박정

　　　　1부　박정희, 그를 만든 시대와 역사

희와 군부를 통해 근대화와 통일이라는 민족주의적 과제를 추진하고자 했다.

이러한 입장은 이병주에게도 깊은 영향을 미쳤던 것으로 보인다. 이병주는 자유주의자이지만 사회주의, 특히 '남로당'을 충분히 '이해'했던 학병 출신 지식인으로 평가된다. 또한 황용주의 영향으로 '중립화 통일론'을 주장해 수감생활까지 하게 된다.[50] 이렇게 보면 박정희와 황용주 그리고 이병주는 많은 부분을 공유하고 있었던 셈이다. 자발과 강제의 차이는 있지만 모두 식민지 군대를 경험했고 민족주의적 성향이 강했으며 사회주의와 직간접적으로 관련된 이력이 있다. 이러한 동질성을 이데올로기적으로 표현한 것이 곧 '민족적 민주주의'라고 할 수 있다.

세 사람은 5·16 직전 부산의 삼바가라스三羽烏('삼총사'라는 뜻)처럼 몰려다녔지만, 또 많은 부분에서 갈라진다. 이병주는 "일제 용병이었다는 회한이 콤플렉스가 되었다"고 할 정도로 학병 경력 때문에 괴로워했다.[51] 반면에 박정희가 사관학교와 만주군 경력을 부끄러워했다는 증거는 어디에도 없다. 이병주는 소설 『알렉산드리아』와 『관부연락선』의 주인공 모델을 황용주에게서 가져왔지만,[52] 박정희와 5·16에 대해서는 매우 비판적이었다. 이병주와 황용주가 사회주의와 민족주의를 대립 또는 교차시키면서 무언가를 추구했다면, 박정희는 전향자의 반공주의와 쇼와 유신에 갇힌 채 민족을 바라보았다.

물론 박정희는 혼자가 아니었다. 탈출 학병 신상초를 모델로 소설 『불꽃』을 쓰기도 했던 선우휘는 소설 『노다지』에서 "군인이란 가장 순수한 인간"이라고 썼다. 소설 속 주인공은 태평양전쟁에서 특공대로 전사한 일본인 동급생들이 "순수하게 살았고 아름답게 죽어갔다는 점"을 믿어 의심치 않으면서 그들이 "왠지 부럽게 느껴지는 수가 있었다"고 했다.[53] 선우휘는 물론 이것을 일본 군국주의 시대에 교육받은 사람들의 일반적 속성으로 돌린다. 박정희는 그 전형이지 않을 수 없다.

학병은 당대 최고의 엘리트였다. 1944년 기준 고등교육을 받은 조선인 학생은 대략 7200여 명이었다. 이공계와 사범학교를 빼고 학병 동원 대상은 5000여 명이었고 이중 4385명이 입대했다. 500명 이상이 다양한 방법으로 동원에 저항하거나 기피했는데, 입대자 중 400여 명이 탈출을 시도해 200여 명이 성공한 것으로 알려졌다.[54] 학병 출신은 법조계의 대법원장 이일규, 종교계의 김수환 추기경, 학계의 김준엽·조영식·이재철, 경제계의 구태회·이동찬, 군부의 장도영·박병권·강영훈 등 사회 전 분야에 걸쳐 막강한 영향력을 행사했다.

학병 체험으로 시작해 한국전쟁, 군사정변 등을 겪으며 학병세대는 '군'의 힘을 알고 믿게 된 지식인이었다. 학병 출신들이 쓴 수기나 회고는 일본군에서 겪은 물리적 폭력의 위력에 대한 증언으로 넘쳐나는데, 이는 곧 통치수단으로서 군이 갖는 효율성에 대한 믿음으로 이어질 수 있다. 요컨대 학병세대는 '군'이라는 창을 통해 세상을 보는 눈을 키워온 셈이다.[55]

본의 아니게 일본군에 참가되는 수난의 과정에서부터 그 역경을 민족의 예지로서 인내하여, 마침내는 이를 민족해방으로 연결하는 전화위복의 계기로 삼아 대망의 8·15해방을 맞이하고 나아가 조국의 재건을 위하여 힘차게 이바지한 1·20학병들의 고난극복의 영광쟁취의 줄기찬 기록…,[56]

위 인용문은 학병세대의 경험이 해방 후 민족주의로 귀결되어야 한다는 의지를 잘 보여준다. 일본군이 되었던 식민화의 경험이 민족해방과 조국 재건의 전화위복이 되었다는 이들의 의지는 군사주의와 민족주의의 결합을 상징하는 것처럼 보인다. 학병만이 아니었다. 박정희를 포함한 만주군 출신들은 자발적으로 제국의 군인이 되었다는 점에서 학병과는 차원을 달리한다. 그럼에도 이들 역시 민족의 품으로 귀의하고자 한다.

일제의 치하에서 만주야말로 애국지사의 망명지요, 젊은 청소년 학도들에게 독립정신과 민족의식을 고취해준 곳이다. (…) 우리들 만주 군인 출신은 일제 탄압하에서 조국 땅을 떠나 유서 깊은 만주에서 독립정신과 민족의식을 함양하며 무예를 연마한 혈맹의 동지들이다. 우리는 타향인 만주에서 철석같은 정신과 신념 밑에서 철석같은 훈련을 거듭하며 8·15 광복을 맞이하였다. 건국 건군 40여 년이 된 오늘날 50여 명의 장성급과 다수의 영관급 고급장교가 배출되어 조국의 독립과 자유 수호에 공헌하였다.[57]

만주군 출신들 역시 부일협력의 경험을 민족의식의 함양으로 전도시키고자 한다. 이는 물론 위선과 기회주의의 발로이기도 하다. 그런데 '친일 민족주의'가 가능하다면, 이들의 민족주의는 무엇이라 불러야 할까. 즉 정치적 탈식민화와 독립이라는 조건에서 부일협력자조차 민족주의로 빙의하지 않고서는 생존이 곤란했다. 만주군 출신 박정희와 학병 출신 황용주 그리고 이병주 사이의 교류와 결별은 식민주의로부터 배태된 탈식민 민족주의의 혼종적 양상을 상징한다. 요컨대 탈식민 사회의 민족주의는 군사주의와 파시즘, 마르크스주의와 자유주의가 뒤섞여 복잡다단한 이데올로기적 효과를 내뿜고 있었다.

이러한 과정을 통해 박정희는 군과 국가 그리고 사회 전체를 장악하는 데 별 두려움을 느끼지 않는 비대해진 주체로 구성된 것이다. 다시 말해 천상천하유아독존의 과잉 주체화된 박정희가 탄생한 것이다. 과잉 주체화의 출발은 민족별 불평등이 구조화된 식민지였다. 박정희는 저항 대신 능력주의에 기반한 체제 내 입신을 선택했다. 그가 이룬 교육과정의 성취가 과잉 주체화의 든든한 종잣돈이 되었다.

박정희에게 결정적 기회를 제공해준 것은 전쟁이다. 전쟁은 군사 엘리트들의 축제였다. 박정희 개인의 군 복귀와 고속 승진은 물론이고 수많은 장교들이 전쟁의 세례를 통해 비대해진 주체로 거듭났다. 전쟁을 통해 이들은 군이 사회와 국가를 어떻게 지배할 수 있는가를 경험했다. 전쟁은 상황을 결정하는 것이 군사력임을 확인시켜주었고, 군사 엘리트들이 물리력의 주체임을 자각하는 시공간이었다. 개인 또는 군 조직 차원에서 장군 박정희는 거칠 게 없었다. 자신의 출중한 능력을 확신했고 군 내에서 필적할 만한 존재가 없다고 믿었다. 박정희를 중심으로 축적된 이 군사적 자산은 급기야 사회와 국가 전체를 점령하고자 했다. 이 점령 작전은 4월혁명을 통해 예행연습을 거치게 된다.

4월혁명 당시 박정희가 보여준 모습은 양가적이다. 그는 한편으로 민주주의에 충실한 것처럼 보였다. 이승만이 하야하던 4월 26일에 부산 계엄사무소장을 맡고 있던 박정희는 경남도청 앞 광장에서 데모대를 강제 해산시키지 않고 도리어 만세를 선창했다. 또한 불순분자를 체포하라는 계엄사령부의 명령을 거부하기도 했다.[58] 4월혁명 희생자 추모식에서는 "진정한 민주주의의 초석을 놓기 위하여 꽃다운 생명을 버린 젊은 학도들"을 위한 추도사를 읽기도 했다.[59] 그러나 5월 3일에는 일체의 데모를 금지하고 야간 통행금지 시간 연장은 물론 때에 따라서는 발포도 사양치 않을 것이라는 살벌한 경고문을 발표했다.

> 시민 여러분과 청년학도 여러분은 이제 모든 사회악과 각종 결함 사항을 정상적이고 합법적인 방법으로 결정할 수 있는 질서를 회복하였음을 자각하시기 바랍니다. (…) 데모가 계속되면 이 틈을 타서 양아치와 폭력배들은 계속 난동하여 시민의 가산을 겁탈하여가고 여러분의 생명을 위협할 것입니다. 이 혼란한 틈을 타서 공산계열은 최후의 발악을 꾀하고 있음을 여러 애국시민은 통찰하여야 합니다.[60]

박정희의 명의로 발표된 경고문은 무질서와 반공주의를 동원해 대중의 직접 행동을 제어하고자 했음을 명료하게 보여준다. 여기서 4월혁명을 자세하게 논할 여유는 없지만, 한국전쟁 휴전 후 불과 7년 만에 벌어진 거대한 군중의 진출로 기존 질서가 커다란 위기에 직면한 것은 분명했다. 이데올로기적 측면에서도 해방공간의 좌파 이념이 부분적으로나마 재활성화되었고, 민주주의와 자유주의가 전면화되었는가 하면 발전주의가 고개를 내밀기 시작했다. 그리고 이 모든 것을 민족주의가 휘감았다.

4월혁명은 쿠데타를 위한 최적의 조건을 창출했다. 보수 야당으로의 정권 교체는 모두를 불만에 빠뜨렸다. 장면 중심의 민주당 신파 정권은 구파의 비판을 견뎌야 했고 거리정치에 나선 학생들과 혁신계의 공격을 방어해야만 했다. 미국마저 한민당 이래의 보수 야당 세력에 실망감을 감추지 않았다. 4월혁명이 열어젖힌 급진적 변화에 대한 열망은 지배집단 전체에 커다란 공포가 아닐 수 없었고, 민주당은 이에 제대로 대응하지 못했다. 혁명 후 반동은 역사의 일반법칙에 속한다. 지배 질서의 주축을 이루고 있던 군부가 반동의 중심이 되는 것 역시 역사의 흔한 모습이다.

　복잡한 사실관계를 떠나 불과 3600명의 병력으로 거의 반공개된 쿠데타가 성공한 것도 매우 이례적인 일이지만, 더욱 놀라운 것은 이에 반대하는 사람이나 세력이 거의 없었다는 점이다. 미국과 상당히 밀접했던 서울대 사회학과 교수 이만갑은 4월혁명 당시 '경찰이 지옥의 사도처럼 행동했다면 군은 천국의 사도처럼 행동했다'고 분석했다. 그가 보기에 군은 "독립운동 하여왔다고 알려진 유명한 정치인에게 감히 명함조차 낼 수 없을 정도로 무력"했다. 그러나 "6·25가 터지고 군이 급격히 팽창하는 동시, 군이 시민생활의 광범한 분야를 통제할 수 있게 되고 그처럼 이름 높던 기성 정치가들이 탈락하는 동안에 군의 지도부 인사들의 사회적 위치는 전과 비할 수 없을 만큼 높아졌"다는 것이다.[61]

불행하게도 한국에서는 아직 그러한 선의의 강력한 민주적 지도자를 발견하고 있지 못하다. 그러한 훌륭한 지도자들이 없이 중우가 날뛰고 혼란만이 조성된다면 민중은 민주주의 자체에 대해서 회의를 갖게 되기 쉬울 것이며 강력한 지도자에 의한 통제를 원하게 될는지 모른다. 그런 틈을 타서 나서는 인물은 다른 어떤 층에서보다도 무력을 갖고 성미가 급한 군인들 중에서 나오기 쉽다.[62]

쿠데타 1년여를 남긴 시점에 엘리트 지식인 이만갑은 의미심장하고도 정확한(?) 예언을 남긴다. 박정희에게는 이만갑의 예언이 반갑기 그지없었을 것이다. 이만갑이 박정희의 이름으로 나온 첫 책 『우리 민족의 나갈 길』의 저자로 참여한 것은 우연만이 아닐 것이다. 그러나 '천국의 사도'처럼 보였던 군은 발포도 사양치 않을 것이라는 강력한 경고문의 주체이기도 했다. 박정희는 부산의 계엄사령관으로 시위를 진압하고 사회를 평정한 바 있었다. 그가 보기에 부산에서 가능했다면 서울, 아니 전국에 걸쳐 못할 것도 없을 터였다. 과잉 주체화되어 비대해진 자아를 가지게 된 자들에게는 그것이 이치에 맞고 당연한 일이었다.

2부

박정희 체제의 통치성

세계사적으로 20세기 중반 이후는 미국의 세기다. 미국은 소련과 함께 냉전질서를 주도하며 세계적 규모의 헤게모니 국가로 등장했다. 한국 역시 '미국의 충격'을 정면으로 받았다. 미국은 한국의 사회제도 및 가치 개편에 전방위적으로 개입해 개인, 공동체, 나아가 국가 정체성 형성에 커다란 영향을 준 행위자였다.[1] 즉 한국에서 미국의 영향은 정치·경제·군사 부문은 물론 문화·예술·학문·과학기술·종교·교육 등 사회 전반에 영향을 미치고 있으며 "미국식 기준이 도달해야 할 이념형"으로 기능하고 있다는 지적에 이의를 제기하기 힘들다.[2]

　다시 말해 미국은 단지 정치·군사적 역할에 그친 것이 아니라 한국 사회에 지적·도덕적 헤게모니가 관철되는 문명적 '중심-변경'의 관계를 수립하고자 했다. 이를 위해 한국의 국민화/민족화 과정에 적극 개입해 '한국의 국민'이자 '미국의 헤게모니에 포섭된 시민'이라는 양가적 주체를 구성하고자 했다. 미국은 이로부터 벗어날 수 있는 한국의 민족주의를 허용하지 않았으며, 결국 한국은 미국 헤게모니 질서로 편입되었다.[3]

　한미관계의 기본 특징은 극심한 비대칭이다. 한국에게 미국은 거대한 리바이어던이었다면, 미국에게 한국은 체스판의 일개 장기말에 불과했다. 가끔 꼬리가 몸통을 흔드는 경우도 있지만, 꼬리는 꼬리일 뿐이다. 박정희 역시 이 영향에서 자유로울 수 없었다. 요컨대 박정희 체제 18년은 팍스 아메리카나 한복판에 위치했으며 그 시작과 끝, 즉 5·16과 10·26 모두 미국을 빼놓고 설명할 수 없다.

미국은 단일한 실체가 아니다. 미 제국주의와 혈맹 사이의 무수한 스펙트럼 모두 미국일 터이다. 공화당과 민주당이 다르고, 국방부와 국무부가 다르며, 의회와 백악관이 다르다. 캘리포니아와 텍사스 모두 미국이며, 북미 인디언 대학살의 주체이자 인권과 휴머니즘의 주창자이기도 하다. 미국은 여러 이질적 요소들이 혼종된 '합중국'이다.

미국의 대한정책 역시 복잡하다. 한편으로 이승만, 박정희, 전두환으로 이어지는 스트롱맨strong man을 지원하면서도 다른 한편으로 야당 정치인, 민주화운동가, 비판적 지식인, 재야인사를 후원하기도 했다. 김형욱이 보여주듯 권력의 사냥개 역할에 충실했던 중앙정보부 구성원들은 문제가 생길 경우 미국으로 망명했다. 박정희를 지지하든 비판하든 미국에 의지하는 것이 가장 효과적이며 무엇보다 안전한 방책이라고 많은 사람이 믿었다. 무엇을 하든 미국의 범위American boundary를 벗어나서는 안 된다는 것이 주류 엘리트의 상식이었다.

미국에 대한 한국 사회의 반응 역시 균질적이지 않다. 단적인 예로 좌우 세력의 차이를 보자. 미국은 좌우에 의해 각각 제국주의와 혈맹으로 취급되었다. 좌익의 제국주의 규정은 강한 민족적 프레임을 전제한 것이 분명했고 비교적 단순한 구도를 보여준다. 그러나 우익 세력의 혈맹 규정은 복잡한 사정을 내포했다. 정부 수

　　　　　　　　　　2부　박정희 체제의 통치성

한일기본조약 비준서에 서명하는 박정희. 좌측으로 국무총리 정일권, 비서실장 이후락, 우측으로 외무
장관 이동원 등이 보인다. 대통령기념관 사진.

립, 전쟁 수행, 전후복구, 경제개발 등 해방 이후 미국의 도움 없이
진행된 일이 거의 없을 정도로 지대한 영향을 미친 미국은 양가적
의미로 다가왔다. 한편으로는 국가 존립을 가능케 해준 은인이지
만, 다른 한편으로는 주권 독립국가의 위상을 흐리게 할 만큼 종속
성을 강화한 것도 사실이다.

특히 분단으로 경쟁 구도를 형성한 북한의 민족주의 이데올로
기를 활용한 대남 공세는 남한을 곤혹스럽게 만들기 일쑤였다. 게
다가 한국은 세계에서 드물게 오랫동안 반미의 무풍지대였다. '미
제의 식민지'라는 북한의 이데올로기 공세는 역설적으로 남한의
친미를 강화하는 조건이기도 했다. 한국의 지배세력에게 '반북친
미'는 오랫동안 금과옥조였고, 박정희도 예외가 아니었다.

박정희로서는 미국의 전략을 훌륭하게 수행한 셈이었다. 미국의 주문대로 커다란 정치적 부담을 안고 한일협정을 타결했고 베트남에 파병도 했으며 무엇보다 확고한 반공체제를 구축했다. 경제개발을 통해 미국의 냉전전략에 성공적인 모델 사례를 제공해주기도 했다. 전 세계를 통틀어 한국만큼 미국의 세계전략, 가치와 문화를 훌륭하게 소화해낸 사례를 찾아보기 힘들다. 그럼에도 미국의 범위를 벗어날 기미가 보이면 간섭하기 일쑤였다. 동맹이라지만 사실상 하위 파트너에 불과했다.

박정희에게 미국은 양가적 대상이다. 미국은 권력 유지의 유력한 지렛대이자 천박한 자유주의의 본산이다. 막대한 원조는 기본이고 근대화론을 통해 경제개발의 대강을 제시해준 은인이자 제멋대로 주한미군을 철수하고 야당과 민주화운동 세력을 지원해 정권 안전을 위태롭게 하는 존재다. 군사 쿠데타를 용인해주고 삼선개헌과 유신 선포를 묵인해주었는가 하면, 인권과 민주주의를 들먹이며 시시콜콜 간섭하기도 했다.

한국의 해방은 일본에서 미국으로의 거대한 집단적 '전향'이었다. 이 전향은 어떤 이에게는 식민지에서 또 다른 신식민지로의 전환에 불과했고, 또 다른 이에게는 최초의 근대 국가 형성과 발전의 길로 보였다. 어느 시선으로 보든 미국은 최대의 화두였다. 박정희는 두 갈래 길 모두를 넘나들었다. 미 제국주의에 맞선 남로당의 투쟁을 거쳐 미국 세계전략의 하위 파트너로 충실했다. 개체 발생이 계통 발생을 반복하듯이 박정희는 개인적 전향을 통해 집단적 전향을 반복했다.

　　　　　　　　　　　2부　박정희 체제의 통치성

1. '스몰 아메리카'

해방 전후 일본과 미국의 교체는 여러 면에서 충격적이었다. 식민 지배자 일본은 어쨌든 동아시아 문화를 공유하고 있었지만 미국은 전혀 다른 문화와 언어를 배경으로 한다. 그 충격을 김수영은 다음과 같이 토로했다.

> 일본은 보다 더 신문학의 처녀지인 우리에게 중화적인 필터의 역할을(물론 무의식으로) 해주었다. 그러나 해방과 동시에 낡은 필터 대신에 미국이라는 새 필터를 꽂은 우리 문학은, 이 새 필터가 헌 필터처럼 친절하지 않다는 것을 느꼈다. 「사께와 나미다까」는 의미를 알고 부를 수 있었지만 「하이 눈」의 주제가는 그것을 부르는 김씨스터나 정씨스터도 그 의미를 모르고 부른다.[4]

이미 일본을 통해 근대적인 것을 접했음에도 미국의 문화와 언어는 낯설 수밖에 없었다. 의미 파악조차 쉽지 않은 미국의 언어가 강제 통용되는 상황이었다. 미국의 영향은 미군정 시기부터 시작되지만 1950년대 들어 구조화된다. 한국전쟁은 미국의 위력을 군사력으로 입증했고 가공할 물리적 폭력 앞에 그 어떠한 저항이나 부정도 불가능하게 했다. 요컨대 전쟁은 한국의 미국화에 결정적 조건이었다.

그렇기에 '미군 포로들이야말로 우리의 동포이며 저 공산군들이야말로 우리의 구적'이라는 인식이 나타난다. 혈맹이 보여주듯이 혈연은 이념으로 대체되어 피를 나눈 '형제'로 자리매김한다.[5] 혈맹은 전장의 동맹을 상징하는 것이자 혈연에 따른 민족적 결합을 대체하는, 더 강력한 피의 동맹을 은유할 터이다. 혈맹이자 형제인 미국은 단지 복수의 선진국 중 하나로 국한되지 않는다. 임종명의 지적처럼 미국은 특수한 선진국이 아니라 선진성의 보편적 체현 공간으로 표상된다.[6] 최고 권력 이승만의 미국 이해는 이것을 압축해 보여준다.

> 미국은 결코 침략국이 아니다. 미국 사람들은 곤란에 처해 있는 모든 국가들을 돕고자 하고 있으며 그 대가로서 영토나 또는 기타 보수를 바라지 않는다. (…) 미국은 젊은 나라이며 옛 세계를 모략과 의심의 온상으로 만들어온 질투심은 조금도 찾아볼 수 없는 나라 (…) 미국의 세력은 다만 군사나 공업상으로 된 것뿐이 아니고 대부분 덕의상德義上과 심리적 능력입니다. (…) 미국의 (…) 사심 없는 우애적 정신이 (…) 우리 경제부흥을 도와주며 반공하는 세계를 돕기 위해서 동맹국들의 합동을 아시아에서 (…) 미국 역사를 보면 매양 남과 저항하기를 싫어해서 (…) 미국은 식민주의를 가진 적이 없는 것입니다. 미국이 필리핀과 한국에 올 적에 해방과 원조를 목적한 것이지 침략을 뜻하지 않았던 것…[7]

대통령부터 지식인에 이르기까지 아메리카니즘과 미국은 한국의 미래를 보여주는 듯했다. 덕의와 심리적 능력을 강조했지만 이승만의 초점은 경제부흥이다. 미국은 무엇보다 거대한 생산력과 풍요로운 삶을 보장하는 발전의 아이콘이다. 미국을 준거로 한 발전의 길은 곧 자유주의의 길이다. 이를 잘 보여주는 것이 1954년 사사오입 개헌이다. 이 개헌은 주로 이승만의 장기집권을 위한 대통령 중임 관련 조항을 중심으로 회자되지만, 경제 조항 개정의 의

    2부 박정희 체제의 통치성

미를 되새겨볼 필요가 있다.[8] 즉 민주주의와 관련해서도 중요하지만 자유주의가 확산되는 제도적 개편의 의미가 컸다. 미국은 제헌헌법의 '국가사회주의적 조항'들을 자유기업의 원리로 변경하고 그에 수반되는 제반 법적·행정적 정비를 이끌어내고자 했다.

초대 경제조정관이었던 타일러 우드Tyler Wood는 이 일을 미군정 사법부장을 역임한 존 코널리John W. Connelly, Jr에게 맡겼다. 우드의 일차적 관심은 적산 몰수로 형성된 한국 정부의 국유재산의 민영화denationalize였고, 둘째는 미국 등 해외원조가 새로운 기업 형성에 활용될 것인지의 여부였다. 이러한 기업들은 외국 자본의 투자 장려를 위해 가급적 사유 기업으로 설립되는 것이 바람직하다는 입장이었다.[9]

코널리는 한국의 헌법과 법률이 국가사회주의와 유사한 체제를 만들어냈지만, 그것이 사회주의 철학에 근거한 것은 아니라고 보았다. 즉 제헌헌법의 경제 조항은 한국 역사의 독특한 요소들의 결과물이지 서구 사회주의 교리에 의한 것이 아니라는 주장이다. 다시 말해 한국에는 서구 문명에서 보이는 것과 같은 개인주의와 자본주의로부터 성장한 사회주의 운동 배경이 없다는 것이다.[10]

그렇기에 그는 상이한 생활양식을 가진 개발도상국에 자유기업을 도입하는 것은 그리 간단한 일이 아니며 완전히 새로운 법률 체계와 경제관계를 강제해야 됨을 강조했다. 문화적 지체만이 아니라 전쟁을 통해서도 사라지지 않는 유교적 영향을 넘어서 개혁을 이루기 위해서는 단계적 노력이 필요함을 역설했다. 아울러 한국인들의 이상주의와 민족적 자존감을 만족시켜주기 위해 공공 서비스 분야 기업은 독립적인 공기업 형태로 운영되어야 할 것임을 인정하기도 했다. 그러나 다른 경제 분야의 활동이나 상품 제조업

은 자유기업의 길을 따라야 할 것임을 분명히 했다.[11]

코널리 보고서의 예측과 조언은 사실상 거의 그대로 한국에 실현되었다. 헌법 경제 조항이 대폭 개정된 것은 물론 박정희 시기 공기업의 민영화가 대대적으로 진행되었고, 시장의 자유주의는 거침없이 확장되어 한국 경제의 기초 토대가 되었다. 그들의 주장대로 자유기업 및 자유시장에 입각한 한국의 개혁은 단계적으로 진행되어 돌진적 근대화가 이루어졌다.

1945년 이전까지 동아시아 전역에서 자유주의의 실체를 확인하는 것은 매우 곤란하다. 혁명과 전쟁, 폭동과 게릴라 투쟁이 난무하던 조건에서 자유주의 대신 민족주의·공산주의·파시즘 등 반자유주의 이데올로기가 지배적 힘을 발휘했다. 미국의 등장은 이러한 상황을 역전시킬 결정적인 계기였다. 1950년대 모든 한국인에게 미국식 자유주의를 피해 갈 길은 없어 보였다.

아메리카니즘의 위력은 미국 스스로의 적극적인 실천의 결과이기도 했다. 미국은 주한 미 공보원을 중심으로 지속적으로 미국의 가치와 문화, 생활양식을 전파하기 위해 노력했다.[12] 그 일단을 살펴보자. 4·19 직전인 1960년 1월에 작성된 미 공보원의 보고서는 이를 잘 보여준다. 미 공보원은 자신들의 계획을 "잠재적, 현재적 지도급 인사들에게 민주주의에서 개인의 위치, 인민에 의한 인민을 위한 인민의 정부의 의미, 자유로운 개인과 민주적 정부 형태와 관련되어 자유기업 체제에 대한 내용을 이해시키고자 하는 프로젝트"로 규정하고 다양한 프로그램을 진행했다.

때마침 다가온 링컨 150주년을 맞이해 링컨 캘린더를 제작하고, 링컨 관련 도서 출판, 강연회 개최, 라디오 방송, 전시회 개최 등을 기획·집행했다. 또한 인권의 날을 맞이해서는 "민주주의 관념을 강조할 수 있는 자연스러운 기회"로 파악하고 한국 인권위원회와 협력해 영어·한국어 인권선언서 배포, 영화 상영, 강연회, 전시회 등을 진행했다.[13]

미 공보원의 활동은 쿠데타 이후에도 지속적으로 이루어져 『주간 뉴스평론』 7500부, 『New Strength』 21만 부, 『자유세계』 3만 부, 『자유의 벗』 8만 부를 배포했으며, 작은 마을까지도 포괄하는 이동영사단을 운영하는가 하면 번역사업도 활발하게 진행했다. 민간 협력활동people-to-people의 일환으로 고등학교, 대학교 교류, 도시 간 자매결연, 문화원 교류, 도서 기증 등의 활동도 추진했다. 이러한 활동을 검토한 평가단은 언론과 법조계에 집중된 교환프로그램이 한국의 핵심 제도를 구성하는 데 중요한 역할을 했음을 특별히 주목했다.[14]

미 공보원의 활동이 상당한 영향력을 행사했던 것은 분명하다. 1968년 9월 언론계, 대학 교수, 정부 관리, 대학생, 시민단체 지도자, 전문직 종사자, 중등학교 교원, 행정가, 예술인 등 1623명을 대상으로 실시한 미 공보원의 여론조사에 따르면 응답자 중 54퍼센트가 과거 한 달 이내에 미 공보원 TV 프로그램을 시청한 적이 있고, 33퍼센트가 과거 1년 안에 미 공보원 발간 팸플릿을 읽었으며, 27퍼센트가 과거 1년 안에 미 공보원 발간 책자를 읽고, 25퍼센트가 과거 한 달 이내에 《자유의 소리》 라디오 방송을 주 1~2회 청취했으며, 22퍼센트는 지난 1년간 최소한 한 달에 1회 이상 미 공보원을 방문한 것으로 나타났다.[15]

그 결과 엘리트층을 중심으로 미국의 영향력은 매우 광범위하고 강력했다. 당시 공보원이 실시한 여론조사에 따르면 최고의 우방은 미국 84퍼센트, 최대의 적성국은 소련 37퍼센트, 중국 26퍼

센트, 북한 12퍼센트, 한국이 취해야 할 입장은 반공 82퍼센트의 결과가 나왔다.[16]

한국의 미국화는 일본과 비교된다. 일본은 전 시기 일억총옥쇄一億總玉碎가 패전 후 일억총참회一億総懺悔論(일본의 패전에 대해 정부, 군대, 국민 모두가 참회해야 한다는 것)를 거쳐 전후 부흥과 함께 일억총중류一億総中流(국민 대다수가 자신을 중간계층으로 여기는 현상)로 귀결된다. 일억의 운명은 늘 아메리카와 연루된다. 최대 35만 명에 이르렀던 일본 점령 미군은 아메리카니즘과 미국의 풍요로움을 현시하는 상징이자 현실이었다. 50만 통에 이르렀다는 맥아더에게 보낸 편지들은 전후 일본 사회가 미국을 어떻게 받아들이고 있었는지를 잘 보여준다.[17]

1955년 자민당 결성과 1960년 안보투쟁의 좌절은 보수파의 현실주의가 승리했음을 보여주었고, 이는 곧 미국 헤게모니의 확산을 의미했다. 일본의 이러한 선택의 배경에 대해서는 다양한 설명이 가능하지만, 결정적 조건 중의 하나는 경제였다. 1950년부터 1973년까지 일본의 국민총생산은 연평균 10퍼센트가량 꾸준히 성장했고, 국민소득 역시 10퍼센트 이상 증가했다.[18]

이와 관련해 가라타니 고진柄谷行人은 '경소단박'輕小短薄으로 상징되는 전후 일본 자본주의의 특성이 미국적인 것의 압박 속에서 구성된 것이라고 주장한다. 즉 거대함으로 상징되는 미국의 대립항으로 일본은 경소단박을 지향했다는 설명이다. 아즈마 히로키東浩紀는 이 논의를 이어 작은 것에 대한 집착, 축소지향의 일본이라는 현실 또는 이데올로기가 전후 미국적인 것의 출현에 대한 반작용 속에서 일본적인 것의 역사적 연속 또는 단절 속에서 가능했음을 논증하고자 했다. 다시 말해 오타쿠적인 일본의 이미지는 제

2차 세계대전 후의 미국에 대한 압도적인 열세를 반전시켜 그 열세야말로 우세라고 주장하는 욕망에 뒷받침되어 등장했다는 주장이다.[19]

요컨대 오타쿠 문화의 일본에 대한 집착은 전통을 바탕으로 성립한 것이 아니라 오히려 그 전통이 소멸한 뒤에 성립한 것이며 그 배후에는 패전이라는 심적 외상, 즉 "우리가 전통적인 주체성을 결정적으로 잃어버렸다"는 잔혹한 사실을 감추고 있다는 것이다.[20] 이러한 설명은 한국의 그것을 설명하는 데 중요한 참조가 된다.

나는 우리의 현실이 시대에 뒤떨어진 것을 부끄럽게 생각하지만, 그보다도 더 안타깝고 부끄러운 것은, 이 뒤떨어진 현실을 직시하지 못하는 시인의 태도이다. (…) 이상한 역설 같지만 오늘날의 우리의 현대적인 시인의 긍지는 '앞섰다'는 것이 아니라 '뒤떨어졌다'라는 것을 확고하고 여유 있게 의식하는 데 있다. 그가 '앞섰다'면 이 '뒤떨어졌다'는 것을 확고하고 여유 있게 의식하는 점에서 '앞섰다'.[21]

김수영은 뒤떨어짐을 인식함으로써 앞설 수 있는 가능성을 모색한다. 이는 분명 열세를 우세로 전변시키는 전후 일본의 모습과 일맥상통한다. 그러나 김수영은 일본 대신 쿠바를 바라본다. 혁명 직후인 1960년 8월 미국의 사회학자 찰스 라이트 밀스Charles Wright Mills는 쿠바로 건너가 혁명가, 게릴라, 교수 등 다양한 사람을 인터뷰하고 1961년 1월에 『들어라 양키들아』를 출간했다. 놀랍게도 이 책은 불과 3개월 만에 한국에서도 번역 출간된다.

밀스는 이 책에서 '쿠바는 굶주린 나라 블록the hungry-nation

bloc의 소리'라 했다.[22] 이는 분명 뒤떨어짐으로써 앞설 수 있다는 김수영의 인식과 공명한다. 쿠바 혁명에 공감하는 것과 비례해 김수영에게 미국은 새로운 심문 대상이 된다. 김수영은 이 책이 "현대 자본주의의 수위 국가의 제 죄악상에 대한 가차 없는 명세서"라고 일갈했다. 그가 보기에 "전 세계의 후진국가들은 너무나도 유사한 공통적인 질곡"에 놓여 있으며 "쿠바가 의욕하고 추구하는 것은 곧 우리들이 의욕하고 추구하고 있는 것"과 다르지 않다고 했다.[23]

그럼에도 미국은 『들어라 양키들아』 같은 책이 출간될 수 있는 자유가 있는 나라이기도 하다. 자유의 의미를 서울 한복판에서 '김일성 만세'를 외칠 수 있는 것으로 요약했던 김수영으로서는 부러울 수밖에 없는 자유였을 것이다. 쿠바 혁명을 억압하는 미국과 그 억압을 비판하는 언설의 자유가 보장되는 미국의 자유주의는 김수영은 물론 많은 한국인에게 어지럼증을 불러올 법했다.

확실히 미국의 양가성은 당시 지식인의 화두였다. 민족주체성을 강조했던 박종홍도 '싱싱한 기백, 자유와 평등, 인내와 긍지, 모던 데모크라시, 프래그머티즘, 청교도적인 신앙' 등에 기초한 미국의 사상이 "바야흐로 세계를 리이드"할 것이라고 전망했다.[24] 반면 코카콜라, 트위스트, 재즈 등 소비 향락주의가 한국의 10대에게 나쁜 영향을 주고 있다는 비판이 공존했다. 즉 미국의 부수적인 현상을 "후진국 사람들은 그것이 문명의 본질인 것처럼 생각해서 받아들일 때에 오는 위험성"을 지적한 것이다.[25]

요컨대 1950년대 지식인 상당수는 미국의 물질적 풍요에 대한 선망과 함께 맘모니즘mammonism에 대한 은근한 경멸과 우려의 시선을 갖고 있었다.[26] 이러한 맥락에서 정비석의 『자유부인』은 미국의 자유주의가 1950년대 한국에서 어떠한 고민을 던져주었는가

　　　　　2부　박정희 체제의 통치성

를 잘 보여주는 사례였다. 그런데 그는 또 다른 차원의 문제를 제
기한다.

우리네처럼 남의 말 하기 좋아하는 종속種屬은 없을 상싶다. 자기
하나 살아가기에도 바쁜 세상에서 남의 이야기에만 열중할 수 있
다는 것은 결국 자기 생활을 못 가졌기 때문이리라. 자기 생활을 못
가진 사람처럼 불행한 인간이 어디 있겠는가. 신념을 가지고 자기
자신을 충실하게 살아가려는 사람들, 나는 그런 사람들을 민주어
족이라는 이름으로 불러보았다.[27]

위 인용문은 『자유부인』이 발표되고 1년 후인 1955년에 나온
소설 『민주어족』의 저자 소개글이다. 정비석은 『자유부인』이 던진
질문에 대한 나름의 답으로 이 소설을 쓴 것으로 보이는데, 외래
사조 대신 자기 생활에 대한 충실을 강조하고자 한다. 미국의 영향
을 '자유'라는 키워드로 상징했다면 자기 생활의 강조가 '민주'라
는 키워드로 표출된 것이 인상적이다. 여기서 자유와 민주는 어떤
이데올로기적 대구를 이루고 있다.

『민주어족』에서 정비석은 외국의 원조도 필요하지만 "국가가
흥성하려면 생산기관이 발달하는 길밖에 없"다고 전제하고 "말없
이 기계만 움직이고 있는 직공들이야말로 진정한 애국자"라고 추
켜세운다. 이 공장의 이름은 '민생 알미늄 제작소'인데 직원은 '공
장의 중요한 멤버의 한 사람으로서, 공장 전체와 꼭 같은 보조로
움직여 나가야 한다는 점'을 특별히 강조했다.[28] 요컨대 정비석은
'자유'로 흐트러진 세계를 '민주'의 질서로 재구성하고자 한다. 여
기서 민주로 상징되는 생산과 질서, 어떤 집단주의적 에토스는 아

메리카니즘의 자유를 통제하고 규율해야 할 가치로 여겨지는바,
이는 당대 지식인의 화두였다.

> 토스트를 먹고 커피를 마시고 양서를 들고 땐스를 즐긴다. 그러나
> 그의 내면생활은 과연 자주자율·독립불기獨立不羈의 정신에 투철
> 하여 있는가. (…) 링컨 대통령의 그러한 말[인민의 인민에 의한 인
> 민을 위한]이 한 교리로서가 아니라, 우리의 일상생활 속에 침투
> 되어 습속화하고, 우리의 사고방식의 기본을 지배하여 생리화·본
> 능화하게 될 때 비로소 그것은 우리의 것이 되었다 할 수 있는 것
> 이다.[29]

유진오는 아메리카니즘이 교란한 질서를 미국의 교리를 습속
화·본능화함으로써 회복하자고 주장한다. 즉 '진정한' 미국 정신
을 통해 '자주자율의 정신'이 가능하다고 주장했다. 동도서기를 대
체한 서도서기의 논리가 등장할 정도로 선진 미국의 위력은 대단
했다. 그런데 다른 한편으로 한국의 미국화가 습속과 생활양식의
차원으로 심화되는 것은 커다란 위기의 징후가 아닐 수 없다. 따라
서 1950년대 아메리카니즘의 유행은 '주체성'을 강조하는 주장들
을 불러온다. 일례로 김기석은 한국을 세계의 중심으로 상정하고
"주체성의 철학"을 강조했으며, 신일철, 장준하, 박종홍 등도 한국
문화의 주체성을 강조했다. 이들은 5·16 이후 재건국민운동의 중
요한 세력으로 참가한다.[30]

어떤 불국佛國의 신문 기자가 한국을 여행하고 난 후에 오늘의 한
국을 평하여 말하기를 "Small America" 즉 소아메리카라고 쓴 글

을 읽은 기억이 난다. (…) 우리의 수도 서울의 인상이 우리에게 어울리지 않는 뻐터와 미국적인 향기로 가득 차 있다고 할 수 있다. 우리나라의 시장에는 U.S.A. 상표의 상품이 범람해 있고 거리를 지나가는 우리 사람들 역시 어딘지 모르게 미국풍에 푹 젖어 있는 것 (…) 더 나가서 한국인의 생활양식 내지는 생활이념이 아메리카나이즈하고 있다는 그리 향기롭지 못한 의미로까지 해석될 때에는 심각한 반성이 필요찮을 수 없다. 미국의 상품은 그 상품 외적 요소를 우리의 심장 속에 더 많이 부식시키기에 이르렀다. 럭키와 체스타휠드 담배에서 삐야홀(비어홀-인용자)·빠 속에서 들려오는 맘보곡에 이르기까지 관능적 쾌락과 허영의 씨를 이 땅에 뿌려놓았다고 할 수 있다.[31]

위 인용문의 필자는 당시 청년 철학도로 1960년대 『사상계』 편집국장까지 역임하게 되는 신일철이다. 그는 아메리카니즘이 황금만능주의를 초래한 주범이라고 보았다. 그러나 신일철은 또한 "우리의 우방 미국으로부터 우리는 무엇보다도 많이 배우고 지도받아야 한다"는 것을 분명히 했다. 유진오처럼 신일철도 배울 것은 안 배우고 배우지 말아야 할 것만 배운 "한국적 아메리카니즘"이 문제라고 주장했다. 그가 배워야 할 아메리카니즘으로 제시한 것은 퓨리터니즘의 세속화와 산업의 기계화, 그리고 그 철학적 표현인 프래그머티즘(실용주의)이었다. 프래그머티즘이야말로 산업주의 미국을 대표하는 이념이며 낙천적 개인주의와 행동주의를 형성해 산업화와 개척정신을 고취했다고 평가했다.

한편 신일철은 한국의 특수성을 강조했다. "찌그러져가는 초가집 속에서 된장국 퍼먹는 우리에게 아메리카니즘이란 그대로 비극"일 수밖에 없다는 주장이다. 즉 배워야 할 것은 '지금의 잘사는 미국이 아니라 부강국을 건설할 당초에 겪은 고초와 난관'이라는 것이다. 이것이 가능하기 위해서 그는 "민족 지도이념의 확립과 생활이념 탐구"가 중요함을 역설했다. 물론 이것은 외부가 아니라 내부에서 구해야 한다.

> 한 무리는 시베리아의 얼음 속에서 약을 구해왔고 또 한편에서는 태평양의 거센 물결을 타고 럭키산맥(로키산맥-인용자)에서 새 약을 구해왔다. 과연 36년간의 만성환자 '한국'군을 완치시킬 수 있는 약은 어느 약일 것인가? (…) 아무래도 우리를 살릴 수 있는 약은 이 강산, 이 역사, 이 문화 속에 깃들어 있음을 겨우 10년 후에 깨달은 셈이다.[32]

신일철은 소련의 사회주의와 미국의 자유주의를 모두 기각하고 "한국적 민주주의"를 만들자고 주장했다. 링컨의 게티즈버그 연설을 빗대어 "한국인의 한국인으로부터의 한국인을 위한 민주주의"를 통해 "민족의 르네상스"를 이룩하자는 결론을 제시했다.[33] 이렇게 길게 이 글을 소개한 이유는 박정희 체제의 주장과 매우 흡사한 내용이기 때문이다. 좀 과장을 보태 말하자면 이 글은 박정희 체제의 이데올로그들이 주장하는 내용을 미리 요약 정리해서 보여준다. 미국 문화의 관능적 쾌락주의, 후진국 한국의 특수성, 민족 중흥을 연상시키는 민족의 르네상스, 그리고 1970년대 유신체제가 내세운 '한국적 민주주의'가 이미 1950년대 신일철의 글에 고스란히 담겨 있다.

이러한 맥락은 4·19혁명으로 이어진다. 4·19혁명은 지식인들의 서구 콤플렉스를 잘 보여주면서 또한 강렬한 민족주의적 열정을 폭발시켰다는 점에서 주목된다. 서북 출신으로 민주당 신파의 중요 인물이었던 주요한은 4·19를 "경자 민권혁명"으로 명명하고 "피의 대가를 치르고 민권의 기초를 확립"한 것이자 '한국의 민주주의가 비로소 뿌리를 박게' 된 사건으로 평가했다. 그는 '외상으로 받은 민주주의 제도'가 "우리 혈관에 스며들고 우리 육체의 한 부분이 되기에는 경자혁명의 피를 기다려야 했던 것"이라고 단언했다.[34]

이러한 입장은 대중에 대한 엘리트의 공포를 보여준다. 봉기에 나선 대중의 열정을 제도적 민주주의의 틀로 안전하게 회수하겠다는 엘리트 집단의 희망은 미국의 교리를 본능화해야 한다는 유진오의 주장을 이어받은 셈이다. 민주주의 제도가 우리의 혈관에 스며들었다는 주장은 '한국의 미국화'의 움직일 수 없는 증거가 될 것이며, 이는 곧 미국 헤게모니에 의탁한 엘리트 집단의 대중 헤게모니 구축의 일환이었다.

4·19 당시 대중적 수준에서도 미국은 특별한 존재였다. 미국은 최고 권력부터 시위대에 이르기까지 거의 모든 영역에서 일종의 치외법권적 지위를 누렸다. 4월 26일 이승만 하야 발표 시 중앙청 앞에 모인 군중은 '국군 만세'와 함께, "미국 만세, 매카나기 대사 만세"라는 함성을 질러댔다.[35] 4월 20일 이승만은 많은 인명 희생을 언급하면서 특별히 "부상자들 가운데 두 사람의 미국인이 끼어 있었음을 심히 유감"으로 생각했다.[36]

이러한 사정은 외국 언론을 통해서도 확인된다. 1960년 5월 7일자 『타임』은 UPI 기사를 인용해 "현재 이곳의 소요에서 가장 안전한 사람은 외국 기자, 특히 미국 기자이다. 외국 기자들이 가는

곳마다 행동의 자유가 보장될 뿐만 아니라 시위대와 군인들로부터 보호되고 있다"라고 보도했다.[37]

미국은 그럴 만한 이유가 있었다. 월터 리프먼Walter Lippmann은 1960년 4월 28일자 『워싱턴 포스트』의 「한국이라는 우리의 두 통거리─끝까지 돌보아야 한다」라는 제목의 기사에서 "한국은 미국 무기를 가지고 창건된 나라이며 미국의 힘으로 보호되고 미국의 보조로써 유지되고 있는 나라"임을 밝히면서 "우리는 한국이 중공의 위성국이 되도록 방치할 의사가 없고 또한 한국은 그 자신의 독립과 자유를 스스로 유지할 능력이 없기 때문에 한국은 계속 미국의 피보호국이며 피후견국의 지위에 남아 있어야 될 것"이라고 단언했다.[38]

리프먼은 냉전 개념이 확산되는 데 결정적 역할을 한 미국의 저명한 저널리스트이자 정치평론가로 그 영향력이 상당한 인물이었다. 4·19를 통해 민족적인 것에 대한 감각이 예민해진 상황이었기에 리프먼의 주장은 한국인의 자존심을 건드릴 만한 내용임이 분명했다. 리프먼이 말한 미국의 특권적 지위에 대한 비판이 없을 수 없었다. 그것을 대변했던 것은 학생운동권과 혁신계의 통일운동이었다.

이들은 "현시대는 민족해방의 시기요 식민주의의 완전철폐시대"라고 규정하고 민족적 억압은 "지나간 시대의 식민주의 인종주의 제국주의"의 산물임을 강조했다.[39] 미국의 원조는 "인도주의적 호혜의 간판"으로 격하되어 "빈곤의 악순환과 외국 상품의 범람"을 초래한 것으로 비판되었다. 그렇기에 미국에게 "한국민이 자주민족이라는 것을 인식하고 그에 기하여 한국과의 평등하고 민주적인 관계를 수립"할 것을 촉구했다.[40] 이리한 흐름은 1961년 5월 5일

　　　　2부　박정희 체제의 통치성

민족통일전국학생연맹 공동선언문에 집약되어 나타난다.

세계사적 현 단계의 기본적 특징은 식민지 반식민지에 있어서의
민족해방투쟁의 승리이다. (…) 사회구조의 식민지적 반식민지적
반봉건성의 요소 (…) 여기에 군사기지적 예속성이 부가되고 비합
리적인 원조정책이 가중되어 더욱더 매판성과 예속성을 띠게 되었
으며, 이러한 하부구조를 대중 수탈의 도구로 사용하면서 반민족
적 사대주의자 매판관료들은 가부장적 전제정치를 연장 (…) 후진
국에 대한 경제원조는 고도 자본주의의 변용된 자본 수출 (…) 4월
혁명은 (…) 민족해방과 자주독립이라는 평화공존의 세계사의 조
류가 우리 사회에도 적용되기 시작한 변혁의 순간…[41]

위 인용문은 4·19 정세가 도달할 수 있었던 급진성의 최고치를
잘 보여준다. 식민주의·제국주의·매판관료세력 대 민족·통일세력
의 대립 구도를 상정하고 이를 대중정치적 언설로 설명하고 있다.
해방공간 좌파 담론의 부활이라 해도 무방할 이러한 인식은 분명
4·19 정세의 주도적 담론이라 볼 수는 없다. 그러나 최소한 냉전
과 반공에 근거한 자유민주주의 10여 년 역사에 대한 강력한 도전
의 의미가 있었고, 민족주의의 급진화를 알리는 한 상징이었다. 공
교롭게도 5·16쿠데타는 바로 이 선언 발표 직후에 발발했다.
　한국전쟁 휴전 후 불과 7년이 안 되어 발발한 4·19는 제도적
민주주의를 넘어설 '혁명적 정세'를 방불했다. 정세 급진화의 유력
한 매개가 통일 이슈로 등장한 민족주의였다. 이를 안전하게 전유
할 수 없다면, 지배세력의 안전도 보장받지 못할 수 있었다. 통일
운동 진영이 민족적인 것의 대립항으로 설정한 미국에 대한 또 다

른 전망이 필요했다. 박정희 체제의 대표적인 이데올로그였던 박종홍은 이 문제를 민족주체성 개념으로 해소하고자 했다.

> 자각은 나 아닌 타의 인식과 더불어 타 아닌 나의 자기인식으로서 시작한다. 본래 주체란 객체에 대한 주체인 것이요, 다른 민족과의 접촉이 없고 따라서 그에 대한 인식이 없다면 우리의 주체성이 문제될 리도 없다. (…) 그러나 외부의 힘이 엄청나게 세차서 (…) 상대방의 가치적 우월에 현혹된 채 스스로는 열등감에 사로잡혀 무조건 숭배하는 나머지 추종을….[42]

박종홍은 주체–객체 개념 쌍을 통해 '자타의 차이'를 인식하는 것이 주체성의 핵심임을 주장한다. 여기서 타자의 자리에 미국이 설정된 것임은 분명하다. 박종홍의 대안은 민족정기를 담은 주체의식이 확립되어야 그 어떠한 사상이라도 우리 것으로 소화할 수 있다는 것이다.[43] 이는 서구 근대성을 수용하되 먼저 민족주체성을 확립해야 한다는 논리이지만, 사실상 그것이 무엇인지는 일본의 국체 개념처럼 애매할 수밖에 없다. 일본은 이러한 모호함을 천황을 통해 미봉하고자 했지만, 민주공화국 한국에서는 그것도 불가능했다. 무엇보다 '외부의 엄청난 힘과 가치적 우월에 현혹된 콤플렉스'에 짓눌린 주체들에게 주체성이란 허망하기 그지없었을 것이다.

1950~1960년대 엘리트 지식인에게 미국은 압도적인 힘과 가치, 즉 현실이자 담론이었다. 다시 말해 미국은 대문자 타자였고 한국은 미국의 호명에 응답해야만 하는 소문자 주체였다. 식민지 트라우마에서 벗어날 새도 없이 다시금 마주한 거대한 장벽 앞에

　　　　　2부 박정희 체제의 통치성

1966년 재건국민운동본부장 김팔봉 및 간부들과 접견 후 기념 촬영하는 박정희. 재건국민운동은 쿠데타 직후부터 추진된 대표적 관제 운동이었다. 대통령기념관 사진.

서 지식인들의 콤플렉스가 또 다른 트라우마로 이어질 것은 분명했다. 이것을 역전시키기 위한 다양한 담론적 시도가 나타났다. 그러나 이 모든 논의는 결국 대문자 타자를 결코 벗어날 수 없다는 무력감으로 귀결된다. 요컨대 '아메리카 헤게모니 밖은 없다'가 당대 공론장에 등장한 지식인들의 주류적 태도였다. 부처님 손바닥의 난쟁이처럼, 소문자 주체성의 불가능한 탈출로를 찾아 헤매는 형국이었다.

이는 '미국의 한계선'이라는 개념으로 설명될 수도 있다. 즉 "반공국가이자 민주주의 체제를 가져야 한다는 이율배반적 과제의 동시 수행"이 요구되었고, "분단국가의 최소한의 안정이라는 하한선과 민주주의의 최소한의 유지라는 상한선 사이의 정치적 공간"

이 미국이 허용한 범위라는 것이다.[44]

박종홍의 말을 빌리자면, 이 범위 안에서 주체성은 향외성의 자극을 통해 향내성으로 집중된다.[45] 다시 말해 외적 요인보다 내적 요인이 중요하기에 세계를 자기화하는, 외부를 향한 주체의 태도를 심문하게 된다. 이것이 미국과 서구에 대한 콤플렉스에 시달리던 엘리트 지식인들이 대중에게 건넨 자기치유의 주문이었다. 요컨대 자기반성과 자기계발의 주체의 구성이 이들의 최대 과제였기에 실력양성, 새생활운동에 이어 쿠데타 직후 재건국민운동이 벌어지게 된다. 모든 것이 '내 탓이오'라는 계몽 기획 속에 '미국이라는 화두'가 소실된다. 박정희는 이들과의 동맹 속에서 미국을 바라보았다.

2. 박정희의 대미 인식과 종속된 민족주의

대통령 박정희의 공식 발화는 개인이 아닌 통치성의 일차적 표현이다. 공식적인 자리에서 나온 박정희의 발언들은 미국의 현실적 위력을 인정하는 자세를 취했다. 1965년 방미 연설을 통해 박정희는 "이번 여행을 통하여 세계평화에의 사령탑이라고 할 미주대륙에 넘친 위대하고도 무한한 '자유의 힘'을 살펴볼 수 있었"다고 했다.[46] 특히 박정희는 미국의 힘에 주목한다. "이루 다 형언할 수 없을 정도로 크고 강한 미국의 그 국력"이라는 언설이 대표적이다.[47] 미국의 압도적 위력을 인정한 이상 한국의 종속성은 어쩔 수 없는 일이다.

1965년 린든 존슨 미국 대통령과 만난 박정희. 미국은 박정희의 운명적 조건이었는데, 존슨 정권은 한일 국교 정상화, 베트남 파병 등으로 박정희 체제와 밀월기를 보냈다. 대통령기념관 사진.

우리의 경우는 미국을 떠나서 논의될 수 없는 처지에 있다. 1945년 8월 15일 이후 오늘에 이르기까지, 한시라도 이 관계를 잊어본 일이 없는 한국 국민이다. 민주주의라는 사상적 세계에서나, 공동의 운명으로 맺어진 6·25 동란, 그리고 군사·경제 면 등에서 더욱 그렇다. 한국으로 보아서는 원·불원을 막론하고 현실적으로 미국의 영향하에 있음을 솔직히 부정 못한다.[48]

미국의 영향을 '솔직히' 인정한 박정희는 "민족적인 독립과 자유를 유지할 수 있는 민주사회를 고수하는 데는 미국과 같은 자유우방의 군사적인 지원 없이는 지탱해나갈 수 없다"고 분명하게 밝혔다.[49] 즉 박정희는 미국의 원조가 52퍼센트를 차지하는 상황에서 한국에 대한 미국의 발언권이 52퍼센트를 차지하고 있다고 인정했다.[50] 박정희는 미국에 강하게 의존하고 있는 현실을 인정했지만, 그렇다고 한국의 미국화를 추구했다고 보기는 힘들다.

박정희가 미국에 대해 진정성 있는 호의를 표한 경우는 찾기 힘들다. 18년간의 연설문 전체를 검토해보아도 의례적인 외교 수사가 눈에 띄는 정도다. 박정희 명의로 출간된 책에서도 적극적인 전범으로 미국을 제시하는 경우는 없다. 심지어 『국가와 혁명과 나』에는 미국에 대한 경고성 언급도 눈에 띈다. 박정희는 '우리가 미국을 좋아하는 까닭은, 은혜를 주었으면서도, 우리를 부려먹거나, 무리를 강요하려 하지 않는다는 데 있는 것'이라 했다. 그런데 "만약 그러한 부당한 간섭이나 기미가 엿보였다면, 우리들의 태도는 이미 다른 방향으로 표시되었을 것"이라고 덧붙인다. 더 나아가 "이런 점에서 한국민의 신경은 참으로 예민"하다고 강조했다.[51] 한마디로 도와는 주되 간섭하지 말라는 경고에 가까운 언급이었다.

『국가와 혁명과 나』에서 박정희는 미국에 세 가지를 요구했다. 첫째, 미국은 서구식 민주주의가 우리의 실정에는 알맞지 않다는 것을 이해해야 한다는 것, 둘째, 한국 사회로 하여금 일률적인 미국화를 기대해서는 안 된다는 것, 셋째, 원조는 우리의 뜻에 맞도록 해달라는 것 등이다.[52] 특히 일률적인 미국화를 거부하면서 "한국 고유의 주체성, 확고한 자아의식이 확립되고, 그 위에 자율적인 사회가 이루어져야만 비로소 미국의 참된 희망은 성취되는 것"이라고 주장했다.

이러한 경향은 1963년 대통령 선거를 앞두고 본격화된다. 쿠데타 이후 처음 출간된 『우리 민족의 나갈 길』이 근대화론을 주축으로 설득조의 논리적 전개를 보여준다면, 1963년 대선을 앞두고 출간한 『국가와 혁명과 나』는 대중정치용 선동의 느낌이 강하다. 전자가 미국에 대해서도 조심스러운 반면, 후자는 보다 노골적이고 직접적이다. 민주당 정권은 무엇보다 "친일과 미국 일변도주의로 우리의 주체의식을 상실케 한 배타정권"으로 규정된다.[53]

> '우리의 것', '한국적인 것', '한국인적인 것'은 점차 퇴화 소멸하여가고, 대신 '미국적인 것', '서구적인 것' 그리고 '일본적인 것'이 등장하려는 데는 끝없는 분노를 누를 길이 없었다. 민주당 정권은 이를 석해釋解하여 현대 문명사회에의 발전이요, 개화라 할는지 모른다. 그러나 이것은 분명히 한국을 잃어가고 있다는 것이다. 우리의 권위, 우리의 존엄성, 우리의 주체성이 이렇듯 자꾸만 거센 '남의 것'에 밀리어 마치 풍전등화격으로 깜박거리고만 있었으니, 참으로 통분한 일이다.[54]

미국적인 것에 대비되는 한국적인 것을 강조하는 박정희의 주장은 이승만과 확연히 구별된다. 박정희는 미국 대신 독일과 이스라엘을 주된 참조 대상으로 언급했다. 특히 서독의 성공에 주목해 "개인주의 사회가 창조한 기적이 아니고, 전체 민족이 조국의 한 목표를 향하여 자발하여 혼연일치되어 이룩한" 결과라고 주장했다. 또한 "미국의 사고방식은, 계급이 있기 전에 먼저 사람이 있었다고 하나, 독일인은 사람이기 이전에 학생이요, 하사관이요, 계원係員이라는" 집단을 우선한다고 하며 "참으로 명석한 '분별 있는 민족성'"이라 평했다. 직업 관념 역시 영어는 '돈과 노동의 교환'인데 반해 독일어는 '부름을 받았다'는 뜻이라고 설명했다. 심지어 히틀러조차 "국민을 위하여 일할 수 있는 인물"이라고 평했다.[55]

1964년 서독을 방문해 하인리히 뤼브케 대통령과 의장대를 사열하는 박정희. 박정희는 미국의 자유 대신 독일의 질서를 매우 좋아했다. 대통령기록관 사진.

그들(야당 정치인-인용자)은 우리 국민들이 서로 의논해서 결정지을 수 있는 문제를 하필이면 사사건건 외국 사람의 눈치를 살금살금 걸쳐 보고, 외국 사람한테 가서 꼭 물어보고 외국 사람이 무엇이라고 한마디해야 꿈쩍하고, 외국 신문이나 외국 잡지에 한마디 나야 그것이 바이블(성경)같이 중요하고, 우리나라 신문이나 잡지에 난 것은 대수롭게 생각지 않고, 모든 것을 외국 사람에게 의지해서 해결하려고 합니다. (…) 데모를 하려면 (…) 하필이면 외국 공관 앞에서 점잖지 못하게 어슬렁어슬렁 돌아다닙니까?[56]

여기서 외국은 미국이다. 윤보선과 야당의 대미 저자세를 비판하면서 주체적·민족주의적 태도를 강조한 박정희의 언설은 얼핏 미국과 날카롭게 대립하는 것처럼 보인다. 그러나 미국의 근대

   2부 박정희 체제의 통치성

화론은 그 주체로 군대를 주목했으며 또한 민족주의를 적극 활용할 것을 주문했다. 1959년에 발표된 「콜론 보고서」는 물론 로스토우Walt Whitman Rostow 역시 근대화 과정의 핵심이 군대임을 강조했다. 즉 "군인은 과도기에 있어 절대 불가결한 존재"라는 게 그의 주장이었다.[57] 미국이 쿠데타를 용인한 이유는 바로 이것이었다. 근대화론은 규율 잡힌 군대를 통한 위로부터의 수동혁명을 추진하는 것이었고, 공교롭게도 근대화론이 대외정책으로 채택될 무렵 5·16이 발발한다.

쿠데타 이후 주한 미국 대사로 박정희의 정치적 가정교사 역할을 자임한 새뮤얼 버거Samuel E. Berger 역시 군의 역할에 주목했다. 즉 "정치구조가 약하고 민간인이 분열되어 효율적 정당이나 효율적 정부를 구성하는 데 필요한 규율과 단결을 이뤄낼 수 없는 발전도상 사회에서 군대는 중요한 역할"을 담당해야 한다는 주장이다. 또한 "근대적 군대는 시민의 삶을 변화시킬 수 있고 정부 조직과 행정에 중요한 가치가 있는 지도력과 기술을 제공할 수 있는 저수지"라고도 했다.[58] 그렇기에 "놀랄 만한 수의 지식인—언론인이나 구정치인—들은 쿠데타가 불가피했으며 결국 좋은 일이라고 느꼈다"고 한 버거의 쿠데타 평가는 사실일지도 모르지만 미국의 희망이 강력하게 투영된 것이기도 했다.[59]

버거의 쿠데타 세력 평가는 상당히 흥미롭다. CIA 한국지부와 대사관 조직을 이용해 그는 한국의 각종 고급 정보를 종합할 수 있는 위치에 있었고, 박정희를 비롯한 권부 핵심 인사들과 수시로 교류했다. 당시 미국의 한국 내 위상을 고려하건대 버거만큼 많은 정보를 가지고 있는 사람도 드물었다. 그는 유대인 출신으로 제2차 세계대전에 참전해 대위로 전역했기에 군 경험도 상당했다. 1911

1965년 링컨 기념관을 관람하고 나오는 박정희. 미국식 민주주의는 박정희에게 커다란 딜레마였다. 대통령기록관 사진.

년생으로 박정희보다 여섯 살 연상이었고, 1961년 6월에 부임해 1964년까지 재임함으로써 군정 3년과 제3공화국 1년여를 박정희와 함께했다.

버거는 수시로 박정희를 만나 정치적 조언과 설득을 반복했다. 박정희의 초보적인 정치의식을 고양시키고자 했고 용기를 북돋아주기도 했다. 버거의 지원과 설득에 박정희는 "최근 몇 주 동안 처음으로 한숨 돌리며 편안한 기분을 느낀다"고 화답했다.[60] 버거는 쿠데타 주도세력이 과거에 자신들이 다루었던 사람들과는 "다른 종류의 한국인"임을 강조하면서 그들은 "한국인의 존엄성과 지위를 높이려는 확고한 의도"를 갖고 있고 "보호되고 있다는 것에 분개하고 있으며 존경과 존엄, 그리고 동등하게 취급받기를 고집"한다고 분석했다. 그는 또한 "주권, 존엄과 평등, 인종과 (피부)색깔

     2부 박정희 체제의 통치성

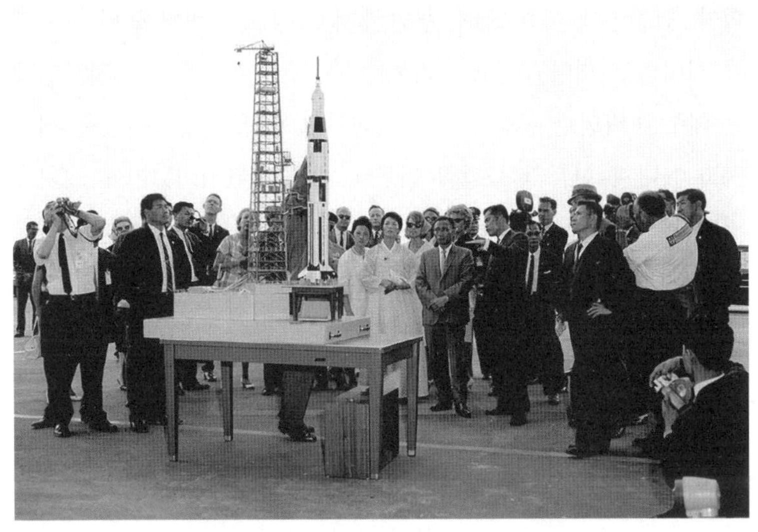

1965년 미국 케네디 우주센터를 시찰하고 있는 박정희. 박정희 체제는 근대 과학기술에 대해 거의 맹신에 가까운 신념을 보여주었다. 대통령기록관 사진.

등 미묘한 심리적 요인"이 관련된 한미관계의 특수성을 강조해 쿠데타 세력의 '민족주의적 주체성'을 세심하게 배려하고자 했다.[61]

이임 2년 뒤인 1966년 한국 정책 참고자료로 작성한 문서에서도 버거는 쿠데타 세력이 "근본적으로 반공, 반자본주의" 입장에서 "지도되거나 계획된 민족적 민주주의"에 기반해 새로운 정치·경제 질서를 도입하고자 했다고 설명했다. 그렇기에 그들은 아유브칸, 히틀러, 나세르, 수카르노에 대해서 침묵의 찬양을 보냈다고도 했다. 계속해서 버거는 쿠데타 세력이 "강하게 민족주의적이었고 미국에 대한 의존에 적대적"이었음을 설명했다.

버거의 종합적 평가는 '쿠데타는 단순히 기회주의자들의 권력 장악이 아니었고 한국을 혁명하겠다는 진지한 시도'라는 것이었다. 그것은 구세대에 대한 청년세대, 전통주의자들에 대한 근대주의자, 민간인에 대한 군대, 변화에 대한 공포와 변화를 원하는 사람 사이의 대립이었다고 평가했다.[62] 다시 말해 군정의 지도자들은 대부분 가난한 집안의 시골 출신이고 종교도 없으며 젊은 세대였고 게다가 한국의 봉건적 전통에 매우 비판적이었기에 개혁을 열망하고 있다고 분석했다.[63]

버거의 평가대로라면 박정희를 비롯한 쿠데타 세력은 미국의 근대화론을 실천할 최적의 자원임이 분명했다. 민주당 장면 정권은 역대 최고의 친미 세력이었음에도 불구하고 미국의 기대를 충족시킬 수 없었다. 민주당에 대한 미국의 태도는 윤보선의 방미 초청 요구를 딱 잘라 거절한 것에서 분명하게 드러난다. 민정이양과 대통령 선거를 앞둔 1962년 말에 윤보선은 미국 대사관을 통해 방미 초청을 강하게 요구했다. 그러나 필립 하비브Phillip Habib는 윤보선이 대통령으로서 쿠데타에 맞서 헌정을 지키지 못했기에 미국은 그에게 빚진 게 없으며 그 스스로 정치적 권위를 갉아먹었다고 평가했다. 결국 하비브는 미국 대사관에 윤보선의 방미 초청 요구를 거부할 것을 제안했고, 실제 그렇게 되었다.[64]

주지하듯이 미국의 근대화론은 냉전에서의 승리를 위한 케네디 정권의 새로운 전략이었다. 근대화론은 미국의 일방적 원조 대신 수원국受援國의 개발을 통해 공산주의의 대한 방벽을 완성하자는 의도였다. 로스토우는 빈곤이 공산주의의 최대 온상임을 강조하면서 '공산주의 이상은 파괴될 수 없고 다만 대체될 수 있다'고 단언했다. 그렇기에 로스토우는 자신의 이론이 '마르크스주의자의 근대 사관에 대한 하나의 택일적 이론'임을 분명히 했다.[65] 즉 로스토우는 제3세계 민족주의가 국제 공산주의 운동과 결합되어 사회주의 또는 비자본주의적 경로를 선택하는 것을 막고지 했다.

　　　　　　　　　2부　박정희 체제의 통치성

그렇기에 로스토우는 근대화 과정에서 민족주의의 긍정적 역할을 강조했다. 그는 "역사적으로는 배타적인 민족주의가 전통적 사회로부터 근대사회에로의 전환기에 있어 이윤 동기보다 훨씬 중요한 원동력의 역할"을 한다고 보았다.[66] 여타 근대화론자들도 비슷했다. 신생국 엘리트들이 현대 세계와의 접촉을 원하지만 그들의 고유한 가치와 문화가 존경받기를 원하며 서구적인 것을 갈망하지만 열등감이라는 대가를 지불하면서까지 바라지는 않는다는 것이다.[67] 에드워드 쉴즈E. Shils는 "신생국의 정치가는 하나의 예외도 없이 민족주의자"라고 단언했다.[68] 레너드 바인더Leonard Binder 역시 근대화된 정치적 엘리트들이 '식민주의의 잔재인 열등의식을 극복하기 위해 새로운 위엄을 찾는다'고 했다.[69]

물론 미국 근대화론자들은 근대화가 미국 대외정책의 연장임을 분명히 했다. 미국 대외정책의 목표는 공산주의의 군사적 침략에 맞서는 것이며, 둘째로는 미국의 안보, 더 광범위하게는 미국의 생활양식에 대한 위협이 줄어드는 세계를 만드는 것이다. 이를 위해 대규모 자원을 군사 부문으로부터 생산적 분야로 돌려야 한다고 주장했다. 그런데 불행하게도 문제는 미국이 더 이상 과거와 같이 사회경제적 발전의 상징으로 받아들여지지 않고 침략세력으로 간주된다는 것이었다.[70]

이러한 상황에서 로스토우는 일방적 원조의 한계를 심리학을 동원해 설명했다. 수원자의 독립심은 종종 후원자에 대한 원한의 감정을 불러일으켜 양자 간의 관계를 망칠 수 있다는 것이다.[71] 따라서 미국은 쿠데타 세력에 대한 지원에 있어서도 민족적 자존심을 가급적 건드리지 않고자 했다. 미국은 지원 프로그램들이 절차, 형식 및 결과에 있어서 "한국식"이어야 함을 강조하고 "미국인들은 한국인들을 대신"해서는 안 되며 "오히려 그들이 국가주권에 대한 전적인 책임을 지도록 유도해야 한다"고 하여 쿠데타 세력의 '주체적 위치'를 강조했다.[72] 그러나 실질적으로 미국은 한국의 결정적 요소였다.

> 우리는 한국인들과 매우 특별한 관계를 맺고 있다. 만일 우리가 없었다면 대한민국은 존재하지 않았을 것이다. 우리는 한국의 상비군을 유지시켜준다. 우리는 한국 정부의 모든 중요한 경제적 결정에 참여한다. 경제기획원의 중심부에는 항상 미국인들이 있다. 각 지방 청사에는 미국인 고문이 있다. 우리는 이례적인 정보망을 갖고 있다. 미군은 한국 국방예산의 사실상 모든 측면을 검토하고 통과시킨다. 한국에서는 어디에 가든 주요 장소에 미국인이 있다. 이 미국인들은 자기보다 상급자에게 "충고하며" 그런 권한을 갖고 있다.[73]

위 인용문은 1960년대 중반 한국에 대한 미국의 태도를 적나라하게 보여준다. 미국은 군사, 정치, 행정, 경제 등 한국의 핵심 영역을 사실상 미국(인)이 장악하고 있다고 확신했다. 근대화론에 따르면 민족주의를 적극 활용해야 하는 것임에도, 미국은 쿠데타 주도세력은 물론 한국 엘리트들의 민족주의적 감정과 정면 배치되는 인식을 노골적으로 드러냈다. 이러한 맥락에서 박정희 체제와 미국은 동상이몽의 민족주의를 합작했는지도 모른다. 양자 모두 민족주의의 파괴력과 위력을 잘 알고 있었고 서로 다른 맥락에서 그 힘을 전유하여 활용하고자 했다. 분명한 것은 전자는 후자의 범위를 거의 벗어날 수 없었으며, 이것이 박정희가 일민주의 같은 노

                    2부 박정희 체제의 통치성

1969년 포커스 레티나 한미연합훈련을 참관 중인 박정희. 그 옆으로 미국 공중수송사령관과 정일권이 보인다. 한미 군사동맹은 체제 유지의 핵심이었다. 대통령기록관 사진.

골적 파시즘을 추구하기 곤란하게 만든 중요한 조건을 이루었다. 반면 미국 역시 박정희 체제의 점증하는 '주체성'이 상당히 부담스러워진다. 양자의 갈등은 어느 한쪽의 죽음으로써만 해결될 것이었다. 그러나 상황이 바뀌고 있음도 분명했다.

그러나 특히 지난 2년을 특징짓는 빠른 속도의 경제 성장, 정치적 성숙, 그리고 국제적 역량이 커짐에 따라, 이 대단히 친밀하고 특별한 관계가 계속될 수 있다거나 실제로 지속되기를 기대하기 어렵다. (…) 나는 최근 한국인들의 자신감이 커진 중요한 요소는, 미국이 한국의 주도권과 책임감을 증대시킬 필요가 있다고 강조해왔기 때문이라고 믿고 있다. (…) 우리는 한국인들이 자립하기에 더 좋은 제도적 장치를 개발하고 확립하도록 도왔다. 우리는 한국군 지도자들에게 더 많은 책임을 맡겼다. 그러나 아직 탯줄이 잘리지 않았고, 실제적이고 눈에 보이는 분리 과정은 더디고 섬세한 과정이 될 것이다. 우리도 이 과정을 우리의 이익에 반하는 것으로 보지 않고, 또한 우리가 지속되기를 바라는 영향력의 상실로 간주하지 않는 것이 현명할 것이다.[74]

여기서 "지난 2년"은 1964년 중반부터 1966년 8월까지를 의미한다. 이 시기 가장 큰 사건은 한일협정 타결과 베트남 파병이다. 두 사안 모두 미국의 강력한 희망사항이었고, 박정희 체제는 상당한 정치적 부담을 안고 이를 밀어붙였다. 두 사안은 1960년대 한미 간의 밀월을 상징했다.

그러나 주한 미국 대사 브라운Winthrop G. Brown의 말처럼 미국의 영향력이 줄어드는 것은 경계의 대상이다. 경제개발의 효과에도 불구하고 박정희 체제가 미국의 헤게모니를 벗어난다는 것은 상상하기 힘든 일이었다. 이러한 구조적 제약 속에서 한국의 국가권력은 미국에 대해 능동적 행위가 거의 불가능하다. 1970년대 후반에 가서야 박정희는 미국 의회 의원들에 대한 '로비'를 시도하지만 처참하게 실패한다. 코리아 게이트는 거의 유일하게 박정희가 미국 국가권력에 대해 적극적인 대응을 한 사례였다.

박정희가 미국에 대해 능동적 행위를 하기 위한 자원은 거의 없었고 오직 이데올로기적 수준에서 미국에 대한 자주성을 주장하는 담론의 정치만 가능했다. 더욱이 민족적 민주주의, 한국적 민주주의를 통한 자주성 담론의 구축은 사실상 미국의 대외정책과 직접 충돌하는 것은 아니었다. 근대화론을 보건대 박정희의 민족주의는 미국 대외정책의 구체화에 불과할 수 있었다. 그런데 1960년

1969년 닉슨과 정상회담 중인 박정희. 닉슨 독트린은 박정희가 유신을 선포하게 된 중요한 배경을 이룬다. 대통령기록관 사진.

대 후반 중대한 정세 변화가 나타난다. 닉슨 독트린이 그것이다.

닉슨 대통령께서 주창하신 새로운 아시아 정책은, 바로 이러한 아시아의 자립정신을 강조하신 것이라고 믿습니다. "'아시아는 아시아인의 손으로' 그러나 미국은 아시아를 저버리지 않으며, 아시아·태평양 지역의 열강으로서 이 지역에 머물러 지역 자체의 자주적 노력에 협조하고, 아시아 제국에 대한 공약을 계속 지켜나가겠다"라는 각하의 이념에, 본인은 전폭적인 공명과 지지를 드리는 바입니다.[75]

박정희는 중국의 부상과 미국의 축소로 아시아 지역에 힘의 공백사태가 발생했다고 파악했다. 일본이 미국을 대신하기에는 무리

라고 판단한 박정희는 국력 배양을 극력 강조하게 된다.[76] 닉슨 독
트린을 아시아의 자립정신을 강조한 것으로 해석한 박정희의 독
법은 사실상 미국 헤게모니의 약화를 틈탄 자주성 강화 전략을 예
비한 셈이다. 자주국방, 주체적 민족사관 등으로 표출된 1970년대
박정희 체제의 핵심 이데올로기는 결국 미국 헤게모니의 변화 속
에서 유신체제라는 예외상태로 이어진다.

삼선개헌, 유신체제 선포 등 일련의 독재체제 형성 과정에 대
해 미국은 암묵적 승인의 입장에서 방조했다.[77] 한미관계가 일정
한 갈등에 돌입하게 되는 것은 1977년 카터 행정부 수립 이후 이
른바 '인권외교'의 대두, 핵개발 문제, 코리아 게이트 사건 등이 불
거지면서부터였다. 그러나 카터는 '한국인은 그들 자신의 판단에
의하더라도 민주주의를 할 준비가 되어 있지 않다'라는 인식을 갖
고 있었고 신군부의 등장을 묵인한 사실에서 볼 수 있듯이 지극히
정략적인 태도를 취했다.[78] 게다가 민주화운동과 인권 의제가 한
미 간의 주요한 갈등 소재가 되었지만, 박정희는 이를 대미 지렛대
로 활용하고자 했다. 즉 인권 의제에 대항해 타협과 거래를 하기
위해서라도 일단 구속자를 최대한 양산해놓을 필요가 있었던 것
이다.[79]

정치 영역의 소란 속에서도 박정희 체제의 일관된 기조는 경제
개발이었다. 이매뉴얼 월러스틴은 제3세계에서 미국이 '온건한 민
족주의 운동'을 지원했음을 밝혔다. 온건한 민족주의 운동이란 "정
치적 독립을 추구하지만, 초국적 투자의 가능성을 포함하여 세계
경제에 통합되는 것을 거부하지 않는 것"을 의미한다.[80] 박정희 체
제의 민족주의 전략은 이러한 '온건한 민족주의'에 해당된다고 하
겠다. 이에 비추어 보지면 미국 헤게모니는 1960년대 중반을 거치

며 경제적인 것을 중심으로 재편되고 있었다고 하겠다.

미국은 한국의 주도권과 책임감을 증대시켜 '정치적 독립'을 방조하되 경제적 통합을 강화하고자 했다. 한일협정과 베트남 파병 모두 결국 경제적 효과로 귀결된다고 할 수 있다. 미국을 정점으로 하고 일본을 매개로 한 세계 자본주의 시장으로의 통합이 가속화될수록, 다시 말해 경제개발의 성과가 가시화될수록 미국에 대한 박정희 체제의 정치적 의존은 감소하게 된다. 박정희는 1970년 한국의 정부 재정에 대한 미국의 직접 원조가 종결된 것을 적극 강조했다. 즉 이를 "지난 10년간 경제자립을 위한 온 국민의 노력이 우선 재정 면에서 결실을 본 것"으로 평가했다.[81] 그렇다면 경제자립이란 미국 헤게모니로부터 벗어나는 길이었을까?

3. 미국, 발전의 클레오파트라

한국의 엘리트들에게 발전은 민족과 세계를 이어주는 핵심 고리다. 민족이 세계를 만나는 것, 세계가 민족으로 들어오는 것 모두 발전을 매개로 해서만 가능하다. 민족중흥은 사실상 민족적인 것의 구성이 아니라 세계적인 것의 구현이다. 조국근대화는 조국을 떠나 세계로 나아가는 천로역정을 지시한다. 이때 선진화된 세계의 상징이자 현실이 미국임은 두말할 나위 없다.

앞서 보았듯이 박정희에게 미국은 그리 매력적인 대상은 아니었다. 그러나 좋건 싫건 미국은 조국근대화의 오래된 미래가 아닐 수 없다. 특히 경제 엘리트들의 경우 미국식 생산양식에 열광했다. 물론 한국이 미국이 될 수는 없다. 그러나 한국이 선진국이 되는 것은 가능하다. 선진국이라는 차원에서 미국과 한국은 비로소 동일한 존재로 표상될 수 있게 된다. 그 길의 핵심은 경제였다.

미국인은 산업혁명 이후 일찍이 보지 못한 대규모의 혁명을 수행 중에 있다. 그것은 생산과 통신의 대량화다. (…) 그것은 현대인의 사회생활의 양상과 사회적 행동방식을 크게 변경시키고 있기 때문에 하나의 새로운 혁명으로 보는 것이 타당할 것이다. (…) 사람들은 마스(매스-인용자) 프러덕션과 마스(매스-인용자) 코뮤니케이션을 모르고서는 도저히 오늘의 미국 사회와 현대 사회 전체의 중요한 특성을 이해할 수는 없을 것….[82]

약 3년 뒤 박정희 명의로 나온 첫 책 『우리 민족의 나갈 길』의 필자로 참여하게 되는 이만갑은 미국이 현대 사회 전체를 변화시킬 혁명을 수행 중이라고 역설한다. 대량생산-대량소비로 이어지는 포드주의Fordism를 꽃피운 미국은 당시 전 세계 생산력의 60퍼센트 이상을 감당하던 세계의 공장이었다. 이 생산력이 독일과 유럽, 일본 전후 부흥의 실질적 동력이었고 한국에 대한 원조를 가능하게 했다. 미국은 근대성과 선진성의 상징으로 발전주의의 보편적 체현 공간으로 표상되었다. 사실 미국의 자유주의는 이미 19세기부터 스스로를 보편-세계로 강조해왔다. 미국은 세계의 종말과 자신의 보편적 운명을 동일시했다.[83]

보편적 운명을 걸머진 미국의 거대한 생산력의 비결로 생산성과 효율성이 강조되었고, 미국의 생산양식 및 경영기법과 생산 관리 기술 등이 전 세계로 전파되기 시작했다. 이를 상징적으로 보여준 것이 한국생산성본부의 설립과 활동이다. 한국생산성본부의 설

     2부 박정희 체제의 통치성

립은 미국의 강력한 권유와 지원으로 시작되었다. 제2차 세계대전이 끝난 뒤 생산성본부는 유럽 각국은 물론 일본, 대만, 필리핀, 태국, 파키스탄 등 아시아 각국에도 경쟁적으로 설립되었는데, 한국의 경우 한국 정부와의 이견으로 유독 미국의 직접 지원을 받지 못한 상황에서 만들어졌다.[84]

한국의 대중을 경제적 주체로 작동시키기 위해서는 미국의 거대한 외면을 제시하는 것으로 그쳐서는 안 된다. 무엇보다 중요한 것은 미국의 놀라운 성공의 비밀을 한국의 대중에게 전달해주는 것이다. 이를 잘 보여주는 것이 1966년 10월부터 1967년까지 두 차례 진행된 한국생산성본부 미국 시찰단이다. 이 사업은 미 국제개발처AID(Agency for International Development)와 그 한국 지부 격인 USOM(United States Operations Mission) 그리고 한국생산성본부 사이에 수년간의 논의와 협조로 이루어졌다.[85]

1차 시찰단은 300쪽이 넘는 보고서를 작성했는데, 시찰의 목적은 "고도의 자유경쟁을 기축으로 하여 번영을 계속하고 있는 미국의 산업사회를 직접 시찰, 접촉"하여 그들의 경영철학은 무엇이며 경영관리 방식은 어떠한 것인가를 직접 보고 듣는 것이었다. 원용석元容奭(전 무임소장관)을 단장으로 총 11명으로 구성된 1차 시찰단은 40일 남짓의 일정으로 포드자동차, 웨스팅하우스, 걸프석유, IBM, 체이스맨해튼 등의 기업과 은행을 비롯해 미국경영협회, 미국제조업자연합회, 시카고상공회의소, 뉴욕증권거래소, 하버드경영대학원 등을 방문했다. 국무부, AID, 상무부 등의 정부 기관도 방문했다.

미국을 처음 방문해본 사람은 아마 누구나 다 미국의 규모의 방대성에 대하여 놀라지 않을 수 없을 것이다. 대부분의 기업은 규모가 우리나라 기업 전체 규모의 몇 배가 되는 스케일을 과시하고 있다. 미국 1인당 GNP는 3천 불을 넘고 있어 미국인 한 사람의 소득으로 우리들은 30명 이상이 살 수 있다. 포드자동차 공장의 연간 매상액은 140억 불을 초과하고 있어 우리나라 전체의 GNP 약 23억 불의 7배나 된다. 버팔로 지대의 발전시설만 800만 킬로와트나 되어 우리나라의 70만 킬로와트의 10배가 넘는 규모이다.[86]

위 인용문은 미국의 거대함을 경제적인 것으로 환원하고 있다. 미국이 경제적인 것으로 표상되면서 한국과의 비교의 의미도 달라진다. 미국과 한국 모두 경제적 수치로 환원됨으로써 비로소 동일한 지반 위에서 양적 비교가 가능해진다. 경제의 표준어는 숫자다. GNP, 수출액과 같은 거시경제 지표로부터 물가, 월급 등 일상의 주요 부문이 경제적 수치로 표기된다. 사물의 질서를 수치화할 수 있을 때 비로소 경제가 성립한다. 숫자를 통한 계산 가능성이 삶의 핵심 영역으로 떠오르면서 시공간의 낙차도 구체적으로 다가오게 되고 미국과 한국의 격차 또한 명징한 자기표현을 얻게 된다. 경제 엘리트들은 경제의 언어로 세계를 설명하면서 발전과 진보의 방향을 지시하고자 했다.

한국생산성본부의 주역이었던 이은복은 숫자를 푸대접하는 것은 후진 지역사회의 공통된 현상이라고 하면서 숫자를 대접하면 할수록 전진하고 번영할 것이라고 강조했다. 미소 간의 우주정복 경쟁도 그 기초는 숫자를 누가 더 대우하느냐의 문제이기에 남보다 앞서기 위해서 숫자의 냉엄성을 파악해야 한다고 주장했다.[87] 숫자는 과학기술의 대표어이기도 하다. 시찰단은 미국의 번영 이

     2부　박정희 체제의 통치성

유를 과학기술의 힘으로 이해했다. 지난 30년간 미국의 모든 발전 원리의 약 80퍼센트가 기술혁명에 기인한다는 것이다.

과학기술의 힘은 한국도 "선진국들같이 풍부한 생활능력"을 가질 수 있다는 희망을 가능케 하는 요체다.[88] 요컨대 미국, 즉 선진국의 기술은 공간을 횡단하여 한국의 진보와 발전을 추동할 수 있는 것으로 설정되었는데, 기술의 공간 이동은 선진과 후진의 시간 격차를 좁힐 수 있는 관건으로 제시된다. 이러한 기술의 발전은 기계화를 통해 정치와 사회에까지 영향을 미친다.

1950년대 후반 미국 시찰을 마친 모윤숙은 미국의 대통령 선거를 보고 "모든 것이 기계화되어서 환표나 부정계표란 도저히 있을 수 없다"라고 했다.[89] 여기서 기계는 단지 도구 이상의 의미를 가지게 된다. 기계는 인간의 약점이나 불완전성, 나아가 윤리적 결함까지도 해결할 수 있는 대안으로 등장한다. 심지어 기계화와 자동화는 철학적 차원으로까지 확장되었다. 즉 "미국에 있어서 오토메이션은 현상적인 개념이라기보다는 철학적 개념으로 승화"된 것이라는 주장까지 나타났다. 즉 기술혁명은 "인간의 사고방식조차 과학과 기술에 의존"하게 만들었다는 것이다.[90]

과학기술에 대한 숭배는 미국의 오래된 전통이다. 19세기 산업화와 함께 미국에서는 과학기술과 산업 생산력에 대한 숭고화가 진행되었다. 엔지니어들이 미국의 영웅들 중 중요한 자리를 차지하게 되었고, 1876년 필라델피아 산업박람회에 출품된 600톤에 달하는 증기기관은 경배의 대상이 될 정도였다.[91] 20세기 초반에는 전기가 주된 동력이 되면서 나이아가라 폭포는 숭고한 자연에서 숭고한 기술의 대상으로 확장된다.[92]

이에 반해 한국은 후진국의 특색인 '정치의 과잉, 기술의 빈곤'

현상을 노정하고 있다.[93] 즉 국가적·사회적 역량이 과학기술과 경제발전으로 집중되지 못하고 분산된다는 지적이었는데, 이는 곧 과학기술과 경제가 사회 여타 부문을 규정해야 한다는 논리로 연장될 수 있다. 경제적 문제 설정이 인간과 사회에 대한 새로운 전망을 제시하게 된 셈이다. 이러한 전망에 따르자면 불가피하게 인간의 문제가 제시될 수밖에 없다.

> 미국이란 사회는 방대하기 때문에 지배력이 존재하는 것이 아니고 오히려 모든 구석구석에서 이에 참여하는 한 사람 한 사람이 그 방대성을 매니지manage 할 수 있기 때문에 사회 전체로서의 방대성이 창조되어가고 있다고 말하고 싶다.[94]

위 인용문은 거대한 미국의 성공 비결을 개개인의 매니지 능력에 좌우되는 것으로 설명한다. 거대한 미국의 경제적 생산력이 최소의 경제 단위인 개인으로 환원된 셈인데, 이 개인이 경제적 주체임은 어렵지 않게 추측할 수 있다. 즉 거대한 미국과 왜소한 한국이라는 비대칭성은 비교조차 불가능할 정도였지만, 최소 경제 단위로서의 개인이 문제가 된다면 미국과 한국은 등가 관계로 치환될 수 있다. 그렇게 된다면 남은 문제는 한국인 개개인의 경제적 주체화다.

물론 여기서 개인의 경영 및 관리 능력은 과학기술의 힘과 밀접한 관련이 있다. 즉 그것은 선천적으로 주어진 인간의 능력보다는 과학적 지식과 기술 그리고 이에 근거한 기계 시스템에 의존한다. 미국에서는 기술적 숭고의 대상이 19세기까지는 장인이나 수공업자 등 인간적 주체에 집중되었으나 20세기 이후로는 거대한 기계나 시스템이 주된 숭고 대상이 된다. 노동자나 엔지니어 등은 이러한 기계-시스템의 부속물처럼 취급된다.[95] 개인 간의 조화와 협업 역시 기계-시스템의 부속으로 이루어져야 한다.

복잡다단한 미국 사회가 전체로서 조화를 이루는 근원은 곧 조화와 질서의 정신이다. 한 시찰단원은 미국을 '익스큐즈 미'excuse me사회라고 이해했다. 자기가 타인 앞에서 '익스큐즈 미' 한다는 것은 자기관리 아래 타인을 보호하는 정신을 의미한다는 것이다. 이는 또한 'live and let live'(자기 방식대로 살아가기) 정신으로도 연결된다. 즉 미국이 그토록 고도화된 경쟁 사회임에도 불구하고 경쟁의 질서가 파괴되지 않는 것은 기업인의 정신적 바탕이 철저한 자기관리와 타인 보호에 기반하고 있기 때문이라는 것이다. 이는 인간에 대한 근원적 규정으로까지 연결된다.

인류란 항상 자기 스스로가 출생 때부터 보다 더 나은 생활을 영위하기 위해서 발전하려고 하는 자진적自進的 의욕이 있으며 이 의욕의 발전 과정에 있어서는 스스로가 소속하고 있는 하나의 단체나 조직체 안에서 개인과 집단 사이에서 자기이기自己利己와 타인이기他人利己와의 사이에 언제나 충돌이 일어나기 마련이다.[96]

인간이라는 '더 나은 생활을 위한 상승 욕망'의 주체는 곧 '발전하려는 자진적 의욕'으로 표현된 발전주의적 인간형으로 이어진다. 그런데 문제는 자연 상태의 인간은 서로가 서로에게 늑대가 된다는 딜레마가 발생한다. 토머스 홉스는 이 딜레마를 리바이어던으로 해결하고자 했고 루소는 사회계약과 일반의지로 봉합하고자 했다면, 시찰단 보고서는 전혀 다른 대안을 제시했다. 그것은 휴머니즘의 형태를 취했다.

> 미국에서 있어서의 생산성은 인간성 존중에서부터 싹텄다. 이와
> 같은 사고방식이 미국 경영경제의 원리가 되어 자유주의적 자본주
> 의의 성장을 보장하고 시장 획득을 위한 기업 간의 공정한 자유경
> 쟁 사상을 조장….[97]

여기서 미국식 자본주의가 성공할 수 있었던 비결의 근원이 제
시된다. 즉 '인간성 존중'이라는 휴머니즘이 미국 자본주의의 핵심
에 자리 잡고 있다는 주장이다. 인간의 본성을 더 나은 생활에 대
한 열망으로 설명하면서 이것이 인간성 존중과 연결된다면 결국
상호존중과 자유경쟁으로 수렴될 수 있다는 논리다.

> 자기의 직분Obligation에 대해서 항상 자기가 누리고 있는 자유와
> 동일한 비중을 가지고 생활하고 있는 것 (…) 500명 수용 캬바레에
> 10명 내외의 손님밖에 없는데도 구슬 같은 땀을 흘리면서 노래를
> 부르는 흑인 가수의 직업의식 (…) 사회가 얼마나 숭고한 개성에 의
> 하여 구성되고 있는가 하는 것을 (…) 미국 어느 곳에 가나 경찰, 택
> 시 운전수, 또는 모든 호텔의 뽀이에 이르기까지 자기직분에 얼마
> 나 충실하고 있느냐 하는 것….[98]

위 인용문은 자유, 직분, 개성으로 요약할 수 있을 텐데, 자유
와 책임(직분)의 결합으로서의 인간 주체(개성)를 상정하고 있다.
이는 책임 없는 자유liberty와 책임이 수반되는 자유freedom의 구
분을 보여주는데, 박정희 체제를 비롯해 한국의 주류 지배담론에

서 자유는 의무를 수반하지 않을 시 방종이 된다는 논리와도 상통한다. 여기서 숭고가 제시된다는 점이 주목된다. 숭고한 개성들이 미국에서는 "식당 뽀이"들에게조차 깃들어 있는 것으로 묘사되는데, 미국의 거대한 생산력의 비결이 곧 이 숭고한 개성들을 통해 설명된다.

> 미국민의 자유는 그들의 혈관 속에 프로레스탄트의 엄격한 극기자주 정신이 흐르고 (…) 근대국가란 자유국가인 동시에 고도로 조직된 사회요, 국민 전체가 규칙적으로 변하는 방법을 가진 경제체제를 위한 훈련을 받은 상태에 있어야 하며, 거대하고 규율이 있는 조직 속에서 전문적인 협소하고 반복되는 일을 맡아볼 준비가 되어 있어야 하는 사회다.[99]

엘리트 지식인이었던 유진오의 인식 역시 경제 엘리트들의 그것과 대동소이했다. 유진오는 근대국가란 곧 규율국가인 점을 날카롭게 지적한 셈인데, 그것은 또한 숭고한 대상이다. 즉 미국의 숭고함American Sublime은 거대한 공장이나 방대한 생산능력으로 국한되지 않았으며 무엇보다 직분과 소명의식을 탑재한 개별 주체의 정신으로 집중된다. 그렇기에 "미국 사회야말로 자유경쟁의 건전한 질서와 또한 인류 개개인의 생존의 기율이 아주 조화 있게 움직이는 메커니즘 속에서 발전되어가고 있다"는 규정이 가능해진다.[100] 이는 아이젠하워 정부가 추구한 미국의 숭고함과도 긴밀히 연동된다.

아이젠하워는 국가적 차원에서 미국의 숭고함을 적극적으로 강조했다. 그는 아메리칸 드림이라는 자유주의적 발전주의 이데올로기를 효율성, 풍요, 민주주의와 사회적 통합 등으로 설명하는 유토피아적 전망을 제시했다.[101] 이러한 맥락에서 미국 시찰단이 숭고한 개성이라는 언어를 통해 지시하고자 한 내용은 바로 아이젠하워의 미국의 숭고함이라는 담론전략과 연루된다. 즉 미국의 물질적 번영을 가능케 한 것이 숭고한 개성이며, 그것은 곧 효율적이고 생산적인 주체를 의미했다. 따라서 "자유경쟁을 기조로 하는 자본주의 국가에서 능력주의에 입각한 인사관리란 지극히 당연한 것"이었고 미국 경제의 "기본적인 추진력은 능력주의를 토대로 한 개인의 자극과 능력 개발"이라고 설명되었다.[102]

숭고한 개성은 기업을 통해 온전한 경제 주체가 된다. 컴퓨터와 기술의 발달로 노동자는 기계로 대체 가능한 생산 요소의 하나에 불과하며 기계를 소유한 기업의 중요성이 배가된다. '국민경제'에 대한 기업의 관계도 마찬가지다. "기업의 성장률은 경제의 성장률이 7퍼센트라고 가정한다면 최대한 배 이상인 15퍼센트의 성장률을 유지"해야 한다는 주장은 기업이 국민경제를 지배하는 것을 의미했다.[103]

> 위로는 사장에서부터 아래로는 종업원에 이르기까지 하나의 기업체 전체가 가장 민주적인 의사의 질을 통하여 철저하게 관리되고 있었으며 또한 기업체 전체가 하나의 동태성 밑에서 복잡한 사회성을 지니고 움직이고 있다는 사실 (…) 미지수의 강력한 인간의 결정체로서의 참된 효과를 발휘할 수 있는 사회….[104]

미국 사회가 그토록 차원 높은 발전을 거듭하고 있는 원리의 핵심은 "기업 발전의 특징"에 있다는 것이 시찰단의 결론이었다.

   2부 박정희 체제의 통치성

기업, 즉 자본의 사회적 형식이야말로 발전과 진보의 동력이자 주체로 설명된다. 사장과 종업원 모두 '하나의 기업체 전체'를 구성하는 요소로 배치되고 이를 민주적으로 관리해 '강력한 인간의 결정체'가 될 수 있다는 것이다. 숭고한 개성으로 표현된 기업형 인간은 신성화 대상이기까지 했다. 20대에 입사해 수십 년째 근속 중인 굿이어Good Year의 노동자는 "성직자聖職者들로서 자기 인생의 생애 전체를 굿이어의 품질 창조에 투신해버린 인간들"로 설명된다.[105] 그러나 숭고한 개성의 성직자를 실질적으로 움직일 수 있는 것은 돈이다.

> 기업 발전을 저주하고 불신임을 자극 나아가서는 사회 전체의 불안과 상호기만의 폭을 확대해가는 결과를 초래하는 후진국 사회와 대조하였을 때 미국 사회야말로 기업 발전의 성과를 국민 전체가 향유할 수 있는 만민 자본주의 체제의 표본이라고 느꼈다. 주식 소유가 국민 한 사람 한 사람의 가정에 분산되어 있었고 (…) 모든 사람은 가정에 있으면서도 기업의 발전을 지원하고 (…) 기업 주위에 있는 국민 전체가 자본가이며 곧 기업의 소유자인 동시에 기업은 다만 전문적인 경영자의 힘으로 육성되어가는….[106]

위 인용문은 미국 자본주의의 유토피아를 서술한 대표적인 구절이다. 주식회사라는 기업 형태와 주식시장을 통한 기업의 사회화를 통해 '만민 자본주의'를 구성해낸 것이 미국이라는 설명이다. 여기서 미국＝선진＝만민 자본주의라는 유토피아와 한국＝후진＝가족 자본주의라는 디스토피아가 대구를 이루고 있는데, 기업을 저주하고 사회 불안과 상호기만이 팽배한 것은 자본의 문제가 아니라 후진성의 문제임을 강조하고 있다.

소유와 경영의 분리라는 이상적인 자본주의의 모습은 이후 오랫동안 한국 자유민주주의의 목표가 된다. 즉 "기업이 그 조직의 원천에서부터 공개화되고 사회성을 유지해가면서 자본가, 주주, 그리고 국민 전체가 자본가화될 수 있도록 하는 자세의 확립이 선행"되어야 한다는 것이 시찰단의 결론이었다.[107] 실제로 이러한 문제의식은 1968년 11월 '자본시장 육성법'으로 구체화되기도 했다.[108] 기업공개와 주식분산이 골자인 이 법안은 한국식 '만민 자본주의'를 위한 제도적 표현이었다.

만민 자본주의는 'people's capitalism'의 번역으로 보이는데, 이는 이미 1950년대 한국에 소개되어 상당한 반향을 불러일으킨 바 있다. 당시 인민 자본주의, 대중 자본주의, 민중 자본주의 등으로 번역되었는데, 그 기원은 미국이었다. 이 개념은 에릭 존스턴 Eric Johnston 등에 의해 1940년대부터 나타났지만 본격화된 것은 1950년대였다. 이를 주도한 것이 아이젠하워 정권과 미국홍보협회Ad Council였다.

인민 자본주의는 제2차 세계대전 이후 사회주의 진영의 폭발적 팽창과 냉전이 본격화되면서 자본주의 체제의 대표적 모순인 사적 소유권을 갱신하겠다는 전략이었다. 즉 주식 분산을 통해 전 국민을 자본가로 만들겠다는 논리였다. 흥미로운 사실은 김대중도 이 개념에 큰 관심을 보여 도서 출간 계획을 밝혔다는 것이다.[109] 이것이 훗날 대중경제론으로 이어진다.

김대중은 1970년 3월 27일자로 닉슨에게 '대한민국과 미국의 공동 관심사에 관한 본인의 견해'라는 서한을 발송했다. 서한은 외부 간섭을 바라는 것은 아니라고 하면서 "한국의 정치적 현실은 가

　　2부　박정희 체제의 통치성

혹"하고 "지난 25년 동안 우리가 민주주의를 수립하기 위해 노력하는 것을 도와줬던 우리의 미국 친구들은 오늘날 이러한 상황에 대해서 알고 있어야 한다"고 강조했다. 김대중은 "한국은 미국이 어떤 문제도 겪지 않는 유일한 동맹국"이자 "미국의 자본과 기술적 노하우 그리고 경영이 한국의 경제적이면서도 경쟁력 있는 노동과 결합하면 세계 시장에 새로운 세력이 될 것"임을 강조하는 것으로 서한을 마무리했다.[110]

한국전쟁이 한창이던 1951년 8월에 김소운은 피난지 부산에서 '나의 어머니는 레프라(문둥이)일지도 모릅니다. 그러나 나는 나의 어머니를 클레오파트라와 바꾸지 않겠습니다'라고 썼다. 전쟁으로 만신창이가 된 민족에 대한 절절한 연민이 묻어나는 이 구절은 많은 이들의 공감을 샀다. 그런데 김소운에게 이 말을 이끌어낸 화자는 '미국인'이었다. 한 미국인이 김소운에게 '그대가 한국이 아니고 미국이나 프랑스에서 태어났던들 몇 배, 몇십 배 더 많은 일을 할 수 있었을 것'이라는 연민의 언사를 던졌고, 이에 대한 응답이 레프라와 클레오파트라의 대구였다.

김소운의 속마음이야 모르겠지만, 많은 사람이 클레오파트라를 열망했다. 미국에서 태어날 수 없었던 레프라의 운명을 벗어버리기 위해 기꺼이 악마와도 거래할 판이었다. 물론 레프라에 대한 연민의 정이 사라질 수는 없다. 하여 레프라를 클레오파트라로 만들기 위한 시도가 난무했고, 그 결과가 오늘의 한국이다. 그리고 그 과정을 인격적으로 대표한 사람이 박정희일 것이다.

1. 군사적 통치성

박정희 체제를 어떠한 개념으로 분석할 것인가는 매우 논쟁적인 문제다. 독재, 파시즘, 권위주의, 군사주의 등이 지금까지 주요하게 활용된 개념이다. 경제 분야에서는 발전주의, 발전국가, 개발독재 등이 대표적이다. 이상의 개념에 기반한 연구들이 박정희 체제의 많은 부분을 해명한 것이 사실이고 또한 앞으로도 계속 활용될 필요가 있다.

그러나 또한 박정희 체제의 속성을 이해하는 데는 통치성governmentality 개념이 주목된다. 거칠게 정리하자면 통치성은 권력의 주체 구성 전략이다. 권력의 최종 도달 지점이 개별 인간, 즉 주체라고 한다면 무엇보다 권력의 지배에 대한 주체의 대응이 문제가 된다. 주체가 저항하는가, 아니면 타협하고 수용하는가에 따라 지배의 효율성과 강도 등이 결정된다. 강제력은 모든 권력의 기본 구성요소이지만, 그것만으로는 부족하다. 당연하게도 권력은 주체의 반발을 최소화하고 자발적 호응을 이끌어내고자 한다. 그리고 이를 위해 권력은 무엇보다 스스로가 구축한 합리성을 주체에 이식시켜야만 한다.

다시 말해 권력의 합리성은 주체들에 의해서도 그 효율성과 정당성이 납득되어야 하며 권력의 강제가 아니라 주체 스스로의 판단에 의해 권력의 의지가 실천되어야 한다. 서로 다른 이해관계로 갈가리 찢어진 사회에 국가 이익, 민족 이익 또는 사회 공동의 이익이라는 통일성을 부여할 수 있는 능력 여하에 따라 권력의 힘이 측정된다. 특수 이익의 일반 이익화라는 과정이 정치의 기본이 되는 것은 이러한 사정에서 비롯된다.

그러나 주체를 구성하기 위한 권력의 미시물리학은 다만 정치적 과정으로 국한될 수 없다. 무엇보다 주체들의 일상적인 삶에서 권력의 생산성과 효율성이 경험되어야 하고 그에 따른 주체화가 실천될 수 있어야 한다. 특히 자본주의 사회 성립과 함께 자유주의-개인주의는 정치 영역과 시장경제 영역을 가로지르며 새로운 통치성을 구축한다.

푸코는 16세기 이래 새롭게 형성되는 자유주의적 통치성을 자세히 분석했다.[1] 푸코에 따르면 신자유주의는 교육은 물론 심지어 가정 내 문화생활조차 자기자본 증식을 위한 투자로 설명했다. 요컨대 개인은 모두 자기 자신의 자본가가 되어야 한다는 주장이다. 20세기는 이러한 신자유주의 시장 논리가 사회 전체를 장악해가는 과정에 다름 아니었다. 칼 폴라니는 『거대한 변환』에서 윌리엄 블레이크의 시구를 빌려 자본주의 시장경제를 '악마의 맷돌'satanic mills에 비유했다. 경제가 사회를 집어삼켜 모든 인간적인 것, 사회적인 것, 공동체적인 것이 시장논리라는 악마의 맷돌에 갈려나갔음을 잘 보여준다.

권력 역시 시장으로 넘어간다. 더 정확히 표현하자면 권력 자체가 시장의 논리로 재구성된다. 마르크스의 말을 빌리자면 전근대 권력이 경제 외적 강제를 통해 경제적 잉여를 추출했다면, 자본주의 체제에서 권력은 자본과 강력하게 동기화되어 경제적 논리로 잉여가 추출된다. 즉 권력의 원천이 시장으로 전환되며 시장의 우승열패가 권력의 향방을 결정하게 된다. 1인 1표의 형식적 평등과 1주 1표의 실질적 불평등이 기묘하게 결합되어 있지만, 결국 후자의 힘과 논리가 전자를 압도하고 있음은 굳이 부연 설명할 필요가 없을 것이다.

요컨대 박정희 체제는 군사적 통치성과 자유주의 통치성이 뒤섞인 혼종적 모습이었다. 유신체제의 가혹한 통치 이면에서는 시장의 자유가 사람들의 삶을 새롭게 규율하고 있었다. 이 양자의 통치성을 통해 박정희 체제의 특성을 이해하고자 하는 것이 이 장의 목표다. 먼저 군사적 통치성을 살펴보자.

군사 쿠데타로 집권했고 군 출신 인사들이 대거 정권에 참여했으며 중앙정보부, 보안사, 치안본부와 같은 억압적 국가기구들이 활용되었다는 점에서 박정희 체제의 군사적 통치성은 당연한 일이다. 특히 유신체제는 그것을 유감없이 보여주었다. 한국에서 파시즘을 보고자 한다면 유신체제가 가장 근접한 모습이었다.

> 본인은 여러분과 마찬가지로 가난한 한 촌가에 태어나, 군인이 된 후 겨레가 지어준 군복을 입으면서 그날부터 나의 신명을 나의 것이라고는 생각하지 않았으며 (…) 본인은 평소 한 용감한 무명의 병사가 적탄에 맞아서 신음하면서 그의 충성과 청춘과 꿈을 안은 채 애처롭게 숨을 거두는 죽음에 관해서 생각해본 바가 있습니다. (…) 생존의 권리는 그것이 국가라는 생활권 속에서 보장되기 위하여는

  2부 박정희 체제의 통치성

1968년 주민등록증을 교부받는 박정희. 주민등록 제도는 주민을 통제 대상으로 보는 박정희 체제의 군사적 통치성을 잘 보여주는 제도다. 대통령기록관 사진.

또 다른 생명의 성스러운 희생이 요청되는 것입니다. (…) 생과 사의 극한에서 감히 사를 초극하는 군인의 죽음은 정의와 진리를 위해서 소아를 초개와 같이 버리는 희생정신의 극치로서 군인만 가지는 영광되고 신성한 길인 것입니다. 군인의 거룩한 죽음 위에 존립할 수 있는 국가 (…) 번영과 민주 공화의 낙토를 기약하는 혁명과업은 국민 전체의 주체성과 자발적 정신자세로서 수행되어야 할 것입니다.[2]

위 인용문은 1963년 8월 30일 박정희의 전역식 연설의 일부다. 이 시점은 민정이양이 확정되어 10월 15일 대통령 선거를 코앞에 둔 상황이었다. 민정 참여를 최종 선언한 박정희는 전역식을 마치자마자 당일로 공화당에 입당해 사실상 대선 레이스를 시작했다. 그로서는 오랜 군 생활을 접고 본격적으로 민간 정치인으로 거듭나는 순간이었다. 그렇기에 이 연설문은 공들여 쓴 흔적이 역력하다. 이 중요한 시점에 박정희는 느닷없이 죽음을 들이민다.

이 연설은 군과 군인 그리고 그들의 사고방식과 생활양식이 어떻게 사회로 흘러넘치게 될 것인지를 상징적으로 보여준다. 그것도 목숨을 걸고 이루어질 것임을 예고한다. 이제 사회는 군을 받들어야만 했다. 이를 위해 군대의 전우애와 '정신적 결합'은 동포애와 국민과의 결합으로 확장되는 논리가 성립되었다. 군대를 핵심으로 한 "아름다운 인간관계를 고취하는 정신"이 온 국민의 그것이 되어야 했다.3

사실 박정희는 틈만 나면 죽음을 소환했다. 한강 다리를 건널 때 이미 조국과 민족의 제단에 목숨을 바쳤다는 언사를 수시로 반복했는데, 첫 대통령 임기를 시작하면서도 "나의 신명을 조국과 민족 앞에 바칠 것을 맹세"하면서 "치욕과 후진의 굴레를 벗어나기 위해 오늘의 세대에 생존하는 우리들의 생명을 건 희생적 노력을 다"해야 한다고 주문했다.4 유신체제 선포 시에도 거듭 "조국 통일과 민족중흥의 제단 위에 이미 모든 것을 바친 지 오래"라고 선언했다.5 사실 죽음의 언사는 조금 더 오래되었다. 쿠데타를 앞두고 박정희는 매형 한정봉과 고향 선배 앞으로 두 편의 시를 남겼다고 한다. 「국민에게」라는 제하의 시 마지막은 "천추에 한이 되는 조국 질서 못 잡으면 내 민족 앞에 선혈 바쳐 총혈원귀銃血冤鬼 되겠노라"였다. 「향토 선배에게」라는 시의 마지막은 "소원 성취 못하오면 쾌도할복 맹서하고 일거귀향 못하노라"였다.6 자신의 죽음을 매개로 모두의 죽음을 겁박하는 이 죽음의 통치성이 곧 군사적 통치성의 요체일 터이다. 그것이 빈말이 아니었음은 부연 설명이 필요하지 않다.

    2부 박정희 체제의 통치성

조르조 아감벤Giorgio Agamben은 호모 사케르Homo Sacer 개념을 통해 생사여탈권을 장악한 권력이 어떻게 인민을 정치적 주체로 구성하는가를 설명했다. 다시 말해 벌거벗은 생명을 담보로 비로소 주권자로 호명된 인민이 곧 희생의 주체인 호모 사케르라는 말이다.7 이에 따르면 1인 1표의 정치적 주권자로서 인민은 곧 국가권력에 생사여탈권을 장악당한 희생의 주체일 따름이다. 박정희는 정확하게 자신의 죽음을 은유해 인민을 호모 사케르로 호명한 셈이다. 야마모토 시치헤이의 말처럼 박정희는 일본군의 죽음의 특권을 반복했다. 즉 자신을 죽은 자의 위치에 두어 죽음의 위력으로 산 자를 지배하고자 했다.

그러나 개인의 목숨을 걸었다는 겁박은 국가 통치성 차원에서 한계가 분명하다. 박정희는 개인이 아니라 민족으로 빙의하고자 했다. 그는 '조국과 민족의 제단'에 자신의 목숨을 바침으로써 자신의 주체 위치를 조국과 민족으로 비약시킨다. 즉 박정희는 희생 제의를 통해 민족의 영령으로 거듭난 셈이다. 죽음을 통해 속세를 초월하고 자신과 민족을 일체화해 살아 있는 개인들을 지배하고자 했다. 근대의 시민종교로서 민족은 집단의 무한성으로 개체의 유한성을 가볍게 제압한다. 이미 죽은 조상들과 아직 오지 않은 후예가 한자리에서 어울리는 것이 곧 상상의 공동체로서의 민족이다. 박정희는 민족 영령의 주체 위치를 점령함으로써 자신의 지배를 탈인격화하고 초역사화해 운명적인 것임을 선언한 것이다.

1972년 유신체제의 선포와 함께 죽음의 통치 네크로폴리틱스 necropolitics가 본격화된다. 물론 1960년대에도 간첩 혐의로 사형 당한 사람이 적지 않았다. 그러나 유신체제 선포 이후 양상은 사뭇 달랐다. 그 출발을 알린 것이 통일혁명당(통혁당) 김질락의 사형 집행이다. 이미 옥중에서 최장 전향서라 할 『주암산』을 집필한 전향 간첩을 사건 발생 4년 후 갑자기 사형을 집행한 맥락은 무엇일까? 남북 비밀대화를 이어가던 김일성이 강력하게 요구했다는 소문이 있지만 진위는 알 수 없다.

유신체제 성립 후 최초의 징후이자 이후 벌어질 일련의 사건들의 방아쇠 격으로 1973년 김대중 납치사건이 벌어진다. 이 사건은 중앙정보부가 주도했지만, 이후락이 박정희의 승인 없이 단독으로 추진했다고 보기는 힘들다. 미국의 개입 등으로 김대중은 목숨을 건졌지만, 한일관계는 최악의 상황으로 치달았다.[8] 위기 속에 박정희는 1974년 연두 기자회견을 통해 전시는 아니지만 평화시대도 아닌 '준전시 상태'라는 예외상태를 주장하고 나섰다.[9] 박정희 체제가 북한의 도발을 볼모로 한 안보 이데올로기를 활용한 것은 오래된 일이었지만, 전쟁 상태를 직접 동원한 것은 매우 이례적인 일이었다.

공공연하게 전쟁을 운위하던 그 무렵 문세광 사건이 발발한다. 이 사건은 숱한 의혹을 양산했는데, 진상은 여전히 베일에 가려져 있다. 신원불상의 재일교포가 총기를 휴대하고 대통령이 참석하는 실내 행사장에 입장할 수 있었다는 것 자체가 당대의 상식으로는 이해하기 곤란하다. 어쨌든 이 사건으로 한일관계는 일거에 역전되고 박정희는 가해자에서 피해자로 입장이 전도되어 죽음의 정치를 전면화했다.

그것을 공식 천명한 것이 1975년 연두 기자회견이었다. 여기서 박정희는 폭력으로 정부를 전복하고자 하는 자는 공산주의자가 아니라 하더라도 극형에 처할 수 있다고 선언했다.[10] 이 기자회견 직후 박정희는 갑자기 유신헌법 재신임 국민투표를 제안했다. 2월

12일에 치러진 국민투표는 70퍼센트가 넘는 찬성률로 통과되었고, 박정희는 자신에 대한 신임까지 포함한 이 국민투표를 통해 주권독재의 통치성을 확인받고자 했다. 극형 발언으로부터 석 달, 국민투표로부터 두 달 만인 4월 9일에 인혁당 관련자 8명의 사형이 전격 집행되었다. 인혁당 관련자 처형은 박정희 체제 18년은 물론 한국전쟁 이후 유일무이한 집단 처형이었다. 사건의 실체와 무관하게, 유신체제의 속성상 이는 최고 권력의 강력한 의지에 의해 집행된 것이 확실했다.

죽음의 정치는 죽음의 저항을 불러왔다. 사형 집행 불과 이틀 뒤인 4월 11일에 서울농대생 김상진의 할복자살 사건이 벌어진다. 김상진의 '양심선언문'은 "무고한 백성은 형장의 이슬로 사라져가고 있"음을 통탄하면서 "죽음의 전령사가 서서히 우리에게 다가오는 것"을 직시해야 한다고 선언했다. 인혁당 관련자 사형 집행과 김상진의 자살은 유신체제에 대한 저항이 죽음을 각오해야 할 정도로 필사적인 일이 되고 있음을 여실히 보여주었다.

그러나 유신체제가 물러설 기미는 전혀 보이지 않았다. 김상진의 자살로부터 불과 한 달도 안 되어 남베트남이 패망했다. 남베트남 정권의 붕괴는 4월 30일이었지만, 베트남 전쟁과 김일성의 중국 방문을 계기로 박정희는 이미 하루 앞서 특별담화를 통해 강력한 총력안보 체제를 구축할 것을 촉구했다. 박정희는 이순신의 '필사즉생, 필생즉사' 어구를 인용하면서 자신은 대통령으로서 서울 시민과 함께 죽음으로써 서울을 지킬 것이라고 천명했다.[11]

뒤이어 5월 8일에는 '국가비상사태'에 대비한다는 명목으로 재향군인회장을 의장으로 한 '총력안보국민협의회'가 조직되었다. 곧이어 이 조직 주최로 5월 10일 5·16광장에서 개최된 총력안보

1966년 전천후 농업용수장 개발사업 준공식에 참석해 연설하는 박정희. 군중을 군대식으로 도열시킨 모습은 박정희 체제의 군사적 통치성을 상징한다. 대통령기록관 사진.

국민궐기대회에는 무려 200만 명의 군중이 동원되었다. 행사 말미에는 면도칼로 배를 갈라 혈서를 쓴 사람이 등장했고, 20여 명이 그 뒤를 이었다.[12] 유신체제가 남베트남의 패망에 큰 충격을 받고 대대적인 관제 시위를 조직한 것은 당연할 수 있다. 그러나 남베트남 패망은 당대 많은 이들에게도 큰 충격이었다.

1970년대 비판적 지식인으로 활동하다 해직된 상태에 있던 김동길은 1976년 '월남 패망' 1주년을 맞아 선우휘와 대담하면서 한국이 북한에 패할 경우 350만 명은 학살당할 것이라고 단언했다.[13] 소설가 박완서는 금괴를 가지고 탈출한 베트남 보트피플을 보면서 그들의 안일과 치열하지 못함을 질타하면서 '목숨 걸고 국가를 지켜야 한다'고 강조했다. 그는 "지는 것은 끔찍한 굴욕"이라고도 했다.[14]

  2부   박정희 체제의 통치성

박정희 체제는 1970년대 한복판에서 전쟁을 재현하고 있었고, 상당한 정도의 동의 기반도 확보했던 것으로 보인다. 이러한 상황을 총괄한 슬로건이 유명한 '국민총화'였다. 체제가 내건 '한국적 민주주의'는 곧 치자와 피치자의 동질성에 기반한 민주주의를 희생과 죽음의 집단으로 갱신하고자 한 것이며 그 원형이 군대였다. 군사적 통치성의 기저에 깔려 있는 이 죽음의 선동이 한국 민주주의를 유혈이 낭자한 것으로 만든 결정적 요소였다.

박정희 체제의 군사주의적 동원과 억압에 대해서는 이미 많은 연구가 있지만, 최근의 연구로 『냉전과 새마을』이 주목된다. 이 책은 냉전기 한국의 군사적 통치성이 동아시아 차원의 역사적 맥락과 깊이 관련됨을 잘 보여준다. 직접적 기원은 만주국이다. 공산주의 게릴라에 맞선 만주국의 방공 집단부락이 제주 4·3사건의 토벌 작전으로 연결되었고, 또한 베트남의 전략촌을 거쳐 한국의 새마을로 이어졌다는 것이다. 특히 베트남 전쟁 개입은 안보와 개발이 결합된 근대화를 숙고하게 한 중요한 계기였다. 따라서 이 체제의 등장은 동아시아 냉전의 연쇄와 환류가 낳은 결과물이며 그 중심에 미국이 있다.[15]

해방 이후 미국을 정점으로 한 냉전 질서가 동아시아와 한국을 강하게 규정한 것은 분명했지만, 박정희의 군사적 경험은 식민지 시기였다. 2장에서 자세하게 살펴보았듯이 박정희의 사관학교와 군 경험은 체제 통치성의 기초가 된다. 일본군이 어떤 존재였으며 어떤 영향을 미쳤는가를 잘 보여주는 사례가 싱가포르의 리콴유다. 그는 싱가포르에서 일본군의 점령 통치를 직접 경험하고 강한 인상을 받았다.

리콴유는 임박한 패전에도 불구하고 의연한 모습을 잃지 않는 영국군에게 깊은 감명을 받기도 했지만, 그 영국군을 일거에 격파해버린 제국 일본의 위력에 압도당했다. 일본군은 단 2주 만에 11만의 병력으로 13만의 영국군을 굴복시켰던 것이다. 그는 영국이 자신들의 우월성에 대한 신화를 너무나 설득력 있게 구축해놓았지만 "한 아시아 민족이 과감하게 떨쳐 일어나 그러한 허상을 깨부순 것"이라 평했다.[16]

> 3년 반 동안의 일본군 점령 시절은 내 일생에서 가장 중요한 시기였다. 나는 그 시절 동안 인간이라는 존재의 행동양식과 인간이 모여 사는 사회, 인간의 욕구와 충동의 본질에 대해 많은 것을 느꼈다. 정부의 절대적 필요성 그리고 권력이야말로 혁명적인 변화를 주도할 수 있는 가장 효과적인 수단이라는 점은 내가 만약 점령 시절을 겪지 못했더라면 절대로 이해할 수 없었을 것이다. (…) 일본군의 야수성과 무력을 체험하며 과연 무엇이 상전과 하인을 결정짓고 무엇이 사람들을 복종하게 하고 더 나아가 충성하게까지 만드는지 확실히 목격했다.[17]

리콴유는 본질적으로 폭력에 근거한 권력의 속성과 양태를 가장 적나라한 방식으로 경험했던 셈이다. 그는 이 경험이 자신의 일생에서 가장 중요했다고 고백했다. 1979년 10월 16일 일주일 일정으로 리콴유가 한국을 방문해 박정희를 만났다. 그가 돌아가고 불과 일주일 만에 10·26사건이 발생했다. 방한과 정상회담을 치르고 나서 리콴유는 자신이 영국의 영향을 받은 것처럼 한국의 지도자들이 일본의 영향을 강하게 받은 것 같다고 소감을 밝혔다.[18] 박정희 역시 군사적 폭력에 기반해 복종과 충성을 이끌어내고자 했다는 점에서 리콴유의 관찰은 정확했다.

일본군의 가공할 폭력은 국민병의 힘에 근거했다. 징집제에 기초한 국민개병제는 근대 국민국가의 특성을 가장 잘 보여주는 제도다. 국민병은 통치의 주체와 대상이 통합된 신체를 상징한다. 즉 국민병은 국가의 강제로 징집된 피해자이자 동시에 국가 물리력의 근간이 되어 통치성의 최후 보루를 담당한다. 이러한 국민병의 양가성으로부터 징집제가 군사적 통치성이 사회적으로 관철되는 핵심 장치임이 확인된다.

한국에서도 한국전쟁과 함께 징병제가 실시되면서 국민화의 중요한 장치로 활용되었다. 그러나 1960년대까지 징병제의 온전한 관철을 확인하기는 힘들었다. 단적인 예로 1960년 입영 대상자 중 병역 기피 비율은 35퍼센트에 달했다. 징병 기피율의 하락은 일차적으로 탄압과 처벌 같은 강제적 방법의 효과였다. 특히 1970년대 들어 병역 기피자에 대한 처벌이 대폭 강화되었다. 1973년 1월 23일 비상국무회의는 '병역법 위반 등의 범죄 처벌에 관한 특별조치법'을 제정했는데, 기피자의 직접 처벌은 물론 기피자를 고용한 고용주까지 처벌하도록 강화했다.[19]

처벌과 함께 병역 기피의 비도덕성을 비난하고 병역의무의 신성성을 강조하는 대대적인 도덕적 규율화가 병행되었다. 박정희는 1973년 1월 20일 국방부 연두순시를 통해 "병역을 기피한 본인은 물론 그 부모가 이 사회에서 머리를 들고 다니지 못하는 사회 기풍을 만들도록 하라"고 지시했다.[20] 병역 기피는 단순한 법률 위반 이상의 도덕적·사회적 비난의 대상으로 좌표설정된 셈이었다.

결국 '신성한 국방의 의무'는 사회적으로 관철된다. 1960년대 말까지도 두 자릿수를 기록했던 병역 기피율은 1972년에 4.4퍼센트로 떨어졌고, 1974년 이후에는 0.1퍼센트 이하에서 고정되었다.[21] 이제 '군대 갔다 와야 사람 된다'는 생각이 광범위하게 확산되기 시작했고 일종의 사회적 합의처럼 통용되었다. 사람이 된다는 것은 군대가 근대적 산업에 필요한 경험과 기량, 습관이 반복 훈련을 통해 그들의 몸에 배도록 했고 계서적인 조직화와 시간 엄수 같은 근대적 제도들의 명령을 이행하도록 규율화했다는 것을 의미한다. 또한 신분적·지역적 배경이 다양한 사람들에게 똑같은 훈련을 시킴으로써 국가적 통합과 문화적 동질성이 구축되었음을 말한다. 요컨대 군대는 일종의 문화혁명의 산실이었다는 것이다.[22]

'문화혁명'이란 가혹한 구타와 사람을 쥐어짜는 규율과 훈육의 결과다. 잔인하고 비합리적인 벌을 계속 받다 보니 아무 생각 없이 명령에 따르는 것이 몸에 배었다는 일본군 병사의 회고는 한국군에도 그대로 적용할 수 있다. 성찰적 인식 없이 복종하는 주체를 만들기 위해 강력하고 반복적인 신체 훈련과 집단적인 병영생활은 물론 모욕적인 언어, 구타, 기합 등으로 구성된 학대가 수반되었다. 이와 함께 다림질, 빨래, 식사 등에서의 시중들기가 부과된다. 이 과정에서 남성 성별 정체성을 강조해 거칠고 공격적인 남성성 숭배 현상이 일반화된다. 이는 여성의 몸과 여성적인 특성을 타자성의 본질적인 표시로 보고 군인이 정복하고 파괴해야만 하는 것으로 재현하는 풍조를 만들어냈다.[23]

특히 신병과 졸병들의 시중들기 훈육 과정은 타자를 위해 자신의 신체를 사용하는 것에 대한 저항감을 약화하며 순종적인 주체의 자세를 갖추게 해준다. 모시는 대상만 바뀔 뿐 이러한 태도는 사회적 삶으로 이어진다. 이것은 더럽고 치사한 것을 견디는 수동적 주체를 만드는 데 그치지 않으며 능동적으로 타자의 욕망을 욕

    2부 박정희 체제의 통치성

망하게 만든다. 고참과 상관의 인정을 받기 위해 스스로를 능동적으로 움직이는 주체로 만들어간다. 군대는 개인 간 끊임없는 경쟁을 조장한다. 너는 왜 남들처럼 못하느냐는 힐난은 기본이다. 남들처럼만 하라는 주문은 곧 남들과의 경쟁을 노골적으로 부추긴다. 너 하나 때문에 분대, 소대, 중대가 깨진다는 집단주의를 통해 능력 있는 개인으로 집단에 동참할 것을 주문하게 된다.

이렇게 구축된 군사적 통치성은 경제개발 과정의 중핵을 이룬다. 수출전쟁, 경제전쟁, 산업전사 등의 슬로건에서 드러나듯이 박정희 체제는 노골적인 군사적 동원을 추구했다. 역사적으로 군대를 공장의 모델로 삼은 것은 오래된 일이다. 근대 산업은 대규모 노동력의 집중을 통해 가능했다. 동일한 시간에 동일한 장소에 수천수만의 노동자가 집결해 동일한 작업을 수행하는 것은 말처럼 쉬운 일이 아니다. 애초에는 출퇴근하는 시간 규율조차 쉽지 않았다. 서구의 경우 중세 수도원의 엄격한 규율과 군대를 모델로 공장을 운영했다고 하며, 한국 역시 군대 그리고 학교가 공장과 긴밀하게 연동된다. 학교의 초보적 규율화와 학습 그리고 군대의 엄격한 복종과 규율화가 순종적이면서도 효율적인 노동력 양성의 기본 코스가 된다.

제1차 세계대전부터 전쟁은 총력전의 양상을 띠었고 이를 예의주시한 일본은 1930년대 쇼와 유신을 통해 총력전 체제 구축으로 나아갔다. 이것이 박정희를 비롯한 식민지 조선의 엘리트 군인들에게 강렬한 인상을 주었음은 물론이다. 말 그대로 모든 힘을 전쟁 수행을 위한 한 가지 목표로 모은다는 총력전의 핵심은 사실상 경제적 동원이다.

이와 관련해 일제시기에 시작된 위문편지가 주목된다. 위문편지는 군과 사회의 관계를 상징적으로 구조화하는 심리상태를 만들기 위한 것이었다. 그것은 군은 일선, 사회-민간은 이선이라는 수직적 계열화를 설정하고 일선에 대한 이선의 봉공과 협조를 이끌어내고자 했다. 이선은 일선의 수직계열화된 하위 세계이며 오직 일선에 의해서만 지켜지고 보호되는 곳을 의미한다. 이선과 후방의 국민은 일선과 전방의 군에 자신의 삶과 생명을 전적으로 의존하고 있다는 믿음 체계가 강화되면서 군은 나를 지켜주는 절대자적 위치에 배치되고 피보호자로서 민간은 군에 대한 충성서약과 함께 위문편지를 쓰는 존재로 여겨진다. 이러한 보호와 피보호 관계는 국가를 매개로 한 충성스러운 관계이자 더 나아가 사랑의 관계로 승화되어야 한다. 군과 나는 계약관계가 아니다. 군은 우리의 안전을 위해 돈을 주고 고용한 용병이 아닌 것이다. 그것은 운명공동체와 비슷한 것이기에 돈으로 사고파는 시장 문법과는 다른 수준의 숭고한 관계여야만 한다. 요컨대 군은 전후방이 따로 없는 총력전의 공동체를 상징했다.

유신 직후 박정희는 "전 국토의 산업권화, 전 산업의 수출화, 그리고 전 국력의 생산력화" 등 북한의 4대 군사노선을 방불케 하는 산업노선을 천명했다.[24] 이는 총력전 개념의 구체화임이 분명했다. 박정희는 군사적 통치성과 총력전 개념을 통해 내치를 달성하고자 한 것은 물론이고 산업화 역시 그 연장선상에 있었다. 이처럼 유신체제는 내전을 방불하는 전쟁 모델을 통해 통치성을 강화하고자 했지만, 시장의 문법은 또 달랐다. 정치적 자유를 거의 완벽하게 봉쇄한 총력전은 과연 시장의 자유 앞에서는 어떠한 모습이었을까?

2. 유신체제와 자유주의의 상식화

흔히 유신체제를 반민주적 억압 체제였다고 평가하지만, 구체적으로 살펴보면 반자유주의가 더 강력했다. 민주화운동의 경우도 사상·양심, 언론·출판의 자유를 비롯한 정치적 요구, 중앙은행 독립, 민간자율 등의 경제적 요구 등 자유주의에 기반한 것이 대부분이었다. 요컨대 자유주의라 쓰고 민주주의로 읽은 셈이었다. 자유주의적 내용을 민주화운동으로 담아낸 셈이었는데, 왜 자유주의 대신 민주주의가 저항운동의 일반적 정치언어가 되었는지를 살펴보는 것도 중요한 문제가 된다. 이에 대해서는 후술할 것이다.

어쨌든 박정희 체제, 특히 유신체제에서 자유주의는 찾아보기 힘들었다는 것이 일반적 통념이다. 한국의 자유주의에 대한 통사적 분석을 시도한 한 연구는 자유주의가 다양한 흐름을 포괄하고 있기에 한마디로 정의 내리기 곤란함을 지적하면서도 일반적으로 서양의 자유주의는 개인주의의 발달, 사유재산권 및 시장의 자율성에 대한 강조, 제한 정부에 대한 선호를 특징으로 한다고 정리했다.[25] 이에 반해 한국의 경우 집단적 가치의 강조로 인해 "건전한 개인주의의 발전이 지체"되었으며 오히려 강한 국가의 강조, 반공주의 강화에 기여했다고 평가했다.[26]

또 다른 연구는 한국의 자유주의가 "개인의 해방의 이념이었다기보다는 공산주의와 집산주의로부터의 '국가'의 '해방'이라는 이념, 국가 대 국가 간의 대립 질서 속에서 적대 국가에 대한 투쟁과 증오의 이념이었다"라고 설명했다.[27] 이 연구 역시 정치적 자유의 부재와 국가주의 및 반공주의로 회수된 자유주의를 설명하고 있다. 그런데 이 연구는 매우 의미심장한 분석을 덧붙인다.

즉 '분단된 국가는 정치적 자유를 억제하는 대신 경제·종교·문화의 자유는 무한대로 확장'했다는 지적이 그것이다. 따라서 "우리에게 자유는 바로 적나라한 이기심의 발동, 욕망의 추구와 동일시"된다. 그러나 이러한 자유주의는 '정신적 불구'일 뿐이며 그 원인은 '생존의 논리를 주의主義의 논리 앞에 둘 수밖에 없었던 사정'으로 설명된다.[28] 요컨대 정치적 자유를 봉쇄하되 경제를 비롯한 여타 영역의 자유는 제한 없이 풀어놓았다는 주장이다.

정치 이외의 영역에 무제한의 자유가 확장되었다는 설명은 조심스럽게 이해할 필요가 있다. 주지하듯이 저항적 성격을 띤 문화와 종교가 주된 탄압 대상인 것은 분명했다. 즉 통치성 차원에서 주의 깊게 자유가 관리되었던 것이다. 자유의 무제한적 확장이 가장 잘 나타난 영역은 경제였다. 물론 경제도 경제개발 전략에 따라 거시 계획이 작성되어 정부의 각종 통제와 압박이 심했다. 정권에 밉보이면 하루아침에 거대 재벌이 붕괴되는 일도 다반사였다. 그러나 시장의 저변에서 자유는 거의 무제한이었다.

이 시장의 정글에서 이른바 '굶어 죽을 자유'와 '잡아먹을 자유'는 정치적 부자유를 상쇄하고도 남을 만큼 흘러넘쳤다. 복지와 사회보장 같은 국가의 개입은 거의 없는 것이나 마찬가지였으며 생존은 순전히 개인 책임이었다. 산업화 초기 영국에서 나타났던 참혹한 '자유'가 재현된 셈이었다. 즉 국가에 의해 '생존의 논리'가 전혀 보장되지 않았기에, 모든 사람은 먼저 자신의 삶을 책임져야 했다. 이 원시적 자유주의가 산업화 국면으로 접어든 한국의 지배적 삶의 문법이 된다.

이기심과 욕망의 추구로 지칭된 자유야말로 자본주의와 결합된 자유주의의 본령에 해당한다. 프리드리히 하이에크를 비롯해 자유주의자들은 경제적 자유가 정치적 자유의 기본 토대임을 분명히 했다. 근대 부르주아의 특성을 재산과 교양으로 설명하듯이 소유권적 자유주의야말로 근대 자본주의를 꽃피운 핵심 가치라 할 수 있다. 애덤 스미스의 보이지 않는 손은 인간의 이기심과 욕망의 추구가 시장을 통해 발전과 번영으로 이어진다는 비유다.

특히 정연한 체계를 갖춘 정치사상으로서의 자유주의와 달리 경제 영역의 자유주의는 상식과 관습의 영역에서 작동한다는 점에서 중요하다. 이와 관련해 일본의 마르크스주의자 도사카 준戸坂潤의 논지가 흥미롭다. 도사카는 1935년에 출간된 『일본 이데올로기론』에서 당대 일본에서 첫 번째로 거론해야 할 것으로 자유주의를 꼽았다.

> 일본에서 자유주의의 의식은 대단히 불철저한 형태임에도 우리들 사회 상식의 기조를 이루면서 오늘에 이르고 있다. (…) 그러므로 일본주의가 대두하면서 당장에 첫 번째 적으로 설정하지 않으면 안 되었던 것은 그렇게 보급된 사회 상식으로서의 자유주의 사상이었으며 (…) 그렇다면 자유주의란 무의식적일지라도 일본 사상의 감추어진 기조를 이루고 있는 것이다.[29]

도사카의 말은 서구 자유주의가 일본에서 논리적 완결성을 갖춘 이론으로서는 매우 취약했으며 '사회 상식' 차원으로 수용되었음을 의미하는데, 이는 한국에서도 크게 다르지 않다. 즉 '자유주의가 이렇게 극도로 왕성'할 수 있는 것은 결국 "메이지 이래 자유주의가 사회 상식의 기조를 이루어왔"기 때문이다.[30] 여기서 사회 상식은 무엇을 의미하는가?

도사카는 그것이 고도로 발달한 자본주의국이라는 점에서 당연히 뒤따라 나오는 결론이라고 설명했다. 즉 부르주아 리버럴리즘은 말할 것도 없이 자본주의에 기초한 이데올로기이므로, 그것은 자본주의 사회의 근본 상식이 될 수밖에 없다는 것이다. 요컨대 도사카는 자유주의를 2개로 구분한다. 첫째가 이론적 틀을 갖춘 사상으로서의 자유주의라면, 둘째는 '사회 상식'으로서의 자유주의다.[31]

문제가 되는 것은 둘째 '사회 상식'으로서의 자유주의다. 상식의 사전적 의미는 '사람들이 보통 알고 있거나 알아야 하는 지식'인데, 정치적·경제적·사회적 차원에서 삶을 가능케 하는 앎의 체계라 할 수 있다. 예컨대 유권자로서 정치 엘리트들의 구애 대상이 되며, 시장의 계약과 거래를 통해 생계를 도모하고, 사회화된 언어와 행위를 통해 자신의 권리를 행사하는 주체들의 삶을 지탱해주는 일련의 지식 체계가 곧 상식일 것이다. 그리고 이는 제도와 법률, 사법체계로 구성된 강제력을 갖춘 국가권력을 통해 그 대체적 내용이 획정된다. 이것이 일정 기간 지속된다면 관습과 윤리적 준칙으로까지 나아갈 것임도 분명하다.

도사카는 이러한 의미에서 자유주의가 일본주의로 연결되는 현상을 주목한다. 앞서 본 한국의 연구들도 비슷한 주장을 폈는데, 요컨대 자유주의와 국가주의의 결합은 그리 드문 현상이 아니다. 이를 잘 보여주는 것이 사회진화론이다. 개항기 이래 약육강식, 적자생존의 사회진화론적 사고는 한국 엘리트 지식인들의 사회 상식이었다. 박정희를 비롯해 핵심 이데올로그들 역시 동일한 인식 아래 국가와 민족 단위의 생존경쟁을 철의 법칙으로 승인했다. 박정희와 마지막 순간을 함께한 측근 중의 측근 차지철은 적자생존, 우승열패의 냉정한 법칙은 가장 공정하고, 가장 정확하고, 가장 엄숙하게 어느 때 어느 곳에서나 준엄하게 적용된다고 단언했다.[32]

　이에 입각한다면 박정희 역시 사회 상식의 자유주의자다. 생존의 논리를 앞세운 전향이야말로 적나라한 이기심과 욕망의 추구가 아닐 수 없다. 그에게 사상으로서의 자유주의는 경멸의 대상이지만, 사회 상식으로서의 자유주의는 익숙하고 또 자신만만한 것이다. 사회 상식으로서 자유주의의 대표격이 곧 능력주의적 자유경쟁이다. '빈농' 출신 박정희에게 최고의 사회적 자산은 학력과 학벌이었다. 요컨대 그는 자유경쟁을 통한 발전이라는 자유주의적 상식을 몸으로 터득한 셈이다.

> 노력을 해서 출세하겠다는 그런 욕심이 없으면, 그 사회는 발전도 없을 것 (…) 정직하고 성실하고 능력 있는 사람이 많은 보수를 받고 출세를 먼저 하는 그런 세상을 만들어보자는 것이, 우리들이 원하는 이상적인 사회….[33]

　박정희가 생각하는 이상적인 사회는 곧 능력주의에 기반한 자유경쟁을 기본으로 한다. 출세 욕심이 없으면 발전도 없다는 주장은 고상한 자유주의는 아닐지언정 장삼이사의 삶에 녹아 있는 상식이다. 물론 이는 박정희가 만들어낸 '삶의 지혜'가 아니다. 오히려 그는 이러한 상식에 의해 잔뼈가 굵은 사람이다. 이 상식은 근대 자본주의와 함께 도래해 한국 근대성의 태반을 차지한다. 경제 개발은 이를 확산·심화해 사회의 지배적인 가치체계이자 관습으로 만들었다. 요컨대 박정희는 사회 상식적 자유주의의 결과물이자 그것을 증폭시킨 결정적 행위자이기도 했다.

　이러한 맥락에서 박정희는 군사적 통치성과 자유주의적 통치성의 상관물이다. 1부에서 본 것처럼 박정희의 반자유주의적 성향은 분명했지만, 또 한편으로 자유주의와 국가주의를 결합하고 무엇보다 사회 상식으로서의 자유주의를 통해 시장의 통치성을 적극적으로 활용했다. 군대와 시장이 결합된 통치성은 '빈타'를 닮았다. 가해와 피해가 중첩된 빈타의 병사는 서로가 서로에게 늑대가 되는 시장의 주체로 이어진다. 군대의 (비)합리성과 시장의 (비)합리성 사이에는 많은 차이가 있음에도 불구하고 한국의 경우 '군대 갔다 오면 사람된다', 즉 절대복종으로 규율화된 병사야말로 공장의 절대노동을 감당할 훌륭한 인적자원이 아닐 수 없다.

　한국의 자유주의는 군대와 시장 간 이종교배의 산물처럼 보인다. 빈타를 통해 명징한 자아 대신 분열증을 장착해 극도로 왜소해진 개체는 만인에 대한 만인의 투쟁을 전개할 수 있는 최적의 전사이기도 하다. 빈타는 연대 대신 생존경쟁의 살벌한 현실을 일깨우는 의식인 셈이다. 이것이 '눈 감으면 코 베어가는 서울'에서 살아남기 위한 '난장이'들의 처세술의 대강을 이룬다. 요컨대 '억울하면 출세하라'는 시장의 정언명령을 군대에서 배운 셈이다.

　한편 자유주의는 사회 상식으로 퇴적되는 것에 그치지 않고 거시경제 정책으로도 확장된다. 자본은 이미 1970년대 초반부터 민간 주도의 시장경제를 강화해야 한다고 주장했다.[34] 물론 이러한 자본의 요구가 곧바로 총자본의 정책으로 연결되지는 않았다. 오히려 1972년 8·3 사채 동결 조치에서 확인할 수 있듯이 자본의 이익은 총자본의 개입을 통해 보장받는 상황이었다.[35] 자본의 입장에서 중요한 것은 정부 개입이냐 시장경제냐가 아니라 이윤의 획득 여부였다.

자본에게 성장과 발전은 무엇보다 자본의 이윤 획득을 보장해야만 하는 것이었고, 총자본의 정책 역시 그러한 목적과 과정에 충실했다. 이러한 측면에서 국가 개입과 시장경제는 선택적 친화력을 가진 것으로, 자본의 축적 방식에 변화가 필요한 시점이 곧 총자본의 정책 전환의 시점이기도 하다. 소위 시장경제 또는 (신)자유주의적 정책 전환과 관련하여 1970년대 후반은 중요한 시점이었다.

1978년 12월 22일 박정희는 마지막 개각을 단행했다. 재무장관과 부총리를 합쳐 9년 동안 경제정책을 책임졌던 남덕우 대신 신현확을 부총리로 기용한 것이 핵심이었다. 남덕우가 성장론의 대표였다면 신현확은 안정론의 총대를 멨다. 전경련으로 대표되는 재벌들은 신현확의 등장과 함께 본격적으로 정부에 대한 압력을 행사하기 시작했다. 개각 직후인 1978년 12월 28일에 전경련 회장 정주영은 국무총리 초청 간담회에서 정부의 전환기적 결단을 촉구하면서 민간이 담당할 수 있는 부문은 민간에 넘겨 자율성을 부여함으로써 시장원리에 따른 정책 운영을 해야 한다고 주장했다.[36]

해를 넘겨 1979년 1월 17일에 경제 4단체장과 경영자협회장은 신현확 부총리를 초청해 '관민합동간담회'를 개최했다. 이 자리에서 경제단체장들은 통제 위주의 가격정책을 폐기하고 시장경제 원리에 입각한 가격정책의 획기적 전환, 금융기관의 자율적 운영, 자율적 임금 결정 등을 요구했다. 이 모임은 또한 관민합동간담회를 매달 1회씩 정례화했다.[37]

이러한 과정을 거쳐 1979년 1월 22일에 발표된 경제대책의 골자는 당시 KDI 원장으로 있던 김만제가 작성했는데, 그 핵심은

'시장 기능의 신장과 경제 안정화'였다.[38] 개혁 내용은 4월 17일에 발표된 '경제안정화종합시책'으로 나온다. 그 주요 내용은 금융긴축과 제도 개선, 수입 자유화 추진, 중화학공업 투자 조정 등이었다.[39] 이 대책에도 김만제가 깊이 관여했다.[40]

대책이 발표된 직후인 4월 26일에는 KDI에서 학계와의 경제정책협의회가 개최되었다. 무려 60여 명의 경제학자가 참석해 신현확 등 핵심 경제 관료와 장장 7시간 30분에 걸쳐 진행된 토론은 큰 틀에서 자유경제 체제, 자유화, 자율화 등이 불가피하고 바람직하다는 것으로 의견이 모아졌다. 신현확은 경제 규모가 확대되고 복잡해지면 "자유경제 체제가 불가피하다"고 천명해 (신)자유주의가 거스를 수 없는 대세임을 확인시켜주었다.[41]

민간 자율을 강조한 자유주의가 득세하게 된 배경 중의 하나는 재벌의 성장이었다. 1973~1978년 국내총생산은 9.9퍼센트 증가했지만 46대 재벌은 22.8퍼센트 증가해 국내총생산에서 차지하는 비중이 9.8퍼센트에서 17.1퍼센트로 높아졌다.[42] 또 다른 연구는 1970년 10대 재벌 매출액은 국민총생산의 17퍼센트였으나 1980년에는 48퍼센트로 상승했다고 계산했다.[43] 당시 핵심 경제 관료 중의 하나였던 강경식은 이러한 상황을 "기업하고 관리하고의 싸움에서는 관리 쪽이 백전백패"라는 말로 표현했다.[44]

안정화 시책이라는 것이 관 주도에서 시장경제로 가는 것 아닙니까? (…) 그때까지의 정부 정책의 철학을 180도 바꾼 겁니다. (…) 수입 개방하고 경쟁 촉진하고, 농업 쪽에서는 고미가 정책 같은 보호를 털고 이렇게 가야 한다, 그렇게 식료품 값이 싸져야지 임금도 싸져서 경쟁력이 생기고 그래야 우리가 더 잘될 것 아니냐, 금융도

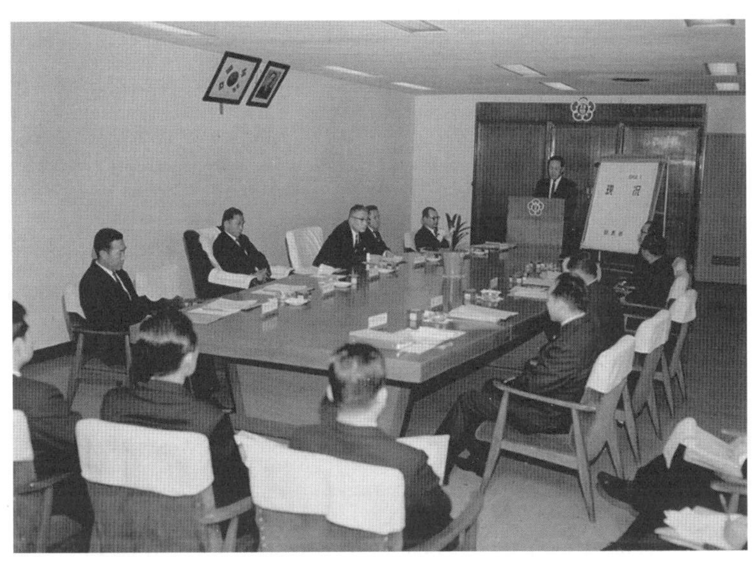

1964년 경제기획원과 재무부를 초도 순시 중인 박정희. 경제기획원은 경제개발의 핵심 기관이었다. 대통령기록관 사진.

배급제 하는 것 풀어서 완전히 금융의 논리에 의해서….[45]

강경식은 오랫동안 경제 관료로 지내면서 관치경제에 익숙했음에도 불구하고 자유주의 시장경제에 대한 확고한 신념을 보여주었다. 이미 1970년대 중반부터 KDI와 경제기획원 기획국 계통에서는 시장 개방, 대외 개방, 금융 자율화 등을 통해 민간 주도로 '자유화해야liberalize 한다'는 주장이 논의되고 있었다.[46] 이러한 흐름은 국가 개입을 강조하는 상공부 등과 일정한 갈등과 마찰을 빚기도 했지만 결국 대세가 되었다.

이와 관련해 흥미롭고 상징적 의미가 있는 사건은 1978년 9월의 하이에크 방한이다. 하이에크는 1954년 『노예에의 길』이라는 저서를 통해 한국에 소개되기도 했지만, 직접 방한과 비교하기 힘들다. 하이에크의 방한은 전경련의 초청으로 이루어졌는데, 개각 직전이라는 시점은 우연의 일치만은 아닌 듯했다. 『동아일보』는 방한 이후에도 그를 "단순한 귀빈"이 아닌 "진객"으로 표현하면서 퇴색한 케인스를 대신해 경제난국을 타개할 수 있는 인물로 소개했다. 즉 '자유의 고귀함을 깨닫게 되고 민간 창의가 경제발전의 원동력이 된다는 것을 알게 된다면 하이에크의 내한은 이 이상 값진 것이 없을 것'이라며 반겼다.[47]

방한 기간 내내 하이에크는 일관되게 자유시장논리를 설파했다. 그는 철학적·윤리적 차원뿐만 아니라 "경제원리에서도 자유경쟁이 가장 유효하다"는 생각을 가지고 있었고, 헌신적 자유지상주의자dedicated libertarian란 규정을 흔쾌히 받아들인 인물이었다. 그는 인간 이성의 한계가 명백하기에 완벽한 계획은 불가능하다고 주장하면서 시장의 경쟁을 통한 조정만이 유일한 해법임을 강조했다. 심지어 그는 화폐도 자유 발행으로 풀자고 제안했다.[48]

하이에크는 개인의 자유와 정치적 자유 또한 경제생활의 자유를 통해 가능하다고 주장했다. 이러한 자유가 보장되어야만 인간 본성의 자유로운 발휘를 통해 욕망의 폭을 확대하고 생활수준의 향상을 비롯한 전반적 발전이 가능하다는 것이다.[49] 그의 자유 중심적 사유는 민주주의에 대한 도구적 이해로도 확인된다. 하이에크는 자유를 최고의 정치적 목적으로 상정하고 민주주의는 개인의 자유를 보호하기 위한 공리주의적 기획으로 격하했다.[50]

요컨대 이러한 주장은 '시장의 감시 아래 있는 국가'를 의미했다.[51] 즉 하이에크와 신자유주의의 궁극적인 관심은 시장과 경쟁이었다. 이들은 고전적 자유주의의 교환 개념을 대신해 경쟁을 시

장의 기본 원리로 제시했다.[52] 문제는 경쟁을 제1원리로 삼는 시장
은 자연적으로 존재하는 것이 아니기에 국가가 개입해 그것을 조
장해야 하는 것이었다. 칸트의 말처럼 인간이 아니라 법에 복종할
때 자유로워진다는 주장이다.[53] 하이에크의 방한은 이상과 같은
(신)자유주의적 원리가 한국 사회에 관철되기 시작했음을 알리는
신호였다.

3. 시장의 통치성, 소유권과 화폐

자유주의의 핵심은 사적 소유권이다. 아리스토텔레스는 『정치학』
에서 일찍이 "자유는 소유의 사용에서 나온다"라고 단정했지만,
사적 소유권을 만개시킨 것은 근대 자본주의다. 아리스토텔레스의
말처럼 자유조차 소유권으로부터 파생된 것임을 실증해주는 것이
자본주의 시장경제다. 자본주의 분석과 비판에 탁월했던 마르크스
가 그 핵심으로 꼽은 것 역시 사적 소유권이다. 먼저 자유주의가
어떻게 사적 소유권에서 출발하는지 살펴보자.

> 소유의 권리는 그 자체만으로 시민권과 자유를 보장하지 않는다.
> 그러나 역사적으로 볼 때 이는 이 두 가지를 얻을 수 있는 가장 효
> 과적인 수단이었다. 소유권은 자치영역을 만들어내며 국가나 사회
> 모두 상호 간의 동의하에 이를 침해하지 않는다. 공적 분야와 사적
> 분야에 선을 그음으로써 소유권은 그 소유주를 공동 주권자로 만
> 들어준다. 따라서 논란의 여지는 있지만 이는 투표권보다 더 중요
> 해졌다.[54]

러시아와 소련사를 오래 연구해온 리처드 파이프스Richard Pipes는 말년에 사적 소유권에 관심을 기울인다. 소련 사회주의 비판 끝에 사적 소유권으로 귀결한 그의 연구 이력이 흥미롭다. 어쨌든 파이프스는 소유권에 의해 자치영역이 만들어지며 이것이 공동 주권자의 자격이자 자유의 근원임을 역설한다. 그에게 사적 소유권은 정치적 권리의 상징인 투표권보다 더 중요하다. 파이프스는 계속해서 자유와 평등은 양립할 수 없다고 주장한다. 왜냐하면 사람은 힘, 지능, 야심, 용기, 인내심 등 성공의 모든 요소에서 차이가 있기 때문이다.[55] 요컨대 기회의 평등을 경쟁의 논리로 승인하고 결과의 평등을 기각하는 전형적인 자유주의 논리다.

인간 본성에서 법과 교육의 조작에 굴복하지 않는 것 중 하나가 바로 소유본능이다. (…) 소유본능은 모든 살아 있는 생물의 공통점이다. (…) 이는 도덕화할 수 있는 것이 아니다. 가장 초보적인 수준에서 이는 생존본능의 표현이다. 하지만 이를 넘어서면 인간 개성의 기본적 특징이 되어 성취와 취득은 자기완성의 수단이다. 자아성취가 자유의 정수인 한 자유는 소유와 그로 인한 불평등을 강제로 제거할 경우 피어날 수 없다.[56]

파이프스에게 소유 욕망은 인간의 사회적 욕망을 넘어 본성, 심지어 동물의 본능으로 설명된다. 그 근거는 생존의 논리인데, 앞서 보았듯이 이 논리는 한국 사회에서 그리 낯설지 않다. 소유본능을 이렇게 자연화한다면 사실상 그에 따른 모든 행위는 인간으로서 정당한 것이 되지 않을 수 없다.

한국에서 근대적 사적 소유권 관념이 최초로 등장한 것은 개항

기다. 1889년에 탈고되어 1895년에 출간된 유길준의 『서유견문』은 소유권이 "각 사람마다 제 한 몸에 가지고 있는" 것으로서 "태어날 때부터 함께 생겨나 어디에도 얽매이지 않고 독립하는 정신으로 발전"하는 것으로 규정했다.[57] 이후 조선총독부의 조선민사령과 토지조사사업으로 인해 근대적 사유재산제가 제도적으로 성립하면서 사유재산 관념이 본격적으로 사회화되었다.

해방은 사적 소유권의 최대 위기였지만 미군정은 급속한 재안정화 정책을 추진했다. 북한 지역은 토지개혁 등 일련의 개혁을 거쳐 사적 소유권이 폐지되었지만, 남한의 경우 농지개혁과 적산불하 과정을 통해 오히려 사적 소유권이 광범위하게 확산되었다. 이 과정에서 미국은 농지든 적산이든 일관되게 개인 불하를 강조해 관철시킴으로써, 남한의 자유주의적 사적 소유권 체제의 기초를 잡았다.

그럼에도 제헌헌법에서 보이듯이 남한의 사적 소유권은 큰 제약 아래 놓이게 된다. 사회주의적 성격이 강한 제헌헌법 경제 조항에 대해서는 "국민경제와 재산권의 행사에 대해서 너무 인민의 자유를 구속한 감이 있어 국민 경제발전과 기업 발달을 방해할 염려가 있"다는 우려가 나올 정도였다.[58] 사유재산의 통제와 관리에 민감했던 것이 헌법 제정 과정의 논의에 잘 나타나 있다. 이를 집약해서 보여주는 것이 이승만의 발언이다.

자본가가 자본을 쓸 적에 저희 사사이익을 위해서 쓰는 것을 국법으로 반대한다는 그것입니다. 공익을 위해서 나라를 위해서 자본을 쓰게 될 수 있으니까 국법으로 공익을 위해서 자본을 가지고 쓰면 보호하자는 것입니다. 토지를 가진 사람도 그러할 것입니다. 노

동자인 사람도 그래가지고서 협의적으로 같이 이익을 위하자는 것이 헌법에 이만치 되여 있는 것입니다.[59]

이승만의 발언은 곧이어 나올 일민주의를 예비하는 것처럼 읽힌다. 자본가나 노동자나 모두 하나의 민족으로서 일민이라는, 민족주의로 치장된 계급 협조주의를 내걸고 있다. 즉 사적 소유권과 사유재산을 인정하되 국가-민족의 강력한 통제 아래 있어야 한다는 논리였다. 그럼에도 재산권 조항인 헌법 제15조는 단 한 명의 반대도 없이 만장일치로 통과되었다. 사유재산제에 대한 근본적 합의가 있었던 셈이다.

사유재산제를 유지하되 국가의 강력한 통제권을 허용했던 제헌헌법은 미국의 자유주의적 시장경제와 어울리지 않았다. 결국 1954년 '사사오입' 개헌으로 경제 조항이 대폭 수정되어 자유시장 경제질서로의 전환이 이루어진다. 전환은 제도적 정비만으로는 이루어질 수 없다. 삼선개헌반대투쟁위원회 위원장을 역임하고 1970년대 들어 기독교 장로회 계통의 민주화운동의 대부 격이었던 김재준은 이미 한국전쟁이 끝나기도 전에 사회 상식의 자유주의 원리를 설파했다.

사회 실태에 있어서 인간이 다 균등이라는 것은 아니다. 사회생활의 실태에 있어서 부지런한 자와 게으른 자가 똑같은 보수를 받고 기술자와 막벌이꾼이 똑같이 대가를 받아야 한다는 것이 아니다. 직분의 차, 역량의 차, 남녀의 분야, 직장의 다양성 등은 각기 그 능력에 따라, 그에 합당한 정의가 수립되어야 할 것이다. 뿌루너(Emil Brunner-인용자)가 말한 바와 같이 창조의 질서에 있어서 인간의

　　　　　　　　　　　2부　박정희 체제의 통치성

존경을 말할 때 그것은 평등이다. 그러나 사회생활의 구체적 실태를 말할 때 거기에는 수학적 균등은 없는 것이다. 균등은 기계주의를 낳고 차위는 유기체적 협조를 가져온다. 절대균등이면 사회 교류가 안 되므로 생활이 불가능하다.[60]

물론 자유주의와 능력주의에 기반한 김재준의 인식이 고전적 자유주의 단계에 머무른 것은 아니었다. 그는 "개인의 자유는 그 대가를 사회에 지불할 때에만 유지"된다는 입장을 천명했다. 즉 "각 개인이 자기가 부담한 책임을 완수하며 그 이상으로 봉사하는 때에만 그에게 사회적인 자유가 오는 것"임을 역설했다.[61] 박정희 역시 기회 있을 때마다 책임과 의무를 다하는 조건 하에서만 권리가 보장된다고 주장했다. 이러한 자유주의가 가능하기 위해서는 무엇보다 사적 소유권이 보장되어야 한다.

개인의 사유재산권은 정치권력의 절대화를 방지하는 민주보루이다. 만일 사유재산권이 없다고 가정한다면 국가관헌은 하고 싶은 짓을 제멋대로 행할 수 있고 그렇게 되는 날이면 개인의 자유는 없어지고 만다. 사유재산권을 소유함으로 말미암아 안정된 생활을 누릴 수 있는 남녀의 수가 많아지면 많아질수록 관헌독재로부터 독립자활할 수 있는 자유시민의 민주보루가 강화되고 이 민주보루를 기지 삼아 많은 사람의 자유 보장은 용이해질 것이다. 소유권을 가진 사람의 수가 많아지면 독재자에 대해서 코웃음을 치는 자유시민층이 생기게 된다. 소유권이야말로 폭정에 대한 가장 효과적인 대비책인 것이다.[62]

위 인용문은 영국 보수당 이든Robert Anthony Eden 수상의 말이다. 4·19혁명 직후 김상협은 이를 "소유권 있는 민주주의"로 소개하면서 한국도 따라야 할 것을 주문했다. 즉 "선진 각국의 민주주의는 소유권 있는 중산계급의 투쟁으로써 이루어졌으며 또 팟쇼독재, 공산당 독재에 반항해서 용감히 싸워온 것도 소유권 있는 중산계급이었다"고 강조하고 한국 역시 '많은 사람이 소유권을 가지는 민주주의' 방향으로 이끌어 나가야 할 것을 주장했다.

'경제 제일주의'를 내건 장면 정권에서 재무장관을 역임하게 될 민주당의 김영선은 "민주당이 수립하고 보수하려는 것은 근대 시민사회 질서"임을 분명히 했다. 그가 말한 시민사회 질서는 "법치주의와 자유경제 원칙"이었다. 그는 고전적 자유방임 정책 대신 "계획성 있는 자유경제"를 주장했지만, "사유 사영 확대" 등 자유주의적 전망이 기본이었다. 그렇기에 김영선은 "일부 소아병적 정객들은 생산수단에 대한 광범한 국유화"를 주장한다고 격렬하게 비판했다. 그가 보기에 "계획경제는 공산진영과 팟쇼진영의 독재를 초래"할 수밖에 없는 위험천만한 것이었다.[63]

김영선의 비판은 4월혁명이 초래한 위기에 대한 반동이었다. 4월혁명은 한국전쟁 이후 궤멸 상태에 빠졌던 좌파의 정치활동과 이데올로기에 숨통을 틔워주는 역할을 했다. 혁신계로 불리던 이 흐름은 자유주의에 강력한 도전장을 내밀었다. 예컨대 사회대중당 선전위원장이었던 유병묵은 4·19 이후 한국이 지향해야 할 경제체제는 민주적 사회주의 경제체제이며 이를 달성하기 위해 주요 산업을 국유화해야 한다고 주장했다.[64]

물론 20세기 중반 한국의 자유주의가 고전적 자유방임을 단순 반복한 것은 아니다. 애덤 스미스는 나의 아침 식탁에 오르는 고기가 푸줏간 주인의 이기심의 덕이라 했다. 즉 각자도생의 이기적 행위가 시장을 통해 결과적으로 이로운 것이 된다는 논리에 다름 아니다. 스미스의 생각은 이기적인 개인의 악덕이 사회의 공익으로 돌아온다는 18세기 초 버나드 맨더빌의 주장을 반복한 것이다.[65] 20세기 들어 고전적 자유주의는 사회적 자유주의로 갱신되기도 했고 대공황을 거치며 뉴딜과 케인스주의로 나아갔다. 한국 역시 한국전쟁 이후 미국의 영향 속에 케인스주의가 경제학의 주류를 이루었는가 하면 김재준의 말처럼 책임과 의무를 수반하는 자유가 강조되기도 했다.[66] 그러나 어쨌든 자유주의 원리가 거스를 수 없는 대세가 되고 있음은 분명했다.

이상을 통해 보건대 박정희 체제의 성립 무렵 한국 사회는 사적 소유권과 자유주의에 기반한 통치성이 이미 강하게 작동하고 있었다고 할 수 있다. 박정희는 이승만처럼 공공 이익에 근거한 국가의 강력한 통제를 추구했지만, 그의 민족적 민주주의는 '소유권 있는 민주주의'를 받아들여야만 했고 사회 상식의 자유주의를 어쩔 수 없었다. 그렇다면 사적 소유권에 기반한 급속한 자본주의적 산업화는 사람들의 삶을 어떻게 변모시키고 있었던가.

비유하건대 개발연대는 한국 자본주의의 사춘기였다. 격렬한 성장통을 수반하면서도 체질을 바꾸고 급속한 성장을 지속했다. 자본주의 산업화는 곧 자본이 자신의 모습대로 세계를 복제해내는 과정이나 다름없다. 그것은 존재하는 거의 모든 것이 교환가치로 환산되어 화폐량으로 측정되는 것을 의미한다. 이에 따라 인간과 인간의 관계, 인간과 세계의 관계가 근본적으로 재편된다.

이 세계의 주인공은 자본, 즉 운동하는 화폐다. 자본 운동은 곧 화폐의 흐름으로 현상하는데, 시장이란 단지 상품 거래만을 의미하지 않는다. 시장은 화폐 운동, 즉 자본의 자기증식 과정을 의미하기에 세계 자체가 시장이다. 운동하는 화폐로서의 자본은 상품 생산을 넘어 사회적 재생산을 도모한다. 한국은행 통계에 따르면 1960년 화폐발행 잔액은 146억 원이었으나 1970년에는 1589억 원으로 증가했고, 1980년에는 무려 2조 385억 원으로 폭증해 1970년대 10년 동안 15배가량 확대됐다.[67] 화폐량의 증대는 곧 사회 곳곳으로 돈이 흘러 다니게 됨을 의미했다. 1973~1979년 실질임금의 연평균 증가율은 12.7퍼센트로 같은 기간 GNP 증가율을 2.4퍼센트 상회했는데, 생산직 노동자의 임금이 화이트칼라보다 급속히 상승했다.[68]

화폐경제의 성립은 생활양식 자체를 변모시킨다. 화폐는 공동체의 직접적·인격적 결합을 해체하고 대신 화폐를 매개로 한 상호 독립적인 관계를 만들어내기에 개인주의의 가장 강력한 물적 토대가 된다. 즉 보편적 척도로 기능하는 화폐의 소유만으로 개체는 사회적 삶에 필요한 모든 것을 구매할 수 있게 된다. 이것이 게오르크 지멜Georg Simmel이 화폐를 '세속적 신'이라 부른 이유다. 또한 화폐는 신분적 격벽을 넘어 계층 상승을 가능케 한다는 점에서 사회적 평균자 역할을 수행한다. '돈이면 다 되는' 상황은 일종의 해방이다.

세속적 신이자 보편적 척도가 된 화폐는 사회를 기존과 전혀 다른 방식으로 통합한다. 사회는 이제 화폐를 매개로 하지 않는 사회적 관계를 부차화하고 사회적 신용의 창출을 화폐에 위임하게 된다. 따라서 화폐는 사회 통합력의 척도이며 공동체의 신용이 집적된 결과다. 요컨대 화폐 소유 규모에 의해 구성원의 사회적 신용과 위치가 결정되어 사회적 질서를 창출하고 유지되는 기반을 이룬다. 고로 화폐를 소유한다는 것은 그 사회의 구성원으로서 권리이자 불가피한 의무가 된다.

이와 관련해 박완서의 글쓰기가 주목된다. 박완서는 자신의 글이 "기를 쓰고 그 시대를 증언한 흔적"이라고 술회했다.[69] 박완서는 전형적인 고학력 도시 중산층으로 특히 1970년대 돈, 소유, 욕망 등과 관련된 그들의 삶을 세밀화처럼 재현하는 데 있어서 타의 추종을 불허한다. 박완서의 1970년대 소설과 에세이는 살벌하기 그지없던 유신체제하 시장의 자유주의 통치성이 어떻게 개인의 삶을 규율하고 있는가를 보여주는 보고다.

박완서에게 전쟁 체험은 매우 중요한 모티프다. 오빠의 죽음을 비롯해 전쟁은 생사를 넘나드는 고통의 근원이자 오래 지속될 트라우마의 원체험이다. 그러나 다른 한편으로 전쟁은 삶의 또 다른 원형을 이루는데, 시장과 돈이 그것이다. 그의 등단작인 『나목』(1970)의 첫 장면은 미군 PX 초상화부에서 미군 고객과 화가를 연결해주는 거래와 흥정 일을 하고 있는 주인공 이경의 모습을 묘사하는 것으로 시작한다. 이는 곧 돈을 매개로 한 사회적 관계로서의 삶을 의미한다. 1975년 연재를 시작한 『도시의 흉년』 역시 전쟁이 모든 것의 기원이다.

그녀는 처음으로 먹을 것 아닌 물건에 강렬한 욕망을 느꼈다. 그것은 아주 화려한 수가 놓인 공단 이부자리였다. (…) 그렇지만 그걸 가져간다는 건 누가 뭐라지 않아도 도둑질인 것 같았다. 그것은 곡식을 가져가는 게 누가 뭐래도 도둑질이 아닐 것 같은 것과 똑같은 그녀 나름의 확신이었다. (…) 그녀는 처음으로 갈등과 직면한 것이었다.[70]

주인공의 모친인 김복실은 공단 이부자리를 '훔치지 않고 가져 온다.' 알리바이는 아이들과 모성애였다. 이러한 김복실을 박완서는 싸늘하게 질타한다. 그건 그녀의 착각일 뿐이며 그것은 모성애가 아니라 욕심이라는 것이다. 그런데 그것은 "그녀 내부에 숨었던 암팡진 욕심의 씨가 마침내 단단한 껍질을 뚫고 싹을 내민 것"이자 "동시에 그녀가 몸담고 있던 답답하고 구질구질하고 고지식한 세계"가 와해된 것이라고 적는다. 도덕적 타락이 곧 해방이 되는 소유권의 역설인 셈이다. 이불을 지고 김복실은 해방의 공간을 질주한다.

그녀는 머리에 잔득 짐을 이고도 날개 달린 듯이 홀가분했고 입엔 웃음이 함박꽃같이 헤프게 넘실댔다. 지독한 사슬에서 방금 풀려난 듯이 사지는 믿을 수 없을 만큼 자유로웠고, 몸뚱이 살집 갈피갈피에선 몰래 기르고 있던 조그만 악마들이 날카로운 웃음소리를 내며 소요를 일으키고 있는 것처럼 느꼈다. 이런 전연 새로운 느낌은 그녀에게 새로운 살맛을 의미했다. (⋯) 비단이불은 그냥 시작일 뿐이었다. (⋯) 그녀는 온갖 것을 탐냈다. 비단옷도 탐났고 싱거 미싱도 탐났고, 값진 사기그릇에 자개가 박힌 장롱까지 탐났다. 탐나는 것을 찾아내어 소유하는 기쁨을 무엇에 비길까.[71]

과장을 보태면, 이 대목이야말로 한국 자본주의의 혁명의 순간일지도 모른다. 기존 도덕 체제를 전복하고 소유 욕망의 자유와 희열에 들뜬 이 주체의 탄생이야말로 자본주의가 축복해 마지않을 혁명의 순간이 아닐 수 없다. 악마의 소요는 기존 체제를 전복했고 기존 도덕은 소요 진압에 실패했다. 김복실은 소유적 인간으로 거듭난다. 소유권적 주체가 서식할 곳이 시장임도 분명하다.

> 시장 속은 별세계같이 생기에 넘쳐 있다. 팔고 사고 바꾸고 악착같
> 은 흥정과 에누리와 욕설의 악다구니. 상인과 고객이 따로 있는 게
> 아니라 옷가지와 먹을 것과의 물물교환이 주여서 거래는 한층 영
> 악을 극하고 사람마다 먹을 것을 향한 집념 하나로 체면이고 예절
> 이고 홀랑 벗은 알몸뚱이가 되어 처절한 육박전을 벌인다.[72]

박완서는 시장의 생기에 전율한다. 그것은 인민군 치하 서울에
서 느낀 좌절과 환멸을 치유하는 생기로 가득한 시공간이다. 그가
느끼는 치유의 감각은 인간의 원초적 본능을 발산하는 것으로 재
현된 시장의 악다구니로부터 나온다. 알몸뚱이의 인간, 애국과 이
념과 사상을 벗어던진 인간을 만날 수 있는 곳이 곧 시장이다.

> 그것은 달러라는 신기한 화폐였다. (…) 누구나 달러를 가지고 있
> 으니 행복하지 않을 수가 없었다. (…) 전쟁으로 헐벗을 대로 헐벗
> 은 백성들은 신기한 화폐, 달러를 필요로 했다. (…) 이제 김복실 여
> 사는 인플레로 값어치가 형편없이 떨어져 부피만 산더미처럼 많은
> 한국은행권은 돈 같지도 않았다. 달러 모으는 재미야말로 깨가 쏟
> 아지는 인생의 진미였다.[73]

위 인용문은 김복실이 전쟁통에 '양색시 장사'를 시작하는 모
습을 묘사한 것이다. 여기서 달러는 전쟁의 불행조차 행복으로 바
꾸고 인생의 진미를 맛보게 해주는 것이다. 미군 PX에서 달러를
만져본 저자의 체험이 녹아 있을 이러한 서술은 전쟁이라는 극한

상황에서 화폐가 어떻게 삶을 지배하게 되었는가를 잘 보여준다. 소유권적 주체의 욕망은 시장을 통해 화폐 집적으로 귀결된다.

공산주의와 자본주의 사이 이념 대립의 극한을 달린 전쟁은 결국 남한 지역 자유주의 이데올로기의 역사적 저수지가 되었다. 박완서는 전쟁통에 "자유주의 만세"라는 벽보를 보고 눈물을 흘리는 주인공을 묘사한 적이 있다.[74] 이 자유주의는 정치보다 경제로 집중된다. 그는 "자유 중에서 경제적 자유만큼 중요한 게 또 있을까"라고 반문했다.[75] 요컨대 전쟁은 가장 비극적인 방식으로 '사회 상식'으로서의 자유를 가르쳐준 셈이다.

여기서 인용한 박완서의 글이 쓰인 시점은 모두 1970년대다. 박완서가 주목한 돈과 시장, 소유권과 욕망의 문제는 전쟁 당시의 그것일 수도 있지만, 무엇보다 1970년대 감각의 산물이다. 요컨대 경제적인 것이 사회를 압도하던 1970년대 사회 상식이 20년 전 전쟁을 자신과 비슷한 모습으로 재현한 것이다. 다시 말해 1970년대 중산층에게 전쟁의 기억은 지금까지 아등바등 이루어놓은 것들이 한순간에 무너져버릴 수도 있다는 정신적 외상이었다.[76]

전쟁을 소유권과 돈 이야기로 버무려낸 박완서는 1970년대 역시 동일한 방법으로 재현해낸다. 단편소설 「세모」(『여성동아』, 1971년 3월호)는 "돈을 잘 버는 남편을 가졌다는 건 얼마나 큰 기쁨이요, 자랑일까"로 시작한다. 기쁨과 자랑의 근원은 남편이 아니라 돈이다. 주인공은 "핸드백 속에 지폐 뭉치를 넣고 쇼핑의 인파에 섞이는 유열愉悅"로 들뜨는 존재다.

돈을 가졌다는 건, 이 백화점에 진열된, 제아무리 빼어난 고급품이라도 아양을 떨지 않고는 못 배길 돈을 가졌다는 건 얼마나 신바람

  2부 박정희 체제의 통치성

나는 일이냐 말이다. 나는 여러 가지 물건을 구경도 하고 만져도 보았으나 하나도 절실하게 탐나지는 않는다. 다만 두둑한 핸드백을 들고 남편과 팔짱을 끼고 인파대로 휩쓸리는 게 디즈니랜드에서 유람선을 탄 어린애처럼 천진스럽게 즐거울 뿐이다.[77]

돈은 보편적 욕망의 형태를 취한다. 그것은 보편적이기에 더 이상 구체적인 대상으로 국한되지 않는 실체 없는 욕망의 모습으로 등장한다. 돈은 사용가치로 전환되어 욕망을 충족해야 한다. 그러나 사용가치의 욕망이 충족된다는 것은 돈이라는 보편적 욕망의 파괴를 의미한다. 욕망의 충족이 곧 욕망의 결핍으로 이어지는 이 순환 과정이 자본주의적 삶의 뼈대를 이룬다. 그것은 복잡하고 골치 아프게 세계를 해석하고 사유할 필요 없이 오직 화폐 하나로 환원되는 것이기에 천진난만한 삶이다.

마르크스는 화폐가 일체의 차이를 제거해버리는 철저한 평등주의자라고 갈파했다. 그런데 화폐의 진정한 위력은 그것이 사회적 힘에 근거하기 때문이다. 사회가 보유한 인적·물적 자원 전체가 화폐라는 상징 기호를 통해 개인의 사유물이 될 수 있다는 가능성이 화폐의 진정한 힘인 것이다. 즉 화폐를 통해서 비로소 사회적 힘이 개인의 사적인 힘으로 전화될 수 있다.[78]

이로부터 사회적 힘을 사적으로 소유하기 위한 쟁투가 사회적 삶의 본질을 이루게 된다. 게다가 사용가치에 대한 욕망은 한계가 명백하지만, 교환가치는 무한대의 욕망을 구성한다. 제아무리 왕이라 해도 입이 2개일 수는 없지만, 화폐는 무한대로 증식한다. 박완서는 "재물의 욕심이란 어느 욕심보다도 밑 빠진 가마솥이어서 먹어도 먹어도 배가 안 부르게 마련"이라 했다.[79] 이로써 사회 전체가 사적인 것들로 갈가리 찢겨나가는 사회, 이해관계 다툼이 항상화된 사회, 서로가 서로에게 늑대가 되는 세계가 열린다. 다시 말해 모든 인간적 관계가 해체되어 오직 화폐를 매개로 한 이해관계로 종속된다. 요컨대 자본주의는 중세의 열정passion을 이해관계interest로 대체했다.

보편적 척도로서 화폐의 기능이 강화되고 촘촘해질수록 주체 역시 새롭게 재구성된다. 지멜에 따르면 화폐경제는 인격과 사물 사이의 상호의존성을 해체한다. 예컨대 중세 유럽의 직조공 길드는 직업·사교·종교·정치 등 다양한 측면을 포괄하는 삶의 공동체였다. 이와 반대로 화폐경제는 총체적인 것과 전인격적으로 결합되지 않고, 주식회사와 같이 오직 돈만 주고받는 결사체를 만들어 낸다. 이로부터 보편적 인간 표상이 가능해진다.[80]

박완서의 보편적 인간 표상은 중산층이다. 그는 "'중류층'이야 말로 가장 양식에 입각한 사고를 할 수 있는 층이라고 생각"했다.[81] 나아가 '전래의 미풍양속과 서구식 개인주의적 핵가족제'를 융합시켜 가장 바람직하고 건실한 가족제도를 유지하려고 고민하는 양식을 가진 층이라고도 했다.[82]

살 만한 정도가 아이들을 실력 있는 대학까지 보낼 만하고, 따라서 납입금 때문에 아이들이 위축되거나 비참한 느낌을 맛보는 일은 없으되 비싼 과외 공부까지 시킬 돈은 없고, 용돈에 짠 편이지만 책이나 학용품을 산다면 비교적 후하고, 옷은 초라하지 않게 입고 다니지만 알고 보면 형제끼리 물려 입고 바꿔 입은 거거나 값싼 기성복이고 (…) 한 달에 한두 번 정도는 가족끼리 큰마음 먹고 외식도 하지만 기껏해야 불고기나 통닭 정도고, 제 집은 지녔으되 좀 더 나

　　　　　　　　　　　2부　박정희 체제의 통치성

은 집으로 가고 싶은 게 가족들의 한결같은 소망이지만 그렇다고
친구가 찾아오면 창피할 정도는 아닌 (…) 엄마는 아이들의 입학금
이나 장차 있을 큰일에 대비해 계나 적금을 한두 개쯤 부으면서 식
구가 급한 병이라도 났을 때 당황하지 않을 만큼의 은밀한 저금통
장이 있는….[83]

긴 인용이지만 한마디로 줄이자면 '적당한 돈'이다. 구별될 수
있는 문화와 관습, 가치 관념 등은 문제가 아니다. 확실히 한국의
부르주아는 다른 계급과 구분되는 상류층다운 아비투스를 갖추지
못했다. 화폐량이 곧 생활수준이고 아비투스이며, 차이 표시 기호
인 것이다. 돈이 권력과 품위와 권위 그리고 인격까지 제공해주는
조건에서 별도의 상징자본에 대한 투자는 비합리적이다.

화폐 축적은 사회적 힘의 사유물화이기에 필연적으로 개인주
의를 고양시킨다. 즉 보편적 인간상으로서의 중산층은 또한 개인
주의와 밀접하다. '돈으로 안 되는 게 없는 세상'은 개인이 단독자
로 지속 가능한 핵심 토대다. 박완서 소설에는 단독자의 모습을
한 개인의 모습이 산견된다. "아무도 연민만으로 통곡할 수는 없
다. 남의 상여를 보고 한 방울의 눈물을 흘리려도 우선 제 설움이
앞서야 하는 법"이라는 서술이나 "남의 불행을 고명으로 해야 더
욱더 고소하고 맛난 자기의 행복"과 같은 대목이 대표적이다.[84] 그
는 "운동권에 있던 시절에도 나는 항상 개인주의자라고 생각"했고,
"집단적인 정열이 너무 싫"다고 명토 박아 얘기했다.[85]

하이에크를 모른다 해도 개인으로 구성된 자유시장의 삶이 경
쟁을 불러온다는 것은 당대의 사회 상식이었다. 박완서는 "앞으로
의 세상을 살려면 마음이 독한 쪽이 암만해도 유리할 것 같고 그래

서 그렇지 못하게 아이들을 키운 건 잘못 키운 것이란 생각"을 한
다.[86] 그가 본 1970년대 현실은 "긍지라는 걸 지킬 수 있는 목가적
인 가난은 없"는 세상이며 "돈 이전에 어느 정도의 인격을 갖추어
야 사람대접 내지는 존경을 받을 수 있었던 때는 이미 옛날"이다.[87]
따라서 그에게 "게으름만 한 악덕의 문은 없다."[88] 가난 탈출은 부
자의 동정이나 시혜가 아니라 "가난뱅이 스스로의 의지나 노력, 각
고"로 이루어져야 한다.[89]

> 아이들도 어른이 되어가는 과정에서 불가피한 경쟁에 이기기 위
> 해 긴장은 어쩔 수 없다손 치더라도 긴장에 의해 인간성 자체가 변
> 형되거나 뻣뻣하게 굳어지지 않기 위해선 수시로 긴장을 풀어줬다
> 조여줬다 하는 신축성이 필요하다 하겠다. (…) 학교에선 지식과 더
> 불어 인간관계를 가르쳐야 하고, 그러기 위해선 경쟁이란 고독한
> 세계의 반목을 여럿이 즐거움을 같이 나눔으로써 화해시키고 풀어
> 줘야 한다. 경쟁이란 어둡고 닫힌 세계의 고독과 밝고 열린 세계의
> 즐거움이 자연스러운 파장을 이루는 성장 과정을 갖도록 해주어야
> 한다.[90]

박완서는 경쟁을 위한 긴장의 신축성을 강조한다. 경쟁은 어른
이 되기 위해 불가피하게 치러야 하는 것이며 그것도 이겨야 하는
것이다. 그래서 그에겐 경쟁력의 핵심인 학력의 상승이 중요하다.
박완서는 "중고등학교의 평준화는 학력 저하라는 과를 남"긴 것으
로 평가했다.[91] 이러한 퇴행을 막기 위해, 학력과 경쟁력의 원활한
상승을 위해 학생들의 감정과 정신, 신체 리듬은 신축과 이완이 반
복되어야 한다. 박완서는 시골 학교의 운동회를 예로 든다. 운동회

     2부 박정희 체제의 통치성

에서는 "꼴찌만 하던 돌쇠가 달리기에서 일등을 하는 이변"이 가능하다.[92] 박완서는 우승열패의 경쟁이 초래하는 긴장과 스트레스를 관리해줄 축제의 필요성을 강조한다. 공부 외의 경쟁의 장을 만들어 경쟁의 다양성을 보장해주자고 한다.

박완서는 경쟁의 스트레스를 관리할 합리적 대안을 얘기하지만, 시장은 그리 합리적이지 않다. 자유경쟁은 예측 불가능한 요소들의 출몰로 시장의 무정부성을 야기하는가 하면 합리성 대신 종종 투기와 같은 우발성의 도박판이 되기도 한다. 따라서 경제적 합리성으로 무장한 호모 에코노미쿠스는 종종 주술에 기대는 비합리론자가 된다. 박완서의 소설 주인공들은 자주 주술에 강하게 주박된 모습을 보인다. 흥미로운 것은 주술의 거의 대부분은 돈과 관련된다는 점이다. 「맏사위」라는 단편소설의 주인공은 갖가지 미신이나 금기를 알고 있지만, "재수에 관한 미신을 제외한 어떠한 미신도 전연 신용하지 않"는다. 이유는 간단한데 "비과학적"이기 때문이다. 주인공은 "내가 믿는 미신은 오직 재수, 즉 재운財運에 관한 미신뿐이었다. 재운만큼은 과학을 초월한 불가사의였기 때문이다."[93]

삶의 복잡다단한 과정에 깃들어 있는 불가사의가 불러오는 긴장과 고통을 해소하고자 동원된 주술적 세계관이 오직 단 하나의 운수인 재수로 환원되는 과정이야말로 화폐의 위력을 잘 보여준다. 다시 말해 화폐는 시장의 세계를 지배함으로써 다시 성스러운 것으로 귀환했다. 「재수굿」은 '사람답게' 사는 본보기와도 같은 검사 집안의 주술화를 다루고 있다. 이 집안은 무당을 불러들여 재수굿에 열을 올리는데, 오백원, 오천원, 만원 지폐가 "돼지 대가리의 은총을 구걸"하고 "감돈"感豚을 기원한다.[94]

주술에 기댈 정도로 불합리한 시장의 경쟁은 곧 타락으로 이어진다. 화폐경제의 타락은 1970년대의 공인된 화두였다. 물질만능주의, 상업주의, 이기주의, 배금주의 등등 타락상에 대한 도덕적 질타가 대통령부터 지식인에 이르기까지 간단없이 울려 퍼졌다. 이는 종교마저 타락시키는 돈의 위력 앞에 더욱 절실해진다.

돈이야 여기선 휴지 같잖은가 뭐. 작년 사월 파일만 해도 돈을 중들이 주체를 못해 가마니에다 우거지처럼 처넣고 발로 꽉꽉 밟아서 은행으로 메구 갔다지 않소. 설마… 보살님도 설마가 뭐에요. 장사 치고 부처님이나 예수 파는 장사만큼 수지맞는 장사도 없다오.[95]

진지전의 최후 보루라고 할 종교가 이 지경이었으니 박완서의 도덕 재무장은 더욱 절실했다. 한국전쟁과 산업화를 거치면서 기독교 신자가 급증했다. 수많은 사람이 살벌한 화폐전쟁의 상처를 보듬기 위해 절대자를 찾았다면, 더 많은 사람은 그 전쟁의 승자가 되고자 교회와 절간 문턱을 넘나들었을지도 모른다. 화폐가 점령해버린 절대자의 집이야말로 돈과 마음의 평화를 동시에 구매할 수 있는 복합 쇼핑몰인 셈이다.

그렇기에 박완서는 돈이 제일이 된 세상을 신랄하게 비판한다. 그는 "정직과 근면은 사람을 웃길 따름인 것"이며 "다만 돈이 제일"이고 "법에 걸리지 않고 어떻게 해서든 약게 돈만 벌면 되는 것"이라고 고발한다."[96] 상류층에 대한 비판은 더욱 신랄하다. 그는 "상류가 돈이나 지위보다는 진정한 의미의 기품—깨어 있는 정신의 고고"와 관련되어야만 한다고 주장한다.[97] 고고한 정신은 다음처럼 구체적으로 언급되기도 한다.

자기의 재산 정도에 비해서 작은 집에 산다는 게, 자기의 수입보다
는 검소하게 산다는 게, 사람의 품위 같은 게 돼서, 남이 그걸 좋아
하고 흉내 내고 싶은 세상만 되면 주택 문제는 저절로 해결될 것 같
다. 남는 것은 나누는 넉넉한 마음만이 모자라는 것을 해결하는 근
본적인 것이 될 것이다.[98]

박완서는 소유와 생활양식 사이의 적절한 관계를 주문한다. 베
블런 식으로 이해하자면, 유한계급의 문화적 진화가 나타나는 것
은 소유권의 출현과 일치하는 것인데, 과시적 여가와 과시적 소비
기준을 따를 수 있는 좋은 매너와 좋은 생활방법을 찾아야 한다는
입장일 것이다.[99] 상류층의 적절한 매너와 생활양식은 예컨대 "부
가 사람들에게 끼칠 수 있는 악덕을 살짝 빼버리고 그 비할 나위
없는 쾌적감만을 교묘히 추려"놓은 것을 말한다. 여기서 박완서는
부가 아니라 부를 관리하는 정신을 문제 삼는다. 부의 축소 재현을
통해 부의 악덕을 관리할 수 있는 고상한 정신을 고양시키고자 한
다. 근대적 교양으로 채워진 정신에 적절한 윤리감각을 갖춘 주체
는 곧 사물을 다스릴 수 있는 주체다.

아무리 값비싸고 사치한 것들이라지만 이것들을 통일시켜 어떤 살
아 있는 분위기를 만들 주인의 정신과 만나지지 못하니 잡동사니
처럼 무의미했다.[100]

박완서는 부르주아의 교양과 재산의 조화로운 교섭을 욕망한
다. 재화는 그 자체로 선악을 넘어선 대상일 뿐이며 오직 주체의
의식적 실천으로 의미화된다. 교양이 없다면 사물의 질서도 없고

의미도 생산되지 못한다. 잡동사니 사물로서의 재화는 오직 정신을 통해 살아 있는 생명을 얻게 되며 통합적 질서를 가진 의미를 산출하게 된다. 여기서 주체는 정신으로 고양된 존재여야 한다. 사물에 질서를 부여하고 살아 있게 만드는 이 정신이야말로 박완서가 궁극적으로 확인하고 싶은 '자유'의 모습일 것이다.

토종닭이야말로 닭다운 삶의 무엇인가를 알고 그것을 지켰고, 즐겼고, 그것을 침해하려는 자에 저항했다. 계권鷄權이 무엇인지를 알고 있었다고나 할까. 이렇게 삶을 즐길 줄도, 삶을 위해 수고할 줄도, 자식을 낳아 기르는 책임을 위해 용감하고 간교할 줄도, 자기 가정을 넘보는 옳지 못한 힘과 맞서 투쟁할 줄도 아는 토종닭과, 부화기에서 깨어나 일생을 자유가 무엇인지도 모르게 갇혀서, 살만 찌는 배합사료로 사육당한 양닭하고 어떻게 그 고기 맛이 같을 수가 있을까.[101]

유신 치하에서 '계권'을 통해 자유를 얘기한 것은 탁월한 유비라고 보인다. 확실히 인용문의 자유는 자율성과 주체성을 담보한 해방으로서의 자유라고 읽힌다. 그런데 1970년대 "닭다운 삶"은 무엇일까. 즐기고 수고하면서 용감하고 간교하게 투쟁하는 주체의 자유가 시장에서 발휘된다면 어떻게 될까. 고달프게 많은 것을 배워 용감하고 간교하게 투쟁하는 기술과 자원을 확보한 주체들의 자유로운 삶의 결과가 당대 현실은 아니었을까. 박완서의 자유주의는 하이에크의 그것과 얼마나 같고 얼마나 다를까.

이와 관련하여 흥미로운 소설이 1976년에 발표된 『휘청거리는 오후』다. 소설은 작은 공장을 운영하는 허성 가족의 삶을 다루고

     2부　박정희 체제의 통치성

있는데, 공장의 돈이 딸의 결혼 자금으로 이어지는 자본의 흐름이 주목된다. 요컨대 자본 재생산과 가족 재생산의 결합을 보여준다. 그러나 결국 허성은 공장의 파산과 함께 자살로 생을 마감한다. 이른바 사업 실패에 따른 자살이 일종의 사회적 현상이 되는 과정을 잘 보여준다.

허성은 공장에서 일하다 왼손가락 하나를 잃는데, 이는 그에게 커다란 트라우마가 된다. 허성의 부인 민 여사는 공장에서 번 돈을 밤새 팔랑팔랑 세는 데 집착한다. "팔랑팔랑 돈을 세다 말고 발정적으로 허성 씨의 토막 난 손을 끌어다가 그 미운 상처 자국을 부드럽고 따뜻하게 오래오래 애무할 적도 있었다. 그러면 허성 씨는 그 상처 자국이 자기만의 성감대라도 되는 것처럼 짜릿짜릿해지면서 아내가 못 견디게 귀여워"지는 것이다.[102] 잘려나간 손과 교환된 화폐는 성애적 매력의 대상이 되는데, 그 매력은 이중의 재생산, 즉 생물학적 재생산과 경제적 재생산을 상징한다.

허성의 왼손에 대한 집착은 상처 입은 정체성에 대한 멜랑콜리가 되어 불안을 현재화한다. 비대칭적 사돈 관계로 인한 모멸과 수모, 화폐량 부족에 따른 압박, 가족관계에서의 소외 등으로 위기의 나날을 보내던 허성은 그럼에도 우직한 힘으로 자신의 삶을 이어간다. 그를 최종적으로 무너뜨린 것은 역시 공장이다. 모든 생산의 거점이던 공장의 죽음이 명확해지면서 허성의 나머지 신체의 소멸 역시 불가피하다. 결국 공장의 파산에 따른 화폐 흐름의 단절은 자살의 형태로 허성의 삶도 끝장낸다.

박완서의 1970년대 글쓰기는 자본과 화폐의 통치성이 어떻게 개인의 삶을 관장하게 되었나에 대한 세밀한 보고서다. 화폐의 위력을 실감하면서 돈 버는 것의 열락에 취해 시장의 경쟁과 투쟁으로 돌진하던 사람들은 자유의 짜릿함과 인생의 진미를 알게 된다. 그러나 또한 자본 흐름에 맡겨진 삶은 그 흐름에 의해 죽임을 당하는 존재이기도 하다. 『휘청거리는 오후』는 자본의 생산적 쾌락과 함께 죽음의 고통을, 생명 정치와 함께 죽음의 통치성이 작동하던 시대의 산물인 셈이다.

박완서는 1970년대 팽창일로에 있던 도시 중산층의 삶의 문법과 의식을 탁월하게 보여주었다. 자본주의적 산업화의 대표적 수혜자들인 이들의 삶과 의식은 한국에 있어 자유주의에 가장 가까운 모습이다. 즉 이들이야말로 한국 자유주의의 적자들인 셈이다. 그렇기에 정치와 시장 양쪽에서 이들이 추구한 자유주의가 87년 체제의 가장 강력한 동력일 것이다. 박정희는 이들이 자신의 무덤을 파고 있다는 것을 알았을까.

4. 통치성의 두 유형, 리콴유와 박정희

나는 영국에 있는 법대에 진학하기 위해 어려서부터 영어 학교를 다녔다. 나의 꿈은 법대를 졸업해 교양 있는 영국 신사처럼 되는 것이었다. 그게 뭔지는 잘 몰랐지만, 어쨌든 사람들이 완벽함의 표본이라고 말하는 영국인에 비해서도 손색이 없는 그런 사람이 되기 위해서 말이다. 난 성장해서 영국에 있는 법대를 졸업했다. 그러나 한구석에는 왠지 뭔가가 잘못되었다는 생각이 늘 마음을 괴롭혔다. 내가 정치에 입문하기 훨씬 전의 일이지만, 나는 결국 내가 추구했던 모든 가치가 근본적으로 허황된 것들이었다는 사실을 깨닫게 되었다.[103]

인용문은 싱가포르 리콴유李光耀의 회고다. 전후 리콴유는 어릴 적에 꿈꾸던 대로 영국 최고 명문인 케임브리지 법대를 졸업해 변호사가 되었지만, 그는 영국 신사 대신 '일당 민주제'라는 기묘한 '아시아적 가치'를 주창하게 된다. 그에게 가장 중요했던 것은 영국 케임브리지대학이 아니라 일본군 점령 3년 반이었다. 해방 후 박정희를 사로잡았던 것도 일본 대신 등장한 미국이 아니라 '메이지 유신의 지사들'이었다. 리콴유가 첫 번째 식민 모국을 부정하고 두 번째 식민 모국에 강렬한 영향을 받았다면, 박정희는 첫 번째 식민 모국의 강력한 영향에서 벗어난 적이 없다.

그럼에도 리콴유에게 영국 유학 경험과 식민 모국의 영향은 상당한 흔적을 남겼다. 그가 유학했던 전후 영국은 클레멘트 애틀리Clement R. Attlee 총리의 노동당 집권기였고 '요람에서 무덤까지'라는 복지국가 모델이 구현되고 있었다. 리콴유는 해럴드 라스키Harold Laski의 강의를 듣고 큰 영향을 받았는가 하면 페이비언 사회주의의 신봉자가 된다. 그뿐만 아니라 개혁을 주도하는 노동당 정부의 공명정대함과 합리성에 깊이 매료되었고 평화적인 정권 교체와 부의 재분배를 가능케 하는 영국 정치체제의 포용력과 헌정 질서의 성숙함을 부러워했다.[104]

그럼에도 리콴유는 귀국 무렵 "강한 정치의식을 가진 반식민주의자"가 되어 있었다. 그는 스스로 "좌익 민족주의자"라고 생각했고, '리콴유'라는 중국식 이름이 자신의 정체성을 대표한다고 확신했다.[105] 애초 부모가 붙여준 이름은 '해리 리콴유'였지만 스스로 리콴유로 개명했다. 영국의 흔적을 지워버리고 중국 하카客家 출신 정체성을 택한 그의 결정은 과연 그를 '아시아적 가치'의 체현자로 만들 수 있었을까?

박정희의 경우는 어떠했을까? 박정희 또한 해방 이후 '좌익 민족주의자'로 해석될 수 있는 행보를 보여주었다. 그의 남로당 가입은 일본 육사 출신이라는 과거와 기묘하게 뒤얽힌다. 그는 해방 이후에도 연속되는 일본의 군사적 영향으로부터 자유로울 수 없었고 미국식 자유주의를 평생 못마땅해했다. 자신의 인생에서 가장 극적인 장면이었던 5·16쿠데타를 '메이지 유신의 지사'의 심정으로 치러냈다. 그럼에도 그는 '민족중흥', '조국근대화'를 내세우며 민족주의 정치를 보여주었다. 리콴유처럼 서구와 다른 민족적인 무언가를 구성하고자 했다.

확실히 두 사람 모두 식민 모국과 단절되면서도 그 영향으로부터 벗어날 수 없었다. 둘 다 강렬한 반서구적 지향을 드러내면서도 서구 근대의 부국강병과 자본주의적 산업화를 통해 자신들의 민족적 과업을 달성하고자 했다. 요컨대 두 사람 모두 자신의 국가와 민족을 식민 모국처럼 만들고자 했다. 식민자들의 방법으로 식민자들보다 더 뛰어난 국가를 만들고자 한 그들의 모습은 그람시가 말한 수동혁명을 떠올리게 한다. 여기서 두 사람의 수동성을 규정하는 것은 식민 모국의 능동성일 것이다. 두 사람은 수동혁명의 능동적 주체인 셈인데, 탈식민화 과정 속의 재식민화를 상징하는 듯했다.

리콴유와 박정희 둘 다 경제개발이 최고의 업적으로 평가받는다. 두 국가의 경제개발 방식은 세계 자본주의 체제에 크게 의존하는 국가 주도 성장 전략이라는 점에서는 비슷하지만, 구체적인 양상은 많이 달랐다. 싱가포르는 국가가 자본의 역할을 상당 부분 떠맡으면서 민간자본의 형성이 상대적으로 미약했다. 나머지 주요한 자본은 초국적 기업들이 담당했다. 리콴유는 종속이론을 거부하고

     2부 박정희 체제의 통치성

자본과 기술, 노하우와 시장을 가지고 있는 다국적 자본을 끌어들였다.[106]

여기서 국가는 사회주의와 자본주의를 반반씩 섞은 실용주의와 함께 중앙집권적 정치 풍토를 만들어낸 중핵이었다. 이러한 시스템은 공산주의를 전유한 인민행동당의 특성과도 연관된다. 인민행동당은 애초 말레이 공산주의 세력과 연합전선으로 탄생했으며, 1965년 독립을 전후한 시기까지 동상이몽의 제휴관계를 유지했다. 리콴유는 공산주의자들의 전술과 대중정치 기술을 적극적으로 수용했으며 정책 분야에서도 비슷했다. 요컨대 좌파적 지향을 전유하면서 자본주의적 산업화의 길로 매진하는 야누스와 같은 모습이 리콴유와 인민행동당이었다.

박정희 체제 또한 국가의 역할을 극대화했지만, 싱가포르처럼 국가가 스스로 자본이 되는 전략을 채택하지는 않았다. 초기 국영기업이 상당수 존재했지만 1960년대 말부터 점차 사유화하기 시작했다. 대신 박정희 체제는 국내의 사적 자본을 집중 육성하면서 초국적 자본의 직접 투자를 통제했다. 이는 라틴아메리카 여러 나라들과도 구별되는 특징이었는데, 그만큼 국가와 자본 간의 관계가 복잡하게 얽히게 되는 결과를 초래했다.

1970년대 박정희가 반자유주의 기치를 내세우며 유신체제를 성립시켰으나 처참하게 실패했다면, 싱가포르는 1970년대 말부터 반자유주의적 캠페인을 본격화했다. 싱가포르는 경제 성장에 따라 서구의 자유주의와 개인주의 문화가 유입되자 1970년대 말 '아시아적 가치'를 내세우기 시작했다.

한국은 반독재 투쟁과 시장경제의 확장 등을 통해 자유주의적 가치가 전면에 등장하면서 정치와 경제는 물론 사회문화적으로 헤게모니적 지배력을 행사하게 되었다면, 싱가포르는 일련의 균열 조짐이 보이기도 했지만 여전히 리콴유가 구축해놓은 권위주의 질서에 기반해 있다. 이를 위해 리콴유가 강조한 것이 인민의 생활 향상이었다.

> 아시아의 수백만에 달하는 가난한 대중들은 이론을 개의하거나 그 것을 알려고도 하지 않는다. 그들은 보다 나은 생활을 바라고 있다. (…) 그러기 위하여 자본 축적과 고도화된 기술 지식의 획득을 촉진하는 것이 생활 향상에 필요불가결한 것임을 납득시켜야 한다.[107]

민주사회주의를 신봉하면서 공산주의 극복을 위해 공산주의 대중정치 기술을 차용해가며 인민의 생활 향상을 내세운 리콴유의 전략은 곧 전 인민의 자산가화를 추구하는 것이었다. 이를 위해서 리콴유가 동원한 전략이 조합주의다. 특히 노동조합전국회의 National Trades Union Congress(NTUC)를 일종의 기업처럼 변모시킨 것이 주목된다. NTUC는 1만 대의 택시를 보유한 운수회사를 비롯해 보험회사, 슈퍼마켓 체인점은 물론 공공의료 시설, 방송국을 운영했는가 하면 콘도미니엄 사업에까지 발을 넓혔다.[108] 또한 인민의 자산가화는 주택으로 확장된다. 이를 주도했던 것이 주택개발청House Development Board(HDB)이다. 주택개발청은 노동자와 회사가 동일 비율로 기금을 적립하고 이 기금을 이용해 90퍼센트의 주민이 주택을 소유하게 만들었다.

사람들이 자기 소유의 아파트를 임대 아파트와는 어떻게 다르게 관리하는지를 관찰한 후, 나는 인간 안에 재산에 대한 뿌리 깊은 본

1979년 리콴유와 만나
는 박정희. 두 사람은
비슷하지만 서로 다른
통치성을 구축했다. 대
통령기록관 사진.

성이 자리 잡고 있다고 생각하게 되었다. (…) 폭동에 참가한 사람
들은 자동차 앞 유리에 돌을 던지고, 차를 뒤집어엎고, 그것을 불태
워버리곤 했다. (…) 자신의 집과 재산을 소유하게 된 사람들은 다
르게 행동했다. 나는 젊은이들이 길 위에 세워두었던 자신들의 스
쿠터를 HDB 건물 계단 위에 안전하게 옮겨다놓는 것을 보았다.[109]

리콴유는 "우리는 모든 사람에게 공평한 자기 몫을 갖게 하는
사회주의를 신봉했었다. 그 후 우리는 개인적인 동기와 보상이야
말로 생산 경제의 근본임을 배웠다"라고 했다.[110] 사회주의와 자본
주의 시장경제를 하나의 체제와 질서로 통합해내고자 한 전략이
리콴유와 인민행동당의 기본 자세였다. 그러나 가장 기본적인 전
제는 사적 소유권에 대한 절대적 승인이었다. 사적 소유권의 주체

들로 이루어진 사회주의적 공동체, 이것이 리콴유가 꿈꾸었던 질
서가 아니었을까 한다. 따라서 리콴유가 생각하는 바람직한 주체
란 소유권을 합리적으로 행사하고 관리할 수 있는 주체, 자신의 삶
을 경제적 효율성과 합리성으로 규율할 수 있는 주체가 된다.

우리 인구의 5퍼센트 정도는 항상 책임감 없고 무능력한 사람들
로 채워져 있게 마련이다. 그런 사람들은 집이든 주식이든 재산이
란 재산은 다 써버린다. (…) 우리는 그런 사람들을 가능한 한 독립
적으로 만들어 복지시설에서 생을 마감하게 하지 않도록 노력해
야 한다. (…) 서양에선 자유주의자들이 부끄러움도 모르고 자신의
권리를 요구하라고 사람들을 부추겨서 복지비용이 엄청나게 치솟
았다.[111]

확실히 리콴유의 신념은 자유주의자들의 주체 인식과는 거리
가 먼 것처럼 보인다. 그러나 리콴유가 말하는 주체란 철저하게 소
유권적 주체다. 집과 주식 그리고 재산을 합리적으로 관리하고 경
영할 수 없는 주체란 진정한 의미의 주체가 아니다. 이러한 전망하
에서 자유는 곧 소유권적 자유다.

이러한 자유는 한국에서도 동일하다. 심지어 이는 유신체제조
차도 어쩔 수 없었다. 박정희는 틈만 나면 이기주의와 개인주의,
물질만능주의를 서구의 타락 풍조라고 개탄하면서 소아小我 대신
대아大我가 될 것을 주문했지만, 대아의 복지는 전무했으니 모두
소아의 생존을 도모해야 했다. 이러한 점에서 리콴유의 소유 주체
화 전략은 박정희의 대아보다 훨씬 더 효과적이었다. 대아에 전유
된 소아보다 주택을 소유한 소아의 충성도가 훨씬 더 높을 것이기

때문이다.

리콴유는 전체를 위해 헌신할 만큼 인간이 위대하지 않다고 확신했다. 인간은 긴 목록의 금지 항목을 힘들게 암기해야 하는 존재이며 그 위반에 대한 가혹한 처벌로만 행위가 규율될 수 있다고 믿은 듯하다. 태형과 사형을 유지하고 있는 싱가포르의 가혹한 사법체계는 유명하다. 그가 일본 점령 3년 반 동안 배운 것이 아마 이것일 것이다. 여기에 또 하나 추가하자면 돈의 위력과 소유 욕망의 주체로서의 인간을 파악하는 그의 사고방식이다. 무산과 유산의 차이가 개체를 어떻게 변화시킬 수 있는가에 대한 싸늘한 관찰자로서 리콴유는 『자본론』을 거꾸로 읽은 사회주의자로 보인다.

박정희가 리콴유를 초청한 이유가 이것일 터이다. 두 사람은 서로 다른 조건에 있었지만 식민 경험에 깊은 영향을 받았다는 점에서는 동일했다. 두 사람은 거의 유사한 탈식민 전략을 구사했는데, '산업화를 통한 일류국가 건설'이 그것이다. 그렇지만 그들은 서구적 보편성을 부정하고자 했다. 아시아적 가치와 한국적 민주주의는 서구의 보편성을 거부하면서 특수성을 강조하는 등 일맥상통하는 지점이 많았다. 이를 추진하기 위해 정치적 권위주의와 경제적 자유주의를 결합시킨 방식도 유사했다. 요컨대 두 사람은 군사적 통치성과 자유주의적 통치성을 절합시킨다는 점에서는 동일했지만, 그 비율과 방식, 동의를 구성하고 욕망을 배려하는 전략에서는 상이했다. 요컨대 두 사람은 서로 다른 방식으로 자본으로 빚은 국가를 추구했다.

2024년 기준 싱가포르의 1인당 명목 국민소득은 9만 달러를 넘어 세계 최고 수준에 도달했지만, 출산율은 2023년 기준 0.97명으로 쪼그라들었다. 한국은 싱가포르의 3분의 1 정도의 국민소득

에 출산율은 0.7명대에 불과하다. 하나 더 보태자면, 한국은 자살
률에서 OECD 부동의 1위다. 리콴유의 인민행동당은 1965년 독
립 이후 단 한 번도 권력을 놓치지 않고 일당 독재 중이며, 아들 리
셴룽이 대를 이어 집권했다. 유신체제는 아래로부터의 군중항쟁과
내부 분열로 자멸했고, 그 후예들은 계엄과 탄핵을 반복했다. 싱가
포르의 '민주사회주의'와 한국의 '자유민주주의'는 겹치면서 갈라
진다.

6장

통치성의 사회적 확장

1. 광장의 통치성

1960년 10월 4월혁명의 충격 속에 쓰인 소설 『광장』의 주인공 이명준은 광장과 밀실 사이 '중립국'을 찾다 바다 속으로 사라진다. 작가 최인훈은 "광장은 대중의 밀실이며 밀실은 개인의 광장"이라는 유명한 말로 소설을 압축했다. 소설은 해방과 전쟁의 좌우 이데올로기 대립을 주제로 삼았지만, 광장과 밀실은 4월혁명을 통해 재현된다. 자유주의와 민족주의는 4월혁명의 밀실과 광장을 이어받는다. 4월혁명을 전유하고자 한 5·16쿠데타 역시 대중의 광장과 개인의 밀실 사이에서 통치성을 구축해야만 했다. 광장과 밀실은 은유이자 실제다.

공간은 인간 삶의 근원적인 조건이라는 점에서 통치성 역시 공간을 통해 구현된다. 주권자란 인간이 지리적·풍토적·물리적 환경과 나누는 영속적인 상호작용을 관장하는 자다.[1] 박정희 역시 최고 권력자로 인간과 공간의 뒤엉킴을 관장 또는 지배하고자 했다. 1부에서 보았듯이 박정희에게는 사관학교 시절부터 공간의 규율화를 통한 주체 구성의 경험이 깊이 각인되어 있었다. 내무반과 책상 정리에서 시작된 그의 공간 규율화 경험은 연병장과 광장의 국가 통치성으로 이어진다.

박정희 체제는 광화문의 이순신 동상을 비롯해 아산 현충사, 강화도, 경주 등 전국을 파헤쳐 국난극복의 '주체적 민족사관'을 공간적으로 구현하고자 했다. 동학혁명 기념비도 박정희 이름으로 세워진다. 새마을운동 역시 지붕 개량, 취락구조 개선 등 공간의 미학이 중요하게 관철되었다. 고속도로 주변의 초가지붕을 없애라는 박정희의 지시는 유명하다. 도시 가로 정비나 노점상 단속 역시 거리 미화라는 국가주의적 미학의 시선을 통해 진행되었다. 박정희는 개인적으로 조경에 관심이 많았다. 아산 현충사 조경에 직접 개입했는가 하면 정신문화연구원(현 한국학중앙연구원)은 부지 선정에서부터 관내 조경에 이르기까지 시시콜콜 관여했다.

공간에 대한 박정희의 관심을 잘 보여주는 사례가 산림녹화다. 박정희는 울창하고 푸르른 산림을 선진성의 상징으로 보았다. 식민지 시기 일본의 울창한 삼림과 한국의 붉은 민둥산은 날카로운 비교 대상이었으며 독일의 흑림을 보고 풍요로운 삶의 상징이라며 감탄하기도 했다. 산림녹화를 위해 국가는 식목일을 제정하고 식목 주간을 지정했는가 하면 다양한 방법으로 홍보와 선전 활동도 요란하게 전개했다.[2] 붉은 산과 푸른 산의 대비는 이데올로기로도 확장되어 1980년대 운동권 학생 전향 공작명은 '녹화사업'이었다.

공간 변화의 주요한 동력은 산업화다. 경제개발을 통해 확대된 재정이 각종 공간 재편 작업의 밑거름이었다. 산업화는 그 자체로 거대한 스펙터클을 만들어낸다. 포항과 울산 등에 들어선 거대한 중공업 시설은 산업시찰 코스로 개발되어 근육질의 근대적 풍경을 과시했다. 이러한 변화상은 언론과 방송을 통해 끊임없이 재현되

었고,《팔도강산》시리즈에서 보이듯이 영화를 통한 선전 작업도 활발했다.[3]

그러나 공간 변화의 주 무대는 서울이다. 서울은 근대화와 발전의 상징으로서 특별한 통치 공간이 아닐 수 없다. 한국처럼 고도로 중앙집중화된 조건에서 서울의 발전은 곧 전국의 발전을 선도하고 추동한다. 1970년 서울 인구는 이미 500만 명을 넘었고 영역은 한강을 넘어 강남으로 확대되었다. 안정을 중시한 중세와 달리 근대 도시의 특징은 팽창이다. 발전은 곧 공간의 확대 재생산으로도 나타난다.

강남은 한국의 자본주의적 발전 욕망이 응축된 장소로서 시장의 통치성이 어떻게 사회를 장악하고 있는가를 대표한다. 강남은 전대미문의 부의 거처이자 최상류 지배층의 집단 거주지이며 중산층의 로망이다. 블랙홀처럼 전국의 부를 빨아들이는 곳이자 계급적 정치성이 가장 노골적인 장소다. 강남은 거의 순수하게 오직 경제적인 것 중심으로 모든 것이 정렬된 욕망의 아레나다. 강남에서는 정치적 장소성을 찾기 어려우며 기껏해야 법조타운이 있는 정도다.

강남의 대명사는 사용가치를 압도하며 비대해질 대로 비대해진 교환가치의 아파트다. 개발 초기부터 강남에는 아파트가 집중 건설되었다. 애초 기피 지역이었던 강남에 사람들이 몰리기 시작한 것은 오직 하나, 부동산 가격의 폭등 때문이었다. 그렇기에 개발 초기 거대한 베드타운에 불과했던 강남은 가장 날것의 경제적 욕망이 꿈틀거리는 곳이었다.

강남 개발에 관한 아이디어는 1960년대부터 시작되지만, 실제 개발이 본격화된 것은 1970년대부터였는데, 박정희 체제는 완전히 시장논리에 근거한 개발 방식을 택했다. 정부 역할은 토지구획 정리사업에 집중되었고, 아파트 건설과 개발은 민간자본이 주도했다. 요컨대 국가는 운동장을 만들고 게임의 규칙을 관장하는 것에 그쳤고 선수들은 자본이었다.

강남 개발의 관건은 한강의 통제다. 1925년 을축년 대홍수가 보여주듯이 한강 치수 문제는 어제오늘의 문제가 아니었지만, 1960년대 논의는 개발담론과 결합된다는 특징이 있다. 1962년 8월 30일 『동아일보』는 사설을 통해 독일 라인강의 기적은 라인강 수위를 연중 1미터 이내의 오차로 묶은 치수의 결과라고 진단하면서 한강의 치수를 강조했다. 사설의 결론은 "수해를 천재로 방관하지 않고서 발전과 문명의 동력으로 이용하는 것이 현대 인류의 사명"이라는 것이었다.[4]

한강 치수 문제는 더 나아가 국토종합개발계획으로 확장된다. 1962년 박정희 체제는 경제개발계획 수립과 함께 이를 뒷받침할 국토건설종합계획을 준비하기 시작해 대국토건설계획과 국토계획 기본구상 등을 거쳐 1971년 국토종합개발계획(1972~1981)을 완성했다. 박정희는 "국토 이용의 능률화와 균형화를 통한 효율적인 국토 관리를 도모하는 것은 모든 국가 정책의 기본"이라 전제하고 '민족적인 시련을 국민총력으로 극복하여 홍수와 한해를 모르고 생산과 수출이 늘어나는 복스러운 국토' 건설을 주장했다.[5]

이러한 인식하에 박정희는 1966년 7월 서울의 홍수 피해 보고를 받고 김현옥 시장에게 한강종합유역개발 계획과 함께 한강 수계 댐들을 통합 관리할 한강수량지휘본부의 설립을 지시했다. 또한 민간투자를 유치해 연안 도로 개설과 주택지구 조성을 통해 한강을 수도 서울의 중심지로 만들라고 지시했다.[6] 이는 강남 개발

　　　　　　2부　박정희 체제의 통치성

로 가기 위해 강중江中개발의 핵심으로 여의도 개발을 지목한 것이다.

이에 김현옥은 1967년 8월에 오랜 꿈이었던 "한강 정복"을 위해 여의도를 중심으로 한강개발계획 작성을 지시했다.7 '정복'이라는 말에서 알 수 있듯이 그에게 자연은 지배와 통치의 대상이다. 여의도 개발을 위해 선결해야 할 과제는 제방이었다. 당시 여의도는 식민지 시기부터 비행장이 설치되어 활용되고 있었지만, 매년 홍수 피해를 입곤 했다. 이에 1967년 12월 27일 윤중제 기공식을 거행하고 1968년 1월 한강건설사업소 설치 조례가 통과되어 여의도 개발이 본격화된다.

연 5만 8400대의 중장비와 52만 명의 인원이 동원된 윤중제 공사는 불과 6개월 만에 끝나 1968년 6월 1일에 준공식이 거행되었다. 준공식 후 향토예비군 12개 중대가 제방 위를 행군했다.8 공사 과정은 군사작전처럼 진행되었고 또 그렇게 재현되었다. 김현옥의 현장 집무실은 "대본영"이라 불리며 공사를 총괄했고,9 김현옥은 이 공사를 '민족의 예술'로 일컫고 "초돌관공사"라고 표현했다. 돌관突貫이란 일본군의 용어로 착검 돌격을 의미한다. 김현옥은 일본군 출신은 아니었지만, 박정희 이상의 돌격정신으로 공사를 강행했다.

김현옥을 총애했던 박정희는 윤중제 공사와 여의도 개발에 지대한 관심을 가지고 수시로 방문해 현장을 둘러보곤 했다. 1968년 5월에만 세 번이나 들렀고 이른 새벽에 경호원 한둘만 대동해 방문한 적도 있었다. 이어 육영수, 김형욱 등의 방문이 줄을 이었고 각 동별 대표의 단체 방문, 초등학교 사생대회가 개최될 정도였다. 백낙준을 비롯해 기독교 각 교파 대표 30여 명도 현장을 찾았고

1968년 윤중제 준공식에 참석한 박정희. 윤중제 건설로 시작된 여의도 개발은 강남 개발로 이어져 오늘의 서울을 만드는 핵심 계기가 되었다. 대통령기록관 사진.

한경직 목사의 집전으로 기도회도 가졌다.[10]

언론의 보도도 이어졌다. 『조선일보』는 여의도가 떠내려가면 자신도 함께 떠내려가겠다는 김현옥의 각오와 함께 건설 현장은 "격전장에 줄달음치는 전투 준비"를 방불했다고 보도했다.[11] 『동아일보』는 차일석 서울시 제2부시장, 이종윤 한강사업소장 등이 참석한 좌담회를 통해 공사의 의미를 부각했다. 사회를 맡은 김중배 사회부 차장은 5·16 이후 '한강 변의 기적'이라는 말이 회자되었는데, 이제야 그 꿈이 실현되는 것 같다고 평가했다. 차일석은 기존의 서울시 도시계획이 한강을 기피한 소극성을 보였다고 진단하고 한강을 서울의 중심으로 삼은 도시계획을 실천할 것임을 천명했다.[12] 5월 23일 『동아일보』는 1면 사고를 통해 여의도 개발 축석

　　　　　2부　박정희 체제의 통치성

모으기 운동에 동참할 것을 호소했다.

차일석은 여의도 개발을 미국의 서부 개척에 비유하기도 했는데, 윤중제 건설에 나타난 주요한 특징은 군사적 성격이다. 애초 미군 비행장으로 사용된 이력 때문에 비상 활주로용 광장과 도로가 계획된 것을 비롯해 1960년대 후반 안보 위기와 맞물려 한강의 군사적 가치가 매우 강조되었다. 한강은 임진강에 이어 2차 방위선으로서의 역할이 부여되었고 강남 개발과 함께 중요성이 더해졌다. 한강 변의 아파트들은 총안이 설치되는 등 유사시 적군의 도강을 저지하기 위한 콘크리트 진지로 활용될 수 있도록 계획되었다.[13] 특히 1970년대 전반 피난 대신 수도 사수가 새로운 방위 개념으로 채택되면서, 한강의 전략적 가치가 제고되었다.[14]

윤중제 공사는 한강 '정복'의 상징이었다. 치수를 비롯해 자연 공간에 대한 지배력은 종종 권력의 통치성에 중요한 역할을 한다. 자연의 위력을 역이용해 사회적 지배력을 높이고자 하는 전략이다. 윤중제 완공과 함께 여의도 개발이 본격화되었다. 차일석은 애초 여의도를 국회권, 시청권, 업무권의 세 권역으로 개발하되 민족의 광장, 종합병원, 오페라하우스가 있는 음악공원, 박물관, 공설운동장 등을 건설할 것임을 밝혔다. 또한 서울댐을 만들어 여의도를 베네치아, 맨해튼과 같은 수중도시로 만들 것이라고 장담했다. 공사비 우려에 대해서는 토지 매각을 통해 충당할 것이라고 밝혔다.[15]

1971년에 완성된 개발계획에 따르면 서쪽에 국회의사당을 배치하고 남북 통과 도로에 연해 5·16광장을 만들며 광장 중앙에 서울시청사를 이전한다는 것이 골자였다. 그외 대광장 서쪽에 상업 업무지구, 동쪽에 주거지역을 배치하고자 했다.[16] 여의도는 강남

과 달리 국회의사당, 방송국, 증권거래소 등의 공공기관이 들어선
것은 물론 시범아파트라는 이름으로 대규모 단지형 아파트 개발의
선구 역할을 했다. 순복음교회라는 초대형 종교시설이 들어선 것
도 흥미롭다. 그러나 무엇보다 여의도의 특징은 5·16광장이다.

광장은 1960년대 말부터 '민족의 광장' 등으로 제안되었는데,
그 구체적인 계획은 각양각색이었다. 여의도 개발계획 작성을 맡
은 김석철은 애초 국회 축과 서울시청 축의 이중 가로 계획 중심으
로 설계했으나 박정희에게 보고하는 과정에서 폭 200미터의 5·16
광장으로 대체되었다고 했다.[17] 실제 박정희는 1970년 10월 말 여
의도에 12만 평 규모의 대광장을 만들라고 지시했다.

박정희의 광장 조성 지시에 따라 개발계획은 근본적인 조정이
불가피했다. 한강건설사업소의 광장 계획은 크게 두 가지 목표를
설정했다. 하나는 아스팔트를 위시해서 잔디, 관상목, 조각물, 공
공 건축물, 기념물 등으로 단장해 축제, 집회, 열병식장 등으로 사
용한다는 것이었다. 즉 단순한 공원이 아니라 고대 그리스의 아고
라, 로마의 포룸과 같이 시민의 생활 중심지이자 축제와 사교의 장
으로서 역사의 랜드마크로 만들고자 했다.

두 번째는 시민 통합을 위한 민족주의 활용이다. 즉 광장을 민
족이념의 집결지로 "550만 서울 시민은 물론 한민족 전체의 민족
의식을 총집결시킬 수 있는 민족대광장"으로 만들겠다는 계획이었
다.[18] 요컨대 워싱턴의 내셔널 몰을 참조해 화단과 녹지를 배합한
민족적 공원 형태를 의도했다.

그러나 박정희는 몇 번에 걸쳐 퇴짜를 놓고 "포장만 해서 양 시
장 이마처럼 훤한 광장을 만드시오"라고 지시했다.[19] 광장 공사는
1971년 2월에 착공해 9월에 완공되었다. 명칭을 놓고 민족의 광

장, 통일의 광장, 서울대광장, 여의도대광장 등이 제안되었으나 박
정희는 5·16광장으로 결정했다. 헌법 전문에 명기된 5·16정신을
이어받아 근대화의 상징으로 결정되었다는 것이다.[20]

광장의 용도는 준공 불과 이틀 뒤에 국군의 날 행사가 치러진
것에서 분명하게 드러난다. 군사력 시위는 박정희가 열망했던 핵
심 레퍼토리였다. 이 광장의 군사력은 10년 전 쿠데타의 주역이자
불과 1년 뒤 서울 시내 요지로 출동해 유신체제를 성립시킨다. 국
군의 날 행사 참석자는 물론 중계방송을 본 사람들은 그 크기에 경
악했다고 한다. 도열된 군사력도 군사력이지만, 12만 평의 순수한
아스팔트 광장은 지평선을 보기 힘든 한국에서 전무후무한 풍경이
었다.

워싱턴의 내셔널 몰을 비롯해 서구의 광장은 다양한 장치들로
특정의 의미를 산출하고자 한다. 런던의 트라팔가 광장은 넬슨 제
독을 재현하고, 파리의 콩코르드 광장은 루이 15세의 기마상과 오
벨리스크로 장식되었다. 베이징의 천안문 광장은 인민영웅기념탑,
모스크바의 붉은 광장은 크렘린 궁과 바실리 성당을 끼고 레닌의
묘지가 있다. 특히 워싱턴의 내셔널 몰은 미국 의회 의사당과 그랜
트 동상으로 시작해 반대편 끝을 링컨 기념관으로 마무리했다. 남
북전쟁이라는 미국 역사상 최대의 내전을 넘어 국가 통합을 이룩
하겠다는 의도의 발현일 것이다. 이 기본 구도하에 중간 지역에는
백악관을 비롯해 각종 연방기구, 박물관, 워싱턴 모뉴먼트, 한국전
쟁과 베트남 전쟁 기념비 등이 자리 잡고 있어 내전을 비롯해 미국
의 과거와 현재를 공간적으로 재현하고 있다. 말 그대로 '미국의 앞
뜰'인 셈이다. 여의도 개발계획은 이것을 차용하고자 했던 것이다.

그런데 박정희는 아무도 예상치 못한 아스팔트 광장을 만들었

다. 크기로 보자면 세계 최대 광장이라는 13만 평의 천안문 광장
에 필적하며 18만 평에 육박하는 내셔널 몰의 3분의 2를 차지한
다. 북한을 의식했다고 해도 너무 크다. 김일성 광장은 기껏해야 5
분의 1 크기인 2만 3천 평 미만이다. '동양 최대'가 흔히 회자되던
시절이니 만치, 상처 입은 민족주의를 치유하기 위한 것이라는 설
명도 가능하다. 그러나 효율성과 생산성을 금과옥조로 여기고 실
용성을 따지던 개발 체제가 선택한 공간으로는 무언가 이상하다.

텅 빈 거대한 공간은 분명 기괴한 스펙터클이다. 아무것도 없
기에 그 의미를 가늠할 수 없고 규모의 거대함은 개체를 극도로 왜
소화한다. 아무리 군사력을 투사한다 해도 광장을 채우는 것은 불
가능하다. 오히려 거대한 광장은 어지간한 군사력조차 왜소하게
만들 뿐이다. 결국 거대한 공간을 채워야 하는 것은 그 크기에 필
적할 군중이다. 준공 이듬해인 1972년 5월 1일에 100만 명의 시민
이 참여한 제1회 방첩 및 승공 궐기대회가 개최된 것을 필두로 유
사 집회가 잇따른다. 1975년 5월 10일 총력안보시민 궐기대회에
는 200만 명 이상이 모였다.[21]

박정희는 확실히 밀실보다 광장을 우선했다. 밀실에 유폐된 개
인 대신 광장의 군중을 통해 자신의 통치성을 관철시키고 확인받
고자 했다. 그가 개인주의를 혐오하고 집단적인 열정을 높이 샀음
은 이미 확인한 바이지만, 그것을 실물화할 수 있는 광장의 통치가
5·16광장을 통해 비로소 본궤도에 오른 셈이다.

유신체제 이전의 박정희는 불가피하게 대중정치를 수행하지
않을 수 없었다. 특히 주기적인 대통령 선거는 전 국민을 대상으로
한 대중정치의 꽃이었다. 1963년 제5대 대통령 선거는 박정희 체
제가 처음으로 대중정치를 통해 권력을 장악하는 과정이었다. 후

술하겠지만, 당시 박정희 체제는 민족적 민주주의, 민족중흥, 조
국근대화 등의 슬로건을 전면에 내세우면서 보수 야당과의 차별화
를 적극적으로 시도했다. 해방공간 좌파의 언설을 방불할 정도의
계급적 담론도 등장했다. 박정희는 윤보선을 귀족이라 몰아붙이며
"전체 국민의 1퍼센트 내외의 저 특권 지배층의 손"을 "우리의 적"
이라고 격렬하게 비난했다.[22]

그러나 유신 이후 대중정치는 극적으로 퇴조한다. 거리와 광
장의 정치를 대신해 체육관의 밀실 정치가 등장했고, 이러한 상황
에서 5·16광장은 정치의 공간이 되기 힘들었다. 빌헬름 라이히가
말했듯이, 파시즘은 왜소화된 인간little man을 호명하고자 한다.[23]
박정희 역시 작은 사람들을 작은 독재자로 만들어 대문자 독재자
의 연장extension/instrument으로 만들고자 했다. 광장은 작은 사
람들을 더 작게 만들고 큰 독재자를 더 크게 만들어주는 훌륭한 무
대였다. 그것은 또한 작은 사람들이 독재자와의 동일시를 통해 더
크고 강한 집단으로 기투하는 과정이기도 했다.

처음부터 거론되었던 '민족의 대광장'이라는 명칭은 정확히 이
것을 지시하는 것이며, 박정희는 그것을 5·16이라는 기표를 통해
자신의 통치성으로 회수하고자 했다. 박정희는 자신의 전매특허인
군사적 위력의 현시를 통해 작은 사람들의 콤플렉스를 치유할 국
가의 권능을 보여주고자 했다. 광장 조성 이후 매년 최대 40만 명
에 이르는 군중을 모아 각종 최신예 무기로 무장한 군대를 보여준
국군의 날은 1970년대 최대의 군사적 스펙터클이었다. 요컨대 군
대는 철갑을 두른 민족의 상징으로 작은 사람들에게 전시되었다.

박정희가 의도했는지는 모르지만, 텅 빈 광장은 텅 빈 기표로
서의 민족주의를 닮았다. 2차 이데올로기라는 명칭에서 드러나듯

1973년 5·16광장에서 열린 빌리 그레이엄 목사의 전도집회 전경. 수십만의 군중과 텅 빈 공간 속 여의도순복음교회의 모습이 인상적이다.

1974년 5·16광장에서 개최된 엑스플로 1974 대회장 전경. 수십만의 인파 뒤쪽으로 국회의사당이 보인다.

이 민족주의는 사실상 그 내용이 없다. 게다가 1960년대까지 한국 민족주의는 '콘텐츠'가 대단히 부실했다. 식민주의 역사 인식을 대체한 '내재적 발전론'이 나온 것은 1960년대 후반이며 전통적인 민족문화라 할 만한 것도 별로 없었다. 박정희 체제가 민족적인 것을 구성하기 위한 각종 프로젝트를 본격화하는 것은 1970년대다.

이러한 상황에서 거대한 빈 공간이 고도로 추상화된 민족의 상징으로 어울릴 수 있다. 민족은 자잘한 사실들로 조직된 구체적 실감의 대상이라기보다, 크고 심원하여 감히 명징한 판단을 내릴 수 없는 숭고한 추상체가 되어야 한다. 다시 말해 민족은 개인의 인식론적 한계를 넘어선 이해 불가능한 절대적 가치로 다가와야 하는 것이다. 칸트에 따르면 숭고sublime는 개인의 안전이 전제되어야 느낄 수 있는 감정이다. 폭발하는 화산 옆에서는 숭고가 아니라 공포가 엄습한다. 광장의 군대가 공포가 아니라 숭고의 대상이 되기 위해서 개인은 안전해야 한다. 안전하기 위해서 개인은 기필코 국가 및 민족과 같은 편이 되어야 한다.

그런데 이 스펙터클의 장소에 또 다른 군대가 등장했다. "그 옛날 십자군들의 군병같이 제단을 향해 행진해오는 군 장병들"로 묘사된 사람들은 다름 아닌 개신교도들이었다.[24] 군과 국가 다음으로 광장을 채운 것은 뜻밖에도 기독교의 종교적 열정이었다. 1973년 5·16광장에서 치러진 빌리 그레이엄의 전도집회에는 연인원 300만 명이 넘는 군중이 동원되었고 마지막 날에는 110만 명이 집결해 최대 인원을 기록했다.

이어 1974년에는 엑스플로 1974가 '예수혁명 성령의 제3폭발'을 주제로 8월 13일부터 6일 동안 5·16광장에서 열렸다. 이 대회는 전 세계 84개국에서 온 3400명의 신도를 비롯해 국내 신자 655

만 명이 참가한 매머드급 집회였다. 철야 기도회에 참가한 인원만
도 143만 명에 이르렀다. 대회 측의 주장에 따르면 이 기간 동안
약 27만여 명의 새로운 신도가 만들어졌다.[25]

박정희는 대회에 각별한 관심과 지원을 아끼지 않았다. 정부와
서울시는 대회 기간 중 12개 버스 노선 운행을 조정해 수송 문제
를 해결하고자 했고, 숙소를 위해 여의도국민학교를 빌려 200인용
막사 160개를 지었는가 하면 군 막사 300동을 지원했다. 한 번에
7천 명의 식사를 감당할 취사시설과 연료 등이 정부의 직간접적인
지원을 통해 준비되었다.[26]

1974년은 유신 치하 최대의 공안사건인 민청학련 사건이 발생
한 해였다. 박정희 체제로서는 민주화운동의 소란을 잠재울 더 거
대한 소란이 필요했는지도 모른다. 엑스플로 1974 대회 취지와 내
용은 유신체제의 희망과 거의 겹친다. 민권운동과 반전운동으로
소란스러운 미국에서 그 반발로 발생한 엑스플로 운동은 한국에서
도 동일한 효과를 노렸다. 대회를 주도한 김준곤은 히피, 광기, 마
약, 섹스라는 심리학적 위기에 더해 이데올로기와 인간의 종말과
함께 묵시록 시대가 도래했다고 주장했다. 그가 보기에 "오늘의 젊
은이들은 분노와 고발과 발광의 세대"였다. 이 분노한 청년들의 치
료는 "예수 그리스도를 통하여 성령을 받아야" 가능하다. 즉 68혁
명 대신 "단 한 가지 혁명"인 "사랑과 성령의 혁명"이 곧 엑스플로
1974라는 것이다.[27]

이후 매년 광장에서는 수십만 명의 신도가 집결해 부활절 연
합예배가 치러졌으며, 1977년 8월에는 기독교 32개 교단이 총동
원되어 5·16광장에서 '민족복음화대성회'를 개최했다. 하루 최대
150만 명, 연인원 700만 명이 동원된 매머드급 집회로 세계 최대

　　　　　　　　　　　　　　　　　2부　박정희 체제의 통치성

1968년 처음으로 개최된 대통령 조찬기도회에 참석한 박정희. 대통령 조찬기도회는 개신교와 박정희 체제의 유착을 상징하는 행사였다. 대통령기록관 사진.

라는 1만 명의 성가대가 조직될 정도였다. 집회에서는 주한미군 철수 반대를 요구해 유신체제와의 견고한 동맹을 과시했다.[28]

100만이 넘는 군중을 동원하는 대규모 종교 집회는 1960년대 까지만 해도 상상하기 힘든 광경이었다. 박정희를 비롯해 주변 측근들은 베트남 파병부대를 종종 '자유의 십자군'으로 불렀는가 하면, 대통령 조찬기도회는 개신교와 유신체제의 결착을 상징하는 행사였다. 결국 광장은 지상의 국가와 하나님의 왕국 두 군대의 동맹이 재현되는 공간인 셈이었다.

개신교 계열 신흥종교가 정권에 대한 노골적인 연대를 표명하기도 했다. 1974년 12월 신앙촌으로 유명한 전도관 박태선 장로와 신도 5천여 명이 구국기도회를 열어 반유신 운동에 나선 개신교도들을 노골적으로 비난하는 선언문을 발표했다.[29] 여의도에 처음 교회를 세운 순복음교회는 1967년 7750명에 불과했던 교세가 1980년대 초반에 이르자 20만 명에 달하게 된다. 핵심적 증가 시기는 1973년 여의도 교회 설립 이후였다. 순복음교회는 1975년 6월 23일 민족복음화와 국가안보를 위한 기도회를 열고 방위성금 165만 원을 모금하기도 했다.[30]

권력 핵심이 신흥종교와 연대하는 모습도 나타난다. 1975년 5월 최태민을 회장으로 하는 대한구국선교단이 주최한 구국기도회가 서울 마포구 동교동 중앙교회에서 개최되었다. 이 기도회에는 박근혜를 비롯해 각 교파를 초월한 신도 1천여 명이 참석했다.[31] 나아가 최태민의 대한구국선교단은 6월에 '구국십자군'이라는 이름의 청년 조직을 만들었다.

신문 보도에 따르면 이 조직은 "순교 신앙으로 무장"한 청년 조직으로 "목표 병력은 20만 명, 편성은 일반 군 편성에 준해 중앙에 사령부를 두고 각 시도 단위로 군단, 각 개체 교회를 분단"으로 조직할 예정이었다. 훈련은 국방부와 교섭해 매주 토요일 4시간씩 제식·사격 훈련 등 군 기본훈련을 진행한다고 했다. 십자군의 지휘 책임은 특수 군사훈련을 받은 젊은 목사들이 맡을 예정이었고, 계급은 육군 계급장에 십자가를 넣어 부착할 것을 국방부와 교섭 중이었다. 사령관을 맡은 박장원 목사는 십자군을 '구국의 기틀이 되고자 하는 하나님의 군병'으로 규정하고 전국 복음화, 조국통일의 전위대가 될 것이라고 장담했다.[32]

최태민과 박근혜의 관계는 널리 알려져 있는 사실인데, 많은 잡음을 만들어내기도 했다. 이에 중앙정보부가 나서 조사해 그 결과를 보고했으나 박정희의 묵인 속에 별다른 조치는 없었다. 모친을 잃은 딸자식에 대한 애끓는 부정父情도 있었겠지만, 개신교와

　　　　　　　　　　2부　박정희 체제의 통치성

유신체제는 지배 체제 유지에 특수한 이해관계를 가지고 있었다. 국가와 기독교의 유착은 이미 이승만 정권 때부터 시작되었지만, 1960년대 후반 전군 신자화 운동을 비롯해 체제와 기독교는 군을 매개로 견고한 협력체계를 구축한다. 십자군은 개신교와 유신체제의 연합군인 셈이었다. 실제 박정희는 십자군이라는 용어를 즐겨 사용했다. 대표적 사례가 파월 부대였다. 박정희는 1973년 파월 부대 환영대회 치사를 통해 이들을 "평화 십자군"으로 지칭하면서 "유신 십자군, 구국의 십자군"이 되어야 한다고 주장했다.[33]

　　박정희 체제가 대중의 밀실로서 광장의 헤게모니를 장악한 것은 분명해 보였지만, 개인의 광장으로서 밀실의 문제가 남는다. 최인훈의 말처럼 사람은 광장만으로는 살 수 없다. 박정희는 끊임없이 소아小我를 극복해 대아大我로의 통합을 주문했지만, 소아가 없다면 대아도 존립할 수 없다. 게다가 개발연대는 이전에 볼 수 없던 전대미문의 부를 창출하고 있었고, 소아들의 욕망을 무한정 억누르는 것은 불가능했다. 1970년대 소아의 밀실을 상징하는 것은 아파트였다.

2. 아파트, 밀실의 자유

5·16광장 준공 이후 여의도 개발은 간단없이 계속된다. 1975년에는 국회의사당이 준공되었고 1976년에는 KBS, 1980년에는 MBC가 입주했다. 1979년 7월에는 증권거래소가 개장했으며 같은 해 11월에는 전경련 회관이 완공된다. 1980년에는 63빌딩 기공식이 치러진다. 10여 년간의 공사로 여의도는 박정희 체제 최초의 신

도시로서 얼추 제 모양을 갖춘다. 이후 여의도는 정치, 방송, 경제 분야에 걸쳐 서울은 물론 한국의 중심부 중 하나로 기능하게 된다. 그러나 여의도 개발을 말할 때 빼놓을 수 없는 것이 아파트다. 5·16광장 완공 한 달 만인 1971년 10월 30일에 34개 동 1596가구의 여의도 시범아파트 준공식이 열렸다. 아파트는 곧이어 한강 변 이촌동 개발을 거쳐 강남의 대규모 아파트 단지로 이어진다.

여의도아파트는 시범이라는 말에서 드러나듯이 향후 지어질 아파트들의 원형으로 계획되었는데, 흥미로운 것은 대규모 프로젝트였음에도 국가 재정 투입이 거의 없었다는 점이다. 서울시는 당시 최대 규모인 60억 원을 투자했으나, 전액 입주자 부담 및 상가 매각으로 충당되었다. 분양가는 40평형이 570만 원 정도였으나 연말이 되면 천만 원이 넘게 폭등했다. 이 성공으로 민간자본이 대거 뛰어들어 아파트 공사가 활기를 띠게 된다. 여의도 택지 매각 상황을 보면, 통일교 1만 4천 평에 4억 2천만 원, 동아일보사 3690평에 1억 9750만 원 등으로 서울시는 1971년에 15억 원, 1972년에 29억 원이 넘는 순수익을 올렸다.[34]

5·16광장이 국가 재정으로 건설된 반면 아파트는 순수하게 민간자본과 수익자 부담 원칙으로 지어졌다. 박정희 체제는 이 과정에서 중상주의와 관방주의cameralism를 뒤섞은 개발국가의 통치성을 보여준다. 관방학 또는 관방주의에 입각했던 독일제국은 국가 재정의 대부분을 세금 대신 황실 소유 재산으로 충당했다. 이 경우 조세를 매개로 한 사회계약으로서의 민주주의는 성립할 필요성이 없어진다. 박정희 체제 역시 감세를 통해 조세로부터 일정한 자율성을 확보해 민주주의 대신 주권자의 일방적 통치성을 극적으로 강화하는 양상을 보였다는 주장은 상당히 흥미롭다.[35]

　　　　　　　2부　박정희 체제의 통치성

서울, 나아가 전국의 주거 공간에 일대 혁명적 변화를 불러일으킨 아파트는 박정희 체제의 통치성을 잘 보여주는데, 특히 단지화가 주목된다. 마포아파트가 그 효시인데, 쿠데타 직후 육사 8기 출신 장동운 주택영단장의 주도로 건설이 시작되었다.[36] 장동운은 1953년 미국 공병학교 유학 시절 고층 아파트를 접하고 마포아파트를 구상했다고 한다. 애초 계획은 10층 10개 동에 5천 명의 거주자를 포괄할 계획이었다. 수세식 화장실과 엘리베이터를 설치하고 어린이 놀이터와 상가 등 부대시설을 갖추어 단지 내에서 대부분의 일상생활이 가능하도록 계획되었다. 이후 미국의 간섭 등으로 6층으로 변경되어 1964년까지 총 10개 동이 건설되었다.

마포아파트의 특징은 입식 생활을 기본으로 한 내부 구성 등도 있지만, 무엇보다 10개 동의 대규모 단지화를 추구했다는 점이다. 단지화는 이후 한국 아파트 건설의 기본이 되었고, 1970년대 후반 잠실 주공아파트 단지는 그 완성된 형태였다. 단지화를 추구한 이유의 일단은 준공식 치사를 통해 알 수 있다.

이제까지 우리나라 의식주 생활은 너무나도 비경제적이고 비합리적인 면이 많았음은 세인이 주지하는 바입니다. 여기에 생활혁명이 절실히 요청되는 소이가 있으며 (…) 즉 우리나라 구래의 고식적이고 봉건적인 생활양식에서 탈피하여 현대적인 집단 공동생활 양식을 취함으로써 경제적인 면으로나 시간적인 면으로 대단한 절감을 가져와 (…) 시대적 요청에 각광을 받고 건립된 본 아파트가 장차 입주자들의 낙원을 이룸으로써 혁명 한국의 한 상징이 되기를….[37]

박정희의 치사는 고층 아파트를 통해 현대적인 집단 생활양식을 구현해 삶의 효율성을 극대화하자는 주장으로 요약된다. 이러한 주장이 새로운 것은 아니다. 르코르뷔지에Le Corbusier를 위시해 도시의 입체화는 현대 건축의 중요한 관심사였고 한국 역시 이러한 흐름과 무관하지 않았다. 한국의 대표적인 현대 건축가로 꼽히는 김중업은 르코르뷔지에를 직접 사사했고 김수근 역시 그 영향으로부터 자유롭지 않았다. 그러나 기능과 기술에 집착한 공간에 대한 극단적 '합리성' 추구는 곧 전체주의적 통제 사회와 밀접하다.

당시에는 '단지'라는 표현을 쓰지 않았지만 마포아파트는 그 특성을 대부분 갖추고 있었다. 단지는 현대 집단 공동생활의 상징이자 실재다. 여기서 집단 공동생활의 모형은 군대일 가능성이 매우 높다. 마포아파트 건설을 보도한 당시 언론은 기존 아파트의 경우 "공동생활의 훈련이 부족한 사람들이 섞여 있어 생활하는 데 불편한 일이 적지 않았다"는 점을 지적했다.[38] 당시까지 한국인이 경험할 수 있는 공동생활은 학교나 회사도 있겠지만, 무엇보다 군대가 핵심이다. 군대는 학교나 기업과 달리 24시간 공동생활을 영위해야 하기에 가장 강력한 공동생활의 모형임이 분명하다.

이후 건설된 이촌동 공무원 아파트는 일렬로 쭉 늘어선 형태를 취했는데, 오와 열을 맞춘 모습이 늘어선 군대를 연상시킨다. 특히 여의도의 전체 공간 배치가 의미심장하다. 5·16광장이 연병장이라면 아파트가 막사처럼 둘러선 형태다. 질서 정연하게 도열한 아파트 단지는 무질서한 일반 주택가와 대조적으로 단순하고 획일적인 공간적 질서를 구현한 셈이다.

한국의 아파트를 오랫동안 탐구해온 박해천에 따르면, 마포아파트를 만든 장동운은 "군인과 건축가의 시선을 이종교배한 변종의 소유자"다. 그 연장선상에서 아파트 역시 "군사적 파괴의 시선과 건축적 구성의 시선을 한 몸에 거느리며 강철처럼 단련된 변종"이다. 실제 강남 일대의 대규모 아파트 단지는 외국인들에게 대규모 군사기지로 오인되기도 했는데, 실제로 아파트가 군사기지처럼 만들어졌기 때문이다. 아파트 건설은 총량주의적 목표의 달성을 위해 군사작전을 치르듯이 진행되었던 것이다.[39]

그런데 주지하듯이 아파트는 도시의 개별화된 생활공간의 상징으로 개인주의와 자유주의의 대표적인 서식처다. 현관 말고는 외부와의 통로가 없는 밀폐식 박스형 아파트는 거의 완벽하게 격리된 밀실이다. 이는 외부와의 소통과 교류보다는 거주자의 프라이버시를 최대한 고려한 공간이 아닐 수 없다. 체제가 주문한 공동생활은 현관 앞까지만 도달할 뿐이다.

아파트는 또한 계층화의 수단이자 징표다. 아파트는 거주뿐만 아니라 교육, 일상, 금융, 심지어 정치가 중첩적으로 연계되어 계층화된 복합적 생활양식을 이룬다. 그렇기에 아파트는 "인간개조의 생체정치학적 프로그램을 완비한 정치적 보수화의 전초기지"라는 평가를 받기도 한다.[40] 개별화와 계층화가 중층적으로 작용해 현대 한국의 대표적 생활양식이 된 아파트는 교환가치의 대상으로 사적 소유권의 대명사가 된다.

마포아파트는 애초 임대와 분양을 섞어 건설되었으나 임대 물량도 1967년에 분양으로 전환되어 전량 사유재산이 되었다. 이후 한국의 아파트 단지는 거의 전적으로 시장논리에 따라 움직인다. 공공 투자는 단지 외부의 최소한의 기반시설에 국한되고 단지 안의 모든 시설은 분양가를 통해 조달된다. 따라서 아파트는 철저하

게 소유권 문제를 중심으로 생각된다. 도시의 사유화와 계급화의 첨병이 곧 아파트인 셈이다.[41]

제1차 경제개발계획 기간 중 주택 투자는 국민총생산의 1.7퍼센트에 불과해 선진국의 6~8퍼센트에 비할 바가 아니었다. 제2차 경제개발계획 역시 민간 투자를 최대한 유치하고 정부는 공익에 필요한 부문만을 담당한다고 명시했다. 박정희 체제는 처음부터 민간 중심으로 건설 산업을 육성해 주택을 보급한다는 생각이 분명했다.[42]

이는 싱가포르와 확연히 구분되는 정책이다. 리콴유는 전 국민을 사적 소유권자로 만드는 것을 최대의 내치 전략으로 삼았다. 이는 GNP에서 주택 투자가 차지하는 비율을 보면 분명해진다. 1970년대 프랑스가 6.9퍼센트, 이탈리아가 7.1퍼센트인 반면 싱가포르는 무려 19퍼센트에 달했다. 같은 시기 한국은 고작 4퍼센트에 그쳤다.[43]

시장에 맡겨진 아파트는 군사적 통치성이 자유주의적 통치성과 결합되는 결정적 징표다. 아파트는 공동생활의 형식적 공간이자 사적 욕망의 적나라하고 치열한 경쟁의 무대가 되었다. 시장 경쟁은 능력과 노력은 물론 우발적 행운조차 절실하다. 마포아파트를 분양한 1967년에 정부는 주택은행을 만들고 주택복권을 시작한다. 이제 아파트는 화폐 순환 메커니즘의 한 결절점이 된다. 이 순환의 문법을 모르고서 아파트 입주는 언감생심이다.

이러한 상황에서 아파트가 투기 대상이 되는 것은 당연했다. 1960년대 후반부터 공업단지 개발, 고속도로 건설 및 도시화 등에 따른 부동산 개발 붐이 일면서 투기가 현실화된다. 여기에 고질적인 인플레이션과 통화량 급증은 투기를 부채질했다.[44]

1963~1977년 15년간 지가를 보면 거주지는 87배, 상가는 57배, 공업지역은 50배로 상승해 평균 60배가 올랐다. 강남의 경우 거주지역은 175배, 상가는 94배로 올라 타의 추종을 불허했다. 또한 1971~1977년 가격 상승지수를 보면, GNP는 4.3배, 물가는 2.8배, 주가는 5배인 반면 아파트는 13.9배, 택지는 13.9배 상승해 여타 분야를 압도했다.[45]

1977년은 아파트가 투기 대상으로 본격화되는 중요한 기점이었다. 중동 등 해외 용역수입금이 3억 달러나 들어와 증권시장과 부동산 시장으로 유입되었다.[46] 정부도 억제책을 쓰지만 다른 한편으로는 주택건설 촉진을 위해 적당한 투기는 오히려 바람직하다는 알쏭달쏭한 입장을 내놓았다.[47] 실제로 정부는 토지구획정리사업과 공유수면 매립 등으로 토지 가치를 폭등시키는 역할을 했다. 1975년에 도입된 아파트 지구 역시 이에 일조했다. 지구로 지정되면 다른 건축물이 들어설 수 없기 때문에 지주들은 건설업체에 토지를 매각할 수밖에 없다. 선분양제도 건설업체에 큰 혜택이었다.[48]

1970년대 초반까지만 해도 부동산 투기는 일반 대중이 아니라 기업가, 고위 관료, 토지 브로커 등 특수 계층에 의해 주도되었는데, 강남 개발이 본격화된 1970년대 중반부터 중산층까지 확산된다.[49] 그렇기에 "부동산 투기는 흔히 복부인福婦人이나 투기꾼에게 전적인 책임이 있는 것으로 매도하지만 실은 영세민들이 거기에 많이 협조한 사실을 간과해서는 안 될 것"이라는 주장까지 나타났다.[50]

투기 대책으로 소유권 제한 또는 토지 공개념 문제가 본격적으로 제시되었다. 즉 개인의 경제활동의 자유를 인정하되 "민족이 공동운명이라는 것"을 의식할 수 있도록 "토지의 공개념을 신중히 검토 연구"할 것을 주문했다.[51] 또한 '강한 소유의식을 둔화'하기 위한 정책으로 "서독과 같이 부동산의 상약上約 소유권은 국가에 두고 자유로이 사용 수익을 처분할 수 있는 하약 소유권은 개인에게 있다는 소유의 관념"을 구현해야 한다는 주장도 나타났다.[52] 이에 건설부 장관은 토지의 공적 개념을 도입하겠다고 공식 발표하게 된다.[53] 그러나 토지 공개념 논의는 아무런 성과 없이 흐지부지되었다. 이미 시장의 자유는 국가도 함부로 할 수 없을 정도였다.

시장의 자유경쟁이 초래한 불평등이 심각해지면서 우발성의 안전장치가 도입된다. 이를 잘 보여주는 것이 분양권 추첨제다. 1977년부터 아파트 분양 과열 문제를 개선한다는 명목으로 추첨제가 도입되었다. 이 때문에 '추첨에 붙고 안 붙고'는 특권도 특혜도 없는 기회균등의 운수 소관이라는 언설이 나타나게 된다.[54]

시장의 합리성을 보완하는 우발성의 대표적인 형식은 복권이다. 복권은 1945년 7월 일제에 의해 시작되었으며 해방 직후 올림픽 복권을 거쳐 1969년에는 주택복권이 판매되기 시작했다. 운수가 재물수를 의미하는 재수로 집중되고 복의 핵심이 곧 돈이 되는 세상에서 복권과 복덕방이 나타난 셈이다.[55] 우발성이 도입됨으로써 시장은 더욱더 투기를 부추길 수 있게 된다. 한 끗발 바라는 도박사의 요행심이 곧 투기꾼의 그것과 연동된다.

이러한 맥락에서 아파트는 사람들을 각각 뿔뿔이 고립시키면서 서로를 선망-시기하는 경쟁자로 인지하게 함으로써 저항이 불가능하도록 주체를 파편화하는 정치적 통치술의 한 방식이라는 설명이 가능해진다.[56] 요컨대 아파트는 일종의 상호 감시 팬옵티콘이 된다. 아파트의 면적과 가격은 소유자의 인격을 대리보충해주

며 타자의 그것에 대당한다. 아파트를 통해 주체화된 개인에게 그
것은 소유의 대상이자 스스로를 유폐시키는 감옥이기도 하다.

　아파트는 주거 공간이자 가정이라는 '스위트홈 가족주의'의 판
타지가 서식하는 곳이다. 가부장적 이데올로기가 드리워진 가정의
주인은 주부로 표상된다. 가정-주부야말로 아파트를 관장하는 주
체성의 대표적인 복합명사가 된다. 아파트가 투기 대상이 된다는
것은 가정이 더 이상 화폐 흐름이 멈추는 곳일 수 없음을 말해준
다. 가장의 역할이던 화폐 취득이 사적 영역의 대표 공간인 가정으
로 이어지고 그 안의 주부마저 경제 주체화를 추동해낸다. 사상 최
초로 아파트 투기가 본격화된 1970년대 후반 '복부인'이 탄생한다.

> 50년대의 주부나 60년대의 여성들이 집에서 밖으로 나오는 사회
> 적 구실이 동창회 모임이나 계의 모임이었다면 70년대의 여성들
> 은 은행 거래와 아파아트 추첨 그리고 성지순례를 하듯 복덕방 순
> 례에 나서는 것으로 비교될 수 있다. (…) 이러한 변화는 안방이 사
> 교장으로 변하는 변화만큼이나 큰 것이었고 남편이 일벌(일하는
> 벌)처럼 적은 돈벌이에만 전력하는 동안 아내는 여왕봉처럼 그녀
> 의 경제적인 역량을 키워왔던 것이다.[57]

　복부인은 가정의 경제권이 아내한테로 넘어간 이후에 생긴 산
물이었다.[58] 1970년대의 여성은 이제 일벌의 푼돈을 능가하는 여
왕봉의 경제적 능력으로 상징된다. 남성의 화폐 취득과 여성의 화
폐 소비로 연결된 것이 곧 가정-경제의 실체였던바, 1970년대 아
파트 투기는 이것을 전복하는 중요한 계기였다. 즉 "주택의 저 완
고하고도 정체된 분위기가 아니라 아파트의 새롭고도 활발한 분위

기"가 여성의 지위를 향상시키는 중요한 요인이 되었고, "아파트 투기의 주역으로 등장할 수 있는 대담성의 온상이 되었던 곳도 저 울창한 시멘트의 밀림지대"였다는 것이다.[59]

전후 '미망인' 담론이 전쟁으로 이완된 통치 질서를 다시 옥죄기 위한 것으로 등장했다면, 1970년대 복부인은 자유시장이 초래한 여성의 사회 진출을 우려하는 시선을 담고 있다. 공적 영역의 가부장적 통치성은 여성을 가정의 밀실에 유폐시킴으로써 가능하지만, 시장의 통치성은 최대다수의 인간을 시장으로 인입시키고자 한다. 광장으로부터 배제된 여성이 시장을 통해 밀실을 벗어난 셈이다. 그러나 다른 한편으로 이는 밀실조차 시장판에 내팽개쳐진 상황의 산물이기도 했다. 요컨대 광장은 물론 밀실조차 시장으로부터 자유로울 수 없는 세계가 등장한 것이다.

3. 무전유병, 유전무병 시대의 의료보험

'앓느니 죽지'라는 말이 있듯이 질병은 인간 삶에 치명적이다. '3년 병치레에 효자 없다'는 속담은 질병이 인간의 기본적인 생활조차 파탄 낼 수 있음을 드러낸다. 근대성의 위력은 질병을 통해서 극명하게 드러난다. 근대 의학의 눈부신 발전으로 예전 같았으면 꼼짝없이 저승길이었던 숱한 질병이 퇴치되었고, 이를 바탕으로 환자, 즉 질병에 걸린 인간에 대한 의사의 권력은 절대적인 것이 되었다. 예컨대 수술은 단지 의학 용어로 국한되지 않는다. 박정희는 5·16 쿠데타를 병든 신체에 대한 수술에 비유했다.

그러나 의료는 곧 돈이다. 신묘한 명약도 신기에 가까운 의술도 모두 돈이 있어야 움직인다. 인술과 상술, 두 가지 기술을 겸비한 근대 의학은 마천루를 방불하는 병원에 거주한다. 돈이 없다면 병원은 신기루에 불과할 것이며 신묘한 의술은 언감생심이다. 무전유병 유전무병인 세상이다.

의학 기술의 발전과 병원의 대형화는 의료비 폭증으로 이어지고 첨단의 의료 서비스는 거액의 치료비를 의미했다. 이러한 조건이라면 치료는 오직 치료비의 효과일 뿐이다. 돈 때문에 생사가 갈리는 경험을 반복하는 사람이 많아진다면, 사회와 국가도 존망의 갈림길을 피하기 어려운 법이다. 보험이 자본주의의 꽃이라면 의료보험은 꽃 중의 꽃이다.

자본주의가 꽃을 피우려면 무엇보다 건강한 노동력의 안정적 관리가 선결과제이다. 근대 권력을 보살피고 돌보는 권력으로 부르는 이유가 이것일 것이다. 죽음을 담보로 하되 삶을 관리해주어야 하며, 더 나은 삶에 대한 희망과 가능성을 심어주어야 한다. 근대 국가는 가공할 군사권력이자 어린 양들을 돌보는 사목권력이 되어야 했다. 요컨대 생명관리 정치야말로 국가와 자본의 알파이자 오메가다.

널리 알려졌듯이 의료보험은 독일의 철혈재상으로 불리는 비스마르크가 최초로 도입했다. 한국에서는 비스마르크와 히틀러를 대충 버무린 듯한 유신체제가 주역이었다. 부가가치세 도입과 함께 이루어졌기에 빛이 좀 바래긴 했지만, 1977년 7월 1일 의료보험의 본격 실시는 중요한 역사적 함의가 있는 사건이었다. 누군가는 "우리 역사 5천 년사에 자랑스러운 사회보장의 첫 페이지를 연 효시"라고 평가했다.[60]

의료보험법은 이미 1963년 12월에 만들어졌다. 산재보험법과 함께 쿠데타 권력의 '복지국가' 계획에 따른 서비스였다. 그러나 강제 가입 조항이 없었기에 말 그대로 립서비스에 그쳤고, 1970년 8월 개정안이 공포되었지만 역시 시행령이 만들어지지 않아 사장된다. 이런저런 핑계가 있었지만, 결국 권력의 의지박약이 주원인이었다. 자주국방과 경제개발을 위해 할 일은 너무 많고 쓸 돈은 없다고 생각한 박정희 체제에서 의료보험은 아직 사치였다.

그런데 1975년 12월 내각 개편을 통해 신현확이 보건사회부 장관으로 등용되면서 의료보험 실시 준비가 본격화되었다. 1976년 4월에 보건사회부가 의료보험 실시를 공포했고 5월에는 의료보험법 개정 시안을 마련해 국회 논의를 거쳐 12월에 최종안이 통과되었다. 아닌 밤에 홍두깨처럼 의료보험을 갑자기 시행한 이유는 무엇일까. 혹자는 1972년 남북대화 당시 북한의 선전에 대응하기 위한 것이라고 주장한다. 김종인 역할설도 있지만 본인의 주장 이외에 별다른 근거는 없다. 당시 언론이나 잡지에 김종인이 의료보험을 다룬 글은 전혀 없으며, 오히려 당시 그의 주된 관심은 부가가치세를 비롯한 세제 분야였다.

의료보험법은 이미 1963년에 제정되었지만 본격 시행과는 무려 14년의 낙차가 있다. 낙차의 핵심에는 대중의 욕망 상승과 이에 대비되는 팍팍한 의료 현실이 있었다. 경제개발에 따른 기대 욕망의 상승은 의료 분야라고 예외가 아니었지만, 상대적 빈곤 문제가 심각해져갔고 돈이 없어 병원 문턱 대신 저승 문턱을 넘는 일이 비일비재했다.

1972년 8월 서울대 보건대학원의 의료기관 이용 실태 조사에 따르면, 대도시의 경우 약국 64.1퍼센트, 통원치료 21.8퍼센트, 한의원 2.9퍼센트였고 중소도시는 약국이 63.8퍼센트, 통원 16.8퍼센트, 농어촌은 약국 52.7퍼센트, 민속요법과 미신 행위 등이 10.6 퍼센트였다.[61] 이는 의료 서비스 공급이 잠재수요에 부응하지 못했다는 점을 보여준다. 의료혜택을 받는 비율은 서울 27퍼센트, 지방도시 17.9퍼센트, 농촌 2~3퍼센트에 불과하고 그것도 90퍼센트가 자비 부담이었다.[62]

당시 의료 상황이 열악했던 이유는 첫째, 정부의 보건 관련 예산 규모와 관련이 있다. 1965년도 보건 부문 예산 비율은 0.1퍼센트로 베트남의 0.6퍼센트, 인도의 0.7퍼센트보다 낮은 수준이었는데, "세계적으로 유례가 없는 적은 보건비 지출"이었다.[63] 1970년대 들어서도 사정은 나아지지 않았다. 1970년 정부 예산 중 보건사회부 예산 비율은 노동청과 원호처를 합쳐 6퍼센트 정도에 불과했다. 이는 유럽과 일본의 사회보장 예산이 전체 예산의 30퍼센트에 달하는 것과 극명하게 대비된다.[64]

둘째, 의료 공급 능력의 부족과 불균형도 심각했다. 전 국민을 대상으로 한 의료보험이 있는 국가에서는 적어도 만 명당 의사 수가 10명 이상이 되어야 하지만 한국의 경우 5명에 불과했고, 병상 수는 10만 명당 500개이지만 한국은 50개에 불과했다.[65] 50퍼센트대에 머물고 있던 병상 이용률 또한 선진국의 90퍼센트 이상과 대조되었다. 아울러 의료 전달 체계상의 불균형도 심각했는데, 1974년 기준으로 병상의 도시 집중률은 무려 87퍼센트에 달했다.[66]

불균형의 중요한 원인은 자유 개업의에 입각한 의료 정책이었다. 의료보험 실시 이전까지 의료에 관한 정부 정책은 거의 완전한 자유방임의 시장논리였다. 그 결과 의료 영역의 공공 부문과 사적 부문 간의 격차가 매우 크게 벌어진다. 1974년 기준으로 공공 부문과 민간 부문 사이의 비율은 의사는 18.4퍼센트 대 81.6퍼센트였고, 병상 비율은 21.1퍼센트 대 78.9퍼센트에 달했다.[67]

셋째, 의료비의 가파른 상승이 문제였다. 1970년 가계지출 중 의료비 비율이 2.3퍼센트였던 것이 1974년에는 3.6퍼센트로 상승했다. 그 결과 1인당 의료비는 2000원에서 5700원으로 4년 만에 3배 가까이 상승했다.[68] 1965년부터 1975년 사이 10년간 1인당 의료비는 생계비 증가율의 3배가 넘었다.[69] 1971~1975년 5년간 의료수가는 최고 15배나 인상되어 병원 못 가는 사람의 비율이 도시는 15퍼센트, 농촌은 50퍼센트에 달했다.[70]

국민의 의료비 지출 폭증은 의료보험의 필요성을 가중시켰다. 개인이 의료수가 상승을 감당할 수 없게 된다면 이것은 의료 공급자 입장에서도 커다란 위기였다. 결국 개인의 한계를 넘어서는 의료 비용의 사회적 또는 국가적 지불 방안이 절실해진다. 이렇게 의료보험을 통해 의료비 마련이 쉬워지면 유효 수요와 의료비가 증가할 것이고 수요 증가는 공급의 증가를 유발함으로써 의료 부문의 성장을 촉진할 것이라는 분석도 가능했다.[71] 즉 보험을 통한 의료의 산업화가 가능하다는 주장이었다.[72]

개인과 가족 차원에서 감당할 수 없는 의료비 상승은 결국 사회와 체제의 안전을 심각하게 위협할 것이라는 공포가 유신체제를 휘감았다. 제4차 경제개발계획 작성 과정에서 중앙정보부는 청와대에 안보 상황을 보고했는데, 서울 봉천동과 상계동 등 판자촌 빈곤 주민들이 안보의 최대 취약점임을 강조했다. 즉 "일단 병에 걸리면 치명적이 되는 상황이어서 유사시엔 예측 불가"하기에 이들에 대한 의료보장 대책이 시급하다고 건의했다.[73] 참석자들의 눈가에는 광주 대단지의 데자뷔가 어른거렸을 것이다.

의료수가 인상은 당시 고성장에 수반되었던 인플레이션의 영향도 있었겠지만, 의료계 내부적으로는 의료시설의 대형화, 현대화와도 관련이 깊었다. 그 상징적인 것이 종합병원의 급팽창이었다. 1970년에 12개에 불과했던 종합병원이 1973년에는 17개, 1975년에는 37개로 폭증했다. 이후 종합병원은 1979년 70개에 달할 정도로 급성장했다. 병원이 1970년 220개에서 1979년 226개로 제자리걸음을 하고 의원이 5402개에서 6110개로 미미하게 성장한 것에 비한다면 종합병원의 성장이 전체 의료시설의 팽창을 주도했다고 볼 수 있다.[74]

1975년에 들어서자 의료보험 실시에 대한 요구가 각계각층에서 쏟아져 나오기 시작했다. 먼저 의료계의 의료보험 확대 요구가 있었다. 1975년 4월 4일 대한병원협회장 송호성은 보건사회부에 의료보험제도 확대 등을 건의했다.[75] 이어서 6월 19일에는 공화당과 유정회가 합동 간부회의를 통해 국민의료보험제도 등 후생복지 사업 확충을 건의했다.[76] 7월에는 대한노총이 '실업보험과 함께 수익자의 부담이 적은 의료보험제도 전면 실시'를 주장했다.[77] 국회 보사위에서도 9월 초 의료보험의 점진적 확대를 건의하기에 이른다.[78]

의료보험 정책의 변화에는 여러 가지 요인이 작용했지만, 결국 최종적 판단은 정권 핵심부의 몫이었다. 당시 비서실장 김정렴의 회고에 따르면, 1975년 12월 박정희는 고도성장에 따른 불균형을 시정하기 위해 제4차 경제개발계획부터 사회개발을 병행해서 추진해나가되, 특히 사회개발의 기초인 의료보장책을 기필코 시행한다는 방침을 세웠다고 한다.[79] 그러나 박정희는 '의료 복지정책을 쓰되 국방력 강화와 경제 고도성장이 계속해서 요긴한 우리 현실

에 비춰 우리 실정에 맞는 건전한 제도 마련'을 특별히 주문했다.[80]

의료보험 실시의 최대 관건은 돈이었다. 제4차 경제개발계획을 작성하면서도 당시 고재필 보건사회부 장관은 의료보험을 1980년대 제5차 경제개발계획의 과제라고 못박았다. 돈은 의료계에게도 결정적인 문제였다. 의료 산업화에 따른 의료수가 폭등은 중산층조차도 감당하기 버거울 정도였고 의료 상품의 판매 증가를 기대할 수 없었다. 그렇기에 중요한 것은 잠재 의료수요의 현재화였다. 의료보험 실시로 『대한병원협회지』는 환자가 2배가량 증가할 것이라고 기대했다.[81]

의료계의 요구는 의료비의 안정적인 공급 체계 확립으로 모아졌다. 『대한병원협회지』는 정부의 의료시혜 확대안이 발표되자 각계 전문가를 동원해 특집을 구성했는데, 영세민에 대한 의료보호 대책부터 진료기관 계열화, 병원 수준 평준화, 의료수가 결정 문제 등을 제기했지만 중요한 것은 의료수가였다.[82] 보험수가는 의료 산업화가 진행되는 조건에서 매우 중요한 문제였고, 의료보험 시행 당시 의료계와 정부 간의 최대 쟁점이었다.

의료수가를 책정하기 위해 정부와 의료계는 긴밀하게 협력했다. 1976년 11월 4일 신현확 장관이 대한의학협회를 방문해 공동 수가 책정 작업을 합의하고 11일에는 보건사회부, 대한의학협회, 대한병원협회가 공동으로 '의료수가연구위원회'를 구성했다.[83] 이 위원회 사무실이 대한의학협회 건물에 있을 정도로 수가 책정 작업에 의료계가 깊숙하게 개입했다. 이때 독일과 일본의 경험을 참고했는데, 특히 일본 자료가 중요했다.[84]

이러한 과정을 거쳐 1977년 6월 9일 의료보험용 기준 수가가 고시되었다. 의료행위를 762종류로 구분하고 각 행위마다 난이도,

    2부 박정희 체제의 통치성

시간, 빈도에 따라 기준 수가 점수제를 시행하는 방식이었는데, 전체적으로 관행 수가보다 약 45퍼센트가 절감된 선에서 책정되었다.[85] 책정된 기준 수가에 대해 의료계는 강력하게 반발했다. 대한병원협회는 연간 보험료가 359억 원인데, 수가로 지불되는 돈은 45.2퍼센트인 162억 원에 불과하다고 항의했다.[86] 그러나 의료계의 반발에 대한 비판론도 나타났다. 의료보험수가 25~45퍼센트 절감은 병원 측의 엄살일 뿐이며 의료보험 시행 이전에도 단체 환자의 경우 30~40퍼센트 할인이 기본이었음을 감안하면 의료보험은 단체 가입자를 현 수가대로 받는 것이므로 축배라도 들어야 할 판이라는 것이 의료보험 관계자의 분석이었다.[87]

수가 문제를 둘러싼 대립은 의료에 대한 사회적 시선의 변화를 함축하는 것이었다. 의료에 대한 기존의 사회적 통념은 비영리 행위 내지 준비영리 행위여야 한다는 것이었으나, 경제적 유지 또한 중요시할 수밖에 없다는 주장이 제기되었다. 그래서 의료보수(의료기관이 환자에게 받는 진료비 전체를 일컫는다) 원가 계산은 '의료인이란 전문기술에 대한 보수, 의료 제공에 소요된 경영원가의 보전, 의료시설에 투입된 자금에 대한 자본보수와 기업 이득' 등을 포함해야 했다. 나아가 자본에 대한 정당한 보수는 "하나의 사회 정의"라고 규정하기에 이르렀다. 이제 의료는 '의료산업'으로 이해되었고 '자본 공급 면에서 타 산업과 경쟁관계'에 놓이게 되었다고 파악했다. 따라서 민간자본을 유치하려면 그 사회의 평균적인 '자본 보수율이 보장'되어야 한다는 결론으로 이어졌다.[88]

결국 의료보험은 유효 수요 창출을 위한 정책이기도 했다. 그 결과 1977년부터 대규모 투자가 진행되어 그전 20년간의 투자액이 최근 1년간의 투자액에도 미치지 못할 정도로 획기적인 투자가 이루어졌다. 이러한 투자에도 불구하고 공급 부족 현상이 나타났다. 그것은 의료 이용률의 폭증 때문이었다. 1970년 전후 환자의 20퍼센트만 병원을 이용한 반면, 의료보험이 시행된 1970년대 후반 이후 60퍼센트의 환자가 병원을 이용했던 것이다. 그 결과 1970년에는 10만 명당 병상 수가 53개였음에도 부족 문제가 없었으나, 1979년의 경우 166개로 증가하고 대도시에서는 병상가동률이 100퍼센트에 달했음에도 부족 현상이 심각해졌다.[89]

결국 돈이 문제라면 전경련이 등장하지 않을 수 없다. 장예준 당시 상공부 장관이 전경련의 적극적인 입장을 보고하면서 박정희의 태도가 바뀌었다는 주장은 상당히 신빙성이 높다.[90] 실제 의료보험 수입 구조는 기업 50퍼센트와 종업원 50퍼센트로 정부 재정은 한 푼도 들어가지 않는 방식이었는데, 기업의 동의가 없었다면 시행 자체가 불가능했을 것이다.

사실 전경련은 1970년대 초반까지만 해도 의료보험에 매우 부정적이었다. 1970년 법 개정 당시에도 "제2의 산재보험"이라고 격하게 반대했었다. 그러나 1970년대 중반을 지나면서 인식이 변화하기 시작했다. 1974년 우리사주조합운동으로부터 기업복지가 본격적으로 시행되기 시작했고, 1975년부터는 권력도 기업복지를 사회보장의 일환으로 적극 권장했다. 이에 따라 경제계에서는 복지재단 설립이 유행처럼 번졌다.

전경련은 경제계가 적극적으로 나서게 된 것은 정권의 권유와 함께 이 시기가 "기업의 사회적 책임에 대한 요구가 가장 비등했던 시기"였다는 점과 무관하지 않다고 했다. 무엇보다 중요한 것은 그 요구를 감당할 수 있을 만큼 재벌의 덩치가 커졌다는 점이다. 1978년 46대 재벌은 국내총생산의 17퍼센트 이상을 차지할

     2부 박정희 체제의 통치성

정도였다. 집중된 경제력에 대해 재분배를 요구하는 것은 당연했고 그 구체적인 방식이 의료보험을 포함한 복지 시스템의 강화였던 것이다. 독일의 대자본들이 비스마르크, 히틀러와 손을 잡았다면 한국에서도 그러지 말란 법은 없었다.

재벌은 다만 돈만 낸 것이 아니었다. 전경련은 1974년에 이미 의료보험 관련 간담회를 개최하기 시작했고 의료보험중앙연합회를 전경련이 주도해야 한다는 주장이 제출될 정도였다. 실제로 1977년에 전경련의 주도로 의료보험협의회가 설립되었으며, 사무실을 전경련 회관 안에 두었다.

결국 의료보험을 주도한 것은 유신체제를 꼭짓점으로 한 의료계와 경제계의 삼각동맹이었다. 이 동맹의 결과로 만들어진 의료보험은 행위별 수가제로 병원의 안정적 이익을 보장해준 반면, 의료비 부담률은 30~40퍼센트에 불과했다. 비록 단계적 확대라고 토를 달기는 했지만 500인 이상 기업으로 국한되었는가 하면 노동자의 보험료 부담률은 사측과 동일한 50퍼센트였다. 반면 국가는 한 푼도 내지 않는 구조로 복지국가를 위해 손 안 대고 코 푼 격이었다. 요컨대 자본을 전주로 삼고 의료계를 실무기술자로 동원해 정권은 돈 한 푼 안 들이고 '복지국가'를 건설한 셈이었다.

비록 많은 문제점이 있다고 하더라도 그나마 현재의 건강보험 체제를 갖추게 된 것은 1977년 이후 지난한 투쟁의 결과였다. 지속적인 투쟁으로 국가 재정 투입을 이끌어내고 사무실을 전경련의 품으로부터 독립시켰으며 보험 대상을 전 국민으로 확대할 수 있었다. 그러나 여전히 유전무병 무전유병의 세상이 끝났다고 보기는 어렵다. 오히려 영리병원 설립 시도 등에서 드러나듯이 더욱더 강화될 조짐조차 나타나고 있다. 의대 정원 확대를 둘러싼 갈등의 배후에는 사실상 의료를 매개로 한 돈의 흐름을 어떻게 조절할 것인가의 문제가 놓여 있다.

의료보험은 양가적 효과를 냈다고 보인다. 한편으로는 국가와 자본의 양보를 이끌어낸 것이지만, 다른 한편으로는 그만큼 국가와 자본의 사회적 지배력을 높인 것이기도 했다. 다른 말로 하면 통치성의 제고를 통해 주민 집단에 대한 안정적 관리를 도모한 것이었다. 요컨대 기아와 질병을 통제하는 권력의 통치성이 고도화된다면 주민 집단의 실질적 포섭 효과 또한 배가될 터이다.

『경향신문』 1977년 7월 1일자 1면 머리기사는 부가가치세와 함께 의료보험 실시를 알렸다. 그리고 그 바로 밑에 배치된 기사는 정주영의 복지재단 설립 소식이었다. 정주영은 무려 500억 원을 출연해 아산사회복지재단을 설립할 것이며 장학사업과 함께 병원 설립 등의 의료복지가 주된 사업이 될 것이라는 포부를 밝혔다. 2개의 기사를 1면에 묶은 편집자의 감각은 어디서 나온 것일까. 그것은 다만 편집자의 주관적 감각의 문제가 아닐지도 모른다. 그것은 의료보험을 떠받치고 있는 거대 자본의 재현으로 읽힌다.

국가의 통치성은 이제 시장과 자본을 통하지 않으면 안 되는 상황임이 분명했다. 권력이 시장에 넘어가기 시작한 셈이다. 다시 말해 시장의 감시를 받는 국가라는 규정은 더 이상 빈말이 아니었다. 요컨대 의료보험은 사회보장의 형태로 이루어지는 국가와 시장의 통치성이 어떻게 팽창하고 있었는지를 보여주는 대표적인 사례다.

4. 능력주의, 공정한 불평등의 꿈

1974년 12월 27일 『경향신문』은 연말을 맞아 그해 최고의 능력을
발휘한 사람들을 소개하는 기사를 게재했다. 소개된 '능력왕'들은
다종다양했다. 홍수환과 조오련처럼 잘 알려진 유명인사를 비롯해
개발연대답게 최대 수출업체, 최대 차관 도입 기업, 최대 소득세와
상속세 납부자 같은 부자들도 소개했다. 쌀 증산왕 역시 빠지지 않
았고 최고의 베스트셀러 소설, 최다 범인 체포의 포도왕, 최고 비
행 기록 비행사를 소개했는가 하면 우체국 소인 찍기 왕, 가장 긴
배달 거리를 기록한 집배원, 최장 구보훈련 군인 등의 이색적인 능
력자들도 소개했다.[91] 분야도 다르고 내용도 달라 동일한 범주로
묶기 힘든 사람들이 오직 최고의 능력자라는 이유로 함께 등장했
다. 바야흐로 1970년대는 능력주의의 시대였다.

근대화 기획에 따르자면 정실과 연고주의 또는 부정부패를 극
복하고 능력주의로 사회를 갱신하는 것이 중요한 과제다. 다시 말
해 사회적 차별을 거부하고 오직 능력에 따른 공정한 분배와 대우
를 요구한다는 점에서 능력주의는 평등의 우군이기도 했다. 물론
여기서 능력주의는 평등을 분절하고 절단해 재구성해낸다. 즉 결
과의 평등 대신 기회의 평등을, 실질적 평등 대신 형식적 평등을
강조함으로써 불평등으로 귀결되는 평등이라는 역설을 만들어낸
다. 능력주의는 평등과 불평등을 뫼비우스의 띠처럼 연결해 양자
의 악무한적惡無限的 순환 속에 자신의 서식처를 확장한다. 요컨대
능력주의는 평등을 위해 평등을 잡아먹는 모순 속에서 강화된다.

능력주의는 단순히 추상적 이데올로기로 국한되지 않는다. 그
것은 가치이자 관습이며 일련의 제도적 실천이기도 하다. 능력주

의는 교육을 통해 제도적으로 구조화되고 기업 운영의 원칙으로 작동하는가 하면, 공론장을 통해 지배적 가치체계와 상식으로 확산되어 일상의 관습으로 스며든다. 자유롭고 평등한 인간이라는 정언명령에도 불구하고 사회적 재생산 과정은 능력별 위계서열을 자연스럽게 내면화한 인간을 양산한다.

한국에서 능력주의를 (재)생산하는 핵심 메커니즘은 학교다. 성적을 능력으로 치환해 위계서열화의 원칙으로 만드는 것이 학교다. 1969년 중학교 평준화 정책에 이어 1974년 고교 평준화가 많은 논란 속에 시행되었다. 평준화 결과로 1979년 진학률은 중학교 93.4퍼센트, 고등학교 81퍼센트를 기록했지만 4년제 대학 진학률은 25퍼센트에 머물렀다. 당시 6퍼센트에 불과한 대학 졸업은 상당한 특권이었다.[92] 요컨대 평준화는 기회의 평등이 확장되는 효과를 냈고, 더 넓고 긴 경쟁 구조를 만든 셈이다.

능력주의의 제도적 구조화에 중요한 역할을 한 것 중의 하나가 공채 제도였다. 1960년 공무원 공개채용 시험이 치러진 이후 국·공영 기업체 직원, 교사 등으로 확대되었고 민간기업에서도 1957년 삼성을 필두로 1970년대 초반 대기업의 상당수로 확대된다. 여전히 인맥이나 학연을 통한 추천제가 작동하고 있었지만, 1970년대 중후반에는 대졸 취업자의 56퍼센트가 공개채용 방식으로 채용되었다.[93] 주요 언론은 환영일색이었다. 『조선일보』는 사설을 통해 "실력주의가 관계뿐만 아니라 모든 산업사회에 번져 능력과 성실과 노력이 이 사회를 지배"할 것을 열망했다.[94]

능력주의가 작동하기 위해서는 개체의 능력을 정확히 측정할 수 있는 수단이 긴요하다. 한국의 경우 시험이 가장 대표적인 능력 측정치로 활용되어왔다. 흔히 시험 성적은 두뇌 활동의 산물로 취급되기에 능력의 측정은 지능검사와 밀접하다. 능력주의 meritocracy라는 용어를 대중화하는 데 결정적 역할을 한 마이클 영Michael Young에 따르면 능력은 지능과 노력의 결합이다. 지능 검사는 능력주의가 작동할 수 있는 '과학적' 토대를 제공한다고 주장된다. 지능검사 주창자들은 인간의 지능을 과학적으로 측정해 객관적 수치로 나타냄으로써 능력별 위계서열화의 합리적 토대를 구축하고자 했다.

해방 이후 미국의 강력한 영향 아래 한국의 교육계는 미국의 기능주의, 진보주의 교육체제를 수용했고 심리학에 기반한 행태주의behavioralism, 행동과학이 위력을 행사하기 시작한다. 미국의 교육학과 심리학을 한국에 도입하는 데 큰 역할을 한 사람은 염광섭廉光燮이다.[95] 특히 그는 지능검사와 객관식 시험제도 등을 국내에 소개했다. 또한 염광섭이 깊이 관여한 것으로 보이는 서울 문리대 심리학연구실을 이어 1953년 정범모의 주도로 교육심리연구실이 만들어진다. 이 연구실은 지능검사, 심리 측정, 교육 평가 등에 주력했고, 1953년 중·고교용 간편 지능검사를 개발한 이래 검사의 "총본산"이라는 평을 듣게 된다. 또 하나의 중요한 기구는 문교부가 설립한 중앙교육연구소였다. 이 연구소는 1953년 3월 부산에서 설립되었으며 교육의 과학화를 내걸고 각종 지능검사와 심리검사를 만들었으며, 1963년에는 한국판 웩슬러Wechsler 검사를 개발했다.[96]

1950년대 말이 되면 공교육 체계 안에서 지능검사가 본격적으로 시행되기 시작한다. 1959년 5월 서울시 교육위원회는 중·고교 교장 회의를 소집해 학생들의 능력 및 소질을 파악하는 데 '심리적 검사', '간편 지능검사', '인성검사' 등의 과학적 방법을 채택할 것을 지시했다.[97] 군대에서도 정실과 청탁으로 폐단이 많았던 병과 분류 현실을 개선하기 위해 지능검사와 적성검사를 도입하게 된다.[98]

서울지법 소년부 지원에서도 1960년부터 범법소년 541명에 대한 지능검사를 시행했다. 검사 결과 "저능한 그들은 사물에 대한 판단이 어둡기 때문에 특수교육"이 필요한 존재로 규정되었다.[99] 또 다른 지식인은 지능이 사회적 생존경쟁의 기준이 될 수밖에 없음을 강조했다. 즉 "모든 분야에서 지능이 우수한 사람이 생존경쟁의 승자"가 된다는 주장이었다.[100] 급기야 "저능아는 이미 우리 사회의 암적인 존재"로 규정되고 범죄 소년의 75퍼센트, '윤락 여성'의 80퍼센트가 저능아라는 조사 결과까지 제시되었다.[101]

무엇보다 지능검사는 과학의 언어로 인간에 대한 조작적 진리 체제를 구축하고자 했다는 점에서 문제가 있다. 과학을 내세웠음에도 지능검사가 그에 부합하는 것이었는지는 매우 의심스럽다. 지능검사를 개발한 주체들 스스로 "지능 개념은 심리학자 수만큼 많다고 할 정도로 다양"함을 인정했다.[102] 즉 학습하는 능력, 획득하는 능력, 사고 능력, 적응 능력 등 다양한 능력이 지능이라는 개념과 비대칭적으로 조응할 뿐이다.

그러나 지능검사의 대부로 불리는 정범모는 능력에 따른 개인과 국가의 발전을 확신했다. 정범모는 한국이 어느 때보다도 더 간절하게 발전을 갈구하고 있다고 주장하면서 발전의 욕망을 종합하면 "풍부와 자유의 두 근본 욕망"으로 귀결된다고 설명했다.[103] 근본 욕망의 충족을 가능케 할 핵심은 근대적인 '자기결정의 주권'이다. 경제 역시 자기결정과 외부 결정의 차이로 해석된다. "전통 사회의 부자는 근본적으로 주어진 부"이지만 "근대사회의 경제는 인공"적인 것이다. 결국 "근대사회의 부는 자연이 인간에게 주는 부가 아니라 인간이 자연에서 짜내는 부"다. 그렇기에 정범모에게 무엇보다 중요한 것은 "집단에의 귀속보다는 개인으로서의 능력이나 업적"이다.[104]

> 경제발전을 온통 배금주의라고 나무라며 과학의 발전을 온통 인간 기계화라고 나무라는 관점은 경제와 과학의 발전 없이는 그 가난한 대중들은 영영 가난에서 헤어날 수 없다는 사실을 망각하고 있는 관점이며, 또한 과학의 탐구 그리고 경제발전은 오로지 인간에게만 있을 수 있는 극히 인간적인 성취라는 것을 망각하고 있는 관점에 불과하다.[105]

정범모에게 경제발전은 비인간화가 아니라 지극히 인간적인 성취다. 그렇기에 근대적 인간으로서의 자기정립이 무엇보다 중요하다. 그에게 근대사회로의 진입 과정은 부모 품을 떠나는 성장의 고독, 불안, 쓰라림을 수반하는 것으로 이해된다.[106] 성장한 근대인이란 "자연을 부수고 쑤시고 격파할 자세와 용기"를 가진 주체다.[107]

> 초월에서 기댈 곳은 자아의 능력뿐이다. (…) 다 자라난 청년이 부모를 초월하려며는 그 부모와 흡사한 능력을 가져야 한다. 자기의 직업 능력 판단력이 있어야 부모를 초월할 수 있다. 인간 능력의 끊임없는 거의 창조자다운 능력의 개발과 창조·생산 과정에 초월의 길이 있으며 이것을 있어야 할 근대화의 정신이라고 풀이할 수 있을 것이다.[108]

정범모는 빈곤과 저발전의 현실을 초월하고자 하는 강렬한 열망을 '자아의 능력'으로 집중시킨다. 이는 단지 개인 차원의 문제가 아니다. 그는 "국가 능력 의식은 국가동일성 의식과 더불어 주권화, 주체화의 근본에 놓인 문제"라고 정식화했다. 즉 "주권은 능력이 있는 자만 부여된다. 주권의식은 자체의 능력에 자신이 있는 자에게만 있을 수 있다"라고 단언했다.[109] 정범모는 주체의 내면적 능력을 강조하면서 과학과 기술에 의한 경제발전에 모든 것을 집중시키고자 했다.

두말할 필요 없이 자본의 사회적 형식인 기업은 자본주의 산업화의 주역으로 사회 전체를 시장논리로 재구성하는 첨병이다. 경제계 요직이라 할 수 있는 한국은행 기획부 차장의 글을 보자. 그는 "근래 산업사회가 격동하는데 따라서 연공제 중심이 퇴색하고 실력 본위의 사회로 변모"되고 있음을 확신했다.

연공서열, 정년제란 동양적 윤리관에 바탕을 둔 인사제도로서 온정주의 경영의 온상이 되며 인건비 상승 요인 (…) 산업구조가 안정되고 기업이 독점적 지위를 유지할 때는 이러한 여성적 체질이 되기 쉽다. 그러나 경영다난 시대를 맞이하고 있는 국내 기업으로서는 하루속히 남성적 체질로 성전환을 서둘러야 한다. (…) 이제야말로 종신고용제와 결별하고 능력주의 제도를 받아들일 단계에 들어섰다고 본다. (…) 각자가 가지고 있는 능력을 최대한으로 발휘할 수 있도록 하여 무위도식하며 회사의 발전을 좀먹는 인원을 소탕해서 소수정예 체제로 전환하는 일도 중요하다.[110]

위 인용문은 대단히 전투적이다. 임전태세를 갖추고 무위도식하는 직원의 소탕을 요구하는 이 글은 매우 긴박한 분위기를 고조시킨다. 심지어 여성적 체질과 남성적 체질을 대비시키며 '성전환'까지 주장하는 것을 보면 개발연대 한국 자본주의의 맹목과 저돌성을 웅변하는 듯하다. 압축성장을 통한 선진국 추격에 사활을 건 당대의 분위기 속에서 능력주의가 핵심 조건임을 강조한 것이다.

능력주의는 전방위적으로 작동했지만, 무엇보다 엘리트주의와 밀접하다. 대체 가능한 단순 노동력은 무능의 상징이며 능력은 엘리트의 고유한 특성으로 여겨진다. 자본과 결합해 거대한 산업 스펙터클을 만들어내는 엘리트에 대한 경배를 보자. 포항제철은 "강인한 인간의 의지가 참으로 거룩하게 여겨지는 거대한 공장"이었고, "우리 민족의 저력과 근대화 과정을 확인하는 관광명소"가 되어 1977년 내방객 100만 명을 돌파했다.[111] 자연이 아닌 인공 구조물에 숭고함을 느끼는 심미안은 무엇보다 인간의 능력에 대한 경배로 나타난다. 먼저 통렬한 반성의 기도를 올린다.

> 우골탑, 마골탑일망정 해방 이후 20~30년간 지속된 그 뜨거운 교육열이 없었다면, 그래서 우리의 젊은이가 그 어느 나라에 뒤지지 않는 학문적인 훈련이 돼 있지 않았다면 어떻게 저 거대하고 복잡한 제철소 건설과 조업을 성공적으로 이루어낼 수 있었겠습니까? 우매한 저는 이제야 깨달은 것입니다. 적어도 하나님은 20~30년의 일을, 때로는 100년 뒤의 일까지도 예비하신다는 사실을 말입니다.[112]

위 인용문은 1975년 포항제철을 방문한 조향록 목사의 발언이다. 간판만을 탐하는 열병에 하나님께 항의기도를 올려왔던 그가 포항제철의 웅장함에 통절한 사죄의 기도를 올렸다는 것이다. 조 목사는 확신에 찬 어조로 "포철은 소명을 받은 곳, 당신들께선 모두 하나님의 부르심을 받은 사람들이란 것을 확신하십시오"라고 주문했다.[113] 조향록 목사는 한신대 학장과 기독교장로회 총회장이었고 엠네스티 한국지부 이사장을 역임할 정도로 1970년대 민주화운동에도 기여한 바가 있었다.

흔히 능력은 인성과 비교된다. 그런데 인성은 순종적 주체의 필수요소다. 1970년대 고시에 합격한 사람들의 조언 중 흥미로운 것은 답안 작성 시 자신의 주관을 최대한 배제하고 겸허하게 써야 한다는 것이다.[114] 이것은 고시가 단지 지식과 능력만을 보는 것이 아니라 응시자의 '자세'를 평가한다는 점을 암시한다. 남과 다른 독창적 해석은 금물인데, 요컨대 유순한 주체임을 증명해보라는 요구로 읽힌다.

박태준은 이직을 혐오하고 평생직장을 강조하는 일본의 사례를 들면서 동양적인 윤리관을 강조했다.[115] 자질이나 능력은 떨어져도 생애직生涯職의 결심으로 근무하는 사원이 회사에 기여하는 공로가 월등하다고도 했다.[116] 박태준은 결국 "머리가 좋고 나쁘고는 종이 한 장 차이이고 문제는 기술 이전에 정신상태"라고 주장했다.[117] 능력보다 태도가 중요하다는 말일 텐데, 이는 삼성 이병철의 입장과도 유사하다.

와세다대학 동문이기도 한 두 사람은 상당히 친밀한 사이였다. 이병철은 사람을 평가함에 있어 선천적 능력 60퍼센트, 교육 40퍼센트로 생각했다.[118] 이병철은 학력보다는 원만하고 성실한 성품을 중시했다. 그 기준은 용모와 자세가 단정하고 건강하며 능동적인 성격이 표면에 나타나야 한다는 것이다.[119] 그가 면접 시 입회해 관상을 본다는 것은 이것을 의미했다.[120] 그 연장선상에서 이병철은 박태준의 이른바 '목욕철학', 즉 몸이 깨끗하고 단정해야 공장과 주변을 청결히 할 수 있고 그래야 제품이 완전해진다는 논리를 적극 환영했다.

포항에서는 1등 시민으로서 어느 곳에서나 대접을 받고 인정을 받는다. 회사의 어떤 문이든지 노란 제복의 사나이는 무사통과한다. 포철 출입문에도 직원만 통용하는 문, 협력업체 직원이 다니는 문, 건설 관련 업자가 다니는 문이 구분되어 있어서 출퇴근 시간에 신분증 검사 때문에 몇 분씩 줄을 서는 일 없이 무사통과로 쏙쏙 빠져나가는 기분은 뭐라 형언할 수 없을 정도이다. 그뿐 아니다. 노란 제복만 입었다 하면 현금이 없어도 외상술을 먹고 싶은 대로 마실 수 있고 포항뿐만이 아니라 인근 지역의 아가씨들도 노란 제복의 사나이들과 결혼하기 위해 줄을 설 정도로 진짜 신바람 나고 살맛 나는 직장이다.[121]

1979년 포항제철에 입사한 인용문의 화자는 노란 제복을 입은 정규직의 특권이 주는 달콤한 삶을 이와 같이 회고했다. 개인이 오롯이 자신의 능력으로 이러한 특권을 누리기는 쉽지 않다. 인용문의 화자가 왜 자신의 능력이 아니라 제복에 대한 물신화된 자부심을 얘기하고 있는지 그 이유는 분명하다. 신입사원을 선발해 제복을 지급하고 교육훈련을 시키고 해외연수를 보내며 기성技聖(Saint Technician)으로 선발해 어떤 주체성을 구성해준 주체 역시 분명하다.

능력은 개체의 고유한 소유물처럼 여겨지지만 중요한 것은 그 능력을 필요로 하고 또 호명해주는 주체다. 요컨대 능력은 그 자체

로 자기완결적이거나 독립적일 수 없으며, 오직 사회적 총관계 속
에서만 의미화된다. 물론 이 과정이 그리 간단하지는 않다. 각 분
야별로 전문지식과 기술이 필요하고 이를 감당할 다양한 행위자
들 역시 필요하다. 단독 행위가 아니라 거대한 메커니즘이 작동하
는 것이다. 권력과 자본의 헤게모니가 지적 헤게모니와 결합하고
나아가 도덕적 헤게모니를 포섭하면서 특정 국면의 아비투스와 에
토스를 구성함으로써 능력주의는 역사적 실체로 인지 가능한 것이
되고 그 속의 소문자 주체들에게 강력한 위력으로 관철된다.

　개발과 성장은 물질적 재화의 생산량을 증대함과 동시에 그 재
화의 불평등한 배분도 확대 재생산했다. 발전과 불평등의 비례 관
계는 발전 전략 자체를 위협하는 잠재적 현실적 위기 요소였다. 토
마 피케티의 말처럼 불평등한 모든 시대는 그것을 설명하고 정당
화해줄 이데올로기를 필요로 한다. 개발연대는 경제를 개발하면
서 불평등을 개발했고, 그리고 능력주의도 개발해냈다. 노동력 동
원에 있어 능력주의는 매력적인 이데올로기가 아닐 수 없다. 잉여
가치를 은폐하고 자본-임노동 관계를 능력-무능력의 문제로 치환
하는 것은 '산업평화'의 핵심이다. 그 속에서 능력이라는 이름으로
더 높은 생산성을 위한 기예를 갈고닦는 노동력의 존재는 금상첨
화다.

7장

새마을운동
통치성의 승리와 농민의 실패

1. 시멘트와 청와대

박정희 체제 18년간 가장 성공적인 대중 동원 정책으로 꼽히는 것이 새마을운동이다. 전두환과 노태우 정권은 물론이고 민주정부라고 불린 김대중 정부 등 후속 정권들도 새마을운동을 건드리지는 않았다. 새마을운동은 여론조사에 따르면 정부 수립 이후 '국가 발전에 가장 큰 영향을 미친 정책'으로 꼽히기도 했다.[1] 2000년대 이후에는 '개발도상국'으로 지칭되는 나라들에 새마을운동을 수출하기 위한 시도가 이루어졌으며 "세계 시장에서 대한민국이라는 국가 브랜드를 상징하는 프로그램으로 재현"되고 있다.[2]

그런데 새마을운동에는 납득하기 어려운 의문이 하나 있다. 이촌향도가 그것이다. 새마을운동의 극성기는 농민들의 농촌 탈출rural exodus의 극성기이기도 했다.[3] 그렇게 성공적인 운동이 전개되고 있는 와중에 왜 농민들은 농촌을 떠나 도시로 몰려들었을까? 이촌향도는 단순한 공간 이동이 아니라 기존의 생활양식과 가치관, 사회적 관계망을 포함해 삶의 거의 모든 것이 뒤바뀌는 것을 의미한다. 보수적 속성이 강한 농민의 다수가 이러한 결단을 내릴 수밖에 없었다면, 그것은 분명 거대한 변화임에 틀림없다. 인간의 이동은 기본적으로 더 나은 삶의 조건을 찾아 이루어진다. 예컨대 전쟁터라는 죽음의 공간을 떠나 삶의 공간을 찾아가는 것을 피난이라 부른다. 이촌향도는 곧 농민의 '피난'인 셈이었는데, 농촌은 더 이상 삶의 공간이 아니라 피해야 할 몰락의 전쟁터로 보였던 것이다.

우리 모두가 알고 있듯이 몰락의 명백한 이유는 산업화다. 농민이 도시로 밀려드는 것은 산업화 전략에 따르면 바람직한 것이다. 산업화에 따라 대규모 노동력이 필요했고, 이를 공급할 수 있는 곳은 농촌밖에 없었다. 농민을 노동자로 만들지 못한다면 산업화는 불가능했다. 저임금 노동력에 근거한 가격 경쟁력 외에 별다른 경쟁 수단이 없던 한국 기업들에게 농촌으로부터의 무제한적인 노동력 공급이야말로 생명줄과 다름없었다. 가능한 한 산업예비군을 많이 만들어 노동시장 내 경쟁을 격화함으로써 저임금을 구조화하는 데는 농민의 이촌향도가 절대적 조건이었다.

산업화 과정은 흔히 전쟁에 비유되었다. 대통령부터 언론에 이르기까지 수출전쟁을 간단없이 외쳤으며 경제전쟁의 시대가 도래했음을 누누이 강조했다. 이 전쟁에서 농업과 농민은 패잔병에 가까웠고 그들에게 살길은 도시와 공장의 보충병이 되는 것이었다. 모든 인적·물적 자원이 집중된 서울은 치열한 삶의 전쟁터가 되어 갔지만, 시골은 전쟁을 치를 기회조차 없었다. 이 경제전쟁을 요즘 말로 하자면 구조조정일 것이다. 농업과 농촌은 구조조정의 1차 대상이었고 농업에서 해고된 농민들은 공업에 재취업해야만 했다.

국가와 자본의 입장에서 보자면 한편으로는 농촌의 몰락을 통해 산업화를 추진하면서 다른 한편으로는 그 몰락의 폐해를 최소화하기 위한 대책을 마련하는 게 시급했다. 즉 농촌은 무제한적인 노동력을 공급해주면서도 안정적인 식량증산을 이루어내야 했고, 정권의 든든한 정치적 지지 세력도 되어야 했다. 농민들은 도시로 나가 노동자가 되는 동시에 시골에 남아 식량증산도 책임져야 했고 이 고단한 삶 속에서도 언제나 유순한 유권자가 되어 여촌야도 투표를 해야 했다. 게다가 도시가 소돔과 고모라 같은 타락의 공간이었다면, 농촌은 단군 이래의 민족 전통을 보존하는 성스러운 공간이어야 했다. 요컨대 농민은 유순하고 효율적인 '슈퍼 농민'이 되어야 했다.

농촌의 몰락 속에 농민들의 불만은 상당했다. 그러나 또한 무언가 긍정적 전망에 대한 갈망도 공존했다. 산업화가 어떻게 농촌과 농업을 파괴적으로 재편할 것인지 그 결과를 확신할 수 없었던 농민들에게 마지막 희망 같은 것이 필요했는지도 모른다. 하나둘 도시로 떠나는 이웃을 보면서도 아직 마지막 절망은 아니라는 판단을 하는 농민이 많았다. 그들에게 어느 날 국가가 손을 내밀었다. 새마을운동의 시작이다. 이 시작이 농촌과 농업 그리고 농민에게 최후의 희망이었을까? 아니면 마지막 희망마저 접게 만든 확인 사살이었을까?

새마을운동의 주역은 두말할 것 없이 국가였다. 새마을운동은 1970년 4월 22일 전국 지방장관 회의석상에서 대통령 박정희의 제안으로 시작되었다. 이 회의에서 박정희는 "새마을 가꾸기 운동" 또는 "알뜰한 마을 만들기"라는 이름으로 새마을운동을 최초로 제안했다.[4] 이에 따라 내무부는 1971년에 시멘트 47만 톤을 확보해 전국 3만 3267개 마을에 각각 335포대씩 지급하기로 결정한다.[5] 당시는 1960년대 말부터 시작된 불황에 따른 건설경기 위축으로 시멘트 과잉공급이 큰 문제가 되던 상황이었다.

시멘트는 상당한 반향을 불러일으켰다. 대략 절반에 조금 못 미치는 1만 6천여 개 마을에서 시멘트를 이용해 일정한 사업성과를 냈는데, 보수적인 농촌에서 이 정도의 반응을 보인 것은 주목할 만한 현상이었다.[6] 새마을운동이 그전의 사례들과 질적으로 다른 점 중의 하나가 이것이었다. 국가의 물질적 지원이 농민의 반응으로 연결되었다는 점이다.

그런데 국가는 하고많은 사업 중에 하필 왜 마을 가꾸기라는 환경개선부터 시작하고자 했을까? 당시 농업 담당 대통령 특별보좌관이었던 박진환의 애기를 들어보자. 그는 4만 5천 개에 이르는 전국의 자연마을이 제멋대로 분산되어 있고 초가지붕이나 꼬부랑길 등이 옛날 그대로 있는 것이 문제라고 강조했다. 그동안 이것을 알고도 어쩔 수 없었지만 경제개발로 "농촌을 탈바꿈할 힘이 생겨났다"는 것이 그의 판단이었다.[7] 즉 농민의 입장이 아니라 국가의 시선에서 사업을 바라본 것이며, 그 핵심은 보기 싫은 농촌을 시멘트로 말끔하게 정리하는 것이었다.

박진환이 문제로 삼은 마을의 무질서는 원래 자연스러운 마을의 형성을 의미한다. 마을은 지형 등의 자연 조건에 따라 농업을 영위하며 생활하기 가장 유리한 위치와 공간 배치를 고려해 만들어지는 것이 일반적이다. 다시 말해 무질서한 것이 아니라 다른 질서에 따라 형성된 셈이다. 여기서 질서와 무질서를 가르는 기준, 즉 마을을 바라보는 주체의 시선이 완전히 다르다는 것을 알 수 있다. 박진환은 최고 권력의 정점인 대통령의 옆자리에서 마을을 내려다보는 것이었기에 마을을 처음 만든 사람들과는 완전히 다른 주체 위치의 시선일 수밖에 없다.

　　　　　　　　　2부　박정희 체제의 통치성

또 하나 박진환은 근대적 고등교육을 이수하고 대학 교수와 고위 관료로 평생을 일관한 사람이었다. 그는 1927년 경남 창원의 농촌 마을에서 태어나 서울농대를 졸업하고 미국 미네소타대학에서 석·박사 학위를 딴 뒤 서울농대 교수를 거쳐 1970년부터 10·26까지 대통령 보좌관을 지냈다. 미국 유학 시절에는 신자유주의의 대가로 불리는 밀턴 프리드먼의 수업을 들은 것이 큰 영향을 미쳤다고 한다. 경력으로 보건대 박진환은 농촌 출신이지만 자기 마을이 아니라 외부의 시선, 그것도 첨단의 현대적 지식의 시선을 장착하게 된다. 요컨대 근대화론자의 눈에 수백 수천 년 전에 형성된 시골 마을은 모두 상전벽해의 대상이었다.

박정희는 『국가와 혁명과 나』에서 근대화를 부르짖으며 한국의 5천 년 역사를 불살라버려야 할 악의 창고에 비유한 적이 있다. 근대화에 뒤처져 식민지가 되고 후진국의 멍에를 벗지 못한 것은 모두 조상 탓이라는 주장이었다. 박진환과 박정희는 바로 이런 점에서 의기투합했기에 10년 동안 같이 일할 수 있었을 것이다.

박진환은 경제개발로 돈이 생겨 농촌을 뜯어고칠 수 있게 되었다고 말했다. 사실 두 사람은 오랫동안 농촌을 어떻게 해보고 싶었을 것이다. 낙후되고 봉건적일 정도로 보수적이며 후진적인 농촌은 그들의 눈에 더 이상 존치되어서는 안 되는 곳이었다. 이미 권력도 가지고 있었다. 그러나 권력의 힘만으로는 부족했고 돈이 있어야 했다. 돈 없이는 아무것도 할 수 없는 시절이 된 것이다. 요컨대 새마을운동은 근대화의 결과이자 원인이기도 하다. 가장 후진적인 농촌을 근대화하고 돈맛을 들이게 되면 한국 전체가 그렇게 되는 셈이기 때문이다.

이러한 맥락에서 시멘트는 단순히 건설자재가 아니라 근대화,

돈, 국가 의지 등이 결합된 상징적 사물이 아닐 수 없다. 한마디로 시멘트는 국가 통치성을 상징했다. 그런데 시멘트 살포의 효과는 좀 애매했다. 절반의 성공이자 절반의 실패이기도 한 시멘트 효과를 보고 국가는 선택의 기로에 선다. 정부는 1971년 7월 사업성과를 분석했는데, 유능하고 헌신적인 마을 지도자가 있고 주민 협동과 개발의식이 왕성한 마을일수록 성과가 크다고 보았다. 이에 근거해 근면, 자조, 협동을 새마을운동의 원리로 결정하는가 하면, 물질적 성장보다 주민의 정신적 단결과 협동에 역점을 두기 시작했다. 요컨대 국가는 지도자와 정신, 이 두 가지를 운동의 핵심요인으로 꼽았다.

박정희 체제는 1973년부터 새마을운동이 농촌을 넘어 전국적이고 전 계층적인 운동으로 확산되어야 한다고 주장했다. 정부도 1973년에 비로소 새마을운동이 종합적으로 체계화되고 지속적인 운동방향을 설정하게 되었다고 평가했다. 평가에 따르면 새마을운동은 주민의 정신계발, 사회질서 확립과 사회개발, 생활수준 향상을 위한 경제개발, 생활양식의 근대화 운동이 되어야 했다.[8]

새마을운동은 매우 다양한 영역에서 진행되었지만 1970년대 중반 이후 생산기반사업, 소득증대사업, 복지환경사업, 정신계발사업 등으로 정리된다. 또한 정부는 1970년대 새마을운동의 전개 과정을 3단계로 나누어 평가했다. 즉 1971~1973년 기반 조성 단계부터 1974~1976년 자조 발전 단계를 거쳐 1977~1981년 자립 완성 단계로 발전한다는 것이다. 그래서 1981년까지 제1단계 새마을사업을 마무리짓게 된다.[9] 또한 전국의 모든 마을을 기초마을, 자조마을, 자립마을로 구분해 차등적인 운동 전개를 주문했는데, 1981년까지 모든 마을을 자립마을로 발전시키겠다는 계획이었다.

새마을운동은 기본적으로 개인이나 가구 또는 특정 단체가 아니라, 마을 전체를 하나의 유기적인 집단으로 상정해 추진되었다. 마을 단위가 핵심이라는 점은 마을 간 경쟁을 최대한 활용하고자 했다는 점에서도 확인된다. 박정희는 차등 지원 방침을 학교 성적에 따른 낙제와 진학에 비유하면서 "일은 하지 않고 노름이나 하고 술이나 마시고 게으른 그러한 퇴폐적인 농어촌을, 부지런히 일해서 잘살아보겠다고 발버둥치는 그런 농어촌과 꼭 같이 지원해준다는 것은 오히려 공평한 처사라 할 수 없"다고 했다. 그래서 "근대화된 부락"과 "뒤떨어진 부락"이 생겨나는 것을 당연시했다.[10] 이는 마을 사이의 수평적 연대보다 수직적 경쟁논리를 강조한다는 점에서 자유주의와 일맥상통하는 방침이었다.

이 모든 것을 가능케 한 기본 요인은 국가 관료제의 팽창과 강제력이었다. 예컨대 1963년 1203명에 불과했던 전라북도 공무원 수는 1980년 8109명으로 늘어난 반면, 같은 기간 인구는 248만 명에서 223만 명으로 줄어들었다. 인구가 줄어드는데도 공무원은 7배 가까이 늘어났으니 그만큼 국가 행정력이 확대 강화된 셈이었다. 전국의 다른 지방도 다르지 않았다. 이렇게 확대된 국가의 위력은 대규모 간척사업 같은 거대한 스펙터클을 통해 나타나기도 했다. 공교롭게도 박정희의 마지막 공식 행사는 삽교천 방조제 완공식이었다.

국가는 다만 양적 확대로 그치지 않고 '영농과학화'라는 이름의 근대적 지식권력으로 무장해 농업 생산 과정을 장악해 들어갔다. 신품종 보급과 토양 조사, 농업용 자재 공급과 유통망 확대, 농협을 통한 금융 공급 등의 방식으로 농민들의 전통적 농사법 대신

1973년 전국 새마을지도자 대회에서 훈장을 수여하는 박정희. 새마을운동은 농민을 국민으로 호명하는 정치적 운동이자, 시장경제 논리를 농촌으로 확산시키는 주요 통로이기도 했다. 대통령기록관 사진.

근대적 영농법을 관철해나갔다.[11]

조직도 중앙집중적으로 정비되었다. 중앙에는 새마을운동중앙협의회가 설치되었고 지방에는 시장, 도지사를 위원장으로 하여 시도협의회, 그 밑으로는 시군협의회→읍면추진위원회를 거쳐 마을 수준의 리동개발위원회까지 수직계열화된 관료제가 촘촘하게 만들어졌다. 각급 위원회는 해당 지역의 주요 기관장을 거의 다 망라했고 대학 교수 등의 지식인도 포함했다.[12] 마을 차원의 리동개발위원회 산하에는 개발금고, 청년, 부녀, 향보, 감사 등의 부서를 설치했고 그 밑으로 계, 마을금고, 흥농계, 자생조직 등을 포괄하게 했다. 한마디로 서울의 중앙청과 시골의 마을회관이 직통으로 연결되는 체제를 구축했던 셈이다. 그리고 그 꼭짓점에 청와대가 있었다.

관료제를 통한 운동 전개의 특성상 그 일차적 주역은 일선 공무원이었다. 시·도·군·읍·면별로 담당 공무원제를 실시했는데, 담당 공무원은 월 1~2회 이상 현지로 나가 상황을 파악하고 새마을운동을 독려하도록 했다. 담당 공무원 제도는 마을 단위로까지 확장되어 '1마을 1공무원 담당제'가 시행되었다. 담당 공무원은 주 2회 이상 수시로 마을에 들러 새마을사업을 지도하도록 했다. 매달 1일은 새마을의 날로 지정되어 모든 공무원이 일제히 마을에 출장을 가야만 했다.[13]

마을로 파견된 공무원들은 며칠씩 머물면서 새마을운동을 압박했다. 때로는 수확량이 월등하다는 신품종 대신 구품종을 낸 못자리를 과학이라는 미명하에 장홧발로 짓밟으면서 농민들을 겁박했고, 나무 조사와 밀주 단속을 통해 농민의 일상을 장악해 들어갔다. 마을마다 공동 퇴비장을 마련하게 하고 주기적으로 실적을 체크했는가 하면 지붕개량을 위해 반강제적으로 농협 융자를 받게 했다. 요컨대 통치성은 단지 외부에서 명령만 하는 것이 아니라 농민의 노동과 일상에 깊숙하게 개입하기 시작한 셈이다.

사정이 이러했기에 새마을운동의 추진 과정은 관의 사업에 무조건적인 복종과 집행을 강제하는 군대식 멘털리티가 강했다. 군대 갔다 온 사람들이 제일 열심히 일했다는 증언도 많았다. 새마을운동을 제대로 안 하면 "우리가 반란이 되는 건데…", "회의에 안 나오면 빨갱이보다 더한 사람으로 취급했다"는 증언에서 알 수 있듯이, 국가의 위력과 관료제의 강압이 매우 강했다.[14] 국가 통치성이 주도하는 새마을운동은 다양한 국가 자원을 동원해 농민을 동원하고자 했으며 이 거대한 관료제의 압박을 정면에서 거부하는 농민은 거의 없었다.

이러한 맥락에서 새마을운동이 성공했다면 그것은 국가 통치성의 성공일 가능성이 높았다. 국가의 성공을 농민의 성공으로 연결 짓기 위해서는 또 다른 과정이 필요했다. 즉 '국가의 발전이 나의 발전의 근본'임을 일깨우기 위해 국가는 다양한 담론의 정치를 수행해야 했다. 그래서 새마을운동은 곧 새마을 담론의 운동이기도 했다.

2. 정신일도하사불성 — '정신혁명'과 새마을교육

박정희 체제의 핵심 슬로건은 조국근대화와 민족중흥이었다. 새마을운동 역시 농촌 근대화로 설명되었는데, 국가의 개발 의지가 농촌으로까지 확대되었다고 볼 수 있다. 이때 국가의 의지가 농민의 의지로 전화될 필요성이 있었고, 그것이 곧 '하면 된다'와 같은 주의주의로 표현되었다. 이것이 분명하게 드러난 것이 새마을운동의 3대 목표 중의 하나로 천명된 '정신혁명'이다. 정신혁명은 어쩌면 운동의 알파이자 오메가였다. 정신으로부터 출발해 정신으로 돌아오는 것이 새마을운동이었으며, 궁극적으로 농민의 정신을 뜯어고쳐 근대적 인간으로 만들겠다는 의도였다.

환경개선과 소득증대도 중요하지만 결국 사람을 바꿔야 한다는 것이 새마을운동을 주도한 이들의 판단이었다. 즉 "못산 시대의 전근대적 인간으로부터 근대적 인간으로서의 새사람"으로 변화시키는 것이 새마을교육의 궁극적인 목표였다.[15]

이러한 정신혁명의 강조는 1972년 새마을지도자반 제1기 입교식에서 김준 연수원장이 한 발언에서도 확인된다. 그는 연수원 설립 배경을 "민족의 지상명제인 조국근대화의 기초적 작업이 농촌

　　　　　　　　　　2부　박정희 체제의 통치성

근대화에 있으며 새마을운동의 성패의 요체가 지도자의 자본 특히 정신적 자세 확립에 있다는 대통령 각하의 애국애농의 충정"에서 비롯된 것으로 설명했다.[16]

따라서 새마을운동 3대 정신인 근면, 자조, 협동은 남다른 의미를 가졌는데, 국가가 농민에게 주입하고자 했던 정신의 구체적 성격을 상징했기 때문이다. 근면이 근대적 노동윤리를 집약했다면, 협동은 국가-지도 중심의 집단적 통합을 강조했다. 가장 중요한 것은 자조였는데, 근면과 협동이 자조의 하위 범주처럼 배치되었다는 해석이 가능하다.[17]

자조는 자립, 자율, 자발 등과 함께 사용되면서 운동 참여자의 자발성과 헌신성을 최대한 동원하고자 했는데, 그 중요한 이유는 국가 지원을 대신할 농민과 농촌의 자원 동원을 위한 것이었음이 분명하다. 국가는 남아도는 시멘트를 줄 수 있었지만 그 이상은 곤란했다. 이미 고미가 정책으로 재정 부담이 큰 탓도 있었지만, 투자의 최우선순위는 공업이었기 때문이다. 따라서 국가는 새마을운동에 제한된 자원을 선별적으로 투자했고 그 나머지는 농촌과 농민의 물적·인적자원을 동원하고자 했다. 자조하는 새마을 농민이 곧 국가의 바람직한 농민상이었다.

자조는 로빈슨 크루소처럼 고립된 상황에서 오직 자신의 힘과 노력만으로 생존할 수 있어야 한다는 이데올로기를 응축한 것이었다. 당시 대통령 연설문집에 가장 자주 등장한 속담이 '하늘은 스스로 돕는 자를 돕는다'였다. 이 말을 뒤집으면 스스로 돕지 않으면, 즉 자조하지 않으면 아무도 도와주지 않을 것이라는 의미가 된다. 모든 것의 출발점이자 기원, 원인으로 설정된 것이 곧 자조하는 개인이고, 모든 것의 결과는 이 개인의 의식과 행위로부터 귀결된다. 요컨대 '하면 된다'의 주어가 곧 자조하는 개인이고 이 개인의 의지가 곧 자조가 됨으로써 주의주의의 논리체계가 완성된다.

주의주의의 핵심은 조건과 환경을 부차화하고 인간의 의지와 정신의 힘을 강조하는 것인데, 농민의 자발성을 끌어내는 효과와 함께 더욱 중요한 것은 모든 책임을 정신의 소유자에게 귀착시킨다는 점이다. 즉 운동의 성패는 물론이고 빈부의 문제까지 모두 특정 정신상태의 산물로 간주한다. 따라서 5천 년 가난의 원인은 조상들의 나태하고 게으른 정신상태와 의지박약의 결과로 설명되고, 농촌의 빈곤 또한 농민의 게으름과 무지로 인해 초래된 것처럼 여겨진다. 요컨대 주의주의는 정신으로 환원된 추상적 개인을 절대화한다.

추상적 개인은 일종의 원죄의식에 사로잡힌 개체여야 한다. 현실의 빈곤은 곧 현재 정신상태의 빈곤의 결과이며, 그 원인 제공자인 개체의 죄악이 된다. 기독교의 원죄의식과 유사한 이러한 논리는 개체를 한없이 수동적으로 만들면서 동시에 강력한 구원의 손길을 필요로 하는 존재로 만든다. 박정희는 지도(자)를 특별히 강조했는데, 5·16쿠데타로 권력을 장악한 다음 제일 먼저 발표한 소책자의 제목이 『지도자도』였다.

구원의 손길을 체계화하고 조직적인 교육과정으로 만든 것이 곧 새마을교육이다. 새마을교육의 중추는 새마을 지도자 연수원이었는데, 교육의 확대 과정도 흥미롭다. 출발은 국가 주도였지만 그것이 확대되는 과정에서 새마을 지도자 같은 교육 참여자들의 역할이 컸다고 한다. 즉 1972년에는 농촌 새마을 지도자와 독농가 중심의 교육이 진행되었으나, 교육생들이 분임토의를 통해 더 많은 사람이 교육을 받을 필요성, 특히 부녀 지도자의 교육을 강조했

　　　　　　2부　박정희 체제의 통치성

다. 그래서 1973년에는 농촌 부녀지도자 교육으로 확대되었고, 이는 다시 부녀지도자들이 일선 행정 책임자들의 교육 필요성을 건의하면서 시장·군수 등으로 확대되었다. 이러한 방식으로 1974년에는 도시 새마을 지도자와 기업체 인사 및 사회 지도층 인사, 고급 공무원을 거쳐 대통령 박정희의 지시로 장·차관 전원이 교육을 받게 되었다. 1975년에는 도시 각계각층으로 확대되어 대학생까지 포함되었고, 1976년 이후 공장 노동자 및 도시민 대상으로 번져갔다.

언제나 호명의 대상이었던 농민이 호명의 주체가 되는 것은 매우 특이한 경험이었을 것이다. 이러한 호명 과정은 사회적 위계질서의 바닥으로 상정된 농민으로부터 출발해 하위 관리를 거쳐 장·차관에까지 이르는 양상을 보여주었다. 그러나 농민의 호명은 자기완결적이지 않으며, 박정희라는 절대자를 통해 증폭되어 권위 있는 호명이 될 수 있었다. 즉 호명 체계의 꼭짓점에 있는 박정희와 맨 밑바닥을 형성하는 농민은 호명 과정의 시작과 끝이었다. 여기에서 권력과 농민의 관계는 지배-억압이라기보다는 '마이크와 스피커'의 관계처럼 보인다.

그 결과 장·차관, 각급 공무원, 대학 총·학장, 교수, 국회의원, 판·검사, 기업 임원, 종업원, 언론인, 농민, 가정주부, 학생 등 거의 모든 계층의 사람들이 새마을교육에 참여하게 되었다. 연수원의 새마을교육은 남자지도자반, 부녀지도자반, 사회지도자반의 3개 반으로 편성되어 아침 6시 기상부터 밤 10시 점호까지 동일한 일과에 따라 진행되었으며 다만 훈련복 색깔이 다를 뿐이었다. 그들은 사회적 위계질서상 평생 마주칠 일이 거의 없는 사람들이었지만 적어도 연수 과정에서만큼은 동등한 교육생으로 인정되었고 연수원장, 대한상공회의소 부회장, 외무부 경제차관보 등과 함께 3인의 새마을 지도자가 참석한 좌담회가 개최되기도 했다.[18] 연수생으로서의 동등성은 곧 평등한 국민임을 상징하는 것이기도 했다. 자유롭고 평등한 개인의 집합으로서의 근대적 국민은 실상 하나의 상상에 불과했지만, 또한 사회적 통합과 동원에 필수불가결한 장치였다.

그런데 통합은 농민 전체라기보다 새마을운동의 지도부격인 새마을 지도자를 특권화해 이루어지는 것일 가능성이 높았다. 새마을교육의 대상이 주로 새마을 지도자에게 집중된 것도 그 때문이다. 이와 관련해 흥미로운 사례가 하나 있다. 새마을교육을 이수한 새마을 지도자가 연수원으로 자신의 교육 경험을 담은 서한을 보내는 경우가 많았다. 그중 한 편지는 김준 원장을 친정어머니로, 연수원을 친정으로 생각한다는 인사로 시작한다. 연수원에서 갈고닦은 지혜와 슬기가 자신과 마을 발전의 활력소가 되고 있다는 내용도 나온다. 이어 새마을 지도자와 관련된 몇 가지 건의 사항을 전달했다. 첫째, 새마을 지도자는 명예 경찰권을 부여받았으므로 마을 내에서 벌어지는 범법행위를 처리할 수 있게 해달라는 것이었다. 새마을 지도자의 확인이 없는 밀고나 신고, 중상모략을 위한 고발 등의 접수를 제한하자는 내용도 있다. 또한 산림청 소관인 피해목 확인을 새마을 지도자를 통해서 가능하도록 하자는 제안도 있다. 이외에 전기료 수납이나 의약품 판매도 새마을 지도자를 활용할 것을 건의했다. 이 편지에 대한 김준 원장의 답신은 좋은 제안이기에 관계기관과 협의해 정책에 반영되도록 노력하겠다는 것이었다.[19]

이 서한에 대한 반응은 김준 원장만 한 것이 아니었다. 사회지도자반 제18기를 수료한 경찰 고위층이 경찰의 새마을 지도자 지원 방안을 알리는 편지를 보낸 것이 있다. 편지는 연수원 경험이 값진 체험이었음을 강조하고 새마을 지도자에 대한 지원 방안을 정리한 1977년 7월 13일자 「치안행정주보」 제7호를 첨부했다. 제목은 '새마을 지도자 지원 지침'이었고 총 분량은 14쪽에 달한다. 주요 내용은 새마을운동의 성패가 지도자에 달려 있기에 그들의 고충을 파악해 경찰적 측면에서 지원 방안을 시행하는 것이다.

문서에 따르면 총 10만 5466명의 새마을 지도자가 있는바, 이들은 주민단합의 핵심, 정신혁명의 선봉, 가능성의 창조자라고 위상을 부여했다. 이어 일체 무보수로 일하고 있는 지도자들은 모략, 투서, 비협조, 청원사건 처리 지연 등의 애로사항에 시달리고 있다고 진단했다. 따라서 정신적 측면에서 위로와 사기진작, 행정적 측면에서 투서, 무고층의 단속, 야간 통행증 발급, 포상 등을 추진하고 제도적 측면에서 부락 담당제 실시, 명예 경찰관 위촉, 새마을 지도자 통신제 실시 등을 담고 있다. 새마을 지도자에 대한 다양한 불만을 경찰이 나서 진정시키고 특권적 지위를 부여해 사기진작을 도모하고자 한 것이다. 또한 각종 관공서의 회의에 참석시키고 마을 방문 시 빠짐없이 새마을 지도자를 방문해 위신을 세워주고자 했다.[20]

서한만 보면 새마을 지도자의 하소연이 경찰의 호응으로 이어지는 모양인데, 무보수 명예직으로 자신을 희생해 국가 통치성에 힘을 실어주는 새마을 지도자에게 국가의 힘을 위양해주는 모습이 나타난다. 사실 새마을 지도자는 마을 수준에서 보더라도 전통적으로 마을 권력의 핵심인 이장 다음에 위치하는 경우가 많았다. 이장이 새마을 지도자를 겸직하는 경우도 있었지만, 이장보다 연배

1973년 기능올림픽 선수단을 접견하고 메달을 수여하는 박정희. 새마을운동과 더불어 기능올림픽은 박정희 체제의 노동 포섭 전략을 잘 보여주는 사례였다. 대통령기록관 사진.

가 어린 청장년이 맡는 게 일반적이었다.

다시 말해 새마을 지도자는 이미 확립된 마을 지도력이 아니었기에 새마을운동 추진 과정에서 나타나는 다양한 마을 내 갈등이나 의견 대립을 적절하게 조절하고 통제할 수 있는 권위 또는 권력이 부재했다. 새마을운동은 마을 내 심각한 분쟁과 갈등을 일으키는 경우가 많았다. 예컨대 도로 정비는 핵심 사업 중 하나였는데, 자금 지원이 부족했기 때문에 개인 소유의 토지는 보상 없이 희사喜捨받는 게 관행 아닌 관행이었다. 이에 따른 토지 소유권 분쟁은 1980년대까지 이어질 정도로 뿌리 깊은 갈등을 만들어내기도 했다.

새마을 지도자 입장에서 보자면 관에서 내려보낸 지침대로 새마을운동을 추진하는 것은 마을 사람들과 상당한 갈등을 감수해

2부　박정희 체제의 통치성

야 하는 일이었다. 자기 농사도 팽개치고 마을 사람들과 척지면서, 그것도 무보수로 새마을 지도자를 맡는다는 것은 합리적인 선택이 아닐 수 있었다. 그렇기에 새마을운동 성공 수기에 종종 등장하는 단골메뉴가 운동에 열성적인 사람들에 대해 '미친 사람'이라는 마을 사람들의 수군거림이었는데, 그 소리가 틀린 말은 아니었던 셈이다.

사정이 이러했기에 국가는 비물질적 보상 체계를 마련해야 했다. 새마을운동은 정부 재정 투입을 최소화하고 마을 자제 동원을 극력 강조했다. 자조라는 슬로건의 의미는 결국 알아서 잘해보라는 소리와 다름없었다. 새마을운동뿐만 아니라 농업, 농촌에 대한 정부 재정 투입은 경제개발, 자주국방 등에 밀려 늘 후순위였기에 새마을 지도자에게 돌아갈 정부 예산은 사실상 전무했다고 보아야 할 것이다. 다시 말해 국가 통치성은 농업, 농촌, 농민에 돈을 쓰는 것은 쓸데없는 짓이라는 결정을 내렸고, 실제로 그렇게 실천했다.

그렇기에 교육이 끝나면 교육생들은 자신의 사회적 위치로 복귀했고 연수원의 경험은 상상의 공동체일 뿐이었다. 이것이 새마을운동을 상징하는 것일지도 모른다. 운동의 열기가 고조되면서 모두가 잘살 수 있다는 기대가 한껏 부풀어 올랐을 때는 현실의 차별과 사회적 격차가 상상의 공동체로 해소되는 듯했다. 그러나 새마을운동의 성과가 현실의 차별과 격차를 해소할 수는 없었고 연수원에서 만났던 높은 분들은 여전히 TV를 통해서나 볼 수 있는 존재였다.

새마을교육을 이수한 많은 농민이 일정한 변화를 보여준 것은 틀림없다. '정신혁명'이 누누이 강조되었고, 요즘 유행어로 가스라이팅에 가까운 집중적 합숙교육을 받은 사람들이 아무런 영향을 받지 않았을 것으로 생각하는 것이 오히려 더 이상하다. 그러나 교육이 현실을 대체할 수는 없었고 오히려 냉엄한 현실을 통해 교육효과는 자기배반의 효과를 낼 수도 있었다. 농촌과 농업의 몰락 속에서 농민이 무사할 수는 없었고, 새마을교육의 '정신혁명'은 도시로 탈출해야만 했다. 몰락의 핵심은 무엇보다 농사가 도시와 공장의 생산력을 따라갈 수 없다는 것이었다. 결국 농민에게는 다른 방식의 칭찬이 필요했다.

3. 농민, 민족의 아바타가 되다

새마을운동의 이데올로기는 다양한 내용을 담고 있지만 큰 틀에서 보자면 민족주의, 주의주의(정신주의), 발전주의를 3대 축으로 삼았다. 먼저 새마을운동에 나타난 민족주의를 살펴보자. 박정희는 '소아'小我와 '대아'大我의 유비를 통해 개인과 민족의 관계를 설명하곤 했는데, 새마을운동 역시 '대아의 역사적 맥락'에 위치시키고자 했다. 즉 "새마을운동이라는 이름의 명명기는 1970년도이지만 새마을운동이라는 체질 속에 흐르고 있는 피는 우리나라 민족사 속에 흐르고 있는 바로 그 피였다"라는 규정에서 알 수 있듯이 운동을 민족의 영원한 역사 속에 배치하고자 했다.[21] 이 민족사의 주역이 바로 농민이다.

> 농민들은 토지를 중심으로 한 혈연과 지연 그리고 심연心緣 관계를 맺으면서 긴 세월 동안 생활의 공동체를 유지시켜왔다. 거기에서 곧 소박한 농민들의 향토애가 우러나게 되었고 애국심과 공속共屬

                              2부 박정희 체제의 통치성

1964년 농촌을 시찰 중인 박정희. 바로 뒤에 경호실장 박종규가 보인다. 이 무렵 박정희는 선글라스를 즐겨 썼는데, 당대의 유행이기도 했지만 권위주의적 통치성을 상징하는 듯하다. 대통령기록관 사진.

의식이 싹트게 된다. 그것이 곧 농민들의 민족주의 의식이 되는 것이다. 우리 저변의 심성 속에는 그 같은 민족주의적인 의식이 맥맥히 흐르고 있다. (⋯) 농민들이 갖는 향토애와 조국애의 근간이 없었던들 새마을운동은 결코 확산도 심화도 되지 못했을 것이다.[22]

이러한 맥락에서 박정희는 새마을운동이 농촌에서 시작된 것은 결코 우연이 아니라고 설명하면서, "우리 민족이 오랜 역사를 통해 간직해온 전통의 슬기는 농민들에게 가장 순수하게 보존"되어 있다가 "새마을운동을 통해 오늘에 재현"된 것이라고 주장했다. 그것은 "다른 나라로부터 모방해온 것도 아니며, 도시로부터 배운 것도 아"니고 "농경민족인 우리 겨레가 일찍부터 깨닫고 실천해온 미덕"이었다는 것이다.[23]

민족주의를 강조한 이유는 분명했다. 1960년대 중후반부터 박정희 체제는 산업화에 따른 서구화를 크게 우려했다. 자유주의나 물질만능주의, 이기주의 등을 모두 서구에서 유래한 것으로 규정하고 극도의 혐오감을 숨기지 않았다. 이에 국민교육헌장에 나와 있듯이 근대화는 서구화가 아니라 '조상의 빛난 얼을 되살리는 것'이다. 따라서 새마을운동 또한 서구식 근대화가 아니라 민족의 오랜 전통을 되살려내는 것, 다시 말해 민족중흥을 의미했다.

그래서 새마을 정신이야말로 "조상으로부터 연면히 물려받은 민족의 얼"이며, "국민정신의 기조"로 설명되었다.[24] 나아가 새마을 정신은 삼국통일을 성취한 원동력인 화랑정신에 유비되어 "분단된 조국을 평화적으로 통일할 수 있는 추진력"으로 주장되었다.[25] 따라서 새마을운동 관련 선전도 민족적 자부심을 부각하고 국민을 민족화하는 방향으로 이루어졌다.[26]

새마을운동은 민족주의로 설명되는 것을 넘어 민주주의의 실천도장으로까지 주장되었다. 박정희는 새마을 정신이 "자조·자치·자활의 민주주의 이념을 창조적으로 재정립한 우리 국민정신의 기조"라고 강조했다.[27] 이를 좀 더 자세하게 살펴보자.

우리 농민들은 새마을운동을 통해 공동의 문제를 해결하는 과정에서 생활 속의 민주주의를 구현해나가고 있다. 우리의 새마을에서는 우선 마을 주민들이 한자리에 모여 전체 의사에 따라 지도자를 뽑고, 마을의 모든 사업을 결정할 뿐 아니라, 남녀노소를 막론하고 함께 협동해서 그 사업을 추진하고 있는 것이다.[28]

박정희는 이러한 민주주의가 실현되는 마을회관을 '마을 의사

    2부 박정희 체제의 통치성

당'으로 부르기도 했다. 그는 새마을운동을 통해 진정한 민주주의
가 가능하다고 강변하면서 이와 대비되는 국회의사당의 소란스럽
고 비효율적인 정치를 경멸했다. 민주주의와 정치조차 효율성의
잣대로 평가하는 것이 유신의 민주주의였는데, 박정희에 따르자면
새마을운동이야말로 "한국적 민주주의의 실천도장"이었다.

　이렇게 본다면 새마을운동은 민족주의와 민주주의라는 한국
의 가장 중요한 담론자원으로 전유된 셈이었다. 이는 역으로 새마
을운동을 통해 민족주의와 민주주의를 전유하려는 전략이기도 할
것이다. 반면에 자유주의는 극단적으로 부정되었다. 집단, 즉 대아
大我를 강조하는 전략이 민족주의는 물론이고 민주주의조차 집단
적 동질화 이데올로기로 재해석하려는 시도로 연결되었다고 한다
면, 개인주의를 포함한 자유주의는 극도의 혐오 대상이었다. 그런
데 개인주의, 이기주의, 자유주의 등 서구화 바람을 탄 타락 현상
의 본거지는 도시였다.

　　도시에 있는 젊은이들이 농민들이 지금 땀 흘리며 일하고 있는데,
　　거기에 가서 무슨 고고춤을 추고 술을 먹고 얼굴이 벌거니 해서 고
　　성방가를 하니 이런 행위가 있을 수 있느냐. (…) 도시에서 온 사람
　　들은 어디 대한민국 국민이 아닌지 어디 족속인지 모르지만, 부락
　　사람들의 열의와 새마을운동에 찬물을 끼얹는 그러한 행동만이라
　　도 안 해주었으면 좋겠다는데 왜 조용하게 놀지 못하고 그런 짓들
　　을 하느냐 하는 것입니다.[29]

　1960년대까지 농촌과 농민은 후진성의 상징으로 근대화의 일
차 대상이었기에 늘 국가와 대통령으로부터 설교조의 계몽연설을

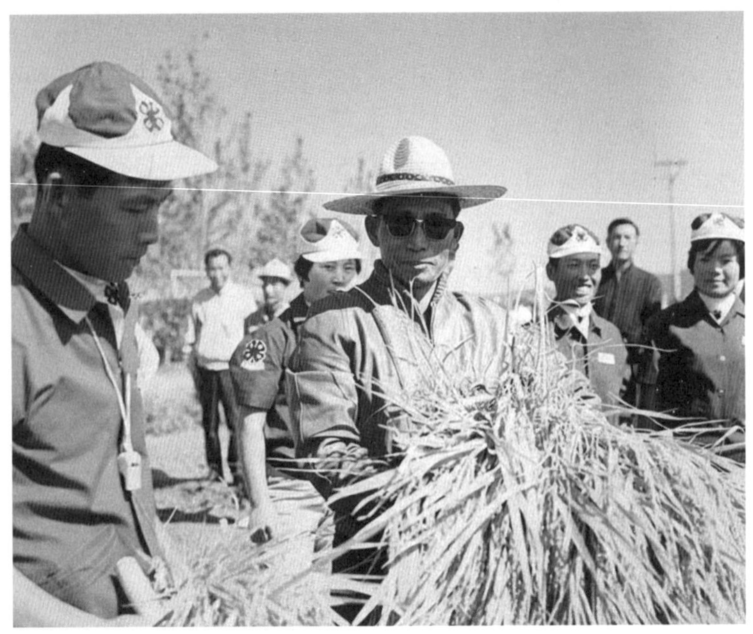

벼 베기 행사에 참석한 박정희. 밀짚모자가 농민을 상징한다면 선글라스는 권력을 상징하는 것처럼 보인다. 대통령기록관 사진.

1974년 전라남도 수해 복구 현장을 시찰하는 박정희. 헬리콥터를 타고 내려와 말끔한 양복에 반짝이는 구두를 신고 복구 공사에 동원된 농민들을 내려다보고 있다. 대통령기록관 사진.

들어야만 했다. 그런데 새마을의 농촌은 타락한 도시와 대비되는 근면과 성실의 민족적 상징처럼 되었다. 따라서 도시는 더 이상 첨단적 근대화의 상징이 아니라 서구화 및 물질문명의 번성에 따른 민족적 타락의 주요 공간무대가 되었고 도시민은 민족적 순수성을 유지하고 있는 농촌과 농민에게서 배워야 했다.[30] 어쨌든 농민들로서는 고래도 춤추게 한다는 칭찬을 듣게 된 셈이다.

농촌을 통해 도시를 교화하고 근대성을 통해 농촌을 계몽하겠다는 전략에서 결국 새마을은 지상에는 존재할 수 없는 유토피아와 같은 것이다. 유토피아에 걸맞은 존재형태는 곧 정신일 것이다. 이 올바른 정신이야말로 도시와 농촌 모두를 지도해야 할 국가 지도자의 전유물이다. 이 정신의 이름이 곧 '새마음'이다. 박정희는 새마을운동이 역사상 최초로 농촌 사회에서 "자발적으로 일어난 하나의 의식혁명"이라고 규정하면서 "모든 것이 내 자신의 마음먹기에 달려 있"기에 "새마음운동"이라고 천명했다.[31] 새마을운동에 이어 1970년대 후반부터는 새마음운동이 펼쳐지기 시작한다.

도시와 농촌을 대립시키면서 농민이 민족 전통과 민족주체성을 간직하고 있음을 강조했지만, 박정희 체제의 가장 중요한 목적은 자본주의적 산업화였고 이를 위해서는 발전주의가 필요했다. 이는 곧 발전을 위한 경제적 주체의 구성을 핵심으로 하는 것이기도 했다. 멸사봉공하는 순종적인 개인만으로는 부족하고 여기에 생산적이고 효율적인 사람이 되어야 한다는 주문이 추가되었다. 새마을운동의 별명 중 가장 유명한 것이 '잘살기운동'일 텐데, 이는 생산적·효율적 주체 구성과 관련된다. 이를 위해 근대적 노동윤리와 함께 경제 합리성이 강조되었다. 잘살기 위해서는 부지런하고 성실하게 일해야 한다는 노동윤리와 함께 과학적이고 생산적

1964년 가축 양육장을 시찰하는 박정희. 좌측으로 비서실장 이후락, 우측으로 경제부총리 장기영, 경제기획원 차관 김학렬 등이 보인다. 여유로워 보이는 이들과 달리 그 앞에 선 실무자의 잔뜩 주눅 든 모습이 대조적이다. 대통령기록관 사진.

인 경제관념으로 무장해야 한다는 것이다.

효율성과 생산성이라는 근대적 경제가치는 정치와 민주주의까지 규율하게 된다. 박정희는 새마을운동이 "우리 사회 각계각층에서 생산적이며 능률적인 민주주의 발전을 촉진하는 활력소"라고 강조했다.[32] 여기서 민주주의는 인민주권이나 평등 대신 능률과 생산성이라는 경제가치로 환원된다. 사회적 갈등과 적대를 다루는 정치와 민주주의조차 효율성으로 재단될 만큼 새마을운동의 발전주의는 기계적 경제결정론에 깊이 침윤되었다.

잘살기 위한 발전주의는 곧 근대 자본주의 정신을 체화하는 것으로 설명되었는데, 산업화와 과학화가 핵심 내용이었다. 내무부

　　　　　　2부　박정희 체제의 통치성

는 "새마을운동은 농촌 후진성의 두 가지 요소인 과학적 합리주의 정신의 결여와 소농사회의 전통적 정체성을 극복"하는 것이 기본 목표라고 천명했다.[33] 『새마을운동10년사』는 "영리 추구의 정신을 직업윤리화"하는 것이 근대화의 기본 내용임을 강조했다.[34]

흔히 박정희의 업적으로 언급되는 것이 경제개발로 5천 년 가난과 보릿고개를 해결했다는 것이다. 박정희는 권력 장악 직후부터 빈곤 문제를 적극적으로 제기했다. 1963년 대통령 후보 지명 수락 연설에서 박정희는 "우리의 적은 바로 가난 그것"이며 "영원히 이 땅에서 빈곤을 구축하고 자유와 번영의 복지국가를 건설"할 것을 강조했다.[35] 요컨대 가난과 빈곤을 인류 역사의 저주로 파악하고 이를 극복하기 위한 근대화의 핵심을 산업화로 설정한 다음 새마을운동이 이에 복무해야 한다는 논리였다.

그런데 민족주의와 발전주의를 양대 축으로 한 새마을운동의 담론 구조는 서로 상충되는 결과를 빚을 수도 있었다. 민족주의는 농촌을 민족 전통의 보고로 만들어 새마을운동이 조상의 얼을 되살리는 과정임을 강조했지만, 발전주의는 산업화와 근대화를 지향하는 것이었기에 서구화와 연루될 수밖에 없다.

이 모순을 해소하는 것은 그리 쉽지 않다. 정신혁명은 '근대화된 민족 전통' 또는 '민족 전통의 근대화'를 추구했다. 그러나 근대화된 민족은 이미 전통과의 단절을 전제하는 것이기에 모순의 해결은 난망했다. 이는 신판 '동도서기'처럼 보이기도 했는데, 문제는 동도에 해당하는 민족정신 자체가 이미 근대적 가치관으로 구성된 것이라는 점에 있었다. 자본주의 정신은 물론이고 근면, 자조, 협동 또한 근대의 노동윤리와 밀접하게 관련되는 가치였다. 결국 민족의 전통이란 근대화된 집단주의 논리 이상이 되기 힘들었

고, 민족주의 수사修辭로 포장된 자본주의 정신이 새마을운동의
담론적 요체였다.

4. 새마을의 농사법과 새농민

그렇다면 새마을운동을 통해 농민의 살림살이는 과연 얼마나 나
아졌을까. 1970년대 정부의 소득증대 사업은 1980년대 농가소득
140만 원 달성을 목표로 영농구조 개선, 과학영농, 유통구조 개선
사업 등에 역점을 두었다. 이외에도 농외 소득증대를 위해 새마을
공장 건설 확대와 농한기 노임 소득사업, 특용작물 등 다양한 소득
증대 특별사업도 추진했다.[36] 1974년부터 추진된 새마을 소득증대
특별사업과 1977년부터 시작된 '새마을 소득 종합개발사업'이 대
표적이다. 농업투자도 대폭 늘어나는 것처럼 보였다. 새마을사업
을 통한 농업투자는 1973년 불변가격으로 1973년의 961억 원에서
1978년 2968억 원으로 증가했다.[37]

국가의 농업투자 및 재생산 과정 개입에 따라 농업 생산력은
괄목할 만한 성장을 보였다. 1960년대 300킬로그램/10a였던 미곡
생산량이 1970년대 중반 이후 450킬로그램/10a까지 증가했는데,
특히 1977년에는 494킬로그램/10a까지 증가해 최고 수준을 기록
했다.[38] 일제시대까지 한국의 미곡 생산성은 일본의 절반 내지 3분
의 2에 불과했다. 1966~1970년에도 1헥타르당 생산량이 일본은
3.92톤인 데 반해 한국은 3.14톤에 불과했다. 그러나 1975~1979
년에는 일본이 4.25톤, 한국이 4.46톤을 기록했다.[39]

그런데 이러한 변화를 가능케 했던 것이 새마을운동이었을까?

1970년대 농촌의 생활개선을 묻는 질문에 응답 농민의 50퍼센트가 많은 개선이 있었다고 했으나, 주된 이유로 든 것은 신품종 개발이나 미가 상승(50퍼센트)이었고 새마을운동은 고작 25퍼센트였다.[40] 한 마을에 대한 구체적인 조사에서도 환경개선 사업은 어느 정도 성과를 거두었지만, 소득증대 사업은 오랜 기간 유지되지 못했고 주민들에게는 실패의 기억으로 남아 있다.[41]

농민을 대상으로 한 설문에서 나오듯이 농업 생산력 확대에 가장 큰 영향을 미친 것은 고미가 정책과 신품종 도입이었다. 즉 다수확 품종이 대대적으로 보급되고 그 수확물을 국가가 고가로 매입하면서 농민의 생산의욕이 고조된 것이 결정적 이유였다. 그런데 다수확 품종 보급은 이미 1960년대부터 시도된 것이었고, 고미가 정책도 1968년부터 시행되었다. 예컨대 실패로 끝나기는 했지만 1960년대에는 다수확 품종인 희농熙農 1호가 개발되기도 했다.

여기에 농약과 비료 등이 대량으로 공급되면서 농업 생산력 향상에 큰 역할을 했다. 특히 통일벼와 같은 신품종은 냉해와 병충해에 약해 보온 못자리와 농약이 필수였다. 이렇게 공업 생산력 확충에 따라 농업 또한 공업제품에 의해 생산력이 확대되는 구조를 갖추게 된다. 농업도 산업인 만큼 캠페인이나 운동보다 경제 조건 변화에 더 큰 영향을 받는 것이 당연했다.

한편 주곡인 쌀의 생산량은 늘었지만 맥류, 축산, 농가 부업 등은 1975년 이후 계속 감소 현상을 보였다. 정부가 주곡 자립을 국가안보와 고도 경제성장의 기반으로 삼고 농업시책의 최우선순위로 제반 정책을 추진했기 때문이다. 맥류는 단위당 수확량은 증가했지만 식부 면적 감소로 1976년 180만여 톤이던 생산량이 1977년에는 86만 톤에 그쳤다.[42] 새마을운동을 통한 소득증대 사업이

1965년 다수확 벼품종 현장을 시찰하는 박정희. 박정희는 새마을운동 이전부터 농업 생산력 제고에 상당한 관심을 기울였는데, 이른바 녹색혁명은 미국의 중요한 세계전략이기도 했다. 대통령기록관 사진.

지지부진했다는 점은 정부 공식 통계에서도 확인된다.

표 1을 보면 환경개선 등에서는 일정한 성과가 있지만, 소득증대 관련 실적은 미미했다. 마을에서 진행된 새마을운동의 구체적 양상을 보더라도 소득증대 사업의 부진을 확인할 수 있다. 충북 중원군 풍덕마을의 경우 새마을운동의 성공적 추진으로 관련자가 새마을 훈장을 받는가 하면 여러 차례 언론에 보도되고 주요 견학지가 되었다. 애초 풍덕마을의 새마을운동은 제법 활발하게 진행된 것으로 보이는데, 점차 그 동력을 상실해갔다.

즉 초기에도 "새마을사업 하다가 올 농사 폐농한다", "새마을이 밥 먹여주나"라는 말이 나올 정도로 만만치 않은 반대가 있었는데, 1970년대 중반이 되면 마을 총회가 자주 유회流會되는가 하면 새마을운동을 둘러싼 마을 내 갈등도 불거지면서 마을 지도부가 자

표 1 주요 새마을사업 추진 실적

사업명	단위	목표(71년 설정)	누계(80년까지)	
			실적	실적률(%)
마을 안길 확장	km	26,266	43,558	166
농로 개설	km	49,167	61,797	126
창고	동	34,665	22,143	64
작업장	개소	34,665	6,263	18
축사	개소	32,729	4,476	14
소류지	개소	10,122	13,327	132
보	개소	22,787	31,625	139
도수로	km	4,043	5,161	128
소하천 정비	km	17,239	9,677	56
주택 개량	1000동	544	225	42
소도읍 가꾸기	도읍	1,529	843	55
간이급수	개소	32,624	28,130	86
하수구 시설	km	8,654	15,559	179
새마을공장	개소	950	717	75

출처: 새마을운동중앙회, 『새마을운동30년자료집』, 2000, 12쪽에서 재구성.

주 교체되었다. 후반으로 가면 아예 사업 자체에 회의적인 분위기가 팽배했다. 특히 1977년 육성우 사업에 대해서는 "개인 소득 사업이 아니고 공동 사업에 지친 마을 분들은 반대가 극심하였다"는 진술이 나올 정도였다. 육성우 사업은 1977년부터 관의 지원으로 시작되었는데, 1978년 소 값 파동 끝에 1979년에 완전히 실패로 끝났다.[43]

결국 새마을운동은 개인 소득증대보다 마을의 막대한 부채만 양산했다. 풍덕마을은 1973년 새마을사업을 통해 무려 271만 원의 부채를 짊어지게 되었다. 1973년에는 총수입 542만 원 중 차입금이 절반에 달했다. 사정이 이러했기에 1973년 이후 새마을사업은 공동 사업보다는 개인 사업으로 중점을 변경할 수밖에 없었다. 채무 변제 또한 지원 사업의 노임이나 수익을 통해 이루어졌는데, 결국 관의 지원이 없다면 유지 자체가 불가능한 상황이 된다.[44] 운동이 비교적 활발했던 마을이 이 정도이니 다른 마을의 사정은 불문가지일 것이다.

농업 소득증대 사업이 지지부진하자 공업이 구원투수로 뛰어들었다. 1972년 박정희는 새마을 모범부락에 공장을 건설해 '농공병진정책'을 발전시킬 것을 지시했고, 이에 따라 농촌공업화 사업의 일환으로 본격적인 새마을 공장 건설이 개시되었다.[45] 그 결과 1970년대 말에 이르면 농외소득이 농가소득에서 차지하는 비중이 30퍼센트를 넘어선다.[46]

농업과 공업을 막론하고 농가소득을 올리기 위한 총력전이 치러졌음에도 1974년 도시 가구소득을 추월했던 농가소득은 1978년부터 다시 뒤처지게 되었다.[47] 사실 가구 단위 소득은 농촌과 도시의 노동력 투입 양상의 차이를 고려한다면 단순 비교가 힘들다. 당시까지 도시 가구소득은 일반적으로 한 명의 노동력 투입을 통해 얻는 소득인 반면, 농촌의 경우 가구원 모두의 노동력이 무제한적으로 투입된다. 게다가 농가소득에는 도시의 자녀들이 부모에게 보낸 이전 소득까지 포함된다. 가구 단위가 아닌 개인 단위로 실질소득을 비교해보면 1960~1970년대 농촌은 단 한 번도 도시 지역을 능가한 적이 없었다.

연도	1인당 평균 실질소득		상대적 비율 (1)/(2)
	농촌 가구(1)	도시 가구(2)	
1965	67.7	77.2	87.7
1970	87.0	152.0	57.2
1975	134.6	171.2	78.6
1977	159.8	242.9	65.8

출처: 존 시거드슨·김영철, 「한국의 농촌 새마을운동에서 농업 기계화와 농촌 공업화 문제에 관한 연구」, 서울대 새마을종합연구소, 『새마을운동의 이념과 실제』, 1981, 240쪽에서 재구성.

표 2를 보면 1970년대 초반 도시에 비해 거의 절반 가까이 떨어졌던 농촌 가구 1인당 실질소득이 중반 무렵에는 상당히 격차를 좁혔지만 후반에는 다시 벌어지는 양상을 보여준다. 이는 곧 고미가 정책과 신품종 효과에 따른 농촌의 소득 증가가 고미가 정책의 후퇴와 함께 다시 악화된 것으로 해석할 수 있다.

사업의 본령으로 선언된 소득증대가 제대로 이루어지지 않으면서 사실상 새마을운동은 방향감각을 상실할 지경이었다. 그럼에도 새마을운동에 대한 농민의 반응은 상당히 인상적이었다. 전국의 거의 모든 마을에서 연인원 수백만 명이 동원됐고 자기 농사일도 내팽개친 채 운동에 헌신하는 숱한 새마을 지도자와 이장들이 나타났다. 새마을운동의 경험을 일생일대 최고의 보람찼던 일로 기억하는 농민이 한둘이 아니다.

그 이유에 대해서는 다양한 설명이 가능하겠지만, 무엇보다 물질적 재생산 과정을 통한 농민 포섭의 문제가 중요하다고 본다. 1970년대 농가경제의 일정한 호전이 정치적 포섭의 물질적 기초가 되어 새마을운동에 많은 농민이 적극적으로 동참하게 된 요인으로 작용했다는 분석이나,[48] 농지개혁과 정부 보급 농업기술을 통해 어느 정도 안정된 농업 생산을 영위했던 주민들이 있었기에 운동이 가능했다는 설명도 있다.[49] 이러한 맥락에서 국가의 농업 생산 과정 개입과 새마을운동은 동전의 양면처럼 연결되어 있다고 볼 수 있다.

물론 이 과정은 국가의 일방적 개입으로만 이루어지지 않았다. 상당수 한국 농민은 변화를 싫어하거나 무관심한 사람들이 아니었다. 부유하고 능력 있는 농민들은 현금회수가 빨라 경제성이 큰 농작물을 재배해 이익금을 농업기술에 재투자했다.[50] 또 오랫동안 '새마을'을 만들기 위해 농민운동에 진력해온 활동가들도 있었다.[51] 국가는 이들을 동원해 국가를 중심으로 수직적 위계서열 구조를 구축하고자 했다. 즉 새마을운동은 농민들의 '수평적 연대' 대신에 '수직적 동원' 질서로 편입되도록 만든 측면이 있다.[52] 이러한 맥락에서 멕시코 혁명의 성공 이유가 토지개혁 때문이 아니라, 인디언의 협동체적 촌락사회를 깨뜨려 그들의 자율성을 박탈하고, 국가의 정치기구와 촌락의 정치조직자 사이를 밀착시켰기 때문이라는 지적은 새마을운동에도 적용될 수 있다.[53]

농민이 순순히 포섭된 것만은 아니었다. 퇴비장에는 나무 상자를 안에 집어넣어 눈속임을 했고 관의 눈을 피해 밀주를 담가 먹었으며 별 대안이 없기에 산에서 몰래 나무를 베어다 구들장을 따뜻하게 할 수밖에 없었다. 새마을운동 또한 무조건 따른 것이 아니라 자신의 이익과 견주어 도움이 되는 경우에만 적극적으로 움직였다. 이미 농민은 국가의 선전을 무조건 믿고 따르는 순박한 농사꾼일 수 없었다.

2부 박정희 체제의 통치성

농민은 산업화가 초래한 삶의 변화가 무엇을 의미하는지를 정확하게 알고 있었다. 이제 농사는 예전처럼 자연농법에 의존할 수 없었다. 종자, 보온 못자리용 비닐, 농약, 비료, 경운기 등 공업 제품을 통하지 않고는 농사 자체가 거의 불가능해졌다. 농사에 필요한 제품을 살 돈이 필요했고, 국가에 장악된 농협이 농업금융을 공급했다. 1970년대 초반 농가부채 중 농협의 비중은 30퍼센트 남짓에 불과했다. 그러나 1980년도에는 48.7퍼센트로 절반에 육박하더니 1990년에는 80퍼센트를 넘어섰다.[54] 게다가 마지막 단계인 상품의 가치 실현, 즉 정부의 추곡수매가 농민의 목줄을 단단히 틀어쥐고 있었다.

이런 상황에서 농민이 국가의 주문을 나 몰라라 하는 것은 매우 곤란했다. 먹고살려면 농사를 지어야 했고, 농사를 지으려면 농협 돈을 빌려야 했고, 돈을 빌리자면 농협에 신용을 저당잡혀야 했다. 돈을 매개로 농민은 곧 자신의 모든 삶을 국가에 저당잡힌 셈이었다. 이로부터 농민운동의 슬로건은 농가부채 탕감, 추곡수매가 인상 등 돈에 관련된 무언가를 국가에 요구하는 것이 될 수밖에 없었다.

그 결과 농민은 국가에 밀착되면서 또한 돈맛을 알게 되었다. 아니 정확히 말해 돈맛이 주입된 것이다. 농민은 이제 교환가치로 모든 것이 환원되는 삶 속으로 들어섰다. 요컨대 새마을운동의 최대 성과는 욕망하는 농민의 생산이었다. 농민에게는 종자 선택의 자유가 사라졌지만 대신 냉장고와 TV를 골라 살 수 있는 자유가 주어졌다.[55] 농협의 영농자금은 선풍기와 TV, 전기밥솥 대금이 되어 삼성과 금성 그리고 대우의 호주머니로 흘러들어갈 운명이었다. 농민은 생산자의 자유를 저당잡히고 소비자의 자유를 구매한 셈이었다.

자본주의 사회에서는 농민 또한 철저하게 이윤 동기에 따라 움직여야 생존할 수 있다. 새마을운동이 요구하는 농민의 모습은 경제적 합리주의에 투철한 호모 에코노미쿠스였다. 즉 그들은 '경제적 생산에 동원될 유휴 노동력'이거나 이윤 동기의 동질성에 입각한 집단이 되어야 했다.[56] 농업 생산 과정의 보조 노동력으로 기능했던 여성들조차 새마을운동을 통해 구판장 운영, 절미저축 등의 사업을 전개하면서 시간과 이윤 개념에 민감하게 반응하게 되었다. 즉 새마을운동은 농민을 시간과 돈 낭비 없이 열심히 일하는, 그리고 끊임없이 이윤을 추구하고 재산을 축적하는 것에서 기쁨을 찾는 인간형으로 만들고자 했다.[57]

한편 개체의 이기적 욕망에 근거한 삶의 일반화는 비판적 지식인들에게 성토의 대상이었다. 신경림은 도시와 서구의 퇴폐문화와 이기주의를 극복하려면 "지금 새마을운동을 보면서, 협동하고 상부상조하고 함께 투쟁하는 옛날의 전통은 되살려야 하지 않겠느냐"고 생각했다.[58] 여기서 신경림은 새마을운동을 이해/오인하고 있다. 그의 이해는 이기적 개인 대신 조화로운 집단/공동체를 상정했다는 점에서 국가의 그것과 연동되는 것이자, 새마을운동이 초래한 자본주의적 산업화의 속성을 오인하고 있다. 즉 그는 새마을운동이 애덤 스미스의 이기적 개인 대신 전통적 공동체의 회복을 추구하는 것으로 이해/오인했다.

그의 오인에는 충분히 그럴 만한 이유가 있었다. 국가는 새마을운동이 서구적 타락을 극복할 민족주의적 기획임을 끊임없이 강조했다. 말뿐만 아니라 실제로도 새마을운동은 공동생산, 공동노동 등의 협동을 매우 강조했다. 일견 새마을운동은 이기적 개인 대

                    2부 박정희 체제의 통치성

신 집단과 공동체적 관계를 강조했다. 그러나 개별적 이윤 동기에 따라 '사촌이 땅을 사면 배가 아픈' 농민에게 그것은 불가능한 기획이었다. 특히 개별 이해관계가 첨예하게 충돌했던 대표적인 사례는 토지 '희사'喜捨 문제였다. 많은 마을에서 토지 희사는 가장 격렬한 대립의 주된 대상이었다. 요컨대 토지를 비롯해 모든 것이 사적으로 소유된 조건에서 그것을 넘어서는 연대와 협동은 사상누각을 벗어나기 힘들었다.

새마을운동은 농업의 자본주의적 재편, 농촌의 근대적 변환과 함께 자본주의적 인간형의 양산을 추구했다. 이 와중에 농민에게 민족적 협동과 단합을 주문했던 것인데, 이는 개별 이익의 충돌로 산산조각이 난 자본주의 사회에서 외치는 '국민통합'과 비슷한 것이었다. 그 구두선口頭禪을 대놓고 부정할 수는 없지만, 그것이 불가능한 기획임은 모두가 알고 있다. 따라서 새마을운동은 농촌과 농민을 향한 것이자 전 국민을 대상으로 한 선전 내지 선동이 아닐 수 없다.

박정희 체제는 산업화와 함께 졸지에 하층민으로 전락하고 있던 농민을 설득해낼 수 있다면, 그들로 하여금 자본주의적 삶을 받아들이게 할 수 있다면, 전 국민이 그럴 수 있을 것이라고 판단했을 것이다. 이러한 맥락에서 새마을운동이 전 국민 대상의 운동으로 발전(?)하는 것은 필연적이다. 새마을운동의 더 중요한 대상은 농민이 아니라 도시민이었다.

(신)자유주의가 만개하고 자조·근면의 자기계발 담론이 성행하는 오늘날의 한국 사회에서 새마을운동은 일종의 아련한 추억인지도 모르겠다. 협동과 연대는 말뿐이고 각자도생이 실현 가능한 유일한 생존전략이 된 것처럼 보이는 현재, 새마을운동은 그것을

선취했던 경험인지도 모른다. 최종적으로 농촌, 농업, 농민의 몰락
과 희생을 통해 꽃피우게 된 한국의 자본주의 시장경제는 시골의
새마을을 도시의 새마을new town로 만든 셈이었다.

3부

박정희 체제의 이데올로기,
파시즘에서 자유주의까지

8장　　　박정희, 독재와 민주주의 사이에서

1. 한국 근현대 민주주의의 궤적

1979년 12월 19일 육군본부 비상계엄 보통군법회의 1심 법정에선 김재규는 최후 진술을 통해 10·26을 '자유민주주의 혁명'이라 주장했다. 박정희의 신임으로 보안사령관과 유정회 의원 그리고 건설부 장관을 거쳐 중앙정보부장까지 오른 그의 입에서 나온 소리라고 믿기 힘든 말이었다. 야수의 심정으로 유신의 심장을 강타하게 만든 것은 다름 아닌 자유민주주의였던 셈이다.

　그로부터 18년 전인 1961년 7월 3일 모든 권력을 한 손에 틀어쥔 박정희는 국가재건최고회의 의장 취임사를 통해 '진정한 민주복지국가'와 '진정한 민주주의적 국가 재건'이 '혁명'의 목표라고 선언했다. 1963년 대통령 선거에서는 야당을 가식적 자유민주주의라 몰아붙이며 민족적 민주주의가 진정한 자유민주주의라고 강조했다. 심지어 유신헌법 제1조 제1항은 '민주공화국'이다. 유신의 심장 박정희 역시 민주주의를 부정하지 않았다. 5·16과 10·26 모두 민주주의를 명분으로 했다면, 도대체 민주주의란 무엇인가?

　민주주의는 부르는 이름은 동일하다 해도 그것이 지시하는 바는 크게 다르다. 즉 민주주의라는 기표는 같이 사용하지만, 그 기의가 다른 경우가 비일비재하다. 기표와 기의의 분리 또는 불일치는 언어의 고유한 속성이기도 하지만, 현실의 정치적 균열과 갈등을 반영한다. 요컨대 적대적 정치세력이 경쟁적으로 민주주의를 동원해 자신의 정치적 정당성을 확보하고자 하는 시도가 일반화된 것이 한국 현대사의 주요한 특징이다.

이러한 상황은 민주주의가 한국의 거의 절대적 정치문법으로 정착했다는 사정에서 기인한다. 민주주의는 헌법에 명기된 것은 물론 실제 정치 현실에서도 중핵적인 역할을 담당한다. 한국에서 민주주의를 부정하면서 어떤 의미 있는 정치행위를 수행하는 것은 거의 불가능하다. 다시 말해 민주주의가 한국의 보편적 정치문법으로 정착했기에, 최악의 반민주적 유신체제의 심장조차도 그것을 거스르는 정치언어를 구사하기는 곤란했다. 이러한 측면에서 박정희에게 민주주의는 벗어날 수 없는 일종의 감옥이었다.

민주주의는 국가라는 정치 공동체의 내치 문법으로 특정의 지배 질서를 구성해준다. 막스 베버에 따르면 지배의 방식은 세 가지로 대별된다. 합법적 지배, 전통적 지배, 그리고 카리스마적 지배가 그것이다.[1] 전통적 지배의 대표가 군주정일 텐데, 한국은 1910년 식민화를 통해 조선 왕조의 정통성이 결정적으로 붕괴되었고 두번 다시 복구되지 못했다. 카리스마적 지배란 대중의 복종을 이끌어내는 지배자의 능력과 자질에 근거한다고 하지만, 제도적 안정성이 뒷받침되지 못한다면 사상누각이 되기 십상이다. 결국 박정희에게 유일한 선택지는 합법적 지배를 가능케 할 민주주의였다.

민주주의가 합법적 지배 방식으로 한국에 관철되는 과정은 약간의 역사적 설명이 필요하다. 그것은 크게 두 가지로 구분되는데, 하나가 내적 측면이라면 다른 하나는 외부적 영향이다. 전자는 식민화가 결정적 조건이다. 정치적 공동체로서 한국의 골간은 헌법 제1조 제1항의 "대한민국은 민주공화국"이다. 주지하듯이 이 조항은 1919년 임시정부의 임시헌장에 처음 나타난 이후 현재까지 어떠한 변화도 없이 유지되고 있다. 임시헌장은 1917년 신규식, 신채호, 조소항 등이 참여해 발표한 「대동단결선언」의 연장선상에 있다.

선언은 "제권帝權 소멸의 시時가 곧 민권 발생의 시時"라 전제하고 "융희 황제의 주권 포기는 즉 아我 국민동지에 대한 묵시적 선위禪位"임을 분명히 했다. 요컨대 군주권 대신 인민주권에 입각한 정체 지향을 천명한 것이다. 수천 년 동안 내려온 군주제를 부정하고 인민주권을 선언했다는 점에서 민주주의와 관련해 이 선언의 역사적 의미는 중차대하다. 군주정 체제에서 나고 자란 사람들이 왕조 붕괴 불과 7년 만에 민주주의를 천명했다는 것은 그만큼 조선 왕조에 대한 실망이 컸음을 의미한다. 왕조뿐만 아니라 과거 전통 전체에 대한 비판과 부정의식이 팽배했다.

식민화는 과거 역사 전체의 총체적 실패로 이해되었고, 500년 왕조가 사라졌음에도 왕당파나 복벽주의는 찾아볼 수 없었다. 이렇게 왕조에 대한 부정의식이 팽배한 데는 조선 왕실의 책임이 컸다. 500년 종사가 무너졌음에도 독립운동은커녕 오히려 일제의 보호 속에 호화로운 삶을 누린 것이 조선 왕실이었다. 왕실은 이왕직으로 재편되어 매년 막대한 수입이 보장되었고, 영친왕은 일본군 중장까지 승진해 온갖 영예를 누렸다. 왕실 구성원들의 행태가 이러했으니 「대동단결선언」이 군주권을 부정한 것은 당연했다.

과거 역사의 파탄을 목도한 당대의 엘리트들은 이를 만회하기 위해 근대화에 매진하게 된다. 조선 왕조가 실패하고 일본이 성공한 이유를 근대화에서 찾게 된 엘리트 집단은 근대 정치의 핵심을 민주주의에서 구했다. 「대동단결선언」과 임시정부의 임시헌장 이래 민주공화국은 한국 엘리트 집단에게 거의 절대적인 정치적 상식으로 자리 잡았다.

『동아일보』 사시社是에 등장할 정도로 식민지 치하에서도 민주주의는 일정한 영향력을 행사했다. 특히 『동아일보』는 송진우, 장덕수 등의 주도로 영국 신자유주의new liberalism을 받아들여 민주주의 이해를 심화시키기도 했다.[2] 그러나 천황주권에 입각한 일제 치하에서 인민주권은 어불성설이다. 민주주의가 가능했던 것은 해방 이후다. 해방공간에서 우익의 한국민주당(한민당)은 강령에서 '민주주의의 정체 수립을 기함'이라 명시했고 그 반대편의 조선공산당은 '민주주의적 인민정부' 수립을 천명했다.[3] 갈등이 극에 달했음에도 좌우 모두 민주주의에 기반한 국가 수립을 지향했으며 북한의 국호와 남한의 헌법에 그것이 명시적으로 드러난다.

1948년 정부 수립을 계기로 행정, 의회, 사법 등 국가조직과 선거제 등이 완성됨으로써 한국 민주주의의 형식적 틀이 제도화된다. 또한 이승만 정권은 파시즘 냄새가 짙은 일민주의를 잠깐 내세우기도 했지만, 곧 자유민주주의를 공식 지배 가치로 천명했다. 즉 "민주국가에서는 민중이 주인"이라며 인민주권을 승인했다.[4] 그러나 민주주의는 내치의 문법이기에 국가를 전제로 할 수밖에 없다.

해방 딱 한 달 만인 1945년 9월 15일 밤에 유진오는 김성수와 마주했다. 유진오는 극심해지는 좌우 대립을 우려해 "정부 수립의 방법은 선거밖에 없다고 생각"했고, "그것이 바로 민주주의"라고 확신했다. "선거를 해서 진다면 공산당도 할 말이 없을 것"이라는 게 그의 판단이었다. 그러나 김성수는 이를 단칼에 잘랐다. 김성수는 "그러다가 우익이 지면 어떻게 하게? 아무 소리 못하고 공산당 천하가 되게? 그러면 책임은 누가 지겠소? 유 선생이 지겠소?"라고 반문했다.[5]

이 일화에는 여러 함의가 있지만, 민주주의를 사시로 내세운 『동아일보』의 사주이자 한민당의 큰손이며 우익의 거두인 김성수가 민주주의를 부차적 조건으로 간주했음이 주목된다. 김대중의 표현을 빌리자면, 김성수는 유진오의 서생적 문제의식을 상인의 현실감각으로 가볍게 뛰어넘는다. 김성수에게는 무엇보다 우익의 권력 장악이 시급한 문제였으며, 선거와 민주주의는 그것이 가능할 경우에만 선택적으로 고려될 수 있었다. 실제로 한국 최초의 보통선거인 5·10 총선거는 좌익이 결정적으로 몰락하고 남북의 분단이 기정사실화된 정세 속에서 치러진다. 김성수의 말대로 공산당한테 권력이 넘어갈 가능성이 조금이라도 있다면 민주주의는 곤란했다.

물론 정부 수립으로 모든 문제가 해결된 것은 아니다. 국민국가를 조건으로 한 민주주의가 제대로 작동하기 위해서는 그 주체 구성이 절실하다. 인민주권에서 인민은 현실적으로 '국민' 또는 '시민'의 형태를 취한다. 국민을 획정하는 문제는 단지 법률상의 제도적·기술적 차원으로 국한될 수 없는 복합적이고 역동적인 역사적 과정이다. 한국에서 이 과정을 집약적으로 수행한 것은 한국전쟁이었다. 한국전쟁은 북한의 '인민'과 남한의 '국민' 사이의 생사를 건 실존적 선택을 강요했으며, 이 과정을 통해 비국민적 요소들을 '빨갱이'라는 이름의 타자로 제거함으로써 이른바 '국민적 동

질성'을 만들어낸다.[6]

한편 민주주의가 작동해야 될 국가 형성 과정은 외부의 강력한 규정 속에서 이루어진다. 주지하듯이 한국의 주권은 5·10 총선거를 통해 구성되었지만, 그 선거를 가능케 한 것은 유엔이었다. 실질적으로 미국의 영향이 절대적이었지만, 한 나라의 국가주권이 다른 나라로부터 부여될 수는 없었기에 초국가적이며 보편적인 국제기구의 위상을 가진 유엔이 나서게 된다.

한국의 대표적인 야당 인사 중의 하나였던 정일형은 유엔을 "20억 자유인의 세계의회요 민주사회의 입체적 질서의 산실"이라고 설명했다.[7] 정일형이 보기에 "한국은 유엔의 산물이요 유엔의 결의와 감시에 의하여 정부가 수립되었고 유엔에 의하여 국토가 방위"되고 있으며 "유엔에 가입함으로써 국제사회에 참예하여 가지고 민주주의 국가로서의 진정한 자유와 번영"을 누릴 수 있는 것이었다. 심지어 그는 '주권 절대의 국가관념'을 비판하면서 '국가는 초국가적 통제 질서에 순종'해야 함을 강조했다.[8]

당시 유엔은 사실상 미국의 강력한 영향하에 있었고 한국은 미국식 자유민주주의에 기반한 국가 형성과정을 밟게 된다. 따라서 한국의 미국식 자유민주주의는 분명 지배담론으로 출발했다. 그것은 세계 체제적 수준에서 냉전체제에 규정되어 공산주의에 대한 안티테제로 부과되었다. 냉전체제 효과는 외적 조건으로 그친 것이 아니라 한국 내부의 주요한 정치적 정당화 담론으로 작동하게 되었다. 1950년대 내내 야당의 핵심 인물이었던 신익희의 인식은 이 점을 잘 보여준다. 그는 한국전쟁 무렵 '우리의 잘 살아가는 길, 인간의 목적을 달성하는 길'이 "다른 것 없이 민주주의"라고 단언하고 "우리의 살길인 민주주의라는 것이 국내에만 한정되는 것이 아니라, 국제적으로 또한 절대 규정"이라 했다.

> 이 세상은 민주주의와 공산주의가 서로 다투고 서로 싸워서 누가
> 죽느냐 사느냐 하는 문제를 결정하는 세계이니 만큼 한국은 민주
> 주의 국가로 민주주의를 실행한다는 하나의 단순한 사실로 세계
> 모든 나라의 원조를 받고 있다고 생각할 때 국제적으로는 우리의
> 살길이 민주주의가 아니고 무엇이냐 하는 것을 더 강하게 더 심절
> 深切하게 우리를 깨닫게 하고 있습니다.[9]

이러한 인식은 비단 전쟁이라는 절박한 상황으로 국한되지 않
았다. 신익희는 1956년에도 한국전쟁을 동족상잔이라고 하는 규
정을 '부당한 소견'이라고 일축하고 "한국전쟁은 곧 민주와 공산
두 진영의 시전장試戰場이었고 전위적인 열전"이었다고 주장했
다.[10] 신익희의 인식은 당시 엘리트층의 지배적인 인식이었다고
해도 무방하다.

> 인간이 공기를 호흡하지 못하면 질식하여 죽는 것과 마찬가지로,
> 현대 자유민에게 있어서 민주주의가 아니면 사회생활을 영위할 수
> 없는 것이다. 즉 오늘날 민주주의의 위치는 우리에게 있어서 공기
> 와 같은 것이다. (…) 자유민의 참다운 민주주의적 사회생활을 할
> 수 없을 뿐만 아니라, 공포와 암흑과 위협의 독재주의적 정치구조
> 속에서 삶을 영위하고 있는….[11]

미국 컬럼비아대학을 졸업하고 미군정 경무부장을 거쳐 야당
의 거물 정치인으로서 1960년 민주당 대통령 후보로 선출된 조병

옥은 민주주의를 공기에 비유하고, "공포와 암흑"의 독재와 대비시 킴으로써 그 절대성을 강조했다. 절대적 민주주의의 기본 전제는 '자유민', 즉 근대적 개인이었다. 그는 인간의 자유를 '영원불변의 천부의 권리'로 단언했다.[12] 당대 대부분의 엘리트처럼 조병옥도 미국을 최고의 선진국이자 민주주의 국가로 파악했다.[13] 그렇지만 '덮어놓고 미국식 민주주의를 본받는 것은 참새가 황새걸음을 걷 다가 다리가 찢어지는 격'으로 한국의 후진성에 대한 강조가 이어 진다.[14] 후진성의 주요한 지표는 '민도'民度였다.

튀르키예의 케말 파샤를 논하면서 조병옥은 "민도가 얕은 민족 일수록 민주주의는 밑으로부터 실행하기보다, 위로부터 실행해야 될 것"이며 "유럽의 환자라고 불렸던 터키의 발전은 케말 파샤가 '민주화한 독재정치'를 감행한 까닭"이라고 설명했다.[15] 그렇기에 조병옥은 "민주주의의 발달은 일 국민의 민지민도民知民度로 좌우 되는 것"이라고 주장했다.[16] 이는 곧 강력한 엘리트주의를 의미했 다. 조병옥은 국민투표를 비판하면서 "국회조차도 (…) 무식하고 무능하다는 혹평을 받고 있는 형편인데, 하물며 지적 수준과 판단 력이 국회의원보다 저하하다고 할 수 있는 몽매한 무식대중이 어 찌 그 책임을 감당할 수 있겠는가"라고 했다.[17]

유진오 역시 비슷한 인식을 보여주었다. 1955년 제헌절에 쓴 글에서 유진오는 "우리는 역시 틀림없는 민주정치의 초년생"일 뿐 이며 심지어 "조숙의 조짐조차 보일 줄 모르는 참으로 천진난만한 초년생"이라고까지 했다.[18] 따라서 대중에 대한 계몽과 교육은 불 가피했다. 유진오에게 한국은 "누구에게 숨길 필요도 없이 (…) 민 주주의의 후진국"이므로 "민주주의를 의식적·계획적으로 육성"해 야 함을 강조했다.[19]

또한 조병옥의 민주주의는 반공주의를 기본으로 했다. 조병옥은 민주주의가 공산주의에 의해서도 주장됨으로써 언어의 '인플레'가 발생하고 있다고 지적했다. 따라서 민주주의는 언어 그 자체로서 의미화될 수 없고 그것의 발화자, 그것을 "부르짖는 자"에 의해 그 가치와 의의가 규정된다고 했다. 그는 민주주의는 인간 본성에 부합하는 정치질서로서 공산주의는 비인간적이기에 민주주의적일 수 없다는 논법을 구사했다.[20] 유진오 역시 "반공과 자유민주주의는 우리나라가 현재 놓여 있는 역사적·정치적 조건하에서는 어떠한 정권도 그 테두리를 벗어날 수 없는 일종의 아프리오리적 제약"이라 천명했다.[21]

조병옥은 민주주의가 기표와 기의로 분리되어 작용하고 있음을 명료하게 파악하고 있었고, 유진오 역시 반공과 자유로 민주주의의 기의를 전유해야 한다고 생각했다. 이렇게 민주주의의 해석을 둘러싼 경합은 야당의 정치투쟁을 통한 저항담론화로 인해 더욱 복잡해진다. 1957년 「이 대통령께 드리는 공개장」이라는 제하의 글에서 조병옥은 "철권정치에 대항하여 자유를 부르짖고, 혁명을 일으키고 폭동과 파업을 감행하는 것도 주권자의 자유 쟁취"를 위한 "인권옹호의 정당방위"라고 선언하고, 현대 민주정치 확립의 역사는 "인간의 자유를 전취하기 위한 피비린내 나는 투쟁의 기록"임을 역설했다.[22]

민주주의의 극적인 확산을 잘 보여주는 것은 저항담론으로의 전화였으며 민주주의가 반공 및 민족주의에 비해 가장 탁월한 효과를 발휘하게 된 것도 이를 통해서였다. 한민당-민국당-민주당으로 이어지는 보수 야당은 이승만-자유당 체제에 맞선 정치투쟁에서 그 이념적·담론적 기반으로 자유민주주의를 적극 활용했다.

특히 보통선거권의 도입으로 주기적 선거가 제도화되면서 정치적 대립구도는 대중 동원과 연결되었고 민주주의가 대중 속으로 확산되는 중요한 매개가 되었다.

그러나 보수 야당의 저항 민주주의는 철저하게 좌파를 배제한 것임도 기억해야 한다. 일본의 '55년 체제'처럼 한국 역시 1955년 통합민주당이 창당됨으로써 보수 양당체제가 성립했다. 민주당은 자유민주파와 민주대동파 간의 갈등의 산물이었는데, 결국 김준연·신익희·조병옥 등의 자유민주파 주장이 관철되어 "좌익 전향자와 악질 부역자를 제외한다"는 명분으로 조봉암의 참여를 원천봉쇄했다. 특히 조병옥의 반대가 완강했는데, 그는 "조봉암과 그 일파는 본질적으로 사회주의자"라고 규정하고 무조건 문호를 개방할 수 없다고 단언했다.[23]

민주당의 좌파 배제 정치가 다시 한번 표출된 사례는 이른바 '신익희 추모표' 전략이었다. 1956년 대통령 선거에 민주당 대표로 출마한 신익희가 급서하자 야당 후보로는 조봉암만 남게 되었다. 이승만 당선을 저지하기 위해서는 당연히 조봉암을 지지해야 했음에도 불구하고 민주당의 선택은 죽은 신익희에게 투표하라는 전대미문의 전략이었다. 민주당은 1956년 5월 11일에 민주당 명의의 성명서를 발표해 "조봉암 씨는 그 노선 및 국제정세에 비추어 한국의 역사적 현 단계에 있어서는 지지할 수 없"음을 분명히 밝혔다.[24] 그 결과 신익희를 찍은 무효표가 무려 180만 표 이상 나와 전체 투표수의 20퍼센트를 넘는 초유의 사태가 벌어졌다. 민주당은 진보당 사건으로 조봉암이 사형을 당하는 과정에서도 별다른 움직임을 보이지 않았다.

이후 민주주의는 4월혁명을 계기로 저항의 핵심 자원으로 확장되기 시작했으며 1970~1980년대 민주화운동으로 이어진다. 마르크스주의를 비롯한 좌파담론이 철저하게 봉쇄된 조건 속에서 지배계급이 공인한 '자유민주주의'가 저항담론으로 확장되는 것은 불가피했다. 좌익의 소멸은 정치구도상 그 자리를 대신할 세력을 필요로 했다. 당시 좌익의 정치활동을 대신할 세력은 보수 야당밖에 없었다. 이로부터 한국의 자유주의 보수 야당은 과잉대표된 빨갱이이자 과소대표된 우익이라는 기묘한 위치에 놓이게 된다. 이들은 기원뿐만 아니라 현실적으로도 우익임이 분명했지만, 좌파의 저항을 대리실천한다는 기능을 통해 좌파의 대리보충적 존재로 현상되었다. 요컨대 '기능적 좌파' 또는 '위상학적 좌파'로서 자유주의 세력은 자신들의 우익적 기원을 망각한 것처럼 보이지만, 이는 오인 내지 착시 현상에 불과하다.

박정희 체제의 성립은 이렇게 민주주의가 한국의 지배 질서로 나아가 저항담론으로 확산되어 거스르기 힘든 대세가 된 정세에서 이루어졌다. 박정희로서는 내키지 않지만 민주주의를 정면으로 거부한 채 자신의 지배를 안정적으로 유지하는 것은 대단히 곤란했다. 게다가 막강한 영향력을 행사하던 미국 역시 민주주의에 입각한 지배를 강력하게 압박했다. 결국 박정희 체제는 민주주의를 수용하되 자신의 입맛에 맞게 변형하는 것 외에 다른 선택의 여지가 없었다.

2. 파시즘과 자유주의 그리고 민주주의

정부 수립에서 4·19에 이르는 시기에 민주주의가 지배적 정치언어로 관철되었지만, 그것은 당대에 조성되어 있던 다양한 이념 및 담론들과 뒤엉키게 된다. 반공주의를 비롯해 민족주의, 자유주의, 파시즘 등이 민주주의와 복잡한 관계를 맺게 된다. 반공주의에 대해서는 이미 많은 연구가 이루어졌다. 강정인에 따르면 "자유민주주의를 지키기 위해 반공을 해야 한다"는 논리가 "반공을 위하여 자유민주주의를 제한할 수밖에 없다"는 논리로 전도되었다가, 급기야는 "반공이 곧 자유민주주의라는 억설"로 둔갑했다. 요컨대 박정희 체제의 민주주의는 '반공 조건부 민주주의'라는 평가다.[25]

민족주의는 별도로 살펴볼 것이기에 여기서는 주로 자유주의와 파시즘적 경향이 민주주의에 미친 영향을 다루고자 한다. 1930년대 이래 동아시아의 거대한 흐름이 된 파시즘과 해방 이후 미국이라는 강력한 배경을 가진 자유주의가 길항하는 과정에서 박정희 체제의 민주주의에 대한 담론적 전유 시도가 이루어졌다고 볼 수 있기 때문이다. 요컨대 해방공간에서 민주주의는 좌익과 우익 사이의 줄타기 대상이었다면, 한국전쟁 이후에는 그것이 자유주의와 파시즘 사이에서 재연된다.

앞에서 본 것처럼 박정희에게 민주주의는 벗어나기 곤란한 일종의 선험적 제약이었다. 그러나 그에게 무엇보다 중요하고 선차적인 것은 국가와 민족이었다. 국가와 민족이 실제적 권력이자 응집력 있는 실체로 구현되기 위해서는 무엇보다 개인의 포섭이 중요했다. 이를 위해 근대 동아시아를 관류한 소아小我와 대아大我 개념이 적극 활용되었다. 불교 용어에서 기원한 소아와 대아는 서구 근대의 개인과 집단/공동체 개념쌍에 대당하여 일본의 천황주의자부터 박정희까지 국가주의와 집단주의 기획의 중요 개념으로 이용되었다.

파시즘적 집단주의 기획의 유력한 대항마는 자유주의다. 근대를 상징하는 자유주의는 개인주의와 함께 자본주의 사회를 성립시킨 핵심 이데올로기다. 공산주의도 그러했지만, 파시즘은 자유주의를 대척점으로 하여 작동했다. 이탈리아 파시즘을 연구한 피에르 루이지 바시냐나Pier Luigi Bassignana에 따르면 파시즘에게 "볼셰비즘은 적이었다. 그러나 공동의 적은 서구의 타락한 금권정과 저주받은 부르주아적, 자유주의적 자본주의였다. 그는 '적의 적'과의 동맹이 이루어질 법했다"고 주장했다.[26] 파시즘은 제1차 세계대전의 총력전 체제를 거치면서 역사 무대의 전면에 등장했다. 그것은 성인 남성 보통선거권, 의무교육, 징병제 등을 통해 대중 민주주의와 대중사회 성립을 배경으로 "대중정치와 불가분의 관련"을 갖는 것이었다.[27]

한국의 경우 1930년대 후반 좌우익 지식인들에게 전체주의는 단순한 독재정체가 아니라 자유주의와 자본주의가 노정한 모순을 넘어서기 위한 국가–사회–개인 관계를 재조정하는 논리로 이해되었다.[28] 특히 파시즘은 한국, 중국, 일본 모두에 걸쳐 지우기 힘든 흔적을 남겼다. 2·26사건과 쇼와 유신으로 이어지는 전전戰前 일본의 파시즘은 말할 것도 없고 중국의 국민당과 장제스는 국가지상–민족지상, 이당치국, 일당독재 등을 통해 중국식 파시즘을 구성하고자 했다. 장제스의 파시즘의 특징은 반제 민족주의로서 레닌주의와 파시즘의 통치 방식을 혼합시킨 데 있었다. 또한 이 무렵 중국에서도 '국민정신총동원강령'이 발표되는 등 일본 군국주의와 유사한 파시즘적 조류가 대세로 떠오르기 시작했다.[29]

장제스는 쑨원의 말을 빌려 "중국은 자유가 너무 많아서 단체와 저항력이 없이 산사화散沙化"되었다고 진단했다. 그렇기에 "시

멘트로서 개인의 자유를 파괴하고 큰 암석으로 의결疑結"시켜야
함을 강조했다. 즉 장제스는 "중국을 굳은 돌과 같은 국방체로 조
직"하기 위해 "국민이 산사와 같은 자유"를 향유할 수 없음을 분명
히 했다. 그러므로 전시와 전후를 불문하고 개인의 자유는 용납될
수 없었다.[30] 국민당의 훈정訓政 개념은 박정희 체제의 행정적 민
주주의와 일맥상통한다.

중국 국민당의 파시즘이 한국으로 유입되는 중요한 통로는 조
선민족청년단(족청)이었다. 이범석은 국가지상-민족지상을 순서
만 바꾸어 족청의 대표 슬로건으로 채택했고, 일민주의를 통해 파
시즘 이데올로기를 체계화하고자 했다. 족청계는 이승만에 의해
숙청된 다음에도 정치와 사상에서 상당한 영향을 미친다. 4·19 이
후 족청 중심의 군부 쿠데타가 준비되었는가 하면 족청 교무처장
을 역임하고 삼무 사건三無事件(1961년 12월 12일 일본에서 구일
본군 예비역 장교들과 우익 인사들이 획책한 쿠데타 미수 사건)에도
관련된 박임항은 5·16에 가담한다. 나치즘의 본고장인 독일의 예
나대학교에서 철학박사 학위를 받은 안호상은 족청 부단장을 거쳐
5·16 이후 박정희의 특사가 되었는가 하면 재건국민운동 중앙회
장을 맡았다.

이처럼 박정희 체제에도 직간접적 영향이 적지 않은 일민주의
는 한국의 가장 대표적인 파시즘 이데올로기이기에 좀 더 자세히
살펴볼 필요가 있다. 일민주의를 대표하는 이데올로그는 안호상과
양우정이다. 족청에 대해 가장 자세한 연구 성과를 제출한 후지이
다케시에 따르면, 일민주의는 양우정의 계급성과 안호상의 배타적
민족주의 사이의 긴장 속에서 작동했다.[31] 양우정은 식민지 시기
좌익 활동을 하다 전향한 인물이었기에 계급문제에 남다른 식견이

있었고, 안호상은 극단적이고 국수적인 민족주의를 강조했다. 일민주의는 반공주의와 반자본주의를 동시에 내걸었다.

> 우리 민족은 하나다. 국토도 하나요, 정신도 하나요, 생활에도 하나요, 대우에도 하나요 정치상 문화상 무엇에고 하나다. 하나가 미처 되지 못한 바 있으면 하나를 만들어야 하고 하나를 만드는 데에 장애가 있으면 이를 제거하여야 한다. (…) 헤지면 죽고 뭉치면 산다. 나뉘여 지는 데서 죽고 일—에서 산다.[32]

이러한 극단적 민족주의에 입각해 일민주의는 빈부동등, 귀천평등, 지역무별, 남녀동권의 4대 강령을 내걸었다. 이승만은 귀천계급의 독해毒害와 빈부등차의 폐 그리고 지역적 관념과 남녀구별이 민족을 분열시킨 것이라 주장했다. 다시 말해 신분, 계급, 지역, 남녀 차별을 없애고 "한 나라 한 법률 밑에서 한 민족으로 합동단결하여 영원한 복리를 다 같이 누리자는 것"이라 주장했다.

안호상은 한국전쟁 직전에 발간된 『일민주의의 본바탕』이라는 책에서 개인의 이익을 지상으로 하는 자본주의와 개인을 계급으로 바꾸려는 공산주의가 결국은 "물질적 이해관계를 사회 존립의 기초"로 삼는다는 점에서 동일한 것이라 설명했다. 즉 자본주의는 경제정책에 있어서 공산주의의 그것과 그 방향과 중점만이 다를 뿐이지, 하나의 계급주의임에는 동일한 것이라는 논리였다.

> 자본주의가 입으로는 유물론을 배척하지마는 돈을 제일로 알고, 돈 앞에서는 모든 것을 잊어버리는 까닭에, 돈을 유일한 것으로 본다. 이 자본주의의 돈숭배주의(금전숭배주의), 돈주의(금전주의)가

공산주의를 나타나게 하였으며, 또 그 돈주의는 이 공산주의에서 더욱 뿌리를 깊이 박았다. 자본주의는 겉으로는 유물주의를 배척하지만 속은 돈주의자인 까닭에 유물주의자요 또 공산주의는 겉으로는 돈주의를 배척하지만 속으로는 자본주의 이상으로 돈을 숭배하는 까닭에 그것은 역시 공산당의 독점 자본주의다.[33]

『일민주의의 본바탕』이 반공주의에 기반했음은 어쩌면 당연했지만, 흥미로운 것은 자본주의에 대한 신랄한 비판이다. 안호상은 자본주의 경제정책이 사람은 본래 이기적이라는 철학적 고찰과 또 생물은 생존경쟁의 법칙을 따른다는 생물학적 관찰에 기반했다고 분석하고, 이것이 결국 양극화를 초래한 주범이라고 비판했다. 즉 "자본주의는 일부의 사람만을 가난뱅이와 거지로 만들지만, 공산주의는 모든 사람을 가난뱅이와 거지로 만들며, 또 자본주의는 일부의 사람만을 무식쟁이로 만들지만, 공산주의는 전부의 사람들을 다 같이 무식쟁이로 만든다"고 했다. 안호상은 이와 달리 일민주의는 "모든 사람들에게 다 같이 소유를 주려는 것"이라 했다. 다시 말해 "개인의 소유와 이익"은 절대로 보장하되, "민족이익이 개인이익에 앞선다. 혹은 민족이익이 개인이익보다 더 크다"는 것이 일민주의의 기본 입장이었다.[34]

전향 좌파였던 양우정은 더욱 신랄하게 자본주의를 비판했다. 그는 "자유의 미명하에서 인간이 인간을 착취하는 자본주의의 모든 사회제도와 경제조직을 우리는 전복하지 않으면 아니 된다"고 선언했다. 그는 계속해서 "착취하는 지주와 착취당하는 소작인의 존재를 인정할 수 없으며 착취하는 자본가와 착취당하는 노동자의 제도를 인정할 수 없"다고도 했다. 더 나아가 양우정은 "현대 물질문명의 기초를 구축하고 있는 자유주의적 경제 이론을 근본적으로 비판하고 파괴하지 않으면 아니 될 것"이라 단언했다. 요컨대 자본주의는 "이승만 대통령의 일민주의와는 상용할 수 없는 제도"인 것이다.[35] 이러한 일민주의의 입장은 이범석을 통해 정식화된다.

> 현대 자본주의와 공산주의의 이 두 개의 반동하는 정치사조의 탁류 속에서 얼마나 역사가 욕되었으며 얼마나 인류가 화禍되었던가. (…) 이 착취의 반칙 위에 세워진 자본주의를 지양하고 유린의 원칙 위에 세워진 공산주의를 극복하여 계급을 타파하고 빈부의 차등을 없이하고 종파의 존재와 남녀의 차별까지 거부하는 이대통령 각하의 일민주의를 토대로 하는 우리나라의 건국정신은 (…) 전인류를 구출할 수 있는 위대한 새로운 정치체제이다.[36]

새로운 정치체제의 근간은 도의였다. 안호상은 도의의 근본이 곧 일민주의라는 논리를 폈는데, 그 모형은 가족이다. 즉 "부모 형제가 가족이라면 한 핏줄의 동포는 민족이며, 가정이 가족의 집이라면 국가는 민족의 집"이라는 것이다. 따라서 일민주의의 기본은 혈통주의다. 일민은 "핏줄도 하나, 운명도 하나, 주의도 하나"라는 것이다. 혈통주의는 독일 나치 이데올로기의 강한 영향이 감지되는데, 안호상은 "일민은 자연적 산물"이기에 "민족을 분열시키려 부정하는 모든 사상과 행동은 자연법칙의 필연성과 일민 원리의 타당성의 위반"이라고 강변했다. 한마디로 자연주의적 혈통의 "공동운명체"가 일민이었다.[37]

양우정 역시 모든 것의 출발을 가정으로 상정한다. 국가는 가정을 확대한 것이고 가정은 국가의 축소판이라는 설명이 이를 잘 보여준다. 그렇기에 사회계약설은 인정될 수 없다. 결국 양우정은 일민주의가 '개인의 인권 관념과 국가의 권력 관념'을 전복하고 가족애-동포애의 관념으로 대치되어야 한다고 선언했다.[38] 이러한 가족주의는 일본 군국주의와 상당히 흡사했다. 1937년 일본 문부성 사상국이 간행하여 중학 졸업생 전원에게 지급했던 『국체의 본의』에서 일본은 "일대 가족국가이고 황실은 신민의 종가이시며, 국가생활의 중심"으로 설명했다.[39] 가족애와 동포애로 엮인 공동운명체의 기본 원리는 '공정'이다.

> 일민은 차별의 관념도 아니요 평균의 구호도 아니요, 오직 공정의 원리만을 따를 뿐이다. (…) 일 잘하고 많이 하는 이에겐 잘 주고 많이 주며, 또 일 못하고 적게 하는 이에겐 덜 주고 적게 준다. 아무거나 선천적 재능과 후천적 노력이 훌륭하고 많은 이는 잘 대우받고, 또 그와 반대로 그렇지 못한 이는 그렇지 못하게 대우받는다. (…) 공정에는 차별과 평균, 또는 불평등과 평등의 두 계기들이 다 같이 들어 있으며, 또 이 들어 있음은 변증법적 발전으로서 그것은 없애가짐(止揚)이다.[40]

안호상은 나치즘을 능가할 정도의 극단적 민족주의를 강조했지만, 그 사회원리는 자유주의에 뿌리를 내리고 있었다. 그는 차별과 평균, 불평등과 평등의 계기를 변증법적으로 지양하는 것이 일민의 공정 원리라 주장했지만, 그것이 작동하는 원리는 가족주의에 기반한 도의에 불과했다는 점에서 실질적으로 자유주의의 능력주의 원리를 승인한 것에 다름 아니었다. 요컨대 도의와 가족애 또는 민족애에 기반한 자유경쟁의 나라를 꿈꾼 셈이었다. 이는 사실

상 민족주의와 자유주의를 결합시킨 박정희 체제의 통치성과 일맥
상통하는 것이었다.

물론 일민주의가 자유주의를 극도로 혐오했던 것은 분명하다.
안호상과 이범석은 물론이고 특히 양우정은 자유주의를 신랄하게
비판했다. 양우정은 세계를 구성하는 기본 원리를 '정신적 일치원
리와 물질적 공동원리'로 구분한다. 전자의 대표적 정치체제는 독
일의 나치즘, 이탈리아의 파시즘, 일본의 군국주의 그리고 소련
의 독재주의이며, 후자의 대표적 정치체제는 영미의 자본주의이
다. 전자가 지배와 굴종의 이론 위에서 성립되었다면, 후자는 자유
와 착취의 이론 무장 밑에서 성립되었다고 설명했다. 전자의 이데
올로기적 기초는 이상주의, 낭만주의, 유기체설, 우익적 민족주의,
전체주의, 파시즘, 독재주의 등이었고, 후자의 이데올로기적 기초
는 자연주의, 공리주의, 개인주의, 무정부주의, 직능국가, 조합국
가, 경제국가, 공산주의 등이라 주장했다.[41]

양우정은 물질적 공동원리의 대표적 체제를 자본주의로 상정
하고 그 이데올로기로 공산주의를 거론하는 등 논리적 비약이 뒤
섞인 자기모순을 보여주었다. 그는 정신적 일치원리와 물질적 공
동원리의 단순 결합이 아니라 양자를 조정하고 지양한 정치체제
가 곧 일민주의가 된다고 주장했지만, 단순 결합을 넘어선 조정이
무엇을 의미하는지는 분명치 않다. 다만 이와 관련하여 농지개혁
의 유상분배 원칙에 대한 설명이 주목된다. 양우정은 무상 대신 유
상을 택한 것은 "남의 것을 그저 뺏는다는 것은 정부이고 개인이고
간에 강도"이기 때문이라 했다. 이어서 "농민은 자기의 지불에 의
한 토지의 획득으로써 완전히 자기 소유"가 될 수 있다고 강조했
다. 또한 개인의 경제활동의 자유를 보장하되 국민경제 생활의 균

형을 도모할 수 있는 한계 내에서만 가능하다는 주장도 폈다.[42]

이러한 주장은 사적 소유권을 중시한다는 점에서 소유권적 자유주의와 함께 시장의 자유주의를 허용하는 입장을 보여준다. 이는 5장에서 살펴본 것처럼 도사카 준이 말한 사회 상식으로서의 자유주의를 의미할 것이다. 도사카 준은 사회 상식의 자유주의가 일본주의와 결합하는 양상에 대해 우려의 시선을 던진 바 있는데, 일민주의 역시 유사했다. 일민주의는 민족주의로 치장된 국수주의와 파시즘이 사회 상식의 자유주의와 결합함으로써 성립된 것이었다.

미국의 압력과 이승만의 정치적 판단에 따라 족청계가 숙청되고 일민주의가 폐기되면서 자유민주주의가 국시로 천명된다. 그러나 파시즘 역시 민주주의를 무조건 부정하는 것은 아니라는 점에서 사태가 그리 간단하게 정리된 것이라 보기 어렵다. 먼저 파시스트들의 민주주의 인식이 어떠했는지 살펴보자. 히틀러는 선거를 통한 대의제 의회민주주의를 비난하면서 "게르만적 민주주의"를 주창했다. 그것은 곧 "다수결이란 없고 단지 자기의 결단에 대하여 능력과 생명을 투입하기 위한 한 사람의 결정"을 의미했다.[43] 카를 슈미트Carl Schmitt의 결단주의와 일맥상통하는 주장이었다. 독일 나치즘은 바이마르와 영미의 민주주의를 유대적 금권주의로 비판하면서 자신들이야말로 진정한 독일적 민주주의라고 주장했다. 한편 일본의 파시즘에서 민주주의는 정면으로 부정된다.[44] 천황주권과 인민주권이 양립할 수 없음은 분명하다. 그러나 2·26사건 당시 일본 검찰은 그 사상적 배후로 지목된 기타 잇키의 『일본개조법안대강』이 '국체옹호로 위장된 민주혁명'을 선동한 것으로 보았다. 즉 기타에게 영향을 받은 청년 장교들의 행위를 사회민주주의를

지향한 국가 개조 시도로 규정했다.[45]

실제 기타는 천황기관설과 유사한 입장을 피력했다. 그는 천황이 "국민의 총대표로 국가의 근주根柱"라 했다. 즉 "국조건국의 정신은 평등한 국민 위에 총사령자가 있는 것이며 명치대제의 혁명은 이 정신을 재현하는 근대화"라는 것이다. 그렇기에 기타는 "유신혁명 이래 일본은 천황을 정치적 중심으로 하는 근대적 민주국"임을 분명히 했다.[46] 이는 확실히 천황주권설과 배치되는 주장이다. 기타 잇키는 일본의 여타 국수주의자들과 달리 국민=국가라는 국체론을 구축함으로써 "천황제 국가에 대한 혁명론"을 펼친 것으로 평가될 수 있다. 존황토간尊皇討奸을 내걸고 천황의 친정親政을 주장한 2·26사건 주모자들이 기타 잇키의 '민주적 성향'에 의혹의 눈초리를 보낸 것도 사실이다. 요컨대 기타 혁명 사상의 근간은 '민주혁명'이었으며 『일본개조법안대강』의 혁명 강령 대부분이 미군 점령기에 실현되었다는 것이다.[47]

기타는 사유재산을 '민주적 개인'의 '인격적 기초'로 인정하되, 소유 한도를 정하고 소유권을 직계가족에게 한정해 국가적 토지 소유 및 공공 생산 시스템을 구축하고자 했다. 즉 자본주의의 비능률과 사회적 불평등을 개선할 '민주사회주의'를 추구했다는 것이다.[48] 기타는 당시 일본 국가를 관료와 재벌이 국가의 권리를 찬탈한 상황으로 규정하고 천황 친정을 통해 이를 혁파하고 개혁을 추진한다는 구상을 폈다. 그렇기에 기타 잇키는 대중의 집단적 기억 속에서 전후의 민주적 개혁에까지 영향을 미친 우익 혁명가로 기억되고 있다는 것이다.[49]

천황이 부재한 한국에서 천황의 자리에 인민을 대입하면 기타 잇키의 논리는 박정희의 민주주의와 크게 다르지 않을 수 있다. 박정희는 야당의 민주주의를 사이비라 비난하고 자신이 진정한 자유 민주주의를 추구한다고 주장했다. 나치즘과 기타 잇키를 뒤섞으면 박정희의 '진정한 민주주의'의 대강이 그려질 법하다. 그러나 파시즘은 주요한 경계 대상이다.

민주주의의 적인 전체주의는 쏘련이나 애굽에만 있는 것이 아니라 개인의 자유가 국가권력에 의하여 침범될 수 있는 가능성이 있는 장소라면 어디든지 있다. 최근 점차로 소화의 과정에 있기는 하나 일찍부터 이범석 씨나 안호상 씨 등에 의한 국가지상, 민족지상의 족청들의 세력이 바로 우리나라에 있어서의 파시즘의 표면화된 세력이었다. 이렇게 표면화된 세력 배후에 장차 그것을 가능하게 하는 잠복된 파시즘의 요소를 우리는 언제나 경계하지 않으면 안 된다.[50]

훗날 유신의 이데올로그가 되는 한태연조차 위험성을 경고할 정도로 1950년대 파시즘의 위력은 만만치 않았다. 파시즘을 비판하는 한태연이 의지하고 있는 것은 개인의 자유, 즉 자유주의적 가치다. 이처럼 한국전쟁 이후 한국 사회는 한편으로 미국식 자유주의가 세력을 확장하고 있었는가 하면 다른 한편으로 파시즘의 힘이 약하지 않았다. 요컨대 5·16을 전후한 시기 민주주의의 위치는 파시즘과 자유주의 사이에서 위태로운 형국이었다.

메이지 유신의 지사들에게 영감을 받았다는 쿠데타였지만 실행 방식은 1936년 일본군 황도파 청년 장교들의 2·26쿠데타를 닮았다.[51] 2장에서 보았듯이 박정희는 황도파 장교들의 훈육 대상으로 최고의 모범생이었다. 2·26쿠데타는 불과 1500여 명의 병력밖

   3부 박정희 체제의 이데올로기, 파시즘에서 자유주의까지

1967년 제6대 대통령 선거에 출마한 박정희가 청주에서 유세하는 모습. 옆에서 웃고 있는 이는 공화당 총재 정구영이다. 박정희는 선거를 통한 권력 재생산이라는 민주주의를 매우 불편하게 여겼다. 대통령기록관 사진.

에 동원하지 못했고 권력 장악은 물론 이후의 프로그램도 없었던 허술하기 짝이 없는 '거사'였다. 그들이 믿었던 것은 오로지 천황의 '대어심'大御心이었다. 그러나 믿었던 천황은 진압을 명령했고 쿠데타는 그것으로 끝이었다.

5·16의 천황이 미국이라면 대어심은 민주주의였다. 미국의 승인으로 쿠데타는 성공했고 민주주의 역시 살아남았다. 그러나 이렇게 만들어진 제3공화국이 박정희의 궁극적 목표였다고 보기는 힘들다. 11년 후 단행된 유신체제야말로 박정희가 오랫동안 갈망해왔던 국가질서임이 분명하다. 유신을 가능케 한 복잡한 역사적 맥락을 빼고 박정희 개인의 이데올로기적 지향에서 보자면, 유신이야말로 사관학교 생도 시절부터 그를 집어삼켰던 파시즘의 산물이다.

박정희는 내키지 않는 민정이양을 통해 제3공화국을 출범시켰고 대통령 선거를 중심으로 한 대중정치도 시도해봤다. 그러나 자유주의 정치는 그에게 어울리지 않는 옷이었고 매번 선거는 피곤한 절차였다. 박정희는 유신 직전 부장 이후락, 차장 김치열 등 중앙정보부 간부들을 불러 술자리를 가졌다. 이 자리에서 박정희는 자신의 속내를 다음과 같이 토로했다.

이봐 자네들, 지구상에서 민주주의 하는 나라가 몇 개나 되는 줄 알아. 16개밖에 없어. 자 한번 봐. 북미에 미국, 캐나다가 있지. 아시아 쪽은 일본, 호주, 뉴질랜드뿐이야. 아프리카나 중동엔 눈을 씻고 봐도 없고. (…) 나머지가 유럽이야. (…) 민주주의라고 말들은 많지만 제대로 한다는 나라는 그저 그쯤인 거야. 도대체 유엔 회원국이 몇 개야. 140여 개 중에서 우리나라가 20위 안에 들면 괜찮은 거 아냐. 우리나라엔 야당도 있잖아.[52]

박정희는 민주주의가 보편적 정치언어라는 것을 인정하기 힘들었다. 야당도 있는 한국의 민주주의는 매번 선거를 통해 권력을 재구성해야 하는 것이었다. 1971년 대선 직후인 이 무렵 박정희는 류혁인에게 수십만이 운집하는 선거 방식을 문제 삼기도 했다. 경찰복으로 위장한 무장공비가 여야 후보들에게 수류탄이라도 터뜨리면 나라가 결딴날 것이라는 요지였다.[53] 결국 박정희는 나라가 결딴날 '주관적 위기'를 상상하며 유신을 준비하게 된다. 유신체제 골자는 박정희가 직접 구상했다. 한태연에 따르면 박정희가 "이것저것 연구해 골자를 만들어 법무부에 주었"다는 것이다.[54] 미국은 상당히 불쾌해했지만, 닉슨 독트린 아래에서 적극적인 개입은 곤란했다.

　　3부　박정희 체제의 이데올로기, 파시즘에서 자유주의까지

1975년 김영삼 신민당 총재를 만나는 박정희. 유신 말기 김영삼 의원직 제명은 박정희 체제의 몰락을 재촉하는 중요한 요인이었다. 대통령기록관 사진.

유신체제의 핵심은 영구집권의 제도화였다. 뒤에서 다시 살펴보겠지만 통일주체국민회의는 유신체제의 제도적 특징뿐만 아니라 이데올로기적 특성을 집약적으로 보여준다. 민주주의를 부정하지 않되 독특하게 재구성하고자 했는데, 그 이름이 곧 민족적 민주주의를 대신한 한국적 민주주의였다.

그렇다면 5·16은 그렇다 치고 미국을 비롯해 누구도 간섭하지 못하고 완벽하게 성공한 친위 쿠데타에서조차 박정희가 민주주의를 살려놓은 이유는 무엇일까? 당시 한국에 알려진 정치체제, 사상, 이념 중에서 민주주의를 대체할 만한 것은 없었다. 전쟁까지 치른 마당에 공산주의와 사회주의는 아예 고려 대상이 아니었고 제2차 세계대전을 통해 '보편적 악'으로 규정된 파시즘을 전면에 내세우는 것은 불가능했다. 그렇다고 군주제로 돌아갈 수도 없었다. 요컨대 박정희가 민주주의를 볼모로 잡은 것처럼 보였지만, 어쩌면 그가 민주주의의 인질이 된 형국이었다. 박정희는 자신의 신념과 의지를 거슬러 '민주주의자'가 되었는지도 모른다.

물론 여기서 박정희의 민주주의가 미국과 서구보다는 히틀러와 기타 잇키에 가까운 것은 분명했다. 히틀러가 꿈꾼 주권자의 결단에 따른 게르만 민주주의, 기타 잇키가 열망했던 천황을 정치 대표로 삼은 민주국 일본은 박정희를 심장으로 한 유신의 한국과 일맥상통한다. 자유주의와 파시즘 사이에서 불안한 줄타기를 반복하던 민주주의는 유신을 통해 후자로 급하게 기울기 시작한 것이다. 1960년대 후반 평화봉사단 일원으로 한국에 파견된 브루스 커밍스는 까까머리 중고생들이 히틀러의 『나의 투쟁』을 끼고 다니는 것을 보고 큰 충격을 받는다. 그만큼 파시즘은 한국에서 익숙한 것이었는데, 유신의 민주주의는 자유주의가 견인하고 있던 민주주의와 격렬하게 충돌했다.

자유민주주의는 인류의 오랜 역사를 통해 (…) 발전시켜온 생존양식이며 인간의지다. 그것은 인류의 보편성에 입각한 이념이며 제도이고 보편적 가치이고 생활이다. 자유민주주의에는 서구적 자유민주주의나 동양적 자유민주주의가 따로 있을 수 없는 것이다. (…) 자유민주주의에 그 어떤 제약성이나 특수성을 붙여 실현하고자 할때, 그것은 이미 자유민주주의의 본질에 어긋나는 것 (…) 공산국가까지도 사실상 자유민주주의의 지도원리를 자기들 나름대로 원용

심지어 공산주의도 그것을 차용한 것이라는 주장을 펼 정도로 정일형은 자유민주주의에 보편성과 절대성을 부여하고 그 핵심을 '선거'로 지목했다. 정일형의 인식은 전형적인 미국식 자유민주주의의 전면적·무조건적 수용이라 할 만했고, 이는 당시 보수 야당이 미국의 범위 안에서 움직이고 있던 사정과 관련된다. 흔히 이러한 대립을 민주-반민주 구도로 설명하지만, 그 내용은 민주주의를 둘러싼 파시즘과 자유주의의 경합이었다.

카를 슈미트는 동질화에 기반한 민주주의와 개인의 특이성을 강조하는 자유주의의 결합은 근본적 모순이기에 지속 불가능하다고 주장했다. 반면 샹탈 무페Chantal Mouffe는 자유주의와 민주주의의 모순적 접합이 오히려 근대 자본주의 사회의 역동성을 가능케 한다고 파악했다.[56] 입장은 다르지만, 슈미트와 무페 모두 자유주의와 결합되어 실제 작동하는 민주주의를 고민한 것이다.

이는 앞에서 잠깐 언급했듯이, 민주주의를 기표와 기의의 분리 속에서 사유할 필요성을 다시금 제기한다. 민주주의 기표가 자유주의 기의로 연결되는 경우가 빈번하다는 것은 그만큼 양자의 습합이 다반사였음을 말해준다. 자유주의라 쓰고 민주주의로 읽는 관행은 한국의 주요한 특징이다. 예컨대 1970년대 민주화운동의 주된 내용은 언론·양심·사상 등의 자유라는 자유주의적 요구였고 중앙은행 독립, 정부 개입 배제 같은 경제적 요구 역시 자유주의에 기반했다. 인권 의제도 마찬가지다. 한국의 경우 응당 자유, 자유화, 자유주의로 불러야 마땅한 것조차 민주, 민주화, 민주주의로 지칭되는 경우가 허다했다. 폴 엘뤼아르Paul Éluard의 자유는 감지하의 민주주의가 되었고, 토머스 제퍼슨의 자유의 나무는 한국으로 건너와 민주주의의 나무가 되었다.

2부에서 살펴본 것처럼, 1970년대가 되면 자유주의 통치성은 주류적 흐름이 된다. 자유주의가 민주주의에 미친 영향 중 대표적인 것이 선거다. 주지하듯이 아테네 민주정은 선거가 아니라 추첨을 통해 정치적 대표자를 결정했다. 물론 도편추방제는 선거 방식을 취했다. 즉 지도자는 우발성의 정치로 결정하되, 위험한 인물의 배제는 선거의 합리성을 적용한 셈이다. 반면 근대 민주주의는 경쟁 선거에 기반한 합리성의 체계다. 능력별 경쟁이 정치적인 것의 핵심이다.

이는 곧 추상적·형식적 수준에서 인민의 평등을 선포하되 구체적·실질적 수준에서 능력주의적 엘리트 선발로 귀결되는 양상을 보여준다. 평등한 인민으로부터 엘리트를 추출해 정치를 담당하게 하는 것은 중우정치로서의 민주주의가 철인정치로 전화될 가능성을 제고한다. 실제 민주주의를 내세운 자유주의, 파시즘, 그리고 마르크스주의에 이르기까지 정치는 사실상 엘리트 과두정을 방불했다.

자유주의 경쟁 원리가 정치 영역에 적용됨으로써, 사실상 1인 1표의 인민주권은 형식 논리화된다. 1인 1표의 등가성은 다수표를 획득할 수 있는 능력의 합리화 장치처럼 기능한다. 다시 말해 기회의 평등이 능력에 따른 결과의 불평등을 정당화하는 셈이다. 무엇보다 민주주의의 1인 1표는 시장의 1주 1표 앞에 무력하다. 인민주권 대신 자본주권이 지배하는 시장은 슈미트의 주장처럼 민주주의의 평등 원리와 배치된다.

그렇기에 자유주의는 민주주의를 내용보다 형식과 절차로 집중시킨다. 주기적인 선거는 권력이 누구라도 차지할 수 있는 텅 빈 공백임을 전제하기에, 모든 사회적 적대와 갈등과 모순이 끊임없이 다음 선거로, 미래로 유보될 수 있는 알리바이가 된다. 유신의 파시즘은 이러한 자유주의적 원리를 최소화하고 일체화된 집단의 지를 구성하고자 했다. 자유주의 경쟁원리를 시장으로 집중시키고 정치로부터 추방하고자 했다. 자유주의와의 동거를 택했던 민족적 민주주의를 기각하고 들어선 유신의 한국적 민주주의는 파시즘과의 동거를 시도했다.

3. 쿠데타와 민족적 민주주의

쿠데타로 전권을 장악한 박정희는 이른바 '혁명공약'의 마지막 조항인 민정이양에 별 뜻이 없었다. 군정기간에 대한 장도영의 물음에 박정희는 "5년이고 10년이고 일을 시작했으니 끝을 내야지 도중에 중단할 수는 없"다고 답했다.[57] 쿠데타 한 달 만에 발간된 소책자 『지도자도』는 박정희와 쿠데타 세력의 초기 입장을 잘 보여준다. 이 글은 먼저 쿠데타의 정당화를 시도한다. 즉 "군사혁명은 법실증주의의 견지에서 볼 때 현존 법질서에 대한 침범일지도 모른다. 그러나 그것은 법질서 이전에 있는 또 실지로는 현존 법질서의 기저에 있는 아무에게도 양보할 수 없는 국민의 기본권의 행사"로 정당화된다.[58] 법실증주의의 한계를 논하면서 국민의 기본권과 의무를 주장하는 것은 슈미트의 결단주의를 연상케 한다.

제목에서 알 수 있듯이 박정희는 지도자를 강조했다. 당대 지식인들의 일반적인 인식이라 할 수 있는 엘리트주의에 입각한 것으로 보이는데, 그럼에도 박정희는 과거의 초인간적 지도자상을 비판하면서 "지도자로서 가지는 모든 권력의 연원은 국민"임을 분명히 했다. 그러나 곧이어 한국의 민주주의는 외부로부터 갑작스럽게 전래된 것이기에 국민 "대부분은 강력한 타율에 지배받는 습성이 제2천성으로 변하여 자각, 자율, 책임감은 극도로 위축"된 존재라고 파악했다. 그 결과로 "책임감 없는 자유가 방종과 혼란과 무질서와 파괴를 조장"했고 "민주주의는 모략, 중상, 무고로 추락"했다고 주장했다.[59]

이러한 상황 인식에서 박정희는 '혁명'을 수술에 비유했다. 사회는 '병든 상태'이고 지도자는 의사로서 수술(혁명)을 통해 질병을 치유해야 한다는 주장이었다. 의학적 비유는 이후에도 종종 나타나는데 단순한 비유 이상의 의미가 함축되어 있다. 근대 의학은 환자와 의사를 분리하고 후자에게 절대적 권한을 부여해 강력한 위계질서를 암시한다.

건강하고 동등권을 가진 두 사람 중 갑은 을의 의식주를 무조건 제한할 수 없다. 그러나 을이 일단 병들어 갑(의사)의 치료를 받을 때는 (…) 의사는 환자의 완전한 건강 회복을 위해 신체활동을 일시적으로 제한할 뿐만 아니라, 고통스러운 수술까지도 강요할 때가 있다.[60]

박정희는 치자-피치자의 동등성이라는 근대 정치사상적 가정을 유지하되, 피치자를 비정상적 존재로 배치함으로써 실질적으로 지도는 지배의 다른 이름에 불과하게 된다. 이때 치자는 과학적 지식의 체현자로 상정되는데, "정부의 과학적이며 과감한 정책"은

"국민의 자각과 인내와 헌신적인 노력"을 통해 '혁명'의 성공을 가능케 한다는 것이다.[61] 지도의 중요성을 강하게 주장했음에도 쿠데타 직후 박정희 체제의 민주주의 인식은 대체로 기존의 사회적 인식과 별반 다르지 않았다. 민주주의 기초를 근대적 개인의 확립으로 보거나 대의정치와 정당정치를 강조한 것도 비슷했다.[62]

궁극적으로는 민주주의는 모든 국가체제와 생활양식의 전부가 되지 않으면 안 된다. 왜냐하면 민주주의는 인간의 가치의 존중과 자기책임에 입각하고 있기 때문. 그러기 때문에 모든 독재, 모든 전체주의적 권력주의적 지배는 인간의 자유와 양심의 자유를 위하여 단호히 거부되지 않으면 안 된다.[63]

위 인용문은 지식인의 대필로 발간된 『우리 민족의 나갈 길』의 일부다. 민주주의가 국가체제는 물론 생활양식으로 확장되어야 한다는 주장이나 전체주의 및 권력주의 비판, 자유와 양심의 강조 등은 당대 지식인들이 주도한 민주주의 담론의 주된 내용이었다. 엘리트 지식인들과 연합한 박정희 체제의 입장은 미국의 압력과 밀접했다. 민주주의를 둘러싼 쿠데타 세력과 미국의 긴장이 최초로 나타난 것은 민정이양 문제였다.

미국은 쿠데타 직후부터 '민주적 제도'의 유지 강화 및 '민주적 절차와 헌법적 절차 유지'에 특별한 관심을 갖고 "대의정부와 헌법에 기초한 자유 회복"을 쿠데타 핵심부에 지속적으로 주문했다.[64] 미국은 "대한민국의 민주적 성장을 보호하고 촉진"하는 것, "한국의 민주주의 실험의 성공"이 미국의 무거운 책임이자 "미국의 위신"이 걸린 문제라고 파악했다.[65]

　　미국은 민정이양의 약속을 받아낸 다음에도 '전반적인 역전현상'은 수용할 수 없음을 분명히 하면서 "자유롭고 공정한 과정", 즉 선거 등의 민주적 절차를 거친 민정 수립의 중요성을 지속적으로 강조했다. 아울러 민간 전문가나 정치인과 군부의 결합을 통한 경쟁을 주문했다.[66] 요컨대 미국은 쿠데타 주도세력의 집권을 인정하면서도 그것이 '민주적 절차와 방식'에 따라야 할 것이며 그것만이 대중에 대한 광범위한 헤게모니를 확보할 수 있는 길이라고 보았다.

> 우리가 취해왔던 노선은 혁명의 이상, 개혁, 재능과 개성이, 정부의 저변을 확대하고 공동체의 지지를 얻고 혁명적 계획의 건설적이고 진보적인 정책을 계속하며 궁극적인 정상 민주정체로 가는 길을 닦기 위하여, 민간인들의 재능 및 개성과 연합해야 한다는 것이다.[67]

　　박정희와 쿠데타 세력은 미국의 주문과 입장에서 거의 벗어날 수 없었기에 민주주의는 선택이 아닌 필수였다. 특히 미국은 쿠데타가 민주주의가 구축한 내치 문법의 안정성을 파괴한 점에 깊은 관심을 기울였다. 즉 미국은 쿠데타가 '입헌주의와 의회 통치'를 파괴한 것이기에 쿠데타 세력이 무소불위의 권력을 장악한 것이자, 다른 한편으로는 저항의 규칙 또한 사라진 것임을 예리하게 지적했다. 기존의 지배 질서가 사라진 상황이었기에 지배와 저항 모두 따라야 할 공통의 규범이 붕괴된 것이었고 이는 커다란 정치적 불안정으로 이어질 수 있다고 판단했다. 미국은 이러한 불안정이 "도시 지식인 계층과 가난에 쪼들린 대중들로부터 혁명적인 항의

를 자초"할 수 있음을 우려했다.[68]

기존 질서의 부정은 곧 '혁명적 상황'일 수 있었고, 쿠데타 세력은 그것을 자초했다. 그런데 쿠데타 세력의 딜레마는 그들이 새로운 정치이념이나 지배 질서를 준비하지 못했다는 점이다. 그들은 "행정적·경제적인 계획"이나 "재정적·경제적인 문제들을 처리하는 데 필요한 기량"도 없이 권력을 잡았으며, 이는 정치와 지배 담론 영역에서도 마찬가지였다.[69] 그들이 내세운 것은 도의재건, 경제재건 등 소위 '국가재건'과 민족주의였지만, 그것은 현실의 계급·계층적 대립과 사회적 적대를 규율할 수 있는 정치질서의 조직과는 거리가 있었다. 결국 쿠데타 세력은 민주주의를 부정한 후 다시 그것으로 회귀할 수밖에 없었다.

민주주의에 대한 미국의 압력에 박정희는 신속하고 분명하게 반응했다. 1961년 연말 박정희의 방미는 미국과 쿠데타 세력이 전략적 합의를 이뤄냈음을 드러내는 상징적 통과의례였다. 방미 기간 중 박정희는 거의 모든 연설에서 한국의 진정한 민주주의 실현이 기본 목표임을 여러 차례 강조하면서 미국의 지지를 호소했다. 박정희는 "우리 혁명의 목적은 한국 국민이 여러분과 우리들이 기대하는 그러한 강력한 한국을 이룩할 수 있는 새로운 민주주의의 뿌리를 심는 데 있"음을 분명하게 선언했다.[70] 심지어 박정희는 "혁명은 어떤 목적을 달성하기 위한 수단"에 불과하며, 자신들의 "목적은 순수한 자유민주주의"라고 천명했다.

그러나 박정희는 기존의 민주주의를 단순 수용하는 데 그치지 않고 일정한 정정을 시도한다. 즉 당시 한국 사회가 "민주주의에 대해 가장 중요한 기반 즉 경제 자립, 건전한 정신, 법적 질서 및 사회정의를 인식하고 발전시키지 못하였"다고 규정함으로써 민주

주의의 변형을 정당화하고자 했다.[71] 박정희가 민주주의를 재규정
하고자 했던 주요한 근거는 후진성이었다.

> 토지국유제하에 반농노적 지위에 시달리고 굶주리는 민중에게는
> 건전한 소유권의 관념도 권리의식도 제대로 배태할 수 없었으므로
> 맹종과 무상감에 젖어 (…) 동양적 전제사회 전반에 대해 통용될 수
> 있는바 '사회보다도 강력한 국가'하에서 서구 민주주의 사상과 같
> 은 이질적 정치체제를 받아들일 만한 민중의 성장을 기할 도리가
> 없었다. (…) 이것이 곧 아시아적 침체성의 원인이 되었으며 빈곤과
> 압박을 감수하고 자족하는 노예적 성격을 이룩한 것….[72]

후진성은 불완전하고 미성숙한 존재인 아동의 이미지로 이어
진다. 박정희는 한국의 민주주의가 "중학교 학생 수준 정도"라고
비유하고 "어느 정도 제한이 필요"하다고 주장했다.[73] 이러한 입장
이 지도의 문제로 연결되는 것은 당연했다. 박정희는 민주주의는
방종적 자유가 아니라 자율적 자유이기에 "민주주의에도 지도성이
도입"되어야 한다는 논리를 폈다. 즉 구지배세력을 대체할 "근대적
인 새로운 지도세력"의 육성을 제시했다. 이들에 의한 지도가 곧
행정적 민주주의administrative democracy였다.[74]

> 건실한 민주주의는 국민 일반의 평행적 지식과 민도의 고도화된
> 발양의 반영이라야 한다. 그런데 우리의 경우는 아직 민주주의는
> 일부 한정된 지식층의 전매특허적 완상물이거나, 직업 정상배의
> 생활밑천처럼 되어 왜곡된 위장 민주주의에 시달린 국민으로 하여
> 금, 의식적인 혐오가 아니면 고통, 번민, 불평의 배출구처럼 오용되

   3부　박정희 체제의 이데올로기, 파시즘에서 자유주의까지

고 있다. (…) 그런고로 우리는 지금 두 가지의 난관에 부딪치고 있
다. 혁명도 완수해야 하고, 민주주의도 길러가야 한다는 그것….[75]

박정희는 혁명과 민주주의의 동시병행을 주장했지만, 실제 귀
결은 "교도민주주의"나 "규범민주주의"에 대한 강조였다.[76] 행정적
민주주의는 지도자에 의한 후견 정치에 다름 아니었다. 후진성에
따른 민주주의 변형 시도는 당시 비서구 신생국의 일반적인 모습
이기도 했다. 인도네시아의 수카르노는 교도민주주의를, 파키스탄
의 아유브칸은 기본 민주주의를 주장하고 있었고 박정희 체제 또
한 이러한 움직임에 민감하게 반응했다.

명칭이 무엇이 되었건 민주주의 변형의 기본 축은 대중에 대한
공포 그리고 불신에 근거한 엘리트주의적 지배 체제 구축이었다.
앞서 보았듯이 이 점에서 당시 지식인과 쿠데타 세력의 차이는 거
의 없었다. 쿠데타 이후에도 지식인들의 태도는 크게 바뀌지 않았
다. 장준하는 5·16을 "부패와 무능과 무질서와 공산주의의 책동을
타파하고 국가의 진로를 바로잡으려는 민족주의적 군사혁명"이라
고 규정했다. 그러나 또한 조속한 민정이양과 민주정치 복귀를 요
구했다.[77] 신상초도 '자유의 극한상황'을 우려하면서 "지도자와 강
력한 정부"를 촉구했다. 더 나아가 신상초는 '민주주의는 일종의
사치품'이라는 서구 학자의 지적에 동의하면서 "기아와 가난에 시
달리고 있는 사회에서는 허울 좋은 자유보다 실속 있는 빵이 더 절
실히 요구"된다고 했다.[78]

선거제도에 의한 정치체제라는 것, 발전에 있어서 어떠한 의존성,
이런 면에 있어서 저는 적극적으로 반대를 합니다. 그러면 과연 공

산주의를 해야 되겠느냐 거기까지는 가고 싶지 않습니다만, 다만 강력한 추진력을 가진 선의의 현명한 독재자가 나타나기를 후진국에서는 얼마든지 기대할 수가 있다고 보고 있습니다. 이러한 독재자 밑에서는 강력하게 계획화된 명령 체제를 운영할 수가 있을 것입니다. (…) 미약한 경공업이라고 하는 것은 개인기업에 돌리고 중공업에 있어서는 국영화하는 이러한 독재적 정치체제와 계획화된 경제체제를 저는 원합니다.(박수)[79]

위 인용문은 사회주의 혁명을 꿈꾼 열혈 운동권이었지만 1990년대 이후 뉴라이트 운동의 대부가 된 안병직의 발언이다. 안병직조차 독재적 정치체제를 공공연하게 주창할 정도로 표면상 쿠데타(혁명)와 민주주의를 둘러싸고 박정희 체제와 지식인 사이에 특별한 균열은 없어 보였다. 요컨대 쿠데타 세력은 고립된 소수파가 아니었고 그들이 내건 가치와 슬로건은 광범위한 지식인들의 희망과 연결되었다. 이는 역으로 쿠데타 세력이 그만큼 지식인 담론의 영향을 강하게 받고 있었음을 말해준다. 쿠데타의 핵심 인물 김종필은 '혁명 구상'에 『사상계』를 많이 참고했다고 말했다.[80]

사실 『우리 민족의 나갈 길』은 지식인의 지적 헤게모니와 쿠데타 세력의 정치적 헤게모니의 합작품이었고, 그 핵심은 반혁명을 위한 '혁명담론'의 구축이었다. '대중의 본능적인 욕구'는 빈곤에 따른 정당한 불만으로 인정하되, 그 극복 방향을 사회혁명 대신 산업혁명으로 설정하고자 했다. 이러한 구도에서 민주주의는 대중의 정치적 사유와 행위를 생산력주의적 영역으로 인입하기 위한 장치로 기능해야 했다.

이를 위해 정치의 능률화론이 등장했다. 박정희는 "정치과잉"

을 문제 삼으면서 "능률정치"를 위한 '여야 간의 공존과 정치도의 확립'을 주문했다.[81] 정치과잉이라는 표현에서 드러나듯이 박정희 체제는 민주주의, 나아가 정치 자체를 부정적인 시각에서 바라보았고 '최소의 정치가 최고의 정치'라는 입장이었다. 그러나 민주주의를 길들이는 최고의 자원은 민족주의였다.

> 근대의 민주주의 선거제도를 좀먹는 수다한 종친회, 문중회, 화수계花樹契, 지벌地閥 의식을 조장하여 민족 분열을 획책하고 개인 관계를 파괴하는 향우회, 도민회, 군민회, 친목과 학문의 목적에서 벗어나서 파당을 만들고 학문을 독점 왜곡하는 각종 학회, 클럽 등 이루 다 매거할 수 없을 정도….[82]

박정희는 일종의 시민사회적 영역을 부정했다. 즉 이는 박정희가 개인과 개인 사이의 자율적 시민사회를 부정하고 개인-민족/국가의 전면적 결합을 강조하면서 민주주의를 그 결합의 제도적·상징적 장치로 이해하고자 했음을 보여준다. 이는 국가를 형성하고 유지하는 힘은 곧 "전체를 위해 개인을 희생하는 능력과 의지"라고 했던 히틀러의 생각과 그리 멀지 않은 인식이었다.[83] 민족주의를 통한 민주주의의 재규정 시도는 1963년 대선을 거치면서 전면화된다.

그 구체적 표현이 민족적 민주주의였는데, 이는 야당 측의 반발과 함께 사상논쟁으로까지 비화되었다. 박정희는 '자주'와 '민주'를 지향한 민족적 이념이 없다면 자유민주주의는 불가능하다는 논리를 폈다. 즉 "자유민주주의는 건전한 민족주의의 바탕 위에서 존재해야 한다"는 주장이었다. 그는 이것을 "민족적 이념을 망각한 가식의 자유민주주의 사상과 강력한 민족적 이념을 바탕으로 한 자유민주주의 사상과의 대결"이라고 요약했다.[84]

그러나 민족적 민주주의에 대한 자세한 설명은 찾기 힘들며 그 논리적 구조를 분석할 만한 근거도 별로 없다. 단지 민족주의적 감성에 호소한 선동 슬로건의 성격이 강했다고 보이는데, '영원히 외원外援에 의존할 수는 없'다거나 '자립이 없다면 진정한 독립'이 불가능하며 이것이 바로 "민족적 민주주의"라고 주장하는 정도였다.[85] 그럼에도 자유민주주의를 고수한다는 점을 분명히 밝혔다. 김종필은 수카르노나 나세르와 달리 "우리의 민족주의는 반공정신을 기둥으로 하여 민주 발전"을 기하자는 것이라고 밝혔다.[86]

1965년 지식인, 학생, 국회의원 등 주로 엘리트층 500명을 대상으로 한 미 공보원의 여론조사를 보더라도 민족적 민주주의의 내용은 민족주체성을 강조하는 민주주의 또는 민족주의와 민주주의의 결합이라는 피상적 인식이 두 번째 답변 비율(24퍼센트)을 차지했다. 가장 큰 비율을 차지한 것은 모름(36퍼센트)이었고, 관련 글을 읽었다는 비율도 불과 18퍼센트에 그쳤다.[87]

민족적 민주주의는 박정희 체제의 고유한 작품으로 보기도 힘들다. 『사상계』 등은 이미 공산권에서 제기한 민족 민주주의에 대해 소개하고 있었고 많은 지식인이 민족주의와 민주주의 간의 관계를 고민하고 있었다. 박정희와 대구사범학교 동창이자 쿠데타 직전 부산에서 자주 교분을 나누었던 황용주는 자신이 박정희에게 민족적 민주주의를 제시했다고 주장했다.[88] 황용주뿐만 아니라 많은 지식인이 유사한 인식을 갖고 있었고, 그 대표적인 예가 동국대 법정대 교수로 있던 권윤혁이다.

권윤혁은 박정희의 민족적 민주주의에 앞서 1962년에 이미 그것과 거의 동일한 주장을 선보였다. 권윤혁은 자유민주주의를 '부르주아 주도의 민주주의'이자 "개인 지상주의"라 규정하고 한국과 같은 "후진지대"에서 '사대주의와 결부하여 매국적 이기주의'를 형성할 뿐이라고 비판했다.[89] 대신 그는 민족주의가 민주주의와 함께 국가 건설의 기본 이념으로 '자주독립'과 '후진성 극복'의 핵심이자 "양대 진영의 이질적인 생활 체제를 초극하여 새로운 생활 체제를 창조"하기 위한 수단이라고 보았다.

진영체제 극복을 주장한 것은 일민주의와 유사한데, 나아가 그는 사대주의 극복을 위해 "고대의 순수한 민족정기"를 되살려야 한다는 주장까지 개진했다. 그럼에도 권윤혁은 '사유재산 보장, 계획화된 사회' 건설을 위해 "서구식 민주주의 제도에 입각"해야 한다는 입장을 견지했다. 그는 이것이 형식적 민주주의를 초극하는 "실질적 민주주의"이자 "자본주의와 민주주의와의 불안한 결혼"을 대체할 "민족주의와 민주주의라는 천정天定의 배필"이라고 했다. 파시즘이라는 비판을 예상한 듯 권윤혁은 자신의 주장이 "민주사회주의의 한국화한 형태"라는 설명을 덧붙였다.[90] 아울러 강력한 엘리트주의를 제안했다.

> 그들(지식층-인용자)은 후진국 민주사회 건설의 유일한 사회계층적인 지주로서 (…) 각계각층으로부터 선발된 민족의 정수분자elite (…) 그들이야말로 낙오된 사회의 후진성을 계획적으로 극복하며 황금보다 이성에 입각한 새로운 민주주의 건설을 지도할 주도세력 (…) 4월 5월 혁명의 주체들은 펜과 총만 다르지 민주적인 자주국가를 수립하여야 한다는 민족적 사명감을 지닌 지식층….[91]

권윤혁의 주장은 민주사회주의를 언급한다는 것만 빼놓고 박정희 체제의 그것과 거의 유사하다. 엘리트주의에 입각한 정신혁명, 계몽주의 기획도 공통분모였다. 그는 4·19와 5·16을 엘리트주의로 연결함으로써 지식-권력 동맹체에 대한 강한 욕망을 드러낸다.

『사상계』는 1963년 대선이 끝날 무렵 민족적 민주주의가 문제가 되자 이에 대한 특집을 기획했다. 훗날 청와대 대변인이 되어 박정희 측근이 된 임방현은 민족적 민주주의가 '극우 파시즘'으로 전화될 수 있음을 경계해야 한다고 강조했다. 당시 많은 지식인은 '극우 파쇼화와 진보적 좌경화로 택일귀결'될 수밖에 없는 상황을 우려했다.[92] 남재희 역시 민족적 민주주의가 반자본가적·혁신적 입장을 가진 것으로 보았지만, 파시즘도 이와 유사한 내용에서 출발했음을 상기할 필요가 있다고 강조했다.[93] 즉 박정희의 기본 노선은 "파시즘이 될 수도, '선의의 독재'가 될 수도, 교도민주주의가 될 수도, 민주사회주의가 될 수도, 사회민주주의가 될 수도, 또는 민족혁명론이 될 수도" 있는 불확정적인 것으로 이해했다.[94]

민족적 민주주의의 실체가 애매하기는 했지만 지식인들이 주로 우려한 점은 파시즘과의 관련성이었다. 특히 민주주의가 파시스트들의 간판이 되고 있다는 현실인식이 나타났다. 고병익은 "민주주의를 정면의 적으로 들고 나설 만큼 어리석은 정치 지도자는 오늘날에는 없다"고 주장했고, 신상초는 "수카르노, 아유브칸 같은 독재자들, 20세기 후반기판 파시스트들마저 민주주의의 간판"을 사용할 수밖에 없다고 했다.[95] 그는 또한 "민주주의의 동양화, 민주주의의 민족화" 등의 후진사회의 민주주의 날조를 강력하게 비판하면서 '공산주의에 대항하기 위해 파시즘을 강조하는 흐름'에

대해서도 날선 비판을 이어갔다.[96]

파시즘에 대한 지식인들의 우려는 기우가 아니었다. 일민주의가 박정희 체제로 이어지는 또 하나의 중요한 요소가 민주주의였기 때문이다. 안호상은 "민주주의의 내용은 막연하고도 또 수수께끼로서 우리의 사상과 사회를 도리어 혼란에 빠뜨리고 있다"고 진단하고, 민주주의는 "다시 흘러갈 것"에 불과한 것이라 주장했다. 심지어 민족의 "지도원리가 되기에는 너무나 빈약하고도 천박"한 것이라 단언했다. 또한 "파쇼주의자, 독재주의자, 군주주의자, 제국주의자, 자본주의자, 공산주의자 등 여러 종류의 주의자들이 저마다 민주주의를 떠메고 나오기에 민주주의만으로는 힘들다"고 선언했다.[97] 양우정 역시 민주주의를 일민주의 정책을 실천하기 위한 방법론으로 격하시켜 이해했다. 그가 근거로 든 것은 일민주의 국가관이 "국민에 의해서 국민을 위한 국민 자신의 국가"이기 때문이라는 것이었다. 그나마도 양우정이 생각한 민주주의는 단지 의회에만 적용될 뿐이고 행정부나 기업체에는 적용할 수 없다고 했다.[98]

민주주의를 수단으로 생각하거나 천박한 것이라 해도 그것을 전면 부정하는 것은 곤란했고 대신 민족주의를 활용해 전유하는 전략을 취했다. 안호상은 민주주의가 "한국민족으로부터 아세아 대륙을 들러서 구라파를 거쳐 대서양을 건너 아메리카에 머물렀다가 태평양을 건너서 다시 이 나라에 왔"다고 주장했다. 다시 말해 "세계의 참된 민주주의는 우리나라에서 시초했으며 세계에서 최고 발전, 극단의 발전은 우리나라에서 한 것"이라 강변했다. 그의 결론은 "우리 민주주의는 개인주의적, 자본주의적, 공산주의적, 세계주의적 민주주의가 아니라 민족적 민주주의"라는 것이었다.[99]

1963년 대통령 선거를 앞두고 박정희가 주창한 민족적 민주주의는 이미 14년 전 일민주의 이데올로그들에 의해 제기된 것이다. 안호상뿐만 아니라 양우정, 이범석 모두 민족적 민주주의라는 용어를 사용했으며, 심지어 대통령 시정연설에서도 민족적 민주주의 국가라는 말이 사용되었다. 1949년 4월 당시 국무총리였던 이범석은 "국권을 완전히 회복하고 민족의 복리를 보장하며 국가 위신을 확립할 수 있는 민족적 민주주의 국가를 건설"하는 것이 과제라 천명했다.[100]

이 용어는 일민주의를 내세운 세력들만 사용한 것도 아니었다. 전라남도 여수 출신으로 민주당 국회의원과 부흥부 장관이 되기도 했던 김우평 역시 1949년 민족적 민주주의라는 용어를 사용했다. 그는 소련의 적색 제국주의 침략을 방어하기 위해서는 "일체의 타협을 포기하고 민족적 민주주의 원칙하에 국민조직을 강화하며 경제건설을 통한 생산력 증가" 이외에 다른 길이 없다고 했다. 김우평은 미국 컬럼비아대학 출신으로 식민지 시기 『동아일보』를 거쳐 『만몽일보』 편집국장을 역임하는 등 부일 협력의 길을 걸은 것으로 보건대, 일본 군국주의의 영향이 감지된다. 또한 야당지라 할 수 있는 『경향신문』은 1950년 신년호에 "민족적 민주주의 원칙하에 국운발전"을 도모해야 함을 강조했다.

이렇듯 간간이 사용되었던 민족적 민주주의는 1951년 이후 거의 눈에 띄지 않다가 5·16쿠데타 직후 극적으로 부활한다. 흥미롭게도 부활의 주역은 안호상이었다. 안호상은 해방 이후 "철저한 민족사상을 통한 민족주체성이 없이 외국사상을 받아들인 까닭에 북한은 중·소의 공산주의 사상에 완전히 노예요, 남한은 개인주의적 민주사상에 국제적 노예가 됨으로써 민족의 분열과 혼란과 불행이

갈수록 심해진 것"이라 평가했다. 이러한 인식하에 안호상은 민족 주체성의 확립과 함께 "온 민족 이익을 정치적 목적으로 삼고 민주주의를 정치방법으로 하는 민족적 민주주의 혹은 민주적 민족주의의 사상"을 제기했다.[101]

이상을 통해 보건대 쿠데타 세력의 민족적 민주주의는 일민주의로부터 차용했을 가능성이 매우 높다. 이 과정에서 특히 안호상의 역할이 중요했을 것으로 보인다. 박정희 체제의 민족적 민주주의가 일민주의만큼 뚜렷한 논리체계를 갖추고 파시즘을 표방한 것은 아니었지만, 민족주의를 통해 민주주의를 전유하고 강력한 지도력의 필요성을 강조했다는 점에서 일민주의와 상당한 친연성을 보여준 것이 분명했다.

민족적 민주주의가 파시즘 경향을 띠는 것에 대해 많은 지식인들이 우려를 표명하면서도 일관되게 강조한 것은 강력한 지도력이었다. 신상초는 후진사회의 "매스 데모크라시"에서는 대중을 정치적 주체로 각성시키기 위해 지도자의 역할이 중요하며, 그러한 지도자는 인텔리 가운데서 발견하고 육성해야 한다는 주장을 개진했다.[102] 고려대 교수로 비판적 지식인 중 한 명이었던 김성식 역시 한국은 폐쇄적·종적 사회로서 강력한 지도자의 역할이 중요하다고 역설하며 위로부터의 개혁이 불가피하다는 입장이었다.[103] 개신교의 대표적 지식인 강원용 역시 '민주주의 국가의 강력한 리더십 형성'을 강조했다.[104]

요컨대 지식인들은 대부분 파시즘에 반대하면서도 후진국의 근대화를 위해 강한 지도력이 필요하다는 인식을 공유했는데, 이는 파시즘과 민주주의 사이의 위태로운 줄타기가 될 수 있었다.[105] 장을병은 '지도자의 자제력도 민주주의에 대한 국민의 신념도 하나같이 희박'한 신생국에서는 '지도 체제' 대신 '지배 체제'가 등장하기 쉽다고 했다. 이러한 지배 체제가 기초, 교도, 행정 민주주의라는 가짜 민주주의를 포장하기 위해 '근대화 신화'를 내세웠다는 분석이다. 즉 "신생국가의 국민들은 낙후에서 오는 열등감과 초조감" 때문에 "성취 욕구라는 심리적 바이러스에 감염"되어 근대화라는 주문은 신통하리 만치 효험이 좋았다는 것이다.[106]

이 무렵 파시즘에 대한 가장 강력한 비판서 하나가 출간되었는데, 흥미롭게도 저자가 현역 군인이었다. 1964년 초에 출간된 송택구의 『파시즘 비판』이 그것인데, 저자는 육사 8기 출신의 현역 육군 대령으로 이듬해인 1965년 베트남 파병 비둘기부대 참모장이 되는 인물이었다. 그는 5·16쿠데타에 반대해 결국 장성 진급에 실패하고 예편하게 된다. 송택구는 파시스트들은 "어떤 형태의 민주주의이든 간에 민주주의라는 탈을 써야만 하기 때문에 결코 입으로는 민주주의를 부정하지는 않을 것"이라 하면서 "신형 파시스트는 반공을 부르짖음으로써 자기 자신이 마치 영·미식 민주주의를 따르는 척하고 국민의 주의력을 반공이라는 명제에 집중"시키려 한다고 주장했다. 요컨대 그는 네오 파시즘을 "민주주의의 탈을 쓰고 조작 내지 조작된 민의에 의하여 실질적으로 민주주의의 방식을 거부하거나 마비시켜버리는 일체의 독재체제"로 규정했다.[107] 사실상 민족적 민주주의를 가리킨 비판으로 보아도 무방할 듯하다.

송택구는 파시즘의 본질을 총 다섯 가지로 나누어 설명했다. 전체주의 국가 이론, 지도자 국가의 원리, 일국일당주의, 공익 우선의 노동질서, 모성 우위의 부녀관 등이 그것인데, 앞의 네 가지는 공산주의와 파시즘이 공유하는 것이라고 설명했다. 송택구는 파시즘을 예방하기 위한 대책으로 두 가지를 제시했다. 첫째는 전체주의 이론 대신에 '자유를 위한 민주적 계획'을 통해 "파시즘의 온상이었던 비합리적 대중사회의 위기를 구제"해야 한다는 것이었다. 둘째로 제안한 것은 지도자 원리 대신 주도세력의 원리를 채택해야 한다는 것이었다. 송택구는 독재자 개인이 아니라 주도세력으로서 엘리트를 강조했는데, 그는 이것을 "창조적 엘리트의 주도성"이라 불렀다. 다시 말해 "선택된 창조적 중지衆智" 또는 "집단지"集團智가 사회의 올바른 길잡이가 되어야 한다는 논리였다.[108]

이 책은 독일과 이탈리아 그리고 일본의 사례를 설명하고 있는데, 일본의 경우 송택구가 주목한 것은 기타 잇키와 오가와 슈메이大川周明였다. 특히 기타 잇키에 대해서 한마디로 "군국주의와 결탁한 일본의 천황 파시즘에 있어서의 이론적 선구자"라고 규정했다. 그가 보기에 일본 파시즘은 민간 우익 구국운동과 쇼와 군벌과의 결합에서 태어난 혼혈아였다.[109] 송택구의 논의는 상당 부분 마루야마 마사오의 그것을 활용한 것으로 보인다. 일본 파시즘의 특성을 가족주의, 농본주의, 대아시아주의로 정리한 것이라든지, 위로부터의 파시즘과 아래로부터의 파시즘을 구분해 설명하는 것 등이 대표적이다.[110]

송택구의 책이 어느 정도 반향을 일으켰는지는 자세하지 않다. 현역 군인이라는 신분상 학계나 지식인 사회와 밀접한 관계였다고 보기는 어렵다. 이 책 이외에 별다른 글은 눈에 띄지 않는다. 기존 지식인 사회와는 일정한 거리가 있으면서 5·16쿠데타의 주역이라 할 육사 8기 출신의 현역 육군 대령이 책을 출간할 정도로 당대 파시즘에 대한 관심과 우려가 컸다고 할 것이다. 개인의 자유에 기반한 자유민주주의를 강조했음에도 송택구 역시 대중에 대한 강한 불신을 보여주었다. 지도자 대신 집단지의 주체로 창조적 엘리트를 강조한 것은 당대 지식인 사회의 일반적 인식과 대동소이했다. 민주주의는 여기서도 대중의 그것이기 힘들었다.

쿠데타 전후 한국 군부의 국가적 지향은 일본과 미국의 그것이 뒤섞인 상황이었다. 김지훈의 연구에 따르면, 해방 이후 한국군의 국방사상은 1920~1930년대 형성된 일본과 미국의 국방사상이 혼종적으로 뒤섞인 것이었다. 일본의 국방국가가 경제적 자유주의와 정치적 민주주의를 부정하면서 국가 통제 중심의 파시즘을 지향했다면, 미국의 안보국가는 자유주의 시장경제에 대한 국가 중심의 계획과 조정을 중심으로 했다. 케인스 경제학의 영향도 상당했다.[111] 미국의 입김이 점점 더 커지고는 있었지만, 식민지 시기 경험이 여전히 완강한 상황에서 군부가 일관되고 통합된 국가 지향을 가졌다고 보기는 어려웠다. 대체로 총력전 체제 구축을 지향한 것은 분명했지만, 그것이 미국식의 자유주의와 뒤섞일 것인지 아니면 일본식의 파시즘으로 나아갈 것인지는 불분명했다.

후진국이라는 자조와 근대화라는 열망 사이에서 1960년대 민주주의는 민족주의를 내장한 파시즘의 공포에 짓눌리고 있었다. 박정희 체제의 민족적 민주주의는 그 모호한 내용에도 불구하고 이러한 우려를 증폭시키는 핵심 계기였다. 그것이 파시즘으로 귀결될지, 아니면 또 다른 '민주주의'로 거듭날지는 시간이 해결해줄 터였다.

4. 유신체제와 한국적 민주주의

1970년 한국 경제는 처음으로 수출 10억 달러를 돌파했다. 그리고 같은 해 전태일이 분신했고, 이듬해에는 광주 대단지 사건이 일어났다. 전태일의 분신이 노동문제에 대한 최초의 분신이었다면, 광주 대단지 사건은 경제 문제를 중심으로 한 최초의 도시 봉기였다. 10여 년에 걸친 경제개발의 성과가 분신과 봉기를 불러왔다는 것은 가히 충격적이었다. 요컨대 후진과 저발전이 아니라 발전의 결과가 더 크고 새로운 사회적 모순과 적대를 만들어내고 있다는 현실이 새롭게 발견되기 시작했다.

이러한 상황에 맞서 박정희는 유신체제를 구축했고 이는 또다시 민주화운동의 활성화를 불러왔다. 1970년대는 지속적이고 완강하게 민주화운동이 전개된 최초의 국면이었으며, 그 운동의 끝에 이른바 '87년 체제'가 성립했다. 민주화운동에서 빼놓을 수 없는 사건인 1976년 이른바 '명동사건'의 '3·1민주구국선언'은 "민주주의는 대한민국의 국시"이며 "정통성은 민주주의에 있다"라는 규정을 첫머리에 배치해 지배와 저항의 보편적 준칙으로서의 민주주의를 강조했다.[112]

선언은 1970년대 민주주의가 정치적 절차윤리, 빈부격차, 부정부패, 사회정의, 인권, 통일 등의 가치와 연동되면서 확산되었으며 그 모든 문제를 집약하는 것으로 기능했음을 잘 보여준다. 다시 말해 민주주의는 정치적인 것을 넘어 모든 부정적인 것의 대립물로 등장하기 시작했다. 박정희 역시 유신을 선포하는 자리에서조차 "이 나라의 자유민주주의를 더욱 건전하고 알차게, 그리고 능률적인 것으로 육성·발전시켜야겠다는 나의 확고한 신념"을 피력했다.[113] 이러한 측면에서 어쩌면 1970년대는 민주주의 과잉의 시대라고 할 수 있다.

요컨대 당시 민주주의는 지배와 저항이 공유하는 최소 공약수였다. 지배 체제의 입장에서 민주화운동으로 모든 저항이 수렴되는 것은 그렇게 나쁘지 않은 일이었고, 저항 진영에게 민주주의는 체제가 보장하고 국가가 승인한 것이었기에 안전한 가치였다. 그렇기에 어찌 보면 박정희는 민주주의를 이용한 지배에 상당히 성공적이었다는 평가도 가능하다. 예컨대 "민주·민족·민중운동은 실패만 거듭하는 운동이었고, 오히려 반민주적·반민중적·반민족적 속성은 심화되어갔으며, 역설적으로 말하자면 박정희는 학생운동을 이용해 그의 권력을 다져간 것처럼" 보인다는 설명은 의미심장하다.[114]

산업화 효과는 이전과는 다른 계급·계층 구조와 사회적 적대를 양산하는 것이었고 새로운 저항의 문제가 제기되었다. 한 지식인은 "과밀도시화와 계급분화 현상은 가장 위험한 대상"임을 강조했고, "높아진 기대수준을 차후의 공업화가 충족시켜줄 수 없음이 폭로되었을 때, 정치 불안은 보편화"될 것임을 예언했다.[115] 따라서 박정희 체제는 현대, 서구, 산업, 물질문명, 이기주의, 개인주의, 퇴폐풍조 등의 문제를 과거의 민족 전통으로 치유·교정하고자 했다. 민족적 전통이 강조되면서 민주주의는 민족의 과거로부터 재발견된다. 화랑은 정치 면에서는 "민주정신"으로 규정되었고, 갑신정변은 '근대적 민주주의의 원리에 의한 인민평등의 권리를 보장'한 것이 되었다. 동학혁명은 '귀족층의 압정'에 시달린 농민에게 "만민평등의 복음을 주자는 민주적 자유정신"의 발로로 규정되었다.[116]

　　　　3부　박정희 체제의 이데올로기, 파시즘에서 자유주의까지

나아가 박정희는 이상과 현실을 구분해 '한국적 현실'에 맞는 민주주의의 토착화라는 논리를 전개했다. 토착화의 핵심은 민족주의와 국가주의였다. 박정희는 "선량한 민주시민이라는 것이 일본 국민도 될 수 있고, 미국 국민도 될 수 있고, 영국 국민도 될 수 있는 만국 공통의 국민이어서는 곤란"하다고 했다.[117] 민주주의 토착화 전략은 서구 민주주의에 대한 공격을 수반했다. 먼저 서구 민주주의가 좋은 제도이기는 하지만 서구의 정치질서도 '복잡한 현대적 위기 상황'을 극복해나가는 데 일정한 한계를 노정하기에 "서구 민주주의의 위기설"이 대두하고 있다는 주장이 나타났다.[118] 그렇기에 서구 자체의 문제도 해결하지 못하는 서구 민주주의를 무비판적으로 받아들인 것이 문제라고 했다. 박정희가 보기에 "모든 개인에게 자유를 주고 평등한 대우를 실시하여 존엄한 인격과 침해받을 수 없는 기본권을 부여한다는 생각은 우리의 전통적 사고방식에 잘 어울려 들 수 있는 것이 아니었다."[119] 이때 정치야말로 모든 갈등의 집약이었고 경제의 집중적 표현이었기에 핵심이 되는 것은 '정치적인 것'의 재규정이었다.

일찍이 우리의 선인들은 정치를 부와 명예 같은 사회적인 가치를 나누는 분배의 과정이 아니라, 협동의 노력에 의해 개인과 국가의 힘과 부를 생산하는 창조의 과정으로 보았고, 오랫동안 참되고 성실한 도의의 정치를 숭상하는 전통을 길러왔다. (…) 정치의 시장화를 막고 신뢰와 공감의 유대에 입각한 보다 깨끗하고 보다 생산적인 민주사회의 기반을 넓혀나갈 수 있을 것….[120]

점증하는 사회적 갈등과 긴장에 대응해 박정희는 정치를 사회적 가치의 '분배'가 아니라 '협동'으로 재규정하고 그 조건으로 윤리와 도의를 강조했다. 자원 배분을 둘러싼 갈등 조절 메커니즘으로서의 근대 정치학적 가정과 구분되는 전통적 '정치'는 서구와 대비되는 민족적인 것의 핵심이었다. 이는 민주주의로부터 투쟁, 저항, 유혈과 같은 이미지를 배제하고 협동과 조화로운 질서를 대입하고자 한 것이었다. 도의와 조화를 강조한 것은 일민주의와 유사한 문법을 구사한 것이자 더 멀리 쇼와 유신과 연결된다. 『국체의 본의』에서도 조화는 가장 핵심적인 가치로 중시되었다. 조화는 "우리나라(일본-인용자) 건국의 대업에서부터 시작되어, 역사 생성의 힘인 동시에 일상과 불가분한 인류의 도리"라는 것이다. 이는 "만인의 만인에 대한 투쟁이고, 역사는 모두 계급투쟁의 역사"인 서구 개인주의 사회와는 근본적으로 다른 원리라는 주장이었다.[121]

박정희 체제가 이러한 민주주의 재규정을 통해 성취하고자 했던 것은 이른바 '생산적 정치'였다. 박정희는 "10월 유신 질서의 기본 방향"을 '모든 행동을 생산과 직결시키려는 것'으로 단언하고 '국회의 비능률'을 국력 배양을 저해한 가장 큰 요인 중 하나로 규정했다.[122] 그가 국회에 주문한 것은 '남들이 만들어놓은 민주주의의 신화로부터 탈피'해 국력 배양을 위한 생산적 정치를 해달라는 것이었다.[123]

나아가 박정희는 민주주의를 정치뿐만 아니라 여타 영역으로 확대하고자 했다. 앞서 보았듯이 박정희는 민주주의를 보편적 규범, 상식으로 규정했는데, 이는 곧 그것이 특정 영역이나 집단에 독점되는 것이 아니라 사회 모든 영역, 집단, 개인에게 관철되는 것, 조병옥의 표현을 빌리자면 '공기와 같은 것'이 된다. 여기서 박정희 체제가 강조했던 '생활 민주주의'를 검토할 필요가 있다.

민주사회의 근간은 어디까지나 스스로 다스리는 자치에 있는 것이며 (…) 우리 농민에게 있어서, 지난날 민주주의란 그저 몇 년마다 한 번씩 되풀이되는 선거열풍이 그 전부였다고 해도 과언이 아니다. 그러나 이제 우리 농민들은 새마을운동을 통해 공동의 문제를 해결하는 과정에서 생활 속의 민주주의를 구현해나가고 있다. 우리의 새마을에서는 우선 마을 주민들이 한자리에 모여 전체 의사에 따라 지도자를 뽑고, 마을의 모든 사업을 결정할 뿐 아니라, 남녀노소를 막론하고 함께 협동해서 그 사업을 추진하고 있는 것이다. (…) 이것을 이웃 민주주의라고 하든, 또는 직접 민주주의라고 하든 (…) 마을회관은 마을의사당이라고 할 수 있으며….[124]

박정희는 새마을운동이 "한국적 민주주의의 실천도장"이라고 주장했다.[125] 그는 과거의 민주주의를 '선거 민주주의'로 비판하면서 생활 속의 구체적 민주주의를 예시함으로써 야당의 '민주 회복' 슬로건과 대립각을 세우고 있다. 박정희에게 선거란 "지역과 지역, 씨족과 씨족, 그리고 이웃과 이웃 간에 감정적인 대립"을 격화해 "평화롭던 농촌에마저 파쟁과 불화의 불씨"를 유발하는 것에 지나지 않았다.[126] 그렇기에 "사회를 혼란시켜가면서까지 회복하여야 할 '자유'나 '민주'가 따로 더 있는 것이 결코 아니"라는 주장을 하게 된다.[127]

대립과 갈등에 기반한 서구 민주주의의 한계를 지적하면서 조화와 협동을 강조한 박정희 체제의 민주주의 인식은 카를 슈미트와 연결된다. 박정희는 "헌법이란, 그 존립의 기초를 국민의 주권적 결단에서 찾고 그 존재가치를 민족적 공익에서 구하는 국가의 기본법이며, 그 시대, 그 사회의 역사적 사명과 이념을 지향하는 국민의지의 규범적 표현"이라고 규정했는데, 이는 슈미트의 인식과 상당히 유사하다.[128] 박정희 체제가 슈미트의 영향을 받았다는 직접적 증거는 갈봉근의 역할을 통해 확인할 수 있다.

갈봉근은 유신헌법 제정 과정에 깊숙하게 개입한 것으로 알려져 있는데, 『유신헌법해설』, 『유신헌법론』, 『통일주체국민회의론』 등을 저술해 유신체제의 핵심적 이데올로그로 활약했다. 갈봉근은 슈미트의 나치 협력 사실을 비판적으로 보기도 했지만, 그의 헌법 이론이나 결단주의 등은 상당히 긍정적으로 받아들였다. 즉 슈미트가 말하는 '예외상태' 개념을 수용하면서 '위기 정부'를 설명하거나 주권적 결단을 강조하는 데에서 슈미트의 영향을 확인할 수 있다.[129]

유신헌법은 슈미트의 영향을 보다 직접적으로 보여준다. 슈미트의 주장은 '정치적 통일체politische Einheit는 국민의 결단에 의해 비로소 생산되는 것으로 모든 국내법 질서의 근거이자 대외적으로 교전권의 연원'이고 '정치적인 것의 기초를 이루는 적과 동지에 대한 구별의 전제이며 그 결과'라는 인식으로 요약할 수 있다. 요컨대 그에게 '헌법이란 정치적 통일체가 스스로의 형태를 규정하는 결단의 산물'이다.[130] 슈미트는 바이마르 공화국 시기 독일의 정치적 혼란 상태를 경험하면서 그 혼란과 위기를 종식시킬 수 있는 방안으로 규범 대신 정치적 결단을 선택했다. 즉 그에게 "정당한 결정보다 중요한 것은 결단 그 자체"였다.[131]

슈미트의 입장은 의회주의, 개인주의, 자유주의에 대한 비판에 근거했다. 그는 의회주의에 대한 신념은 자유주의 사상에 속하는 것이지 민주주의에 속하는 것이 아니라고 주장했다. 그는 '민주주의는 동일한 것은 동일하게' 하고 그 불가피한 귀결로서 '동일하지 아니한 것은 동일하지 않게' 하는 것에 기반한다고 보았다. 즉 민주주의는 첫째로 동질성이 필요하며, 둘째로 이질적인 것의 배제 또는 섬멸이 필요하다고 강조했다. 요컨대 "민주주의의 정치적 힘은 이질적이고 불평등한 것, 동질성을 위협하는 것을 배제하고 멀리하는 것"으로부터 가능하다는 것이다.[132] 다시 말해 이질적 개인에 근거한 사회계약은 자유주의의 산물일 뿐이며 치자-피치자의 동질성에 근거한 민주주의와는 필연이 아닌 우연적 관계일 뿐이다. 따라서 그에게 중요한 것은 개인 의견의 합계로서의 전체 의지가 아니라 공적 영역에 속하는 '국민'의 일반의지다.

예외상태에서 결단을 내리는 주권자는 결코 규범적 존재가 될 수 없다. 규범에도 규정되지 않고 공개적 토론도 무의미해진 상황에서 주권자의 결단은 결국 독재로 귀결된다. 즉 '예외상태의 규범적 무는 독재를 요구'한다는 것이다.[133] 그가 보기에 독재는 유일하게 '정치적인 것'의 본질에 상응하는 것인데, 그것은 반자유주의적이기는 하지만 반드시 반민주적이지는 않다. 의회주의의 위기는 "도덕적인 파토스에 의해서 담당된 자유주의적인 개인주의와 본질적으로는 정치적인 이상에 의해서 지배된 민주주의적인 국가감정과의 대립"으로부터 나오는 것이기에 의회주의의 위기가 곧 민주주의의 위기는 아니라는 것이다.[134]

요컨대 슈미트 논의의 요체는 주권자의 결단이다. 이것이 적과 동지의 구별이라는 정치적인 것의 핵심이며, 모든 규범적 정당화를 넘어서는 실질적 결단이고 이를 통해서만 정치적 공동체의 실존이 가능해지고 그 법적 정당화로서 헌법 제정이 가능해진다. 그렇게 결단주의에 따르면 독재는 정치적인 것의 본질에 해당하는 것이고 그것은 반자유주의, 반의회주의일지언정 민주주의와는 필

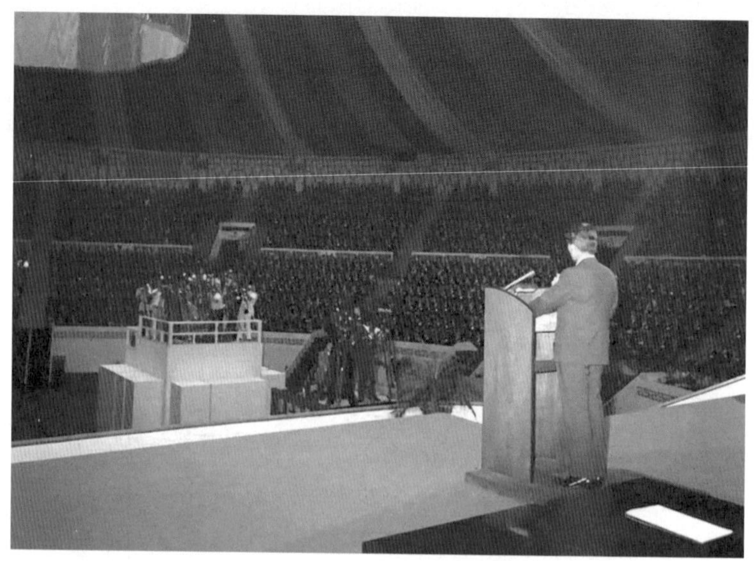

1978년 제2대 통일주체국민회의 개회사를 하는 박정희. 통일주체국민회의는 유신체제의 핵심 기구로 이른바 체육관 선거를 상징했다. 대통령기록관 사진.

연적 대립관계가 아니게 된다.

이상에서 살펴본 슈미트의 논의가 박정희 체제에 그대로 관철된 것은 아니었다. 한태연, 갈봉근 등의 유신체제 이데올로그들은 슈미트의 논의를 기저에 깔면서도 미국의 대통령 중심제, 위기정부론, 프랑스의 드골 헌법 및 그 이데올로그들의 견해를 첨가해 슈미트의 논의를 중화하고자 했다. 나치 이데올로그라는 슈미트의 악명을 그대로 받아들이기에는 여러모로 정치적 부담을 느꼈을 것이다. 그렇기에 유신헌법은 의회주의를 완전히 폐지하지 못했으며 독재를 공공연하게 주장하지도 못했다. 그러나 정당화의 주요 이론적 자원이 슈미트로부터 나왔다는 것은 분명하다. 그 대표적인 예가 통일주체국민회의였다.

박정희는 통일주체국민회의를 "민주적인 절차에 따라 성립된 국민의 주권적 수임기관으로서 우리의 국가 목표에 대한 국민적 동의를 대변"하는 것으로 주장했는데, 이를 통해 과거의 선거를 통한 불안, 국정의 낭비와 비능률을 극복할 수 있게 되었다고 자평했다.[135] 갈봉근도 통일주체국민회의를 "한국적 민주주의의 중요한 성패 원인의 하나"라고 규정했다.[136] 갈봉근은 통일주체국민회의에 대해 가장 자세하게 설명하고 있기에 그의 논의를 좀 더 살펴볼 필요가 있다.

통일주체국민회의는 유신헌법 제35조에서 '국민의 주권적 수임기관'이자 "모든 국가기관의 정상"으로 설정되었다.[137] 이때 권력의 궁극적 원천은 주권이다. 주권은 '국가 의사를 결정하는 최고의 원동력'으로 규정되었는데, 그것은 결국 '누가 통치의 권리를 갖느냐'라는 문제로 정식화된다. 갈봉근은 국민주권을 개별 주권의 합산이 아니라 전체로서 국민의 단일한 주권만이 존재한다고 주장했다. 즉 "개별적 이익의 합산보다는 전체적인 일반 이익이 우월하다는 전제 아래 정립된 국민주권의 원리"라고 주장했다. 이 역시 민족 이익을 개별 이익에 우선한 일민주의와 일맥상통한다.

따라서 일반 이익을 누가 대표하느냐가 중요한 문제로 떠오르는데, 기존의 국회, 대통령의 이중 대표론을 비판하면서 대통령의 단일 대표성을 강조했다. 즉 통일주체국민회의는 "개별 의사를 배제하고 국민 의사만을 정수화한 불가분적인 국민주권의 엣센스"이기에 여기서 선출된 대통령의 주권이 절대적이라는 주장이다.[138]

그러나 갈봉근이 단순한 전체주의를 강조한 것은 아니었다. 전체 이익을 강조하고 우선시하면서도 개별 이익의 대변을 포기하지는 않았다. 즉 정당은 개개 정파의 이익을 대변하기에 개별 이익에 불과하지만 다당제가 인정되었고 국회 진출이 허용되었다. 단 '개별 이익을 완전히 배제한 통일주체국민회의가 선출한 의원들로 구성된 유정회가 개별 이익의 장인 국회에 전체 이익을 관철하는 통로 역할을 해야 한다'고 주장했다.[139]

다시 말해 갈봉근은 유신체제가 민주적 권력이 우세한 서구식 자유민주주의 제도와 국가권력을 강조하는 독재 사이의 딜레마를 겪고 있는 후진국에서 양자를 조화로운 위계질서로 묶어낸 능률적 체제라고 강변했다. 다시 말해 유신헌법은 "국민이라는 양면두兩面頭로부터 2중권력"을 파헤쳐 "공민 개념으로서의 국민nation에 기대인 국가적 권력과 사회학적 현실로서의 국민대중people의 요구를 표명하는 민주적 권력이라는 2중권력"을 구성해냈다는 주장을 폈다.[140] 그러나 양자의 관계는 국가적 권력의 우위가 확고하게 보장되는 체제였다.

이상에서 보건대 유신체제에 이데올로그들이 슈미트를 무조건적으로 차용한 것은 아니었지만 기본적인 인식 수준에서 많은 유사성을 발견할 수 있다. 유신체제를 비상체제로 규정한 것은 예외상태라는 슈미트 개념과 일맥상통하는 것이었고, 주권자의 결단에 의한 독재, 반개인주의, 반자유주의적인 민주주의 개념과 집단적 일반의지의 강조, 의회주의에 대한 비판, 국민주권 해석 등에서 유신체제는 슈미트의 논리와 매우 유사했다. 그러나 유신체제는 의회제, 다당제, 선거제 등을 존치함으로써 전체주의의 제도화에는 이르지 못했다.

이러한 딜레마는 미국에 의해서도 확인된다. "박 정권은 11년 전 군사 쿠데타 이래로 민주주의적 개념을 통해 권위주의적 지배를 정당화해야 하는 문제에 봉착해왔다. '한국적 민주주의'라는 개

     3부   박정희 체제의 이데올로기, 파시즘에서 자유주의까지

넘이란 그러한 문제를 해결하기 위한 시도였다"라는 프레이저 보고서는 유신체제의 모순을 정확하게 지적한 셈이었다.[141] 결국 유신체제는 자유주의 또는 민주주의의 완전한 폐기를 달성하지 못했다. 양자를 분리해 전자를 집중 공격하고 후자를 전유하는 전략을 취하기는 했지만, 결정적으로 양자 모두를 폐절하는 대신 그것의 변형과 제한, 정정과 재구성을 기도했을 뿐이다.

박정희는 민주주의와 정치를 시끄럽고 비용이 많이 드는 거추장스러운 것으로 생각했다. 그는 정치 대신 치안의 문제 설정을 중시했다. 푸코에 따르자면 이것은 국가이성의 문제 설정이다. 박정희 체제는 최대한의 확장을 통해 정치가 불필요한 상황, 즉 내치의 완성, 내적 평정의 완비 상태에 도달하고자 했다. 정치가 통치로 대체되면 민주주의와 함께 자유주의가 제거되어야 한다. 엄밀히 말해 민주주의는 유폐, 제약, 전유하고 자유주의는 철저하게 소멸시키고자 했다. 민주주의는 일반의지로 치환될 수 있는 그 무엇으로 존속시키되, 이를 위해서라도 자유주의는 사라져야 했다.

파시즘과 결착된 유신체제의 민주주의는 자유주의를 집중 공격했고 결과적으로 저항 민주주의는 자유주의를 집중적으로 대표하게 되었다. 결국 유신체제의 파시즘은 자유주의에 전유된 민주주의를 절대화하는 강력한 조건을 창출한 셈이었다. 파시즘에 전유된 민주주의는 자유주의에 기반한 민주주의와 예각적 대립 전선을 구축했고, 이는 곧 민주주의가 파시즘과 자유주의 사이에 유폐된 상황을 만들어냈다. 다시 말해 민주주의는 양자의 외피 역할을 맡게 되었고, 이것이 결국 민주주의를 형식적·절차적 수준으로 집중시키는 조건으로 작용했다.

9장

민족주의의 지배담론화

1. 해방 이후 민족주의와 박정희

한국 근현대사에서 민족주의만큼 강렬한 영향을 끼친 이데올로기를 찾기란 쉽지 않다. 사회주의와 공산주의, 민주주의, 자유주의 등 근대 정치사상 대부분이 한국에 유입되었지만, 시대와 정세, 지역과 집단에 따라 그 영향력의 강도와 지속성에서 편차가 컸다. 반면 민족주의는 근현대사를 통틀어 지속적으로 강한 위력을 발휘해왔다. 특히 대중적 수준에서 보자면 그 위력은 타의 추종을 불허한다. 이는 민족주의가 정교한 이론과 논리를 갖춘 이념이라기보다 습속과 정동의 차원까지 아우르는 이데올로기 또는 담론의 성격이 짙기 때문이다. 이러한 측면에서 민족주의는 '한국인들에게 부과된 도덕적 정언 명령이자 사회규범'으로서 "개개인의 삶 속에 체화된 이데올로기이자 종교"가 되었다는 설명에 귀 기울일 필요가 있을 것이다.[1]

게다가 민족주의는 2차 이데올로기secondary ideology로 불릴 정도로 여타 이념이나 담론과 쉽게 결합한다. 어떠한 이념이 득세한다 해도 민족주의는 그와 더불어 자신의 영향력을 확장할 수 있다. 예컨대 북한은 사회주의를 내세웠지만 사실상 민족주의가 그것을 전유해 오히려 중핵 이데올로기가 된 상황이다. '민족중흥'이라는 슬로건에서 보이듯이 박정희 역시 발전주의를 위시해 수많은 이데올로기를 민족주의와 결합해 활용했다. 남북의 체제와 이념의 차이에도 불구하고 민족주의는 한반도 전체를 휘감고 있는 셈이다.

민족주의는 구성원의 무차별적 동질성을 강조하기에 서구의 경우 반봉건 투쟁에서 탁월한 위력을 발휘해 국민국가 성립의 핵심 이데올로기가 되었다. 한국의 경우 여기에 더해 식민지 경험이 민족주의의 결정적 조건이 되었다. 국가와 민족이 일치하지 않는 조건에서 충성의 대상은 국가 대신 민족으로 집중되었다.

식민지기 한국 민족주의는 일본을 주된 대상으로 한 이데올로기로 구성되었다. 일본은 한국 민족주의에 이중적 효과를 미쳤다. 하나가 투쟁과 극복 대상으로서 부정적 실체였다면, 다른 하나는 근대화에 성공해 강력한 국가를 만들어낸 긍정적 전범이었다. 즉 일제는 증오의 대상이자 따라 배워야 할 모범이기도 했다. 양자 사이의 다양한 스펙트럼이 한국 민족주의의 대강을 이룬다.

한편 해방공간을 규정한 것은 미국과 소련의 연합과 갈등 끝에 나타난 냉전이다. 국내 정치는 냉전과 연루되어 당시 표현을 빌리면 외쟁 같은 내쟁, 내쟁 같은 외쟁의 형태로 이루어졌다. 민족주의 역시 냉전 이데올로기와 결합될 수밖에 없었고, 이는 국내 좌우대립으로 이어져 치열한 내전의 이데올로기로 치닫게 된다. 좌우 모두 상대방을 민족 반역자로 몰아붙이며 민족주의를 독점하고자 했다. 미국과 소련은 모두 백색과 적색의 제국주의로 재현되어 그에 편승하는 세력들 역시 민족 반역자가 되었다. 민족주의는 통합이 아니라 분열의 이데올로기가 되었고 상대방을 손쉽게 제거할 수 있는 명분을 만들어주는 위험한 무기였다.

이 와중에 박정희의 남로당 입당과 숙군 그리고 전향이 이루어진다. 요컨대 박정희는 좌익의 급진 민족주의로부터 우익 민족주의로 옮겨간 셈이다. 물론 박정희는 이미 일본의 민족주의를 먼저 체험하고 심신에 각인했다. 1부에서 보았듯이 군사화된 민족주의라고 할 수 있는 일본의 군국주의는 청년기의 박정희를 사로잡아 평생 깊은 흔적을 남겼다. 군국 일본과의 동일시에 목숨을 걸었던 박정희가 해방 이후 마주친 현실은 녹록하지 않았다. 2년 남짓한 남로당 활동을 매개로 공산주의에 경도되기도 했지만, 숙군 이후 박정희는 미국을 마주하게 된다. 요컨대 박정희는 일본을 경유해 미소 냉전의 첨단에 놓인 셈이었다. 이것이 박정희의 민족주의가 구성되고 작동되는 역사적 기본 조건이었다.

미국의 강력한 영향에도 불구하고 한국은 형식적으로 독립 주권국가였기에 민족주의 역시 식민지 시기와는 다르게 작동할 수밖에 없다. 제국-식민 관계가 다른 모든 측면을 압도하던 시기와 달리 민족주의는 대내적 역할이 커져갔다. 조국근대화와 민족중흥을 내세운 박정희 체제의 경제개발, 근대화 전략이 대표적이다. 이 과정에서 민족주의는 미국과 일본은 물론 심지어 동남아시아 여러 나라에 대한 대외적 콤플렉스를 한껏 강조하고, 내부적으로는 개조와 개혁을 통해 이 콤플렉스를 극복할 발전과 개발의 꿈을 부풀리는 데 큰 역할을 하게 된다. 이는 다시 말해 민족주의가 저항담론에서 지배담론으로 확장되었음을 의미한다.

이러한 상황에서 민족주의에 대한 박정희의 태도는 어떠했을까. 아쉽게도 쿠데타 이전 박정희의 생각을 알 수 있는 자료는 매우 제한적이다. 식민지 시기 박정희가 일본제국에 부역한 것은 명

　　3부　박정희 체제의 이데올로기, 파시즘에서 자유주의까지

백한 사실이다. 게다가 만주군 제8단의 주된 임무가 독립군을 포함한 반일 게릴라 부대 토벌이었다는 점에서 그의 행위가 반민족적이었다는 것은 부정할 수 없다. 민족주의와 관련해 해방은 모든 것을 뒤집어놓았다. 다른 모든 사람처럼 박정희도 자신의 정체성을 재구성해야만 했다. 요컨대 다카기 마사오高木正雄 대신 박정희가 되어야 했다.

그가 남로당을 택한 것은 민족주의적 맥락에서 여러 가지 해석을 가능하게 한다. 신탁통치 파동을 거치며 많이 약화되기는 했지만, 해방공간에서 좌파 계열은 민족주의와 관련해 우파에 비해 상대적 우위를 누렸다. 식민 말기에는 좌우를 가리지 않고 부일 협력의 길에 나선 사람이 많았지만, 어쨌든 1930년대 이후 사회주의 계열의 독립운동이 두각을 나타냈던 것은 사실이다.

그런데 박정희의 만주군 경력이 당시 좌익의 시각에서 보더라도 커다란 흠으로 여겨진 것 같지는 않다. 숙군에 걸려 처형된 최남근, 김종석, 오일균 등이 모두 만주군과 일본군 경력 소유자였던 것에서 알 수 있듯이, 남로당 계열 역시 식민지 시기 부일 협력 경력을 절대적 기준으로 삼지 않았다. 현실적 세력 확대를 위해 과거를 불문에 부친 측면도 있겠지만, 어쨌든 해방공간에서 박정희의 만주군 경력이 민족 반역의 뚜렷한 증거로 여겨진 흔적은 없다.

박정희의 남로당 경험은 거의 알려진 바가 없다. 그러나 그가 남로당에 가입한 시점은 10월항쟁이 한창이던 1946년 가을 무렵이었다. 이후 2년 남짓한 기간 동안 박정희는 미군정에 대항해 거친 투쟁을 치르던 남로당을 통해 좌익의 급진 민족주의 세례를 받았을 가능성이 크다. 이것이 권력 장악 이후 미국에 대한 박정희의 태도에 일정한 영향을 끼쳤을 가능성도 배제할 수 없다.

쿠데타 이전 박정희의 민족주의를 보여주는 유일한 문서기록은 「육군훈령 제217호」다. 3장에서 언급했듯이, 이 문서는 이승만과 미국의 갈등 속에 쿠데타가 모색되던 상황에서 박정희가 초안을 작성한 것이다. 여기서 군의 정체성은 '국가민족의 수호를 위한 공기公器'로 집약된다. 박정희는 일본군의 강력한 영향을 받은 군 통수권 독립을 미국의 영향 아래 정치적 중립으로 번안하고자 했으나, 사실상 전자의 지배적 힘이 관철되는 양상이다. 박정희는 군 통수권의 독립 또는 정치적 중립의 근거를 군과 민족의 일체성을 통해 논증하고자 한다. 민족 내부의 변화무쌍한 정치 대신 민족 자체의 영원성과 절대성을 군의 존립 근거로 내세움으로써 군의 절대성을 확인받고자 한다.

이는 자신과 민족 또는 국가를 일체화함으로써 여타의 존재가치를 상대화하는 논리이며, 정치를 이해관계의 조정과 타협으로 여기는 자유주의 정치와도 구별되지만 계급관계를 중시하는 좌파 정치와도 분명한 선을 긋는 것이다. 여기서 박정희의 민족 이데올로기는 발생론적으로 일본의 '천황제 파시즘'을 잇고 있지만, 미국의 자유주의를 강하게 의식한 것으로 보인다. 일본의 군사주의나 소련의 사회주의는 모두 반자유주의라는 점에서 일치했고, 박정희는 그 세례 속에 자신의 이데올로기적 지향을 구성해왔을 터인데, 느닷없이 미국의 자유주의가 길 앞에 나타난 형국이었다. 이러한 이데올로기적 지형 속에 5·16쿠데타가 발생했다.

   3부   박정희 체제의 이데올로기, 파시즘에서 자유주의까지

2. 개발과 민족

5·16쿠데타는 4·19혁명의 여진 속에 발생했다. 4·19혁명은 1950년대 배태된 민주주의와 민족주의적 열정이 담론적 배경이었고, 5·16 역시 그 영향을 받을 수밖에 없었다. 쿠데타 주도세력은 자신들이 4·19혁명을 계승한 두 번째 '혁명'임을 내세웠다. 4·19로 고양된 민족주의는 5·16의 담론적 지향에 강한 영향을 미쳤고 쿠데타 주도세력은 스스로를 민족주의의 적통으로 만들고자 했다. 그러나 그들은 그럴 만한 지적 배경도 전문지식도 보유하지 못했다. 박정희의 이름으로 나온 책들은 모두 지식인의 대필이었다. 물론 박정희 자신의 생각도 반영되었겠지만, 민족주의와 관련된 정교한 논리와 언설들은 지식인들에 의해 만들어졌다. 박정희 이데올로기의 대부분이 그런 것처럼 민족주의 역시 이러한 지식-권력의 합작품이다.

초기 이 과정을 주도한 사람은 김종필이었다. '혁명의 총설계사'를 자임한 김종필은 확실히 쿠데타 최고의 모사였다. 육사 8기를 대표하며 '혁명공약'을 작성했는가 하면 쿠데타 직후 제반 정책구상과 집행을 주도했다.[2] 그중에서도 중앙정보부는 권력의 핵심 참모부였다. 특히 대학 교수 등 지식인 집단을 대거 동원한 정책연구실은 지식-권력의 실체를 대표한다. 시중에서 '교수 정치'라는 비아냥을 들을 정도로 쿠데타 세력은 지식인과 밀접했다.

최고의 지식인임을 자처했던 '이 박사' 이승만이 지식인 동원에 소극적이었던 것에 비추어 쿠데타 세력의 행보는 한국 정치의 커다란 변화를 보여준다. 이승만뿐만 아니라 여야를 막론하고 1950년대 주요 정치인들은 대부분 최고의 지적 자산을 확보한 엘리트였다. 일본과 중국 유학은 물론 미국 또는 유럽의 유수 대학을 졸업한 사람이 상당수였고 집안이나 사회적 배경 역시 상층 지배 집단에 속하는 경우가 많았다. 반면에 군 장교들은 사회적으로 중하층에 속하고 자력으로 학업을 이어가는 것이 힘들어 군인의 길을 택한 경우가 많았다.

전쟁을 거치며 군 상층 장교집단을 형성해 미국 유학을 경험하는 등 엘리트 군인으로서의 자부심도 생겨났지만, 사회 전체적으로 군의 위상이 국가 전체를 책임질 정도라고 보기는 힘들었다. 연배로 보더라도 30대 초중반에 4성 장군이 되어 참모총장을 역임한 사실에서 보이듯이 벼락출세한 감이 있었고, 당시 보수적인 분위기에서 이들이 국가 리더십의 꼭짓점을 차지하는 것은 무리였다. 이 빈틈을 메워줄 지적 권위와 전문성을 담보한 지식인이 절실할 수밖에 없었다. 요컨대 쿠데타 세력과 지식인 집단의 결합이 이루어지는 과정이 곧 박정희 체제가 형성되는 과정이자 박정희 이데올로기가 만들어지는 과정이다.

박정희의 이름으로 출간된 책은 총 4종인데, 『우리 민족의 나갈 길』(1962), 『국가와 혁명과 나』(1963), 『민족의 저력』(1971), 『민족중흥의 길』(1978)이 그것이다. 1961년에는 『지도자도』라는 제목의 소책자가 35쪽 분량으로 발간되었으나 본격적인 저서로 보기는 힘들다. 이외에 유신 직후로 추정되는 시점에 『한국 민주주의』라는 제목으로 만들어진 미출간 원고가 있다.[3] 공식 출간된 4권의 책 중 3권의 핵심 키워드가 민족이다. 『국가와 혁명과 나』 역시 민족과 근친관계에 있는 국가를 통해 사실상 민족주의를 주요 내용으로 한다는 점에서 민족(주의)이 박정희 체제의 핵심 이데올로기로 활용되었다는 점을 확인할 수 있다.

박정희 체제의 민족주의는 크게 두 부분으로 나누어 살펴볼 수
있다. 먼저 1960년대 근대화 담론과 결합된 부정적 민족주의가 있
다. 이때는 근대화론에 기반해 경제개발에 집중하던 시기였기에
현실 타파적 담론이 절실한 상황이었고 민족주의 역시 부정적인
민족사 재현에 집중된다. 과거와 현재의 부정적 측면을 최대한 부
각해 근대화와 개발의 정당성을 확보하고자 한 담론 전략을 전개
했다.

다음은 1970년대 유신체제에서 긍정적 민족 만들기에 동원된
민족주의다. 이 시기에 박정희는 국민총화를 내세우며 각종 사회
적 갈등과 민주화운동을 돌파하고자 했다. 경제개발을 지속하되
그로 인해 파생되는 사회적 적대와 갈등을 민족주의의 통합력으로
무마하고자 한 전략이다. 따라서 1960년대와 달리 민족사의 밝고
긍정적 측면을 집중적으로 부각하고, 또한 근대화가 서구화로 연
결되는 것을 차단하고자 주체적 민족사관과 한국적 민주주의를 내
세운다. 요컨대 자본주의적 산업화에 따라 악마의 맷돌이 돌아가
기 시작한 아수라장을 민족의 통합력으로 극복하고자 한 셈이다.
물론 이 두 흐름은 시기적으로 완전히 단절되는 것은 아니다. 양자
는 두 시기에 걸쳐 연속되는 측면도 있으나, 그 강조점과 초점이
다르다.

먼저 쿠데타 직후의 모습부터 살펴보자. 쿠데타 직후 처음 박
정희의 이름으로 나온 소책자가 『지도자도』인데, 여기서는 아직
민족주의가 전면화되지 않는다. 1961년 6월 16일자로 출간되었기
에 준비 기간을 고려하면 쿠데타 직후부터 작업이 시작된 셈인데,
주된 내용은 지도-피지도 관계였고 핵심 키워드는 국민과 지도자
였다. 민족은 결론에 가서 "민족성의 개조를 포함하는 민족의 굳은

단결"을 언급한 게 전부다.[4]

『우리 민족의 나갈 길』은 쿠데타 세력과 전문 지식인들의 초기 결합을 보여주는 대표적인 텍스트이다. 서문 정도는 몰라도 본문, 특히 1~3장은 전문 지식인의 서술로 보인다. 책 출간일은 1962년 2월인데, 최소한 몇 달 전부터 기획 및 집필이 진행되었다고 본다면 늦어도 1961년 하반기부터 시작되었을 것이다. 추측하건대 김종필이 주도하고 있던 중앙정보부의 싱크탱크였던 정책연구실에서 전문 지식인들을 동원한 것이 아닌가 한다. 주한 미국 대사 정치고문이었던 필립 하비브는 이만갑이 초고 작성에 참여했다고 보고했다.[5]

이만갑은 평북 신의주 출신으로 한국 사회학 1세대에 해당한다. 도쿄제대를 졸업하고 1950년대 미국 코넬대학 1년 연수를 거쳐 서울대 교수로 재직하면서 미국 사회과학을 국내에 도입하고 소개하는 데 큰 역할을 했다.[6] 록펠러 재단, 아시아 재단 등의 지원으로 미국 연수와 각종 연구 프로젝트를 수행했는데, 근대화 담론의 영향도 강했다. 새롭게 학계 주류로 떠오르고 있던 미국과 연계된 대표적 지식인의 하나로 볼 수 있다.

『우리 민족의 나갈 길』은 박정희 체제가 민족주의를 본격적으로 다룬 첫 번째 책이라는 점에서 주목된다. 이 책은 총 6장으로 구성되었는데, 전반부는 '혁명'이 필요한 민족사의 부정적 측면을 집중 비판하는 내용이며, 후반부에서는 국가재건 프로그램을 제시하고 있다. 요컨대 "민족사상의 악유산을 반성하고 이조 당쟁사, 일제 식민지 노예근성 등을 깨끗이 청산하여 건전한 국민도를 확립"하는 것이 혁명의 요체라는 주장이었다.[7] 이 책은 특히 조선시대를 집중적으로 비판했다.

　　　3부　박정희 체제의 이데올로기, 파시즘에서 자유주의까지

조선시대를 '이조'로 지칭하고 "사대주의가 유교의 모화사상을 지식인 속에 깊이 뿌리"박게 하여 "민족적 자립성, 민족적 주체성이 형성되지 못하고 외래문화나 사상의 기성복만을 입으려는 경향"을 만들어냈다고 비판했다.[8] 또한 "의존사상이나 아부근성, 지배자에 대한 맹종 등도 이조 500의 역사에 그 근원"이 있으며, 결국 "이조 당쟁의 오랜 계보는 마침내 임란을 거쳐 구한말의 비극과 한·일 합병의 최후"를 가져온 원흉으로 지목되었다. 즉 "우리나라 최근세사는 망국의 역사요 혼돈의 역사이며 실패의 기록"이다.[9]

이러한 인식은 식민주의 역사학과 밀접하다. 실제 이 책은 "역사 창조의 주인공인 우리 민족의 자율성이 결여되고 사대주의와 외래 지배에 좌우된 타율성"을 비판하면서 일제시기 식민주의 사학을 직접 거론했다. "일인 사학자는 한국사의 타율성을 말했는바 우리 민족의 과거를 피나게 반성해볼 때 그 말을 전적으로 부인할 도리가 없다"라고 했다. 또한 "우리 민족은 단결심이 부족하고 파당심이 많다"는 서술 역시 식민주의 사학의 대표적인 주장이다.[10]

이러한 인식은 예외적이고 돌출적인 것으로 보기 힘들다. 당대 엘리트 지식인 상당수가 유사한 인식을 보여주었으며 식민지 시기 이광수의 민족개조론과도 일맥상통한다고 할 수 있는데, 식민지 또는 후진국이 된 비참한 현실을 설명하는 하나의 논리로 상당한 영향력을 행사했다. 물론 이 책이 모든 역사를 부정적으로만 그린 것은 아니지만, 기본 논지는 역사에 대한 가혹할 정도의 비판과 부정이다.

식민주의 역사 인식과 함께 이 책에서 강조한 논리는 서구와의 비교다. 예컨대 "한국인의 비극은 서구의 비극과 근본적으로 다르다"라고 주장하면서 "서구의 비극은 힘차고 억세게 운명적인 것과 대항하다가 장엄하게 쓰러지는 것이므로 부정을 다시 부정해서 극복하려는 역동적 긴장이 있는 것"으로 설명한 반면, "우리나라의 슬픔, 애수는 사실 비극이 아니요 可憐이오 체념하는 새김질"이라고 혹독하게 비판했다. 이는 "인종보다 못한 노예적인 굴종"에 불과하기에 "민족성 속에 힘찬 인생의 용기나 억센 개척정신을 낳지 못한다"는 것이다.

단적인 예로 소개한 것이 〈아리랑〉이다. "유목 민족인 서구인 같으면 따라 나서든지 목을 매달고 못 가게 할 것"이지만 〈아리랑〉은 소극적 체념에 그친다는 주장이다. 〈처용가〉 역시 마찬가지인데, "서양인의 사나이였다면 권총을 들어 둘 다 사살했을 것이 아닌가?"라고 반문한다. 이외에도 관상·사주·점 같은 운명관, 퇴계·율곡 등의 안빈낙도, 현실 도피와 패배의식 등 서구의 적극적이고 능동적인 성향과 대비되는 동양의 소극성과 체념을 비판했다. 심지어 주어가 자주 생략되는 한국어의 특성을 주체의식이 빈약한 증거로 들기도 했다.[11] 전형적인 오리엔탈리즘의 반영이다.

그런데 흥미로운 것은 이러한 비판의 초점이 귀족, 양반 등 지배층에 집중되고 반대로 민중은 피해자로 재현된다는 점이다. 즉 "역사의 창조자인 한국 민중(농민들)은 집권적 관인적 토지소유제 하에서 반농노적 지위"에 있을 뿐이었다는 것이다. 심지어 "농민반란, 이시애의 난, 정여립의 난, 홍경래란, 동학민란 등 민중항거의 역사는 포도록捕盜錄에나 기록되고 정사에 오르지 못했으니 진정한 우리 민족사의 성격을 찾아보기 힘들게 되어 있다"라고 했다.[12] 민족사의 진정한 주체가 민중이라고 주장한 셈이다.

민중 개념이 저항적 집단 주체의 대명사가 된 것은 1970년대 이후이지만 이미 1960년대 말부터 『청맥』 등을 통해 개념의 전환이 시작된다. 특히 1965년 통합 야당의 당명이 민중당으로 결정되면서 민중 개념은 저항 진영의 용어로 넘어가게 된다. 그 이후 박정희는 민중 개념을 거의 사용하지 않았다. 해방 이후 1950년대 들어 '민중의 지팡이'가 경찰서 슬로건으로 이용될 정도로 민중 개념은 좌익의 인민 개념에 대응하는 우파적 용어였다. 그런데 민중이 지배층에 의한 피해자는 물론이고 진정한 민족사의 주체로 재현된 것은 상당히 의미심장하다.

이는 4·19로 확인된 대중의 폭발적 진출에도 큰 영향을 받았겠지만, 또한 근대화론에 기반한 지식인들이 기존 엘리트 지배층에 대해 강렬한 반감을 갖고 있었음을 말해준다. 곧이어 전개된 1963년의 대통령 선거 국면은 대중정치의 활성화를 의미하는 것이었기에 민중 개념의 의미가 더욱 중요해졌을 것이다. 선거를 코앞에 두고 출간된 『국가와 혁명과 나』에서 이러한 대중정치 화법이 전면에 드러난다.

민중을 강조하면서도 『우리 민족의 나갈 길』의 핵심 기조는 민족적 통합이었다. 통합의 기초 단위는 개인이다. "민족운명의 공동체라 하더라도 역시 민족의 구성요소는 민족 개개인"이기에 인간 개조가 민족적 자각의 출발이 된다. 다시 말해 "자기의 확립이 없으면 민족공동체의 일원이라는 자각적 주체도 없으며 민족애를 가질 바탕도 없는 것"이라는 주장이다. 이러한 논리의 근거는 서구로부터 차용된다. 서구 근대는 "개인의 확립"을 기초로 하고 있으며 "개인의 확립이 없는 곳에는 근대화도 없고 민주주의도 없다"고 단언한다.[13]

이들이 이해한 근대사회의 기본 구성 원리는 곧 개인과 전체 사이의 유기적 관계로 모아진다. 일견 개인주의를 강조한 것처럼 보이지만, 자유주의로 연결되지 않고 집단주의로 이끌린다. 동일한 개인이라 하더라도 그것이 자유주의적 맥락에서 이해되는 것과 민족주의적 맥락으로 소실되는 것은 커다란 차이를 보인다. 개인은 단지 민족적 집단 주체를 구성하기 위한 요소로만 배치된다.

그렇기에 "운명공동체로서의 민족적 자의식이 결여"된 것에 대해 "민족 전체가 일대 반성"해야 하고 "민족적인 각성"이 요구된다는 주장을 전개하며 "국민 각자가 가슴에 손을 얹고, 과거를 깊이 뉘우쳐서 진정한 민족의 일원으로 재생하지 않으면 안 될 것"이라는 강한 윤리적 압박을 가할 수 있게 된다. 요컨대 개개인의 자각을 통해 특정 계층이나 집단의 문제가 아닌 전 국민의 국민혁명, 민족혁명을 전개해야 한다는 논리다.[14] 그렇기에 민족적 자각과 통합의 부재가 곧 민족사적 비극의 근원으로 제시된다.

우리의 역사가 내부적인 빈곤과 민족적인 자각과 분발이 없었기 때문에 그렇게 강자가 될 수 없었고 그렇게 강자가 되지 못했기 때문에 우리의 역사는 수난의 틈바구니요, 압박의 골목이요, 피침략의 정원이었다.[15]

『우리 민족의 나갈 길』에 따르면 수난과 압박 그리고 침략을 당하지 않기 위한 민족의 재건은 근대화를 통해 가능하며, 그것은 "첫째로 반봉건적 반식민지적 잔재로부터 민족을 해방"시켜야 하고 "둘째로 빈곤으로부터 민족을 해방시켜 경제자립을 이룩하는 길"밖에 없다. 그런데 "과거 모든 민족은 전통사회에를 벗어나 근대사회로 비약할 때에는 어느 경우에나 민족주의적 정열이 작용"했음이 명시된다.[16] 요컨대 『우리 민족의 나갈 길』을 쓴 지식인 필자들은 민족주의가 근대화의 결정적 조건임을 분명히 했다.

이는 미국 근대화론과 연계된 것임이 분명했다. 앞서 보았듯이 로스토우를 비롯한 미국 근대화론자들은 근대화 과정에서 민족주의가 핵심적 역할을 담당해야 한다고 주장했다. 로스토우의 주장은 한국 지식인들의 그것과 정확하게 조응했다. 다시 말해 『우리 민족의 나갈 길』은 로스토우 근대화론에 근거해 한국 민족주의를 재구성하고자 한 것으로 보인다. 로스토우는 민족주의가 근대화의 동력으로만, 다시 말해 봉건적이고 전근대적인 요소에 대한 공격 수단으로만 이용되기를 바랐다. 외부 침략에 맞서는 것이 아니라 민족을 갱신해 실력을 양성하는 내향적 힘으로 작동하기를 바란 것이다. 한국의 우파 민족주의 계열이 식민지 시기 이래 줄기차게 강조해온 민족개조론 등의 실력양성론과 충분히 접합 가능한 논리였다.

이를 잘 보여주는 것이 1962년 김종필의 명의로 발표된 「5·16 혁명과 민족주의」라는 글이다. 여기서 김종필은 민족을 지연·혈연·언어·종교·풍습·전통·문화 등의 "객관적인 요소"와 "민족의식을 주관적인 요소로 하는 인류의 하위사회 집단"으로 규정하고 "민족의 본질은 민족이 지닌 민족의식"이라고 단언했다. 즉 에르네스트 르낭이 '민족은 혼이며 하나의 정신적 원리'라고 규정한 것을 인용해 '민족주의란 민족의식을 발판으로 민족의 자유와 번영을 추구하는 사상이나 운동'이라고 규정했다.[17] 이러한 규정에 근거해 5·16이 민족주의에 의거한 것임을 주장한 김종필은 다음과 같이 로스토우를 인용해 민족주의와 근대화의 관계를 설명했다.

로스토우 교수는 경제성장의 출발을 위한 준비 단계에 있어서 민족주의의 역할을 논하는 가운데 "민족주의는 귀족적인 전통적 사회구조나 전前 식민세력 또는 이 양자의 결합에 의해서 저해되어온 국가의 경제·사회 및 정치적 근대화의 과업에 전향轉向할 수 있다"고 말하고 있다. 한국의 민족주의가 현실적으로 당면한 과제는 로스토우 교수가 지적하였듯이 전통적인, 즉 농민을 전 인구의 7할로 하는 사회구조나 외래사상에 대한 사대주의로 저해되어온 사회·경제·정치적 제 분야를 조속히 근대화함으로써 민족적인 숙원인 국토통일을 위한 실력을 배양….[18]

이 글 역시 지식인의 대필로 보이는데, 민족주의를 내적 개혁의 동력으로만 고정하고자 하는 의도가 역력하다. 주지하듯이 미국의 근대화론은 냉전의 승리를 위한 케네디 정권의 새로운 전략이었다. 보수 야당에 대한 기대를 접고 군부세력을 지원한 미국의 입장은 쿠데타 세력에게는 천우신조의 기회였다. 미국의 지지를 확인한 박정희는 상당히 고무되어 자신만만하게 민정이양을 추진한다.

민정이양을 위한 대통령 선거를 불과 한 달 보름 앞둔 1963년 9월 1일자로 『국가와 혁명과 나』가 간행되었다. 이 책 역시 대필이지만, 박정희와 수십 차례 면담을 거쳐 저술되었다. 대필자 박상길은 이 책이 박정희의 "철학·사상·정치·경제·문화·외교·사회관은 물론 하나의 인간으로서의 인생관에 이르기까지 이만큼 정확한 바는 없었다"고 단언했다. 박정희도 박상길에게 "어쩌면 꼭 제 마음속을 다녀오신 것처럼 정확하게 써주셨습니다"라고 말했다.[19]

『우리 민족의 나갈 길』은 지식인들이 주도해 작성한 흔적이 역력하고, 논리적 완결성이나 집필의 밀도도 높다. 그러나 『국가와 혁명과 나』는 지식인의 전문성보다 정치인의 선동에 가까운 모습을 보여준다.『우리 민족의 나갈 길』이 근대화론을 주축으로 설득조의 논리적 전개를 보여준다면,『국가와 혁명과 나』는 대통령 선거를 앞둔 대중정치용 선동의 느낌이 강하다. 이 책은 먼저 '군사혁명' 전범을 메이지 유신에서 찾는다.『국가와 혁명과 나』는 "일본이 명치유신이란 혁명 과정을 겪고 난 지 10년 내외에는, 일약 극동의 강국으로 등장하지 않았던가. 실로 아시아의 경이요, 기적이 아닐 수 없다"라며 경탄했다.[20] 이들은 메이지 유신의 요체를 네 가지로 정리한다.

① 명치유신은 그 사상적 기저를 천황 절대제도의 국수주의적인 애국에 두었다.

② 이리하여 이들은 밖에서 밀려오는 외국의 사상을 일본화하는 데 성공하고, 또한 국내적으로 진통을 거듭하는 유신 과업에의 외세 침입을 방어할 수 있었다.

③ 번주 세력을 제거하고, 천황과 에네르기슈한(활력 있는-인용자) 사회 중견층을 직접 연결함으로써 봉건성 탈피와 신진기운을 조성했다.

④ 유신대업에 앞장섰던 대정인大町人(도시 상인과 장인을 이르는 죠닌町人을 의미함. 메이지 이후 일본 산업화의 주역으로 여겨짐-인용자)을 정치·경제의 중심무대에 등장하게 하여, 국가자본주의를 육성하고, 이 정치·경제 양 세력이 천황을 정점으로, 귀족을 국가의 원로로 하는 제국주의적 체제를 확립했다.[21]

천황 절대제도의 국수주의적 애국, 외국 사상의 일본화, 중앙 집중 그리고 국가 자본주의로 요약할 수 있는 『국가와 혁명과 나』의 메이지 유신 이해는 박정희 체제의 통치성과 직결된다. 비록 천황제를 모방하는 것은 불가능했지만, 나머지 세 가지 기조는 나름대로 '한국화'해 그대로 추종한다. 즉 메이지 유신의 주체들은 "자신의 확고한 주체성 위에 정치적인 개혁과 경제적인 향상, 사회적인 개혁을 수행하여왔기 때문에, 구미 체제에의 편중을 극복"할 수 있었다고 판단했다.[22]

메이지 유신의 기조 외에 『국가와 혁명과 나』는 하나를 추가하는 데 '계급의 언어'가 그것이다. 이 책은 특권층이 독점하던 "권리와 주도권을 농민, 어민, 노동자, 소시민 사회로 이행"시켜 "서민정치, 서민경제, 서민적 문화를 수립"하는 것이 혁명의 본질이라고 천명했다. 요컨대 "금반 혁명은 이념적으로는 서민적 국민혁명이요, 민족적 의식혁명이며, 시대적 교체혁명"이고, 구정객들의 반발을 "그들의 백 년 아성이 무너지"는 것에 대한 필사적 저항으로 규정해 계층적 대립구도에 세대적 대립구도를 결합했다.[23]

전체 국민의 1퍼센트 내외의 저 특권 지배층의 손을 보았는가. 고운 손은 우리의 적이다. 보드라운 손결이 얼마나 우리의 마음을 할퀴고, 살을 앗아간 것인가. 우리는 이제 그러한 정객에 대하여 증오의 탄환을 발사하여주자. 영원히 그들이 우리를 부리는 기회를 다시는 주지 말자.[24]

특권 지배층과 '우리'라는 대립구도를 통해 계급적 구분을 분명히 하려는 정치언어는 해방 이후 좌파 활동의 기억이 그리 오래

     3부 박정희 체제의 이데올로기, 파시즘에서 자유주의까지

지 않은 상황에서 도발적으로 들리기까지 한다. 물론 박정희의 계급 언어는 분명한 안전장치를 수반한다. 계급을 초월한 범국민적인 단합을 강조하고, 자본-임노동 관계를 "자본과 노동이 다 같이 병진"하는 "경제목적에 충실"한 것으로 한정했다.[25] 요컨대 계급의 언어를 구사하되 일정한 한계를 벗어나지 않았다.

그러나 계급의 언어가 민족주의의 급진화 효과를 초래했음도 분명하다. 전쟁을 거치면서 금기시된 좌파 언어가 최고 권력자의 입을 통해 재현되는 모습은 상당히 놀라운 일이 아닐 수 없다. 4·19혁명의 세례 속에 새로운 문학적 감수성을 보여준 김승옥은 "촌티 나는 박정희의 민족주의가 낫겠다"고 여겨 박정희에게 투표했고, 임헌영 역시 "휘황찬란한 단어 '민족적 민주주의' 때문에 아주 황홀해서" 박정희에게 투표하고 심지어 다른 사람들에게 지지 운동까지 했다고 회고했다.[26]

계급의 언어는 민족주의가 다시 한번 내부를 향하도록 조정하는 효과를 산출한다. 민족 내부의 계급적 갈등이 부각될수록 민족 외부와의 관계는 상대적으로 수면 아래로 가라앉을 가능성이 높다. 사실 지식인 이데올로그를 비롯해 박정희 체제의 민족주의는 내부 지향적이었다. 미국에 대한 비판적 태도 역시 주체성을 망각한 한국 내부의 문제에 초점을 맞추었지 직접 미국을 겨냥한 경우는 별로 없다. 이러한 태도였기에 민족주의는 곧잘 정신의 문제로 넘어간다. 외부 조건보다 주체의 정신을 중시하는 이러한 입장은 자주 주의주의적 모습으로 나타난다.

전근대성과 봉건성을 민족 내적 타자로 상정한 민족주체성의 강조, 민족의 내부 갈등을 불러오는 계급 언어를 포함한 민족주의 전략은 한일회담을 계기로 일정한 위기를 맞는다. 박정희 본인도 그 곤혹스러움을 인정할 수밖에 없었던 한일회담은 민족주의 담론의 위기와 균열이 가시화된 첫 번째 중요한 사례다. 박정희는 '지난날 항쟁의 상대자'였던 일본과 국교를 수립해야만 하는 상황을 "미묘한 국제정세"라는 말로 무마하면서도 같은 민족임에도 공산주의는 "끝까지 싸워야 할 기구한 운명"이라고 그 당혹감을 표현했다. 그가 이 민족주의적 딜레마를 해결하는 방법으로 제시한 것은 반공과 "민족정기"에 입각하자는 것이었다.[27] 이 모호하고 추상적인 민족정기를 좀 더 구체화한 것은 역시 주체성이었다.

국제정세상 반공투쟁을 위해 한일 국교정상화는 불가피하다고 전제한 다음 박정희는 그 귀결은 오직 "우리의 주체의식"에 달려 있다고 주장했다.[28] 즉 후진성에 대한 열등감을 극복하고 주체적 대응을 통해 긍정적 결과를 이끌어낼 수 있다는 논리였다. 일본이라는 외부 타자 대신 민족 내부의 열등감과 패배주의가 주체(성)에 반정립하고 있는 형국이다. 요컨대 이 시기까지 근대화 담론 속의 민족주체성은 계속해서 외부가 아닌 내부의 후진성을 타자로 해서 작동하고 있었으며, 일본이라는 외부는 오히려 근대화를 위한 우호적 조건으로 배치되었던 셈이다.

한일 국교정상화를 계기로 박정희 체제의 민족주의는 격렬한 비판에 직면했지만 그 담론적 내용의 질적 변화는 없었다. 오히려 박정희는 6·3사태를 진압하고 1965년부터는 더욱 자신감 있는 태도로 기존의 민족주의 담론을 강화해나갔다. 이 점을 잘 보여주는 것이 1966년 연두교서다.

여기서 박정희는 한일 국교정상화는 결국 민족의 자주성과 주체의식에 따라 결정될 것이라고 재차 강조한 다음 "'원조 없이는 못산다'는 지난날의 그 한국이 아니라, 세계로 뻗어나가는 '새 한

    3부 박정희 체제의 이데올로기, 파시즘에서 자유주의까지

국'"을 제시했다. 그 구체적인 근거는 수출을 통해 확인된 경제성장의 효과였다. 1970년대 후반에 이르면 "소비는 미덕"이 되는 시대가 될 것이라고 전망하면서 그것을 가능하게 하기 위한 핵심으로 "하면 된다 하는 자신"이 결정적이라 주장했다. 이 무렵 "중단하는 자는 승리하지 못하며, 승리하는 자는 중단하지 않는 것"이라는 유명한 표어가 나온다.

이는 곧 주체-객체 인식의 변화와 연관된다. 박정희는 한국이 "세계사의 객체적 위치에서 그 주체적 위치"로 자리가 바뀌었음을 강조했다. "서구와 접촉하기 시작한 지 백 년, 은둔과 쇄국을 고집하여 역사의 권외에 떨어져서 아시아적 정체와 후진의 구각을 탈피하지 못했던 우리 민족"이 "아시아·태평양 지역에 방향과 질서를 주는 길잡이"가 되었음을 주장하면서 이에 대한 '민족적인 긍지'를 강조했다.[29] 사실 그전까지 박정희는 한국의 '객체적 위치'에 대해 '분통'을 터뜨리기는 했지만 주체의 위치를 자신하지는 못했다.[30]

세계체제 속에서 주체의 자리를 차지하기 위한 노력의 핵심은 민족적 단결을 바탕으로 국가 경쟁력을 키우는 것이다. 박정희는 북한 무장간첩보다 국제 상품시장의 치열한 경쟁에서 뒤떨어지는 것이 더 큰 문제라고 했다. 즉 "공산당하고도 싸워서 이겨야 하겠지만, 이런 국제시장에 있어서, 상품시장에 있어서 경쟁력에 우리가 절대 뒤떨어져서는 안 되겠"다고 강조했다.[31]

이 무렵 박정희 체제의 문제 설정은 민족에서 경제적인 것으로 분명하게 정향된다. 즉 한국 민족주의의 최대 트라우마인 식민지화가 경제논리로 설명된다. 박정희는 "우리가 일본의 식민지가 된 근본 원인은 한국의 공업화가 늦었다는 것"임을 분명히 했다. 다시 말해 "정치를 잘못했다든지, 당파싸움이 많았다든지, 여러 가지 원인을 들 수 있겠지만, 한마디로 간단히 요약하자면 한국이 일본에 비해서 공업화가 늦었기 때문에 졌던 것"이라고 주장했다.[32]

또한 비슷한 시기에 박정희는 '힘'과 '국력'을 특별히 강조하기 시작했다. "'힘'이 없는 곳에 민족의 생명은 정체"되기에 "우리에게 필요한 것은 집결된 '민족의 힘'"이라는 언사가 등장했다. 나아가 힘이 정의를 규정하는 것으로 설명했다. "우리가 옳다고 믿는 정의를 이 지구상에서 구현시키기 위하여 필요한 '힘'과 '힘'의 행사가 필요"하다는 인식이 그것이다.[33] 박정희 체제가 힘을 강조하는 이유는 분명했다. 그것은 "국력을 알차게 기르지 못하고 이를 조직화하는 데 실패하고 만다면, 우리는 영원히 세계사의 진운에서 낙오되고 말 것"이라는 우승열패, 약육강식의 사회진화론적 인식의 발로였다.[34]

박정희 체제의 핵심 인물 중 하나였던 차지철 역시 노골적인 사회진화론을 주장했다. 그는 적자생존, 우승열패의 냉정한 법칙은 가장 공정하고, 가장 정확하고, 가장 엄숙하게 어느 때 어느 곳에서나 준엄하게 적용된다고 단언했다.[35] 당대의 엘리트이자 1960년대 야당 총재까지 역임한 유진오 역시 약육강식의 식민제국에 대한 사후적인 규탄은 중요하지 않으며 정작 중요한 것은 "그러한 힘의 불균형이 일어나지 않도록 후진민족이 스스로의 힘을 충실케 하는 것"이라고 주장했다. 그에게 '설교는 굶주린 이리보고 토끼를 잡아먹지 말라 하는 것과 같은 것'이었다.[36]

힘이 경제력으로 환원되면서 민족주체성의 확립 역시 '생산적 실천'을 통한 경제적 자립으로 모아진다. '민족자립'이 없으면 '자주'도 있을 수 없으며 "자립에 기반을 두지 않은 민족주체성이나

1971년 제7대 대통령 취임 축하 연예제. 여성 출연자들이 입은 미니스커트는 경찰의 단속 대상이기도 했다. 대통령기록관 사진.

민주주의는 한갓 가식"에 불과하다는 논리가 등장한다. 자립의 구체적인 모습은 생활 주변에 넘쳐나는 "국산품"으로 증명된다.[37]

그런데 민족의 힘이 근대화론과 결합되어 경제력으로 집중되는 것과 동시에 정신에 대한 강조가 병행된다. 1960년대 후반은 산업화 효과로 도시화와 함께 대중사회화 경향이 뚜렷하게 나타나기 시작했고 더불어 서구화, 자유주의, 개인주의 풍조가 사회적으로나 문화적으로 중요한 현상이 되었다. 당시 『사상계』는 시민사회, 대중사회를 주제로 특집을 꾸리는가 하면 중산층 논쟁이 일어나기도 했다. 미니스커트가 한국에 상륙한 것도 이때였다. 또한 서구와 미국 그리고 일본은 '68혁명'의 격동기였다.

이에 박정희 체제는 상당한 영향을 받았다고 보이는데, 그 대응 방향은 크게 두 가지로 나뉜다. 주민등록제, 향토예비군 등의

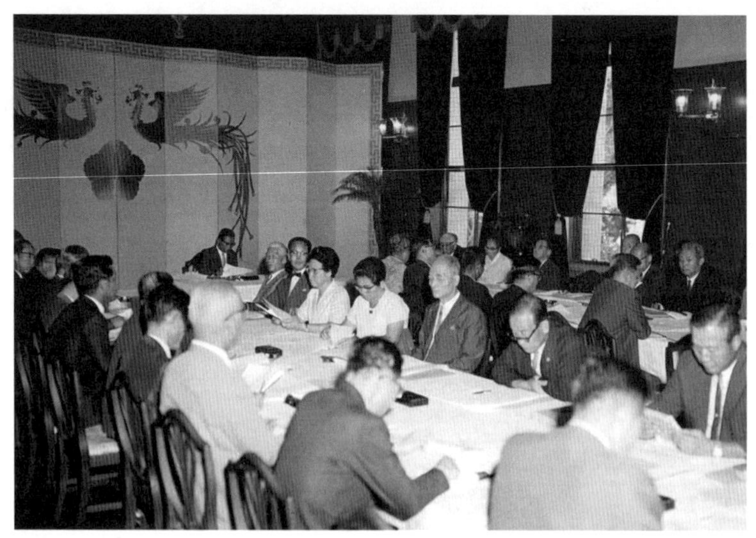

1968년 국민교육헌장 최종 심의회의에 참석한 박정희. 국민교육헌장은 집단적 동질화를 통한 '국민' 형성 전략을 잘 보여주는 사례다. 대통령기록관 사진.

동원체제 강화와 함께 제2경제(박정희는 실물경제가 제1경제라면 제2경제는 정신적 측면을 의미한다고 주장했다), 국민교육헌장 등의 '정신개조' 운동이 그것이다. 박정희는 제2경제론의 배경을 "우리의 경제적 토대가 어느 정도 잡혀지자, 나는 이러한 숭고한 목적을 위해 경제의 윤리화 운동을 주장하여, 국민 스스로 생활화할 것을 종용하였다"라고 설명했다.[38]

1968년에 제정된 국민교육헌장은 제2경제운동의 연장선상에서 정신적 규율화를 시도한 대표적인 텍스트다. 헌장은 전체적으로 국가주의적 국민생산 텍스트로 이해될 만하다. 개인, 사회, 국가윤리를 중핵으로 한 헌장의 내용은 기본적으로 '멸사봉공'의 국민(민족)적 주체를 구성해내는 지침으로 기능했다. 그런데 국민교육헌장과 관련해 의미심장한 사건 하나를 검토해볼 필요가 있다.

그동안 헌장은 주로 일본 메이지 시기 교육칙어에 비견되곤 했다. 큰 틀에서 틀린 지적은 아니겠지만, 19세기 후반의 교육칙어를 20세기 후반의 헌장으로 직접 연결하는 것은 무리라고 생각한다. 헌장과 관련해 일본의 움직임 가운데 눈에 띄는 것이 바로 문부성이 1966년에 발표한「기대되는 인간상」이다.

1963년 일본 문부성이 중등교육심의회 제19특별위원회에 부여한 임무가 완료되어 보고서가 발표된 것은 1966년이다. 무려 3년 3개월이 걸린 이 보고서는 고사카 마사아키高坂正顯가 주도했는데, '당면한 일본인의 과제'와 '일본인에게 특히 기대되는 것'이라는 2개의 부로 구성되어 있다. 그 핵심 내용은 "사회적 규율을 따를 능력이 있는 시민 주체를 구성하여 노동의 규율을 준수하게 하고 개인적 쾌락의 유혹에 빠지는 것을 방지하는 것"이었다. 즉 "대중 근대사회에 무한한 욕망의 통제를 풀어놓는 것에 대한 두려움"의 발로가 보고서의 주된 기조였다.[39]

마사아키를 비롯해 보고서 작성을 주도한 인물들은 과거 교토학파의 핵심 멤버였다. 이들은 전쟁 기간 동안 내세웠던 '근대초극론'의 기본 취지를 유지하면서 이것을 일본의 전후 민주주의 맥락에서 재구성하고자 했다. 요컨대 근대 자본주의 사회가 구성해낸 대중에 대한 공포를 일본 민족주의 또는 국가주의에 근거한 집단주의적 윤리를 통해 통제하고자 한 것으로 보인다. 이는 교육칙어의 연장이지만 새로운 갱신이기도 하다. 다시 말해「기대되는 인간상」이 의도한 것은 "착한 일본인"을 구성하는 것이었는데, 그것은 일본의 '전후 민주주의의 과잉'을 통제하고자 한 것이었다.[40]

국민교육헌장은「기대되는 인간상」이 발표된 지 불과 2년 만에 만들어졌다. 우연의 일치일 수도 있겠지만 그렇게 보기에는 양국의 관계, 양국이 처한 상황, 그리고 두 나라의 엘리트 지식인의 멘털리티 간의 유사성이 너무 강해 보인다. 실제 헌장을 기초하는 데 중요한 역할을 한 박종홍은 교토학파와 유사한 인식을 보여주었다. 「기대되는 인간상」은 "우리는 일본인임을 잊어서는 안 된다"고 강조했는데, 이는 '국적 있는 교육'과 일맥상통한다.

박종홍은 국민교육헌장의 기초자였고 '10월유신'의 명명자로 "진정한 의미에서 현대적 파시즘을 실현하고자 했던 박정희 권력 체제"의 이데올로그였다는 평을 받는 인물이기에 좀 더 부연설명이 필요하다.[41] 박종홍은 국가재건최고회의 기획위원회 사회분과 위원으로 위촉된 것을 시작으로 1970년 재건국민운동 중앙위원을 거쳐 1970년 대통령 교육문화 특별보좌관에 임명되어 1976년 사망할 때까지 재직했다. 쿠데타 직후부터 박정희 체제 18년 중 15년을 함께한 셈이다.

박종홍은 이미 1960년대 초부터 주체성 개념에 매우 큰 관심을 기울였다. 그는 외부의 선진 사상이나 과학기술의 수입을 반대하지 않았다. 그러나 자유민주사상이나 과학기술도 "민족적 주체성"에 의하여 "우리 자신의 것"이 되어야 함을 극력 강조했다. 이때 주체성이 곧 민족정기다.[42] 박정희 체제 민족주의의 핵심 가치 개념인 주체성과 민족정기는 박종홍의 영향이 짙다고 할 수 있다. 그는 또한 주체성의 궁극적 근거를 "얼"에서 구하고자 했는데, 그 얼의 표현이 곧 민족문화라는 논리를 폈다.[43] 민족적 주체성, 민족정기, 민족문화 등의 개념을 강조하는 것은 결국 민족국가의 절대화로 이어진다. 박종홍은 개인이 세계에 기여할 수 있는 길은 '민족국가'의 '건설'에 능동적으로 참여하는 것으로 보았다.[44]

박종홍은 이미 식민지 시기부터 근대초극론을 설파했던 교토학파의 니시다 기타로西田幾太郎와 미키 기요시三木清에게 큰 영향을 받았다. 박종홍이 세계사적 사명 속에서 '민족적 주체성'을 수립해야 한다고 주장한 철학적 기반은 바로 니시다의 '자각론'과 깊은 관련이 있었다. 또한 중일전쟁 이후 근대초극론에 입각해 자본주의 사회의 초극을 통해 '개인주의와 전체주의를 지양하는 협동주의'를 내세운 미키 기요시의 영향도 컸다. 요컨대 박종홍은 니시다와 미키를 경유한 하이데거를 통해 '민족', '우리'라는 집단 주체 구성과 '창조'의 논리를 접합시키고자 했다.[45]

현대를 움직이고 있는 인간의 정신은 창의성의 불을 튀기는 경쟁 속에서 숨가쁘게 약동하고 있다. 큰 나라 작은 나라, 지구의 어느 곳에서나 그렇지 않은 곳이 없다. 그 경쟁은 날이 갈수록 치열해지고만 있다. 남이 해놓은 것을 재빨리 배우고 이용하는 정도로서는 이미 늦은 것이다. 남의 흉내를 넘어 자기 나름으로 그를 앞지를 용기를 가졌을 때에만 생존이 가능하다. 약진 없이는 지금의 현상유지조차 절대로 할 수 없는 것이 현대의 특징이다. 약진 아니면 패망이 있을 뿐이다.[46]

박종홍이 파악한 세계는 인간 정신과 창의성의 경쟁 무대였다. 이 경쟁에서 패배한다면 생존의 전망은 없다. 박정희와 박종홍은 이 점에서 거의 한 치의 차이도 없이 의기투합했다. 의기투합의 가깝고도 먼 배경은 두 사람이 각각 다른 경로로 받아들였던 군국 일본의 쇼와 유신과 근대초극론이었다. 두 사람의 합작품이라 할 국민교육헌장은 바로 생존을 건 경쟁의 전사들을 길러내기 위한 정신 수련 텍스트에 다름 아니었다.

이상을 통해 보건대 국민교육헌장은 경제개발로 축적된 힘이
내적 갈등으로 소진되는 것을 막고 국력으로 보존하기 위한 정신
적 규율화를 위한 텍스트인 셈이다. 사실 정신은 박정희 체제의 모
든 것을 관류한다. 민족주의뿐만 아니라 근대화, 민주주의, 새마을
운동, 경제개발, 국가안보, 교육, 문화 등 모든 영역에 걸쳐 박정희
는 일관되게 정신을 강조했다. 박정희뿐만 아니라 한국 근현대 엘
리트 지식인치고 정신개발, 정신혁명, 정신개조 등에 관심이 없는
사람은 보기 힘들다. 쿠데타 직후부터 정신에 대한 강조가 두드러
졌다. 민족정기를 회복한다는 '혁명담론'의 핵심이 "국민도의 앙양
을 위한 정신혁명"이었다.[47]

정신은 초역사적 실체로까지 확장된다. 박정희는 "조상과 후손
들 사이에 비록 시대는 멀리 떨어져 있더라도 마음과 마음이 서로
통해서 정신적으로 명맥이 통"하는 것이 바로 얼이라고 했다.[48] 그
렇기에 "전 국민은 5천 년 이어받은 조국애와 민족혼을 각자의 가
슴속"에 간직한 주체가 되어야 한다.[49] 그 기원은 단군의 홍익인간
으로까지 거슬러 올라가 '통일신라의 정신적 지주였던 화랑도 정
신'과 함께 민족정신의 '연원'을 이룬다.[50]

박정희와 그 이데올로그들은 수시로 민족의 내적 책임을 강조
했다. 식민화는 민족의 무능과 나태함의 필연적 귀결이었고, 후진
성과 빈곤의 문제도 결국은 민족 내부에 원인이 있다고 주장했다.
그렇기에 정신혁명은 바로 "정신적 타락"으로부터의 구원을 위한
민족성 개조, 인간개조를 의미하게 된다.[51] 박정희는 무엇보다도
"국민의 정신이 해이되고 무기력"해지는 것이 가장 큰 문제라고 단
언했다.[52]

선진국을 따라잡겠다는 압축성장 전략은 최대한의 효율성을

통한 시간압축일 수밖에 없다. 다른 말로 이는 인적자원을 최대로 투입해 불리한 자본과 기술의 한계를 돌파하겠다는 전략이다. 시쳇말로 사람을 무제한으로 갈아 넣는 '인해전술'이나 다름없다. 이 전략이 성공하기 위해서는 악마의 맷돌이 돌아가는 시장논리만으로는 부족하다. 시장의 정글 속에서 극한의 생존경쟁을 감당할 수밖에 없는 상황을 만드는 것이 선차적이긴 하지만, 또한 그것을 기꺼이 받아들이거나 최소한 견딜 수 있는 주체 구성이 필요하다.

실체와 형체가 모호한 '정신'은 종종 그것을 거론하는 발화자의 담론적 헤게모니를 구성해준다. 일본 군국주의가 강조한 언령사상言靈思想 또는 '말이 씨가 된다'는 말은 곧 발화자의 구성적 힘을 말해준다. 박정희 체제의 '정신'은 바로 이러한 효과를 노린 것임이 분명하다. 자신의 언설을 씨줄로 삼고 시장과 국가의 규율을 날줄로 삼아 만든 촘촘한 그물망으로 주체를 포획하는 망민罔民 전략일 터이다.

이것이 가능하기 위해서는 발화 내용의 진리가眞理價로는 부족하다. 더 중요한 것은 발화자의 진정성과 권위다. 박정희는 이것을 자신의 죽음으로 증거하고자 했다. 물론 언설의 죽음이다. 5장에서 보았듯이 그는 기회가 있을 때마다 자신은 '조국과 민족의 제단에 몸을 바쳤다'고 주장했다. 조국과 민족, 민족혁명에 목숨을 걸었다는 말은 곧 자신이 그 모든 것과 강력하게 일체화된 존재임을 천명한 것이다. 이는 실체와 영혼이 있을 수 없는 민족을 자신의 피로 육화하고자 한 죽음의 주술처럼 들린다.

개인의 생사를 넘어 민족에 빙의한 결사적이고 필사적인 언설은 발화 대상들에게 죽음에의 예감을 압박한다. 스스로를 희생양으로 삼아 민족의 정신을 독점하고자 한 이 죽음의 전략이 그리 새로운 것은 아니다. 쇼와 유신을 부르짖은 2·26사건의 주역들을 비롯해 민족의 숭고한 피를 강조한 세계사의 숱한 민족주의적 실천들은 운명공동체로의 집단 자살을 추동하고자 했다. 특히 후발 제국주의였던 일본군은 "모든 국민이 기꺼이 죽는다. 그렇게 하면 '가진 나라'도 겁을 먹는다. '갖지 못한 나라'도 이길 수 있다"는 신념에 따라 움직이던 집단이었다.[53] 박정희 역시 갖지 못한 나라 후진국의 모든 국민을 죽음으로 동원하고자 했다. 박정희는 또한 이 죽음의 잔해더미 위에 생활공동체로서의 민족의 낙원을 건설하고자 했다.

3. 운명공동체와 생활공동체

한국 현대사를 통틀어 파시즘에 가장 가까운 체제가 유신체제였는바, 그 성립을 둘러싸고는 다양한 논의가 진행되었다. 1960년대 말 안보 위기, 닉슨 독트린으로 촉발된 데탕트와 냉전 질서 변화 등의 요인과 함께 1971년 대통령 선거에서 확인된 권력 재생산의 위기가 주요한 배경 내지 원인으로 언급된다. 닉슨 독트린은 미국의 아시아 개입 축소였기에 위기일 수도 있지만, 다른 한편으로는 체제의 자율성을 확대할 기회이기도 했다.

내부적으로 권력 재생산의 위기가 중요한 고려 대상이었음도 분명하다. 김대중과의 박빙의 대통령 선거는 박정희로 하여금 마지막 출마라는 굴욕적인 강수를 두게 할 정도였다. 1960년대 후반 산업화의 일정한 성과는 박정희 체제의 자신감을 강화해주었지만, 다른 한편으로는 이전과는 다른 자본주의적 계급 갈등, 사회적 적

1971년 제7대 대통령 선거 당시 전주에서 유세 중인 박정희. 이 선거에서 박정희는 김대중에 신승을 거두기는 했지만, 이듬해 곧바로 유신체제를 선포한다. 대통령기록관 사진.

대를 본격적으로 촉발하기도 했다. 이러한 맥락에서 민족주의에 기반해 새로운 공동체성을 부여하는 것은 '재영토화'를 통한 국민적 주체 형성에 빠질 수 없는 프로그램이 된다. 이는 곧 국민경제를 '집단살림'으로 재현하는 문제가 본격적으로 제기될 조건임을 말해준다.[54]

민족이 혈연, 역사, 언어를 공유한 초역사적 실체처럼 운위되는 것이 민족주의의 문화적 언설이라면, 생활공동체로서의 민족을 강조하는 것은 국민시장을 통한 국민경제의 형성과 밀접하게 관련된다. 요컨대 계급 정체성 대신 민족 정체성에 기반해 계급 대립 대신 집단살림의 조화롭고 협동적인 구성원을 만들기 위한 주체화 전략이 필요해진다.

박정희는 새마을운동을 설명하면서 '새마을은 단순한 마을이

아니라 우리 민족의 전통과 현대 문명이 조화를 이루는 생활공동
체'임을 강조했다. 나아가 이는 농촌에 국한되지 않고 "농촌과 도
시는 물론 공장과 회사, 그리고 학교"로 확장된다고 주장했다.[55]
집단살림을 표현하는 국민경제, 국민생활의 강조는 이미 쿠데타
직후부터 빈번하게 등장했다. 그러나 그것은 국가 구성원이기에
당연히 국민생활에 포함된다는 성격 정도였다.

더구나 조밀한 유기적 구성을 운위하기에는 한국 자본주의의
수준이 너무 낮았다. 집단살림의 정치적 원칙으로 천명된 민주주
의도 "국민 전원에 적절한 생활수준"이 보장되지 못한다면 지속될
수 없는 것으로 상정되었다.[56] 또한 농촌의 상대적 후진성, 도시와
농촌 간의 격차도 중요한 문제로 인식되었다.[57] 민족을 "영원한 생
명체" 또는 운명공동체로 표상하고 있던 상황에서 공동체 내부의
분할과 불균등한 생활양식, 생활수준의 문제는 민족적 통합에 큰
장애물로 여겨졌다.

이 모든 문제의 해결책은 경제발전이다. "4천 년 빈곤의 역사
를 씻고 민족 숙원의 부귀"를 실현하는 것이 곧 민족주의의 핵심
과제였다.[58] 따라서 국민경제 구성원들에 대한 요구도 자발적, 자
율적으로 이 집단살림의 발전에 동참하라는 것이었다.[59] 노동자와
농민을 집단살림 구성원으로 호명하는 과정은 곧 자본에 대한 그
것과 중첩되었다. 박정희는 기업인들의 사리사욕을 비판하면서 그
것이 '국민경제를 교란'해서는 안 된다고 강조했다.[60] 물론 박정희
체제는 쿠데타 직후 자본과의 짧은 갈등 이후 지속적 동맹관계를
유지했다. 국가와 민족을 자임한 박정희에게 자본 역시 하위 동맹
파트너로 집단살림에 종속되어야 했다.

이러한 인식은 "한 가정에서 어버이의 희생이 있어서 자녀가

복된 것과 같이 적어도 우리 세대의 눈물 나는 노력 없이는 우리
들 장래와 후손의 비극은 끝날 줄 모를 것"이라는 가족 유비를 통
해 집단살림에의 희생을 강조하는 것과 연결된다.[61] 이와 같이 개
인은 철저하게 집단살림의 '식구'였다. 그렇기에 '개개인이 겪어온
불우한 환경은 곧 한국의 불우한 과거에 직결'되는 것이었고 "민족
이라는 공동운명의 유대"야말로 모든 것에 선행하는 절대적 존재
규정이었다.[62]

대중의 동질화 문제는 당시 지식인 사회의 중요한 화두이기도
했다. 신상초는 "상품화·시장화를 전제로 하는 생산", "상품에 의
한 생활"이 아직 보편화하지 못했기에 도시와 농촌, 지방과 지방,
계급과 계급 간 생활양식에서 커다란 차이가 노정된다고 진단했
다. 따라서 "소박한 향토의식을 근대적인 국민의식으로 제고·발
전"시키기 위해서는 "매스콤을 통해서 지방 간의 차별의식을 불식
하게 되고 민족 간의 대립의식을 청산하게 되고 국가라는 공동체
의 일원으로서의 의식을 명백히 갖추게 되는 것"이 긴요하다는 주
장을 폈다.[63]

이러한 인식은 박정희 체제가 추구한 운명공동체로서의 민족-
국민적 통합의 논리를 근대화론의 입장에서 탁월하게 정리한 것이
라고 할 수 있다. 물론 신상초는 자유주의적 맥락에서 독립·자유·
평등의 개인으로 구성된 '민주사회'를 지향했다는 점에서 박정희
와 차별화되지만, 자본주의 생산양식의 확산을 통한 동질적 생활
양식의 구축과 그 과정에서 나타날 균질적 주체 구성의 문제를 제
기했다는 점은 유사하다.

'나'라는 우리 개인을 우리는 이것을 '소아'라고 합니다. '나'를 확대

하고 연장한 것이 국가인데 그 국가를 우리는 보통 '대아'라고 합니다. (…) 우리나라라는 것은 '나'와 '너'와 모든 것이 다 합쳐서 된 것이며, 나를 확대한 것이 즉 우리 국가입니다. 우리 민족이라고 할 때의 우리도 역시 마찬가지로서 우리 민족이라는 것은 '나'를 확대한 '대아'인 것입니다. 그렇기 때문에 국가가 잘되는 것은 결국은 내가 잘되는 것이며, 민족이 잘되는 것도 결국은 내가 잘되는 것이며, 국가를 위해서 내가 희생을 하고 봉사를 하는 것은 크게 따지면 내 개인을 위해서 봉사하는 것이고, 우리 자손을 위해서 희생하는 것입니다.[64]

박정희는 여러 차례 소아/대아 개념쌍을 활용했다. 그만큼 이 개념쌍은 그에게 매력적인 것으로 보인 듯하다. 그가 언제 이 개념쌍을 접했는지 실증하기 힘들지만, 아마 대구사범학교였을 가능성이 높다. 이 개념을 이른 시기부터 사용한 이노우에 데쓰지로가 집필한 교재가 사범학교 수신 교과서로 사용되었기 때문이다. 이노우에는 일본 최초의 철학 교수로 국체론을 기초해 근대초극론의 토대를 닦은 인물이다. 그는 국체의 근원을 천황으로 보았고, 이를 통해 극우 군국주의 논리를 정초했다. 이노우에는 "복종이라고 하는 것은 노예의 의미가 아니고, 많은 사람이 공동으로 일치하는 공순의 덕을 말한다. 바꿔 말하면 공공의 정신을 말한다"고 했다.[65] 즉 대아에 대한 소아의 복종을 주문한 셈이다.

대아로의 통합은 전쟁 모델을 통해 극적으로 강조된다. 유신체제 성립 이후로 집단살림의 위기는 전시체제에 준하는 위기의식의 고조와 함께 군사화의 경향을 강하게 드러내기 시작했다. 박정희는 전시는 아니지만 평화시대도 아닌 '준전시상태'임을 강조하

   3부 박정희 체제의 이데올로기, 파시즘에서 자유주의까지

고 "전 국토의 산업권화, 전 산업의 수출화, 그리고 전 국력의 생산력화" 등 북한의 4대 군사노선을 방불케 하는 산업방침을 강조했다.[66] 이러한 총동원 체제의 강조는 '민족의 생존권'으로 표현된 집단살림의 우선성에 입각해 정당화되었다. 박정희는 민족의 생존권이야말로 국가 존립의 기본 전제일 뿐 아니라, 모든 개인적 기본권의 바탕이라고 주장했다.[67] 이러한 맥락에서 1970년대 국민경제를 집단살림의 생활공동체로 정식화한 언설이 나타난다.

> 나의 가정이 하나의 조그마한 생활공동체라면, 국가나 민족은 하나의 커다란 생활공동체이며, 이 두 공동체에 대한 애정은 그 본질에 있어서 조금도 다를 것이 없다. (…) 생명의 본원인 부모에게로 자연스럽게 분출되는 것이 효도이며, 그것이 자기가 속한 운명과 생활의 공동체인 국가를 향해 분출되는 것이 충성….[68]

위 인용문에서 먼저 주목되는 것은 효도와 충성으로 설명하는 가족주의적 국가관이다. 유신체제가 충효를 적극 강조한 것은 단지 전통적인 성리학적 규범의 활용 차원으로 국한되지 않는다. 보다 직접적 기원은 일본의 충효관이다. 조선시대 양반 사대부의 충은 효와 밀접하기는 하지만 그것을 넘어서지는 못한다. 13도 창의군 총대장 이인영이 부친상을 이유로 귀향한 것에서 보이듯이 효는 충에 앞서기도 한다. 앞서 살펴본 일본 문부성의 『국체의 본의』는 충에 기반한 효라는 입장을 강조했다. 즉 "효는 직접적으로는 부모에 대한 것이지만, 나아가 천황을 섬기는 관계에서 충 안에 이루어진다"는 논리로 "충을 떠나서 효는 없고, 효는 충을 그 근본"으로 하기에 "국체에 기초한 충효일체의 도리"라는 정식을 성립시킨다. 또한 이러한 충효일체는 일본만의 특색임이 강조되었다. "효는 동양도덕의 특색"이지만, 그것이 "충과 하나가 되는 점"이야말로 세계에서 유례를 볼 수 없는 일본 도덕의 특색이라는 주장이다.[69] 이에 따르자면 국가에 대한 충을 우선시한 박정희 체제의 충효관은 일본의 그것과 대단히 흡사하다.

다음으로 주목되는 점은 기존에 강조되던 운명공동체에 덧붙여 생활공동체가 추가된 것이다. 1960년대까지 박정희의 언설에서 생활공동체 개념은 발견되지 않는다. 대신 생활권 개념을 간간이 사용했다. 생활권 개념은 독일 극우 이데올로기에서 강조되던 'lebensbaum'의 번역어로 추정된다. 이것이 일본으로 건너와 대동아 공영권으로 활용되었고 한국까지 영향을 미쳤다고 보인다. 생활권은 독일과 일본의 팽창주의를 담아내는 용어였다. 1960년대 한국에서 영토적 팽창주의가 들어설 여지는 별로 없었기에 대신 반공주의와 결합했다. "민족생활권을 파괴하는 제국주의자 공산세력"이라는 표현이 사용된 것이 대표적이다.[70] 1963년 전역식에서는 생존의 권리가 "국가라는 생활권" 속에서 보장되기 위하여는 또 다른 생명의 성스러운 희생이 요청되는 것이란 대목이 등장했다.[71] 요컨대 이 시기 생활권 개념은 외부의 침입에 맞서 방어와 희생을 주문하는 성격이 강했으며 운명공동체의 하위 서술어 성격이 짙었다.

이와 달리 생활공동체는 운명공동체와 거의 등가의 가치로 배치되었다. 운명공동체가 핏줄과 역사 등 움직일 수 없는 가치에 긴박된 본질론적 차원의 개념이라면, 생활공동체는 운명이 현실의 구체적 삶으로 현상하는 것이란 의미가 부여된다. 그런데 여기서 한 가지 짚고 넘어가야 될 것은 박정희 체제의 민족 개념에서 혈통주의가 강하지 않았다는 점이다. 물론 박정희도 민족을 "한 문화와 한 핏줄기의 운명공동체"로 설명하기도 했다.[72] 그러나 더욱 중요한 것은 정신이었다. 박정희는 남과 북이 "한 핏줄기를 탄 같은 민족"으로 동족이지만 "사상이라든지 이념이라든지 체제에 있어서는 우리하고는 아주 극단적으로 대립"된 존재라 주장했다.[73] 혈통과 문화를 공유한 민족의 분열에 따라 박정희는 결국 "민족정기"를 호출하게 된다. 그는 이것만이 "우리 민족의 생명선"이라 역설했다.[74]

주지하듯이 분단과 냉전은 '혈통'의 북한 대신 '혈맹'의 미국이라는 구도를 만들어냈다. 이는 핏줄과 문화에 기반한 운명공동체를 내세운 민족주의에 커다란 난관이다. 정부 수립 이후 미국이 떠난 공간에 혈통을 내세운 일민주의가 등장했지만, 한국전쟁으로 돌아온 미국은 어느새 혈맹이 되었다. 북한으로 기울 수밖에 없는 '혈통' 대신 미국으로 기울기 위해 '혈맹'이 등장했지만, 이 역시 민족주의의 또 다른 난관이다. 실체가 없는 정신으로서 '민족정기'는 이 난관을 우회하는 간편한 해결책이었다. '민족정기'는 1970년대 들어 민족적 주체성, 주체적 민족사관으로 이어지면서 '혈통'의 북한을 넘어서고 '혈맹'의 미국을 비껴가는 민족주의의 만병통치약처럼 활용된다.

그러나 1970년대의 가장 커다란 특징은 산업화가 초래한 전대미문의 변화였다. 이촌향도의 거대한 물결이 진행 중이었고, 점점 더 시장의 삶이 지배적 관습으로 관철되고 있었다. 또한 사회적 유동성이 급증함에 따라 기존 질서의 안정성이 크게 흔들리는 와중에 학생, 야당, 재야의 민주화운동과 노동운동이 고조되어 체제의 불안감을 자극했다. 요컨대 산업화는 분명 커다란 성취이자 새로운 위기의 창출이었다. 서구 역사에 빗대자면, 중세의 종교적 열정

passion을 근대의 이해관계interest가 대체해버린 것이다. 이해관계로 찢겨진 세상에 민족의 열정은 공염불이기 십상이다. 이러한 상황이 추상적 운명 대신 구체적 생활의 문제 설정을 강화하게 된다고 하겠다.

모든 이데올로기가 그런 것처럼 민족주의 역시 우리가 살아가는 시간과 공간에 깊이 관련되어 있다. 이러한 측면에서 이를 "내셔널리즘의 신체성"이라 부르는 것도 가능할 것이다.[75] 1970년대 민족주의의 신체성은 산업화와 도시화가 초래하는 개별화 및 원자화와 밀접했다. 민족적 열정보다 화폐 흐름에 민감도를 높여가는 중산층의 확대는 정신주의적 호명의 효용성을 반감시킬 게 분명했다. 바야흐로 사회 상식의 자유주의가 삶의 태반을 관장하며 번성하는 상황 속에서 민족을 생활공동체로 보완할 필요성이 제고된 것이다. 다시 말해 민족은 삶 전체를 관장하는 공동체이므로 절대로 파괴되어서는 안 된다는 주문인 셈이었다.

새마을운동은 또한 우리 민족이 갖고 있는 오랜 공동체적 생활의 전통을 현대 속에 되살린 것 (…) 간단없는 외침에 시달리며 꾸준히 농사를 지어온 민족에게 있어서, 마을은 하나의 평화로운 행복의 터전이며, 영원한 마음의 고향이다. 우리 민족은 실로 오래전부터 따뜻한 인간관계에서 생의 기쁨과 행복을 얻을 수 있다는 믿음을 간직해왔고, 이러한 믿음은 작은 생활공동체인 마을에서 가장 훌륭하게 실천되어왔다.[76]

새마을의 생활공동체가 민족의 오랜 전통을 되살린 것이라는 설명은 민족주의의 갱신을 암시한다. 즉 1960년대까지 문제의 근

   3부   박정희 체제의 이데올로기, 파시즘에서 자유주의까지

원은 봉건성·식민성 등 과거로부터 기원하는 것이었지만, 1970년대 이후 그것은 근대화·산업화의 결과, 즉 발전의 결과로 나타나는 물질만능주의, 인간성의 상실, 무분별한 서구화 경향 등으로부터 유래되는 것으로 변화된다. 그 결과 기존의 민족에 대한 부정적·비판적 인식 대신 긍정적·적극적 평가를 강화한다. 개인적·민족적 수준에서 자신의 "과거를 자랑하는 데 너무나 겸허"했다는 반성이 나타나고 "민족문화는 모두가 다 투철한 민족의식"을 바탕으로 한 자랑스러운 것임을 강조하기 시작했다.[77]

박정희는 반대와 부정이 우세했던 것이 기존의 '우리 민족'이었다고 비판하면서 "밝은 면을 넓히려는 생산적 노력"을 부각하고자 했다. 즉 "역사상 위대한 창조적 과업은 부정 아닌 긍정 위에 이루어졌으며, 위대한 민족은 긍정적인 명제 앞에 단결"했다는 주장이다.[78] 이러한 점은 박정희의 초기 저작인 『우리 민족의 나갈 길』과 『국가와 혁명과 나』와 1971년 저작인 『민족의 저력』을 비교해보면 극명하게 드러난다.

"사대주의가 유교의 모화사상을 지식인 속에 깊이 뿌리박게 하고 모든 사회제도, 생활양식까지 그대로 본뜨는 '모방문화'를 형성했다. (…) 그러므로 민족적 자립성, 민족적 주체성이 형성되지 못하고 외래문화나 사상의 '기성복'만을 입으려는 경향…"(『우리 민족의 나갈 길』, 86쪽)이라는 규정은 "우리의 조상들은 대륙의 문화를 그대로 모방한 것이 아니라, 이것을 주체적으로 흡수하고 나아가서 독창적이고 고유한 민족문화를 창조해내는 데 비상한 능력을 발휘"(『민족의 저력』, 260쪽)한 것으로 바뀌었다.

"우리의 반만년 역사는 한마디로 말해서 퇴영과 조잡과 침체의 연쇄사였다 할 것이다. (…) 기껏해야 동포상잔에 영일이 없었을 뿐 고식, 타태, 안일, 무사주의로 표현되는 소아병적인 봉건사회의 한 축도판"(『국가와 혁명과 나』, 252쪽)이라는 규정은 "창조, 협동, 애국은 서구의 논리에서도 지상의 생활신조이며 기본 가치이겠지만, 이것은 바로 우리 선조들이 지켜온 역사적 유산의 중심 가치, 즉 홍익인간의 이상이요, 화랑도의 정신이요, 서민 사회의 이상"(『민족의 저력』, 256~257쪽)으로 재규정되었다.

심지어 "이 모든 악의 창고 같은 우리의 역사는 차라리 불살라 버려야 옳은 것"(『국가와 혁명과 나』, 256쪽)이라던 극단적 부정의 논리는 "우리의 고유한 미감과 예지에 찬 문화 활동의 전통을 더욱 발휘시켜야 한다는 사명감을 투철하게 느껴가고 있다"(『민족의 저력』, 271쪽)로 대치된다. 나아가 "민족사의 오점과 불명예의 책임을 전통문화의 탓으로 돌리려는 풍조"나 "있을 수도 있는 적은 결함이 마치 전체적인 것인 양 크게 들추어지곤" 하는 현실을 개탄했다. 10년 전 자신의 입장을 전면 부정하고 『민족의 저력』에서 '민족사'의 부정적 측면은 주된 테마가 아니었다.

민족사에 대한 긍정적 갱신은 박정희 체제에 국한되지 않았다. 1960년대 식민주의 사관을 극복하기 위한 다양한 시도가 전개되어왔던 한국사학계의 노력은 그 대표적인 예가 될 것이다. 1970년대 박정희의 측근 중의 하나였던 임방현은 이를 "지식인 사회" 또한 "모처럼 민족의 긍지와 자신을 차분히 되찾으며 민족국가 운영의 지혜와 방법으로서의 국학중흥의 물결이 틀림없이 일고 있다"라며 기꺼워했다.[79]

김대중 역시 스스로를 국제주의를 지지하며 민주주의를 신봉하는 민족주의자라고 규정하고 민족의 역사를 긍정적으로 볼 것을 강조했다. 그는 사대주의가 골수에 젖었다는 것은 역사 왜곡이라고 주장하면서, 이성계 등 극히 일부의 사례에 불과하다고 주장했다. 또한 역사를 통해 한국의 문민우위, 평화주의, 교육에 대한 열의 등을 자랑스러운 전통으로 강조했다. 김대중은 조선시대는 한국의 전 역사에 비추어 별로 자랑스럽지 못한 시대라고 인정하면서도, 민주주의와 관련해 언론 존중, 왕권 견제, 성균관 설치 등의 훌륭한 전통이 있었으며 흔히 비판받던 당쟁도 현대의 정당정치와 관련지어 보면 재평가할 필요성이 있다고 주장했다. 김대중이 가장 강조한 자랑스러운 전통은 동학혁명이었다. 그는 "동학혁명은 민주주의적 관점에서 볼 때 최대의 평가"를 내려야 하며 우리 민족의 "민주주의적 가능성에 대한 확고한 근거"로 삼아야 함을 역설했다.[80]

이러한 분위기에서 박정희는 이제까지 "근대화와 조화를 맺기 힘들 것으로 여겨져왔던 전통문화가 오히려 근대화 자체를 추진시키고 격려하는 생산적인 힘"을 가지고 있다고 재해석하기 시작했다.[81] 뿐만 아니라 근대화의 부정적 효과를 상쇄하기 위한 민족적 전통의 재구성을 주장했다. 즉 "우리의 전통에 서양의 문물과 동양의 사상을 융합시켜 새로운 민족의 자아를 이룩"하는 것, 다시 말해 "선인들의 사상과 슬기를 되살려 정신혁명과 인간성장의 새바람을 일으키"자는 주장이었다.[82]

서구 근대가 특권화된 이래 비서구 지역의 근대화 과정은 서구 근대의 모방과 민족 정체성 확립 사이의 끊임없는 동요의 과정이었다. 서구 근대에 대한 동화와 이질화의 양가성은 박정희 체제는 물론이고 비판적 지식인들을 특징짓는 것이다. 이렇게 서구적인 것과 민족적인 것의 혼종적 양상은 "어느 것이 우리 고유의 한국 문화이고 어느 것이 이질적인 해외 문화인가를 식별조차 할 수

없"는 상황을 연출하게 된다.[83]

서구화 없는 근대화modernization without westernization는 비서구 지역의 근대화 과정에서 흔히 나타나는 담론적 특징인데, 한국 역시 예외가 아니었다. 사회주의 진영은 이 딜레마를 '민족적 형식과 사회주의적 내용'의 결합이라는 공식으로 해소하고자 했는데, 박정희 체제 역시 민족적 형식과 근대적 내용의 결합을 시도했다. 다시 말해 사회적 갈등을 민족적 통합으로 봉합하고자 한 시도였지만, 운명과 생활공동체 모두 내파의 위기를 벗어나기 힘들었다.

일례를 들자면, 갈등과 위기의 저변에 사적 소유권의 문제가 있다. 박정희는 기업이 "부익부빈익빈"을 야기하는 계급적·계층적 문제가 아님을 강조했다.[84] 다시 말해 공장은 개인 소유이자 '더 차원을 높여보면' "대한민국의 산업이요, 우리 호남 지방의 시설이요, 우리 국가에 필요한 산업시설"이라는 논리를 폈다.[85] 박정희는 집단적 소유를 강조함으로써 첨예해지는 계급 대립을 무마하고자 했다. 즉 주식공개 등으로 기업을 '국민 대중화'해서 "대중적인 기업"이 될 것이라고 주장했다. 폐쇄적인 독점자본, 또는 가족회사 제도 등은 초기 단계의 불가피한 사정에 따른 것이며 자본주의 경제의 핵심은 "건전한 주식회사"의 양성이라고도 했다.[86] 1970년대 후반에는 토지 공개념을 추진하다 포기하기도 했다.

자고 나면 아파트값이 폭등하고 눈 감으면 코 베어가는 세상에서 사적 이익과 민족적 열정을 조화시키는 것은 위선으로 흐르기 십상이었다. 재벌 회장과 일용직 노동자를 같은 민족이라 호명한다 해서 바뀌는 현실은 아무것도 없다. 결국 유신체제의 긍정적 민족 만들기는 일종의 시대착오와 자가당착을 보여준다. 결정적 몰락에 접어든 농촌과 농민을 주어로 한 민족의 전통과 집단살림의 재현은 산업화가 지향하는 방향과 배치될 수밖에 없다. 악마의 맷돌이 돌아가는 시장의 자유가 집단살림의 기본 문법이 되어 서로가 서로에게 늑대가 되도록 강제하는 상황에서 조화와 협동의 민족 전통은 살아남기 힘들었다. 이는 "공시적인 분열상을 통시적, 초월적 연속성으로 상쇄하는 역사적 실체로서의 '원민족'völkisch" 개념을 만들어낸 독일 민족주의와 비교된다. 공시적 적대를 통시적으로 조화시키겠다는 자가당착이야말로 민족주의가 끊임없이 살아남는 유력한 방식일 터이다.[87]

박정희 체제의 민족주의는 파시즘 색채가 짙은 일종의 관 주도 민족주의official nationalism라 할 수 있는데, 통일 문제를 내세운 자유주의 지식인들의 민족주의와 치열한 헤게모니 경쟁을 벌인다. 이후 1980년대로 넘어가 민족주의는 저항담론의 중요한 한 축을 이루기도 한다. 민족주의를 지배담론으로 전유한 박정희 체제는 저항담론은 물론 사회 저변의 민족주의에 적지 않은 영향을 끼친다. 쿠데타 직후의 '촌스러운 민족주의'부터 '국적 있는 자본' 창출, 자주국방을 내세운 군수산업 육성과 군사적 민족주의, 7·4 남북공동성명을 통한 통일 문제 전면화, 문예중흥5개년계획 등 민족문화 지원사업을 통한 민족적 콘텐츠 생산 등은 대학가의 탈반을 비롯해 민족적인 것을 사회적으로 확산시키는 데 막강한 영향력을 행사했다. 그 유산이 자유주의와 결합한 민족주의 등으로 현재까지 이어지고 있다는 점에서 박정희 체제의 민족주의는 여전히 현재진행형이다.

10장　　　　　　　　　발전주의와 빈곤의 정치

1. 발전주의의 계보

박정희 체제의 이데올로기는 여러 측면에 걸쳐 있지만 그중에서도 발전주의는 독특한 위치를 차지한다. 현재 시점에서 박정희 체제를 돌아볼 때 가장 강력하게 지속되고 있는 이데올로기가 곧 발전주의다. 발전주의의 위력은 박정희 체제 이래 모든 정권이 그것을 추종했다는 점을 통해서도 확인된다. 박정희의 뒤를 이은 전두환, 노태우 정권은 물론이고 이른바 민주정권들 역시 발전주의를 정책의 기본으로 삼았다. 정책은 물론 정치세력의 연합도 발전주의를 공유하면서 가능해진다. 이른바 산업화 세력과 민주화 세력의 결합으로 DJP 연합이 만들어지기도 했다.

민주정부의 이름 아래 김대중 정권은 발전과 성장이라는 명분으로 신자유주의 정책을 전면적으로 밀어붙였고, 뒤를 이은 노무현 정권은 '권력은 이미 시장에 넘어갔다'는 말로 이를 추인하면서 '좌파 신자유주의'라는 농담을 유행시켰다. 결국 민주화는 자유화를 의미한 셈이었고, 그것은 곧 발전과 성장의 시장 문법을 사회 전체로 확장하는 것, 자본의 시장 지배를 전 사회적 지배로 확대하는 것이나 다름없었다.

발전은 흔히 GDP(국내총생산)로 측정된다. 그렇지만 GDP 개념은 창안자인 쿠즈네츠Simon S. Kuznets조차 그 한계를 인정할 정도로 문제가 많다. 무엇보다 GDP는 가사 노동처럼 시장과 연계되지 않은 노동을 배제한다. 또한 재난과 사고가 유발하는 건설, 범죄 피해자의 의료 서비스조차 GDP 성장으로 표현할 뿐이다. 즉 GDP는 오직 시장을 통해 유통되는 재화와 서비스의 양적 변화만을 표현한다는 점에서 그 성장은 곧 시장의 확대 재생산이지 않을 수 없다. 시장의 패권이 자본에 있으며 그 현실적 표현이 기업이라는 점에서 GDP는 사실상 자본과 기업의 성장을 가시화하는 숫자일 따름이다. 무엇보다 GDP가 측정한 재화의 성장은 시장을 통해 불균등하게 배분된다. 노력과 능력에 따라 배분될 것이란 자유주의적 가정은 사실상 작동되지 않으며 권력과 자본의 역학관계가 배분 메커니즘을 실질적으로 지배한다. 개인과 가계는 오직 이 메커니즘의 처분 결과를 받아들일 뿐이다. 천문학적 배당과 연봉을 받는 자본가와 CEO 반대편에는 최저임금으로 지탱되는 불안한 삶이 있다. 이 배분에는 경제적 합리성조차 존재하지 않는다. 자본의 크기가 가장 중요한 배분 법칙이지만, 국가와 정치권력을 비롯한 사회적 상징자본 역시 중요하다. 매일같이 언론 지면을 장식하는 부정부패와 추문의 대부분이 이 배분과 관련된 것들이라는 점만 보더라도 성장의 과실을 둘러싼 경쟁은 아귀들의 다툼이라는 말이 적절하다. 공적 영역의 엄숙하고 근엄한 주체들 역시 시장의 적나라하고 자유로운 욕망의 주체들이다. 부동산과 주식과 코인에 열광하는 공적 주체들의 엄숙성이 곧 시장에 넘어간 권력의 얼굴이다. 이 점에서 한국 사회는 정치의 좌우, 세대의 신구, 성별의 남녀, 재산의 다과가 별무상관이다.

1979년부터 시작된 오랜 망명을 끝내고 2002년에 귀국한 홍세화는 '부자 되세요'라는 광고 문안에 큰 충격을 받았다고 한다.[1] 그러나 우리에게는 너무나 익숙한 오래된 풍경이었다. 그것이 20세기 후반 '잘살아보세'의 21세기 버전임은 누구의 눈에도 분명하다. 전자가 국가가 주도한 집단적 캠페인이었다면, 후자는 기업의 광고였다. 이 차이가 발전주의의 시작과 현재를 가르는 중요한 준거다. 국가와 민족의 이름으로 시작되어 시장과 개인에게 도달한 발전의 결과는 망명객에게는 놀라움을, 우리에게는 데자뷔를 선사한다.

발전은 운동을 말한다. 기존의 것을 파괴하고 새로운 것을 구성하는 운동이 곧 발전이다. 운동의 필요충분조건은 주체와 운동장이다. '잘살아보세'와 '부자 되세요'에 반응하는 주체, 발전을 욕망하는 주체와 이들이 뛰어다닐 운동장으로서의 시장이 함께 구성되지 않으면 안 된다. 여기서 운동의 동력은 주로 승강 운동을 통해 구성된다. 발전주의가 많은 사람에게 매력적이었던 것은 그것이 상승 운동의 성취감을 맛보게 했기 때문이다. 물론 하강 운동의 쓴맛도 경험하게 되지만, 어쨌든 싫건 좋건 승강 운동의 긴장으로부터 자유로울 수 있는 사람은 거의 없다.

1960년대 이래 발전주의가 키워낸 운동장은 애초부터 기울어져 있었지만, 기울기의 각도는 상당히 낮아진 상태였다. 식민지에서 해방되고 농지개혁과 전쟁을 거치면서 기존 위계질서가 크게 흔들렸고 상대적으로 사회경제적 평준화가 큰 폭으로 상승했다. 지주는 사라졌고 자본가는 아직 취약했으며, 모두가 가난하다는 집단의식이 팽배했다. 해방과 전쟁을 거치며 상층의 빈 공간이 크게 열렸고, 많은 사람이 상승해 그 공간을 채움으로써 사회적 유동성도 높아졌다. 국가 규모에 어울리지 않는 대규모 국민군이 구성 됨으로써 장교단의 상당수는 하층 출신으로 채워졌다.

제자리를 지키기만 해도 빠른 속도로 뒤로 밀려나는 급속한 발전 과정은 경쟁을 최고의 중심 가치로 만들어냈다. 압축성장은 곧 시간의 압축을 의미했고, 세계 최고 수준의 빠른 시간 리듬을 만들어냈다. 시간압축의 경쟁 속에 능력주의가 만개했다. 이러한 시장의 문법은 곧 학교와 기업은 물론 군대와 국가 관료조직으로까지 확장되었고 국가 전체가 동일한 문법으로 동기화되기 시작했다.

이 운동이 마지막으로 포섭한 영역은 농촌이다. 대체로 1970 ~1980년대를 전후해 농촌과 가족도 기울어진 운동장으로 편입되었고, 그 연장선에서 외환위기에 따른 신자유주의의 만개가 이루어졌다. 아이러니하게도 이 과정을 주도한 것이 민주화 정권이었고, 사회적 파급력에 비해 저항은 이례적으로 경미했다. 자살률의 폭증은 저항조차 사회적 반란 대신 원자화된 개인의 선택 행위로 고착되어감을 보여준다. 이는 민주화가 곧 자유주의와 개인주의로 귀착되고 있음을 다시 한 번 확인시켜준다.

발전은 상당히 오래된 개념이며 그것과 쌍생아격인 개발은 더 오래되었다. 발전은 'development'의 번역어로 메이지 유신 이후 일본에서 조합된 신조어다. 한국에서는 대략 1900년대 초반에 유입되어 식민지 시기에 일반화된다. 개발은 조선왕조실록에 용례가 기록될 정도로 오래된 개념이지만 근대 이후 'development'의 번역으로 재구성된다. 구한말 이래 발전과 개발은 큰 의미 구분 없이 혼용되었지만, 실은 미묘하지만 중요한 차이를 내포한다.

여기서 발전과 개발의 차이를 자세히 논할 여유는 없지만, 간략한 설명이 필요하다. 서구에서 development의 기원은 고대 그리스 시대로 거슬러 올라간다. 애초에는 식물의 씨앗이 발아해 성장하고 꽃을 피워 열매를 맺고 사멸하듯이 자연스러운 생물의 순환 과정을 지시하는 용어였다. 중세 기독교를 거치며 아우구스티누스가 신의 뜻에 따른 세계의 변화 과정을 지시하는 용어로 사용했으며 일종의 예정조화를 의미하기도 했다.[2]

특히 아우구스티누스는 순환을 단 한 번의 순환으로 대체하고 직선적 역사관으로 향하는 길을 열었다는 점에서 중요하다.[3] 즉 발생과 성장과 소멸이라는 순환 과정이 무수히 반복되는 것이 아니라 천지창조와 종말의 일회적 과정이라는 근대의 직선적 시간관을 준비하게 된다. 또한 그는 신의 의지에 의한 필연적 역사를 강조했다. 인간은 자유의지를 가지고 있기에 자신의 뜻대로 행위하고 또 그 책임을 지는 게 마땅하지만, 그 의지는 결국 신의 의지 안에 있다는 것이다. 그에게 지구상의 법칙이나 필연성은 신의 객관화와 다름없었다.

이러한 과정을 거쳐 서구에서는 17세기 말부터 '진보'라는 이데올로기가 지배적 위치를 차지하게 된다. 특히 고트프리트 빌헬름 라이프니츠는 영원한 진보를 이성의 기초 위에 올려놓으면서 순환 개념을 대체했다.[4] 이제 역사는 반복이 아니라 영원히 진보하는 것이 된다. 또한 이 시기에 자유, 평등, 인민주권 등의 개념이 유행하는데, 그것들이 진보 관념의 맥락에 놓이게 됨으로써 단순히 바람직한 가치 정도에 그치지 않고 역사적으로 필연적인 진보의 성취가 된다. 이러한 맥락에서 튀르고, 콩도르세, 생시몽, 콩트, 헤겔, 마르크스, 스펜서 등은 역사가 느리고 점진적이지만 어떤 목적을 향한 지속적이고 필연적인 전진을 보여준다고 믿었다. 마르크스는 이러한 점을 특히 두드러지게 강조했을 뿐이다.[5]

이렇듯 서구 역사에서 '발전'으로 번역되는 development는 사물의 객관적 전개 과정을 서술하는 의미가 강했다. 반면 '개발'로 번역되는 development는 주체가 강조된다. 발전이 자동사의 의미가 강하다면, 개발은 타동사의 의미가 추가된다. 즉 대상에 대한 주체의 행위를 지시하는 경우 개발이 주로 사용되기에 의지의 문제를 불러온다. 그렇기에 발전은 자연과 사물의 자동적인 변화이자 주체의 의식적 개입에 의한 변화라는 이중의 의미를 띠게 된다. 근대 이후 타동으로서의 development가 강조되어 '발전'은 자연사가 아니라 인간의 역사적 행위 결과로 재구성된다. 요컨대 '개발을 통한 발전'이라는 공식이 성립한다.

주지하듯이 박정희 체제는 주의주의와 정신주의를 매우 강조했다. 이를 잘 보여주는 것이 국민교육헌장이다. 여기서 국민적 주체는 '민족중흥의 역사적 사명을 띠고 태어난' 존재로 규정되는데, 중흥은 발전의 다른 이름이며 주체의 의식적 행위를 통해서만 가능한 것으로 상정된다. 주어진 조건과 상황을 극복하고 돌파해 어떤 성스러운 목적을 달성하기 위한 주체의 의지가 곧 '하면 된다'는 정신의 요체다.

그러나 발전은 복합적 요소들이 우연적으로 조합된 정세의 산물이다. 인간은 주체적 행위자이기는 하지만 자신의 의지와 무관하게 주어진 조건과 상황에서 행위한다. 다시 말해 역사적 행위는 진공 상태에서 이루어질 수 없다. 한국의 발전주의는 이미 세계사적으로 조성된 어떤 정세 속에서 구성되고 작동했음을 기억해야 한다.

1950년대 미국은 구제국주의와 달리 자신들이 발전과 번영으로 세계를 인도할 것이라는 낙관주의가 팽배했다. 퓰리처상을 받은 작가 제임스 미치너James Michener는 지배자와 선교사로서 백인의 역할은 끝났다고 단언하고 돈과 기술로 아시아에 다시 초대될 것이라고 주장했는데, 미국의 정책 결정권자들 역시 제2차 세계대전 이후 아시아의 반란이 서구에 대한 반대가 아니라, 서구로부터 유래할 물질적이고 사회적인 이득을 바라는 대중적 열망의 표출이라고 이해했다.6

여기서 중요한 것은 미국의 번영이 미국만의 것으로 그쳐서는 안 된다는 점이었다. 미국의 나 홀로 번영은 그 자체로 위험한 것일 수 있었다. 가드너 콜스Gardner Cowles는 그것을 '배고픈 세계에서 우리만 살찐 오리가 된다면 조심해야 할 것'이라는 말로 표현했다.7 따라서 미국은 제국주의 시대 문명 대 야만 구도를 승계하면서도 변주할 필요가 있었는데, 이것이 정치군사적 지배 대신 모든 국가가 미국처럼 발전과 번영이 가능하다는 보편적 전략을 내세운 배경이었다. 요컨대 세계를 빈곤한 곳으로 재현하고 미국식 번영의 세계화를 천명한 셈이었다.

냉전이 가시화되면서 1948년경 발전 개념은 새로운 의미 변환을 하게 된다. 트루먼 미국 대통령은 1949년 포인트 포Point Four 연설을 통해 근대화를 냉전 전략의 도구로 만들었는데, 이제 발전 개념은 허버트 후버Herbert C. Hoover가 보았듯이 미국 내부의 정신적·사회적·정치적 삶을 지배하는 것으로서가 아니라 미국의 목적을 위해 대외적으로 사용할 수 있는 개념이 되었다.8

트루먼은 1950년 1월 4일 의회 연설에서 "세계 경제는 인간이 빈곤과 참상에 놓여 있는 지역의 생활 정도를 향상시키고 그 자원을 개발할 것을 요구"하고 있으며, "후진 지역에 대한 개발 없이는 구주 경제의 부흥과 우리(미국-인용자) 경제의 장래 안정이란 있을 수 없다"라고 선언했다. 트루먼은 극동지역의 후진성을 특별히 언급하면서 공산주의의 위협에 맞서 자유와 대의정치의 이상을 확대하기 위한 개발계획의 필요성을 강조했다.[9]

아이젠하워 정권은 이러한 흐름을 적극적으로 계승해 군사력의 확대와 함께 경제개발에 특별한 관심을 기울여야 한다는 뉴룩 new look 정책으로 구체화했다. 이를 위해 아이젠하워는 시장의 주도로 효율성, 풍요, 민주주의와 사회적 통합이 가능하다는 유토피아적인 전망을 내세우면서 1957년 연두교서를 통해 '경제적 번영이야말로 미국의 초월적인 정신적 기초의 상징sign'이라고 주장했다.[10]

이는 빈곤을 넘어 풍요로운 삶을 원한다면 미국의 가치와 시스템을 적극적으로 따를 것을 주문한 셈이었는데, 아이젠하워의 이러한 생각은 거의 실시간으로 한국에 전달되었다. "전 세계의 번영 국가들이 저개발 지역의 빈곤에 시달리는 인민을 원조하기 위한 장기적인 계획"을 수립할 것을 촉구한 아이젠하워의 1959년 크리스마스 메시지가 한국 신문에 즉각 보도되었다.[11]

1960년대 발전주의는 동아시아 및 남북한에서도 이미 중요한 화두였다. 미국은 냉전체제에서 공산주의 진영과 대결하기 위해 발전주의적 세계전략을 강화하기 시작했다. 케네디는 집권 이전부터 MIT의 국제학센터, 하버드대학에서 경제개발론과 후진국 문제에 전문적 식견을 가지고 있던 에드윈 라이샤워, 존 케네스 갤브레이스 교수 두 사람과 가까운 관계를 유지하면서 1950년대 미국의 후진국 정책에 대한 비판을 적극적으로 수용했다. 그 결과 케네디의 두뇌집단으로 '찰스강 그룹'Charles River Group이 형성되었고, 이들은 케네디 정권 수립 후 대외정책에서 중요한 역할을 담당했다.[12] 이후 해외원조법이 제정되고 USAID가 조직되었으며 라틴아메리카에서는 '진보를 위한 동맹'이 추진되었다.

이러한 맥락에서 '근대화'modernization 담론이 구성되었다. 이 용어는 에드워드 쉴즈가 1959년에 제시했다고 하는데, 'development'와 긴밀하게 연동되는 개념이었다. 1950년대 미국에서 정립된 'development' 개념은 19세기 유럽의 '진보' 개념과는 일정한 차이가 있었다. 진보가 미개와 야만을 문명화하는 것이라면, 'development'는 GNP 같은 구체적인 경제지표로 측정되는 물질적 생활수준의 개선을 의미했다. 또한 외부의 지원을 받더라도 그 동력의 본질적 부분은 내부에 있는 것으로 상정되었다.[13]

미국의 발전주의는 유엔으로도 확대된다. 이를 대표하는 것이 1955년에 만들어진 유엔개발계획UN Development Programme (UNDP)으로 한국에 큰 영향을 미치게 된다. 유엔은 이미 한국이라는 국가가 형성되는 데 결정적 산파 역할을 했으며, 그 연장선상에서 한국에 대한 막강한 영향력을 행사했다. 미국의 강한 영향 아래에 있던 유엔이 개발 프로그램을 가동한 것은 어쩌면 당연한 일일 수도 있지만, 다른 한편으로 냉전에 의해 더욱 강화된 것이기도 했다.

이는 사회주의 진영 역시 발전주의를 핵심적 전략으로 채택한 사정을 보아도 알 수 있다. 냉전은 열전 대신 생산력 확충과 산업화를 경쟁의 핵심으로 채택했던 것이다. 군사적·이데올로기적 대결 구도가 중요한 것으로 보이지만 실제로는 그것을 뒷받침할 경제적 경쟁이 더 중요했다. 특히 제2차 세계대전 이후 우후죽순 나타난 신생국의 경우 정치적 독립에 뒤이어 경제적 자립과 발전이 초미의 관심사였다. 처참한 실패로 귀결된 1950년대 중국의 대약

     3부 박정희 체제의 이데올로기, 파시즘에서 자유주의까지

진운동은 사회주의적 생산력 확장 운동이었고 북한 역시 전후복구와 함께 경제개발에 총력을 기울였다.

한국이 북한의 경제수준을 따라잡고 추월하기 시작한 것은 1970년대였다. 그만큼 사회주의 진영의 경제발전은 박정희 체제는 물론 자본주의 진영에 매우 심각한 도전으로 여겨졌기에 대응책 마련에 부심하게 된다. 특히 북한과 사회주의 진영의 경제개발이 계획을 통해 이루어졌다는 점에 큰 자극을 받았다. 자유방임과 시장에 맡겨야 한다는 자본주의적 산업화보다 국가 개입에 의한 경제개발이 훨씬 더 효율적이고 큰 성과를 낸다는 것을 확인하면서 자본주의 진영에서도 이를 적극적으로 활용하게 된다.

진영 간 대결과 함께 한국에 큰 자극을 주었던 것이 일본의 급속한 전후복구와 경제발전이다. 1960~1970년대 한국의 초기 산업화 과정에 일본이 결정적 역할을 했음에도 불구하고, 당시 대다수 지식인은 일본에 의한 재식민화의 공포에 짓눌리고 있었다. 일본의 급속한 재부흥과 발전은 위기의식과 함께 그것을 모방하고 따라잡으려는 욕망의 확산으로 이어졌다. 일본은 위기이자 기회의 핵심 조건이었다. 더욱이 미국은 지역 통합전략에 따라 한일 국교정상화를 매우 강하고 집요하게 밀어붙이고 있었고, 박정희 체제가 그것을 이루게 됨으로써 한·미·일 간 발전주의 연합 질서가 구축된다.

이렇듯 1960년대 세계와 동아시아 그리고 한반도에는 발전주의가 지배적 가치와 지향으로, 국가의 핵심 정책과 전략으로 구체화된다. 누구도 이렇게 구조화된 발전주의 국면으로부터 자유로울 수 없었고 그 경쟁 결과에 따라 모두의 운명이 결정될 수밖에 없는 상황이었다. 이제 아무리 둔감한 사람이라 하더라도 발전주의가 초래하는 현실의 변화와 그 압력을 느끼지 않을 수 없었다.

2. 근대화론의 유입과 개발담론의 형성

발전주의는 개항기 이래의 오래된 이데올로기였지만 식민지 시기에 그것이 직접 표현되는 것은 제한적이었다. 물산장려운동이나 실력양성론 등 발전주의를 접목한 운동 방략이 나타나기도 했지만, 조선인 사회 다수의 동의를 얻을 수는 없었다. 사회주의를 비롯한 좌파 진영에서는 이를 강하게 비판했고 무엇보다 중요하고 긴급한 것은 식민 지배를 극복하는 것임을 강조했다. 게다가 식민지 시기 발전 개념의 헤게모니를 장악하고 있던 것은 일제 식민자들이었기에 조선인 사이에서는 식민-피식민의 문제 설정이 발전-저발전을 압도했다.

해방 이후 국가 형성을 둘러싼 내외에 걸친 복잡다단한 투쟁이 전쟁이라는 극단의 방식으로 종결되면서 남북한 모두 발전을 새로운 국가적 과제로 삼게 된다. 이러한 상황 속에 빈곤과 후진성이 도드라지게 된다. 1950년 3월 『동아일보』가 개최한 좌담에서는 "아세아에 있어서 공산주의의 온상이 된 것은 두말할 것도 없이 빈곤과 후진성"이라는 발언이 나온다.[14] 여기서 빈곤은 경제적 차원으로 그치지 않고 체제 전체를 위험에 빠뜨릴 수 있는 문제로 지목되었다. 특히 한국전쟁은 빈곤이 생활상의 문제이자 이데올로기의 문제임을 극명하게 드러냈다.

우리는 가난한 나라의 백성이요 공산주의와 싸우는 나라의 백성이

다. (…) 가난한 나라의 백성이 부강한 나라의 백성처럼 살려고 해
도 그렇게 살 도리도 없다. 우리의 생활수준은 우리의 생산에 의하
여 결정되는 것이기 때문이다. (…) 우리는 남과 같이 부강한 생산
력을 조성하자면 근검저축을 여행勵行해야 한다. 그런데 일은 남보
다 적게 하고 살림은 남보다 낫게 하려고 하는 데에 이 나라가 가난
해진 원인이 있을 것이다. 우리는 미국 국민들의 생활수준을 부러
워하지만 그들이 150년 동안 그 생산력을 건설하기 위해서 여행한
근검저축에는 눈을 감으려고 하는 것 같다.[15]

전쟁이 한창인 중에 『동아일보』는 사설을 통해 빈곤한 나라의
백성을 계몽하고자 한다. 계몽의 핵심은 반공과 함께 근검저축이
다. 빈곤과 공산주의의 위협에 맞선 백성의 자세를 강조하면서 부
강한 국가 건설을 해결책으로 제시하고 있는데, 미국이 중요한 참
조 대상으로 제시되었다. 그런데 미국의 생활수준은 한국의 목표
이기는 하지만 더 시급한 것은 근검저축의 자세다. 이는 빈곤의 극
복을 먼 미래의 일로 유예하면서 현재의 빈곤을 견딜 것을 주문하
는 것처럼 읽힌다. 빈곤이 극복의 대상이 아니라 적응의 대상으로
재현되고 있다.

한국전쟁 이후 최대의 정치적 격동이었던 4·19혁명은 민주주
의 문제를 전면에 부각하는 동시에 후진성 문제를 심각하게 제기
한다. 한 학생은 '외국의 원조를 받아가며 겨우 궁핍을 면하고 있
는 상태'에서 "약소국가의 설움"을 일소하고 "지상의 낙원 서전瑞
典과 같은 이상국가 건설"을 주장했다.[16] 4월 18일 국회의사당 앞
에 집결한 고려대 데모대의 결의사항 가운데 네 번째는 "행정부는
이 이상 우리나라를 세계적 후진국가로 만들지 말라"였다.[17]

한편 이와는 다른 차원의 움직임이 있었는데, 학생운동권 일부와 혁신계의 통일운동이다. 이러한 흐름을 집약한 것이 1961년 5월 5일 민족통일전국학생연맹의 공동선언문이다. 선언문은 당대의 세계사적 특징을 "민족해방투쟁의 승리"와 함께 "우주과학 분야와 경제성장 면에 있어서의 사회주의 진영의 비약적인 발전"으로 정리했다.[18] 선언문은 특히 민족해방과 통일이 보다 우월한 발전의 길임을 강조했다. 1957년 스푸트니크호 발사 성공으로 우주경쟁에서 소련의 우위가 확인되면서 냉전의 평화공존이 생산력 경쟁임을 분명하게 인식한 것으로 해석된다.

쿠데타 세력은 민족해방과 통일을 수면 아래로 가라앉히는 대신 발전과 번영을 전면에 내세웠다. 이들의 노선은 근대화론으로 집약된다. 당시 미국의 원조는 한국 경제의 성장과 유지에 절대적인 역할을 했다. 1950년대를 통해 국민총생산에서 약 10~23퍼센트의 비중을 차지했고, 정부 세입 구성에서 차지하는 비중은 35~50퍼센트에 이를 정도로 미국의 원조는 절대적인 역할을 했다.[19] 그러나 미국은 대외원조 부담이 가중되자 1957년 개발차관기금Development Loan Fund을 설립하고 원조를 대폭 삭감했다.[20] 원조 축소는 한국 경제 관료들에게 경제의 효율적 운영을 위한 계획합리성을 높이도록 강제했으며, 한국 내에서 발전 담론과 발전기제를 만들어나가는 계기가 되었다.[21]

미국의 근대화 담론이 한국에 확산되는 데 결정적 역할을 한 인물은 월트 휘트먼 로스토우Walt Whitman Rostow였다. 로스토우의 대외정책은 한마디로 '근대화론'이라고 할 수 있으며 근대화를 통해 공산주의 혁명을 막고자 하는 것이었다. 그는 근대화를 "국가의 독립에 대해서 장기적인 기초를 제공하는 데 반드시 필요한 모험"이라고 규정했다.[22] 또한 근대화는 경제 분야만이 아니라 정치, 사회 등 전반적인 사회구조의 재편을 포함했다.

로스토우의 대표적 저서인 『반공산당선언―경제성장의 제 단계』는 이미 1960년에 한국어로 출판되어 한국 지식인 사회에 큰 영향을 미쳤다. 로스토우의 관점은 근대사의 흐름을 "성장의 제 단계"로 보고 "전통적 농업사회가 어떻게 또 어떤 자극을 받고 근대화에의 발걸음을 내딛기 시작"하는가에 관한 것이었다. 이러한 관점에 입각해 전통적 사회, 과도기적 사회, 도약 단계의 사회, 성숙 단계의 사회 그리고 마지막으로 고도의 대량소비 사회 등 5단계 발전론을 제시했다.[23]

반공주의, 대중의 동의에 기반한 국가의 주도적 역할, 민족주의와 군대의 역할 등 로스토우의 주장은 박정희 체제의 근대화 담론은 물론 당대 엘리트 지식인들에게도 깊은 흔적을 남겼다. 그의 책은 여러 출판사에서 거듭 출간되었고 그와 관련된 수십 편의 글이 발표되었다. 물론 이러한 반향에는 비판적 시각도 존재했지만, 중요한 것은 로스토우가 제기한 '근대화'라는 화두가 한국 사회에서 지배적 가치로 수용되었다는 점이다. 사실 근대 이후 한국의 엘리트들은 문명개화, 실력양성 등 역사적 국면마다 그 용어상의 변화는 있었지만 기본적으로 근대적 가치를 한국에 실현해야 한다는 점에서는 거의 만장일치의 상황이었다.

박정희를 비롯한 쿠데타 세력이 처음부터 근대화론을 내세운 것은 아니었다. 쿠데타 세력의 입장이 처음으로 나타난 것은 이른바 혁명 포고문이다. 김종필이 작성했다고 알려진 이 포고문은 세 부분으로 구성되어 있다. 첫째는 반공주의, 둘째는 구악일소 등으로 나타난 개혁성향, 셋째는 민족정기, 민족적 숙원으로서의 통일

등에서 나타나는 민족주의다. '민생고'로 표현된 경제 문제는 아직까지 뚜렷하게 구체화되지 않았다.

쿠데타 세력은 애초 경제개발에 대한 특별한 생각이 없었다. 박정희와 쿠데타 주도세력은 수시로 자신들의 혁명 과제가 도의 재건, 자립경제 또는 "인간개조와 경제재건" 등 두 가지라고 천명했지만 그뿐이었다.[24] 박정희는 개발이나 보세가공이라는 말도 몰라서 부흥부를 개발부로 개칭하자는 주장에 반대했고 쿠데타 주체 중 하나인 이석제는 "우리 혁명주체들의 가장 큰 약점은 경제를 모른다는 점"이라고 토로했다.[25] 쿠데타 직후 주한 미국 대사 버거도 쿠데타 세력이 정치와 경제에 대해 오직 '가장 희미한 개념'the vaguest notion을 가지고 있을 뿐이라고 했다.[26]

쿠데타 세력이 경제개발과 근대화론을 핵심 통치전략으로 받아들이는 과정은 미국의 압력, 지식인의 영향 등이 복합적으로 작용했다. 또한 4·19로 확인된 봉기대중에 대한 공포가 중요했다. 즉 위험한 대중을 안전하고 생산적인 국민으로 전유하는 것이 필요했다. 4월혁명을 부정부패, 불의에 맞선 의거로 제한하고 혁명 이후의 주된 흐름을 국민계몽운동, 신생활운동으로 유도함으로써 혁명을 '생산적인 것'으로 전화하고자 한 것이다.[27]

사회변혁의 전망이 폐색된 4·19가 가야 할 길은 계몽과 건설임이 강조되었고, 그 배경으로 빈곤, 가난, 전근대성 등으로 구성된 후진성 담론이 제기되었다. 물론 후진성 담론은 가난이나 빈곤으로만 국한되지 않았고 '쓰레기통의 장미'라는 비유에서 드러나듯이 민주주의를 핵심으로 하는 정치적 영역에까지 확장되었다. 4·19는 바로 이 정치적 영역의 후진성을 극복하기 위한 민주주의 의거로 규정되었으며, 이제 그 임무는 완료되었다는 선언이 필요했다. 요컨대 4·19의 봉기대중은 이승만 정권의 몰락으로 제 할 일을 다한 사냥개로 취급되었다.

지배세력이 된 쿠데타 세력은 인민의 직접 행동 대신 권력에 의한 수동혁명, 위로부터의 혁명을 추구하고자 했다. 이 혁명은 구악일소, 도의재건, 정신혁명 등 다양하게 설명되었지만 결국 경제개발과 근대화로 모아진다. 요컨대 이들은 생산관계의 변혁을 수반하는 사회혁명 대신 생산력주의적 산업혁명을 들이민 셈이었다. 후자는 곧 발전주의의 본격 출발을 알리게 된다.

근대화 담론과 관련해 1963년 민정이양과 대통령 선거가 중요했다. 쿠데타 초기 근대화는 주된 가치가 아니었다. 그러나 1963년 하반기부터 근대화는 그 출현 빈도가 점차 증가하기 시작했고 '조국근대화'가 최초로 사용된다.[28] 조국근대화와 짝을 이루던 민족중흥은 비교적 이른 시기인 1962년 3·1절 기념사에서 사용되었지만, '조국근대화'라는 표현이 처음 등장한 것은 1963년 11월 3일 학생의 날 치사에서다.[29] 이후로 담론의 중심으로 떠오른 조국근대화는 '민족중흥'과 함께 근대화와 민족주의의 결합을 상징하는 슬로건이 되었다.

미국발 근대화론의 영향력은 쿠데타 세력에게 스며들고 있었다. 김종필도 그러했지만 최고위원 김재춘도 1962년 초반 무렵 로스토우 이론에 근거해 '경제의 근대화'는 '사회의 근대화'와 병행해야 한다는 근대화론을 주장했다. 그는 '빈곤의 악순환 과정'을 탈피하고 자립경제를 달성하기 위해서는 강력한 중앙정부의 주도력에 의한 근대화 계획이 숙명적 과제라고 주장하면서 후진국에서는 경제 내적 요인보다 경제 외적 요인의 작용이 더 큰 발전의 힘이라고 역설했다. 즉 정부는 '보이지 않는 손'이 아니라 '보이는

손'이 되어야 한다는 주장이었다.[30]

그런데 김종필이나 김재춘 그리고 박정희가 발표한 글은 대부분 지식인의 대필이다. 박상길은 박정희뿐만 아니라 김형욱 등 쿠데타 주도세력이 언론·잡지에 발표한 글 상당수를 대필했다고 술회했다. 내용을 보더라도 전문 학자들이 대필한 흔적이 매우 강하다. 즉 당시 지식인들은 근대화론을 내용적으로 선취하고 쿠데타 주도세력에게 전파하는 핵심 매개 역할을 담당했다. 여기에 군부세력도 적극적으로 반응했다. 특히 김종필은 중앙정보부 정책연구실을 통해 지식인들과 밀접한 관련을 맺고 있었기에 중요한 역할을 했다고 할 수 있다. 아울러 두 차례의 미국행을 통해 로스토우를 비롯해 미국 정관계 인물들과 광범위하게 접촉하면서 근대화 담론에 대해 '학습'했을 가능성이 높다.

군정 2년 반을 거치면서 쿠데타 세력은 서서히 하나의 체제로 정립되어갔다. 그것은 권력을 운용하는 기술적 측면뿐만 아니라 지식인을 비롯한 민간 사회세력과 쿠데타 주도세력 간의 연합이 이루어졌음을 의미한다. 이 연합을 통해 박정희 체제는 자신들만의 독특한 지배담론을 구성할 수 있게 되었다. 즉 근대화 담론은 지식–권력 지배연합의 담론적 합작품이었다.

근대화 담론은 모든 영역으로 확산되었지만 그 핵심은 경제개발과 산업화였다. 박정희는 "근대화를 조속히 이룩하기 위한 우리들의 노력은 경제의 성장에 집중되어야 할 것"임을 분명히 했고, 이는 "재언"할 필요도 없는 것이라고 못박았다.[31] 말할 것도 없이 박정희 체제 근대화론의 핵심은 경제개발이라는 발전주의에 있었다.

요컨대 박정희 체제는 생산관계의 변혁 대신 생산력 확충을 위한 경제개발을 국가적 의제로 만들고자 했다. 그런데 문제는 이러

1965년 울산 비료공장 기공식에 참석한 박정희. 각종 공업 시설은 박정희의 단골 시찰 대상이었다. 개발의 성과를 통치성으로 연결시키기 위한 주의 깊은 전략의 일환이었다. 대통령기록관 사진.

한 전략을 어떻게 설득력 있게 대중에게 제시할 것인가였다. 해방과 전쟁, 그리고 4·19혁명을 통해 급진화된 정세 속에서 사회개혁에 대한 정치적 열망을 봉쇄하고 모든 것을 오직 경제개발로 환원하기 위해서는 모두가 납득할 만한 무언가가 필요했다. 그것이 곧 빈곤이었다.

3. 가난 서사와 멸빈滅貧의 꿈

1950~1960년대 빈곤에 대한 증언은 거의 모든 회고류의 공통 요소다. 전쟁을 거치며 너나없이 가난했고 갖은 고생 끝에 오늘의 번영을 이룩했다는 서사는 한국 사회를 지탱하는 커다란 기둥이다.

이 서사의 출발은 누구에게나 명백한 현실로서의 빈곤이다. 박정희 체제기의 대표적인 저항 문인 김지하는 다음과 같이 회고했다.

> 내 앞에, 내 안에, 내 벗들에게 '가난'이 살고 있었다. 5월 쿠데타의 주체들 앞에, 그들 안에, 그들의 동맹자들에게 '가난'이 살고 있었다. '가난'은 그 시대 최대 최고의 숙제였다. 나라도 어찌하지 못한다는 가난! 가난이 우리를 지배하고 있었다. 우리 모두가, 우리들 어느 누구도 찬성하지 않았던 5월의 군부 쿠데타가 슬그머니 시인받게 되었던 것도 가난 때문이었다. 가난에 대한 그들의 관심 때문이었다.[32]

김지하는 물론 그것은 폭력이었고 오류였고 부채였으며 '돈 닷냥에 어미를 팔아먹은 놈 꼴'이라고 부언했지만, 어쨌든 빈곤한 현실에 대한 증언이 바뀌지는 않는다. 대표적인 비판적 지식인 리영희도 "대중의 생활은 문자 그대로 '도탄'이었"다고 회고했다.[33] 빈곤에 대한 인식은 쿠데타 주도세력뿐만 아니라 박정희 체제에 비판적이었던 사람들에게도 중요한 현실로 기억된다. 그렇기에 "이성을 가진 사람이라면 누구나 당시 근대화와 경제개발이 절실히 요청된다는 사실을 절실히 느끼고 있었"다는 평가,[34] "빈곤 타개에 대한 태도 면에서, 그들(쿠데타 세력-인용자)보다 더 적극적이고 인상적인 모습을 보여준 정치세력들은 당시에 존재하지 않았다"는 평가는 당연한 것처럼 보인다.[35]

박정희가 빈곤을 언급한 것은 일일이 거론하기 힘들 정도로 많다. 예컨대 그는 농촌의 가난이 "5천 년의 가난"이었고, 조상 대대로 내려오는 초역사적 실체인 것처럼 주장했다.[36] 그리하여 박정희 체제의 경제개발이 5천 년간의 보릿고개를 해결한 업적으로 칭송되곤 한다. 보릿고개(麥嶺)가 이앙법이 널리 퍼져 이모작이 일반화된 조선 후기 이래의 현상이라는 사실은 중요하지 않다. 이렇게 빈곤에 대한 기억은 사실과 믿음 사이에서 일종의 집단 무의식처럼 자리 잡고 있다.

한국의 빈곤은 외부의 시선으로도 확인된다. 1960년대 한국 사회에 상당한 영향을 미친 「콜론 보고서」는 남한 사람들이 상당한 정도의 전후복구에도 불구하고 여전히 빈한한 국민이라고 규정했다. 남한 사회는 전체 인구의 75퍼센트를 차지하는 농어민, 세계 2위의 인구 밀도, 실업 문제 등 전형적인 후진사회 공통의 문제를 안고 있다는 것이 이 보고서의 결론이다.[37] 한국의 빈곤에 대한 미국 자료 역시 차고 넘친다. 요컨대 한국의 빈곤은 내외부에 걸쳐 움직일 수 없는 객관적 사실처럼 여겨졌다.

그런데 빈곤에는 절대적 빈곤과 상대적 빈곤이 있다. 절대적 빈곤이 문제인 상황이라면 사회와 국가의 존속 자체가 불가능하다. 주지하듯이 한국은 전후 베이비붐을 비롯해 폭발적인 인구 증가를 기록했다. 30년 만에 인구가 2배로 폭증한 사회가 절대적 빈곤선을 헤맸다고는 보기 힘들다. 그렇다면 남는 것은 상대적 빈곤의 문제다. 역사적으로 국가로 성립된 사회에서 빈부격차가 없는 경우는 없다. 상대적 빈곤이야말로 초역사적 문제일 것이다. 그러나 1950~1960년대 농촌은 농지개혁의 효과로 빈부격차가 급격히 줄어들었고 변변한 기업조차 드물었던 도시지역 역시 상대적 빈곤이 심각했다고 보기 힘들다.

게다가 전후복구를 통해 빈곤 문제는 완화되는 추세였다. 1963년 쿠데타 세력이 발간한 『한국군사혁명사』조차 최고 12퍼센

트 성장을 기록한 해를 포함해 과거 8년간 연평균 4.9퍼센트의 성
장을 기록했다고 인정했다. 그들 스스로 "우리 경제는 다른 후진국
에 비해 결코 뒤떨어진 것은 아니었다"고 평가했다.[38]

그렇다면 도대체 당시의 빈곤이란 무엇인가. 김지하와 박정희
모두 개인의 상대적 가난이나 사회 내부의 빈부격차를 문제 삼는
것이 아니다. 이들은 '총체적 빈곤'을 문제 삼고 있다. 즉 빈곤의
주어는 개인이나 개별 가족이 아니라 국가와 민족이다. 국가와 민
족 수준의 빈곤은 개인의 구체적 경험이 아니기에 선험적 언설의
선정성이 중요하다.

> 한국은 가난한 나라다. 나라가 가난하니까 국민도 가난할 수밖에
> 없다. (…) 얼마나 가난한가. 허기진 창자들을 달랠 길 없어 빵 속에
> 쥐약을 넣어 자식들을 죽이고 제 목숨도 끊은 애비가 있고 굶다 지
> 쳐 우름(울음-인용자)조차 시들은 애기를 업고 한강수에 뛰어든 어
> 미가 있을 정도로 죽음보다 무서운 가난 속에 허덕이는 겨레가 적
> 지 않은 것이다.[39]

> 내 어쩌다 늙은 갈보와 같은 나라에서 태어났고 창부 같은 오늘
> 에 살고 있지만 (…) 사흘을 굶어 눈이 휑한 자식을 목 졸라 죽인 무
> 섭게 말라빠진 궁핍과 비참을 말해준 한 가련한 아비의 얘기며 미
> 군부대 철조망 밖에서 깡통을 줍던 만삭된 부인이 심심풀이로 새
> 나 잡을 때 사용하는 총탄에 맞아 목숨을 날렸다는 요새 소식들
> 은….[40]

빈곤의 참상이 격한 감정을 동반하는 양상으로 재현되는 것

은 그것이 다만 정치적·사회적 문제로 국한되지 않고 인간의 도덕
적·윤리적 감각의 문제로 여겨지게끔 하는 효과를 낸다. 인간 이
하의 삶을 살고 있는 상황에 대해 도덕적 분노를 유발하고자 한 것
이다. 이는 곧 일상화된 빈곤, 너무나 당연해서 굳이 문제조차 안
되는 진부한 것으로서가 아니라 새롭게 발견되고 재구성된 빈곤을
보여준다.

그러나 내부의 빈곤, 내부의 빈부격차가 문제화되는 것은 극히
위험한 일이다. 가장 위험한 것은 계급이었다. 비교의 주체가 계급
이 된다는 것은 곧 사회의 통합성을 심각하게 위협할 것이며 빈곤
은 가장 위험한 비교의 놀이가 될 것이다. 게다가 이 위험한 비교
놀이는 해방공간과 전쟁을 통해 등골이 서늘하도록 경험했던 바
이며, 전쟁을 통해서도 결코 해결될 수 없었고 4·19혁명 속에서도
악몽처럼 나타났었다. 따라서 비교의 주체는 국가와 민족으로 상
승해야 했다.

비교 주체가 국가와 민족이 된다면 그 대상은 선진국이다. 한
국의 빈곤은 그 자체로 자명한 것이 아니라 오직 선진국의 풍요와
대비되는 가난이다. 박정희는 남의 나라를 선망하기에 앞서, 가난
과 괴로움을 극복하고 자기 민족을 위해 헌신할 것을 주문했지만,
역설적으로 이러한 언설 자체가 빈곤 콤플렉스를 강화했다.[41] 이
콤플렉스를 주도한 것은 엘리트 집단이었다. 선진국과의 비교 놀
이는 보통 사람들보다 엘리트에게 유리한 일이었고, 또 그만큼 깊
은 트라우마를 유발했다. 이들의 주도로 '너나없이 모두 함께 가난
했다'는 집단 무의식이 형성된 것이다.

클랙슨 소리에 놀란 그들은 곧 몸을 피하려고는 했지만 너무나도

놀랐었던 것 같다. 그들은 갑자기 서로 손을 부둥켜 쥐고 뒤뚱거리며 곧장 앞으로 뛰어 달아나는 것이다. 고무신이 벗겨지자 그것을 다시 잡으려고 뒷걸음질 친다. 하마터면 그때 차는 그들을 칠 뻔했던 것이다. (…) 운전수는 그들의 거동에 처음엔 웃었고 다음에는 화를 냈다. (…) 누렇게 들뜬 검버섯의 그 얼굴, 공포와 당혹의 표정, 마치 가축처럼 무딘 몸짓으로 뒤뚱거리며 쫓겨가던 그 뒷모습. (…) 나는 한국인을 보았다. 천년을 그렇게 살아온 나의 할아버지와 할머니의 뒷모습과 만난 것이다.[42]

위 인용문은 1963년 출간되어 이어령에게 일약 유명세를 안긴 『흙 속에 저 바람 속에』의 도입부이다. 이 책은 출간 이후 10여 년간 이삼십만 부가 팔렸고 2000년대 초반까지 무려 200만 부나 팔린 베스트셀러이자 스테디셀러로 당대 한국인의 폐부에 있는 무언가를 건드린 것으로 평가된다. 한국 문화에 대한 당대의 상식이나 객담에 '당대의 지성'이 나서서 멋진 학문적 포장지를 둘러준 것이란 설명이다.[43]

이어령은 "울음과 눈물을 빼놓고서는 한국을 말할 수 없다"고 했다. 그 슬픔과 울음은 "대부분이 가난과 굶주림에서 온 것"으로 "우리가 가는 곳이면 어디에나 그 굶주림의 어두운 그늘이 따랐다"고도 했다. 결국 그는 그 설움은 "형이상학적인 슬픔이 아니라 형이하학적인 울음"이었다고 결론 짓는다.[44]

이 책에는 거의 같은 농도의 오리엔탈리즘과 옥시덴탈리즘이 짙게 서려 있다. 식민주의 역사학이 빚어낸 편견과 부정적 서사도 중요한 자리를 차지한다. 문화를 분석 대상으로 했다지만, 스스로 문화를 구성하는 수행문적 담론이기도 하다. 깊은 콤플렉스와 트라우마가 드리워진 엘리트 지식인의 상처 입은 영혼의 그림자도 어른거린다. 자신의 상처를 모두의 상처로, 자신의 콤플렉스를 민족의 그것으로 치환하여 상처와 트라우마로부터 벗어나 있는 자신을 재발견하는 엘리트의 화법이다. 서구 근대의 학문 언어를 습득한 이들이 문화와 교양의 이름으로 보여주는 모습일 터이다. 이어령은 "한국의 자화상"을 그렸음을 토로하며 그것이 "추악하게 이지러져" 있고 "어둡고 살벌하고 답답"하다 했다. 또한 "애정이 클수록 절망도 크고 자존심이 높을수록 자기환멸도 높기 마련"이기에 자기와 같이 '얼굴색이 누런' 이웃들에 대해서 무관심할 수 없었고 "먼저 아파해야 된다는 것"을 강조했다.[45]

> 동남아의 빈곤은 서구의 지배자가 들어와서 그들이 만든 생활의 편의품과 사치품을 제시했을 때 처음으로 생긴 것이다. 생활의 필수품이 풍족하게 마련되어 있는 그들에게 빈곤을 뼈저리게 느끼게 한 것은 결국 서구인과의 비교에서 생기는 주관적 불만족의 증대 바로 그것이 아닌가. 그런 의미에서도 동남아의 빈곤은 객관적 의미를 잃은 주관적 불만족의 산물이고 따라서 서구적 산물이라 해야 한다.[46]

위 인용문은 당대의 저명한 지식인이었던 서울대 경제학과 교수 임종철의 글이다. 그의 말대로 동남아의 빈곤이 서구적 산물이라면 한국의 그것 역시 동일한 것이지 않을 수 없다. 이어령의 자기 환멸이 자기로부터 기인한 것이 아님은 분명하다 할 것이다. 트라우마와 콤플렉스를 유발한 빈곤은 당연히 극복 대상이 되어야 한다. 4·19 직후인 1960년 5월에 발간된 『국제평론』의 특집 「빈곤으로부터의 해방」을 보자. 특집 기획의 취지는 냉전의 정치적 성격이 경제적 성격으로 전환되고 있다는 정세 인식을 바탕으로 '빈곤으로부터의 자유가 새로운 역사적 단계의 첫째의 표적'임을 분명히 했다.[47] 1950년대 후반 미국 사정에 밝았던 이동원이 주도했을 것으로 보이는 이 특집은 4·19를 전후한 시기의 빈곤 문제를 핵심 의제로 다룬 대표적인 기획이었다.[48] 총 7개의 기사로 구성된 이 특집은 미국과 근대화론의 영향을 강하게 반영하고 있다.[49]

조동필은 신의 섭리 또는 신분제에 근거한 전근대 시기 빈곤에 대한 이해를 비판하면서 근대의 과학적 연구의 의미를 강조했다. 또한 빈곤을 개인 책임론과 경제관계론 두 가지로 나누어 설명했는데, 한국의 경우 '근면하고 절약해도 빈곤을 벗어날 수 없는 laboring poor(노동 빈민)'가 존재하는 상황으로 이해했다.[50]

빈곤에 대한 적극적 해석도 나타났다. 이무영은 무와 유에 빗대어 빈과 부를 설명하면서 빈하다는 것은 할 일이 많다는 의미라고 주장했다.[51] 즉 빈은 좌절할 일이 아니라 부를 만들어갈 수 있는 가능성의 상태라고 이해한 것이다. 또 다른 필자는 가능성을 현실화하는 것이 주체의 의무이자 운명이라고 했다. 가난은 운명이 아니기에 체질화되어 있는 빈곤의 요인을 제거하고 스스로 자신의 인간상을 개조할 것을 요구하면서, 이것은 "의무요 운명"이라고 했다.[52]

운명으로까지 격상된 빈곤의 해결은 돈의 압력하에서 성립 가능했다. "농민이 빈곤하다는 것은 현물에 빈곤한 것이 아니라 화폐에 빈곤하다"는 것이며 화폐의 수요가 절실해진 현실이 이들을 경제적으로 예속시키고 농민적 빈곤의 스타일을 규격화했다는 설명이다.[53] 농촌의 빈곤이 새로운 화폐수요의 압박에 의해 가중되었다는 해석은 다른 지식인들도 간간이 강조했던 것인데, 이 글은 그것을 좀 더 명료하게 보여주었다. 지멜이 분석했듯이, 화폐는 기존의 공동체적 관계를 해체하고 개인주의의 물적 토대로 기능한다. 화폐경제가 등장하면서 빈곤 역시 새롭게 구성될 수밖에 없었고, 화폐가 초래한 사회적 유동성의 증대에 따라 빈과 부의 유동성 역시 증대되는 상황이었다.

이 기획에서 흥미를 끄는 것은 허버트 후버의 글이다. 주지하듯이 후버는 1920년대 미국 상무장관을 거쳐 제31대 미국 대통령을 역임한 인물이다. 후버는 "전 인류의 대망 중의 하나는 빈곤으로부터 벗어나는 것"이라고 규정하고, 미국은 유사 이래 최초로 빈곤을 극복하는 데 성공했다고 주장했다. 후버는 성공의 이유로 발전의 성과를 꼽으면서 그 기초는 개인주의 사상, 기회 균등과 경쟁의 공정성이라고 주장했다.[54] 미국의 성공은 반대로 나머지 세계(hungry world)를 빈곤 개념으로 재현하는 것과 밀접히 관련된다. 암흑과 빛의 대비처럼 세계의 빈곤이 자명한 진실이 되어야 발전의 빛이 세계로 투사될 수 있을 것이다. 요컨대 세계적 규모의 빈곤의 정치는 미국의 발전주의적 세계전략과 밀접히 관련된다.

오늘날 비교적 근대적인 나라와 전통사회와의 생활수준의 차이는 참으로 현저하다. 선진국에서는 1인당 국민소득은 2500불 내지 3천 불에까지 이르는 데 반하여 전통적 방법을 아직 사용하고 있는 나라에서는 1인당 국민소득이 100불에서 50불까지 내려갈지 모른다. (…) 근대사회에서는 인구의 3분의 2 이상이 도시에 살며, 사실상 문맹은 없다. 건강상태도 역시 크게 향상되고 있다.[55]

위 인용문은 『근대화』란 책의 일부이다. 미국 근대화론의 주요

논자들이 참여한 이 책의 관점은 분명하다. 근대화된 나라와 그렇지 못한 나라의 비교가 단순한 이항대립 구도로 진행되면서 근대화의 가치를 절대화한다. 비교의 핵심 근거는 국민소득이다. 3천 대 50이라는 근대와 전통 사이의 수학적 거리는 두 사회를 극단적으로 단순화한다. 숫자 비교는 생활수준의 문제로 연결되면서 대중에게 실감 나게 다가간다. 근대화된 나라는 전통사회에 비해 60배나 더 잘살게 된 것처럼, 재현된 생활수준의 문제는 빈곤을 매개로 한 근대화론의 문제 설정을 잘 보여준다.

쓰루타니T. Tsurutani는 빈곤의 정치학을 제기했다. 그는 전근대사회에서 빈곤은 정치적으로 중요한 문제가 아니라고 보았다. 가난은 만성적·항상적·운명적인 것이었고 종교적·신분제적 질서로 정당화되었다. 그러나 근대 이후 대중사회에서 빈곤이 더 이상 운명적인 것으로 인식되지 않으면서 만성적인 정치적 긴장이 발생하게 된다고 보았다. 이러한 맥락에서 그는 제2차 세계대전 이후 후진국의 정치를 '빈곤의 정치'로 규정했다.[56] 박정희 체제 역시 상황에 따라 인민주의적 선동과 민족주의적 언설을 활용하면서 빈곤의 정치를 통해 근대화와 발전주의를 밀어붙였다.

특히 이는 1963년 대선 국면에서 두드러졌다. 박정희가 강조한 것이 '귀족-대중'의 대립구도였다. 박정희는 특권계층, 군림사회와 대중, 서민, 국민을 날카롭게 대비시키고 있는데, 그 핵심은 '가난'이다. 박정희는 빈곤을 무엇보다 국민 대다수의 빈곤으로 규정했다. 빈곤한 국민은 부유한 계층과 유한마담, 사치성 소비계층 등과 구분되어 농민, 근로계층, 어민, 서민 등으로 설명된다. 이 과정에서 사치성 소비계층이나 불로소득층, 부유층에 대한 도덕적 비판이 암묵적·명시적으로 추가된다. 이제 빈곤한 국민 대다수는 양적 우위와 함께 윤리적 정당성을 확보한다. 민중의 빈곤을 문제 삼는 것은 김종필도 비슷했다.

> 우리는 국가 자주경제의 토대를 닦기 위한 경제개발 5개년계획의 성안과 이의 강력한 실천에 5·16혁명의 민족주의적인 성격을 엿볼 수 있다. 이는 빈곤과 비참에 대하여 예리한 감각을 갖게 된 민중에 의한 사회경제적 반항을 혁명정부가 대변하고 있음을 말해주는 것….[57]

민중이 '빈곤과 비참에 대해 예리한 감각'을 갖게 된 이유에 대해서는 설명하고 있지 않지만, 그것이 근대화 담론의 주문 사항임은 분명했다. 빈곤에 예민해진 민중이야말로 근대화와 경제개발의 가장 기본적인 조건이 될 것이기 때문이다. 이러한 전략은 사회적 반항을 불러온다. 이를 잘 보여주는 사례가 1962년 김용기 장로가 설립한 가나안 농군학교다. 그는 "이곳은 가난과 싸워 이겨야 하는 농군을 양성하는 농군학교"라고 설명하면서, 육군이 땅으로 오는 외적을 막기 위해 싸우는 군대라면, 농군은 빈곤을 무찌르는 군대라고 했다.[58]

> 젊은 청년들을 농군으로 키우고 그들에게 하나님의 소명감을 주는 것이 내가 할 수 있는 나의 애국이요 하나님의 자손 된 의무요, 그리스도의 가르침을 따르는 길입니다. 군대는 져서는 안 됩니다. 반드시 적을 정복해야 합니다. 지금 우리가 정복해야 할 적은 가난 그것입니다.[59]

여기서 빈곤은 단순히 피하거나 해결해야 할 곤란 정도의 것이 아니다. 그것은 목숨을 건 전쟁을 통해 파괴하고 절멸해야 하는 적이다. 이 전쟁은 기독교의 소명이자 하나님의 복음을 실천하는 성전이며 국가에 대한 충성이다. 빈곤은 신과 국가가 어우러진 성전의 대상이 된 셈이다. 그렇기에 가나안 농장의 가족들은 새벽 4시에 기상해 밤 10시에 잠드는 혹독한 노동을 감내하며 극단적인 내핍 생활을 실천하고자 했다. 농군은 말 그대로 성전의 병사여야 했다.

김용기의 이상촌 실험은 이미 1930년대에 시작되었지만, 농군학교가 설립된 것은 1962년이다. 가나안 농장이 농군학교라는 군사적 명칭을 갖게 된 것은 1960년대라는 정세와 무관하지 않다. 설립 직후인 1962년 2월 9일에 박정희는 농군학교를 방문해 농장을 "축소된 대한민국"이라고 생각한다는 김용기 장로의 말에 거듭 고개를 끄덕였다고 한다.[60] 가나안 농장의 전쟁이야말로 박정희 체제가 치르고 싶었던 그것이기도 했을 것이다.

발전을 통한 빈곤 극복은 야당 계열 지식인도 비슷했다. 『사상계』의 편집위원이자 장면 정권 시절 재무부 이재국장을 역임했던 김영록의 글은 특히 흥미롭다. 먼저 그는 빈곤을 인류 역사 전체의 맥락에서 파악하고자 했다. 즉 "인류가 존속하는 동안 빈곤은 한시도 떠나지 않은 반려"였기에 인간은 "이마에 땀을 맺히고 살아갈 저주받은 운명"을 지니고 태어났다는 것이다.

김영록은 인류라는 유적 존재類的存在의 생존이 곧 빈곤의 하한에 의해 규정됨을 주장하면서 잉여물자의 형성과 치자-피치자의 지배관계의 성립을 통해 빈곤 문제를 사유하고자 했다. 또한 그는 현대 빈곤 문제의 핵심이 상대적 빈곤이며 부의 격차 확대

와 불합리성이 세계적인 불안을 조성할 위험을 경고했다. "초가삼
간에서 사는 것 자체가 그리 고통스러운 것은 아니"지만 "이웃에
서 굉장한 저택에서 사치하게 사는 것을 보면 배가 아파"온다는 것
이다.[61]

그가 제시한 대안은 자본주의적 생산력의 비약이었다. 또한 생
산력의 비약은 자유로운 경제주체들 간의 경쟁을 통해 가능하다
고 주장했다. 자본주의 사회의 기본 특징은 경제활동의 자유가 보
장되어 폭력 대신 화폐 추구 활동을 통해 부자가 됨으로써 계급 간
이동이 가능하다는 것이다. 이 화폐 추구 활동이야말로 모든 국민
을 생산활동에 뛰어들게 함으로써 놀랄 만한 생산력의 비약을 가
져올 수 있다는 논리였다.

> 후진국이란 빈곤국의 별명이다. 그 나라 그 사회가 전체적으로 빈
> 곤하다. 따라서 절대적인 빈곤도의 해결, 즉 전체적으로 본 생산의
> 증강 또는 국민경제의 성장이 앞서야 된다고 생각되며 때로는 당
> 분간 그것이 전부라고까지 생각된다. 그런데 자본주의적인 생산력
> 의 증가는 국부가 될 수 있는 한 큰 부분을 자본화하는 길이며 또한
> 그 자본의 생산성을 올리는 것이다. 그러기 위하여서 자본 축적이
> 빈약한 후진국에서는 부 또는 자본을 소수인에게 집중하여야 한
> 다. 그러기 위해서는 대중의 희생, 따라서 더 심한 빈곤도 각오하여
> 야 한다.[62]

자본의 독점을 의도적으로 심화하고 이를 위해 더 심한 대중
의 빈곤조차도 감내해야 한다는 생산력주의는 박정희 체제 측에서
도 보기 힘든 주장이다. 필자의 이력을 상기한다면 더욱 의미심장

하다. 1970년에도 대표적 '야당지'였던 『동아일보』조차 여전히 생산력주의적 문제 설정을 강조했다. 논설위원 이갑섭은 해방 이후의 역사를 "가난으로부터 시작한 가난을 이기려는 투쟁의 역사"라고 규정하고 최근의 성장에도 불구하고 한국은 아직도 "급속한 경제개발의 길을 지상의 정책과제"로 삼아야 하는 후진국이라고 주장했다.[63]

그런데 「콜론 보고서」가 지적했듯이, 산업화 과정은 정치적 위험을 동반하는 과정이다. 한 지식인은 심지어 여러 긴장이 뒤섞인 후진국 경제개발 과정의 안정화를 위해 종교의 역할을 강조할 정도였다.[64] 빈곤을 해결할 것으로 기대된 개발과 발전이 초래하는 정치적 위험이란 무엇인가.

> 빈곤이라는 사회 현상이 하나의 사회적인 문제로서 사회적으로 의식되게 된 것은 분명히 근대 자본주의의 성립과 그 발전 과정에 있어서 야기되는 사회적 모순의 증대, 그리고 이에 대응하는 위기의식의 결과였다. 그 이전의 사회에 있어서는 빈곤은 차라리 단순한 개인적인 문제로서만 사회적으로 의식되고, 빈곤자가 소속하는 공동사회의 내부에 있어서 상호부조며, 종교적 구제의 대상으로 취급된 데 불과하였다. 그런데 자본주의 사회의 성립이 인간을 생산수단의 소유에 의존하는 자본가 계급과 자기의 체내에 지니고 있는 노동력이라는 상품의 판매에 의존하여 생활하지 않을 수밖에 없는 노동자 계급으로 분열시켜놓자, 노동자 계급의 대량적인 빈곤화 현상이 사회의 표면에 떠오르지 않을 수 없게 되었다.[65]

국회 소속 기관이 작성한 이 인용문은 자본주의 산업화의 위험이 무엇인지를 명료하게 보여준다. 생산력의 폭발로 빈곤 문제를 해소할 것처럼 보였던 자본주의는 상대적 빈곤의 폭발이라는 또 다른 위험을 생산한다는 것이다. 그만큼 빈부격차를 둘러싼 갈등이 첨예해지고 있었다는 것인데, 1965년 7월 미 공보원의 여론조사는 대중이 상대적 빈곤에 대해 매우 예민하게 반응하고 있었음을 보여준다.

부의 공정한 분배를 묻는 질문에 불과 5퍼센트만이 공정하다고 답변했고, 불공정하다는 답변은 무려 85퍼센트에 달했다. 불공정하다고 답한 사람 중 사회경제적 개혁의 필요성을 인정하는 비율도 83퍼센트에 달했다. 가난의 원인을 묻는 질문에는 개인 탓이 38퍼센트인 데 반해 환경 탓은 47퍼센트였다. 행복과 불행을 묻는 질문에 하층은 무려 64퍼센트가 매우 불행하다고 답변했다. 매우 행복하다는 답변은 상층 10퍼센트, 하층은 5퍼센트에 불과했다.[66] 심지어 상층조차도 불공정한 현실에 불만을 표할 정도로 상황은 악화되어 있었다.

따라서 "나라의 부를 일부 극소수의 손으로 집중시키도록 제반 질서가 마련되어왔었고 그러한 질서 속에서 일부 국민의 소득수준은 선진 부유국 국민의 소득 못지않게 컸고 그들의 생활수준 또한 선진국 갑부 부럽지 않게 높고 호화로운 반면 국민 대다수의 생활수준은 일인당 국민소득이 나타내는 소득수준과는 까맣게 미달하는 빈곤 속에 허덕여왔"다는 비판이 등장했다.[67]

야당 역시 빈곤 문제를 핵심 의제로 들고 나왔다. 1965년 민주당은 소수 특권층의 비대화, 중산층의 몰락, 대중 빈곤의 보편화 및 심화 경향 세 가지 문제를 지적하고 중산층 육성을 당책으로 내세우기 시작했다. 빈익빈부익부 슬로건을 좀 더 구체적으로 정리한 셈인데, 이후 대통령 선거를 치르면서 '대중경제'라는 용어로 연결된다.[68] 이렇게 빈곤은 움직일 수 없는 사실이 되어 정치적 의제로까지 설정되었다.

> 빈곤은 추상이 아니다. 빈곤은 어떠한 논리적 인식을 요하지 않는 현실적 결핍인 것이다. 우리 민족사회 안에서 빈곤을 극복해야 함은 누구나가 복종해야 할 민족적 양심의 명령이다. 우리 동포의 단 한 사람이라도 비참한 가난의 쇠사슬에 얽매여 있는 동안은 우리 민족은 다 같이 부자유의 굴레를 벗어나지 못한다. (…) 빈곤으로부터의 자유―이의 보장이 없이는 다른 어떠한 자유도 무의미하고 불가능하다.[69]

1960년대의 한 지식인은 "선진국들이 우리를 어떻게 부르든 간에 우리가 가난한 나라poor country라는 점에는 틀림이 없다"라고 인정한 바 있다.[70] 미국 유학을 마치고 돌아온 이홍구의 눈에도 한국의 빈곤은 움직일 수 없는 사실이었다. 그가 보기에 빈곤은 논리적 인식에 따른 추상이 아니다. 절대적 현실로 고정된 빈곤은 또한 모두의 빈곤으로 집단화되어 민족적 양심의 명령으로 극복해야 할 악이다. 더욱이 빈곤은 모든 자유의 숨통을 틀어쥔 절대가치였다. 이처럼 경제개발이 어느 정도 성과를 내고 있던 1970년대 들어서도 빈곤의 정치는 여전했다.

자본주의 재생산 과정은 빈곤의 재생산이기도 하며, 개발은 곧 상대적 빈곤의 개발이기도 했다. 요컨대 전태일로 하여금 분신을 감행하게 한 것은 1950년대의 빈곤이 아니라 1970년대의 상대적 빈곤이다. 다시 말해 "싸라리맨(샐러리맨-인용자)의 증가와 더부

러 소비 붐과 대규모의 P.R.의 격증은 의식적 빈곤을 더욱 격화"한
다. 그러나 이것이 없다면 "사회는 퇴보, 정지된 사회"가 될 것이며
"대공장, 대기업에 의한 대생산은 월부와 P.R.이 없이 발전할 수
없"는 것이다. 따라서 "실질적 경제발전과 함께 의식적 빈곤은 보
편화"될 수밖에 없다.[71]

요컨대 경제성장을 통한 생산력의 확충은 그만큼의 소비 욕망
의 팽창과 맞물려 결핍으로서의 의식적 빈곤이 보편화될 수밖에
없다는 주장이다. 오히려 이러한 결핍으로서의 욕망을 창출하는
광고와 할부 거래 기법의 발달 속에서만 경제성장이 가능한 것이
기도 하다. 다시 말해 빈곤은 생산과 소비라는 자본주의적 재생산
과정을 유지하는 핵심 요소가 되었다.

이상을 통해 보면 1960년대에 진행된 근대화 담론의 위력이
어떻게 경제적 문제 설정을 절대화함으로써 빈곤 인식을 변모시키
고 있었는가를 알 수 있다. 강력한 현실타파적 이데올로기인 근대
화 담론과 발전주의는 무엇보다 현실을 부정적인 것으로 재현해낼
필요가 있었다. 현실의 부정성이 강화될수록 미래를 위한 근대화
와 경제개발의 정당성과 당위성이 부각되기 때문이다. 그리고 역
설적으로 빈곤은 발전을 통해 극복되는 것이자 또한 그것을 위해
지속되어야 하는 것이다. 빈곤은 발전의 대립물이라기보다 그것의
부속물에 가깝다.

빈곤은 수치와 통계를 통해 자명한 사실처럼 보일 수도 있지
만, 다른 한편으로 특정의 이데올로기와 담론을 통한 재현의 결과
물일 수도 있다. 그것은 주체 외부의 움직일 수 없는 현실이자 주
체 내부의 태도와 관념이기도 하다. 주어진 현실을 어떻게 인식하
고 평가하는가에 따라 현실은 빈곤할 수도 있고 아닐 수도 있다.

다시 말해 빈곤이 자명한 현실이 되기 위해서는 일련의 정치적·담론적 재현 과정을 거쳐야만 한다. 따라서 빈곤 그 자체보다 빈곤에 대한 인식, 담론, 이데올로기를 문제 삼을 필요가 있다.

현실을 빈곤한 상태로 재현하고 또 그 원인을 분석해 극복의 전망까지 제시하는 재현 과정은 그리 단순하지 않다. 다양한 이념과 이데올로기, 관습과 윤리감각 등이 습합되어 혼종적인 양상을 띠는 것이 일반적이다. 이 과정에서 해석적 권위를 획득해 헤게모니 담론의 역할을 하게 된 일련의 담론 자원을 확인하는 것이 중요하다.

즉 빈곤 인식은 자아에 대한 파악이자 타자와의 관계, 물질세계와의 관계를 파악함으로써 자신과 주어진 세계의 관계를 특정한 방식으로 이해하는 과정을 통해 구성된다고 하겠다. 다시 말해 빈곤 인식은 단순히 자신이 빈곤하다는 즉자적 자의식의 획득이 아니라 주어진 세계의 지배적 이데올로기의 호명에 응답하는 과정을 통해 형성된다. 이러한 맥락에서 쿠데타 세력은 빈곤을 '재발견'한 것이자 발전주의를 위해 '발명'한 것이기도 했다.

4. 빈곤의 윤리화 또는 멸빈蔑貧의 정치

역사적으로 거대한 부가 칭송을 받는 경우는 드물다. 오히려 부를 축적하는 과정에서의 악덕이 의심받곤 한다. 반면 가난한 사람이 도덕적으로 비난받는 경우는 별로 없다. 빈곤이 퇴치해야 할 악일지언정 빈곤으로 고통받는 사람을 공격할 문제는 아니라고 여기기 때문이다. 특히 사회적 부가 극도로 편중되는 것은 매우 위험한 징

후다. 부족함이 아니라 불균등을 걱정해야 한다(不患寡而患不均)
는 공자의 말이나 '부자가 천국에 가는 것은 낙타가 바늘구멍을 통
과하는 것보다 어렵다'는 기독교의 격언은 모두 빈부격차가 초래
할 사회적 위험을 경고하고자 한다.

근대 이후 전대미문의 부와 전대미문의 빈곤이 공존하는 상황
이 드물지 않게 되었다. 이는 한편으로 격렬한 저항을 불러왔지만,
다른 한편으로 그것을 정당화하는 다양한 담론과 이데올로기도 등
장시켰다. 기독교는 부를 하나님의 은총의 결과로 설명했고, 자유
주의는 개인의 능력과 노력의 결과라고 정당화했다. 반면 가난한
사람은 무언가 문제가 있는 존재로 취급되는 경향이 강해졌다. 전
근대 시기의 빈곤이 나라님도 어쩔 수 없는 초역사적인 문제였다
면, 근대는 인과율에 따른 합리적 사유를 통해 빈곤의 원인을 규명
하고 해결하고자 한다.

빈곤을 구조적 문제로 보고자 한 다양한 논의들과 달리 자유주
의는 개인의 책임을 강조한다. '사회 따위는 없다'라고 한 전 영국
총리 마거릿 대처의 입장이 이를 잘 보여준다. 박정희 체제에서 국
가는 생산력 확충에 모든 것을 집중하고 그 결과물의 배분은 개인
간 경쟁에 맡기는 식이었다. 사자와의 자유롭고 공정한(?) 경쟁을
통해 잡아먹히게 된 토끼의 운명은 오롯이 토끼의 자유이자 책임
이다.

주지하듯이 이러한 논리는 서구 근대의 산물이며 경제개발과
함께 본격적으로 유입되었다. 빈곤 문제를 바라보는 시각은 선진
국과 한국 사이의 일정한 교섭의 산물이다. 앞서 보았듯이 근대화
론은 발전을 위한 주체 문제를 매우 중요하게 취급했다. 빈곤은 물
론이고 발전 역시 모두 개인-주체의 문제가 결정적이라 주장했다.

이때 선진국과 후진국 사이의 관계와 소통이 중요해진다. 대화가 가능하려면 공통의 언어와 문법이 필요한데, 발전주의와 근대화론이 그 역할을 감당했다. 또한 대화가 가능하기 위한 주체의 변형이 무엇보다 중요하다. 선진국의 권위 있는 호명을 알아듣고 이해하며 응답할 수 있는 주체를 구성해야 한다. 이러한 맥락에서 근대화 담론이 왜 그렇게 주체의 태도와 정신을 강조했는가를 이해할 수 있다.

경제학자 군나르 뮈르달Karl Gunnar Myrdal은 근대화 수행 주체에게 필요한 태도 및 자질로 능률, 근면, 규칙, 시간 약속 철저, 검소, 성실, 합리적 판단 능력, 변화에 대한 민감, 기회 포착, 사업에 정력적일 것, 자제력, 협동력, 장기전망에 익숙한 인간 등을 제시했다.[72] 갤브레이스John Kenneth Galbraith는 물질적 발전은 농민이 조상 대대로 이어진 생활양식을 포기하는 순간 심리적인 것으로 시작된다고 주장했다. 그렇기에 미국의 개발 목적은 농민의 정신을 변화시키는 것이었다.[73] 이러한 심리적 자질과 태도의 강조는 여타 근대화론자의 글에서도 흔하게 나타나는데, 근대적 가치로 주체를 동질화하기 위한 규율화와 윤리화를 시도한 것으로 읽힌다.

빈곤의 윤리화는 두 방향으로 진행되었다. 하나가 개체를 넘어 민족의 집단 윤리로 환원되는 것이라면, 다른 하나는 개체 수준의 자유주의적 윤리의 내면화다. 따라서 개인의 실력을 갈고닦는 것은 일종의 도덕적 정언명령이 되었고, 정당한 부의 축적을 위한 윤리적 지침처럼 여겨지게 된다. 예컨대 "성실과 노력을 인생의 신조로 삼고 꾸준히 달리는 자는 반드시 성공과 승리의 정상에 오를 수 있"다는 철학자의 윤리적 조언이 중요해진 시대였다.[74]

근대화 담론이 확산되면서 빈곤은 전근대적·봉건적 인습에 따른 후진성의 결과로 여겨졌다. 박정희는 빈곤을 거의 모든 부정적 현실의 원인으로 설명했다. 그는 "빈곤 속에 도의의 퇴폐와 부패가 깃들어, 포악한 공산주의의 온상"이 조성됨은 물론 "빈곤이 있는 곳엔 진실한 평등과 자유를 기대할 수 없고, 참다운 사회정의가 실현될 수 없"다고 단언했다.[75] 빈곤이 무지와 무능력에 따른 결과이자 게으름, 나태와 같은 도덕적 결함의 결과라는 것이다.

이는 빈곤이 구호와 동정의 대상이기도 하지만 계몽과 각성의 대상이 되었음을 의미한다. 빈곤의 극복은 요행을 바라면 안 되고 실력을 갈고닦기 위해 성실과 근면으로 꾸준히 노력해야 가능한 것으로 설명되었다. 1960년대 내내 엘리트 지식인들 사이에 자주 회자되는 말이 정신혁명이었다는 점은 개인에 대한 계몽적·도덕적 각성의 요구가 매우 강렬했음을 보여준다. 이때 정신혁명의 내용이 곧 뮈르달이 말한 근대화 주체에게 필요한 자질일 것이다. 이로써 경제적 능력은 현실적 힘이자 윤리적 정당성까지 부여받게 된다.

> 옛날에는 선비 하면 청빈으로 통해서 그것으로 남의 존경을 받았으나 요사이는 가난은 모두 우빈愚貧이요, 인간지말人間之末이라서 아침에 버스 정류장에서 자차 탄 사람들의 구경거리가 되는 것이나 차 안에 들어서서 밀리고 짓밟히고 하는 것은 자기 자신이 창피스러워서 도무지 견딜 수가 없다.[76]

위 인용문의 화자는 대학 교수라는 직업에도 불구하고 빈곤으로 인해 참을 수 없는 모멸감을 느끼고 있다. 그가 보기에 당시의 세태는 가난을 어리석은 것으로 보는 것은 물론 말종 인간의 결과로 바라보는 시대였다. 1962년에 발표된 김승옥의 「환상수첩」에는 가난 때문에 친구의 도시락을 얻어먹는 것이 죽고 싶을 정도로 부끄러운 기억으로 남아 있는 인물이 등장한다. 도시락 얻어먹는 사실을 묵인해오던 식구들도 일단 신문에 그 사실이 취급되자 무척 창피스럽게 여기게 되었고 아버지의 폭행으로 연결된다.[77]

빈곤한 자들은 사회악 또는 폭력과 연루되기 시작했다. 차기벽은 치열한 생존경쟁에서 밀려난 농촌 인구가 대량으로 도시에 유입하고 있는데 그들은 빈곤 때문에 온갖 사회악의 공급원이 되거나 정치적으로 폭력에 호소하는 경향도 농후하다고 진단했다.[78] 여기서 개개인의 인성은 문제가 아니다. 다만 빈곤한 상태 그 자체가 개개인을 사회악과 폭력으로 내몬다고 보았다.

빈곤은 결국 개인의 인성조차 망가뜨린다. "빈곤 때문에 비뚤어진 인간상"이라는 규정이 등장해 "인간상이 자생적 활로를 잃었기 때문에 빈곤이 더 악성화"된다는 인식과 짝을 이루게 된다.[79] 또 다른 지식인은 빈곤의 원인을 국민의 게으름에서 구하고 그 원인으로 길고 추운 겨울, 노동을 천시하는 유교사상 등을 제시했다. 그런데 또한 게으름의 원인이 빈곤이기도 하다. 즉 게으름 자체가 가난의 산물이며 시기심 같은 악덕과 약점 역시 가난의 소산이라는 주장이 뒤따랐다. 그에 따르면 장구한 역사와 금수강산 등의 자랑거리조차 "하도 가난하여 상상 가운데나마 가난을 잊어보자는 욕구에서 나오는 것"에 불과하다.[80]

여기서 게으름과 악덕은 빈곤과 인과율적으로 묶여 있다. 악덕과 빈곤의 원환 관계를 상정한 이러한 논리는 빈곤의 윤리화가 진행되고 있음을 잘 보여준다. 사회의 도덕과 윤리를 주도하던 엘리트 지식인들이 빈곤의 윤리화를 주도했고 그것은 빈곤한 자의 자존이 아니라 수치심을 위한 것이었다. 그들에게는 가난한 자가 자존감을 느낄 수 있는 세상이야말로 도덕과 윤리가 붕괴된 세계일 수밖에 없었고, 무엇보다도 빈곤의 자존이란 자본의 확대 재생산의 걸림돌일 뿐이었다. 이는 곧 톰슨E. P. Thompson이 말한 것과는 반대 의미에서 '도덕경제'를 만들고자 한 셈이다. 물론 이러한 인식이 그대로 사회적으로 관철되었다고 보기는 힘들다. 그럼에도 국민 사이의 갈등, 상대적 빈곤의 문제는 매우 날카롭게 드러나고 있었다.

고급 주택이 즐비하고 자가용 승용차의 물결이 길을 메우고 동양 제일의 환락경이 있고 궁궐 같은 요정의 하루 밤 요리 값이 인당 국민소득을 집어삼키는데도 언제나 흥성대고 있다. 그들만으로서는 '라인'강 변의 기적 못지않은 기적을 여기 한강 변에서도 훌륭히 이룩해놓고 지상 최대의 호사에 도끼자루 썩는 줄을 모르고 있는 것이다. 그러나 그들의 그 황홀한 기적 속에 이 나라의 비극이 깃들어 있다. 다 같은 78불짜리 국민 속의 그들이니 말이다. 열 명이 먹고 살기 위하여 애써 번 생활비를 한 사람의 강자가 마셔버린다면 나머지 아홉 명은 어쩔 수 없이 굶을 도리밖에 없는 것이다.[81]

실제 1 대 10으로 대비된 빈부격차가 초래하는 굶어 죽을 자유가 번성한 것이 개발연대였다. 1960년대를 마감하는 1970년 언론에는 돈 없는 사람을 형이라 할 수 없다고 한 의형제를 살해한 사건이나 교과서 값 독촉에 가난한 고교생이 음독자살했다는 기사가 보도되었다.[82] 심지어 30대 공무원 아내가 친척 집에 다녀온 후 생

활고를 비관해 남편과 말다툼 끝에 분신자살한 사건도 있었다.[83]

송건호는 농민이 가난한 것은 게으르고 무식해서가 아니라, 정치와 도시의 희생이 되고 있기 때문이라고 주장했다. 송건호는 한국 사람이 게으르다는 것은 이미 옛 이야기이며 약을 대로 약아지고 부지런해질 대로 부지런해졌음을 강조했다. 모두 먹고살려고 발버둥치고 할 수 있는 일이라면 무엇이든지 하겠다고 덤비는 것이 시민들의 생활정신이라고도 했다.[84] 이것이 이른바 '악마의 맷돌'이 돌아가기 시작한 1960년대의 풍경이었다.

송건호는 산업화가 초래한 주체의 변형을 예리하게 간파해 게으름을 탓한 윤리론자들을 무색하게 만든 셈이다. 그럼에도 빈곤의 윤리화가 사라지기는커녕 더욱 강화되고 있었다. 그 영향 속에 사람들은 더욱 약아졌고 생존을 위한 발버둥은 치열해져만 갔다. 그러나 게으름에 대한 윤리적 비판이 가난한 사람들을 발버둥 치게 만들기는 했지만, 빈곤을 해결해주는 것은 아니었다. 아울러 빈곤에 대한 사회적 시선은 더욱 싸늘해졌다.

1970년 『동아일보』는 여대생의 결혼관 조사를 통해 청년 세대의 공리적 관점을 문제 삼았다.[85] 조사에 따르면 입신출세를 보는 눈도 정치적인 관심에서 경제적인 성공으로 옮겨가고 있었다. 한 젊은이는 "가난은 질색입니다"라고 단언했는데, 뚜렷한 인생 방향이 없었음에도 "다만 재화의 필요성만을 절감하고 있을 뿐"이라고 했다. 이 청년은 "부당한 방법일지라도 나에게 치부의 기회가 주어진다면 글쎄 망설여질 겁니다"라고 했고, 기자는 "그의 의식구조가 혼란을 일으키고 있다"고 진단했다.[86]

이 기사는 "재산, 기회, 특권의 불평등은 점점 심해가고 부유층이 획득한 지위가 정직한 노력과 재능의 정확한 결과라고 평가받지 못하고 있다"라고도 했다.[87] 여기서 성실, 근면 등의 윤리적 덕목은 더 이상 절대적 가치로 언급하기 곤란해진다. 윤리의 기준 자체가 동요하면서 빈곤은 과정이나 내용과 무관하게 그 자체로 용납될 수 없는 윤리적 결함의 결과가 된다. 다시 말해 부도덕하게 축적한 부가 윤리적인 빈곤보다 더 윤리적인 상황이 가능해진다.

요컨대 빈곤은 그 자체로 악마화되었다. 빈곤의 악마화가 진행되면서 빈곤한 상태에 있는 주체, 즉 가난한 자에 대한 윤리적 판단 또한 그와 유사하게 진행될 수밖에 없다. 빈곤한 상태에 있다는 사실 자체가 용납될 수 없는 것처럼 여겨졌고, 게다가 그 상태가 지속되고 있다면 더더욱 문제적이라는 인식이 생겼다. 빈곤과 가난이라는 악으로부터 스스로를 구원할 수 없는 주체는 아무도 구원해줄 수 없으며 또 그럴 윤리적 책임도 없다는 논리가 가능해진 상황이었다. 그런데 빈곤은 퇴치해야 될 악이자 윤리적 결함의 증거인 것처럼 재현되었지만, 사실 조장되어야 할 것이기도 하다.

맨더빌에 따르면, 가난하지 않으면 일하지 않을 것이기에 가난을 완화하는 것은 좋지만 그것을 없애는 것은 바보짓이다. 즉 노동자를 부지런하게 만들려면 오로지 돈이 적당히 있어야 한다. 너무 적으면 기가 죽고 절망하게 될 것이고, 너무 많으면 거들먹거리고 게을러질 것이라는 게 그의 주장이었다.[88] 이것이 자유주의 질서에서 빈곤이 사라질 수 없는 공공연한 비밀일 터이다. 1975년 발표된 박완서의 소설 「도둑맞은 가난」은 부의 유지와 확대 생산을 위해 빈곤이 어떻게 소비되는가를 잘 보여주었다. 부의 윤리는 빈곤을 체험하고 이해하여 자신의 일부로 저장함으로써 부의 갱신을 도모하는 지경으로 확장되고 있었던 것이다. '젊어 고생은 사서도 한다'는 격언처럼 부의 윤리는 빈곤의 윤리를 훔쳐 자신을 살찌우

고자 했다. 요컨대 멸빈蔑貧의 정치는 오직 멸빈滅貧의 꿈이 좌절
되는 조건 속에서만 작동한다.

11장　　　　선진국의 꿈과 군사적 자유주의

1. 콤플렉스, 좌절된 인정욕망

1970년대 박정희의 최대 정적이었고 몇 차례 죽을 고비를 넘기고 끝내 대통령이 된 김대중은 정치구단의 반열에 오른 것으로 평가된다. 김대중은 대통령에 취임한 뒤 박정희 기념관 건립에 나서면서 박정희와의 역사적 화해를 도모했다. TK 원로들을 만나 박정희의 업적을 인정했는가 하면, 퇴임 후 회고록에서는 "박정희 정권이 경제발전을 이룬 것은 어느 정도 인정한다. '우리도 하면 된다'는 인식을 국민에게 심어준 것 또한 사실"이라고 평가했다.

　　정치구단으로 DJP 연합을 감행한 김대중의 평가가 단지 정치적 고려의 산물만은 아닐 것이다. 많은 사람이 이와 유사한 평가를 내릴 것이다. 필자가 오래전에 마을 조사에서 만난 한 농민은 새마을운동이 무엇을 남겼냐는 질문에 한동안 뜸을 들이더니 '정신을 바꿔놨지'라고 답했다. 개발연대를 대표하는 기업가 정주영 역시 '임자 해봤어?'라는 말로 이 정신을 공유한다. 1983년부터 쓰인 자동차 이름 코란도가 'Korean can do'의 줄임말인 것 역시 이러한 정신사적 맥락에 놓여 있다. 요컨대 박정희와 개발연대는 '하면 된다'는 정신의 기원으로 기억된다.

'하면 된다'는 정신이 화두가 된 이유는 무엇일까? 그것이 식민지 경험과 무관하지 않을 것임은 쉽게 예상할 수 있다. 중화주의 세계관에서 한 수 아래로 여겨졌던 일본의 식민 지배는 조선의 엘리트들에게 지우기 힘든 트라우마를 남겼고 깊은 콤플렉스의 원천이 되었다. 게다가 근대성의 견지에서 일본은 서구나 미국에 비해 수준이 떨어지는 국가였기에 열패감은 더욱 심할 수밖에 없었다.

일본은 맞서 싸워야 할 제국주의 국가였지만 동시에 근대화에 성공한 부러운 대상이었다. "해외에 있어 격렬한 사상을 고취하던 자가 동경에 와서 2, 3년간 교육을 받노라면 번연幡然 인구몽引舊夢을 버려 이전 동지에게 부패하였다는 조소까지 듣게" 된다는 말은 100여 년 전 동경(도쿄) 유학생 이광수의 말이다.[1] 이광수가 2·8 독립선언서를 쓰고 상하이로 건너가 『독립신문』 주필로 활동하다 총독부와 모종의 협의를 거쳐 귀국했으며, 이후 「민족개조론」을 쓴 것은 잘 알려진 사실이다. 이광수는 자칭 타칭 천재라 불렸지만 지독한 콤플렉스에 시달렸다.

나는 차마 내 얼굴 보기를 두려워 눈을 뜰 용기가 없었다. (…) 그 핏기 없고 얼빠진 듯한 얼굴, 피곤하고 졸리는 듯한 흐릿한 눈, 푹 풀어진 그 입, 누렇게 여윈 두 뺨 (…) 어찌해 양인洋人의 머리터럭에서는 기름이 도는데 내 것은 이렇게 거칠거칠해? 양인의 가는 머리는 깨끗하고 향내 나고 위엄이 있어 보이는데 내 것은 왜 이 모양이야.[2]

"호텔 체경에 비치인 내 얼굴의 아름다움에 잠시 황홀"할 정도의 나르시시즘을 간직한 이광수에게 깊은 콤플렉스를 안겨준 양인은 다만 신체적으로만 우월한 것이 아니다. "왜 그리로서 지구가 둥글다, 생물은 진화하나니라, 생존경쟁은 생물계의 철칙이니라 하는 말을 못하였으며. 왜 그리로서 헤믈리트(햄릿-인용자), 파우스트, 디비나 코메디아(『신곡』-인용자)와 바그너, 베에토오벤의 입에서 나오던 소리가 못 나왔는고"[3]라는 한탄은 곧 "동양의 위인은 모두 노예다"[4]라는 비탄으로 이어진다.

> 자연히 양인은 부귀의 기상이 있고 나는 빠들빠들 양인의 흉내를 내려는 불쌍한 빈한 자의 기상이 있는 듯하여 수치의 정이 저절로 생김이로소이다. (⋯) 그네는 과연 정복자요 치자인 지위에 서서 우내宇內 도처에 횡행활보하는 분네들이니⋯.[5]

이광수가 위 인용문과 같은 열등복합의 심리를 갖게 된 연유야 다양하겠지만, 여기서는 양인으로 표상된 서구 근대에 대한 인종적·문화적 콤플렉스가 주조를 이룬다. 양자의 콤플렉스는 분리 불가능한데, 인종적 차이를 우열로 이해하는 주체를 만들어낸 것 자체가 서구 근대이기에 문명-문화적 콤플렉스가 화두일 수밖에 없다. 콤플렉스는 자연적 차이를 우열로 번역하는 문화적 감각을 이미 내장한 주체에게서만 발현된다. 이 콤플렉스는 이광수뿐만 아니라 대다수의 한국 근현대 엘리트가 공통적으로 갖고 있던 것이다.

'빠들빠들' 양인을 흉내 내는 작업은 한국 근현대사에서 문명개화, 부국강병, 계몽, 실력양성, 근대화, 현대화, 세계화, 선진화 등등의 기표를 통해 부단히 추진되어왔다. 대부분의 한국 엘리트 지식인들이 콤플렉스를 치유하기 위한 핵심 전략으로 채택한 것은 서구 근대 국민국가를 총체적으로 복제하는 것이었다. 기표야 어찌되었건 핵심 기의는 서구 근대의 생산력을 따라잡는 것임이 분명했다.

> 그네(양반-인용자)의 생활의 결과에는 남은 것이 하나도 없고 오직 송충이 모양으로 산의 삼림을 말짱 벗겨 먹고, 하천의 물을 말끔 들이마시고, 탕자 모양으로 선내鮮內의 정신적, 물질적 유산을 다 팔아먹었을 뿐이외다. (…) 벌거벗은 산, 게딱지 같고 돼지우리 같은 가옥, 이것이 500년 나타한 생활의 산 증거가 아니고 무엇입니까? 진실로 근대 조선 500년사는 민족적 사업의 기록이 아니요, 공상과 공론의 기록이외다.[6]

> 제가 먹는 약 하나 만들 줄 모르는 조선 민족, 서로 속이고 시기하고 잡아먹고 용기 없고 주의 없고 게을러빠지고 진취성 없고 따라서 세 놈도 한데 뭉칠 수 없는 현재의 조선 민족은 생존할 능력도 권리도 없는 무리외다.[7]

이광수의 조선 민족에 대한 평가는 가혹하기 그지없다. 반면 영국의 식민지 지배에 대해서는 "자기의 자유를 심히 사랑하는 그네는 차마 남의 자유를 죽이지 못"한다고 주장하며, "그네의 식민지는 번창하고 그네의 지배를 받는 이민족은 비교적 많은 자유를 향락하고 그러면서도 그네의 모국은 이 식민지에서 얻을 이익을 넉넉히 향수"한다고 했다.[8] 일본의 식민 지배를 에둘러 비판하려는 의도가 있었다고 해도 영국의 식민 지배에 대한 인식은 마르크스의 그것을 우습게 만들 정도로 편향적이며, 그가 가진 서구 콤플렉스의 강도를 증명해준다.

해방 후에도 사정은 크게 다르지 않다. 1950년대 문학계의 기린아였던 전혜린은 "구라파에는 한국의 전 심각을 합쳐도 모자랄 만큼 심각한 사고와 의식으로 살고 있는 극히 순수한 몇 개의 두뇌가 있"으며, "그런 사람만이 구라파의, 세계의 역사를 만들어가고 있는 것"이라 했다.[9] 몇 가지 사례를 더 들어보자.

선진국에 첫발을 디뎠을 때 누구나가 받는 감상은 놀라움과 선망 그리고 의욕이 뒤섞인 착잡한 것이다. 인간이 이만큼 많은 일을 해놓고 잘살 수 있고나 하는 놀라움과 우리와 너무나 현격한 차이가 있는 데 대한 선망과 질투 그리고 우리도 이와 같이 살아야 한다는 의욕일 것이다.[10]

내 나라의 국력이 좀 더 부강하지 못한가가 슬퍼진다. 외국에서 약소국가로서 혹종의 콤플렉스에 빠지기 쉬운 심리는 일면 이해도 되나 우리에게는 그러한 심리가 좀 지나치지 않은가 하는 생각도 든다. 똑같이 남의 나라 통치를 경험한 인도인들은 콤플렉스는커녕 교만하기조차 하고 동남아시아 제국인諸國人들도 위축의 기색을 볼 수가 없다. 나는 왜 유독 한국인들만이 그러한 심리에 빠지게 되는가를 이해하지 못한다.[11]

우리는 우리 후손들에게 다시는 가난이라는 유산을 절대 물려주어서는 안 되겠습니다. (…) 우리는 다시는 가난한 나라, 가난한 나라의 백성, 못사는 나라의 국민, 못난 백성이라는 소리를 들어서는 안 되겠습니다. 과거 일제시대, 또는 해방 직후, 그리고 6·25전쟁을 전후하여 우리나라 사람들이 해외에 나가면 외국 사람들이 우리를 보고 '당신 어느 나라 사람이요' 이렇게 물을 때에, 자주정신과 주체의식이 없는 사람들 가운데는 '나는 한국 사람이요'라고 대답하는 것을 부끄럽고 떳떳하지 못하게 생각하여 말을 못한 사람들이 많이 있었습니다.[12]

박정희와 엘리트 지식인들이 공유하고 있던 이러한 콤플렉스는 비단 한두 사람의 특수한 문제가 아니었다. 앞에서 보았듯이 이광수와 전혜린이 그러했고, 이숭녕 또한 '후진국'이라는 용어 자체가 '열등감의 발로'라고 규정했다.[13] 서구 근대에 대한 콤플렉스는 한국 엘리트 집단의 고유한 특징처럼 보이는바, 이로부터 자유로운 사람은 거의 없었다. 근대 주체이고자 했던 이들의 열패감은 인정투쟁의 좌절을 의미했다.

이들에게 근대 서구는 자신들을 근대적 주체로 호명해줄 보편적 대문자 타자다. 그들의 인정과 호명이 없다면 스스로 근대적 주체임을 확인할 수 없다. 인정욕망은 개인적 차원을 넘어 집단으로 확장된다. 서재필은 개인 차원에서 미국인이 됨으로써 이 문제를 해소하고자 했다. 그는 필립 제이슨Philip Jaisohn이라는 영어 이름을 사용했는데, 한국 이름은 서재필이 아니라 피제손이라는 영어 이름의 음차를 선택했다.

구미 유학파 상당수는 영어 이름을 만들었다. 김활란은 Helen Kim, 임영신은 Louise Lim, 임병직은 Ben Limb, 장석윤은 Montana Chang, 최능진은 Daniel Choi 등을 사용했다. 장면은 세례명을 따 John M. Chang을 사용했다. 유학생활을 하자면 영어식 이름이 필요한 것은 사실이다. 어쨌든 이들은 귀국 후에는 다시 한국명을 사용했다는 점에서 서재필과는 다르다. 그런데 이승만은 끝까지 Syngman Rhee를 고집했다. 이들과는 다른 맥락에서 이광수와 박정희는 창씨개명을 통해 일본식 이름을 사용한 경험이 있다. 이들의 개명은 자의든 타의든 자신을 호명해줄 타자를 위한 것이었다는 점에서 여러 생각할 거리를 던져준다. 주체의 욕망이란 타자의 욕망을 욕망하는 것이라는 점에서 이들의 인정욕망과 그것을 위한 인정투쟁의 문법은 이미 결정된 것일 수도 있다.

이러한 열등감과 트라우마는 고모리 요이치小森陽一가 말하는 식민지적 무의식이란 개념으로 설명할 수도 있다. 고모리는 일본의 근대화가 결국 서구를 모방한 것에 불과했지만, 그것을 주체적으로 수행한 것으로 만들어 자기 식민지화를 은폐하고자 한 것을 식민지적 무의식이라 규정했다. 또한 여기에 자신을 문명국의 위치에 놓고자 아시아 여타 민족을 야만으로 설정하는 식민주의를 결합시켰다고 본다.[14] 식민지 치하에서는 식민지적 무의식과 식민주의조차 거의 불가능했기에 지식인들의 트라우마는 더 클 수밖에 없다. 총독부와의 근대화 경쟁도 버거운 판에 제국주의적 식민주의로 콤플렉스를 치유한다는 것은 상상조차 힘들었다. 그렇기에 식민지 조선의 엘리트들은 내부 식민지화에 강박적으로 몰두할 수밖에 없었다. 그들은 식민지 대중을 야만으로 만들어 자신들이 그들을 계몽하고 근대화하는 사명을 짊어진 민족의 선구자임을 자임하고자 했던 것이다. 이들은 외부의 근대성＝선진성을 내부의 전근대성＝후진성과 비교하고 대조하면서 후자를 전자로 이끌고자 했다. 엘리트들은 자신이 경험한 후진국 백성의 콤플렉스를 그대로 대중에게 투사해 그들을 계몽 대상으로 삼았다. 자신의 트라우마를 대중의 그것으로 전이함으로써 엘리트들은 '지배받는 지배자'로 등극하고자 했다.[15]

엘리트들은 콤플렉스를 벗어나기 위해 다양한 치유 전략을 구사했는데, 먼저 완전한 동일화가 있다. 서재필과 이광수가 대표적인데, 두 사람은 각각 미국, 일본과 자신을 동일시함으로써 모든 모순과 딜레마를 해소하고자 했다. 그것이 불가능한 기획이었음은 굳이 설명할 필요가 없을 것이다. 이광수의 경우에서 보이듯이 이러한 전략은 오히려 식민 지배자로부터 외면받기 십상이다. 식민자와 피식민자가 완벽하게 동일화된다면 더 이상 식민지는 존재할 수 없다.

또 다른 전략은 차이의 모방이다. 이는 비슷하지만 똑같을 수 없는 민족국가를 구성해 식민 모국 또는 구미 선진국과 동등해지고자 하는 전략이다. 특히 20세기 중후반 미국의 세계전략은 정치적 독립을 유지하면서 이념, 가치, 생산양식 등에서 자국과 유사한 동질이형의 주권국가로 이루어진 국제질서를 구축하는 것이었다. 팍스 아메리카나는 이러한 국제질서의 헤게모니를 의미했다. 로스토우가 근대화 과정에서 민족주의의 적극적인 역할에 주목한 것은 이러한 전략과 관련된다. 다시 말해 독립국가 스스로 미국의 범위 안에서 팍스 아메리카나를 실천해주어야 한다.

박정희와 엘리트 지식인들은 일종의 '원한의 정치'를 구사했다. 후진국 프로이센의 지식인이었던 헤겔과 베토벤은 한때 나폴레옹에 열광했으나 곧 크게 실망했고, 독일의 엘리트들은 프랑스에 대해 깊은 르상티망ressentiment(원한)을 품게 된다. 박정희와 한국의 엘리트들 역시 비슷한 모습을 반복했다. 구미 선진국에 대한 동경과 선망은 자기비하의 콤플렉스와 함께 강렬한 민족주의적 열정이라는 양가적인 열등복합의 심리상태를 만들어냈다.

1950년대 고등학생이던 김지하는 교사로부터 인종 콤플렉스를 뒤집는 우스개를 듣는다. 신이 진흙을 구워 인간을 만들 때, 백인은 덜 굽고 흑인은 너무 구운 반면 황인은 노릇노릇 적당하게 구웠다는 게 골자였다.[16] 수십 년이 지나 회고록에 기록할 정도로 그 기억이 강렬했다. 박정희는 "근대화 작업을 좀먹는 가장 암적인 요소는 우리들 마음 한구석에 도사리고 있는 패배주의와 열등의식"이라 규정하고 "자신을 가진 국민"과 "주체의식"을 주문했다.[17] 측근들의 인식도 대동소이했다. 차지철은 "우리 한민족이 비록 반만년의 유구한 역사를 거쳐 오늘까지 생존하고 있다고는 하지만 민족, 국가의 열등함과 문명의 후진성을 자인치 않을 수 없는 슬픈 사실"을 개탄했다.[18]

박정희 체제와 엘리트 지식인들이 공유하고 있던 후진성 콤플렉스는 곧 선진국에 대한 열망으로 이어진다. 해방 이후 국가로 정립된 이상 국가의 최고 발전 상태로서 선진국은 국가 구성원들의 집단적 열망이 되어야 했다. 개항과 식민지 경험을 거쳐 독립을 달성한 이후 선진국은 모든 것들을 집약한 총체적 욕망의 대상이 된다. 요컨대 선진국 만들기는 좌절된 인정욕망을 충족하고 콤플렉스와 트라우마를 치유할 수 있는 집단적 카타르시스에 다름 아니었다.

2. 후진국의 악몽과 선진국의 꿈

1964년 신년 벽두에 박정희는 '대혁신운동'을 제창하고 이것만이 "우리의 후진성을 탈피하고, 이 나라를 근대화할 수 있는 유일한 길"이라고 강조했다.[19] 연두교서에서도 "혼돈과 침체 속의 후진의 굴레에서 결연히 벗어나, 우리의 조국을 근대화시켜야 한다는 원대한 목표를 설정하고 국민의 정신적 혁명을 기조로 정치적 정화운동, 사회적 청신운동, 경제적 검약·증산운동을 내용으로 하는 대혁신운동을 제창"했다.[20]

여기서 박정희가 근대화를 주장하면서 그것이 탈후진을 위한 것이라고 강조하는 점을 눈여겨볼 필요가 있다. 후진성 담론은 1950년대 중후반 경제 영역을 중심으로 본격적으로 형성된다. 경제 영역으로부터 시작되었지만 1960년대 들어 후진성 담론은 정치·사회·문화 제 분야로 확산되어 지식인 사회의 대표적인 담론이 되었다. 전쟁이 끝나고 독립국가로서 국제사회, 곧 세계체제에 편입되면서 국가 간 비교는 불가피한 현실이었다. 특히 제2차 세계대전 이후 '제3세계'로 불리게 될 독립국가가 대거 출현하면서 신생국, 아아제국亞阿諸國 등으로 지칭된 후진국 문제가 본격화되었다. 즉 제국주의-식민지 구도가 선진국-후진국 구도로 바뀐다. 이에 따라 세계체제의 위계질서에서 자국이 어느 위치에 있는가를 확인하는 것은 독립국가의 일차적인 국민적 정체성이 되었다.

세계체제적 규정에 따른 후진국 또는 후진성의 인식은 제국주의 시기 식민성의 문제의식과 연결되면서도 다르다. 식민성의 문제 설정은 모든 모순의 근원을 제국주의 지배로 돌릴 수 있었지만, 독립된 조건에서 그러한 인식은 성립하기 곤란했다. 물론 신식민주의라는 규정도 있고 구제국주의의 착취와 수탈의 상처를 강조할 수도 있지만, 어쨌든 주어진 현실은 '독립'이었다. 그리고 그 독립된 현실은 국가 간 체제로서의 '국제'國際에 편입되었음을 의미했고, 선진국 아니면 후진국일 수밖에 없다. 냉전체제의 규정이 일차적으로 드리워져 있었지만 같은 반공진영 내에서의 후진적 위치는 더욱 뼈아프다.

더 나아가 선진-후진 구도는 개항 이후 한국 엘리트 지식인들의 오래된 문제 설정 방식이었다. 그것은 사회진화론적 문제의식의 연장이며 식민지 경험의 지속이라는 맥락에서 이해될 수 있다. 이는 서울대 문리대 교수 이해영의 다음과 같은 말에서 확인된다. 그는 "후진성의 극복"과 "사회의 근대화의 문제"가 "후진사회의 역사적 과제"이며 "국제사회의 일원으로서 그 생존의 권리를 주장할 수 있느냐 그렇지 못하면 실질적 식민지의 신세를 영영 탈각하지 못하느냐 하는 것을 의미"한다고 주장했다.[21] 요컨대 탈식민의 문제 설정이 탈후진의 그것으로 전화된다.

주지하듯이 박정희 체제의 핵심 지배 이데올로기는 근대화 담론이었다. 모든 담론, 이데올로기가 자신의 경쟁자를 통해 작동하듯이 근대화 담론 또한 대립물이 필요했다. 근대화는 미래의 목적 가치이지만 무엇보다 현재를 극복하는 '발전 담론'으로 제시되었기에 극복해야 할 부정적 현실을 구성하는 것이 절실했다. 요컨대 근대화 담론과 후진성 담론은 이항대립 구도를 형성하며 서로를 강화하는 관계다. 후진성 담론이 본격화되는 시점과 근대화 담론이 도입된 시점이 거의 일치하는 것이 이를 증명해준다. 이렇게 후진성-근대화 대립구도가 형성되면서 근대화 담론은 '탈후진-근대화'의 기본 체제를 갖추게 된다.

앞서 보았듯이 박정희 체제의 근대화론과 발전주의는 빈곤의 정치를 통해 작동했다. 그러나 빈곤은 초역사적 문제인 데다 특정 영역에 국한되기에 총체성을 얻기 힘들다. 다시 말해 빈곤은 현상에 대한 묘사에 가깝기에 강렬한 감성적 선동의 소재로는 뛰어나지만 세계를 논리적으로 설명하는 설득력은 약하다. 무엇보다 빈곤은 발전주의와 필연적인 관계에 있지 않다. 빈과 부는 불행이나 행운 등과 연결될 수도 있는 우발성을 포함한다. 반면 선진-후진 구도는 세계를 구조적 총체성으로 포획하고자 하는 논리적 완결을 지향한다. 무엇보다 이 구도는 선형적 시간관에 따른 발전주의를 현실적으로 구현한 개념쌍이다.

부자가 되고 싶다는 개체의 욕망이 근대화라는 국가 프로젝트에서 이탈하지 못하도록 규율하자면, 빈곤한 개인을 후진국 국민으로 호명해야 한다. 즉 요행과 개별적 일탈로 탈빈곤을 시도하는 개체를 국가 이성에 따르는 발전주의적 주체로 재구성해야만 한다. 이를 위해 후진국 국민의 집합적 정체성을 주입해야 하며 나의 발전과 국가의 발전이 뫼비우스의 띠처럼 이어져 있다는 믿음을 심어주어야 한다. 물론 이는 쉽지 않은 일이며 엄밀히 말해 불가능한 기획에 가깝다. 그러나 선진-후진 구도가 헤게모니적 지배력을 행사하면서 그 영향으로부터 자유로운 사람은 거의 없게 된다.

후진국이라는 용어는 1960년대 중후반부터 저개발국가, 저발전국가 등을 거쳐 개발도상국으로 바뀐다. 사실 후진국은 대단히 모욕적인 개념이기에 당시에도 문제 제기가 있었다. 한 지식인은 '후진국이란 표현 가운데 인내할 수 없을 만큼 커다란 모욕과 멸시의식'이 있으므로 대신 "젊은, 발전하고자 하는, 발전하고 있는 나라들Entwicklungsländer"이라는 말을 사용한다는 독일의 예를 들며 "후진국이란 말을 자기의 대명사로 철면피하게 무자각적으로 사용하고 영·미의 이론을 번역하여 한국의 일류학자연 하고 있는 꼴"을 신랄하게 비판했다.[22]

이숭녕도 이러한 명명법을 열등의식의 발로라고 비판했다. 그는 "우리가 '후진국가'요 모든 면에 '후진성'을 간직하고 있는 것은 사실"이지만 "우리의 처지에 서지 않고 미국이나 선진국가의 처지에 서서 스스로를 '후진국가', '후진민족'"으로 멸칭하는 것을 문제삼았다.[23] 결국 후진국이라는 말 대신 1960년대 이후 점차 개발도상국developing country이라는 말이 쓰이게 되었다. 그러나 이런 비판이 나왔다는 사실 자체가 그만큼 후진성의 콤플렉스가 심각했고 선진-후진 구도의 위력이 강했음을 반증해준다.

선진-후진 구도의 기원은 구미였다. 엘리트 지식인들은 서구의 '선진적이고 권위 있는 지식담론'을 국내로 유입하는 매개였다. 일례를 들자면 1967년 당시 대표적 지식인이었던 차기벽, 김종운, 김영록 등이 공역한 『근대화』라는 책이 있다.[24] 이 책은 미국의 소리VOA를 통해 방송된 에드워드 쉴즈, 마이론 위너, 알렉스 인켈스Alex Inkeles, 맥스 밀리컨Max F. Millikan, 루시안 파이Lucian W. Pye, 알렉산더 거셴크론Alexander Gerschenkron 등 당대 미국의 일급 학자 25명의 글을 수록하고 있는데, 국내 학자들에 의해 지속적으로 인용·언급되는 인물들이었다. 이 책은 사실상 로스토우가 속해 있던 MIT 국제학센터의 작품이라 할 만했다.

이들은 근대화 개념이 19세기 '합리성과 세속주의의 신장'으로부터 '경제성장을 의미하는 말'로 변화했음을 전제하고 발전도상에 있는 나라들은 유럽과 미국이 경험했던 것보다 더 큰 변화 과정을 경험하고 있음을 강조했다. 즉 서구가 확립한 보편적 발전의 경로를 따르는 근대화를 재천명한다.[25] 특히 이들이 강조한 것은 인간의 정신적 요소였다. 이들은 공통적으로 근대화의 정의를 사회의 특질이 아니라 '개인들의 특질'에서 찾고자 했다. 시릴 블랙Cyrill E. Black은 근대사회의 특징으로 자연의 비밀을 이해하는 새 지식의 발달을 꼽았고, 매클렐런드David C. McClelland는 심리학적 관점에서 자기신뢰와 성취정향을 근대인의 특징으로 강조했으며, 아널드 앤더슨C. Arnold Anderson과 에드워드 쉴즈는 기능의 발달과 창조정신을 꼽았다. 요컨대 이러한 정의들은 모두 "인간으로 하여금 근대산업과 근대사회 그리고 근대정부를 창조할 수 있게 한 새로운 사고방식"을 강조하는 것으로 모아진다.

따라서 이 책은 근대화의 핵심인 '인간의 가치와 태도를 근대화'하는 수단으로 교육, 커뮤니케이션, 이데올로기(특히 민족주의), 카리스마적 리더십, 강제적인 정부 권위 등을 들었다. 특히 레너드 빈더Leonard Binder는 대중의 태도를 바꾸는 수단으로서 이데올로기를 강조했는데, 예컨대 민족주의는 "인간의 가치와 행동의 유형을 변형시키는 데 있어서 윤활유의 역할"을 하며, "열렬한 충성심을 간직한 인간들은 조국을 위해 죽을 수도 있고 또는 적어도 더 한층 열심히 일할 수 있다"고 설파했다.[26]

이러한 문제 설정에서 보자면 대중계몽은 근대화의 핵심 과제이자 선차적 문제가 된다. 즉 한국이 후진사회, 후진국임을 각국과의 비교를 통해 명료하게 보여주고 민족적 열등감을 최대한 끌어올림으로써, 일종의 '후진성의 계몽'을 통해 발전 담론의 정당성을 확보하기 위한 담론전략이 필요하게 된다. 이를 위해 국가·개인별 GNP, 자동차 보유 대수, 자전거 보유 대수 등의 수치화된 자료들을 동원하고, 선진국의 풍요로운 생활수준을 보여주는 각종 기행문이나 방문기를 소개하는가 하면 영화·잡지 등 미국을 위시한 선진국의 대중문화를 직접 소개하면서 누가 보더라도 한국의 후진성을 자명한 사실로 재현하고자 했다.

국가재건최고회의 최고위원이었던 길재호는 경제기획원에서 발간한 통계수첩을 본 소감을 다음과 같이 말했다. "우리나라가 후진국으로서 가난하다는 것을 몰랐던 것도 아니지만 통계에 비친 한국이 예상했던 것보다도 훨씬 초라했기에 그만 화가 치밀어 올랐던 것이다. 우리나라와 비등하거나 혹은 우리만치 못하리라고 여겨졌던 후진 약소국들이 알고 보니 모다 우리를 능가하여 낮게 살고 있음을 볼 때 참을 수 없이 분했고 한편으로는 수치스러운 생각도 들었다."[27]

고려대학교 교수였던 이창열은 말레이시아를 소개하면서 1인 당 국민소득은 평균 350~400달러로 생활수준이 높고 자동차 보유 대수도 6세대당 한 대씩이며 국민학교 1년생 아이들도 자전거를 타는 모습을 보고 "정말 놀랐습니다"라고 고백했다. 그 역시 1인 당 400달러 소득은 한국의 5배에 해당한다며, "어처구니없기도 하고 분하기도 한 일"이라고 말했다.[28]

『사상계』 1964년 4월호는 「외국 서민들은 어떻게 사나?」라는 특집 기획 기사를 통해 일본, 프랑스, 영국 등의 사례를 소개했다. 한 기사는 일본의 소비경제가 절정기에 도달해 텔레비전, 전기냉장고, 전기세탁기 등이 신기神器로 불리며 유행하고 있다고 소개했다. 박정희는 "일본 농민들은 한 마지기에서 석 섬, 많은 사람은 넉 섬 정도까지 생산"하여 한국의 농민보다 배 이상의 생산을 한다고 말했다.[29] 이러한 언설들은 세계체제 속 국민국가 단위의 생활양식과 수준을 비교함으로써 발전, 경쟁 등의 가치가 자연스럽게 국민적 정체성으로 스며들게 하고자 한 것으로 읽힌다.

동남아시아의 후진국보다 못한 한국의 후진성은 어처구니없고 분하고 수치스러운 일이다. 후진성을 참을 수 없는 모욕으로 재현하는 전략은 선진성에 대한 동경과 짝을 이룬다. 미국을 방문한 김종필은 "플로리다 팜비치에서 밴플리트와 함께 탬파까지 시속 160

킬로로 캐딜락을 몰며 멀리 고국 하늘을 바라보며 우리는 언제쯤 이런 길을 가질 수 있을까 하고 퍽 안타까워했다."[30] 후진국을 보면서 느낀 수치와 분개가 선진국을 통한 안타까움과 결합된다. 동남아에 대한 수치는 그들을 대상으로 한 식민주의와 인종주의로 상쇄되어야 한다.

> 월남인들은 더위에 부대끼고, 땀을 많이 흘리면서도 목욕을 자주 하지 않는다. 그만치 게으르고 비위생적이다. (…) 그 주택의 내외나 거리의 청소를 전혀 하지 않는다. 오랜 세월을 두고 '무사주의', '낙천주의'적 생활을 하고, 모든 것을 운명에 맡기며, 신의 계시와 신앙의 힘에 의지하려는 마음에서라고 생각된다. (…) 월남인들의 체격은 무척 작다. 체질도 퍽 약하게 보인다. 몸집은 우리의 반이요, 키는 우리의 턱 밑에 닿을 정도로 빼빼 마르고 가냘프다.[31]

위 인용문은 야만에 대한 문명의 시각을 잘 보여준다. 식민지 시기 조선인에 대한 일본의 인식과 서구 근대가 비서구 야만인을 묘사하는 것과 매우 흡사하다. 게으름과 불결은 조선인에 대한 편견을 조장하는 대표적 항목이었다. 체격과 체질을 운위하는 대목은 인종주의 코드를 노골적으로 드러내고 있다. 인용문의 필자는 박정희와 동갑인 현직 국문과 대학교수다. 선진국에 대한 콤플렉스를 동남아에 대한 우월감으로 상쇄시키고자 한 시도로 읽히는데, 이는 급기야 동남아에 대한 제국주의적 욕망으로 이어진다. 1966년 민중당 당수 박순천의 베트남 방문 소감은 "집어삼키고 싶도록 욕심이 나더라"였다.[32]

뱅콕 교외 공항에 내릴 때까지만 해도 동남아 제국에 관한 온갖 경제지표는 다만 추상적인 숫자에 그쳤지 실감 있게 느껴지지 않았다. 아니 에라완 호텔의 호화스런 베드 위에서 하룻밤을 자고 하얗게 부서지는 남국의 태양 아래 노니는 호텔 수영장 안의 흰 인어들을 보면서도 동남아 제국의 우리보다도 더 높은 1인당 소득이 실감되지 않았다. 얼굴색과는 너무나도 두드러지게 대조되는 백색 유니폼을 입은 급사의 시중으로 진귀한 남국의 과일을 먹으며 우리는 마치 우리 한국인이 에라완 호텔 흰 성城 안에 사는 주인이며 얼굴빛 검은 3천만 태국인을, 아니 동남아 2억의 원주민을 종으로 부리고 있는 듯한 환상에 사로잡히고 있었다.[33]

위 인용문 필자는 박정희 개발전략에 대한 강력한 비판론자 중 하나였던 임종철이다. 로스토우의 근대화론이나 재벌에 대해 신랄한 비판을 가했던 임종철은 또한 "경제강국, 한국 만들기에의 욕망"을 함께 포지하고 있었다. 이는 재식민화의 공포와 제국의 욕망을 공유하고 있던 당대 엘리트 지식인들의 내면을 단적으로 보여준다.[34] 이 욕망은 그리 낯설지 않다. 불과 30여 년 전 대동아 공영권의 그것을 재현한 것처럼 보이기도 하지만, 더 한층 내려가보면 검은 피부/하얀 가면으로 표상되는 식민화된 무의식의 인종주의 코드마저 감지된다.[35]

임종철은 20대 후반이었던 1961년 『현대 사회주의론』이라는 책을 번역할 정도로 열정적인 사회주의자임을 자처했다. 이 책은 1951년 영국 노동당 일부가 결성한 사회주의자 동맹이 발간한 『20세기 사회주의론』을 번역한 것이다. 임종철은 역자 서문을 통해 "자유경쟁을 근간으로 하는 경제적 자유주의는 오히려 평등의 실현을 저해하고 자유를 말살하는 불평등의 원리"라 갈파했다. 이어 그는 사회주의자를 "누세기에 걸쳐 빈곤에 시달리고 불평등에 억눌려온 수많은 사람들에게 희망을 주는 등불"이라 칭송하며 "능력의 차, 계급적 신분의 차 또는 직위의 차와는 상관없이 모든 사람이 균점케 함으로써 자유의 강력한 밑받침이 되는 경제적 평등을 실현하고자 노력하는 것"이 그들이라 했다.[36] 그러나 임종철은 불과 5년 뒤 제국주의적 판타지의 주체로 거듭난 것이다. 2억의 '검은 피부 원주민'을 종으로 부리는 '하얀 가면의 한국인' 판타지가 실현되기 위해서는 무엇이 필요한가.

1960년대 지식인 담론에는 종종 '비동시성의 동시성' 개념이 등장했다. 지식인들은 전통과 근대, 동양과 서양, 농촌과 도시 등이 뒤섞인 상황을 비동시적인 것의 동시적 존재로 이해했다.[37] 이들의 논의는 한국 내부의 혼종적 양상을 설명하기 위한 것이었지만, 비동시성의 동시성은 세계적 차원에서도 확인된다. 선진국과 후진국은 이를 가장 극명하게 보여주는 현실이다. 동시간대에 살고 있지만 선진국과 후진국은 또한 서로 다른 시간대에 현존하고 있는 셈이다. 그렇기에 공시성은 통시성과 결합된다. 공시성 속의 공간적 이격이 통시성 속에 서로 다른 발전의 시간대를 지나고 있는 것처럼 여겨진다. 즉 선진국과 후진국은 공시성 속에 공간적 이격이자 통시성 속의 시간적 낙차를 통해 이중적으로 규정된다.

근대화는 무엇보다 직선적 시간관념에 근거한다. 과거에서 미래로 흐르는 단일한 시간 리듬에 따라 역사가 진보 내지 발전해나간다는 설정이다. 이는 전 세계가 단일한 시간 리듬으로 통합된 세계임을 상정한다. 지구상의 모든 국가를 하나의 선분 위에 올려놓고 선진과 후진으로 나누어 배치하게 된다.

해방 이후 한국은 새로운 지정학적 구도에 배치되어 제국–식민 구도 대신 동서 냉전 구도가 더 큰 위력을 발휘하게 된다. 그러나 동서 구도는 진영을 가르는 경계선일 뿐이다. 여기에 남북 구도가 중첩됨으로써 비로소 세계적 규모의 지정학적 좌표가 그려질 수 있다. 동서 구도가 이념–정치를 기준으로 한다면, 남북 구도는 시간–경제를 준거로 삼는다. 근대라는 공시성 속에서 후진이라는 통시성의 경험을 통해 엘리트 지식인의 시간 감각은 극도로 예민해진다.

> 시간은 어디에나 장소를 가리지 않고 있고 또 누구에게나 공평하게 있는 자원이기도 하다. (…) 시간을 떠난다는 것은 생활에서 떠나고 사업에서 떠날 뿐 아니라 생명까지도 떠난다는 것을 의미한다. (…) 모든 인류의 공간 극복은 시도되어가고 있고 시간을 단축시키고는 있지만 시간 극복은 불가능한 것 (…) 인간은 이와 같은 시간의 구분하에 다 같이 같은 시간하에서 살고 일하고 있는 것과 같은 착각을 갖게 된다. 다시 말해서 한 시간의 가치는 모든 사람에게 다 같이 한 시간의 가치로 인식되고 있는 것이다. 그러나 사실은 사람에 따라 시간은 그 가치가 달리 나타나고 있다. 가령 일국의 국민과 영토를 통치하는 대통령의 한 시간과 자기 생명보존을 위해 걸식하는 걸인의 한 시간이 같다고 할 사람은 없는 것…[38]

위 인용문은 1950년대 후반 이래 미국의 경영방식, 노무관리 등을 확산시키는 데 힘썼던 한국생산성본부 이사장의 말이다. 여기서 대통령과 걸인은 곧 선진과 후진으로 대체 가능하다. 1950년대 미국 시찰을 마친 모윤숙은 미국인의 생활은 '빵보다 시간의 문제'라고 단언했다. 미국인은 식사조차 한국인처럼 먹는 것이 아니라 '24시간이라는 시간이 모자라 시간과 투쟁'을 하듯이 먹는다는 설명이었다.[39] 선진국의 시간 리듬과 후진국의 시간 리듬이 비동시성의 동시성임을 보여준다. 남북 구도는 이러한 선진-후진이라는 직선적 시간성이 세계를 공간적으로 재획정한 것의 결과였다. 선진국은 선진성이라는 시간의 첨단이 공간적으로 구현된 곳이라는 장소성을 부여받음으로써 구체적 실감의 대상으로 재현된다.

동서 구도가 절멸 전쟁의 가능성으로 인한 죽음의 경계선이었다면, 남북 구도는 풍요로운 삶으로의 번영 가능성을 내장한 것으로 재현된다. 궁극적으로 동진의 가능성도 북진을 통해서 실현될 것으로 상정되었다. 냉전은 다른 말로 평화공존이었고, 전쟁은 경제전이 되었다. 세계적 규모의 냉전과 경제전이라는 계통발생은 한반도 차원에서의 개체발생으로 이어졌다. 냉전체제에서의 통일은 이승만 정권의 북진통일을 거쳐 박정희 체제에 들어오면 선건설 후통일 정책으로 귀결되었다. 따라서 중요한 것은 남북 구도에 근거한 선진성의 구현이었다.

다시 말해 서방 진영의 남쪽 나라라는 공간의 감옥을 탈출할 수 있는 열쇠는 시간이다. 후진국에서 선진국으로의 이동은 오직 시간의 통시적 압축에 의해서만 가능하다. 효율성과 생산성이 압축률을 측정하는 단위로서 상투어가 되어가는 과정이 곧 경제적·물질적 진보의 실체였다. 시간압축의 가능성은 현대사회가 '자유경쟁을 토대로 하고 있기에 앞선 자와 처진 자 간의 자리바꿈이 가능하다'는 인식에서 나온다.[40] 특히 경제적 수치로 환원된 선진국과 후진국의 차이는 불균등 발전을 통해 변동 가능한 것으로 이해된다.

이로부터 더 빠른 발전을 위한 주체의 태도와 정신, 전략과 정책의 중요성이 도출된다. 박정희는 "오늘의 세계는 변화의 시대이며, 발전의 시대이며, 동시에 경쟁의 시대"이기에 "국가이익 추구의 경기장"이라 규정하고 "그 시간과 거리를 더욱 단축시킬 수 있는 지혜와 노력"을 강조했다. "정신무장"을 통해 "선진국들이 수십 년을 걸려 이룩한 성장과 발전을 수년 내에 이룩"해야 한다고 주문했다.[41]

그렇기에 박정희는 "확실히 과거 4천여 년을 연면連綿한 우리 민족의 역사에 있어서는 정체停滯에 대신할 새로운 시간의 관념이 없었던 것"이라고 단언하고 그것을 대체할 "개혁과 발전"을 강조했다.[42] 그것이 곧 "세계진운에 뒤떨어진 시간을 단축하는 길"이다.[43] 따라서 발전은 정체와 후진으로 특징된 과거의 시간을 만회하는 것이다. 박정희는 "하루의 시간을 허비하면 조국근대화가 하루 늦어진다는 것"을 지적하면서 "무엇보다도 시간이 소중"함을 강조했는데, 그것은 곧 "우리 조상들이 낭비한 시간을 우리들이 회복"하자는 논리로 연결되었다.[44] 요컨대 선진-후진 구도를 돌파하는 길은 시간압축밖에 없다.

시간압축의 열쇠는 '인간'이다. 선진-후진 구도를 과학기술과 효율성을 통해 돌파하자면 인간의 '창조적 행위' 이외에는 대안이 없다는 것이다. 박정희는 "5천 년 역사"와 불과 "2, 3백 년 역사밖에 되지 않은 미주"를 비교하면서 한국의 후진성은 단순한 양적 시간의 문제가 아니며 그 질을 규정하는 것은 "인간의 힘, 인간의 의지"임을 강조했다. 타국의 수백 년의 "노력"과 조상들의 수백 년간의 "허송세월"을 날카롭게 대비시키면서도 현재의 "우열" 때문에 '낙담과 비관'에 빠질 필요가 없는 것은 바로 이 인간의 힘을 믿어야 한다는 신념 때문이다. 박정희는 "우리에게는 능력과 자질이 없는 것이 아니라, 다만 그것을 발휘하려는 의욕과 용기가 없었던 것"이라고 단언했다.[45] 요컨대 주체로 하여금 선진국을 욕망하여 발전의 시공간 감각을 구비하고 의욕과 용기의 정신을 불러일으키게 할 언어와 실천이 필요했다.

3. 정신력과 전쟁 모델

역사의 이름으로 현재를 소환하는 대표적 전략이 발전주의다. 현재는 과거의 지양으로서 역사적 현재인 것이며 발전이 과거와 현재를 연결하는 유일한 개념이 되어야 한다. 즉 역사의 발전이란 개념은 틀릴 수 없다. 발전은 자명한 진리이자 의심의 여지없이 객관적 철의 법칙으로 관철되어야 하는 것이다. 요컨대 발전은 역사의 보편적 법칙이어야 한다. 다만 역사의 발전을 실제 구현하는 것은 주체의 실천이다. 결국 현재의 낙후한 결과는 주체의 실패로 설명된다.

앞에서 보았듯이 주체를 장악하기 위해 박정희 체제가 강조점을 둔 전략은 '정신주의'였다. 물론 여기서 박정희가 생각한 정신은 사관학교 이래 그의 몸과 마음을 휘감고 있던 '일본 정신'과 무관할 수 없다. 1960년대가 되면 여기에 베버가 덧붙여진다. 막스 베버는 근대화 담론의 도입과 더불어 지식인 사회의 가장 중요한 인물 중의 하나로 운위되기 시작했다. 『사상계』는 1960년에 '베버 사후 40년', 1964년에는 '베버 탄생 100주년' 기획을 꾸민다. 베버 이해는 다양하게 진행되었지만, 근대화와 관련해 주목된 것은 자본주의 정신과 프로테스탄티즘의 윤리였다. 윤리와 정신의 문제는 서구 근대화 과정을 분석한 베버에게도 핵심적 문제였고 소명으로서의 직업, 청교도적 노동관, 합리적 사유와 생활은 자본주의 성립에 결정적 조건으로 간주되었다.

황성모는 서양의 물질적 생산능력은 무엇보다도 "사람의 마음 속에 이윤 추구심, 자의식, 기술적 지식"을 넣어줄 수 있을 때 가능한 것으로 이해했다. 따라서 황성모가 보기에 "자본주의 정신의 종교적 문화적 배경도 없"는 한국의 근대화는 매우 지난한 것이 될 수밖에 없다.[46] 베버에 대한 이해와 수용은 자본주의는 합리적 인간의 확립 없이는 불가능하다는 결론으로 이어졌고, 그 핵심은 근대적 정신으로 설정된다.

베버의 합리적 정신이 박정희에게는 정신력이다. 스포츠에서부터 경제, 안보, 문화, 과학 등 모든 분야에 대해 박정희는 일관되게 정신성을 강조했다. 박정희는 국력의 3대 요소로 국방력, 경제력과 함께 정신력을 꼽았고,[47] 정신은 물적 자원과 함께 "민족의 저력을 규정"하는 2대 요소 중 하나였다. 즉 "정신과 슬기를 보존·발전시키는 민족일수록 남다른 발전"의 가능성이 높다고 했다.[48] 주지하듯이 정신력은 한국 사회의 상투어가 된다.

우리의 이상은 경제사회의 개혁에서부터 기동하여 자주성을 회복하여 국민 각자의 자아 재발견을 통한 정신적, 문화적 혁명으로 완결되어야 하는 것이다. 그러한 의미에서 근대화의 최종 목적은 바로 인간의 근대화에 있다고도 하겠다.[49]

박정희는 근대화가 경제로부터 시작해 자아 재발견을 통한 정신혁명임을 분명히 한다. 또한 정신혁명이 서구에 비해 뒤늦었다는 점도 지적한다. "선진국에서의 근대화에는 경제사회의 개혁에 앞서 모든 정신적 자세의 개혁을 일깨워주는 지도이념"이 선행했는데, 한국은 그 순서가 역전되었다는 주장이다.[50]

박정희는 정신의 중요성에 대해 "인간의 정신력이 궁극적으로는 물리적인 힘을 지배"한다는 것이 "움직일 수 없는 진리"라고 설명했다.[51] 심지어 일종의 종교적 교리와 유사한 모습도 보인다. 박정희는 "정신을 순화하고 의지를 굳건히 하며, 인간의 이상을 생활에 실천시키는 위대한 '힘'"을 "종교의 사명"이라고 했다.[52] 이는 단지 선언으로 끝나지 않았다. 쿠데타 직후 군정은 종교정화 정책을 추진했는데, "한국의 전통과 현실에 적합한 일정한 종교를 적극 육성하여 국가백년지대계를 위한 인간개조 도의재건 및 정신통일을 기한다"고 하여 종교가 '정신통일'의 주요한 매개가 되어야 함을 강조했다.[53]

정신은 또한 고유한 것이다. 물질적 자원은 외국에서 도입할 수 있지만 "정신자원은 그럴 수가 없는 것"이다.[54] 그렇기에 정신은 규율을 통해 "단련해야"만 한다. 군정기간 동안 다양한 캠페인이 진행되었는데 그중의 하나가 '시간관념 고취 운동'이었다. 군정은 '인간개조의 일환으로 시간 엄수 관념을 고쳐시켜 문화국민의 자질과 긍지를 높이'기 위한 차원에서 이 운동을 전개했다.[55] 나아가 정신은 '순화', '미화'의 대상이다. 박정희는 정신이 체육을 통해 "순화"되는 것이며,[56] 나무를 심고 가꾸는 일도 "온 국민의 마음을 푸르고 새롭게 하는 정신적 미화작업"이 된다고 주장했다.[57]

정신에 대한 매우 다양한 설명과 규정이 등장하지만 요점은 간단하다. 대중을 지도와 계몽의 대상으로 만드는 것이 그 핵심이다.

이제까지 본 것만으로도 박정희를 비롯해 체제 이데올로그들 그리고 엘리트 지식인들의 정신주의는 과유불급일 정도이다. 이들은 비대해진 자아로부터 흘러넘치는 말들을 어쩌지 못하듯 다종다양한 정신주의를 내뿜었다. 이들의 정신은 이성과 합리성을 중시하는 주지주의intellectualism로부터 불굴의 의지를 강조하는 주의주의voluntarism에 두루 걸쳐 있었고 심지어 민족정기 같은 개념은 심령주의spiritualism 경향마저 풍겼다. 이러한 맥락에서 민족주의는 확실히 시민종교로서 손색이 없었다.

정신의 강조는 물리적 불리를 초극하고자 하는 정신승리 요법이자 대중 계몽을 위한 엘리트주의의 반영이기도 하며, 집합적 추상명사인 민족의 실체화를 위한 전략이기도 하다. 이 모든 것을 포괄하여 정신은 엘리트 집단이 정식화하고자 한 시대정신의 총체적 집약체였다. 문명개화로부터 근대화와 선진화에 이르기까지 이들은 주어진 현실을 개조하고 변혁하여 자신의 정신을 닮은 현실을 만들어내고자 했다. 자신들의 정신이 선취한 유토피아가 현실로 구현되지 못하고 죽어버린다면 그들의 육신도 온전치 못할 것이었다.

주지하듯이 이들의 정신은 전통보다는 일본과 서구로부터 도래한 것이다. 일찍이 '국민정신총동원연맹'을 만들어본 일본을 비롯해 베버와 미국의 근대화론자에 이르기까지 모두 정신의 중요성을 집요하게 설파했고, 그것이 한국 엘리트들의 몸과 마음을 사로잡았다. 박정희가 투박한 군인의 어투로 멸사봉공의 정신을 고창했다면, 엘리트 지식인들은 세련된 언어로 근대 정신을 고취하고자 했다. 앞에서 인용한 임종철의 글을 한 번 더 보자. 그가 생각한 올바른 정신의 인적자원이란 "물질적 부에 관심을 갖고, 장래에 대하여 깊이 생각하며 기꺼이 위험을 무릅쓰고자 하는 용기가 있으

며, 기술혁신에 깊은 관심을 가지며 일관된 노력을 경주하며 고된
일을 참아가며 부지런히 일하고 다른 사람들과 협동하여 일할 수
있고 새로운 상념을 받아들일 마음가짐이 되어 있고 복잡한 현상
을 논리적으로 분석, 규명할 능력"을 갖춘 존재였다.[58] 이러한 설
명은 사실상 베버와 뮈르달 그리고 미국 근대화론자들의 주장을
적당히 조합해 반복한 것이다.

앞서 말했듯이 한국 엘리트 지식인들의 콤플렉스와 트라우마
는 생각보다 강력했다. 일본과 서구의 가면을 빌려 쓰고 있다는 사
실을 몰랐을 리 없기에 이들의 자괴감은 만만치 않았다. 고모리 요
이치는 일본의 근대화 과정을 식민지적 무의식 개념으로 설명했지
만, 한국은 너무도 명료하게 서구와 일본을 모방하고 있는 에피고
넨임이 자명했다. 특히 일본의 근대화 경험을 대놓고 의식적으로
베끼고 있는 마당에 무의식을 얘기하기는 힘들다. 따라서 이들의
정신주의는 주의주의로 이끌릴 수밖에 없다. 주체적일 수 없는 현
실을 주체적인 것으로 만들 수 있는 것은 의지로서의 정신밖에 없
기 때문이다. 박정희 체제가 거의 광적으로 민족주체성에 집착했
던 것은 이러한 사정을 빼놓고 설명하기 어렵다.

이들은 자신들의 상처를 잘 알고 있었다. 자신들이 심각한 트
라우마에 시달리고 있는 상처받은 영혼임을 명료하게 의식하고 있
었다. 함석헌의 '수난의 여왕'이나 장준하의 '세계사의 시궁창'이
란 말은 식민지에서 후진국으로 이어지는 약소국의 역사가 준 심
각한 정신적 외상을 잘 보여준다. 사지 멀쩡함에도 이들은 정신적
외상에 따른 불구화된 정신으로 고통받았다. 이 고통으로부터 레
프라의 자기 연민이 나왔고 『환단고기』의 판타지가 생겨났으며 민
족중흥의 역사적 사명이 나타났는가 하면 동남아에 대한 제국의

환상조차 발생했다. 넓게 보아 북한의 주체사상과 강성대국도 이와 무관치 않을 것이다.

상처받은 영혼들의 자기 치유술로서의 정신주의가 작동할 대상은 대중이다. 그런데 이들이 보기에 대중은 너무나 안일했다. 자신들이 끔찍한 고통에 시달리고 있음에 반해 대중은 너무나 안온한 일상에 빠져 있는 것으로 보였다. 근대 서구에 대한 콤플렉스도 후진성의 트라우마도 없이 대중의 삶은 마냥 평화로워 보였다. 그럼에도 해방공간과 한국전쟁 그리고 4·19에서 보이듯이 대중은 어느 날 갑자기 폭도가 되어 모든 현실을 뒤집어엎을 정도로 위험했다. 더 멀리 3·1운동의 군중은 이광수에게 무지몽매한 야만 인종일 뿐이었다. 김원이 예리하게 지적했듯이 박정희 체제가 구축한 총력전 체제─준전시 동원체제는 그 경계 외부에 있는 서발턴에 대한 '공포'를 동반하는 것이었다.59

그렇기에 대중/서발턴/민중을 길들여 경계 안으로 포섭하는 것은 엘리트 지식인들의 초미의 과제였다. 이광수는 정신의 박피술剝皮術이 필요하다 했고 박정희는 수술이 절실하다 했다. 대중의 뇌에 자신들의 콤플렉스와 트라우마를 이식하고 그 치유술로서 자신들의 근대화 기획을 동시에 식근植根하는 것이 이들이 '정신'을 소리높여 외쳐댔던 진짜 이유일 것이다. 쿠데타 직후 이들이 우선적으로 발간한 것이 『지도자도』라는 점이 이를 증명해준다. 박정희 체제와 엘리트 지식인들이 무수히 반복한 후진성에 대한 자조적 언설의 공격 대상은 대중이다. 다시 말해 엘리트는 이미 근대성을 선취한 정신의 선구자이며, 후진성의 담지자인 대중을 계몽하고 지도하여 지배해야 하는 존재다. 대중을 유능하면서도 순종적인 존재로, 봉기와 저항의 주체가 아니라 발전의 주체로 만들어

야만 했다. 발전의 주체로 호명된 산업전사들이 무엇을 해야 하는
지는 자명하다.

박정희는 북한 무장간첩보다 국제 상품시장의 치열한 경쟁에
서 뒤떨어지는 것이 더 큰 문제라고 했다. 즉 "공산당하고도 싸워
서 이겨야 하겠지만, 이런 국제시장에 있어서, 상품시장에 있어서
경쟁력에 우리가 절대 뒤떨어져서는 안 되겠"다고 선언한다.[60] 수
출 드라이브 정책 속에 "수출은 국력의 총화"였고, 이를 위해 "풍부
한 인적자원의 생산성을 극대화"하는 것이 중요한 과제로 제시되
었다.[61] 여기서 "인적자원의 진가는 그 정신력"에 의해 결정된다.[62]

정신력은 국민총화의 핵심 요소인데, 전쟁 상황을 가정한 어법
이기도 하다. 박정희는 "수출은 치열한 국제 상품시장의 경쟁 속에
서 전개되는 하나의 전쟁"이라고 단언했다.[63] 1970년대 중화학공
업화와 방위산업의 육성은 '건설'을 넘어 '전쟁' 같은 분위기에서
추진되었으며, 오원철은 "그때는 국가경영이 전쟁이었습니다. 박
대통령이 총사령관이고 나는 일개 참모에 불과"했다고 기억했다.[64]

이러한 믿음에 기반한 정책이 일정한 효과를 낸 것은 분명하
다. "성장 숭배의 경향"을 보인 박정희와 경제 엘리트들은 "자신들
의 신앙과 의지, 결단을 행동화"함으로써 경제성장을 이끌었다는
평가도 있다. 즉 이것은 '시장 합리성market rationality, 계획 이데
올로기plan ideology, 계획 합리성'의 구현이 아니라 신념과 의지
의 산물일 수 있다는 평가다.[65] 게다가 이러한 믿음 체계가 확산되
는 양상이 나타난다.

한국생산성본부 이사장 이은복은 개인에서 국가에 이르기까
지 모든 것이 경쟁이라는 인식 아래 "경쟁의식이 강하지 못하면 낙
오자로 전락할 것"이며 진보 또한 있을 수 없다고 주장했다. 그는

1968년 제5차 수출확대진흥회의를 주재하는 박정희. 수출은 박정희 체제가 명운을 걸고 추진한 산업화의 핵심 전략이었다. 대통령기록관 사진.

"모든 일이 경쟁과 전쟁"이기에 "전쟁의 경우와 같이 전략·전술·전투, 경우에 따라서는 술수나 권모까지도 동원되어야 할 것"이라 했다.[66] 그는 "인간생활, 기업경영, 국민경제"는 "쉴 사이 없이 경쟁적인 전쟁"을 하고 있는 것인데, 더욱이 이 전쟁은 "무한전쟁이니 수년에 끝을 맺는 무력전쟁보다도 더 길고 더 참혹하고 무서운 전쟁인지도 모"르겠다고 했다. 게다가 이 전쟁은 "보이지 않는 적과 소리없는 전쟁"이자 이긴다 해도 새로운 적이 끊임없이 밀려와 "최종 결승이란 찾아볼 수 없는 끝없는 전쟁"이기도 했다.[67]

그렇다면 이 영겁회귀의 전쟁을 치러야 할 전사는 누구일까? 이은복은 개인, 기업, 국가를 모두 언급하지만 중핵은 기업이다. 개인은 최소 경제단위이자 합리적인 필수 경제행위자로 설정되고, 국가는 국민경제의 호민관처럼 설명되는데, 말할 것도 없이 상정

가능한 최대의 경제주체일 것이다. 그러나 자본주의 경제체제에서 최적화된 자본의 존재양태는 사적 기업이다. 개인은 기업형(회사형) 인간이 되어야 했고 국가조차 주식회사로 호명된다.

어떤 의미에서 1960년대는 성전의 시대였다. 세계적 규모의 동서 구도는 냉전과 열전을 뒤섞어 세계를 온통 전쟁터로 만들었다. 베트남 전쟁에서부터 1960년대 후반의 안보 위기까지 세계는 차갑거나 뜨겁게 전쟁 중이었다. 남북 구도는 총성 없는 전쟁에 비유되었다. 거의 모든 경제 관련 주요 주체들의 수사법은 전쟁을 방불했다. 두 차원의 전쟁 모두 성전의 숭고함으로 특징되었다. 베트남 전쟁은 자유의 십자가를 짊어졌고 수출전쟁은 민족중흥의 성스러운 과제를 수행하는 것이었다.

1966년 1월 1일 『동아일보』는 흥미로운 시리즈를 연재하기 시작했다.[68] 「코리안의 고동」으로 명명된 이 장기 연재물은 인력, 상품, 기술의 공간 이동을 통한 시간압축의 전망을 그려보고자 했다. 총 37회에 걸친 연재를 통해 "세계로 향하는 한국·한국인·한국상품"과 "적극적인 진출로 개척한 동적인 한국"을 그려내고자 했다.

우리가 뻗치고 살 길은 물 건너 바깥 세계에 있다. (…) 우리는 아프리카의 산야에서 세계의 음파를 전달하는 한국제 트랜지스터 라디오의 소리에 코리아의 맥박을 느낀다. (…) 미주와 서구의 명문에서 노란머리와 푸른 눈동자에서 과학을 교수하는 우리의 두뇌에서 우리 스스로를 믿는다. (…) 진정 우리가 싸워야 할 곳은 안방이 아니라 세계시장이다. (…) 우리의 살길이 세계의 상품시장에서 기술시장에서 노동력 시장에서 승리하는 것뿐이라는 명제는 이미 확인됐다. (…) 상고商賈는 전쟁이니 상고는 물화物貨로 이以하고 전쟁은 병기로 이以하나 승부를 결하여 이해利害를 전쟁하기는 동일한 자라 한 것은 77년 전 유길준의 서유견문의 한 구절 (…) 원조보다 무역을, 수출 아니면 죽음을 이것은 고 처칠 영재상의 호소 (…) 전쟁의 승부는 병기로써가 아니라 무역으로 결판난다는 것은 소련의 흐루시초프(흐루쇼프-인용자) 전 수상의 말….[69]

『동아일보』 역시 경제를 전쟁에 비유했다. 유길준에서 흐루쇼프까지 이어지는 이 전쟁 담론이야말로 약육강식과 우승열패의 세계에서 부국강병을 통해 살아남아야 되는 국가/민족의 운명을 밝혀주는 것이었다. 여기서 전쟁은 경제의 연장 또는 경제는 전쟁의 연장이 된다. 이 전쟁의 숭고함에 대한 맹목적 열망은 급기야 '수출고아'에 대한 감동으로까지 이어졌다.[70]

이 전쟁 최고의 맞수는 일본이었다. 그런데 일본은 또한 이러한 전략의 선구자이기도 했다. 일본은 적과 동지 어느 것으로도 환원되지 않는 복합물로 재현된다. 1970년 3월 6일자 『동아일보』는 일본의 번영을 분석한 외국 매체의 글을 번역해 게재했다. 「육대륙에 파고든 일본의 상혼」이란 제목의 이 글은 일본 번영의 비결로 "조화된 단합정신과 부를 추구하는 노력에 있어 그들이 지닌 탁월한 능력"을 꼽았다. 특히 기업형 인간에 대한 강조가 두드러졌는데, 일본인에게 "회사란 아버지와 같은 것이다. 아버지가 자식의 부양을 책임지듯이 그들은 회사가 자기들을 부양해줄 것이라고 믿고 회사에만 헌신한다"고 설명했다. 따라서 "일본은 다양한 개인이 모인 집합사회가 아니라 그 전체가 하나의 거대한 가정"이자 "국가가 아니라 한 개의 큰 회사"였다. 그러나 이러한 일본의 모습은 "가미카제 특공대 정신"을 이어받은 "추악한 일본인"이기도 했다.

참조대상으로서 일본은 가족-기업-국가가 하나로 연결되어 있는 전체주의적 집단으로 재현되었는데, 이는 한국 자본주의가 반드시 돌파해야만 했던 장벽이자 또한 모방해야 할 선구자라는 야누스로 재현된다. 가족-기업-국가의 삼위일체는 어떤 측면에서 '만민 자본주의'를 뛰어넘는 자본의 통합체일 수 있었다. 가족 유사성과도 같은 일본과 한국의 관계는 필연적으로 '짝패 갈등'을 불러올 수밖에 없다.[71] 한국 자본주의에게 일본은 모방 욕망의 대상이자 짝패 갈등의 대상으로 이중구속 상태에 놓여 있었던 셈이다. 일본을 총체적으로 모방하면서 박정희 체제는 일본 군국주의보다 더 강한 군사주의, 일본 민족주의를 능가하는 더 강한 민족주의를 추구했다. 유신체제가 그 실체였다.

어느 지한파 일본 지식인은 유신체제를 보면서 박정희 체제가 전후 일본이 아니라 전중戰中 일본을 모델링한 것을 안타까워했다. 물론 박정희가 경험한 일본은 전중 일본이었기에 그러한 측면도 있겠지만, 자본주의가 조장하는 자유주의로는 경제전쟁에서의 승리가 불가능할 것이라고 판단했을 가능성이 높다. 게다가 대외 경제전쟁은 내치와 밀접하다. 박정희는 '나라의 융성이 나의 발전의 근본'임을 주문처럼 외우게 하면서 총력안보를 내걸고 소아를 버리고 대아로 통합될 것을 요구했지만, 1970년대는 전태일의 분신과 광주 대단지 사건으로 시작되었다.

박정희가 생각한 올바른 주체란 조국과 민족에 헌신할 수 있는 멸사봉공의 정신을 구비한 주체였다. 그러나 자본주의적 경제개발은 시장의 자유주의를 번성케 한다. 박정희는 공적인 가치에 헌신할 것을 주문했지만, 시장의 주체들은 이를 빙공영사憑公營私(공적인 것을 빙자해 사적인 이득을 꾀함)로 대응했다. 국가의 개발계획은 시장의 동향에 따라 수시로 수정되면서 국가 이성 대신 시장의 보이지 않는 손을 따랐고, 시장의 자유경쟁은 각자도생의 살벌한 정글을 만들어냈다. 발전의 과실은 대부분 자본과 기업의 몫이었고, 개인에게는 시장의 위계질서에 따라 또는 자유의 이름하에 차등 배분되었다. 요컨대 박정희 체제는 시장의 자유를 만끽하게 하고 그 자유를 다시 국가와 민족의 이름으로 회수하려는 불가능한 기획을 추구한 셈이었다.

4. 시전장市戰場의 군사적 자유주의

맨더빌과 스미스에 따르면, 시장은 이기적 욕망에 기반한 교환과 경쟁의 보이지 않는 손이 조율하는 질서에 기반한다. 특히 신자유주의는 고전적 자유주의와 달리 경쟁에 강력한 의미를 부여한다. 다시 말해 등가가 아니라 불평등을 조장한다. 리프먼Walter Lippmann은 고전경제학자들이 생각하듯이 시장경제는 자연질서의 자연적 결과가 아니라, 국가의 사법적 개입을 전제하는 법질서의 결과라고 파악했다.[72] 즉 국가는 경쟁을 조장하기 위한 사법적 질서를 구축하고 시장의 불평등을 조장한다.

신자유주의적 조절이 이루어지기 위해서는 노동하는 사람들과 노동하지 않는 사람들이 있어야 하고, 급여의 차이, 가격의 상승과 하락도 필요하다. 결과적으로 평등화를 일차적 대상으로 삼는 사회정책은 반경제적일 뿐이다. 따라서 "불평등은 만인에게 동등한 것"이며 신자유주의는 사회보장을 통해 개인을 위험으로부터 보호하는 것이 아니라 개인들이 그 내부에서 위험을 감수하고 대면하는 일종의 경제적 공간을 마련해주는 것이다. 그렇기에 푸코가 보기에 신자유주의의 진실로 근본적인 사회정책은 오직 하나, 경제성장뿐이다. 경제성장을 통해 모든 개인이 일정 수준의 소득에 도달할 수 있게 해줘야 하고, 이 소득이 개인보험, 사적 소유의 실현, 개인적이거나 가족적인 자본화를 촉진해 개개인이 위험을 해소할 수 있게 해야 한다는 것이다.[73]

이것이 서구의 복지국가 모델을 해체하고 등장하게 되는 신자유주의의 주요한 통치성이며 유신체제에서도 의연히 관철되어갔다. 신자유주의는 시장을 경쟁원리에 입각해 재구성하고 개인을 원자화된 개별자로 잘게 쪼개 삶의 모든 부면을 시장경쟁에 내맡기도록 만들고자 한다. 이 과정에서 중심적 행위 틀로 기능하는 것은 개인이 아니라 기업이다. 자본의 사회적 형식으로서 기업은 시장의 실질적 주체로 신자유주의적 통치성의 실체를 이룬다. 개인은 기업을 통해서 소득을 창출하고 그 상품을 소비함으로써 삶이 가능해진다. 결국 개인은 스스로를 자본-기업의 형식으로 주체화해야 한다.

이를 극명하게 보여주는 개념이 인간자본 또는 인적자본human capital이다. 인간자본은 인력manpower과 다르며 인적자원human resources과도 구분된다. 즉 스스로 자본으로서 행위하고 사유하는 인간이라는 점에서 자본에 의해 고용되어 활용되는 인력과는 차원을 달리한다. 인적자본은 자본이 더 이상 외부의 타자가 아니라 주체의 내부 정체성으로 전화된다는 점에서 주체와 대상이라는 이항대립을 넘어서는 것처럼 보인다. 이는 자본과 노동의 대립과 통일을 추구하는 자본의 변증법이다. 다시 말해 노동과 자본 간의 타협과 협조를 넘어 양자의 통합을 추구하기에 더 이상 계급적 구별이

　　3부　박정희 체제의 이데올로기, 파시즘에서 자유주의까지

무의미해진다.

사용자와 고용자라는 형식은 남아 있지만 양자의 관계는 자본과 노동이 아니라 자본 대 자본이라는 동일성 속에 구현된다. 여기서 발전은 양자의 양적 확대일 뿐이다. 즉 더 크고 더 많은 화폐량을 위한 경쟁과 협조만이 남게 된다. 푸코는 이를 노동자의 능동적 경제주체화로 설명했다. 인간자본은 노동자 자신이 그 스스로 일종의 기업으로서 등장하는 능력자본이라는 관념이다. 교환하는 인간으로서의 호모 에코노미쿠스가 신자유주의에서는 기업가, 그것도 자기 자신의 기업가로 재구성된다는 것이다.[74]

이와 관련해 인민 자본주의people's capitalism 개념을 살펴볼 필요가 있다. 인민 자본주의는 에릭 존스턴 등에 의해 1940년대에 제기되었지만 본격화된 것은 1950년대였다. 이를 주도한 것은 아이젠하워 정권과 미국홍보협회였다. 한국에 인민 자본주의가 소개된 것은 1950년대 중반부터였다.

요즘 인민 자본주의라는 말이 미국에서부터 전파되기 시작하였다. (…) 자본주의를 신봉하는 자들은 자본주의만이 인민의 인민에 의한 인민을 위한 것이라고 주장하고 있다. 미국 인구가 1억 4천만인데 그중에서 1천만이 미국 산업의 소유권에 직접적으로 참가하고 있으며 근 7천만 인구가 저축을 통하여 또 1천 150만 인구가 보험을 통하여 산업의 소유권에 간접적으로 관여하고 있다는 것이 자본주의의 인민성이라는 것이다.[75]

한 언론은 "'인민 자본주의'라는 이름으로 불리운 경제체질의 변화"가 미국의 번영을 초래한 이유로 주장하고 있음을 보도하면서 "인민 자본주의"의 건실한 발전을 촉구해야 할 것이라고 주장했다.[76] 인민 자본주의는 대중 자본주의, 민중 자본주의 등으로 번역되기도 하면서 1960년대까지 그 영향이 지속되었다. 김대중도 이에 상당한 관심을 보여 1967년 9월 '대중 자본주의'란 책을 발간하겠다는 의욕을 불태우기도 했다.[77]

주식회사의 확산과 함께 전 인민의 자산가화, 자본가화를 추구한 인민 자본주의는 자유주의 통치성의 형식적 갱신 전략과 연결될 수 있다. 인적자본이 주체의 갱신이라면 인민 자본주의는 사적 소유권을 통한 계급적 정체성의 혼종화를 추구한 셈이다. 전자가 스스로를 자본으로 재구성하는 것이라면 후자는 자본의 사적 소유권자를 추구한다는 점에서 동일성의 두 존재 형식으로 구분된다.

인적자본 개념을 처음 사용한 사람은 1920년대 아서 세실 피구Arthur Cecil Pigou였다. 그러나 이 개념을 만개시킨 것은 미국의 신자유주의자들이었고, 대표적인 인물이 시카고대학의 시어도어 슐츠Theodore W. Schultz 교수다. 조순은 슐츠를 "인간자본론의 비조"라고 지목했다. 슐츠는 일반적으로 국민총생산의 증가가 토지·노동·자본 등의 증가에 의한 것보다 더 큰데, 그 차이를 만드는 것이 바로 인간자본에 대한 투자라고 보았다. 미국의 경우 실물자본의 증가보다 교육의 '재고량' 증가가 훨씬 더 빨랐으며, 그 결과 인간자본의 수익률이 실물자본의 수익률보다 더 높았다고 주장한다.[78] 요컨대 교육, 보건 등 인간에 대한 투자를 통해 더 많은 수익이 가능하다는 주장이다.

인간자본론은 1950년대 말 태동하여 1960년대 큰 주목을 받았는데, 당시 한국에도 거의 실시간으로 전파되었다. 1962년 말 『경향신문』은 새로운 경제학 조류로 '인간투자론'을 4회에 걸쳐 소개했다. 기사는 시카고대학의 슐츠 박사가 인간투자론을 개척했다고 설명했다.[79] 슐츠의 입장은 조순의 설명처럼 소득이 투입 자본과 노동의 증대 이상으로 증대한다는 것이다. 그 차이는 기술 향상과 교육의 보급에 따른 인간자본의 증대에 의한 것이며, 인간 투자는 보건 투자, 직장교육, 학교교육, 성인 직업보도, 직장 변경과 이주 등 다섯 가지로 구분된다. 보건 투자는 인간의 수명을 늘려 인간자본의 회수율을 높인다는 점에서 주목되지만, 더욱 중요한 것은 교육이다.

교육은 첫째 자기투자에 해당한다. 학생이 자신에게 투자를 하고 있는 것이라는 설명인데, 한국의 경우 대학, 가정 그리고 공공 투자를 합쳐 대학생 한 명에게 투자되는 인간투자액은 연간 약 5만~6만 원 정도라고 추산했다.[80] 인간투자의 이윤은 최종 학력 간 임금차액으로 계산된다. 한국의 경우 모 은행의 봉급 기준은 초급이 대졸 5600원, 고졸 4500원으로 1100원의 차이가 있다. 미국의 경우 18~64세 학력별 평생 소득을 계산하면 초중졸은 13만 7786 달러이지만 고졸은 23만 1509달러이고 대졸은 38만 2982달러로 큰 차이를 보인다는 것이다.[81]

아직 체계화되지 않은 이론이라는 단서를 달면서도 인간투자론은 ①의무교육 보급을 통한 노동생산성 제고로 이윤율이 가장 높다는 점, ②이과 계통 대학교육 치중으로 투자율이 높다는 점, ③지능지수가 높은 학생에게 고등교육을 실시할 때 투자 효과가 배가된다는 점, ④관리인의 양성도 기술자의 양성에 못지않은 투자라는 점에서 미국에서는 이론이 없다고 주장했다.[82]

하이에크와 더불어 신자유주의의 쌍벽을 이루었던 밀턴 프리드먼Milton Freedman 역시 1962년 처음 출간된 책을 통해 인적자본에 대한 투자는 기계, 건물 등 비인적자본에 대한 투자와 유사하다고 규정했다. 즉 인간의 경제적 생산성 향상은 곧 더 많은 보상을 가능케 한다는 게 그의 입장이었다.[83]

이후 인간자본론은 상당한 영향력을 행사하는데, 특히 교육 분야가 그러했다. 한 언론은 모든 자본투자 중에 가장 가치 있는 것은 인간에 대한 투자라고 하면서, 교육투자는 타 분야 투자보다 3.5배의 이익률이 있다는 서구의 학설을 인용했다.[84] 서울대 총장 최문환도 도서 출판이 국가발전과 근대화를 위한 "새 유형의 인간 창조 및 인적자본을 위한 효율적이며 저렴한 증산 수단"이라고 주장했다.[85] 1960년대 후반이 되면 인간자본론은 유학생들의 학위논문 주제로 채택되는 경우가 많았다.[86]

앞서 보았던 임종철 역시 "개발경쟁에 있어 종국적인 승리"를 결정짓는 것은 결국 인간이며 "일국의 운명을 이끌어나갈 지적 능력의 총량에 있어 우리는 동남아 제국보다 훨씬 유리한 입장"에 있다고 자신만만했다. 즉 "자연의 혜택은 지지리도 못 받았지만 경제적 성패의 궁극적 결정자인 인간"이라는 점에서는 낙관적이라 주장했다. 임종철의 결론은 "만인의 만인에 대한 투기장이라고 할 수 있는 세계시장"에서 살아남기 위해서 인적자원의 "좀 더 큰 노력의 경주"가 절실하다는 것이었다.[87] 이후 '땅은 좁고 자원은 없으며 인구만 많은 한국의 살길은 오직 유능한 인적자원밖에 없다'는 언설이 한국의 상식이 된다.

인간자본론의 득세는 개발전략의 변화로 설명되기도 한다. 훗날 새천년민주당 국회의원으로 정책위 의장까지 역임하게 되는 박병윤은 1970년대 초반 케인스의 유효수요론 일변도의 개발이론은 이미 그 자취조차 찾아볼 수 없게 되었고 1960년대 만개했던 넉시

R. Nurkse의 빈곤의 악순환, 앨버트 허시먼Albert O. Hirschman의 불균형성장론도 1960년대 후반에 시들기 시작했다고 보았다. 경제적 접근방법이 한계에 부딪히자 사회학적 접근방법이 대두했으며, 경제개발 과정에서 가장 중요한 것은 인간자본이라고 역설했다.[88]

1974년에는 인간개발연구원이 설립되었다. 인간개발연구원은 소외된 인간, 기계화한 샐러리맨에게서 기업 발전은 결코 기대할 수 없으며 자본-기술-인간이라는 기업형태에서 인간-자본-기술이라는 관념으로의 전환을 강조했다. 인간은 무한한 잠재력을 소유하고 있으나 10퍼센트만이 자기계발을 통한 성공을 추구하고 90퍼센트는 실패가 당연하다는 자기합리화에 빠지고 있다고 비판하면서 "자기가 일하고 있는 직장은 가장 신성한 곳이며 자기시장"이라고 주장했다. 즉 외부 요건이 아니라 "자기 내부 요건"이 스스로를 슬프게 만드는 범인임을 강조했다. 그렇기에 "직장의 성공 없이는 사회의 성공도 역시 있을 수 없다"고 단언했다.[89] 이러한 분위기에서 자기계발서가 붐을 이루게 된다.[90]

인간자본의 서식처로 기업을 대체할 것은 별로 없다. 대표적인 기업연합체인 전경련의 회장 정주영은 1977년 11월 23일 인간개발연구원이 주최한 경영자 조찬회에 참석해 '중화학공업화는 시장경쟁의 원리와 민간기업주의 원리에 입각'해야 한다고 주장했다. 지나친 행정의 관여는 바람직하지 못한 결과를 가져온다고도 했다.[91] 이듬해 하이에크를 초청하게 될 전경련과 정주영은 민간기업, 시장경쟁의 이름으로 자유주의를 설파하면서 국가를 압박했다. 불과 2년 뒤 경제안정화종합시책에는 그의 주장이 대부분 반영되었다.

푸코는 자유주의에 기반한 근대적 주체를 두 차원으로 나누어 살펴본다. 정치적 측면에서 자유주의적 주체는 법 권리의 주체이며, 경제적 측면에서는 이해관계의 주체라는 것이다. 양자의 차이는 통치성과의 관계에 있다. 법 권리 주체가 자신의 권리를 양도함으로써 통치로 통합되는 데 비해, 호모 에코노미쿠스는 양도나 포기가 아니라 자연발생적 증식의 변증법을 통해 경제학적 총체로 통합된다는 것이다.[92] 다시 말해 전자는 사회계약을 통해 자신의 주권 일부를 포기함으로써 통치성의 상관물이 된다면, 후자는 자신의 욕망을 실현하는 증식 과정을 통해 경제적 부를 확장하는 경제주체가 된다. 이해관계에 따라 발전이 이루어지고, 각 개인의 이해관계의 극대화가 곧 일반적 이익을 구성하기에 이해관계의 주체는 언제나 법 권리의 주체를 넘어선다.[93]

요컨대 정치적 주체의 주권은 타자의 그것, 그리고 국가와의 계약을 통해 축소되거나 봉쇄되는 반면, 경제적 주체의 이해관계는 타자의 이해관계와 연루되어 확장되며 결국 국민경제의 일반이익을 팽창시킨다. 맨더빌과 스미스 그리고 하이에크로 이어지는 자유주의적 사고방식의 요체가 이것일 터이다. 물론 박정희 체제, 특히 유신체제는 정치적 자유주의를 봉쇄하고자 했기에 저항세력과의 치열한 대립을 노정했다. 계획과 통제를 추구했기에 경제적 자유주의 역시 충분히 보장된 것은 아니었다. 박정희는 노사 관계를 "언제나 굴러가는 수레의 양 바퀴"에 비유하면서 "기업은 사회의 공기요, 국가 기업을 위탁받고 있"는 것이라 주장했다. 그렇기에 자본에 대해 대량해고 금지, 소유와 경영의 분리, 가족회사 지양 등을 주문하면서 자본주의 경제사회는 곧 "주식회사의 집단"이라고 선언했다.[94]

박정희는 시장의 통제를 받는 국가 대신 국가의 통제를 받는 시장을 이상적인 상태로 파악했다. 주식회사를 강조한 것 역시 소유집중에 따른 자본의 권력 강화를 견제하려는 의도일 것이다. 국가의 통제 아래 자본과 노동을 비롯해 전 사회가 유기적으로 공존하는 사회가 박정희가 생각한 이상적 모습이었다. 요컨대 노사를 수레의 두 바퀴로 한다면, 국가는 마부가 되어야 한다는 게 국가주의자 박정희의 입장이었다. 그러나 신자유주의 교리에 따르면 "경제적 주권자"는 없다. 박정희 체제는 집권 초기부터 '보이는 손'에 의한 경제개발을 강조했지만, 시장의 보이지 않는 손은 이를 지속적으로 잠식했다. 경제적 자유주의는 총체적인 정치적 기획, 국가와 그 주권에 연결되어 있는 정치적 이성의 실격을 초래한다.[95]

경제개발계획은 수립되자마자 수정에 수정을 거듭해야 했고 한국 자본주의는 세계 자본주의와 점점 더 긴밀하게 통합되어 그 우발적 요소들에 직접 노출되었다. 국내적으로도 시장의 문법은 국가의 계획 대신 개인의 욕망과 경쟁이 초래하는 전쟁 상태를 방불했다. 박정희를 비롯해 엘리트 지식인들은 배금주의, 이기주의, 황금만능주의를 경계해야 된다고 끊임없이 설교했지만, 그러한 설교 자체가 시장이 얼마나 제멋대로인가를 반증해줄 뿐이었다. 국가 이성의 계획은 사실상 시장의 우발성을 통제할 수 없었다.

시장은 거대한 복잡계다. 한마디로 이 복잡계는 계량 불가능한 우발적이고 우연적이며 주관적인 요소들이 무한대로 증식되어 투입되는 과정, 그것도 시간 흐름에 따라 기하학적 변형을 수반하는 과정을 반복한다. 스미스에서 하이에크에 이르기까지 자유주의는 일관되게 시장에 이 과정의 조절을 담당하게 해야 한다고 주장했다. 박정희는 국가 의지로 이를 통제하고자 했고 그 통치성의 상관물로 주체를 구성하고자 했다. 그러나 이러한 주체 형식들을 움직이는 기본 동력은 돈이다.

> 자본주의 이념은 인간 각자의 돈 의식을 바탕으로 하고 있다. 그러기에 인간은 돈을 위해 창의를 짜내는 데 전력을 다해 경쟁을 한다. (…) 따라서 자본주의 사회의 번영과 인간생활의 향상을 가져오는 원동력은 바로 인간의 돈 의식과 이를 위한 창의 탐구라고 해도 진실의 일부를 맞힌 말이 될 것이다. (…) 지도력도 이와 같은 돈을 떠나서 생각할 수 없다. 현대사회 ─ 자본주의 사회 ─ 에서의 지도력의 최종평가의 기준은 지도를 받는 각자로 하여금 얼마만 한 돈을 갖게 했느냐에 있다.[96]

인간 각자의 돈에 대한 의식부터 돈을 통한 지도-피지도 관계에 이르기까지 이은복은 돈 중심의 세계관을 보여준다. 따라서 자본과 인간의 관계 역시 "자본이 대우를 받으면 인간은 번영하고, 자본을 학대하면 빈곤해지는 관계"에 있다.[97] 요컨대 그는 돈과 자본 중심으로 빈부 문제는 물론 발전과 진보의 문제의식을 전유한다. 돈과 자본을 대우하는 인간이 곧 훌륭한 인간자본일 터이다. 발전은 화폐량의 확대로 증명된다면, 다음 문제는 그것을 어떻게 개개인에게 분배할 것인가이다.

박정희는 "부지런하고 알뜰한 농어민들이 우선적으로 지원을 받아야 하는 것은 너무도 당연한 일"이라고 말해 경쟁과 능력주의가 분배의 기본 규칙임을 분명히 했다. 노름, 음주 등의 게으르고 퇴폐적인 농어촌을, 부지런히 일해서 잘살아보겠다고 발버둥치는 농어촌과 똑같이 지원해주는 것은 오히려 공평한 처사가 아니라고 했다. 이에 따라 일정 시기에 이르면 근대화된 마을과 후진적인 마

을이 발생할 것이라는 경고성 예고도 빠뜨리지 않았다.[98] 국가의
의지와 계획을 떠받쳐야 할 시장의 주체들은 곧 스스로를 인간자
본으로 전화해 더 많은 화폐를 획득하기 위한 경쟁, 불평등을 위한
경쟁에 뛰어들어야 한다.

박정희는 기묘한 복화술을 구사하는 것처럼 보인다. 한편으로
는 멸사봉공의 대아가 될 것을 촉구하면서 다른 한편으로는 능력
주의적 자유경쟁에 나설 것을 주문한다. 이는 물론 개인적 경쟁력
을 갖춘 민족적 주체가 되라는 요구이겠지만, 이미 삶을 결정하는
주요인은 시장의 문법이지 국가의 슬로건이 아니다. 국가의 정책
과 슬로건은 특정 조건과 주체의 반응 속에서 선택적으로 관철된
다. 예컨대 한국의 출산율 하락은 흔히 국가의 가족계획사업의 결
과인 것처럼 얘기되지만, 배은경의 연구에 따르면 출산율 하락은
출산 조절을 통해 계층 상승과 가족 지위 생산을 노리고 '근대적
어머니'로서 자신의 지위를 확보해나간 젊은 여성들의 기획이 작
동한 결과였다.[99]

신자유주의적 견지에서 개인이나 기업 등의 경제주체는 항상
자신의 처지를 개선할 기회를 알아차리고 이용하는 능력이 있다고
여겨진다. 경제발전은 인간이 이러한 능력을 발휘하는 과정이나
다름없다. 경제발전을 위해 슘페터는 기업가의 기술혁신을 강조했
지만, 슐츠는 농민, 노동자, 주부, 학생 등 모든 사람의 기술혁신을
주문했다.[100]

자유주의자들은 불평등과 평등 사이의 기묘한 균형을 잡으려
고 한다. 즉 기회의 평등이나 법 앞의 평등과 같은 형식적 평등을
조건으로 한 시장의 불평등의 자유를 최대화하자는 것으로, 이는
정치적 평등과 경제적 자유의 모순적 접합을 통해 자유의 영역을

최대화하는 것과 다름없다. 달리 말하자면 평등을 정치적인 것으로 봉쇄하고 게토화함으로써 시장의 자유와 불평등이 최대화되는 조건을 창출하고자 하는 것이다.

나아가 이들은 불평등을 차이로 치환해 차이들 사이의 분업을 심어줌으로써 사회적 효율과 생산의 증대를 통한 진보 기획이 지배적 가치를 획득하게 하고자 한다. 박정희 체제 역시 시장의 자유경쟁을 통해 개인의 악덕이 공공의 이익으로 회귀하는 선순환의 고리를 만들고자 했다. 사실상 이 방법이 가장 효율적이고 생산적이며 그렇기에 가장 파괴적이고 가공할 위력을 가졌다는 것은 역사를 통해 어느 정도 증명된 바다. 시간의 압축을 최대의 목표로 삼고 있던 개발론자들에게 이러한 전략은 거의 선택의 여지가 없는 절대적 가치로 여겨졌다.

따라서 최대의 경쟁을 가능케 할 경쟁 형식의 창출이 중요하다. 시장의 경쟁이 사회 전체로 확장되어야 하기에 경쟁은 내용이 아니라 형식에 집중해야 한다. 신자유주의 통치성은 경쟁의 보편적 형식을 만들어놓고 그 내용을 모든 구성원이 채워 넣는 사회의 탄생을 추구한다. 경쟁 절차의 형식적 엄밀함은 경쟁의 공정성을 담보하는 알리바이가 되기에 중요하다. 경쟁은 불가피하게 승자와 패자를 산출하고, 패자의 원한은 체제 유지의 근원적 불안요소가 될 수 있기 때문이다.

경쟁 절차의 형식적 엄밀함은 능력주의와 결합됨으로써 최대의 효과를 만들어낸다. 형식 절차가 가동되어 산출된 능력별 위계서열은 불평등을 만들어낼 것이기에 이것을 사회 내부가 아니라 개인의 내부 문제로 돌려야 한다. 시장의 경쟁은 오직 개인의 능력이 발현되는 무대라는 형식으로만 존재해야 한다. 내용을 결정하는 것은 개인 그 자체이며 그밖의 아무 것도 개재되지 않았다는 점을 객관적으로 증명하고 설득해야만 한다. 주지하듯이 한국에서 이 과정은 보통 교육과 시험이 담당한다.[101]

시험은 한국을 저신뢰 사회로 만든 중요한 요소다. 시험은 경쟁의 형식적 엄밀함의 상징이자 실제적 제도다. 시험은 모두에게 열려 있는 경쟁의 공간이자 기회의 평등을 형식적 수준에서 엄밀하게 구현해주는 제도다. 과거제 이래의 관습적 가치와 결합되어 시험은 공정한 경쟁을 압축한 제도로 승인되었다. 별다른 축적 자산이 없는 경우 대개는 교육과 시험을 통해 축적한 상징자본이 시장의 화폐 획득량을 결정한다.

신뢰가 사회 속에서 증식되지 못하는 상황 속에서 인적자본화된 개인의 안전을 책임지는 것은 화폐로 구매 가능한 상품이다. 보험을 비롯해 자본이 제공하는 재화와 서비스가 사회적 연대를 대신해 위험사회로부터 개인을 지켜주는 보호막이 된다. 요컨대 안전한 생존과 생활을 보장해주는 것은 충분한 화폐량이다. 구체적 관계rapport를 통해 획득되는 사용가치 대신 교환가치에 의한 추상적 관계relation가 삶을 지배하게 된 것이다. 이것이 발전주의와 자유주의가 결합해 만들고자 한 자본의 사회적 형식으로서의 인간자본의 존재론이자 운동양식이다.

욕구 폭발은 날로 극대화의 길을 걷고 이를 억누를 수 있는 권위 통제는 날로 극소화로 줄달음치고 있다. 과학과 기술의 고도 발달로 지구는 하나의 단일화의 길을 걷고 규격 상품 생산의 보급으로 인간생활은 하나로 획일화될 수 있는 자본주의적 통제력이 증가하고 있으나 다른 한편 인간의식 욕구는 무한히 다극화 다기화의 길을 걸고 있다. 수직적 질서에서 수평적 혼존으로 급변하는, 그래서 어느 권위 어느 공리 어느 이념도 무조건 받아들여지지 않는 상황인 것이다. 오늘날의 경직화된 기존 체제나 제도가 인류사상 일찍이 경험할 수 없었던 지금의 넘쳐 흐르는 욕구폭발을 동서남북을 막론하고 조정 소화할 수 없게 되었다.[102]

이 인용문은 1974년 9월 20~21일 고려대 총학생회가 주최한 학술강연회에서 고려대 총장 김상협이 발언한 내용의 일부이다. 「혼돈의 시대, 그 상수와 변수」라는 제목의 강연은 『조선일보』, 『동아일보』, 『경향신문』 등 당대 주요 일간지에 모두 그 요지가 소개될 정도로 큰 주목을 받았다.[103] 김상협은 당대를 혼돈의 시대로 규정했는데, 그 핵심 요인으로 지목한 것은 인간의 욕구 폭발이다. 권위는 물론이고 자본주의적 통제력조차 이 폭발을 감당할 수 없다는 게 그의 판단이다. 그는 자유가 정치적 자유, 사회적 자유 그리고 인간 본성의 자유로 발전해왔다고 정리하는데, 욕구 폭발은 세 번째 자유와 밀접하게 관련될 것이다.

이러한 상황을 진단하면서 김상협은 한국의 경우 신군사주의 neo-militarism와 신상업주의neo-mercantilism를 문제 삼았다. 그는 신군사주의를 냉전과 분단에 따른 결과라고 설명하면서 "원초적 실력, 물리적 힘 제일주의"를 초래하고 있다고 분석했다. 신상업주의는 외채 의존의 원시적 자본 축적과 경제성장이 권력과 결탁해 나타난 현상이라고 진단했다. 그는 신상업주의가 "수단 방법을 가리지 않는 금전제일주의를 유행시켜 벼락부자, 벼락감투, 벼락성장, 벼락퇴폐, 벼락사치"를 초래하고 있다고 주장했다.

김상협은 신군사주의가 냉전과 분단에 따른 것이라고 했지만,

1964년 베를린 장벽을 시찰하는 박정희. 분단은 박정희 체제의 통치성을 규정하는 기본 조건의 하나 였다. 대통령기록관 사진.

비단 그것으로 환원시킬 수는 없다. 앞에서 보았듯이, 한국의 산업화 과정은 전쟁을 방불하는 극단적 경쟁 논리로 뒤덮여 있었고, 이는 곧 군사주의에 강하게 침윤된 시장의 문법을 만들어냈다. 신상업주의는 한국적 자유주의로 이해해도 큰 무리가 없을 것이다. 수단 방법을 가리지 않는 금전제일주의는 곧 시장의 무한경쟁을 의미한다.

중요한 것은 양자의 결합이다. 김상협의 진단대로 당대 한국 사회는 군사주의와 상업주의의 결합으로 특징 지어진다. 달리 말하자면 군사주의와 자유주의가 결합한 '군사적 자유주의'miliberalism가 당대의 지배적 경향으로 등장하고 있었다. 군사주의가 조장한 물리적 힘이 곧 시장의 화폐량으로 측정되는 세계가 열린 것이다. 더 많은 화폐를 위한 경쟁/전쟁은 또 군사주의로 무장한 주체를 호명한다. '사는 게 전쟁'인 시대가 열린 것이다.

밀턴 프리드먼은 정치적·시민적 자유와 결합한 경제적 자유의 증대가 번영을 이끌 것이라고 주장했다. 경쟁 자본주의와 자유는 분리 불가능하게 얽혀 있다는 것이다. 그러나 그는 경제적 자유가 정치적·시민적 자유의 필수불가결한 조건이지만 그 역은 성립하지 않는다고 했다. 정치적 자유는 조건에 따라 경제적, 시민적 자유를 증진하기도 하고 억제하기도 한다.[104] 요컨대 경제적 자유가 상수라면 정치적·시민적 자유는 변수에 불과하다.

밀턴 프리드먼은 홍콩 사례를 보고 이러한 깨달음을 얻었다고 했다. 박정희 체제는 경제적 자유를 상수로 하고 정치적·시민적 자유를 조건부로 하는 산업화 전략을 밀어붙였다. 이른바 '개발독재'가 이를 지칭하는 어법이다. 그렇다면 한국 자유주의의 8할은 시장으로부터 기원한다. 시장을 전쟁터로 남겨놓고 정치적 평화를 기대하는 것은 어불성설이다. 유혈이 낭자한 전장의 희생자들을 외면하고 시민적 자유와 평화를 노래하는 것은 위선일 수밖에 없다.

어쩌면 시장의 군사적 자유주의야말로 한국 자본주의의 놀라운 성공의 기원일지도 모른다. 전쟁 같은 노동을 견뎌내고 사는 게 전쟁인 삶을 감내했던 이들이 만들어낸 경쟁력이야말로 거의 무일푼에 가까웠던 한국 자본주의의 유일한 무기였다. 하지만 시장의 자유주의는 박정희 체제의 무덤을 파는 강력한 힘이기도 했다. 부마항쟁은 전태일과 광주 대단지의 데자뷔였다. 나아가 유신체제의 연장선상에 있는 전두환 정권을 끝장낸 주역 중 하나는 산업화의 가장 큰 수혜자인 도시 중산층이었다. 박정희로서는 야수의 심정으로 돌변한 중앙정보부장도 이해할 수 없었겠지만, 거리로 뛰쳐나온 이들이야말로 불가사의한 존재였을 것이다. 우리 모두가 보

수도경비사령부 30대대장에 취임한 전두환과 함께한 박정희. 전두환은 사실상 박정희 체제의 적자 역할을 했다.

아왔듯이, 한국의 거리는 시장이자 종종 전장이었다. 양자는 때때로 번갈아가며 거리를 장악하곤 했지만, 점점 더 뒤섞여 함께 시전장市戰場을 만들어갔다. 이 시전장에서 민주주의의 이름으로 자유주의가 번성했던 것이 박정희 체제기의 주요한 특징이었다.

포스트 박정희 체제와 21세기 한국

1979년 10월 26일 절대권력의 정점 박정희가 살해되었다. 그의 퇴장은 등장만큼이나 극적이고 충격적이었다. 유신 7년을 포함해 총 18년간 구축해왔던 체제가 하루아침에 무너졌다. 붕괴가 외부 공격이 아니라 체제 내부 갈등으로 초래되었다는 점도 놀라웠다. 김재규와 차지철의 갈등은 잘 알려져 있지만, 여기에 또 하나 빠뜨릴 수 없는 사건이 김형욱의 실종이다. 10·26을 불과 20여일 앞둔 10월 7일 전직 중앙정보부장 김형욱이 프랑스 파리에서 감쪽같이 사라졌다. 2005년 국가정보원 과거사위원회의 발표에 따르면 김재규가 살해 지시를 내렸다고 한다. 당시 한국에서 중정부장 김재규를 움직일 수 있는 사람은 단 한 명, 박정희밖에 없다. 동족살해를 연상시킬 정도로 사태는 파국으로 치닫고 있었고 박정희 체제는 내부로부터 붕괴되고 있었다.

붕괴의 직접적 원인이었던 내부 갈등은 외적 요인들과 뫼비우스 띠처럼 연결된다. 1979년만 보더라도 YH 노조 신민당사 농성, 김영삼 신민당 총재의 국회의원직 제명 그리고 부마항쟁으로 이어지는 일련의 사건들이 김재규를 뒤흔들고 있었다. 특히 부마항쟁이 중요하다. 부마항쟁은 이전과 확연히 다른 양상을 띠었다. 비조직적이고 우발적인 학생 시위 한 번에 부산과 마산 시민이 대규모로 호응한 것은 4·19 이래 처음이었다. 게다가 미국의 태도 역시 김재규를 혼란스럽게 했다. 중정부장은 일인지하 만인지상의 권력이지만, 하나의 예외가 미국이다. 태생적으로 중정은 미국 CIA의 작품이었고, 김대중 납치사건에 연루된 중정 요원 김재권은 물론 김형욱의 망명처가 미국이었다는 사실만 보더라도, 양자의 관계가 어떠했는지 알 수 있다. 요컨대 중정부장은 미국과 대통령이라는 이중의 충성 대상을 갖는다. 당시 한미관계는 역사상 최악이었고 미국은 다양한 경로로 포스트 박정희를 모색하는 것처럼 보였다. 1979년 6월 29일 카터가 방한했지만 인권과 주한미군 철수 문제로 박정희와 냉랭한 정상회담을 마치고 서둘러 돌아갔다. 예전 같으면 한미 정상회담은 최고의 정권 지지기반 강화 이벤트였겠지만, 카터는 박정희가 껄끄러워하는 재야 인사들을 두루 만나고 다녔다. 심지어 단 둘만 남은 전용차 안에서 카터는 박정희에게 교회를 다녀보라 권유했다고 한다. 카터는 자신의 힘으로는 도저히 어쩔 수 없는 고집불통의 박정희를 하나님의 힘을 빌려 처리하려 한 것일까?

김재규가 보기에도 체제는 흔들리고 있었다. 내적으로 정치는 파탄으로 치닫고 심각한 민심 이반이 나타나고 있었다면, 외적으로 미국의 내심은 박정희로부터 떠난 것처럼 보였다. 이러한 상황에서 중정부장이 박정희 제거라는 전대미문의 계획을 실행에 옮겼다. 중정 요원들은 불과 30분 전에야 통보받았음에도 단 한 명의 예외도 없이 대통령 살해라는 경악할 만한 명령을 충실하고도 완벽하게 수행했다. 이 놀라운 실행력이야말로 박정희가 18년간 공들여 키워온 파시즘적 통치성의 한 상징이지 않을 수 없다. 그것이 어떠한 것이든 명령만 내리면 즉각적으로 수행하는 통치기계가 거의 완성태로 등장한 셈이었다. 박정희는 그 기계가 자신조차 처리할 수 있는 괴물로 성장했다는 사실을 마지막 순간에는 깨달았을까?

박정희를 정점으로 일사불란하게 움직이던 통치기계는 최후의 시점에 오작동하기 시작했고, 그의 사후 더 큰 갈등과 균열을 노정했다. 신군부의 등장은 오작동한 통치성의 재구성 과정에 다름 아니었다. 이들은 민주화라는 거센 흐름의 '서울의 봄'을 짓밟고 유신의 갱신을 도모했다. 갱신된 유신의 통치성이 그 실체를 적나라하게 드러낸 것이 곧 5·18항쟁이었다. 수천 명의 인명을 살상한 학살의 통치성이 어느 날 갑자기 출현할 수는 없다. 그것은 베트남 참전을 포함한 박정희 체제 18년, 더 멀리 한국전쟁, 더 멀리로는 일제의 전시 총동원 체제로부터 형성되어온 전쟁 모델에 입각한 군사적 국가 통치성의 적나라한 현시이지 않을 수 없다.

결국 10·26과 5·18은 하나로 이어지는 사건의 연쇄이다. 그것은 박정히 체제가 구축한 파시즘적 통치성이 체제 자체와 시민을 대상으로 (오)작동한 결과다. 전자가 자기 파괴적 체제 갱신의 도모였다면, 후자는 시민을 호모 사케르로 재구성하기 위한 학살이었다. 미국의 제3대 대통령 토머스 제퍼슨은 "자유의 나무는 때때로 애국자와 압제자의 피를 먹고 자란다"고 했다. 한국에서는 주로 '민주주의의 나무'로 번안되어 회자되지만, 10·26과 5·18은 각각 압제자와 애국자의 피가 민주주의의 나무를 키운 상징이었다. 여기서 압제자와 애국자는 별개의 사건에 등장했지만, 체제적 수준에서는 동일한 지평 위에 있었다.

김재규가 박정희를 물리적으로 제거하는 것 외에는 방법이 없다고 판단한 것이나 신군부가 한치의 주저도 없이 군사력을 동원해 광주 시민을 학살한 것은 모두 박정희 체제의 군사적 통치성을 빼놓고 설명하기 힘들다. 특히 5·18의 무장항쟁은 군사적 통치성에 대한 전면 거부라는 점에서 최대의 체제 위기를 초래케 했다. 무장한 시민군의 마지막 항쟁은 비록 패배했지만 굴복한 것은 아니라는 점에서 중대한 역사적 상징성을 지닌다. 다시 말해 항쟁은 군사적 통치성이 더 이상 체제 안정을 보장하는 최종 해결책이 될 수 없음을 확인시켜주었다.

박정희 체제는 두 사건을 계기로 초래된 붕괴 위기를 가까스로 모면하고 7년 이상 잔명을 유지했다. 전두환 정권은 삼청교육대를 통해 사회통제를 강화하고 저항운동에 대한 가혹한 탄압을 자행하는 등 파시즘적 통치성을 지속하고자 했다. 한편으로는 국풍81을 개최하고 다물단 운동을 적극 지원해 민족주의 이데올로기 공세도 빼놓지 않았다. 특히 다물단은 거센 노동운동의 고양에 맞서 주요 대기업 대부분으로 확산되었다. 다물단은 노골적인 국수주의를 표방했는데, 1979년 이유립이 출간한 『환단고기』와 일맥상통하는 주장들이었다. 박정희 체제가 주도한 민족주의 드라이브는 다양한 변종들의 배양판 역할을 했다.

그러나 이러한 과정은 체제 변화를 압박하는 전방위적 저항의 활성화를 수반했고 결국 6월항쟁으로 이어졌다. 전두환 정권의 계엄 선포 시도가 좌절된 것에서 보이듯이 군사적 통치성은 더 이상 사태를 결정하는 최종심급으로 기능하기 곤란했다. 직선제를 골자로 한 개헌이 이루어져 이른바 '87년 체제'가 성립함으로써 민주화는 일단락된다.

민주화의 8할은 자유화였다. 자유주의는 민주주의를 전유한 것은 물론 마르크스주의와 주체사상을 비롯한 1980년대의 다양한 좌파 이념들마저 집어삼키기 시작했다. 때마침 소련과 동구 사회주의 체제 붕괴가 외적 변수 역할을 하기도 했지만, 결정적 배경은 한국 자본주의가 보여준 욱일승천의 성장이었다. 3저 호황은 매년 두 자릿수 성장을 가능케 했고 만성적 무역적자가 끝났는가 하면 인플레이션마저 안정적으로 관리되었다. 자본은 노동자대파업 투쟁의 파고를 임금 인상으로 감당했는데, 그 돈이 어디서 온 것인지는 분명했다. 1990년대로 접어들면서 자유주의는 거스르기 힘든 대세처럼 보였다.

대체로 1980년대 자유주의 반대편에는 두 개의 커다란 흐름이 존재했다. 하나가 파시즘적 경향이라면 다른 하나는 좌파적 저항 운동 세력이었다. 양자는 1980년대 주요한 정치적, 이데올로기적 대립 구도를 형성했지만, 또한 양자 모두 자유주의라는 공통의 맞수를 상대로 한 제2전선을 펼치고 있었음도 사실이다. 정치 영역에서 파시즘과 군사주의 세력은 자유주의 정치세력과의 습합을 통해 좀 더 유연한 통치성으로 전환하고 있었다. 3당 합당과 DJP연합은 그 현실적 구현물이었다. 좌파 저항운동 역시 이 소용돌이에 휩쓸려 크게 보아 자유주의 속으로 스며들어갔다. 자유주의는 파시즘적 통치성의 완고한 경직성을 유연화하고 좌파 저항운동의 비장한 엄숙주의를 무장해제시켜 자신의 헤게모니 질서로 편제해내고 있었다.

실제 이유가 무엇이든 김재규가 10·26의 명분으로 삼은 것은 '자유민주주의'였다. 이러한 측면에서 10·26은 체제의 전면적 부정이 아니라 박정희 체제의 두 축이었던 파시즘적 통치성과 자유주의 통치성 중 전자를 기각하고 후자를 전면에 내세운 사건이라

할 수 있다. 유신체제의 핵심적 일부였던 김재규조차 자유주의적 체제 전환의 필요성을 확신했다고 할 수 있다. 심지어 박정희조차 적절한 시점에 유신체제를 폐기할 생각이었다는 증언들이 있는 것을 보면, 자유주의적 전환의 필요성은 체제 전반에 걸쳐 제법 넓게 퍼져 있었다고 보인다. 1980년대는 반동의 10년이었지만, 결국 3당 합당과 DJP 연합을 거치며 정치 영역에서 자유주의 헤게모니가 대세를 이루게 된다. 김종필은 이를 산업화 세력과 민주화 세력의 정치적 연합이라 했다. 달리 말하자면 김영삼과 김대중으로 상징되는 자유주의 정치가 군사주의적 파시즘을 하위 파트너 삼아 헤게모니를 확대해간 과정이라고 할 수 있다.

하나회 숙청으로 서슬 퍼렇던 정치군인들을 한순간에 날려버리고 전두환, 노태우를 감옥에 보내버린 김영삼 정권은 군사적 통치성의 시대가 저물었음을 분명하게 보여주는 듯했다. DJP 연합을 통한 김대중 정권의 수립은 자유주의 정치의 가능성을 최대치로 고양시켰다. 군부 파시즘에 의해 몇 차례 죽음의 고비를 넘기기까지 했음에도 김대중은 전두환과 노태우를 사면했는가 하면 박정희와의 역사적 화해에도 적극적이었다. 1970년대 이래 대표적 자유주의 정치의 상징이 된 김영삼과 김대중의 연속 집권에 이어 여야 정권 교체가 반복되면서 한국의 정치는 미국 자유주의 양당 구도를 거의 근사치로 재현하는 것처럼 보인다. 여야 대립 구도를 민주-반민주, 진보-보수 구도로 부르기도 하지만, 사실상 양자 사이의 경계는 그리 뚜렷하지 않다. 양 정치세력의 가장 큰 공통분모는 자유주의라 할 수 있는데, 편의상 자유주의 우파와 좌파로 구별될 수 있을 것이다.

결정적으로 양 세력의 이데올로기적, 정책적 차이를 희석시킨 것은 외환위기와 김대중 정권의 신자유주의 전면화였다. 자유주의 좌파의 상징이라 할 김대중의 입장은 미국 망명을 계기로 크게 선회한다. 1971년 대선 당시 발표된 『대중경제론』이 박현채를 비롯하여 당대 비판적 경제학의 반영이었다면, 미국 망명시절인 1985년 하버드대학교에서 출간한 『대중 참여 경제론』은 시장자유주의로의 전환을 명백히 했다. 본문에서 언급한 것처럼 신자유주의로의 전환은 이미 1970년대 말부터 시작되었고 김영삼 정권의 국제화, 개방화, 선진화 역시 그 연장선상에 있었다. 김대중 정권은 이를 이어받아 외환위기를 계기로 전면적 전환을 밀어붙인 것이었다. 양극화와 비정규직 문제를 첨예화하게 될 가혹한 구조조정과 정리해고를 포함한 신자유주의 개혁은 민주화가 자유화로 귀결되는 상징적 장면이지 않을 수 없다. 이 시기 크게 확충된 복지제도 역시 신자유주의의 안전판 성격이 짙었다.

노무현 정권 역시 신자유주의적 개혁으로 일관했음은 주지의 사실이다. 지지층의 이반을 감수하면서 한미 FTA를 관철시켰고 삼성과의 밀월은 널리 알려진 사실이다. '권력은 이미 시장에 넘어갔다'는 현실 진단에 따라 아파트 건설 원가 공개 반대 등 시장의 자유를 최대화하는 정책 지향은 '좌파 신자유주의'라는 농담이 단지 농담만은 아니었음을 보여준다. 뿐만 아니라 이라크 파병과 대연정 제안 등으로 사실상 자유주의 좌우파 간의 정치적, 정책적 차이는 더욱 축소되었다.

노무현 정권의 최종 결산은 이명박 정권의 성립이다. 선거 역사상 최대의 표차를 기록한 2007년 대선은 민주정권 10년의 신자유주의 개혁이 어떠한 결과를 초래했는가를 극명하게 보여주었다. 신자유주의 10년은 박정희 체제기에 급팽창한 '사회 상식의 자유

주의'가 만개하게 된 결정적 국면이었다. 민주주의는 군사적 파시
즘과 극단적 대립 구도를 형성했지만, 시장의 자유주의 앞에서 양
자의 차이는 극단적으로 좁혀졌다. 거리로 내몰린 실직자들에게
민주주의가 해준 일은 별로 없었다. 시장 문턱조차 넘지 못하는 민
주주의를 통해 더 나은 삶을 꿈꾸자는 말은 많은 이들에게 귀신 씨
나락 까먹는 소리였다. 그 대신 뉴타운 재개발로 아파트 한 채씩
주겠다는 선동은 거짓말이라 해도 믿고 싶은 말이었을 터이다. 불
과 15년 전 불도저 신화의 주인공 정주영의 반값 아파트 선동에
반신반의했던 사람들이 그의 '머슴' 취급을 받던 이명박의 뉴타운
공약에는 거의 만장일치로 열광했다. 군사주의 파시즘 청산기라
할 문민, 국민, 참여로 이어지는 15년의 한국 민주주의가 도달한
곳이 바로 시장의 적나라한 욕망의 자유였던 셈이다. 요컨대 이 과
정은 박정희 체제의 파시즘적 통치성을 기각하고 자유주의 통치성
을 전면화했다는 점에서 포스트 박정희 체제의 진면목이 드러나는
국면이었다.

그렇기에 이명박의 뒤를 이은 박근혜 정권의 등장을 단지 공교
로운 일로만 보기는 어렵다. 20세기 말 박정희 신드롬을 이어 이
명박이 개발연대의 추억을 소환했다면, 박근혜 정권은 박정희 체
제 귀환의 정점이었다. '이명박근혜' 9년은 확실히 포스트 박정희
체제의 한 정점이자 나락이었다. 이명박 정권은 초반부터 광우병
사태를 거치며 흔들렸고 끊임없는 도덕성 시비와 추문으로 끝났
다. 탄핵으로 끝난 박근혜 정권은 더 말할 것도 없었다. 두 사람 모
두 원본의 위력을 반감시키는 박정희의 에피고넨에 그쳤고, 다시
한 번 박정희 체제는 기각당한 것으로 보였다.

문재인 정권은 민주정부 10년과 '이명박근혜' 정권 9년을 결산

하는 중요한 시점에 등장했다. 더욱이 박근혜가 국정농단으로 탄핵당한 상황이었기에 선거 구도는 상당히 유리한 국면이었다. 그럼에도 문재인의 득표율은 41퍼센트에 머물렀고 홍준표와 안철수의 득표율을 합치면 45퍼센트가 넘었다. 이때부터 자유주의 좌우파가 거의 5대 5로 분점하는 정치구도가 만들어진다. 문재인 정권은 민주주의 의제로 검찰개혁과 민족주의 의제로 남북관계 개선에 집중했지만, 집권 중후반 '조국 사태'가 모든 것을 집어삼키며 공정 개념의 극적인 사회적 팽창만을 확인시켜주었다. 문재인 정권의 지향은 "기회는 평등할 것이고 과정은 공정할 것이며 결과는 정의로울 것"이라는 말로 상징되는데, 한국 자유주의의 현재 모습을 집약한 슬로건이라 생각된다.

특히 '공정'의 부상은 평등을 부차화한다는 점에서 자유주의 헤게모니의 중요한 징후이지 않을 수 없다. 올림픽 남북 단일팀 구성, 인국공 사태, 정유라, 조국 사태를 거치면서 과정의 공정이 한국의 최대 화두로 떠올랐고 거대한 정치적 파급력을 가지게 되었다. 음모론으로까지 치달은 부정선거론 역시 민주주의를 과정의 공정 문제를 중심으로 사유하고 있다는 것을 의미한다. 형식과 절차의 과정으로 집중되는 것은 내용을 둘러싼 대립과 논쟁이 무의미하거나 불가능하다는 판단이 광범위하게 퍼져 있음을 보여준다.

문재인의 말처럼 공정은 결과가 아니라 과정을 중심으로 한다. 평등은 다만 기회의 평등으로 제한되며 결과를 규정하는 정의는 텅 빈 기표에 불과하기에 사실상 결과의 정의를 정의롭게 만드는 것은 오로지 과정의 몫이 된다. 흙수저와 금수저, 기울어진 운동장이라는 말만으로도 기회의 평등이 단지 수사에 그친다는 것은 모든 사람이 알고 있다. 따라서 기회의 평등을 실질적으로 보장하는 것은 혁명적 변화가 아니라면 거의 불가능에 가깝다. 기회의 평등을 포기하고 결과의 불평등을 정의로 만드는 간단한 방법이 과정의 공정일 것이다. 다시 말해 기회의 평등이 결과의 불평등으로 이어지는 부조리를 정의로운 것으로 만들기 위해서는 과정이 정의로워야 한다.

그런데 기회의 평등이 극도로 협소해지고 결과의 불평등이 극대화되는 상황하에서 과정의 공정만으로 자유주의 통치성이 지속될 수 있을지는 매우 의심스럽다. 자유주의 통치성의 중요한 조건으로 작용하는 것이 능력주의다. 기회, 과정, 결과가 선순환된다면 능력주의의 위력 역시 배가될 것이다. 박정희 체제의 경제개발 이후 숱한 '개룡남'들과 계층상승의 경험 속에서 자유주의와 능력주의가 강화되어온 것은 주지의 사실이다. 지연, 혈연, 학연 등 각종 연줄망이 작동하고 부정부패가 적지 않아 능력주의가 제대로 작동했다고만 할 수는 없겠지만, 급속한 경제성장의 성과가 적지 않은 사람들에게 돌아간 것도 사실이다. 자유주의와 능력주의가 대세를 이룬다는 것은 곧 경쟁 원리가 사회 상식으로 확고하게 정착되었다는 것을 의미한다.

경쟁이 가혹해지는 것은 계층상승의 통로가 점점 더 좁아진다는 사정을 반영한다. 사회적 유동성이 줄어들면서 한국 사회는 과거와 같은 역동성을 유지하는 것조차 곤란해지고 있다. 게다가 근로소득과 자산소득 사이의 격차가 날로 확대되고 시장의 열패자가 양산되는 상황이 지속되고 있다. 21세기 들어 자유주의적 선순환의 고리가 약화되고 심지어 끊어지고 있다는 징후가 분명해지고 있다. 순환 고리가 끊어지고 과정의 공정만이 문제화된다는 것은 기울어진 운동장에서 사자의 잡아먹을 자유와 토끼의 잡아먹힐 자유가 공정의 문법으로 보장된다는 것을 의미하게 된다. 다시 말해 오늘의 한국 사회는 공정한 불평등 또는 불평등의 공정을 받아들이고 있는 것처럼 보인다. 결국 자유경쟁은 기회와 과정을 통한 결과 도출이라는 공식을 파괴하고 역으로 결과가 모든 것을 결정하는 경향으로 수렴된다. 그렇기에 수단과 방법을 가리지 않고 결과를 장악하기 위한 정글의 문법이 점점 더 강화된다.

능력주의와 경쟁은 사실상 엘리트를 위한 이데올로기이자 메커니즘이다. 엘리트 자체가 경쟁의 승리자를 의미한다. 1부에서 본 것처럼 박정희는 일제의 학력 사다리를 통해 당대 최고 수준의 군사적 근대성을 섭렵하고 청년 장교로 입신했다. 그는 이 과정을 최고의 성실성과 능력으로 통과했다. 이것이 박정희가 체험한 파시즘의 자유주의였고 그 과정을 통해 비대해진 자아로 거듭나게 된다. 식민지적 차별을 거쳐 전쟁까지 치달은 좌우 대립 속에서도 그의 입신을 위한 능력주의 경쟁은 멈추지 않았으며 매우 성공적이었다. 이것이 식민지 근대를 거쳐 조국근대화로 이어지는 박정희의 개인사이자 한국의 근현대사이기도 했다.

시대와 상황이 달라졌음에도 이러한 개인사와 국가사가 현재 진행형임도 분명하다. 21세기 한국은 박정희가 경험한 것 이상의 치열하고 가혹한 경쟁의 무대이며 숱한 포스트 박정희들이 양산되고 있다. 경쟁의 승리를 통해 비대해진 자아를 갖추게 된 이들이 패자를 루저로 조롱하고 민중을 개·돼지로 보는 것은 어쩌면 공공연한 비밀인지도 모른다. 어느덧 한국 사회는 고착화된 신분제 사회로 퇴행하고 있는지도 모른다. 능력주의 경쟁은 말뿐이고 세습된 자산과 상징자본에 의해 사실상 지위와 신분이 세습되는 봉건제가 재현되고 있는 듯하다. 삼성가의 장손이 해군 장교에 지원하고 박정희 손자가 해병대 병사로 지원하는 모습이 노블리스 오블리주로 칭송되기도 한다. 만인의 의무를 고귀한 자들의 의무로 특권화하는 사회란 귀족제의 명백한 징후이다. 돈도 능력이라는 말이 횡행하고 부모 찬스가 일상적이며 조물주를 발 아래 거느린 건물주의 지대 추구가 당연한 세계와 봉건제는 과연 얼마나 멀리 떨어져 있는가. '재벌집 막내 아들'이라는 세습 지위가 획득 지위를 압도해가고 있는 세계는 자유주의로 보기도 어렵다.

포스트 박정희 체제의 주류인 엘리트 지배집단이 이렇게 자신만의 성채를 쌓고 있는 자신감은 이들이 식민지 시기 이래의 좌절과 열패감을 넘어 오늘의 한국을 만들어낸 주역이라는 자부심과 밀접하다. 이들의 성공은 다수의 사람들을 포섭해냈으며 국가의 성공 속에 자신의 패배감을 지워버리고자 하는 수많은 민족주의적 열정을 확산시킨다. '환빠'와 '국뽕'은 식민지 트라우마의 치유제이자 아류제국주의마저 넘보는 21세기 한국의 판타지를 상징한다. 이주 노동자에 대한 가혹한 대우, 인종주의 코드를 내장한 채 선별적으로 작동하는 외국인 혐오, 선진과 후진으로 나뉜 세계 인식 등은 약자에 대한 무시를 넘어 혐오와 맞물리며 19세기 제국주의를 소환하는 것처럼 보인다.

이러한 경향을 잘 보여주는 것 중의 하나가 뉴라이트 운동이다. 1990년대부터 시작된 뉴라이트 운동은 일정한 세력을 형성해 식민지 근대화론, 이승만과 박정희 복권, 건국절 논란 등 역사논쟁을 촉발하며 자유주의 우파의 이데올로기적 갱신을 도모했다. 이들은 주로 경제발전을 역사의 알파와 오메가로 파악하고 이를 위한 국가 역할을 강력하게 주문한다. 그 연장선상에서 '아스팔트 우익'으로 불리는 행동주의 우파와 이른바 '일베'로 불리는 극우 성향의 청년 집단도 등장했다. 이러한 현상을 단순화해 설명하기는 힘들지만, 신자유주의와 '사회 상식의 자유주의'가 초래한 사회적 조건을 빼놓고 이해할 수는 없다. 생활의 붕괴 또는 붕괴할 것이 란 두려움과 공포에 휩싸인 채 더 많은 화폐를 향해 돌진해야만 하는 상황 속에서 타자에 대한 관용, 타자와의 연대, 인간적 교류와 정서적 교감이란 유한계급의 사치품 취급을 당할 수밖에 없다. 시장의 치열한 경쟁을 견디기 힘든 이들은 점점 더 고립된다. 일본의 히키코모리, 미국의 총기 난사 사건 등의 현상 역시 이와 무관치 않아 보인다.

시장의 살벌한 경쟁은 무수한 좌절과 분노를 양산하며 어지간 한 멘탈로는 견디기 힘든 상태로 몰아간다. 이들의 분노가 어디로 향할 것인지는 이미 역사가 분명히 보여준 바 있다. 일찍이 박정 희는 1퍼센트의 특권층을 향해 증오의 탄환을 날리자고 선동한 바 있다. 사회의 하층으로 퇴적되고 있다는 자괴감과 열패감이 누구 를 향한 증오의 화살로 이어질지는 알 수 없다. 어쩌면 화살은 이 미 시위를 떠났는지도 모른다.

이 모든 사태가 박정희 체제로부터 유래한다고 할 수는 없다. 역사는 단절과 연속의 변증법이자 단순 인과율로 설명할 수 없는 복잡계이기에 단순 도식은 명쾌하지만 위험하다. 그러나 박정희 체제가 지속적이고 안정적인 질서 창출에 실패했음은 분명했다. 다시 말해 일정 수준 대중적 동의 창출에 성공하기도 했지만, 헤게 모니적 지배를 구축하지는 못했다. 포스트 박정희 체제 역시 그 위 기를 반복해왔던 것으로 보인다.

20세기 중반 이후 한국의 많은 사람들이 민주주의가 사회를 구원할 수 있을 것이라 믿었다. 그러나 한국의 지배적 정치언어인

민주주의가 출입 금지당한 대표적 영역이 시장과 군대일 것이다. 시장을 지배하는 것은 주권主權이 아니라 주권株券이며, 주권株券은 완벽한 사적 소유권으로 보호되어 수십만의 생존을 틀어쥔 거대 기업이 왕조의 가산국가家産國家처럼 합법적으로 세습된다. 시장의 문턱조차 넘지 못하는 민주주의가 자신과 사회를 보호할 수 있다는 기대는 점점 소멸해가고 있다.

프랑스 귀족 알렉시스 드 토크빌의 눈에 미국의 민주주의는 역사의 진보이지만 동시에 중우정치의 위험을 내포한 것이기도 했다. 토크빌의 우려에 깊이 공감한 벤저민 프랭클린은 '민주주의란 두 마리의 늑대와 한 마리의 양이 저녁식사로 무엇을 먹을지 투표하는 것이며, 자유란 완전무장한 양이 투표 결과에 항의하는 것'이라고 했다. 지금의 미국은 완전무장한 양과 늑대가 저녁거리를 놓고 전쟁을 하는 것처럼 보인다.

신자유주의의 본산 미국의 현재 상황은 커다란 충격이다. 트럼프 정권은 20세기 중반 이후 형성된 세계적 규모의 자유주의 질서 전체를 뒤흔들고 있다. 무차별 관세를 비롯해 노골적인 군사력 행사, 전통적 동맹 질서의 무시 등은 많은 이들이 지적하고 있듯이 19세기 제국주의 시대로의 회귀처럼 보인다. 미국의 변화를 초래한 가장 중요한 요인은 내부에 있다. 1980년대 이래 지속된 미국의 신자유주의는 극단적 양극화와 중산층의 붕괴를 통해 극심한 사회적 갈등을 야기하고 있다. 티파티tea party로 시작해 MAGA운동으로 이어지는 미국 우익 진영은 트럼프 정권의 핵심 지지기반이 되었고 파시즘화 경향을 강화하고 있다. 미국의 자유주의 정치는 결정적 파국을 향해 치닫고 있는 것처럼 보인다. 스티글리츠의 말처럼 1인 1표 대신 1달러 1표가 강화되고 있다는 지적은 현재 미국의 정치경제적 상황을 압축해 보여준다.

한국은 미국 버금가는 신자유주의의 나라다. 경쟁의 가혹함이나 불평등과 빈곤 등에 있어 한국 사회는 미국을 능가할 정도다. 해방 후 그 자장권에 편입된 이래 한국은 늘 미국을 향해 달려왔다. 특히 산업화와 함께 자본주의 경제가 확립되면서 미국과의 동기화는 생산양식 차원으로 확장되어 구조적 차원으로 심화되었다. 미국의 자유주의가 끝내 제국주의와 파시즘의 길로 이어진다면 한국의 자유주의는 어떠한 경로를 보여줄 것인가.

파시즘적 통치성의 비극만큼이나 시장의 자유주의 통치성 역시 수많은 비극과 죽음을 양산하고 있다. 그리고 두 개의 통치성은 서로 연결되어 있다. 두 개의 통치성과 그 이데올로기적 복합체는 복잡다기한 양상으로 이합집산과 합종연횡을 반복하지만 뫼비우스 띠처럼 이어져 지배질서의 대강을 이룬다. 한국 기업이 군사문화적 성격이 강하다는 점은 잘 알려진 일이지만, 케이팝 현상을 주도하는 대형 연예기획사들 역시 군사훈련을 방불하는 혹독한 양성 시스템을 갖추고 있다는 점도 놓쳐서는 안 된다. '시장'과 '군'의 습합을 직접적으로 보여주는 것은 방위산업이다. 미국의 군산복합체를 그대로 벤치마킹한 것으로 보이는 방위산업이 미래 먹거리로 주목받는가 하면 주요 방산업체들이 주식시장의 우량아로 급부상하고 있다. 방산주의 수익률이 올라가는 만큼 군사적 자유주의의 위력 또한 배가될 것이다.

오늘날 자유주의는 자본주의와 결합되어 한국의 지배적 이데올로기이자 가치이며 생활양식이 되었다. 최대의 숙적이었던 마르크스주의가 죽은 개 취급을 받고 있는 상황에서 자유주의에 필적할 이데올로기는 없다. 역설적으로 정점에 도달한 것으로 보이는 한국 자유주의 최대의 위협은 자유주의 그 자신이다. 외부가 없는 자유주의만큼 위험한 것도 없다. 팽만하여 더 이상 확장할 여지가 없는 상태의 자유주의는 미래가 없다. 주지하듯이 진공상태에서 홀로 작동하는 이데올로기는 없다. 박정희 체제가 파시즘과 자유주의를 뒤섞은 통치성을 통해 20세기 한국을 주조해냈다면, 21세기 포스트 박정희 체제의 그것은 무엇을 만들어낼 것인가.

미주

1부. 박정희, 그를 만든 시대와 역사

1장   출생과 성장

1   조갑제, 『내 무덤에 침을 뱉어라』 1, 조선일보사, 1998, 334쪽.

2   전인권, 「박정희의 정치사상과 행동에 관한 전기적 연구」, 서울대 정치학
         과 박사논문, 2001, 3쪽, 109쪽.

3   최상천 역시 모친의 낙태 시도로 태아기에 경험한 심각한 유기불안 때문
         에 반항적이고 비정상적인 박정희가 만들어졌다고 주장했다. 최상천, 『알
         몸 박정희』, 사람나라, 2001 참조.

4   조갑제, 『내 무덤에 침을 뱉어라』 1, 334쪽.

5   위의 책, 357쪽.

6   박정희, 『국가와 혁명과 나』, 향문사, 1963(1997, 지구촌 복간, 295쪽).

7   전인권, 「박정희의 정치사상과 행동에 관한 전기적 연구」, 3쪽.

8   정재경, 『박정희 대통령 전기』 1, 민족중흥연구회, 1995, 46쪽.

9   김정렴, 『아, 박정희―김정렴 정치회고록』, 중앙M&B, 1997, 340쪽; 정
         재경, 『박정희 대통령 전기』 1, 64쪽.

10   조갑제, 『내 무덤에 침을 뱉어라』 1, 340쪽.

11   정재경, 『박정희 대통령 전기』 1, 48쪽, 50쪽. 게다가 박정희의 집안은 황
         소도 키웠다. 소는 농가에 매우 중요한 재산으로 소가 있는 농가를 극빈
         층으로 보기는 힘들다(위의 책, 64~65쪽).

12   조갑제, 『박정희』 1, 조갑제닷컴, 2006, 179쪽.

13   위의 책, 392쪽. 이와 관련해 흥미로운 사실로 박정희의 호가 있다. 박정
         희의 호는 '중수'中樹다. 서예가 김충현이 지어주었다고 하는데, '우주의
         한가운데 뿌리박은 나무'라는 뜻이다. 박정희는 "나는 글 쓰는 사람이 아
         니니, 받아는 두겠으나 쓰지는 않겠다"고 했다. 군인으로서의 자의식과
         함께 성리학적 전통에 대한 태도를 엿볼 수 있게 해준다.

14   지능의 평등 또는 불평등을 통해 사회적·정치적 평등의 문제를 사유하는

것은 매우 흥미롭고 또 중요한 문제다. 랑시에르는 지능의 불평등을 통해 현실의 불평등을 자연화하는 경향을 비판하고자 지능의 평등이라는 문제 설정을 강조한다. 지능의 불평등을 전제로 한 교사-학생 관계는 곧 지배-피지배의 사회적 관계 전체로 확산될 수 있는 것이기에 그에게 최고의 스승은 '무지한 스승'이 된다(자크 랑시에르 지음, 양창렬 옮김, 『무지한 스승』, 궁리, 2008 참조).

15 정운현, 『실록 박정희』, 개마고원, 2004, 21~22쪽.

16 정재경, 『박정희 대통령 전기』 1, 67쪽; 조갑제, 『내 무덤에 침을 뱉어라』 1, 351쪽.

17 정재경, 『박정희 대통령 전기』 1, 67쪽; 조갑제, 『내 무덤에 침을 뱉어라』 1, 353쪽.

18 조갑제, 『내 무덤에 침을 뱉어라』 1, 353~354쪽.

19 최상천은 박정희의 삶을 급장과 그 이후로 구분할 정도로 이를 중시한다. 급장의 힘은 교사와 국가와 같은 공적 기구를 대리하는 것으로부터 나온다고 했다(최상천, 『알몸 박정희』, 27~38쪽).

20 정재경, 『박정희 대통령 전기』 1, 50쪽.

21 조갑제, 『박정희』 1, 65쪽.

22 위의 책, 59쪽.

23 정재경, 『박정희 대통령 전기』 1, 66~67쪽.

24 위의 책, 51쪽. 조갑제에 따르면 박정희가 읽은 이광수의 『이순신』은 『동아일보』 연재소설이었을 것이며 그 시기도 보통학교 6학년 때인 1931년이라고 한다(조갑제, 『내 무덤에 침을 뱉어라』 1, 366쪽).

25 조갑제, 『내 무덤에 침을 뱉어라』 1, 380쪽.

26 이준식, 「박정희 시대 지배이데올로기의 형성: 역사적 기원을 중심으로」, 『박정희 시대 연구』, 백산서당, 2002, 185쪽.

27 이에 대해서는 이상록, 「'민족의 수호신' 만들기와 박정희 체제의 대중규율화」, 『대중독재의 영웅 만들기』, 휴머니스트, 2005 참조.

28 조갑제, 『박정희』 1, 77쪽.

29 정재경, 『박정희 대통령 전기』 1, 51쪽; 조갑제, 『내 무덤에 침을 뱉어라』 1, 373쪽.

30 조갑제, 『박정희』 1, 65~67쪽.

31 위의 책, 95쪽.

32 정재경, 『박정희 대통령 전기』 1, 72쪽.

33 위의 책, 72쪽.

34 이경숙, 「전시체제기 대구사범학교 학생 일기 분석―기록과 비기록의 관

점에서」, 『한국교육사학』 제41권 제1호, 2019, 54쪽.

35   안홍선, 「식민지기 사범교육의 경험과 기억: 경성사범학교 졸업생들의 회고를 중심으로」, 『한국교육사학』 29권 1호, 2007, 52쪽.

36   이기훈, 「일제하 식민지 사범교육—대구사범학교를 중심으로」, 『역사문제연구』 제9호, 2002, 68~69쪽.

37   조갑제, 『내 무덤에 침을 뱉어라』 2, 조선일보사, 1998, 30쪽.

38   조갑제, 『내 무덤에 침을 뱉어라』 2, 27~28쪽.

39   조갑제, 『박정희』 1, 125쪽.

40   이기훈, 「일제하 식민지 사범교육—대구사범학교를 중심으로」, 68~74쪽; 정운현, 『실록 박정희』, 36~52쪽 참조.

41   이기훈, 「일제하 식민지 사범교육-대구사범학교를 중심으로」, 71~72쪽.

42   조갑제, 『내 무덤에 침을 뱉어라』 2, 35쪽에서 재인용.

43   허종, 「일제강점기 후반 대구사범학교의 학생운동」, 『한국독립운동사연구』 27호, 2006, 8쪽.

44   위의 글, 9쪽.

45   조갑제, 『박정희』 1, 134~135쪽.

46   이경숙, 「전시체제기 대구사범학교 학생 일기 분석—기록과 비기록의 관점에서」, 55쪽.

47   조갑제, 『박정희』 1, 132쪽.

48   위의 책, 136쪽.

49   조갑제, 『내 무덤에 침을 뱉어라』 2, 38쪽.

50   위의 책, 50쪽.

51   조갑제, 『박정희』 1, 154~156쪽.

52   이 시는 박정희가 대구사범학교 5학년 졸업반이던 1936년 『교우회지』 제4호에 발표되었다(박정희 탄생 100돌 기념사업추진위원회 엮음, 『박정희 시집』, 기파랑, 2017, 22쪽).

53   조갑제, 『박정희』 1, 185쪽.

54   위의 책, 183쪽.

2장   사관학교—군사주의와 능력주의

1   Carter J. Eckert, *Park Chung Hee and Modern Korea—The Roots of Militarism, 1866~1945*, The Belknap Press of Harvard University Press, 2016, p.4.

2   한석정, 『만주국 건국의 재해석』, 동아대 출판부, 1999.

3   강상중·현무암, 이목 옮김, 『기시 노부스케와 박정희』, 책과함께, 2012, 135~146쪽.

4   조갑제, 『내 무덤에 침을 뱉어라』 2, 106쪽.

5   강상중·현무암, 『기시 노부스케와 박정희』; 한석정, 『만주 모던』, 문학과 지성사, 2016.

6   박정희의 군관학교 입학을 도운 사람은 대구 출신으로 봉천군관학교를 졸업하고 간도 특설대를 거쳐 당시 신경군관학교 시험 감독관으로 있던 강재호 대위, 아리카와 등이 거론된다. 박정희는 대구사범학교를 졸업한 후에도 아리카와와 서신을 주고받았다고 하며 군관학교 입학을 도와달라고 했다. 강재호는 『만주신문』에 실린 박정희 혈서 기사를 보고 도움의 손길을 주었다고 한다. 더 거슬러 올라가면 홍사익의 역할도 있다. 만주군관학교는 애초 조선인 입교를 금지했으나 만주국군 고문으로 재직하고 있던 홍사익이 노력해 조선인 입교를 관철시켰다고 한다(장창국, 『육사졸업생』, 중앙일보사, 1984, 24쪽).

7   조갑제, 『박정희』 1, 194~198쪽.

8   『滿洲新聞』 1939년 3월 31일자 7면(『한겨레』 2009년 11월 6일자에서 재인용).

9   미야타 세츠코, 『조선민중과 「황민화」 정책』, 일조각, 1997, 171쪽.

10   위의 책, 173~174쪽.

11   장창국, 『육사졸업생』, 15쪽.

12   이형근, 『군번 1번의 외길 인생』, 중앙일보사, 1994, 19쪽.

13   이한림, 『세기의 격랑』, 팔복원, 1994, 385쪽.

14   신상초, 『탈출』, 태양문화사, 1977, 69~70쪽.

15   飯倉江里衣, 『滿洲國軍朝鮮人の植民地解放前後史』, 有志舍, 2021, p.11.

16   위의 책, p.73, 94.

17   장창국, 『육사졸업생』, 25쪽.

18   위의 책, 17쪽.

19   Eckert, Ibid., pp.83~87.

20   김정렬, 『항공의 경종』, 대회, 2010, 55~60쪽.

21   박동성·심고령 공편저, 『여명의 기수』, 교육문화사, 1964, 53쪽.

22   飯倉江里衣, 『滿洲國軍朝鮮人の植民地解放前後史』, p.19.

23   윤건차 지음, 하종문·이애숙 옮김, 『일본 그 국가·민족·국민』, 일월서각, 1998, 283~286쪽.

24   Eckert, Ibid., pp.78~79.

25 방원철 구술, 한국정신문화연구원, 『내가 겪은 한국전쟁과 박정희 정부』, 선인, 2004, 247~249쪽.

26 Eckert, Ibid., pp.129~138.

27 야마모토 시치헤이 지음, 최용우 옮김, 『어느 하급 장교가 바라본 일본 제국의 육군』, 글항아리, 2016, 54~55쪽.

28 장도영, 『망향』, 숲속의꿈, 2001, 108쪽.

29 Eckert, Ibid., pp.141~145.

30 야마모토 시치헤이, 앞의 책, 360~361쪽.

31 Eckert, Ibid., pp.148~149.

32 장형익, 「독일 군사사상과 제도가 일본 육군의 근대화에 미친 영향」, 『군사연구』 137호, 2014, 431쪽.

33 이종학, 『클라우제비츠와 전쟁론』, 주류성, 2004, 289쪽.

34 장형익, 앞의 논문, 434쪽.

35 위텐런兪天任 지음, 박윤식 옮김, 『대본영의 참모들』, 나남, 2014, 101쪽.

36 위의 책, 42쪽.

37 마이클 영 지음, 유강은 옮김, 『능력주의』, 이매진, 2020, 14쪽.

38 문승숙 지음, 이현정 옮김, 『군사주의에 갇힌 근대』, 또하나의문화, 2007, 15쪽.

39 황정규, 『인간의 지능』, 민음사, 1984, 30~32쪽.

40 吉村浩一, 「第二次世界大戦前の適性検査と性能検査で用いられた機器類」, 『法政大学文学部紀要』 74券, 2017, pp.69~70.

41 Eckert, Ibid., p.100.

42 Eckert, Ibid., pp.91~92.

43 방원철 구술, 『내가 겪은 한국전쟁과 박정희 정부』, 239쪽.

44 조갑제, 『내 무덤에 침을 뱉어라』 2, 110, 118쪽.

45 장준하, 『돌베개』, 사상, 1985, 14~15쪽; 장도영, 『망향』, 99쪽.

46 신주백, 「만주국군 속의 조선인 장교와 한국군」, 『역사문제연구』 9호, 2002, 131쪽.

47 고한빈, 「조선인의 만주국군 입대 배경과 동기」, 『만주연구』 제33집, 2022, 144쪽.

48 유재흥, 『격동의 세월』, 을유문화사, 1994, 54쪽.

49 위의 책, 66쪽.

50 Eckert, op. cit., pp.102~103.

51 Ibid., p.102.

52 그는 방원철, 최창륜, 강재순 등 조선인 생도를 자신의 관사로 불러 독립

운동을 하되 지금처럼 일본이 승승장구할 때는 시기가 아니라는 요지의
말을 했다고도 한다(조갑제, 『내 무덤에 침을 뱉어라』 2, 126쪽).

53   Eckert, op. cit., pp.152, 176~177.

54   Eckert, op. cit., pp.187~188.

55   히로마쓰 와타루廣松渉 지음, 김항 옮김, 『근대초극론』, 민음사, 2003.

56   유재홍, 『격동의 세월』, 33쪽.

57   Eckert, op. cit., pp.222~224.

58   이형근, 『군번 1번의 외길 인생』, 17쪽; 조갑제, 『내 무덤에 침을 뱉어라』
2, 130쪽.

59   방원철 구술, 『내가 겪은 한국전쟁과 박정희 정부』, 241쪽.

60   Eckert, op. cit., pp.199~200.

61   이한림, 『세기의 격랑』, 385~386쪽. 이병주는 해방 이후 군사영어학교 2
기로 임관해 연대장까지 승진했으나 1948년 숙군으로 숙청된다. 이병주
가 1연대 중대장으로 복무할 때 여순사건의 주동자인 김지회와 홍순석이
그 부하였다.

62   Eckert, op. cit., p.233.

63   윤해동, 『식민지의 회색지대』, 역사비평사, 2003.

64   이기동, 『비극의 군인들』, 일조각, 2010, 682~683쪽.

65   조갑제, 『내 무덤에 침을 뱉어라』 2, 112~113쪽.

66   1년 선배라도 가미 사마로 불렸으며 상급생이 비 오는 날을 안개 낀 날이
라고 하면 그렇게 알아야 했고 그에 맞추어 일정을 수행해야 했다. 심지
어 일기에도 비가 아니라 안개라고 썼다(Eckert, op. cit., pp.280~286).

67   조갑제, 『내 무덤에 침을 뱉어라』 2, 112~113쪽.

68   影山昇, 『海軍兵學校の教育』, 第一法規, 1978, pp.95~96.

69   김준엽, 『장정』, 나남, 1987, 75~76쪽.

70   장도영, 『망향』, 96쪽.

71   이형근, 『군번 1번의 외길 인생』, 19쪽.

72   Eckert, op. cit., pp.108~118, 185~186.

73   Eckert, op. cit., pp.182~183.

74   야마모토 시치헤이, 앞의 책, 43, 48쪽.

75   조갑제, 『내 무덤에 침을 뱉어라』 2, 134쪽.

76   리콴유 지음, 류지호 옮김, 『리콴유 자서전』, 문학사상사, 1999 참조.

77   야마모토 시치헤이, 앞의 책, 348~349쪽.

78   影山昇, 『海軍兵學校の教育』, pp.95~96.

79   야마모토 시치헤이, 앞의 책, 251~252쪽.

80   가타야마 모리히데 지음, 김석근 옮김, 『미완의 파시즘』, 가람기획, 2013, 136~137쪽.

81   위의 책, 387~390쪽.

82   조갑제, 『박정희』 1, 17쪽.

83   김준엽, 『장정』, 75~76쪽.

84   일본군의 잔혹행위를 정신분석학적 차원에서 다양한 사례를 통해 설명한 글로 노다 마사아키의 『전쟁과 인간』(도서출판 길, 2000)이 있다.

85   Eckert, op. cit., pp.274, 304~310.

86   「笑わない緊い表情 革命精神のぞかせる」, 『朝日新聞』, 1961. 11. 13.

87   岸信介, 矢次一夫, 伊藤隆, 『岸信介の回想』, 文藝春秋, 1981, pp.225~226.

88   이노우에 데쓰지로, 『우리 국체와 국민도덕』, 1925(이혜경 외 옮김, 『철학과 국가』, 빈서재, 2024, 438쪽).

89   이노우에 데쓰지로, 「신도와 세계종교」, 『동아의 빛』 제10권 8호, 1915(『철학과 국가』, 406~415쪽).

90   홍종욱, 「'식민지 아카데미즘'의 그늘, 지식인의 전향」, 『사이』 11호, 2011, 111쪽.

91   마루야마 마사오 지음, 김석근 옮김, 『현대정치의 사상과 행동』, 한길사, 1997, 제1장 「초국가주의의 논리와 심리」 참조.

92   자크 비데 지음, 배세진 옮김, 『마르크스의 생명정치학』, 오월의봄, 2020, 56쪽.

93   정일권, 『정일권 회고록』, 고려서적, 1996, 74쪽.

94   Eckert, Ibid., pp.103, 260.

95   Eckert, op. cit., p.273.

96   고한빈, 「조선인의 만주국군 입대 배경과 동기」, 143쪽.

97   이한림, 『세기의 격랑』, 20~21쪽.

3장   해방 이후 권력의 길

1   방원철 구술, 『내가 겪은 한국전쟁과 박정희 정부』, 263쪽.

2   정운현, 『실록 박정희』, 101쪽.

3   위의 책, 102쪽.

4   유재흥, 『격동의 세월』, 69~71쪽.

5   하우스만에 따르면 박정희는 영어 단어는 제법 많이 알고 있었고 느리게 말하면 어느 정도 알아듣는 정도였다고 한다(제임스 하우스만·정일화 공

저, 『한국 대통령을 움직인 미군 대위―하우스만 증언』, 한국문원, 1995, 31쪽).

6 조갑제, 『내 무덤에 침을 뱉어라』 2, 172쪽.

7 이병주, 『대통령들의 초상』, 서당, 1991, 98~99쪽.

8 조갑제, 『내 무덤에 침을 뱉어라』 2, 174쪽.

9 방원철 구술, 『내가 겪은 한국전쟁과 박정희 정부』, 264쪽.

10 전인권, 『박정희 평전』, 이학사, 2006, 105쪽.

11 조희연, 『박정희와 개발독재시대―5·16에서 10·26까지』, 역사비평사, 2007, 12쪽.

12 이한림, 『세기의 격랑』, 388쪽.

13 전인권, 『박정희 평전』, 102쪽.

14 정재경, 『박정희 대통령 전기』, 123쪽.

15 한용원, 『창군』, 박영사, 1984, 51쪽.

16 이한림, 『세기의 격랑』, 385~386, 392쪽.

17 정운현, 『실록 박정희』, 147쪽.

18 『조선일보』 1948년 11월 7일자.

19 여순사건에 대해서는 김득중, 『'빨갱이'의 탄생 : 여순사건과 반공국가의 형성』, 선인, 2009 참조.

20 하우스만, 『한국 대통령을 움직인 미군 대위―하우스만 증언』, 32~34쪽.

21 김정렬, 『항공의 경종』, 110쪽.

22 방원철 구술, 『내가 겪은 한국전쟁과 박정희 정부』, 315쪽.

23 내용은 Digital Archives, Papers of John F. Kennedy. Presidential Papers, President's Office Files(JFKPOF), Korea : Briefing book, Park visit, November 1961(JFKPOF-121-005), p.143.(https://www.jfklibrary.org)

24 하우스만, 『한국 대통령을 움직인 미군 대위―하우스만 증언』, 33쪽.

25 조갑제, 『박정희』 2, 50~58쪽.

26 위의 책, 32, 41, 64쪽.

27 하우스만, 『한국 대통령을 움직인 미군 대위―하우스만 증언』, 84쪽.

28 위의 책, 83쪽.

29 식민지 시기 전향 문제를 오랫동안 천착해온 홍종욱은 전향을 '제도로서의 전향'과 '사상으로서의 전향'으로 구분한다. 전자가 국가의 제도적 폭력을 의미한다면, 후자는 지식인의 사상적 변모를 중심에 놓는 파악 방식으로 읽힌다(홍종욱, 앞의 논문, 93~94쪽).

30 가라타니 고진 지음, 송태욱 옮김, 『일본 정신의 기원』, 이매진, 2003, 54쪽.

31   하우스만, 『한국 대통령을 움직인 미군 대위 ― 하우스만 증언』, 31쪽.

32   原彬久 編著, 『岸信介證言錄』, 每日新聞社, 2003, pp.324~327.

33   Ibid., pp.358~360.

34   한국농촌경제연구원, 『농지개혁시 피분배지주 및 일제하 대지주 명부』, 1985, 31~32, 144쪽.

35   조갑제, 『박정희』 2, 218~224쪽.

36   조갑제, 『박정희』 1, 까치, 1992, 207쪽.

37   강성재, 『참 군인 이종찬 장군』, 동아일보사, 1986, 76~77쪽.

38   「육군본부 훈령 제217호」, 육군본부 군사연구실, 『한국전쟁사료』 제65권, 1986, 639~640쪽.

39   유재흥, 『격동의 세월』, 294~295쪽.

40   족청에 대해서는 후지이 다케시, 『파시즘과 제3세계주의 사이에서: 족청계의 형성과 몰락을 통해 본 해방8년사』, 역사비평사, 2012 참조.

41   김민식, 「1950년대 한국군의 미국 군사유학 시행과 군사교육 체제의 재편」, 고려대 한국사학과 석사논문, 2015, 2~4쪽.

42   위의 논문, 59~60쪽.

43   위의 논문, 28~31쪽.

44   박경원 구술, 『내가 겪은 해방과 분단』, 254쪽.

45   민관식, 『방미기행 ― 왜? 그들은 잘사나』, 고려시보사, 1957, 163쪽.

46   이병주, 『대통령들의 초상』, 94~96쪽.

47   안경환, 『황용주, 그와 박정희의 시대』, 까치글방, 2013 참조.

48   황용주 구술, 정문연 현대사연구소 편, 『격동기 지식인의 세 가지 삶의 모습』, 1999, 135~136쪽.

49   학병세대에 대해서는 김건우, 『대한민국의 설계자들』, 느티나무책방, 2017 참조.

50   김건우, 「운명과 원한 ― 조선인 학병의 세대의식과 국가」, 『서강인문논총』 52집, 2018, 128~129쪽.

51   이병주, 『이병주 칼럼집』, 세운문화사, 1978, 149쪽(김건우, 「운명과 원한 ― 조선인 학병의 세대의식과 국가」, 122쪽에서 재인용).

52   김건우, 「운명과 원한 ― 조선인 학병의 세대의식과 국가」, 129쪽.

53   선우휘, 『노다지 2 ― 해방』, 동서문화사, 1986, 237쪽(김건우, 앞의 논문, 126~127쪽에서 재인용).

54   1·20학병동지회, 『1·20학병사기』 제1권, 삼진출판사, 1987, 97쪽; 김건우, 앞의 논문, 108쪽.

55   정주아, 「학병세대와 군인정치의 시대 그리고 법적 정의」, 『철학·사상·

문화』 35호, 2021, 456~458쪽.

56 1·20학병동지회, 『1·20학병사기』, 서문.

57 김석범 외, 『만주국군지』, 1987, 1쪽(친일반민족행위진상규명위원회, 『친
일반민족행위관계사료집』 XI, 2009, 412쪽).

58 「혁명을 지킨 장군」, 『부산일보』 1960년 9월 11일자.

59 김종신, 『영시의 횃불』, 한림출판사, 1966, 54쪽.

60 「백주 때 아닌 차량 통금」, 『부산일보』 1960년 5월 4일자.

61 이만갑, 「군인＝침묵의 데모대」, 『사상계』 1960년 6월호, 74~78쪽.

62 위의 글, 81쪽.

2부. 박정희 체제의 통치성

4장 미국 헤게모니와 박정희

1 허은, 『미국의 헤게모니와 한국 민족주의』, 고려대학교 민족문화연구원,
2008, 15~16쪽.

2 장세진, 『상상된 아메리카』, 푸른역사, 2012, 8쪽.

3 허은, 『미국의 헤게모니와 한국 민족주의』, 423~430쪽.

4 김수영, 「히프레스 문학론」(1964), 『김수영 전집 2 —산문』, 민음사,
1982, 203~204쪽.

5 장세진, 『상상된 아메리카』, 157쪽.

6 임종명, 「해방 이후 한국전쟁 이전 미국 기행문의 미국 표상과 대한민족
의 구성」, 『사총』 67호, 2008, 93~94쪽.

7 공보처, 『이승만 담화집』 2집, 1956, 22, 66~67쪽.

8 사사오입 개헌의 경제 조항 관련에 대해서는 신용옥, 「大韓民國 憲法上 經
濟秩序의 起源과 展開(1945~54年): 헌법 제·개정 과정과 국가자본 운영
을 중심으로」, 고려대 박사논문, 2007 참조.

9 From John W. Connelly to Morris Wolf(1954. 3. 24), Report on
Economic Provision of the Constitution of the Republic of Korea,
Entry 422, RG 469, NARA, p.2.(이하 Connelly Report)

10 Connelly Report, p.6.

11 Ibid., pp.82~83.

12 미국의 문화 전파 전략과 이를 책임진 미 공보원의 활동에 대해서는 허은

의 선구적 연구가 돋보인다(허은, 『미국의 헤게모니와 한국 민족주의』 참조).

13 USIS Seoul→USIA Washington, Country Assessment Report(1960. 1. 25), Foreign Service Despatches, Asia, 1954-65, Box 2, RG 306, NARA, pp.1~9.

14 Inspection Report(1961. 11. 24): USIS Korea, Office of Research, Records of Research Projects, 1964-73, Entry 1017, Box 8, RG 306, NARA.

15 Project MEDIKOR(1969. 1. 20), Office of Research, Records of Research Projects, 1964-73, Entry 1017, Box 67, RG 306, NARA.

16 Project File Checklist for Survey Archives(1965년 7월): World Survey III, Entry 1017, Box 7, RG 306, NARA.

17 요시미 순야 지음, 오석철 옮김, 『왜 다시 친미냐 반미냐』, 산처럼, 2008, 서장 참조.

18 박해남, 「현대 일본 사회와 꿈의 사회사: 이상의 시대부터 불가능성의 시대까지」, 『문화와 사회』 26권 3호, 2018, 330쪽.

19 아즈마 히로키 지음, 이은미 옮김, 『(동물화하는) 포스트모던: 오타쿠를 통해 본 일본 사회』, 문학동네, 2007, 35쪽.

20 위의 책, 37쪽.

21 김수영, 「모더니티의 문제」, 『김수영 전집 2 — 산문』, 민음사, 1983, 350쪽.

22 라이트 밀즈 지음, 신일철 옮김, 『들어라 양키들아』, 정향사, 1961, 4쪽.

23 金洙暎, 「들어라 양키들아」(서평), 『사상계』 95호(1961년 6월), 376~377쪽.

24 박종홍, 「미국사상의 특징」, 『사상계』 1959년 7월호.

25 「모색과정의 전후 사상 풍토」(좌담회), 『사상계』 1966년 2월호, 208~217쪽. 참석자는 안병욱(사회), 신일철, 차기벽, 홍승면이었다.

26 장세진, 『상상된 아메리카』, 196~210쪽.

27 정비석, 「민주어족」, 『민주어족』, 정음사, 1955.

28 위의 책, 74~77쪽.

29 유진오, 「서방화와 민주화」(『조선일보 1959. 1), 『민주정치에의 길』, 일조각, 1975, 51~52쪽.

30 허은, 「'5·16군정기' 재건국민운동의 성격-'분단국가 국민운동' 노선의 결합과 분화」, 『역사문제연구』 11호, 2003, 27~28쪽.

31 신일철, 「生活理念의 再發見: 우리나라의 아메리카니즘」, 『새벽』 4권 1호, 1957, 49~50쪽.

32 위의 글, 52쪽.

33 위의 글, 52쪽.

34 주요한, 「4·19 민권혁명: 민권혁명의 의의」, 『새벽』 7권 6호, 1960, 37~38쪽.

35 학민사 편집실, 『4·19의 민중사』, 학민사, 1984, 46~47쪽.

36 위의 책, 83쪽.

37 위의 책, 368쪽.

38 조화영, 『4월혁명투쟁사』, 국제출판사, 1960, 448~449쪽.

39 「전국학생한미경제협정반대투쟁대회 대정부 및 국회건의문」(1961. 2. 14), 사월혁명연구소 편, 『한국사회변혁운동과 4월혁명』②, 한길사, 1990, 289쪽.

40 「전국학생한미경제협정반대투쟁대회 미국정부에 보내는 메시지」(1961. 2. 14), 위의 책, 290~292쪽.

41 위의 책, 326~328쪽.

42 박종홍, 「민족적 주체성」, 『사상계』 1962년 10월호, 22~23쪽.

43 박종홍, 「주체의식의 형성과정 ─ 근대 한국사상의 추이」, 『사상계』 1964년 1월호, 244쪽.

44 최장집, 『한국 민주주의의 조건과 전망』, 나남, 1996, 22쪽.

45 박종홍은 카를 융의 영향으로 향내/향외 개념을 중시했다(김석수, 『현실 속의 철학 철학 속의 현실』, 책세상, 2001, 제3장 참조).

46 「미국 육군사관학교에서의 인사」(1965. 5. 21), 대통령비서실, 『박정희대통령연설문집』(이하 『연설문집』) 2, 1973, 387쪽.

47 「김해지구 간척공사 기공식 치사」(1965. 6. 1), 『연설문집』 2, 398쪽.

48 박정희, 『국가와 혁명과 나』(1997 지구촌 복간본), 227~228쪽.

49 박정희, 『우리 민족의 나갈 길』, 동아출판사, 1962, 185~186쪽.

50 박정희, 『국가와 혁명과 나』, 42~43쪽.

51 위의 책, 229쪽.

52 위의 책, 231~232쪽.

53 위의 책, 78쪽.

54 위의 책, 83쪽.

55 위의 책, 216~220쪽.

56 「서울중고교 교정에서 행한 대통령 선거 연설」(1963. 9. 28), 『연설문집』 1, 530쪽.

57 W. W. 로스토우 지음, 이상구 옮김, 『반공산당선언』, 진명문화사, 1960, 16쪽.

58 Samuel D. Berger, *The Transformation of Korea 1961-1965*(1966. 1.

7), Entry 5026, Box 305, RG 59, NARA, pp.24~25.

59   Ibid., p.10.

60   「버거 대사가 국무장관에게 보내는 전문(1963. 1. 17)」, 국가기록원,
      『1960년대 초반 한미관계: 1961~1963』(하), 2006, 71~74쪽.

61   「버거 대사가 국무장관에게 보내는 전문(1962. 6. 6)」, 국가기록원,
      『1960년대 초반 한미관계: 1961~1963』(상), 303~304쪽.

62   Samuel D. Berger, op. cit., pp.4~5.

63   Sent to; SECSTATE WASHINGTON(1962. 3. 19), Political affairs and
      relations: prominent persons, 1962/ Berger, Samuel D, Confidential
      U.S. State Department Central Foreign Policy Files: Korea, 1962-
      1963, RG 84, NARA(국회도서관 해외 소재 한국 관련 자료).

64   Summary of Conversation with Korean Ex-President Yun Po-sun,
      Korea July-Dec. 1962, Entry A1 3113, RG 59, NARA(https://archive.
      history.go.kr/id/AUS002_109_00C0146).

65   로스토우, 『반공산당선언』, 9쪽.

66   위의 책, 15쪽.

67   M. F. 밀리칸, D. L. M. 블래크머 편, 유익형 옮김, 『신생국가의 근대화―
      그 성장과 대책』(*The Emerging Nations―Their Growth and United States
      Policy*), 사상계사 출판부, 1963, 8, 139쪽.

68   마이론 위너Myron Weiner 편저, 차기벽·김종운·김영록 옮김, 『근대화』,
      세계사, 1967, 126~127쪽.

69   위의 책, 252~253쪽.

70   Max F. Millikan and W. W. Rostow, *A proposal: key to an effective
      foreign policy*, New York Harper & Bros., 1957, pp.3~6.

71   Ibid., p.10.

72   「한국에 관한 대통령 특수임무단의 국가안전보장회의에 제출한 보고서」
      (1961. 6. 5), 『1960년대 초반 한미관계: 1961~1963』(상), 127~128쪽.

73   Letter From the Ambassador to Korea (Brown) to the Assistant
      Secretary of State for Far Eastern Affairs (Bundy), August 26, 1966,
      Foreign Relations of the United States, 1964-1968, Volume XXIX, Part
      1, Korea.

74   Ibid.

75   「닉슨 대통령 주최 만찬회 답사」(1969. 8. 21), 『연설문집』 3, 545~546쪽.

76   「연두 기자회견」(1971. 1. 11), 『연설문집』 3, 920쪽.

77   1969년 박정희의 방미를 준비하는 미국 측의 입장은 삼선개헌이 예민한

국내 문제라는 것을 충분히 인지하면서도 미국은 어떠한 개입도 없어야
한다는 것이었다. 즉 사실상의 묵인이었다(「대통령 회담을 위한 박정희의
미국 방문」(1969. 8. 21~23), Box 930, Line Item 64, National Security
Council Files, Nixon Presidential Materials).

78 　김명섭, 「1970년대 후반기의 국제환경 변화와 한미관계―카터 행정부의
외교정책을 중심으로」, 『1970년대 후반기의 정치사회변동』, 백산서당,
1999, 76쪽.

79 　Hwang, Ingu, *Human Rights and Transnational Democracy in South
Korea*, Philadelphia : UPENN Press, 2022 참조.

80 　이매뉴얼 월러스틴 지음, 강문구 옮김, 『자유주의 이후』, 당대, 1996, 255쪽.

81 　「1971년도 예산안 제출에 즈음한 시정연설」(1970. 9. 2), 『연설문집』 3,
822쪽.

82 　이만갑, 「미국인의 가치관념과 대중사회」, 『사상계』 1959년 7월호, 39쪽.

83 　Ned O'Gorman, "Eisenhower and the American Sublime", *Quarterly
Journal of Speech* Vol. 94, No. 1, 2008, p.44.

84 　한국생산성본부, 『생산성본부 활동 10년지』, 1967, 발간사 참조.

85 　한국생산성본부, 『번영하는 미국의 산업사회와 최고경영자의 역할―생
산성본부 한국 제1차 톱 매니지먼트 미국 시찰보고』(이하 『미국시찰보고
서』 1), 1967, 서문.

86 　『미국시찰보고서』 1, 11~12쪽.

87 　이은복, 「푸대접받는 숫자」(1959. 4), 『인간발견』, 한국생산성본부,
1968, 28~29쪽.

88 　『미국시찰보고서』 1, 39~40쪽.

89 　모윤숙, 「미국문화와 한국의 반성」, 『경향신문』 1957년 3월 12일자.

90 　『미국시찰보고서』 1, 154쪽.

91 　이 엔진은 콜리스Corliss 엔진으로 불렸는데, 미국의 시인 월트 휘트먼은
이 엔진 앞에서 30분이나 침묵 속에 앉아 있을 정도로 감명을 받았다고
한다(David E. Nye, *American Technological Sublime*, MIT Press, 1994,
pp.121~122).

92 　영국의 저명한 작가 H. G. 웰스는 나이아가라 폭포의 수력발전소에 감동
을 받아 인격적 실체로 표현하기도 했다(Ibid., p.135).

93 　이채호(국립공업연구소장), 「산업효율화의 길―미국시찰감」, 『동아일보』
1962년 3월 23일자.

94 　『미국시찰보고서』 1, 12쪽.

95 　David E. Nye, op. cit., p.238.

96   『미국시찰보고서』 1, 19쪽.

97   위의 책, 48쪽.

98   『미국시찰보고서』 2, 27쪽.

99   유진오, 「우리는 무엇을 하여야 할 것인가?」, 『조선일보』 1962년 1월(『민
        주정치의 길』, 18~19쪽).

100   『미국시찰보고서』 2, 27쪽.

101   David E. Nye, op. cit., p.45.

102   『미국시찰보고서』 1, 150쪽.

103   위의 책, 40쪽.

104   위의 책, 20쪽.

105   위의 책, 21~25, 68쪽.

106   위의 책, 26쪽.

107   위의 책, 27쪽.

108   『매일경제』 1968년 11월 11일자.

109   「7대 국회의원」 하, 『경향신문』 1967년 9월 15일자.

110   "My Views On Issues of Common Concern For The Republic of
        Korea and The United States", March 27, 1970, Gen Co 78 12/1/69,
        Line Item 18, National Security Council Files, Nixon Presidential
        Materials.

5장   국가와 시장의 통치성

1   미셸 푸코 지음, 오트르망(심세광·전혜리·조성은) 옮김, 『안전, 영토, 인
        구』, 난장, 2011; 『생명관리정치의 탄생』, 난장, 2012.

2   「전역식에서의 연설」(1963. 8. 30), 『연설문집』 1, 488~489쪽.

3   「국군의 날 치사」(1961. 10. 1), 『연설문집』 1, 62쪽.

4   「제5대 대통령 취임사」(1963. 12. 17), 『연설문집』 2, 4쪽.

5   「10월 17일 대통령 특별선언」(1972. 10. 17), 『연설문집』 4, 301쪽.

6   박동성·심고령, 앞의 책, 86~87쪽.

7   조르조 아감벤 지음, 박진우 옮김, 『호모 사케르: 주권권력과 벌거벗은
        생명』, 새물결, 2008 참조.

8   당시 CIA 한국 지부장 도널드 그레그Donald Gregg의 주장에 따르면, 당
        시 주한 미국 대사 필립 하비브가 사건을 인지하고 자신에게 구체적인 상
        황 파악을 지시했다고 한다. 그레그는 즉각 자세한 상황을 파악해 보고했

고, 하비브가 박정희를 움직여 최악의 상황을 모면했다고 한다(도널드 그
레그 지음, 차미례 옮김, 『역사의 파편들』, 창비, 2015, 212~223쪽).

9 「연두 기자회견」(1974. 1. 18), 『연설문집』 5, 227쪽.

10 「연두 기자회견」(1975. 1. 14), 『연설문집』 5, 379~380쪽.

11 『동아일보』 1975년 4월 29일자.

12 『경향신문』 1975년 5월 10일자.

13 『조선일보』 1976년 4월 30일자.

14 박완서, 「잘했다 참 잘했다」, 『꼴찌에게 보내는 갈채』, 세계사, 2002,
210, 218쪽.

15 허은, 『냉전과 새마을』, 창비, 2022, 519~522쪽.

16 리콴유 지음, 류지호 옮김, 『리콴유 자서전』, 문학사상사, 1999, 58~66쪽.

17 위의 책, 87~91쪽.

18 리콴유 지음, 류지호 옮김, 『일류국가의 길』, 문학사상사, 2001, 673쪽.

19 『동아일보』 1973년 1월 24일자.

20 『경향신문』 1973년 1월 20일자.

21 임재성, 「징병제 형성과정을 통해서 본 양심적 병역거부의 역사」, 『사회
와 역사』 88집, 2010, 403쪽.

22 존 리 지음, 이윤청 옮김, 『한없는 한: 남한의 경제발전과 정치적 민주
화』, 소명출판, 2022, 157쪽.

23 문승숙 지음, 이현정 옮김, 『군사주의에 갇힌 근대』, 또하나의문화,
2007, 76~80쪽.

24 「전국경제인대회 치사」(1973. 4. 17), 『연설문집』 5, 97쪽.

25 문지영, 『지배와 저항—한국 자유주의의 두 얼굴』, 후마니타스, 2011,
19~21, 322쪽.

26 위의 책, 323~325쪽.

27 김동춘, 「레토릭으로 남은 한국의 자유주의」, 『자유라는 화두』, 삼인,
1999, 11쪽.

28 위의 글, 17~18, 28쪽.

29 도사카 준 지음, 윤인로 옮김, 『일본 이데올로기론』, 산지니, 2015, 15~
16쪽.

30 위의 책, 15쪽.

31 위의 책, 16, 30~31쪽.

32 차지철, 「한국의 현실과 인간성의 부활—우리의 현실을 극복하는 길」,
『세대』 1964년 7월호, 144쪽.

33 「연두 기자회견」(1977. 1. 12), 『연설문집』 6, 153~155쪽.

34   이정은, 「1970년대 초중반 두 차례의 경제위기와 박정희 정부의 대응」, 『한국사학보』 제38호, 2010, 259쪽.

35   위의 글, 265~267쪽.

36   『동아일보』 1978년 12월 29일자.

37   『매일경제』 1979년 1월 17일자.

38   『경향신문』 1986년 1월 8일자. 김만제는 고교 졸업 후 미국 유학길에 올라 덴버대학과 미주리주립대 대학원을 졸업한 뒤 1970년에 귀국해 36세의 나이에 KDI 원장에 취임했다.

39   박길성·김경필, 「박정희 시대의 국가-기업 관계에 대한 재검토」, 『아세아연구』 53권 1호, 2010, 148쪽.

40   『경향신문』 1979년 4월 17일자.

41   『동아일보』 1979년 4월 27일자.

42   박길성·김경필, 「박정희 시대의 국가-기업 관계에 대한 재검토」, 143쪽.

43   존 리, 『한없는 한: 남한의 경제발전과 정치적 민주화』, 144쪽.

44   강경식 구술(국사편찬위원회 구술자료, 「1980년대 전후 경제 안정화 계획」, 2005년 11월 28일).

45   강경식 구술.

46   사공일 구술(국사편찬위원회 구술자료, 「1980년대 전후 경제 안정화 계획」, 2005년 11월 17일).

47   『동아일보』 1978년 9월 12일자.

48   『매일경제』 1978년 9월 12일자.

49   F. A. 하이에크 지음, 정도영 옮김, 『예종에의 길』 상·하, 삼성문화재단, 1973, 32~37쪽.

50   위의 책, 118쪽.

51   미셸 푸코, 『생명관리정치의 탄생』, 181쪽.

52   하이에크, 『예종에의 길』, 66쪽.

53   강명규, 「F. A. 하이에크론」, 『무역』 1974년 11월호, 46쪽.

54   리처드 파이프스 지음, 서은경 옮김, 『소유와 자유』, 자유기업원, 2020, 343쪽.

55   위의 책, 346쪽.

56   위의 책, 349쪽.

57   유길준 지음, 허경진 옮김, 『서유견문』, 서해문집, 2004, 132쪽.

58   국회회의록 제1회 제21차 본회의(1948. 6. 30), 22쪽.

59   국회회의록 제1회 제25차 본회의(1948. 7. 5), 8쪽.

60   김재준, 「민주주의론」, 『사상계』 1953년 5월호, 30쪽.

61   김재준, 앞의 글, 33쪽.

62   김상협, 「韓國의 新保守主義」, 『사상계』 1960년 6월호, 126쪽.

63   김영선, 「民主黨 腹案의 骨子」, 『사상계』 1960년 6월호, 144~148쪽.

64   유병묵, 「사회대중당의 산업국유화 정책」, 『사상계』 1960년 10월호, 181쪽(이상록, 『한국의 자유민주주의와 『사상계』』, 고려대 민족문화연구원, 2020, 131쪽에서 재인용).

65   버나드 맨더빌 지음, 최윤재 옮김, 『꿀벌의 우화』, 문예출판사, 2010 참조.

66   한국전쟁 이후 케인스주의 도입 상황에 대해서는 홍정완, 『한국 사회과학의 기원』, 역사비평사, 2021 2부 참조.

67   국가통계포털(http://kosis.kr).

68   김삼수, 「박정희 시대의 노동정책과 노사관계」, 『개발독재와 박정희 시대』, 창비, 2003, 207~208쪽.

69   박완서, 『어떤 나들이』(박완서 단편소설 전집 1권), 문학동네, 1999, 작가의 말 중.

70   박완서, 『도시의 흉년』 상권, 세계사, 1993, 47쪽.

71   위의 책, 48쪽.

72   박완서, 『목마른 계절』, 세계사, 2012, 87쪽.

73   박완서, 『도시의 흉년』 상권, 50쪽.

74   박완서, 『목마른 계절』, 158쪽.

75   박완서, 「자유의 환상」, 『나의 만년필』, 문학동네, 2015, 136쪽.

76   오자은, 「중산층 가정의 욕망과 존재방식」, 『국어국문학』 164호, 2013, 500쪽.

77   박완서, 「세모」, 『어떤 나들이』, 10~11쪽.

78   칼 맑스 지음, 김수행 옮김, 『자본론』 상, 비봉출판사, 1992, 164쪽.

79   박완서, 『여자와 남자가 있는 풍경』, 한길사, 1978, 268쪽.

80   게오르그 짐멜 지음, 김덕영 옮김, 『짐멜의 모더니티 읽기』, 새물결, 2006, 12~17쪽.

81   박완서, 「생활정도라는 것」, 『혼자 부르는 합창』, 진문출판사, 1977, 61쪽.

82   박완서, 「여권 운동의 허상」, 『혼자 부르는 합창』, 141쪽.

83   위의 글, 222~223쪽.

84   박완서, 「여인들」(『세계의 문학』, 1977. 6), 『조그만 체험기』, 문학동네, 1999, 229쪽;『나목』, 민음사, 2005, 47쪽.

85   이문재·박완서 대담, 「나의 문학은 내가 발 디딘 곳이다」, 『문학동네』, 1999년 여름호, 52~53쪽.

86   위의 글, 210쪽.

87   박완서, 「저울질 교육」, 『나의 만년필』, 46쪽.

88   박완서, 「여가와 여자」, 『나의 만년필』, 142쪽.

89   박완서, 「가난뱅이」, 『나의 만년필』, 244쪽.

90   박완서, 「누구를 위한 축제인가」, 『우리를 두렵게 하는 것들』, 문학동네,
      2015, 176쪽, 182~183쪽.

91   박완서, 「딸애와 자가용 합승」, 『우리를 두렵게 하는 것들』, 289쪽.

92   위의 글, 80, 85쪽.

93   박완서, 「맏사위」(『서울평론』, 1974년 1월호), 『어떤 나들이』, 144쪽.

94   박완서, 「재수굿」(『문학사상』, 1974년 12월호), 『어떤 나들이』.

95   박완서, 「부처님 근처」, 『현대문학』, 1973년 7월호, 82~83쪽.

96   박완서, 「비정」(1974), 『꼴찌에게 보내는 갈채』, 204~206쪽.

97   박완서, 「양극단」, 『나의 만년필』, 276쪽.

98   박완서, 「어느 우울한 아침」, 『우리를 두렵게 하는 것들』, 160~161쪽.

99   Thorstein Veblen, *The Theory of the Leisure Class*, Oxford Univ. Press,
      2007, p.20, 53.

100   박완서, 『도시의 흉년』 상권, 40쪽.

101   박완서, 「예전 맛 신식 맛」, 『우리를 두렵게 하는 것들』, 195쪽.

102   박완서, 『휘청거리는 오후』, 세계사, 1993, 59쪽.

103   리콴유, 『리콴유 자서전』, 245쪽.

104   위의 책, 149쪽.

105   위의 책, 150, 162쪽.

106   리콴유, 『일류국가의 길』, 454쪽.

107   이광요, 「아시아에 있어서의 민주주의와 사회주의(연설초)」, 『사상계』
      1964년 11월호, 116쪽.

108   리콴유, 『일류국가의 길』, 166~168쪽.

109   위의 책, 181~182쪽.

110   위의 책, 172쪽.

111   위의 책, 184쪽.

6장   통치성의 사회적 확장

1   미셸 푸코, 『안전, 영토, 인구』, 52쪽.

2   이에 대해서는 김수자, 「1960년대 박정희 정권의 '푸른 산' 조성과 경제·
      생태 인식: 〈대한뉴스〉의 '식목일', '산림녹화' 행사를 중심으로」, 『탈경계

인문학』 13권 2호, 2020 참조.

3   김한상, 『조국근대화를 유람하기: 박정희 정권 홍보 드라이브, 〈팔도강
     산〉 10년』, 한국영상자료원, 2007 참조.

4   「천재와 인재를 치수로서 막아내자」(사설), 『동아일보』 1962년 8월 30일자.

5   건설부, 『國土綜合開發計劃: 1972~1981』, 1971, ix~x쪽.

6   『조선일보』 1966년 7월 17일자.

7   손정목, 『서울 도시계획 이야기』 2, 한울, 2013, 20쪽.

8   김현옥, 「윤중제」, 『우리의 노력은 무한한 가능성을 낳는다: 김 시장의
     시정신념』, 서울특별시, 1969, 297쪽.

9   『동아일보』 1968년 4월 30일자.

10   손정목, 『서울 도시계획 이야기』 2, 30~36쪽.

11   『조선일보』 1968년 4월 11일자.

12   『동아일보』 1968년 4월 30일자.

13   성나연, 전봉희, 「김현옥 시정(1966-1970)의 ‘새서울’ 구상과 한강 및 여
     의도 개발」, 『대한건축학회논문집』 제39권 제1호, 2023, 151~155쪽.

14   손정목, 『서울 도시계획 이야기』 2, 69쪽.

15   『동아일보』 1968년 4월 30일자.

16   서울특별시 한강건설사업소, 『여의도 종합개발계획』, 1971, 25~35쪽.

17   김석철, 『여의도에서 새만금으로: 김석철의 도시계획·도시설계』, 생각의
     나무, 2010, 40쪽.

18   서울특별시 한강건설사업소, 『여의도 종합개발계획』, 「인사말씀」, 39, 77
     쪽.

19   이는 당시 서울시장이었던 양택식의 대머리를 빗댄 말이다(손정목, 『서울
     도시계획 이야기』 2, 67~68쪽).

20   『매일경제』 1971년 9월 29일자.

21   『조선일보』 1975년 5월 11일자.

22   박정희, 『국가와 혁명과 나』, 275~276쪽.

23   빌헬름 라이히 지음, 황선길 옮김, 『파시즘의 대중심리』, 그린비, 2006.

24   김경재, 「새 민족공동체 형성과 기독교의 과제 —빌리 그래함 전도대회를
     보고」, 『씨알의 소리』 1973년 3월호, 55쪽.

25   『경향신문』 1974년 8월 20일자.

26   『조선일보』 1974년 7월 26일자.

27   『경향신문』 1974년 7월 22일자.

28   『조선일보』 1977년 8월 21일자.

29   『동아일보』 1974년 12월 7일자.

30   『경향신문』 1975년 6월 24일자.

31   『경향신문』 1975년 5월 5일자.

32   『조선일보』 1975년 6월 11일자.

33   「파월 개선장병 환영대회 치사」(1973. 3. 20), 『연설문집』 5, 76쪽.

34   손정목, 『서울 도시계획 이야기』 2, 77~80쪽.

35   김미경, 『감세국가의 함정』, 후마니타스, 2018 참조.

36   마포아파트의 자세한 내용에 대해서는 박철수, 『마포 주공아파트』, 마티, 2024 참조.

37   위의 책, 35~36쪽.

38   『동아일보』 1962년 7월 30일자.

39   박해천, 『콘크리트 유토피아』, 자음과모음, 2011, 46쪽, 65~66쪽.

40   위의 책, 96쪽.

41   박철수, 『마포 주공아파트』, 17쪽.

42   위의 책, 37~39, 276쪽.

43   朴倉圭, 「왜 아파트가 投機對象되나」, 『月刊中央』 1978년 4월호, 144~145쪽.

44   金東植, 「土地公槪念의 發展的 수용」, 『世代』 1978년 4월호, 104쪽.

45   李源俊, 「私有와 去來公營의 調和」, 『世代』 1978년 4월호, 85~86쪽.

46   위의 글, 91쪽.

47   「현대판 불가사리」(10), 『경향신문』 1978년 3월 3일자.

48   전강수, 「1970년대 박정희 정권의 강남 개발」, 『역사문제연구』 28집, 2012, 13~19, 31쪽.

49   송은영, 『서울탄생기』, 푸른역사, 2018, 380~381쪽.

50   「住生活 변모 감안토록―5백만호 건설계획을 보고」(사설), 『매일경제』 1980년 10월 2일자.

51   金東植, 「土地公槪念의 發展的 수용」, 105쪽.

52   李源俊, 「私有와 去來公營의 調和」, 84~95쪽.

53   『경향신문』 1978년 2월 3일자.

54   홍승면, 「아파트 특혜, 정동탑」, 『경향신문』 1978년 7월 5일자.

55   홍기삼, 「70年代式女性 (13) 아파아트 추첨과 福德房 순례」, 『동아일보』 1978년 1월 25일자.

56   김은하, 「아파트 공화국과 시기심의 민주주의: 박완서의 개발독재기 소설을 중심으로」, 『여성문화연구』, 제39호, 2016, 60~61쪽.

57   홍기삼, 「70年代式女性 (13) 아파아트 추첨과 福德房 순례」.

58   서정범, 「신어풀이, 복부인」, 『동아일보』 1979년 12월 11일자.

59   홍기삼, 「70年代式女性 (13) 아파아트 추첨과 福德房 순례」.

60   의료보험관리공단, 「발간에 즈음하여」, 『의료보험연보』, 1980, 11쪽.

61   『경향신문』 1973년 2월 13일자.

62   『경향신문』 1970년 1월 26일자.

63   채규철, 「한국 민간 의료보험에 관한 고찰」, 『공중보건잡지』 11-2, 1974,
      234쪽.

64   『경향신문』 1970년 1월 26일자.

65   조규상, 「한국의 의료보험」, 『대한의학협회지』 16-2, 1973, 89쪽.

66   정영순, 「한국 의료보험제도에 관한 연구」, 이화여대 석사논문, 1976, 69쪽.

67   위의 논문, 69쪽.

68   위의 논문, 68~70쪽.

69   『경향신문』 1975년 12월 16일자.

70   『동아일보』 1976년 1월 22일자.

71   한달선, 「의료체계의 과제와 의료보험의 대응」, 『의료보험』 1, 1978, 26쪽.

72   허정, 「의료보험의 현주소와 미래상」, 『의료보험』 1, 1978, 22쪽.

73   이광찬, 『국민건강보장쟁취사』, 양서원, 2009 참조.

74   보건사회부, 『보건사회통계연보』, 각 연도 판 참조.

75   『매일경제』 1975년 4월 4일자.

76   『경향신문』 1975년 6월 19일자.

77   『매일경제』 1975년 7월 22일자.

78   『매일경제』 1975년 9월 4일자.

79   김정렴, 『한국경제정책30년사』, 중앙일보사, 1990, 308쪽.

80   박정호, 「한국 의료보험 정책과정에서의 정부 역할」, 서울대 사회복지학
      과 박사논문, 1996, 92쪽.

81   「의료보험을 통한 의료시혜 확대」(2), 『대한병원협회지』 5-7, 1976,
      45~47쪽.

82   『대한병원협회지』 5-9, 1976.

83   『매일경제』 1976년 11월 11일자.

84   의료보험연합회, 『의료보험의 발자취』, 1997, 100~102쪽.

85   『경향신문』 1977년 6월 9일자.

86   『경향신문』 1977년 6월 30일자.

87   『경향신문』 1977년 6월 11일자.

88   허정, 「한국적 의료보험의 개발유형에 관한 고찰」, 서울대학교 보건환경
      연구소, 『보건학논집』 14권 2호, 1977, 177쪽.

89   장경식, 「의료수요 증가에 따른 진료시설의 현황과 전망」, 『의료보험』
      23, 1980, 102~113쪽.

90   의료보험연합회, 『의료보험의 발자취』, 82쪽.

91   「74년의 최고」, 『경향신문』 1974년 12월 27일자.

92   최석채, 「인생경주의 확률」, 『경향신문』 1976년 1월 26일자.

93   『경향신문』 1978년 7월 11일자. 공개채용 비율은 학력이 낮을수록 감소
      해 국졸의 경우 32.3퍼센트만이 공개채용 방식이었다.

94   「능력주의 사회의 건설」(사설), 『조선일보』 1972년 6월 2일자.

95   『조선일보』 1930년 8월 7일자; 구자옥, 「米洲에서 活躍하는 白衣人才, 요
      지간은 엇든 분들이 社會에서 活動하는고」, 『삼천리』 제8권 제1호, 1936,
      105쪽(국사편찬위원회 한국사 DB).

96   이봉규, 「1960년대 한국 사회과학계의 인간관리·개발 담론」, 연세대 사
      학과 박사논문, 2022, 218~220쪽.

97   『동아일보』 1959년 5월 12일자.

98   『동아일보』 1961년 12월 29일자.

99   『동아일보』 1962년 1월 22일자.

100   남명석, 「지혜의 발달과정」, 『동아일보』 1959년 2월 13일자.

101   「갈 곳 없는 저능아」, 『경향신문』 1970년 10월 1일자.

102   이창우·서봉연, 『K-WISC 實施要綱: 韓國版 Wechsler 兒童用 個人知能檢
      査』, 배영사, 1974, 4~5쪽.

103   정범모, 『發展의 序章: 敎育改革을 위한 隨想』, 배영사, 1966, 239쪽.

104   위의 책, 187~195쪽.

105   정범모, 『가치관과 교육』, 배영사, 1972, 117쪽.

106   정범모, 『발전의 서장』, 190쪽.

107   정범모, 「시민사회의 의식구조 2: 자연에의 도전」, 『사상계』 1968년 2
      월호, 56~61쪽(이봉규, 「1960년대 한국 사회과학계의 인간관리·개
      발 담론」, 232쪽에서 재인용). 다시 말해 개발development은 곧 개발
      exploitation이다. 자연을 개발하는develop/exploit 주체로 정립되어야
      비로소 능력주의를 운위할 수 있게 된다.

108   정범모, 『발전의 서장』, 272~273쪽.

109   위의 책, 286쪽.

110   임재수, 「인간 혁명의 길」, 『매일경제』 1971년 1월 23일자.

111   『매일경제』 1973년 4월 8일자; 1977년 10월 8일자.

112   여상환, 「포철에 소명과 신탁이 있다면」, 이호 엮음, 『신들린 사람들의 합
      창: 포항제철 30년 이야기』, 한송, 1998, 331쪽.

113   위의 글, 332쪽.

114   박권일, 『한국의 능력주의』, 이데아, 2022, 109쪽.

115 「임원간담회에서」(1977. 8. 12), 포항제철, 『製鐵報國의 意志: 朴泰俊會長
　　　 經營語錄』, 1985, 46~47쪽.

116 「임원간담회」(1977. 1. 17), 浦項製鐵十年史編纂委員會, 『포항제철10년사』
　　　 별책, 1979, 181쪽.

117 「1977. 7. 11. 임원간담회」, 『포항제철10년사』 별책, 197쪽.

118 「삼성 그 후계자 〈26〉, 경영철학(3)」, 『매일경제』 1977년 10월 7일자.

119 「삼성 그 후계자 〈27〉, 경영철학(4)」, 『매일경제』 1977년 10월 8일자.

120 「필승 사장학 〈1〉 삼성그룹 회장 이병철」, 『매일경제』 1979년 1월 1일자.

121 장경진, 「죽도시장 배추장사의 변화」, 『신들린 사람들의 합창』, 309쪽.

7장　새마을운동─통치성의 승리와 농민의 실패

1　　『조선일보』 2010년 4월 22일자.

2　　김성조, 「역사학의 시선에서 본 새마을운동의 재현과 세계화」, 『동방학
　　　 지』 193, 2020, 322쪽.

3　　1970년 인구 총조사에 따르면 전체 인구 3088만 2386명 중 도시지역
　　　 인구는 1270만 9513명에 불과해 비율로는 41퍼센트 정도였다. 그러나
　　　 1980년에는 총인구 3740만 6815명 중 도시지역 인구는 2140만 9453명
　　　 에 달해 57퍼센트가 넘었다. 읍 지역을 도시에 포함하면 1970년 농촌 인
　　　 구는 1565만 명에 달해 49.8퍼센트를 차지했으나 1980년에는 1146만 명
　　　 선으로 떨어져 전체 인구 비중은 30.6퍼센트로 격감했다. 10년간 최소한
　　　 300만 이상의 농촌 인구가 줄어든 것이다(국가통계포털 참조).

4　　『연설문집』 3, 761쪽.

5　　『매일경제』 1970년 10월 2일자.

6　　이용기, 「'유신이념의 실천도장', 1970년대 새마을운동」, 『박정희 시대의
　　　 새마을운동』, 한울아카데미, 2014, 326쪽.

7　　『경향신문』 1972년 3월 22일자.

8　　내무부, 『새마을운동10년사』, 1980, 55~57쪽.

9　　위의 책, 205~206쪽.

10　「지방 초도순시후 경북도청에서의 유시」(1972. 2. 7), 『연설문집』 4, 144쪽.

11　황병주, 「새마을운동을 통한 농업 생산 과정의 변화와 농민 포섭」, 『사회
　　　 와 역사』 90집, 2011 참조.

12　『새마을운동10년사』, 160~165쪽.

13　위의 책, 183~185쪽.

14   유병용 외, 『근대화 전략과 새마을운동』, 백산서당, 2001, 47쪽.

15   『새마을운동10년사』, 281쪽.

16   이창섭, 「1972년 초 박정희 정권의 독농가 육성 정책」, 부산대학교 사학
      과 석사논문, 2012, 57~58쪽.

17   김보현, 「박정희 시대 국가의 통치 전략과 기술」, 『박정희 시대의 새마을
      운동』, 한울, 2014 참조.

18   『새마을』1974년 6월호.

19   〔수료생 서신철〕1977년 새마을지도자(제48기) 최○춘, 새마을운동 아카
      이브.

20   〔수료생 서신철〕1977년 사회지도자(제18기) 김○주, 새마을운동 아카이
      브.

21   『새마을운동10년사』, 51쪽.

22   위의 책, 11쪽.

23   박정희, 『민족중흥의 길』, 광명출판사, 1978, 97~98쪽.

24   「제28주년 제헌절 경축사」(1976. 7. 17), 『연설문집』6, 69쪽.

25   「제31주년 광복절 경축사」(1976. 8. 15), 『연설문집』6, 79쪽.

26   윤길상, 「새마을운동 관련 미디어 선전물을 통해 구성되는 근대 '국민'에
      관한 연구」, 서울대 언론정보학과 석사논문, 2001, 72쪽.

27   「제28주년 제헌절 경축사」(1976. 7. 17), 『연설문집』6, 69쪽.

28   박정희, 『민족중흥의 길』, 104~106쪽.

29   「새마을 소득증대 촉진대회 치사」(1972. 5. 18), 『연설문집』4, 228쪽.

30   박정희는 "수도 서울을 비롯한 우리나라의 대도시들은 (…) 여러 가지 이
      질적인 요소가 한데 뒤섞여 가치관의 혼란과 퇴폐적인 경향마저 보이고
      있"다고 규정했다(『민족중흥의 길』, 154쪽).

31   「연두 기자회견」(1977. 1. 12), 『연설문집』6, 155쪽.

32   「제29주년 제헌절 경축사」(1977. 7. 17), 『연설문집』6, 192쪽.

33   내무부, 『새마을운동―시작에서 오늘까지』, 1976, 45쪽.

34   『새마을운동10년사』, 99~100쪽.

35   『연설문집』1, 494쪽.

36   한국지방행정연구원, 「새마을운동 발전방안 연구」(연구보고서 제26권),
      1988, 23~26쪽.

37   박기혁, 「한국경제발전과 새마을운동」, 서울대 새마을운동종합연구소,
      『새마을운동의 이념과 실제』, 1981, 170~171쪽.

38   농수산부, 『농림통계연보』, 1980, 98쪽.

39   박진환, 『박정희 대통령의 한국경제 근대화와 새마을운동』, 박정희대통

령기념사업회, 2005, 78쪽.

40 　이만갑, 『한국농촌사회연구』, 다락원, 1981, 293~294쪽.

41 　김혜진, 「새마을운동의 기반형성과 전개양상에 관한 인류학적 연구―경기도 안성시 한 농촌마을의 사례를 중심으로」, 서울대 인류학과 석사논문, 2007, 77쪽.

42 　이질현·정영채, 「새마을운동 지원 및 지도방법 개선에 관한 연구―농촌 새마을 소득증대 사업을 중심으로」, 내무부 새마을분과 정책자문위원회, 『새마을운동 연구보고서』, 1981, 78쪽.

43 　이세영, 『풍덕마을의 새마을운동: 李世榮 새마을 서훈지도자 수기』, 서울문화인쇄, 2003, 304~309, 400~408쪽.

44 　위의 책, 335~337, 362~363, 368쪽.

45 　하재훈, 「박정희 체제의 대중통치: 새마을운동의 구조·행위자 상호작용을 중심으로」, 경북대 정치학과 박사논문, 2006, 213쪽.

46 　새마을운동중앙회, 『새마을운동30년자료집』, 2000, 16쪽.

47 　내무부, 『새마을운동―시작에서 오늘까지』, 1976, 46쪽.

48 　조영탁, 「1960년대 이후 양곡관리정책의 변화와 그 성격에 관한 연구」, 서울대 경제학과 박사논문, 1993, 100쪽.

49 　김혜진, 「새마을운동의 기반형성과 전개양상에 관한 인류학적 연구」, 74쪽.

50 　빈센트 브란트, 「가치관 및 태도의 변화와 새마을운동」, 『새마을운동의 이념과 실제』, 1981, 481~482쪽.

51 　김영미, 『그들의 새마을운동』, 푸른역사, 2009.

52 　정호영, 「박정희 체제의 지배 메커니즘과 대중의 동의」, 서강대 정외과 석사논문, 2007, 55~57쪽.

53 　에릭 울프 지음, 박현수 옮김, 『농민』, 청년사, 1978, 170쪽.

54 　한국농촌경제연구원, 『한국농정50년사』, 1999, 908쪽.

55 　이문구, 『우리동네』, 민음사, 2005, 50~51쪽.

56 　『새마을운동10년사』, 54, 60쪽.

57 　최인이, 「1970년대 농촌 여성들의 자본주의적 개인 되기」, 『박정희 시대의 새마을운동』, 한울, 2014, 105쪽.

58 　좌담 「농촌소설과 농민생활」, 『창작과 비평』 1977년 겨울호(영인 18권), 23쪽.

8장 박정희, 독재와 민주주의 사이에서

1   막스 베버 지음, 금종우·전남석 옮김, 『지배의 사회학』, 한길사, 1981.

2   이에 대해서는 윤덕영, 『세계와 식민지 조선의 민족운동―한국 자유주의의 형성, 송진우와 동아일보』, 혜안, 2023 참조.

3   김정인, 「민주주의」, 『한국의 근현대, 개념으로 읽다』, 푸른역사, 2016, 156쪽.

4   공보처, 『대통령 이승만 박사 담화집』 2, 1956, 14쪽.

5   유진오, 『양호기』, 고려대 출판부, 1977, 159쪽.

6   강인철, 「한국전쟁과 사회의식 및 문화의 변화」, 『근대를 다시 읽는다』 1, 역사비평사, 2007, 355~359쪽.

7   정일형, 『유엔의 성립과 업적』, 국제연합한국협회, 1952, 3쪽.

8   정일형, 『유엔의 성립과 업적』, 10쪽.

9   신창현, 『해공 신익희』, 해공신익희선생기념회, 1992, 340~341쪽.

10   신익희, 「통일과 안정은 민주적 자유선거에서」, 『나는 대통령선거를 이렇게 본다』, 남광문화사, 1956, 14쪽(백운선, 「민주당과 자유당의 정치이념 논쟁」, 『1950년대의 인식』, 한길사, 1981, 110쪽에서 재인용).

11   조병옥, 『민주주의와 나』, 영신문화사, 1959, 「서문」.

12   조병옥, 「자유세계의 방어와 그 의의」, 『민주주의와 나』, 17쪽.

13   조병옥, 「민주주의적 지도자론―土耳其 國父 小傳을 시범삼아」, 『동아일보』 1954년 12월 16일자.

14   조병옥, 「민주주의는 역행할 것인가―주로 개헌안 시비를 중심하여」, 『동아일보』 1954년 8월 10일~11일자.

15   조병옥, 위의 글.

16   조병옥, 「민주주의와 정당정치의 의의」, 『민주주의와 나』, 173쪽.

17   조병옥, 「민주주의는 역행할 것인가―주로 개헌안 시비를 중심하여」, 『동아일보』 1954년 8월 10~11일자.

18   유진오, 「헌정7년의 회고」, 『동아일보』 1955년 7월 17일자.

19   유진오, 「헌정 11년의 교훈」, 『조선일보』 1959년 7월 17일자; 유진오, 『민주정치에의 길』, 일조각, 1963, 207쪽.

20   조병옥, 「자유세계의 방어와 그 의의」, 『민주주의와 나』, 21쪽.

21   「민정의 사상적 거점」(『서울신문』 1963. 1), 유진오, 『민주정치에의 길』,

일조각, 1963, 10쪽.

22　조병옥, 「피 묻은 민주역사—특히 2·4변란을 중심으로 하여」,『민주주의와 나』, 257쪽.

23　『경향신문』 1955년 3월 11일자.

24　민주당, 「투표방향에 관하여」,『투쟁의 족적』, 1956, 48쪽.

25　강정인 외,『민주주의의 한국적 수용』, 책세상, 2002, 51쪽.

26　장문석, 「파시즘과 근대성」,『지중해지역연구』 10권 4호, 2008, 103쪽.

27　황보영조, 「파시즘과 대중정치」, 송충기 외,『세계화 시대의 서양 현대사』, 아카넷, 2009, 175~178쪽.

28　이태훈, 「1930년대 후반 '좌파지식인'의 전체주의 인식과 한계」,『역사문제연구』 24, 2010, 95~98쪽.

29　후지이 다케시,『파시즘과 제3세계주의 사이에서』, 28쪽, 57~58쪽.

30　蔣介石 지음, 宋志英 옮김,『중국의 운명』, 서울타임스, 1946, 114쪽.

31　후지이 다케시, 앞의 책, 328쪽.

32　이승만,『일민주의 개술』, 일민주의보급회, 1949, 7~8쪽.

33　안호상,『일민주의의 본바탕』, 일민주의연구원, 1950, 36~37쪽.

34　안호상, 위의 책, 73~76쪽.

35　양우정,『이대통령건국정치이념: 일민주의의 이론적 전개』, 연합신문사, 1949, 128~129쪽.

36　양우정, 앞의 책, 「序」.

37　안호상, 위의 책, 3~32쪽.

38　양우정, 위의 책, 46쪽, 118쪽.

39　형진의 지음, 임경화 편역,『일본 신민족주의 전환기에『국체의 본의』를 읽다』, 어문학사, 2017, 66쪽.

40　안호상, 앞의 책, 83~84쪽.

41　양우정, 앞의 책, 31~40쪽.

42　양우정, 앞의 책, 37쪽, 48쪽, 104~105쪽, 124쪽.

43　아돌프 히틀러 지음, 권오석 옮김,『나의 투쟁』, 신문출판사, 1973, 106쪽.

44　마루야마 마사오, 「초국가주의의 논리와 심리」,『현대정치의 사상과 행동』, 한길사, 1997, 101~102쪽.

45　野村幸一郎,『2·26事件の思想課題』, 新典社, 2021, 6~7쪽.

46　北一輝,『日本改造法案大綱』, 改造社, 1923, 1~5쪽.

47　마쓰모토 겐이치 지음, 정선태·오석철 옮김,『기타 잇키—천황과 대결한 카리스마』, 교양인, 2010, 36~37쪽.

48　조관자, 「일본 우익의 국가주의와 아시아주의 연구: 기타 잇키의 국가개

조론과 이시와라 간지의 쇼와 유신론」,『翰林日本學』 30호, 2017, 152쪽.

49 위의 글, 155~156쪽.

50 한태연, 「전체주의에 대한 도전―정치적 신학의 종언을 위하여」, 『사상계』 1957년 1월호, 97쪽.

51 일본 극우파와 5·16의 관계를 보여주는 흥미로운 사건이 있다. 5·16쿠데타 이후인 1961년 12월 12일에 일본에서는 '삼무 사건'으로 불리는 쿠데타 음모사건이 발생했다. 자위대 장교까지 연루된 이 사건에는 강경길, 박임항 2명의 한국인도 관련된 것으로 알려졌다. 일본 정부는 이 사건이 한국과 무관하다고 밝혔지만, 박임항은 쿠데타 주도세력 중 하나였고 삼무 사건 주모자들은 극우파였다. 식민과 탈식민을 가로지르며 한일 간의 군사적 모험주의, 극우 이데올로기 사이의 어떤 연루 정황을 보여준다는 점에서 주목된다. 이에 대해서는 권혁태, 「데즈카 오사무와 「사과시계」」, 『프레시안』 2008년 4월 8일자 참조.

52 김진, 『청와대 비서실』, 중앙일보사, 1992, 195쪽.

53 위의 책, 195쪽.

54 위의 책, 198쪽.

55 정일형, 「민주주의와 선거」, 『씨알의 소리』 1978년 2월호, 14~17쪽.

56 샹탈 무페 지음, 이행 옮김, 『민주주의의 역설』, 인간사랑, 2006.

57 조갑제, 『내 무덤에 침을 뱉어라』 4, 조선일보사, 1999, 220쪽.

58 박정희, 『지도자도―혁명과정에 처하여』, 국가재건최고회의, 1961, 27쪽.

59 위의 책, 13, 18, 14~16쪽.

60 위의 책, 26쪽.

61 「제13회 제헌절 기념사」(1961. 7. 17), 『연설문집』 1, 13쪽.

62 박정희는 "개인의 확립이 없는 곳에는 근대화도 없고 민주주의도 없다"고 단언했다(『우리 민족의 나갈 길』, 25쪽).

63 박정희, 『우리 민족의 나갈 길』, 241~242쪽.

64 「대통령을 위한 비망록: 주한 미국대표들이 발표한 성명들의 배경」(1961. 5. 18), 국가기록원, 『1960년대 초반 한미관계: 1961~1963』(상), 58쪽;「국가안전보장회의 조치에 대한 초고」, 『1960년대 초반 한미관계: 1961~1963』(상), 89쪽.

65 「한국에 관한 대통령 특수임무단의 국가안전보장회의에 제출한 보고서」(1961. 6. 5), 『1960년대 초반 한미관계: 1961~1963』(상), 114쪽.

66 「러스크가 주한 미 대사관에 보내는 전문(1962. 8. 5)」, 『1960년대 초반 한미관계: 1961~1963』(상), 407~409쪽.

67 「버거 대사가 국무장관에게 보내는 전문(김종필의 방문, 1962. 10. 23)」,

『1960년대 초반 한미관계: 1961~1963』(상), 30~31쪽.

68　CIA 특별 국가정보평가 42-2-61호(로버트 존슨, 1961. 6. 6), 국가기록원, 『1960년대 초반 한미관계: 1961~1963』(상), 99쪽.

69　CIA 특별 국가정보평가 42-2-61호, 100쪽.

70　「의장초청 만찬회 인사」(1961. 11. 15), 『연설문집』 1, 105쪽.

71　「뉴욕 헤럴드 프렐 호텔 외교협회에서의 연설」(1961. 11. 17), 『연설문집』 1, 118~119쪽.

72　박정희, 『우리 민족의 나갈 길』, 56~57쪽.

73　「불국사 관광호텔 기자회견」(1963. 10. 17), 조갑제, 『내 무덤에 침을 뱉어라』 5, 360쪽.

74　박정희, 『우리 민족의 나갈 길』, 130, 229쪽.

75　박정희, 『국가와 혁명과 나』, 285~286쪽.

76　위의 책, 260쪽.

77　장준하, 「5·16혁명과 민족의 진로」(권두언), 『사상계』 1961년 6월호; 「긴급을 요하는 혁명과업의 완수와 민주정치에로의 복귀」(권두언), 『사상계』 1961년 7월호.

78　신상초, 「단군 이래의 자유의 파탄, 수습, 재건―자유의 계획화가 필요」, 『사상계』 1961년 10월호, 51~56쪽.

79　「심포지움: 후진국 개발과 경제체제」, 서울대 상대 학예부, 『상대평론』 18, 1961년 2월, 103쪽(홍정완, 『한국 사회과학의 기원』, 역사비평사, 2021, 328~329쪽에서 재인용).

80　김종필, 1961년 6월 5일 기자회견(조갑제, 『내 무덤에 침을 뱉어라』 4, 174쪽).

81　「원자력원 주최 제5차 원자력학술회의 격려사」(1963. 11. 7), 『연설문집』 1, 570쪽; 「국회개원식 치사」(1963. 12. 17), 『연설문집』 2, 8쪽.

82　박정희, 『우리 민족의 나갈 길』, 18쪽.

83　아돌프 히틀러, 『나의 투쟁』, 164쪽.

84　「중앙방송을 통한 정견발표」(1963. 9. 23), 『연설문집』 1, 519~520쪽.

85　「시국수습에 관한 대통령 교서」(1964. 6. 26), 『연설문집』 2, 135쪽.

86　「서울대 문리대 정치학회가 주최한 공개정책토론회」(1963. 11. 5), 조갑제, 『박정희』 6, 244쪽.

87　「독서경향 여론조사」, Office of Research, Records of Research Projects, 1964-73, Entry 1017, Box 7, RG 306, NA.

88　한국정신문화연구원 현대사연구소 편, 『격동기 지식인의 세 가지 삶의 모습』, 한국정신문화연구원, 1999, 135쪽.

89   권윤혁, 「민족 민주주의 — 이념과 주도세력의 확립」, 『사상계』 1962년 5월호, 86~89쪽.

90   위의 글, 90~92쪽.

91   위의 글, 95~96쪽.

92   임방현, 「자주·사대논쟁의 저변 — 이른바 민족적 민주주의 사상의 주변」, 『사상계』 1963년 11월호, 127~131쪽.

93   남재희, 「박정권의 공약과 '미지수' 민주주의」, 『사상계』 1963년 12월호, 53~54쪽.

94   위의 글, 55~59쪽.

95   고병익, 「민주주의와 역사의식」, 『사상계』 1963년 5월호, 28~32쪽; 신상초, 「민주주의는 신화가 아니다」, 『사상계』 1965년 8월호, 113쪽.

96   신상초, 「민주주의는 사치품인가?」, 『사상계』 1962년 5월호, 44~48쪽.

97   안호상, 앞의 책, 16~20쪽.

98   양우정, 앞의 책, 62~64쪽.

99   안호상, 「민주적 민족교육의 이념」, 문교부 기획과, 『민주적 민족교육 연구』 제1집, 1949, 15쪽(후지이 다케시, 앞의 책, 209쪽에서 재인용).

100   「이국무총리 시정방침 천명」, 『조선일보』 1949년 4월 3일자.

101   안호상, 「최고회의에 붙이는 공개 건의」 2, 『경향신문』 1962년 1월 3일자.

102   위의 글, 49쪽.

103   김성식, 「한국의 민주주의는 어떻게 재건될 것인가?」, 『사상계』 1962년 1월호, 35~40쪽.

104   강원용, 「새로운 리이더쉽 — 신화를 갈구하는 젊은 세대에게」, 『사상계』 1963년 12월호, 87~92쪽.

105   『사상계』 지식인들이 박정희의 국가주의와 민족주의를 사상적으로 철저하게 비판하지 못했던 근본적인 이유는 바로 이들도 박정희와 마찬가지로 집단을 중시하고 개인의 자유를 부차화시키는 일종의 집단주의적 인식론을 공유하고 있었기 때문이다(이상록, 『한국의 자유민주주의와 『사상계』』, 344쪽).

106   장을병, 「신생국 강력정치체제의 정체 — 영구집권욕을 위장한 일차방정식의 결산」, 『사상계』 1969년 9월호, 45~47쪽.

107   송택구, 『파시즘 비판』, 청구출판사, 1964, 3~4쪽, 9쪽.

108   송택구, 위의 책, 191~193쪽.

109   송택구, 위의 책, 81~84쪽.

110   마루야마 마사오, 『현대정치의 사상과 행동』, 「2장. 일본 파시즘의 사상과 운동」 참조.

111　김지훈, 「1945~63년 한국군 국방사상의 기원과 형성」, 연세대 사학과 박사논문, 2025, 346~347쪽.

112　「민주구국선언서」, 권태억 외, 『자료모음 근현대 한국탐사』, 역사비평사, 1994, 405~409쪽.

113　「10월 17일 대통령 특별선언」(1972. 10. 17), 『연설문집』 4, 301쪽.

114　서중석, 「3선개헌 반대, 민청학련투쟁, 반유신투쟁」, 『역사비평』 1988년 여름호, 92쪽.

115　양동안, 「반시대적 사조들―1막극 '민족적 민주주의의 안팎」, 『사상계』 1970년 3월호, 47쪽.

116　박정희, 『민족의 저력』, 광명출판사, 1971, 14, 38, 40~41쪽.

117　「제1회 지방장관회의 유시」(1972. 3. 7), 『연설문집』 4, 168쪽.

118　「국민투표 실시에 즈음한 특별담화」, 『연설문집』 5, 399쪽.

119　박정희, 『민족의 저력』, 265~266쪽.

120　박정희, 『민족중흥의 길』, 77~78쪽.

121　형진의, 임경화 편역, 앞의 책, 69쪽.

122　「연두 기자회견」(1973. 1. 12), 『연설문집』 5, 21쪽.

123　「제9대 국회 개원식 치사」(1973. 3. 12), 『연설문집』 5, 72쪽.

124　박정희, 『민족중흥의 길』, 104~106쪽.

125　「전국새마을지도자대회 유시」(1973. 11. 22), 『연설문집』 5, 175~176쪽.

126　박정희, 『민족중흥의 길』, 44~45쪽.

127　「국민투표 실시에 즈음한 특별담화」(1975. 1. 22), 『연설문집』 5, 400~401쪽.

128　「국민투표 실시에 즈음한 특별담화」, 『연설문집』 5, 398쪽.

129　갈봉근, 『유신헌법해설』, 한국헌법학회 출판부, 1975; 『유신헌법론』, 한국헌법학회 출판부, 1976; 『통일주체국민회의론』, 한국헌법학회 출판부, 1978 참조.

130　김효전, 「칼 슈미트 헌법이론의 한국적 전개」, 『공법의 제문제―해암 문홍주 박사 화갑기념논문집』, 1978, 115쪽.

131　김효전, 「칼 슈미트의 생애」, 칼 슈미트 지음, 김효전 옮김, 『정치신학』, 법문사, 1988, 399쪽.

132　칼 슈미트, 「의회주의와 현대 대중 민주주의와의 대립」, 위의 책, 85~94쪽.

133　김효전, 「칼 슈미트 헌법이론의 한국적 전개」, 『공법의 제문제』, 117쪽.

134　칼 슈미트, 앞의 글, 103쪽.

135　박정희, 『민족중흥의 길』, 59, 65쪽.

136　갈봉근, 『통일주체국민회의론』, 8쪽.

137   위의 책, 18쪽.

138   위의 책, 20~21, 35~47쪽.

139   위의 책, 22~23쪽.

140   위의 책, 48~49쪽.

141   미하원 프레이저 위원회, 『프레이저 보고서』, 실천문학사, 1986, 69쪽.

9장   민족주의의 지배담론화

1   임지현, 『민족주의는 반역이다』, 소나무, 1999, 6쪽.

2   이낙선은 김종필이 혁명공약, 혁명정부 기구도, 선전문, 격문 등의 기초
       를 비롯해 쿠데타 준비를 주도했다고 말했다. 김종필이 "미국 독립 당시
       의 '제퍼슨'의 역할을 다 담당"했다는 것이다(이낙선, 「김종필론」, 『신사
       조』 1권 6호, 1962, 92쪽).

3   이 미간행 책은 매우 흥미로운 텍스트로 보인다. 일단 저자, 출판 연도 등
       의 서지사항이 전혀 없는 가제본 상태의 책자다. 내용을 검토해보건대 유
       신을 전후해 기획, 준비, 집필된 것으로 보이며, 서문을 보면 필자는 박정
       희로 상정된 것이 확실하다. 책의 준비 상태는 머리말, 본문 등 그대로 출
       판해도 거의 문제가 없을 정도다. 현직 대통령의 명의로 되어 인쇄 직전
       까지 완성된 책이 왜 출판되지 않았는가는 커다란 의구심을 불러일으키
       기에 충분하다. 임방현, 김정렴, 윤주영, 김성진 등 유신을 전후한 시기
       박정희의 측근 인사들에게 확인해본바 전혀 아는 바가 없다고 했다. 다만
       김성진은 당시 문공부 주관으로 수많은 학술 프로젝트가 수행되었고, 그
       중의 하나일 수도 있겠지만 확실하지는 않다고 했다.

4   박정희, 『지도자도―혁명과정에 처하여』, 35쪽.

5   AmEmbassy Seoul→Department of State(1963. 8. 16), The
       Sasanggye Circle and Its Vision of Korea's Political Future, Korea,
       Seoul Embassy, Classified General Records, 1963, Entry CGR 56-63,
       Box 39, 350: Korea, Aug.-Sept., 1963, RG 84, NA(국편 수집번호
       1002420).

6   이만갑에 대한 간략한 소개로는 정종현, 「식민과 냉전의 (불)협화로서의
       사회학―1세대 사회학자 이만갑의 교육과 학문적 이력을 중심으로」, 『사
       이』 29호, 국제한국문학문화학회, 2020 참조.

7   박정희, 『우리 민족의 나갈 길』, 2쪽.

8   위의 책, 86쪽.

9   위의 책, 24, 127쪽.

10   위의 책, 127, 92쪽.

11   위의 책, 89~95쪽.

12   위의 책, 127쪽.

13   위의 책, 23~25쪽.

14   위의 책, 13~17쪽.

15   위의 책, 136쪽.

16   위의 책, 128쪽.

17   김종필, 「5·16혁명과 민족주의」, 『신사조』 1권 7호, 1962, 38~39쪽.

18   위의 글, 46~47쪽.

19   박상길, 『나와 제3·4공화국』, 한진출판사, 1982; 조갑제, 『내 무덤에 침을 뱉어라』 5, 조선일보사, 1999, 292쪽.

20   박정희, 『국가와 혁명과 나』, 172쪽.

21   위의 책, 176쪽.

22   위의 책 176~177쪽.

23   위의 책, 56, 154~155쪽.

24   위의 책, 275~276쪽.

25   「국민운동에 관한 담화」(1962. 8. 16), 『연설문집』 1, 282쪽; 「노동절 기념식에서의 치사」(1962. 3. 10), 『연설문집』 1, 204쪽.

26   김병익 외, 「4월 혁명과 60년대를 다시 생각한다」(좌담), 『4월 혁명과 한국문학』, 창작과비평사, 2002, 46~48쪽.

27   「제46회 3·1절 경축사」(1965. 3. 1), 『연설문집』 2, 328쪽.

28   「한일회담 타결에 즈음한 특별담화문」(1965. 6. 23), 『연설문집』 2, 409쪽.

29   「1967년도 대통령 연두교서」(1967. 1. 17), 『연설문집』 2, 915쪽.

30   「연방대통령 관저에서의 뤼브케 대통령이 베푼 만찬회 인사」(1964. 12. 8), 『연설문집』 2, 236쪽.

31   「제4회 수출의 날 기념식 치사」(1967. 11. 30), 『연설문집』 3, 91쪽.

32   「부산 연합철강공장 준공식 치사」(1967. 9. 29), 『연설문집』 3, 44쪽.

33   「안중근의사 동상 移安式 치사」(1967. 4. 26), 『연설문집』 2, 1066쪽.

34   「헌법개정안 공고에 즈음한 특별담화문」(1972. 10. 27), 『연설문집』 4, 306쪽

35   차지철, 「한국의 현실과 인간성의 부활—우리의 현실을 극복하는 길」, 『세대』 1964년 7월호, 144쪽.

36   유진오, 「3·1정신과 민족의 진로」(1962. 3), 『민주정치에의 길』, 21쪽.

37   「자립에의 의지 방송연설(대통령출마선언)」(1967. 4. 15), 『연설문집』 2,

1004~1005쪽.

38 　박정희, 『민족의 저력』, 253~254쪽.

39 　해리 하루투니언 지음, 정기인·이경희 옮김, 『착한 일본인의 탄생』, 서울대 일본연구소, 2011, 32~36쪽.

40 　위의 책, 71쪽.

41 　홍윤기, 「박종홍 철학 연구―철학과 권력의 퇴행적 결합」, 『역사비평』 2001년 여름호, 162쪽.

42 　박종홍, 「한국사상 연구에 관한 서론적인 구상」, 『박종홍전집』 4, 민음사, 1998, 56쪽.

43 　박종홍, 「민족문화의 의의」(1970), 『박종홍전집』 5, 549~550쪽.

44 　이상록, 「전통의 현대화 담론과 민족주체성의 창조―박종홍의 탈식민 주체화 전략과 식민주의적 (무)의식」, 『사학연구』 116호, 2014, 453쪽.

45 　이상록, 위의 글, 445~447쪽.

46 　박종홍, 「민족개조론」, 『박종홍전집』 6, 163~165쪽.

47 　「혁명재판소 및 동검찰부 시무식에 즈음한 담화」(1961. 7. 12), 『연설문집』 1, 9쪽.

48 　「전국새마을지도자대회 유시」(1973. 11. 22), 『연설문집』 4, 174쪽.

49 　「반공학생의 날 기념식 치사」(1962. 11. 23), 『연설문집』 1, 326쪽.

50 　박정희, 『민족의 저력』, 12쪽.

51 　박정희, 『국가와 혁명과 나』, 31쪽.

52 　위의 책, 83쪽.

53 　가타야마 모리히데, 『미완의 파시즘』, 291쪽.

54 　'집단살림'은 한나 아렌트가 근대 자본주의 사회를 분석하면서 사용한 '집단적 살림으로서의 경제'에서 차용한 용어다. 아렌트는 'economy'의 어원이 고대 그리스어에서 가정(경제)을 의미하는 'oikos'였다고 하면서 근대 자본주의 사회는 바로 이 사적 가정경제가 전 사회로 확장된 것이라고 설명했다(H. 아렌트 지음, 이진우·태정호 옮김, 『인간의 조건』, 한길사, 1996).

55 　박정희, 『민족중흥의 길』, 153쪽.

56 　「의장초청 만찬회 인사」(방미방일 연설문 12, 1961. 11. 15), 『연설문집』 1, 105쪽.

57 　「국민에게 보내는 연두사」(1962. 1. 1), 『연설문집』 1, 158쪽.

58 　「울산공업지구 설정 및 기공식 치사」(1962. 2. 3), 『연설문집』 1, 177쪽.

59 　「농민의 분발을 촉구하는 담화」(1962. 3. 10), 『연설문집』 1, 202쪽.

60 　「제1회 중소기업자대회 치사」(1964. 5. 21), 『연설문집』 2, 109쪽.

61 「철도창설 제64주년 기념 및 철도청 개청식 치사」(1963. 9. 18), 『연설문집』 1, 511쪽.

62 「서울대학교 졸업식 치사」(1964. 2. 26), 『연설문집』 2, 50쪽.

63 신상초, 「정당정치의 근대화와 민주화」, 『정경연구』 1965년 11월호, 33~35쪽.

64 「연두 기자회견」(1970. 1. 9), 『연설문집』 3, 686~687쪽.

65 이노우에 데쓰지로, 「독립자존주의의 도덕을 비판함」, 『巽軒論文』 2집, 1901(이노우에 데쓰지로 지음, 이혜경 외 옮김, 『철학과 국가』, 빈서재, 2024, 171쪽).

66 「연두 기자회견」(1974. 1. 18), 『연설문집』 5, 227쪽; 「전국경제인대회 치사」(1973. 4. 17), 『연설문집』 5, 97쪽.

67 「국민교육헌장 선포 제6주년 기념식 치사」(1974. 12. 5), 『연설문집』 5, 346쪽.

68 박정희, 『민족중흥의 길』, 24쪽.

69 형진의, 임경화 편역, 앞의 책, 63~67쪽.

70 「개천절 경축식 경축사」(1964. 10. 3), 『연설문집』 2, 195쪽.

71 「전역식에서의 연설」(1963. 8. 30), 『연설문집』 1, 488쪽.

72 「도시 각 기관과 농어촌과의 자매결연운동의 적극화를 촉구하는 담화」(1961. 12. 8), 『연설문집』 1, 137쪽.

73 「연두 기자회견」(1973. 1. 12), 『연설문집』 5, 31쪽.

74 「제46회 3·1절 경축사」(1965. 3. 1), 『연설문집』 2, 328쪽.

75 허우성, 「신체화된 주체의 한계: 니시다와 박종홍」, 『일본사상』 21호, 한국일본사상사학회, 2011, 47쪽.

76 박정희, 『민족중흥의 길』, 1978, 98쪽.

77 「1967년도 대통령 연두교서」(1967. 1. 17), 『연설문집』 2, 588쪽.

78 「1967년도 대통령 연두교서」(1967. 1. 17), 위의 책, 위의 책, 591쪽.

79 임방현, 『근대화와 지식인』, 지식산업사, 1973, 「서문」 참조.

80 김대중, 「민족에의 경애와 신뢰」(上), 『씨알의 소리』 1975년 4월호, 34~45쪽.

81 박정희, 『민족의 저력』, 271쪽.

82 위의 책, 199~201쪽.

83 홍승직, 『한국인의 가치관 연구』, 고려대 출판부, 1972, 313쪽.

84 「충북 시멘트공장 준공식 치사」(1966. 12. 13), 『연설문집』 2, 865~866쪽.

85 「광주 아시아자동차 공장 기공식 치사」(1966. 12. 16), 『연설문집』 2, 874쪽.

86 「한국투자개발공사 개업식 치사」(1968. 12. 16), 『연설문집』 3, 395쪽.

87 전진성, 「독일의 원민족사(Volksgeschichte)와 한국의 민족사: 문화 민족주의와 종족 민족주의의 필연적 착종에 관하여」, 『독일 연구』 54호, 2023, 18~19쪽.

10장 발전주의와 빈곤의 정치

1 홍세화, 「마지막 당부: 소유에서 관계로, 성장에서 성숙으로」, 『한겨레』 2023년 1월 12일자.

2 Robert A. Nisbet, *Social Change and History: Aspects of the Western Theory of Development*, Oxford Univ. Press, 1969.

3 질베르 리스트 지음, 신해경 옮김, 『발전은 영원할 것이라는 환상』, 봄날의책, 2013, 78쪽.

4 위의 책, 74~75쪽.

5 Robert A. Nisbet, *History of the Idea of Progress*, Basic Books(New York), 1980, pp.171~174.

6 Nick Cullather, *The Hungry World*, Harvard Univ. Press(MA, Cambridge), 2010, p.4.

7 Gardner Cowles, "Us Aid to Others Called Essential", *NYT*, June 10, 1955. p.23(Nick Cullather, op. cit., p.2에서 재인용).

8 Cullather, op. cit., pp.40~41.

9 『경향신문』 1950년 1월 6일자.

10 Ned O'Gorman, "Eisenhower and the American Sublime", *Quarterly Journal of Speech* Vol. 94, No. 1(2008), pp.45, 62~63.

11 『동아일보』 1959년 12월 24일자.

12 박태균, 「로스토우 제3세계 근대화론과 한국」, 『역사비평』 2004년 봄호(통권 66호), 117~118쪽.

13 박상현, 「20세기 발전주의의 미국적 맥락」, 『사회와 역사』 100호, 2013, 424쪽.

14 『동아일보』 1950년 3월 1일자.

15 「국가 부강에의 노력」(사설), 『동아일보』 1951년 11월 11일자.

16 안경훈, 「나의 기원」, 조화영, 『4월혁명투쟁사』, 국제출판사, 1960, 465~467쪽.

17 『한국사회변혁운동과 4월혁명』 ②, 한길사, 1990, 242쪽.

18 위의 책, 326~328쪽.

19   박태균, 「로스토우 제3세계 근대화론과 한국」, 27쪽. 「콜론 보고서」는 "미국 원조 없이는 한국 경제는 붕괴할 것"이라고 단언했다(「콜론 보고서」, 『사상계』 1960년 1월호, 123쪽).

20   박태균, 「1956-1964년 한국 경제개발계획의 성립과정」, 서울대 국사학과 박사논문, 2000, 27쪽.

21   정일준, 「미국의 대한정책 변화와 한국 발전국가의 형성, 1953-1968」, 서울대 사회학과 박사논문, 2000, 288쪽.

22   로스토우 지음, 김영록 옮김, 『선진국과 후진국』, 탐구당, 1966, 132쪽.

23   로스토우 지음, 이상구 옮김, 『반공산당선언―경제성장의 제단계』, 진명문화사, 1960, 9~10쪽.

24   「국민운동 중앙위원 위촉식 위촉사」(1963. 3. 5), 『연설문집』 1, 390쪽.

25   조갑제, 『내 무덤에 침을 뱉어라』 5, 조선일보, 1999, 28~29, 90쪽.

26   「미 중앙정보국장이 대통령에게 보내는 공식 비망록」(1961. 5. 18), 『1960년대 초반 한미관계: 1961~1963』(상), 61쪽; Samuel D. Berger, op. cit., p.4.

27   「4·19 제3주년 기념식 기념사」(1963. 4. 19), 『연설문집』 1, 414~415쪽.

28   조갑제는 윤주영의 증언을 근거로 공화당 사전조직인 재건동지회 사무국이 '조국근대화'와 '민족중흥'이라는 용어를 창안했다고 주장했다(조갑제, 『박정희』 6, 97쪽).

29   『연설문집』 1, 568쪽.

30   김재춘, 「5개년 계획 제1차년에 임한 우리의 사명과 국민의 각오」, 『최고회의보』 5호, 1962, 11~13쪽.

31   「전국교육감회의 치사」(1964. 2. 17), 『연설문집』 2, 47쪽.

32   김지하, 『흰 그늘의 길』, 학고재, 2003, 388쪽.

33   리영희, 『역정』, 창작과 비평사, 1988, 342쪽.

34   박태순·김동춘, 『1960년대의 사회운동』, 까치, 1991, 151쪽.

35   김보현, 『박정희 정권기 경제개발―민족주의와 발전』, 갈무리, 2006, 111쪽.

36   「연두 기자회견」(1970. 1. 9), 『연설문집』 4, 660쪽; 「전국새마을지도자대회 유시」(1973. 11. 22), 『연설문집』 5, 172쪽.

37   「콜론 보고서」, 『사상계』 1960년 1월호.

38   한국군사혁명사편찬위원회, 『한국군사혁명사』, 1963, 176쪽.

39   김성두, 『재벌과 빈곤』, 백경문화사, 1965, 112쪽.

40   유근원, 「가난한 조국이여」, 『경향신문』 1964년 3월 26일자.

41   「전국대학 총·학장 및 교육감회의 유시」(1967. 1. 24), 『연설문집』 2, 932쪽.

42   이어령, 『흙 속에 저 바람 속에』, 현암사, 1963, 15~16쪽.

43   권보드래·천정환, 『1960년을 묻다』, 천년의 상상, 2012, 302~303쪽.

44   이어령, 앞의 책, 18~22쪽.

45   이어령, 앞의 책, 325~326쪽.

46   임종철, 「동남아 주마간산기」, 『창작과 비평』 1967년 여름호(영인본 2
      권), 294쪽.

47   「특집, 빈곤에서의 해방」, 『국제평론』 1960년 5월호, 202쪽.

48   『국제평론』은 훗날 외무장관을 역임하게 되는 이동원이 미국과 영국 유
      학을 마치고 귀국해 1959년에 창간한 잡지다. 이동원의 이력과 잡지 이
      름에서 드러나듯이 서구 세계를 강하게 의식하면서 한국을 바라보고자
      한 것으로 보인다.

49   특집 구성 원고는 조동필, 「빈곤에 대한 일반적 고찰」; 백영훈, 「수출의
      빈곤성과 그 타개책」; 주석균, 「한국 농촌의 빈곤」; 탁희준, 「한국의 실업
      과 그 대책」; 이병동, 「빈곤의 한국적 스타일」; 이무영, 「휴매니즘과 빈
      곤」; 허버트 후버, 「국가는 빈곤을 추방해야 한다」 등이다.

50   조동필, 「빈곤에 대한 일반적 고찰」, 『국제평론』 1960년 5월호, 207~208쪽.

51   이무영, 「휴매니즘과 빈곤」, 『국제평론』 1960년 5월호, 240~245쪽.

52   이병동, 「빈곤의 한국적 스타일」, 『국제평론』 1960년 5월호, 239쪽.

53   위의 글, 235쪽.

54   허버트 후버, 「국가는 빈곤을 추방해야 한다」, 『국제평론』 1960년 5월호,
      246~249쪽.

55   씨릴 에드윈 블랙, 「근대생활의 한 조건으로서의 변화」, 『근대화』, 세계
      사, 1967, 42~43쪽.

56   Taketsugu Tsurutani, *The politics of national development: political
      leadership in transitional societies*, New York: Chandler Pub. Co.,
      1973, pp.2~3.

57   김종필, 「5·16혁명과 민족주의」, 『신사조』 1권 7호, 1962, 45쪽.

58   유경환, 「가나안 농군학교」, 『사상계』 1966년 8월호, 247쪽.

59   위의 글, 252쪽.

60   『동아일보』 1962년 2월 10일자.

61   김영록, 「자립번영의 지도정신―빈곤극복전쟁의 현대적 의의」, 『사상계』
      1965년 2월호, 137~139쪽.

62   위의 글, 141쪽.

63   이갑섭, 「빈곤과 공산주의」, 『동아일보』 1970년 8월 15일자.

64   김진현은 특히 이스라엘의 종교를 통한 통합에 큰 감명을 받아 이러한 생

각을 하게 되었다고 한다(김진현, 「저개발 諸國과 한국—온대에 남은 고독한 빈곤의 나라」, 『사상계』 1963년 9월호, 137~138쪽).

65 국회도서관 입법조사국 제3과, 「빈곤 조사연구의 역사와 현단계」, 『입법조사월보』 27, 1968, 66쪽.

66 Project File Checklist for Survey Archives: World Survey III, RG 306, Entry 1017, Box 7, NARA.

67 김성두, 『재벌과 빈곤』, 114쪽.

68 『경향신문』 1965년 2월 6일자.

69 이홍구, 「민족적 자유주의—한국적 자유론의 서장」, 『창작과 비평』, 1970년 봄호, 76쪽.

70 조동필, 「허영의 시장과 빈곤의 성장」, 『세대』 1권 1호, 1963, 120쪽.

71 김학수, 「중산층의 증대와 의식적 빈곤」, 『농검』 9권 4호, 1967, 36쪽.

72 한희영, 「뮈르달 『아시아의 드라마』와 빈곤에의 도전」, 『세대』 77, 1969, 107쪽.

73 Nick Cullather, op. cit., p.7.

74 안병욱, 「대학에 진학 못하는 졸업생에게 주는 편지」, 『경향신문』 1970년 1월 24일자.

75 「제17회 광복절 경축사」(1962. 8. 15), 『연설문집』 1, 278쪽.

76 김원룡, 「자가용차와 愚貧」, 『경향신문』 1970년 3월 6일자.

77 김승옥, 「환상수첩」, 『서울, 1964년 겨울』, 심지, 1987, 25쪽.

78 부완혁·유창순·차기벽·탁희준·양호민, 「한국 정치의 오늘과 내일—건설은 정치악의 제거로부터」(좌담회), 『사상계』 1965년 4월호, 31쪽.

79 이병동, 「빈곤의 한국적 스타일」, 239쪽.

80 이양하, 「모든 것은 가난이 설명한다는」, 『사상계』 1960년 9월호, 313~315쪽.

81 김성두, 『재벌과 빈곤』, 115쪽.

82 『동아일보』 1970년 5월 20일자; 12월 3일자.

83 『동아일보』 1970년 1월 4일자.

84 송건호, 「농민의 서글픔」, 『사상계』 1966년 8월호, 308쪽.

85 『동아일보』 1970년 8월 12일자.

86 「오늘의 젊은이들」 2, 『동아일보』 1970년 8월 11일자.

87 위의 글.

88 버나드 맨더빌, 『꿀벌의 우화』, 172쪽.

1   이광수, 「대구에서」, 『매일신보』 1916년 9월 22일~23일자(『이광수 전집』 18, 삼중당, 1963, 208~209쪽).

2   이광수, 「거울과 마주앉아」, 『청춘』 제5호, 1915(『이광수 전집』 14, 283~287쪽).

3   위의 글.

4   이광수, 「나의 소년 시대」, 『조선문단』 제7호, 1925(『이광수 전집』 19, 16~17쪽).

5   이광수, 「해삼위로서」, 『청춘』 제6호, 1915(『이광수 전집』 18, 211쪽).

6   이광수, 「민족개조론」, 『개벽』 1922년 5월호(『민족개조론』, 우신사, 1981, 104쪽).

7   이광수, 「소년에게」, 『개벽』 1921년 11월호~1922년 3월호(『이광수 전집』 17, 240쪽).

8   『민족개조론』, 108쪽.

9   최재봉, 「전혜린 일인칭 단수 대명사의 세계」, 『자유라는 화두』, 삼인, 1999, 241쪽.

10   김영록, 「선진국과 후진국―빈곤의 악순환과 자립경제」, 『사상계』 1963년 3월호, 259쪽.

11   송건호, 「1968년 구라파의 사조」, 『정경연구』 1968년 12월호.

12   「전국새마을지도자대회 유시」(1973. 11. 22), 『연설문집』 4, 171쪽.

13   이숭녕, 「열등의식―사대주의적·식민지적 유산」, 『사상계』 1964년 11월호, 219쪽.

14   고모리 요이치 지음, 송태욱 옮김, 『포스트콜로니얼: 식민지적 무의식과 식민주의적 의식』, 삼인, 2002.

15   '지배받는 지배자'는 김종영의 표현이다. 김종영, 『지배받는 지배자』, 돌베개, 2015 참조.

16   김지하, 『흰 그늘의 길』 1, 학고재, 2003, 318쪽.

17   「한일회담 타결에 즈음한 특별담화문」(1965. 6. 23), 『연설문집』 2, 409쪽.

18   차지철, 「한국의 현실과 인간성의 부활-우리의 현실을 극복하는 길」, 145쪽.

19   「고급공무원에게 보내는 서신」(1964. 1. 4), 『연설문집』 2, 21쪽.

20   「대통령 연두교서」(1964. 1. 10), 『연설문집』 2, 25쪽.

21   이해영, 「근대화의 시련―레비의 소론을 중심으로」, 『최고회의보』 5호 (1962. 2. 16), 136쪽.

22   김삼수, 「기적을 창조하기까지―서독의 번영은 이렇게 이룩되었다(특

집: 서독 부흥의 교훈)」, 『사상계』 1960년 1월호, 63쪽.

23 이숭녕, 「열등의식-사대주의적·식민지적 유산」, 『사상계』 1964년 11월
    호, 219쪽.

24 마이론 위너, 『근대화』.

25 위의 책, 서문 참조.

26 위의 책, 29~30쪽.

27 길재호, 「5개년계획 제1차년에 임한 우리의 사명과 국민의 각오」, 『최고
    회의보』 제5호(1962. 2. 16), 7~8쪽.

28 이창열, 「내가 바라는 경제재건방안」, 『최고회의보』 제8호(1962. 5. 16),
    137쪽.

29 「충청남도 부여군 남면지구 전천후 농업용 水源개발사업 준공식 치사」
    (1966. 6. 8), 『연설문집』 2, 698쪽.

30 김종필, 『JP 칼럼』, 동아출판사, 1971, 270쪽.

31 김성배, 「월남을 다녀와서」, 『국어국문학』 제35권, 1967년 5월호,
    94·101쪽(윤충로, 『베트남 전쟁의 한국 사회사』, 푸른역사, 2015, 114쪽에
    서 재인용).

32 윤충로, 위의 책, 195쪽.

33 임종철, 「동남아 주마간산기」, 『창작과 비평』 1967년 여름호, 281쪽.

34 이상록, 「민주주의는 개발주의에 어떻게 잠식되어왔는가―1960년대 한
    국 지성계의 '발전'에 대한 강박」, 『역사비평』 2021년 봄호, 202쪽.

35 프란츠 파농 지음, 노서경 옮김, 『검은 피부, 하얀 가면』, 문학동네,
    2022.

36 사회주의자 동맹 편, 임종철 옮김, 『현대 사회주의론』, 일신사, 1961,
    3~6쪽.

37 「모색과정의 전후 사상 풍토」(좌담회), 『사상계』 1966년 2월호. 참석자는
    안병욱(사회), 신일철, 차기벽, 홍승면이다.

38 이은복, 「시간의 가치와 그 관리」(1968. 1), 『인간발견』, 한국생산성본부,
    1968, 230~231쪽.

39 『경향신문』 1957년 3월 18일자.

40 이은복, 「앞선 자와 처진 자」(1963. 10), 『인간발견』, 129쪽.

41 「신년 메시지」(1966. 1. 1), 『연설문집』 2, 566~567쪽.

42 「제13회 제헌절 기념사」(1961. 7. 17), 『연설문집』 1, 13쪽.

43 「개천절 경축사」(1961. 10. 3), 『연설문집』 1, 69쪽.

44 「전국지방장관회의 유시」(1966. 3. 30), 『연설문집』 2, 641쪽.

45 「제1회 전국과학기술자대회 치사」(1966. 5. 19), 『연설문집』 2, 679쪽.

46 황성모, 「기업과 정치에 나타난 가치의식—움직이는 세계와 후진사회의
   양상」, 『사상계』 1961년 5월호, 83, 87쪽.

47 「제35기 육군사관학교 졸업식 유시」(1979. 4. 3), 『연설문집』 16(추도
   판), 108쪽.

48 박정희, 『민족중흥의 길』, 11쪽.

49 박정희, 『민족의 저력』, 253쪽.

50 위의 책, 253~254쪽.

51 「육군사관학교 졸업식 유시」(1969. 3. 28), 『연설문집』 3, 459쪽.

52 「제5회 전국기독교 교육대회 치사」(1964. 7. 28), 『연설문집』 2, 151쪽.

53 국가재건최고회의 한국군사혁명사편찬위원회, 『한국군사혁명사』, 1963,
   520쪽.

54 「전국새마을지도자대회 유시」(1977. 12. 9), 『연설문집』 6, 244~245쪽.

55 『한국군사혁명사』, 1721쪽.

56 「제44회 전국체육대회 치사」(1963. 10. 4), 『연설문집』 1, 539쪽.

57 「제20회 식목일 기념사」(1965. 4. 5), 『연설문집』 2, 345쪽.

58 임종철, 앞의 글, 300~302쪽.

59 김원, 『박정희 시대의 유령들』, 현실문화, 2011, 86쪽.

60 「제4회 수출의 날 기념식 치사」(1967. 11. 30), 『연설문집』 3, 91쪽.

61 「각 노조 간부들에게 보내는 친서」(1970. 2. 4), 『연설문집』 3, 706쪽.

62 「제60회 전국체육대회 치사」(1979. 10. 12), 『연설문집』 6, 158쪽.

63 「제1회 한국무역박람회 치사」(1968. 9. 9), 『연설문집』 3, 287쪽.

64 김진, 『청와대 비서실』, 374, 397쪽.

65 김보현, 「박정희 정부시기 경제개발 5개년계획의 수정에 관한 연구—계
   획 합리성인가, 성장 숭배인가?」, 『경제와 사회』 제124호, 2019, 348쪽.

66 이은복, 「지도력과 전략」(1963. 4), 『인간발견』, 116~117쪽.

67 이은복, 「전략적인 처리사고」(1964. 10), 『인간발견』, 152~153쪽.

68 필자로 동원된 기자들은 대부분 친여당 또는 친기업 성향이었다. 김진현
   (경제부 차장대우), 이채주(경제부 기자), 진철수(주미 특파원), 조규하
   (정치부 기자), 남시욱(정치부 기자), 유혁인(주일 특파원), 이석열(주월
   특파원). 이들 중 김진현은 과기처 장관을 역임했고, 유혁인은 1970년대
   초 청와대 정무수석이 되었고, 조규하는 전경련에서 일했다.

69 『동아일보』 1966년 1월 1일자.

70 마지막 연재에서는 "알프스산 언덕에서 우리 고아들이 자라고 있"음을 기
   꺼워하는 대목이 나온다(『동아일보』 1966년 12월 20일자).

71 짝패 갈등은 르네 지라르가 『폭력과 성스러움』에서 사용한 개념으로 카

인과 아벨과 같이 동일성을 공유한 쌍둥이 사이의 모방 욕망에 따른 갈등
과 폭력을 의미한다(르네 지라르 지음, 김진식·박무호 옮김, 『폭력과 성스
러움』, 민음사, 2000 참조).

72   미셸 푸코, 『생명관리정치의 탄생』, 184~193쪽.

73   위의 책, 214~217쪽.

74   위의 책, 319쪽.

75   「횡설수설」, 『동아일보』 1956년 11월 18일자.

76   『경향신문』 1957년 1월 3일자; 「시중은행업무의 편파성」(사설), 『경향신
      문』 1958년 9월 4일자.

77   「7대 국회의원」 하, 『경향신문』 1967년 9월 15일자.

78   조순, 「테오도르 슐츠의 경제학」, 사회발전연구소 연구부 편, 『인간자본
      론』, 1983, 16~17쪽.

79   「새로운 경제학 인간투자론」 1, 『경향신문』 1962년 11월 19일자.

80   「새로운 경제학 인간투자론」 2, 『경향신문』 1962년 11월 20일자.

81   「새로운 경제학 인간투자론」 3, 『경향신문』 1962년 11월 21일자.

82   「새로운 경제학 인간투자론」 4, 『경향신문』 1962년 11월 22일자.

83   Milton Freedman, *Capitalism and Freedom*, The Univ. of Chicago
      Press, 2002, pp.100~101.

84   『조선일보』 1966년 1월 20일자.

85   『경향신문』 1968년 5월 1일자.

86   1969년 남우현은 미국 워싱턴대학에서 「인간자본의 투자 결정요인, 이론
      과 추산」이라는 논문으로 경제학 박사학위를 취득했다(『동아일보』 1969
      년 3월 1일자). 남우현은 1970년 한국개발연구원 창설 시 김만제와 함께
      중요한 역할을 담당했다. 또한 김기훈은 코네티컷대학에서 「경제발전에
      있어서의 인간자본의 역할—교육을 중심으로」라는 논문으로 경제학 박
      사학위를 취득했다(『동아일보』 1969년 3월 15일자). 1972년에는 김한근
      이 스탠퍼드대학에서 「최적 경제성장에 있어서 인간자본의 역할에 관하
      여」라는 논문으로 박사학위를 취득했다(『조선일보』 1972년 2월 6일자).

87   임종철, 앞의 글, 300~302쪽.

88   『매일경제』 1971년 5월 11일자.

89   『매일경제』 1974년 8월 7일자.

90   이에 대해서는 권보드래, 천정환, 『1960년을 묻다』, 천년의 상상, 2012, 8
      장 「자기계발 혹은 실존을 위한 책 읽기」 참조.

91   『조선일보』 1977년 11월 24일자.

92   미셸 푸코, 『생명관리정치의 탄생』, 399~400쪽.

93   위의 책, 379~381쪽.

94   「연두 기자회견」(1974. 1. 18), 『연설문집』 4, 224~225쪽.

95   미셸 푸코, 『생명관리정치의 탄생』, 394~395쪽.

96   이은복, 「지도력에 대한 신뢰성과 돈」(1964. 9), 『인간발견』, 222쪽.

97   이은복, 「본질을 본질대로」(1964. 5), 『인간발견』, 143쪽.

98   「지방 초도순시 후 경북도청에서의 유시」(1972. 2. 7), 『연설문집』 4, 143~144쪽.

99   배은경, 『현대 한국의 인간 재생산: 여성, 모성, 가족계획사업』, 시간여행, 2012, 23쪽.

100   조순, 「테오도르 슐츠의 경제학」, 20~21쪽.

101   시험의 역사에 대해서는 이경숙, 『시험국민의 탄생』, 푸른역사, 2017 참조.

102   김상협, 「민족통일은 우리의 사명이며 운명」, 『동아일보』 1974년 9월 21일자.

103   김상협은 쿠데타 이후 문교부 장관을 역임하고 고려대 총장을 거쳐 전두환 정권에서는 국무총리에 오른 한국의 대표적 엘리트다.

104   Milton Freedman, Preface, *Capitalism and Freedom*, The Univ. of Chicago Press, 2002, pp.ix~x.

참고문헌

1. 신문

『경향신문』, 『동아일보』, 『매일경제신문』, 『부산일보』, 『조선일보』, 『프레시안』, 『한겨레』, 『朝日新聞』.

2. 잡지

『사상계』, 『새벽』, 『세대』, 『정경연구』, 『씨알의 소리』, 『최고회의보』, 『국제평론』, 『신사조』, 『월간중앙』, 『창작과 비평』, 『대한병원협회지』, 『의료보험』, 『대한의학협회지』, 『새마을』.

3. 영문자료

- AmEmbassy Seoul→Department of State(1963. 8. 16), The Sasanggye Circle and Its Vision of Korea's Political Future, Korea, Seoul Embassy, Classified General Records, 1963, Entry CGR 56-63, Box 39, 350 : Korea, Aug.-Sept., 1963, RG 84, NARA.
- From John W. Connelly to Morris Wolf(1954. 3. 24), Report on Economic Provision of the Constitution of the Republic of Korea, Entry 422, RG 469, NARA.
- Inspection Report(1961. 11. 24) : USIS Korea, Office of Research, Records of Research Projects, 1964-73, Entry 1017, Box 8, RG 306, NARA.
- "My Views On Issues of Common Concern For The Republic of Korea and The United States", March 27, 1970, Gen Co 78 12/1/69, Line Item 18, National Security Council Files, Nixon Presidential Materials.
- Papers of John F. Kennedy. Presidential Papers, President's Office Files(JFKPOF), Korea : Briefing book, Park visit, November 1961 (JFKPOF-121-005).
- Project MEDIKOR(1969. 1. 20), Office of Research, Records of Research

Projects, 1964~73, Entry 1017, Box 67, RG 306, NARA.
- Project File Checklist for Survey Archives(1965년 7월): World Survey III, Entry 1017, Box 7, RG 306, NARA.
- Samuel D. Berger, The Transformation of Korea 1961~1965(1966. 1. 7), Entry 5026, Box 305, RG 59, NARA.
- Sent to: SECSTATE WASHINGTON(1962. 3. 19), Political affairs and relations: prominent persons, 1962/ Berger, Samuel D, Confidential U.S. State Department Central Foreign Policy Files: Korea, 1962~1963, RG 84, NARA(국회도서관 해외 소재 한국 관련 자료).
- Summary of Conversation with Korean Ex-President Yun Po-sun, Korea July-Dec. 1962, Entry A1 3113, RG 59, NARA(https://archive.history.go.kr/id/AUS002_109_00C 0146).
- USIS Seoul→USIA Washington, Country Assessment Report(1960. 1. 25), Foreign Service Despatches, Asia, 1954~65, Box 2, RG 306, NARA.
- 「대통령 회담을 위한 박정희의 미국 방문」(1969. 8. 21~23), Box 930, Line Item 64, National Security Council Files, Nixon Presidential Materials.
- 「독서경향 여론조사」, Office of Research, Records of Research Projects, 1964~73, Entry 1017, Box 7, RG 306, NARA.

4. 단행본

1·20학병동지회, 『1·20학병사기』 제1권, 삼진출판사, 1987.
가라타니 고진 지음, 송태욱 옮김, 『일본 정신의 기원』, 이매진, 2003.
가타야마 모리히데 지음, 김석근 옮김, 『미완의 파시즘』, 가람기획.
갈봉근, 『유신헌법해설』, 한국헌법학회 출판부, 1975.
______, 『유신헌법론』, 한국헌법학회 출판부, 1976.
______, 『통일주체국민회의론』, 한국헌법학회 출판부, 1978.
강상중·현무암 지음, 이목 옮김, 『기시 노부스케와 박정희』, 책과함께, 2012.
강성재, 『참 군인 이종찬 장군』, 동아일보사, 1986.
강정인 외, 『민주주의의 한국적 수용』, 책세상, 2002.
건설부, 『國土綜合開發計劃: 1972~1981』, 1971.
게오르그 짐멜 지음, 김덕영 옮김, 『짐멜의 모더니티 읽기』, 새물결, 2006.
고모리 요이치 지음, 송태욱 옮김, 『포스트콜로니얼: 식민지적 무의식과 식민주의적 의식』, 삼인, 2002.
공보처, 『이승만 담화집』 2집, 1956.

국가기록원, 『1960년대 초반 한미관계: 1961~1963』(상), (하), 2006.
국가재건최고회의 한국군사혁명사편찬위원회, 『한국군사혁명사』, 1963.
권보드래·천정환, 『1960년을 묻다』, 천년의 상상, 2012.
권태억 외, 『자료모음 근현대 한국탐사』, 역사비평사, 1994.
김건우, 『대한민국의 설계자들』, 느티나무책방, 2017.
김득중, 『'빨갱이'의 탄생: 여순사건과 반공국가의 형성』, 선인, 2009.
김미경, 『감세국가의 함정』, 후마니타스, 2018.
김보현, 『박정희 정권기 경제개발―민족주의와 발전』, 갈무리, 2006.
김석범 외, 『만주국군지』, 1987(친일반민족행위진상규명위원회, 『친일반민족행위
    관계사료집』 XI, 2009).
김석수, 『현실 속의 철학 철학 속의 현실』, 책세상, 2001.
김석철, 『여의도에서 새만금으로: 김석철의 도시계획·도시설계』, 생각의나무,
    2010.
김성두, 『재벌과 빈곤』, 백경문화사, 1965.
김수영 지음, 이영준 엮음, 『김수영 전집 2-산문』, 민음사, 1982.
김승옥, 『서울, 1964년 겨울』, 심지, 1987.
김영미, 『그들의 새마을운동』, 푸른역사, 2009.
김원, 『박정희 시대의 유령들』, 현실문화, 2011.
김정렬, 『항공의 경종』, 대희, 2010.
김정렴, 『아, 박정희―김정렴 정치회고록』, 중앙M&B, 1997.
______, 『한국경제정책30년사』, 중앙일보사, 1990.
김종신, 『영시의 횃불』, 한림출판사, 1966.
김종영, 『지배받는 지배자』, 돌베개, 2015.
김종필, 『JP 칼럼』, 동아출판사, 1971.
김준엽, 『장정』, 나남, 1987.
김지하, 『흰 그늘의 길』, 학고재, 2003.
김진, 『청와대 비서실』, 중앙일보사, 1992.
김한상, 『조국근대화를 유람하기: 박정희 정권 홍보 드라이브, 〈팔도강산〉 10년』,
    한국영상자료원, 2007.
김현옥, 『우리의 노력은 무한한 가능성을 낳는다: 김 시장의 시정신념』, 서울특별
    시, 1969.
내무부, 『새마을운동―시작에서 오늘까지』, 1976.
______, 『새마을운동10년사』, 1980.
노다 마사아키 지음, 서혜영 옮김, 『전쟁과 인간』, 길, 2000.
농수산부, 『농림통계연보』, 1980.

대통령비서실, 『박정희대통령연설문집』 1~6, 1973~1979.

도널드 그레그 지음, 차미례 옮김, 『역사의 파편들』, 창비, 2015.

도사카 준 지음, 윤인로 옮김, 『일본 이데올로기론』, 산지니, 2015.

라이트 밀즈 지음, 신일철 옮김, 『들어라 양키들아』, 정향사, 1961.

로스토우 지음, 김영록 옮김, 『선진국과 후진국』, 탐구당, 1966.

로스토우 지음, 이상구 옮김, 『반공산당선언』, 진명문화사, 1960.

르네 지라르 지음, 김진식·박무호 옮김, 『폭력과 성스러움』, 민음사, 2000.

리영희, 『역정』, 창작과 비평사, 1988.

리처드 파이프스 지음, 서은경 옮김, 『소유와 자유』, 자유기업원, 2020.

리콴유 지음, 류지호 옮김, 『리콴유 자서전』, 문학사상사, 1999.

______, 『일류국가의 길』, 문학사상사, 2001.

마루야마 마사오 지음, 김석근 옮김, 『현대정치의 사상과 행동』, 한길사, 1997.

마이클 영 지음, 유강은 옮김, 『능력주의』, 이매진, 2020.

M. F. 밀리칸, D. L. M. 블래크머 편, 유익형 옮김, 『신생국가의 근대화—그 성장
    과 대책』, 사상계사 출판부, 1963.

막스 베버 지음, 금종우·전남석 옮김, 『지배의 사회학』, 한길사, 1981.

문승숙 지음, 이현정 옮김, 『군사주의에 갇힌 근대』, 또하나의문화, 2007.

문지영, 『지배와 저항—한국 자유주의의 두 얼굴』, 후마니타스, 2011.

마이론 위너 편저, 차기벽·김종운·김영록 옮김, 『근대화』, 세계사, 1967.

마쓰모토 겐이치 지음, 정선태·오석철 옮김, 『기타 잇키—천황과 대결한 카리스
    마』, 교양인, 2010.

미셸 푸코 지음, 오트르망 옮김, 『안전, 영토, 인구』, 난장, 2011.

______, 『생명관리정치의 탄생』, 난장, 2012.

미야타 세츠코, 『조선민중과 「황민화」 정책』, 일조각, 1997.

미하원 프레이저 위원회, 『프레이저 보고서』, 실천문학사, 1986.

민관식, 『방미기행—왜? 그들은 잘사나』, 고려시보사, 1957.

민주당, 『투쟁의 족적』, 1956.

박권일, 『한국의 능력주의』, 이데아, 2022.

박동성·심고령 공편저, 『여명의 기수』, 교육문화사, 1964.

박상길, 『나와 제3·4공화국』, 한진출판사, 1982.

박완서, 『꼴찌에게 보내는 갈채』, 세계사, 2002.

______, 『나목』, 민음사, 2005.

______, 『나의 만년필』, 문학동네, 2015.

______, 『도시의 흉년』 상·하권, 세계사, 1993.

______, 『목마른 계절』, 세계사, 2012.

______, 『어떤 나들이』, 문학동네, 1999.

______, 『여자와 남자가 있는 풍경』, 한길사, 1978.

______, 『우리를 두렵게 하는 것들』, 문학동네, 2015.

______, 『조그만 체험기』, 문학동네, 1999.

______, 『혼자 부르는 합창』, 진문출판사, 1977.

______, 『휘청거리는 오후』, 세계사, 1993.

박정희, 『국가와 혁명과 나』, 향문사, 1963(1997년 지구촌 복간본).

______, 『민족의 저력』, 광명출판사, 1971.

______, 『민족중흥의 길』, 광명출판사, 1978.

______, 『우리 민족의 나갈 길』, 동아출판사, 1962.

______, 『지도자도—혁명과정에 처하여』, 국가재건최고회의, 1961.

박정희 탄생 100돌 기념사업추진위원회 엮음, 『박정희 시집』, 기파랑, 2017.

박진환, 『박정희 대통령의 한국경제 근대화와 새마을운동』, 박정희대통령기념사
    업회, 2005.

박철수, 『마포 주공아파트』, 마티, 2024.

박태순·김동춘, 『1960년대의 사회운동』, 까치, 1991.

박해천, 『콘크리트 유토피아』, 자음과모음, 2011.

배은경, 『현대 한국의 인간 재생산: 여성, 모성, 가족계획사업』, 시간여행, 2012.

버나드 맨더빌 지음, 최윤재 옮김, 『꿀벌의 우화』, 문예출판사, 2010.

빌헬름 라이히 지음, 황선길 옮김, 『파시즘의 대중심리』, 그린비, 2006.

사월혁명연구소 편, 『한국사회변혁운동과 4월혁명』 ②, 한길사, 1990.

사회주의자 동맹 편, 임종철 옮김, 『현대 사회주의론』, 일신사, 1961.

샹탈 무페 지음, 이행 옮김, 『민주주의의 역설』, 인간사랑, 2006.

새마을운동중앙회, 『새마을운동30년자료집』, 2000.

서울대 사회발전연구소 연구부 편, 『인간자본론』, 1983.

서울특별시 한강건설사업소, 『여의도 종합개발계획』, 1971.

손정목, 『서울 도시계획 이야기』 2, 한울, 2013.

송은영, 『서울탄생기』, 푸른역사, 2018.

송택구, 『파시즘 비판』, 청구출판사, 1964.

신상초, 『탈출』, 태양문화사, 1977.

신창현, 『해공 신익희』, 해공신익희선생기념회, 1992.

아돌프 히틀러 지음, 권오석 옮김, 『나의 투쟁』, 신문출판사, 1973.

아즈마 히로키 지음, 이은미 옮김, 『(동물화하는) 포스트모던: 오타쿠를 통해 본
    일본 사회』, 문학동네, 2007.

안경환, 『황용주, 그와 박정희의 시대』, 까치글방, 2013.

안호상, 『일민주의의 본바탕』, 일민주의연구원, 1950.

야마모토 시치헤이 지음, 최용우 옮김, 『어느 하급 장교가 바라본 일본 제국의 육군』, 글항아리, 2016.

양우정, 『이대통령건국정치이념: 일민주의의 이론적 전개』, 연합신문사, 1949.

에릭 울프 지음, 박현수 옮김, 『농민』, 청년사, 1978.

H. 아렌트 지음, 이진우·태정호 옮김, 『인간의 조건』, 한길사, 1996.

요시미 순야 지음, 오석철 옮김, 『왜 다시 친미냐 반미냐』, 산처럼, 2008.

위텐런兪天任 지음, 박윤식 옮김, 『대본영의 참모들』, 나남, 2014.

유길준 지음, 허경진 옮김, 『서유견문』, 서해문집, 2004.

유병용 외, 『근대화 전략과 새마을운동』, 백산서당, 2001.

유재흥, 『격동의 세월』, 을유문화사, 1994.

유진오, 『민주정치에의 길』, 일조각, 1975.

______, 『양호기』, 고려대 출판부, 1977.

육군본부 군사연구실, 『한국전쟁사료』 제65권, 육군본부, 1986.

윤건차 지음, 하종문·이애숙 옮김, 『일본 그 국가·민족·국민』, 일월서각, 1998.

윤덕영, 『세계와 식민지 조선의 민족운동』, 혜안, 2023.

윤충로, 『베트남 전쟁의 한국 사회사』, 푸른역사, 2015.

윤해동, 『식민지의 회색지대』, 역사비평사, 2003.

의료보험연합회, 『의료보험의 발자취』, 1997.

이경숙, 『시험국민의 탄생』, 푸른역사, 2017.

이광수, 『민족개조론』, 우신사, 1981.

______, 『이광수 전집』 14, 17, 18, 19, 삼중당, 1963.

이광찬, 『국민건강보장쟁취사』, 양서원, 2009.

이기동, 『비극의 군인들』, 일조각, 2010.

이만갑, 『한국농촌사회연구』, 다락원, 1981.

이매뉴얼 월러스틴 지음, 강문구 옮김, 『자유주의 이후』, 당대, 1996.

이문구, 『우리동네』, 민음사, 2005.

이병주, 『대통령들의 초상』, 서당, 1991.

이상록, 『한국의 자유민주주의와 『사상계』』, 고려대 민족문화연구원, 2020.

이세영, 『풍덕마을의 새마을운동: 李世榮 새마을 서훈지도자 수기』, 서울문화인쇄, 2003.

이승만, 『일민주의 개술』, 일민주의보급회, 1949.

이어령, 『흙 속에 저 바람 속에』, 현암사, 1963.

이은복, 『인간발견』, 한국생산성본부, 1968.

이종학, 『클라우제비츠와 전쟁론』, 주류성, 2004.

이창우·서봉연, 『K-WISC 實施要綱: 韓國版 Wechsler 兒童用 個人知能檢査』, 배영사, 1974.

이한림, 『세기의 격랑』, 팔복원, 1994.

이형근, 『군번 1번의 외길 인생』, 중앙일보사, 1994.

이혜경 외 옮김, 『철학과 국가』, 빈서재, 2024.

이호 엮음, 『신들린 사람들의 합창: 포항제철 30년 이야기』, 한송, 1998.

임방현, 『근대화와 지식인』, 지식산업사, 1973.

임지현, 『민족주의는 반역이다』, 소나무, 1999.

임지현·김용우 엮음, 『대중독재』, 책세상, 2004.

자크 랑시에르 지음, 양창렬 옮김, 『무지한 스승』, 궁리, 2008.

자크 비데 지음, 배세진 옮김, 『마르크스의 생명정치학』, 오월의봄, 2020.

蔣介石 지음, 宋志英 옮김, 『중국의 운명』, 서울타임스, 1946.

장도영, 『망향』, 숲속의꿈, 2001.

장세진, 『상상된 아메리카』, 푸른역사, 2012.

장준하, 『돌베개』, 사상, 1985.

장창국, 『육사졸업생』, 중앙일보사, 1984.

전인권, 『박정희 평전』, 이학사, 2006.

정범모, 『가치관과 교육』, 배영사, 1972.

______, 『發展의 序章: 敎育改革을 위한 隨想』, 배영사, 1966.

정비석, 『민주어족』, 정음사, 1955.

정일권, 『정일권 회고록』, 고려서적, 1996.

정일형, 『유엔의 성립과 업적』, 국제연합한국협회, 1952.

정운현, 『실록 박정희』, 개마고원, 2004.

정재경, 『박정희 대통령 전기』 1, 민족중흥연구회, 1995.

제임스 하우스만·정일화 공저, 『한국 대통령을 움직인 미군 대위 — 하우스만 증언』, 한국문원, 1995.

조갑제, 『내 무덤에 침을 뱉어라』 1, 2, 4, 5, 조선일보사, 1998.

______, 『박정희』 1, 2, 6, 조갑제닷컴, 2006.

조르조 아감벤 지음, 박진우 옮김, 『호모 사케르: 주권권력과 벌거벗은 생명』, 새물결, 2008.

조병옥, 『민주주의와 나』, 영신문화사, 1959.

조화영, 『4월혁명투쟁사』, 국제출판사, 1960.

조희연, 『박정희와 개발독재시대 — 5·16에서 10·26까지』, 역사비평사, 2007.

존 리 지음, 이윤청 옮김, 『한없는 한: 남한의 경제발전과 정치적 민주화』, 소명출판, 2022.

질베르 리스트 지음, 신해경 옮김, 『발전은 영원할 것이라는 환상』, 봄날의책, 2013.

최상천, 『알몸 박정희』, 사람나라, 2001.

최원식·임규찬 엮음, 『4월혁명과 한국문학』, 창작과비평사, 2002.

최장집, 『한국 민주주의의 조건과 전망』, 나남, 1996.

칼 맑스 지음, 김수행 옮김, 『자본론』 상, 비봉출판사, 1992.

칼 슈미트 지음, 김효전 옮김, 『정치신학』, 법문사, 1988.

프란츠 파농 지음, 노서경 옮김, 『검은 피부, 하얀 가면』, 문학동네, 2022.

F. A. 하이에크 지음, 정도영 옮김, 『예종에의 길』 상·하, 삼성문화재단, 1973.

포항제철, 『製鐵報國의 意志: 朴泰俊會長經營語録』, 1985.

浦項製鐵十年史編纂委員會, 『포항제철10년사』 별책, 1979.

학민사 편집실, 『4·19의 민중사』, 학민사, 1984.

한국농촌경제연구원, 『농지개혁시 피분배지주 및 일제하 대지주 명부』, 1985.

______, 『한국농정50년사』, 1999.

한국생산성본부, 『번영하는 미국의 산업사회와 최고경영자의 역할―생산성본부 한국 제1차 톱 매니지먼트 미국 시찰보고』, 1967.

______, 『생산성본부 활동 10년지』, 1967.

한국정신문화연구원 현대사연구소 편, 『격동기 지식인의 세 가지 삶의 모습』, 1999.

______, 『내가 겪은 한국전쟁과 박정희 정부』, 선인, 2004.

한국지방행정연구원, 「새마을운동 발전방안 연구」(연구보고서 제26권), 1988.

한석정, 『만주국 건국의 재해석』, 동아대 출판부, 1999.

______, 『만주 모던』, 문학과지성사, 2016.

한용원, 『창군』, 박영사, 1984.

해리 하루투니언 지음, 정기인·이경희 옮김, 『착한 일본인의 탄생』, 서울대 일본 연구소, 2011.

홍승직, 『한국인의 가치관 연구』, 고려대 출판부, 1972.

황정규, 『인간의 지능』, 민음사, 1984.

허은, 『냉전과 새마을』, 창비, 2022.

____, 『미국의 헤게모니와 한국 민족주의』, 고려대학교 민족문화연구원, 2008.

형진의 지음, 임경화 편역, 『일본 신민족주의 전환기에 『국체의 본의』를 읽다』, 어문학사, 2017.

홍정완, 『한국 사회과학의 기원』, 역사비평사, 2021.

황병주 외, 『1970년대 민주화운동과 개신교』(공저), 민주화운동기념사업회, 2024.

후지이 다케시, 『파시즘과 제3세계주의 사이에서: 족청계의 형성과 몰락을 통해

본 해방8년사』, 역사비평사, 2012.
히로마쓰 와타루廣松涉 지음, 김항 옮김, 『근대초극론』, 민음사, 2003.

Carter J. Eckert, *Park Chung Hee and Modern Korea—The Roots of Militarism, 1866~1945*, The Belknap Press of Harvard University Press, 2016.
David E. Nye, *American Technological Sublime*, MIT Press, 1994.
Department of State, *Foreign Relations of the United States, 1964-1968, Volume XXIX, Part 1, Korea*.
Hwang, Ingu, *Human Rights and Transnational Democracy in South Korea*, Philadelphia : UPENN Press, 2022.
Nick Cullather, *The Hungry World*, Harvard Univ. Press(MA, Cambridge), 2010.
Max F. Millikan and W. W. Rostow, *A proposal: key to an effective foreign policy*, New York Harper & Bros., 1957.
Milton Freedman, *Capitalism and Freedom*, The Univ. of Chicago Press, 2002.
Robert A. Nisbet, *Social Change and History: Aspects of the Western Theory of Development*, Oxford Univ. Press, 1969.
Robert A. Nisbet, *History of the Idea of Progress*, Basic Books(New York), 1980.
Taketsugu Tsurutani, *The politics of national development: political leadership in transitional societies*, New York : Chandler Pub. Co., 1973.
Thorstein Veblen, *The Theory of the Leisure Class*, Oxford Univ. Press, 2007.

飯倉江里衣, 『滿洲國軍朝鮮人の植民地解放前後史』, 有志舍, 2021.
影山昇, 『海軍兵學校の敎育』, 第一法規, 1978.
岸信介, 矢次一夫, 伊藤隆, 『岸信介の回想』, 文藝春秋, 1981.
原彬久 編著, 『岸信介證言錄』, 每日新聞社, 2003.
野村幸一郎, 『2·26事件の思想課題』, 新典社, 2021.
北一輝, 『日本改造法案大綱』, 改造社, 1923.

5. 논문 및 잡지 기사

강명규, 「F. A. 하이에크론」, 『무역』 1974년 11월호.
강원용, 「새로운 리더쉽―신화를 갈구하는 젊은 세대에게」, 『사상계』 1963년

12월호.

강인철, 「한국전쟁과 사회의식 및 문화의 변화」, 『근대를 다시 읽는다』 1, 역사비
　　평사, 2007.

고병익, 「민주주의와 역사의식」, 『사상계』 1963년 5월호.

고한빈, 「조선인의 만주국군 입대 배경과 동기」, 『만주연구』 제33집, 2022.

구자옥, 「米洲에서 活躍하는 白衣人才, 요지간은 엇든 분들이 社會에서 活動하
　　는고」, 『삼천리』 제8권 제1호, 1936.

국회도서관 입법조사국 제3과, 「빈곤 조사연구의 역사와 현단계」, 『입법조사월보』
　　27, 1968.

권윤혁, 「민족 민주주의―이념과 주도세력의 확립」, 『사상계』 1962년 5월호.

길재호, 「5개년계획 제1차년에 임한 우리의 사명과 국민의 각오」, 『최고회의보』
　　제5호, 1962.

김건우, 「운명과 원한―조선인 학병의 세대의식과 국가」, 『서강인문논총』 52집,
　　2018.

김경재, 「새 민족공동체 형성과 기독교의 과제―빌리 그래함 전도대회를 보고」,
　　『씨알의 소리』 1973년 3월호.

김대중, 「민족에의 경애와 신뢰」(上), 『씨알의 소리』 1975년 4월호.

金東植, 「土地公概念의 發展的 수용」, 『世代』 1978년 4월호.

김동춘, 「레토릭으로 남은 한국의 자유주의」, 『자유라는 화두』, 삼인, 1999.

김명섭, 「1970년대 후반기의 국제환경 변화와 한미관계―카터 행정부의 외교정
　　책을 중심으로」, 『1970년대 후반기의 정치사회변동』, 백산서당, 1999.

김민식, 「1950년대 한국군의 미국 군사유학 시행과 군사교육 체제의 재편」, 고려
　　대 한국사학과 석사논문, 2015.

김보현, 「박정희 정부시기 경제개발 5개년계획의 수정에 관한 연구―계획 합리성
　　인가, 성장 숭배인가?」, 『경제와 사회』 제124호, 2019.

＿＿＿＿, 「박정희 시대 국가의 통치 전략과 기술」, 『박정희 시대의 새마을운동』, 한
　　울, 2014.

김삼수, 「기적을 창조하기까지―서독의 번영은 이렇게 이룩되었다」, 『사상계』
　　1960년 1월호.

＿＿＿＿, 「박정희 시대의 노동정책과 노사관계」, 『개발독재와 박정희 시대』, 창비,
　　2003.

김상협, 「韓國의 新保守主義」, 『사상계』 1960년 6월호.

김성식, 「한국의 민주주의는 어떻게 재건될 것인가?」, 『사상계』 1962년 1월호.

김성조, 「역사학의 시선에서 본 새마을운동의 재현과 세계화」, 『동방학지』 193,
　　2020.

김수영, 「들어라 양키들아」(서평), 『사상계』 1961년 6월호.

김수자, 「1960년대 박정희 정권의 ‘푸른 산’ 조성과 경제·생태 인식: 〈대한뉴스〉
    의 ‘식목일’, ‘산림녹화’ 행사를 중심으로」, 『탈경계인문학』 13권 2호, 2020.

김영록, 「선진국과 후진국―빈곤의 악순환과 자립경제」, 『사상계』 1963년 3월호.

______, 「자립번영의 지도정신―빈곤극복전쟁의 현대적 의의」, 『사상계』 1965년
    2월호.

김영선, 「民主黨 腹案의 骨子」, 『사상계』 1960년 6월호.

김은하, 「아파트 공화국과 시기심의 민주주의: 박완서의 개발독재기 소설을 중심
    으로」, 『여성문화연구』, 제39호, 2016.

김재준, 「민주주의론」, 『사상계』 1953년 5월호.

김재춘, 「5개년 계획 제1차년에 임한 우리의 사명과 국민의 각오」, 『최고회의보』 5
    호, 1962.

김정인, 「민주주의」, 『한국의 근현대, 개념으로 읽다』, 푸른역사, 2016.

김종필, 「5·16혁명과 민족주의」, 『신사조』 1권 7호, 1962.

김지훈, 「1945~63년 한국군 국방사상의 기원과 형성」, 연세대 사학과 박사논문,
    2025.

김진현, 「저개발 諸國과 한국―온대에 남은 고독한 빈곤의 나라」, 『사상계』 1963
    년 9월호.

김학수, 「중산층의 증대와 의식적 빈곤」, 『농검』 9권 4호, 1967.

김혜진, 「새마을운동의 기반형성과 전개양상에 관한 인류학적 연구―경기도 안성
    시 한 농촌마을의 사례를 중심으로」, 서울대 인류학과 석사논문, 2007.

김효전, 「칼 슈미트의 생애」, 칼 슈미트 지음, 김효전 옮김, 『정치신학』, 법문사,
    1988.

______, 「칼 슈미트 헌법이론의 한국적 전개」, 『공법의 제문제―해암 문홍주 박사
    화갑기념논문집』, 1978.

남재희, 「박정권의 공약과 ‘미지수’ 민주주의」, 『사상계』 1963년 12월호.

「모색과정의 전후 사상 풍토」(좌담회), 『사상계』 1966년 2월호.

박기혁, 「한국경제발전과 새마을운동」, 서울대 새마을운동종합연구소, 『새마을운
    동의 이념과 실제』, 1981.

박길성·김경필, 「박정희 시대의 국가―기업 관계에 대한 재검토」, 『아세아연구』
    53권 1호, 2010.

박상현, 「20세기 발전주의의 미국적 맥락」, 『사회와 역사』 100호, 2013.

박완서, 「부처님 근처」, 『현대문학』, 1973년 7월호.

박정호, 「한국 의료보험 정책과정에서의 정부 역할」, 서울대 사회복지학과 박사논
    문, 1996.

박종홍, 「미국사상의 특징」, 『사상계』 1959년 7월호.

______, 「민족개조론」, 『박종홍전집』 6, 민음사, 1998.

______, 「민족문화의 의의」(1970), 『박종홍전집』 5, 민음사, 1998.

______, 「민족적 주체성」, 『사상계』 1962년 10월호.

______, 「주체의식의 형성과정―근대 한국사상의 추이」, 『사상계』 1964년 1월호.

______, 「한국사상 연구에 관한 서론적인 구상」, 『박종홍전집』 4, 민음사, 1998.

朴倉圭, 「왜 아파트가 投機對象되나」, 『月刊中央』 1978년 4월호.

박태균, 「1956-1964년 한국 경제개발계획의 성립과정」, 서울대 국사학과 박사논문, 2000.

______, 「로스토우 제3세계 근대화론과 한국」, 『역사비평』 2004년 봄호.

박해남, 「현대 일본 사회와 꿈의 사회사: 이상의 시대부터 불가능성의 시대까지」, 『문화와 사회』 26권 3호, 2018.

백운선, 「민주당과 자유당의 정치이념 논쟁」, 『1950년대의 인식』, 한길사, 1981.

부완혁·유창순·차기벽·탁희준·양호민, 「한국 정치의 오늘과 내일―건설은 정치악의 제거로부터」(좌담회), 『사상계』 1965년 4월호.

빈센트 브란트, 「가치관 및 태도의 변화와 새마을운동」, 『새마을운동의 이념과 실제』, 1981.

서중석, 「3선개헌 반대, 민청학련투쟁, 반유신투쟁」, 『역사비평』 1988년 여름호.

성나연, 전봉희, 「김현옥 시정(1966-1970)의 '새서울' 구상과 한강 및 여의도 개발」, 『대한건축학회논문집』 제39권 제1호, 2023.

송건호, 「1968년 구라파의 사조」, 『정경연구』 1968년 12월호.

______, 「농민의 서글픔」, 『사상계』 1966년 8월호.

신상초, 「단군 이래의 자유의 파탄, 수습, 재건―자유의 계획화가 필요」, 『사상계』 1961년 10월호.

______, 「민주주의는 사치품인가?」, 『사상계』 1962년 5월호.

______, 「민주주의는 신화가 아니다」, 『사상계』 1965년 8월호.

______, 「정당정치의 근대화와 민주화」, 『정경연구』 1965년 11월호.

신용옥, 「大韓民國 憲法上 經濟秩序의 起源과 展開(1945~54年): 헌법 제·개정 과정과 국가자본 운영을 중심으로」, 고려대 한국사학과 박사논문, 2007.

신일철, 「生活理念의 再發見: 우리나라의 아메리카니즘」, 『새벽』 4권 1호, 1957.

신주백, 「만주국군 속의 조선인 장교와 한국군」, 『역사문제연구』 9호, 2002.

안홍선, 「식민지기 사범교육의 경험과 기억: 경성사범학교 졸업생들의 회고를 중심으로」, 『한국교육사학』 29권 1호, 2007.

양동안, 「반시대적 사조들―1막극 '민족적 민주주의'의 안팎」, 『사상계』 1970년 3월호.

오자은, 「중산층 가정의 욕망과 존재방식」, 『국어국문학』 164호, 2013.

유경환, 「가나안 농군학교」, 『사상계』 1966년 8월호.

윤길상, 「새마을운동 관련 미디어 선전물을 통해 구성되는 근대 '국민'에 관한 연구」, 서울대 언론정보학과 석사논문, 2001.

「의료보험을 통한 의료시혜 확대」(2), 『대한병원협회지』 5-7, 1976.

의료보험관리공단, 「발간에 즈음하여」, 『의료보험연보』, 1980.

이경숙, 「전시체제기 대구사범학교 학생 일기 분석—기록과 비기록의 관점에서」, 『한국교육사학』 제41권 제1호, 2019.

이광요, 「아시아에 있어서의 민주주의와 사회주의(연설초)」, 『사상계』 1964년 11월호.

이기훈, 「일제하 식민지 사범교육—대구사범학교를 중심으로」, 『역사문제연구』 제9호, 2002.

이낙선, 「김종필론」, 『신사조』 1권 6호, 1962.

이만갑, 「군인＝침묵의 데모대」, 『사상계』 1960년 6월호.

______, 「미국인의 가치관념과 대중사회」, 『사상계』 1959년 7월호.

이무영, 「휴매니즘과 빈곤」, 『국제평론』 1960년 5월호.

이문재·박완서 대담, 「나의 문학은 내가 발 디딘 곳이다」, 『문학동네』, 1999년 여름호.

이병동, 「빈곤의 한국적 스타일」, 『국제평론』 1960년 5월호.

이봉규, 「1960년대 한국 사회과학계의 인간관리·개발 담론」, 연세대 사학과 박사논문, 2022.

이상록, 「'민족의 수호신' 만들기와 박정희 체제의 대중규율화」, 『대중독재의 영웅 만들기』, 휴머니스트, 2005.

______, 「민주주의는 개발주의에 어떻게 잠식되어왔는가—1960년대 한국 지성계의 '발전'에 대한 강박」, 『역사비평』 2021년 봄호.

______, 「전통의 현대화 담론과 민족주체성의 창조—박종홍의 탈식민 주체화 전략과 식민주의적 (무)의식」, 『사학연구』 116호, 2014.

이숭녕, 「열등의식—사대주의적·식민지적 유산」, 『사상계』 1964년 11월호.

이양하, 「모든 것은 가난이 설명한다는」, 『사상계』 1960년 9월호.

이용기, 「'유신이념의 실천도장', 1970년대 새마을운동」, 『박정희 시대의 새마을운동』, 한울아카데미, 2014.

李源俊, 「私有와 去來公營의 調和」, 『世代』 1978년 4월호.

이정은, 「1970년대 초중반 두 차례의 경제위기와 박정희 정부의 대응」, 『한국사학보』 제38호, 2010.

이준식, 「박정희 시대 지배이데올로기의 형성: 역사적 기원을 중심으로」, 『박정희 시대 연구』, 백산서당, 2002.

이질현·정영채, 「새마을운동 지원 및 지도방법 개선에 관한 연구—농촌 새마을 소득증대 사업을 중심으로」, 내무부 새마을분과 정책자문위원회, 『새마을운동 연구보고서』, 1981.

이창섭, 「1972년 초 박정희 정권의 독농가 육성 정책」, 부산대학교 사학과 석사논문, 2012.

이창열, 「내가 바라는 경제재건방안」, 『최고회의보』 제8호, 1962.

이태훈, 「1930년대 후반 '좌파지식인'의 전체주의 인식과 한계」, 『역사문제연구』 24, 2010.

이해영, 「근대화의 시련—레비의 소론을 중심으로」, 『최고회의보』 5호, 1962.

이홍구, 「민족적 자유주의—한국적 자유론의 서장」, 『창작과 비평』, 1970년 봄호.

임방현, 「자주·사대논쟁의 저변—이른바 민족적 민주주의 사상의 주변」, 『사상계』 1963년 11월호.

임재성, 「징병제 형성과정을 통해서 본 양심적 병역거부의 역사」, 『사회와 역사』 88집, 2010.

임종명, 「해방 이후 한국전쟁 이전 미국 기행문의 미국 표상과 대한민족의 구성」, 『사총』 67호, 2008.

임종철, 「동남아 주마간산기」, 『창작과 비평』 1967년 여름호.

장경식, 「의료수요 증가에 따른 진료시설의 현황과 전망」, 『의료보험』 23, 1980.

장문석, 「파시즘과 근대성」, 『지중해지역연구』 10권 4호, 2008.

장을병, 「신생국 강력정치체제의 정체—영구집권욕을 위장한 일차방정식의 결산」, 『사상계』 1969년 9월호.

장준하, 「긴급을 요하는 혁명과업의 완수와 민주정치에로의 복귀」(권두언), 『사상계』 1961년 7월호.

______, 「5·16혁명과 민족의 진로」(권두언), 『사상계』 1961년 6월호.

장형익, 「독일 군사사상과 제도가 일본 육군의 근대화에 미친 영향」, 『군사연구』 137호, 2014.

전강수, 「1970년대 박정희 정권의 강남 개발」, 『역사문제연구』 28집, 2012.

전인권, 「박정희의 정치사상과 행동에 관한 전기적 연구」, 서울대 정치학과 박사논문, 2001.

전진성, 「독일의 원민족사(Volksgeschichte)와 한국의 민족사: 문화 민족주의와 종족 민족주의의 필연적 착종에 관하여」, 『독일 연구』 54호, 2023.

정영순, 「한국 의료보험제도에 관한 연구」, 이화여대 석사논문, 1976.

정일준, 「미국의 대한정책 변화와 한국 발전국가의 형성, 1953-1968」, 서울대 사회학과 박사논문, 2000.

정일형, 「민주주의와 선거」, 『씨알의 소리』 1978년 2월호.

정종현, 「식민과 냉전의 (불)협화로서의 사회학―1세대 사회학자 이만갑의 교육과 학문적 이력을 중심으로」, 『사이』 29호, 2020.

정주아, 「학병세대와 군인정치의 시대 그리고 법적 정의」, 『철학·사상·문화』 35호, 2021.

정호영, 「박정희 체제의 지배 메커니즘과 대중의 동의」, 서강대 정외과 석사논문, 2007.

조관자, 「일본 우익의 국가주의와 아시아주의 연구: 기타 잇키의 국가개조론과 이시와라 간지의 쇼와 유신론」, 『翰林日本學』 30호, 2017.

조규상, 「한국의 의료보험」, 『대한의학협회지』 16-2, 1973.

조동필, 「빈곤에 대한 일반적 고찰」, 『국제평론』 1960년 5월호.

_____, 「허영의 시장과 빈곤의 성장」, 『세대』 1권 1호, 1963.

조영탁, 「1960년대 이후 양곡관리정책의 변화와 그 성격에 관한 연구」, 서울대 경제학과 박사논문, 1993.

좌담 「농촌소설과 농민생활」, 『창작과 비평』 1977년 겨울호.

주요한, 「4·19 민권혁명: 민권혁명의 의의」, 『새벽』 7권 6호, 1960.

차지철, 「한국의 현실과 인간성의 부활―우리의 현실을 극복하는 길」, 『세대』 1964년 7월호.

채규철, 「한국 민간 의료보험에 관한 고찰」, 『공중보건잡지』 11-2, 1974.

최인이, 「1970년대 농촌 여성들의 자본주의적 개인 되기」, 『박정희 시대의 새마을운동』, 한울, 2014.

최재봉, 「전혜린 일인칭 단수 대명사의 세계」, 『자유라는 화두』, 삼인, 1999.

「콜론 보고서」, 『사상계』 1960년 1월호.

하재훈, 「박정희 체제의 대중통치: 새마을운동의 구조·행위자 상호작용을 중심으로」, 경북대 정치학과 박사논문, 2006.

한달선, 「의료체계의 과제와 의료보험의 대응」, 『의료보험』 1, 1978.

한태연, 「전체주의에 대한 도전―정치적 신학의 종언을 위하여」, 『사상계』 1957년 1월호.

한희영, 「뮈르달 『아시아의 드라마』와 빈곤에의 도전」, 『세대』 77, 1969.

허버트 후버, 「국가는 빈곤을 추방해야 한다」, 『국제평론』 1960년 5월호.

허우성, 「신체화된 주체의 한계: 니시다와 박종홍」, 『일본사상』 21호, 2011.

허은, 「'5·16군정기' 재건국민운동의 성격―'분단국가 국민운동' 노선의 결합과 분화」, 『역사문제연구』 11호, 2003.

허정, 「의료보험의 현주소와 미래상」, 『의료보험』 1, 1978.

허정, 「한국적 의료보험의 개발유형에 관한 고찰」, 서울대학교 보건환경연구소,

『보건학논집』 14권 2호, 1977.

허종, 「일제강점기 후반 대구사범학교의 학생운동」, 『한국독립운동사연구』 27호, 2006.

홍윤기, 「박종홍 철학 연구—철학과 권력의 퇴행적 결합」, 『역사비평』 2001년 여름호.

홍종욱, 「'식민지 아카데미즘'의 그늘, 지식인의 전향」, 『사이』 11호, 2011.

황병주, 「박정희 시대의 국가와 '민중'」, 『당대비평』 12호, 2000.

______, 「박정희 시대 축구와 민족주의」, 『당대비평』 19호, 2002.

______, 「박정희와 근대의 꿈」, 『당대비평』 28호, 2004.

______, 「국민교육헌장과 박정희 체제의 지배담론」, 『역사문제연구』 15호, 2005.

______, 「박정희 체제의 지배담론—근대화 담론을 중심으로」, 한양대 사학과 박사학위논문, 2008.

______, 「박정희와 근대적 출세 욕망」, 『역사비평』 89호, 2009.

______, 「1960년대 비판적 지식인 사회의 민중인식」, 『기억과 전망』 21호, 2009.

______, 「유신체제의 대중인식과 동원 담론」, 『상허학보』 32집, 2011.

______, 「1970년대 의료보험 정책의 변화와 복지담론」, 『醫史學』 39호, 2011.

______, 「새마을 운동을 통한 농업 생산과정의 변화와 농민 포섭」, 『사회와 역사』 90호, 2011.

______, 「1970년대 유신체제의 안보국가 담론」, 『역사문제연구』 27호, 2012.

______, 「1970년대 비판적 지식인의 농촌 담론과 민족재현 : 《창작과 비평》을 중심으로」, 『역사와 문화』 24호, 2012.

______, 「유신체제기 평등—불평등의 문제설정과 자유주의」, 『역사문제연구』 29호, 2013.

______, 「1950~1960년대 테일러리즘과 '대중관리'」, 『사이間SAI』 14호, 2013.

______, 「1960년대 경제 엘리트의 진보와 주체 인식: 생산성본부 미국시찰단을 중심으로」, 인하대 『韓國學硏究』 33집, 2014.

______, 「한국 정치의 제도화와 보수 양당체제의 성립」, 『황해문화』 85호, 2014.

______, 「리콴유와 박정희, 근대의 매혹과 식민의 미혹」, 『오늘의 문예비평』 98호, 2015.

______, 「냉전체제하 휴머니즘의 유입과 확산」, 『동북아역사논총』 52호, 2016.

______, 「박정희 체제의 근대적 시공간 인식과 시골/도시 담론」, 『역사연구』 31호, 2016.

______, 「1970년대 중산층의 소유 욕망과 불안: 박완서의 1970년대 저작을 중심으로」, 『상허학보』 50집, 2017.

______, 「1950~60년대 엘리트 지식인의 빈곤 담론」, 『역사문제연구』 37호, 2017.

______, 「해방 이후 우익정치의 계보학과 주체 형성」, 『문화과학』 91호, 2017.

______, 「정신문화연구원의 설립과 박정희 체제의 '정신주의'」, 『靑藍史學』 28호, 2018.

______, 「박정희 체제와 공화주의의 행방」, 『역사비평』, 127호, 2019.

______, 「1970년대 '복부인'의 경제적 표상과 문화적 재현」, 『史學硏究』 140호, 2020.

______, 「1960~70년대 간첩 담론」, 『史學硏究』, 138호, 2020.

______, 「4월혁명의 담론과 주체」, 『4월혁명의 주체들』, 역사비평사, 2020.

______, 「100년의 콤플렉스―『반일 종족주의』의 계보학」, 『상허학보』 60호, 2020.

______, 「개발연대와 능력주의」, 『역사비평』 140호, 2022.

______, 「해방 이후 민권과 인권의 정치적 상상력」, 『역사비평』 146호, 2024.

______, 「민청학련 사건과 재야 민주화운동세력의 형성」, 『윤보선과 1970년대 한국정치』, 한국학중앙연구원출판부, 2024.

______, 「반일의 무의식과 극일의 상상력」, 『상허학보』 75호, 2025.

______, 「근대국가의 꿈, 발전주의와 자유주의」, 『서강인문논총』 74호, 2025.

황보영조, 「파시즘과 대중정치」, 송충기 외, 『세계화 시대의 서양 현대사』, 아카넷, 2009.

황성모, 「기업과 정치에 나타난 가치의식―움직이는 세계와 후진사회의 양상」, 『사상계』 1961년 5월호.

Ned O'Gorman, "Eisenhower and the American Sublime", *Quarterly Journal of Speech* Vol. 94, No. 1, 2008.

吉村浩一, 「第二次世界大戰前の適性檢查と性能檢查で用いられた機器類」, 『法政大学文学部紀要』 74券, 2017.

6. 기타

국사편찬위원회 구술자료, 「1980년대 전후 경제 안정화 계획」, 2005.

국회회의록 제1회 제21차 본회의(1948. 6. 30).

국회회의록 제1회 제25차 본회의(1948. 7. 5).

국가통계포털(http://kosis.kr).

보건사회부, 『보건사회통계연보』.

새마을운동 아카이브(http://archives.saemaul.or.kr).

『한국 민주주의』(미간행 원고, 국립중앙도서관 소장).

434, 435, 444, 445, 448, 491, 526,
541, 545, 546
김만제 229, 230
김성수 352, 353
김소운 53, 207
김수영 163, 169, 170
김승옥 423, 486
김영삼 373, 540, 545, 546
김재규 349, 540~542, 544, 545
김재준 236, 237, 239
김재춘 463, 464
김종필 384, 386, 411, 419, 461, 463,
464, 475, 545
김준엽 78, 89, 95, 150
김지하 466, 468, 498
김창룡 126
김현옥 267, 268
김형욱 160, 267, 464, 540, 541

ㄴ

나치즘 13, 14, 72, 362, 366~368, 370
남덕우 229
남로당 12, 30, 85, 113, 120, 121,
123~127, 129~131, 149, 162, 256,
408, 409
남재희 388
냉전 12, 113, 159, 162, 176, 177, 188,
206, 217, 354, 407, 408, 420, 434,
441, 454, 455, 456, 460, 472, 500,
509, 510, 520, 536
노무현 546
노태우 309, 448, 545
뉴라이트 운동 384, 551
능력주의 19, 20, 39, 40, 49, 75, 76,
78~80, 86, 108, 111, 122, 130, 152,

204, 227, 237, 299, 300, 301, 304,
305, 308, 376, 451, 532, 534, 549,
550
니시다 기타로西田幾太郎 431
닉슨 독트린 13, 193, 372, 434

ㄷ

대구사범학교 14, 33, 35, 46~56, 60,
76, 80, 85, 96, 118, 129, 147, 148,
386, 438
도사카 준戶坂潤 21, 225, 226, 368
도조 히데키東條英機 91, 99, 144

ㄹ

라이샤워, 에드윈 455
레이건 13
로스토우, 월트 휘트먼Rostow, Walt Whit-
man 185, 188, 189, 419, 460, 461,
464, 503, 507
리영희 466
리콴유李光耀 92, 217~219, 255~262,
284
리프먼, 월터Lippmann, Walter 176, 523

ㅁ

마르크스주의 21, 34, 52, 84, 85, 129,
130, 131, 148, 152, 188, 225, 359,
376, 543, 554
마포아파트 281~284
만주국 50, 58~62, 73, 77, 86, 107,
113, 217
만주군관학교 12, 45, 56, 58, 59, 61~
63, 65, 66, 68, 70, 71, 76, 77, 79,
80, 84, 85, 90, 92, 93, 108, 120, 128
맨더빌, 버나드 239, 489, 523, 530